本丛书系国家社科基金"一带一路"建设研究专项"'一带一路'沿线国别研究报告"（批准号：17VDL002）的成果，并得到上海社会科学院"一带一路"建设专项经费资助

总主编　王振

副总主编　王健　李开盛　王震

"一带一路"国别研究报告
印度尼西亚卷

张群　等著

The Belt and Road Country Studies

（Indonesia）

中国社会科学出版社

图书在版编目(CIP)数据

"一带一路"国别研究报告.印度尼西亚卷/张群等著.—北京:中国社会科学出版社,2023.6

ISBN 978-7-5227-2132-3

Ⅰ.①一… Ⅱ.①张… Ⅲ.①政治—研究报告—世界②政治—研究报告—印度尼西亚 Ⅳ.①D52②D734.2

中国国家版本馆 CIP 数据核字(2023)第 113653 号

出 版 人	赵剑英
责任编辑	周晓慧
责任校对	刘 念
责任印制	戴 宽

出 版	中国社会科学出版社
社 址	北京鼓楼西大街甲 158 号
邮 编	100720
网 址	http://www.csspw.cn
发 行 部	010 - 84083685
门 市 部	010 - 84029450
经 销	新华书店及其他书店

印 刷	北京明恒达印务有限公司
装 订	廊坊市广阳区广增装订厂
版 次	2023 年 6 月第 1 版
印 次	2023 年 6 月第 1 次印刷

开 本	710×1000 1/16
印 张	37.25
插 页	2
字 数	619 千字
定 价	208.00 元

凡购买中国社会科学出版社图书,如有质量问题请与本社营销中心联系调换
电话:010 - 84083683

总　序

　　自习近平总书记 2013 年分别在哈萨克斯坦和印度尼西亚提出建设"丝绸之路经济带"和"21 世纪海上丝绸之路"以来，"一带一路"倡议得到了沿线国家的普遍欢迎，以政策沟通、设施联通、贸易畅通、资金融通、民心相通为代表的"五通"成为连接中国与世界的新桥梁与新通道。习近平总书记在第二届"一带一路"国际合作高峰论坛开幕式上发表的主旨演讲中特别指出：共建"一带一路"，顺应经济全球化的历史潮流，顺应全球治理体系变革的时代要求，顺应各国人民过上更好日子的强烈愿望。面向未来，我们要聚集重点、深耕细作，共同绘制精谨细腻的"工笔画"，推动共建"一带一路"沿着高质量发展方向不断前行。

　　2014 年以来，上海社会科学院积极推进"一带一路"相关研究和国别数据库建设。2017 年 4 月，正值第一届"一带一路"国际合作高峰论坛召开之际，我们与中国国际经济交流中心紧密合作，联合推出了智库型"丝路信息网"。在创建"一带一路"数据库的过程中，我们深感以往学术界、智库对"一带一路"沿线国家的国情、市情研究在广度和深度上都存在着明显不足。比如，传统的区域国别研究或以历史、语言等为背景，或主要局限于国际问题领域，往往缺乏国情、市情研究的多学科特点或专业性调研；对于当下"一带一路"建设中的实际需求也考虑较少。"一带一路"沿线国家各有其不同的历史文化和国情，只有深入了解和认识这些国家的国情、市情，才能为"一带一路"建设和相关决策提供较为扎实的智力保障和知识依托。

　　全国哲学社会科学工作办公室为推进"一带一路"国情研究，于2017 年专门设立了"一带一路"国别与数据库建设研究专项，并组织上海社会科学院、中国人民大学国家发展与战略研究院、兰州大学中亚研究所三家智库组成联合课题组，系统开展"一带一路"国别研究。2018 年正式启动第一期研究，三家智库根据各自专业优势，分别选择不同国家开展研究，并在合作交流中逐步形成了体现国情研究特征的国别研究框架体系。

上海社会科学院高度重视"一带一路"相关研究，并具有较为扎实的国际问题研究和国别研究基础。在王战教授（原院长）、张道根研究员（原院长）、于信汇教授（原党委书记）等原领导和权衡党委书记、王德忠院长、干春辉副院长的支持和指导下，由副院长王振研究员牵头，组成了跨部门研究团队。其中，既囊括了本院国际问题研究所、世界经济研究所、应用经济研究所、城市与人口研究所、宗教研究所、社会学研究所、本院数据中心等相关研究部门的科研骨干，还特邀上海外国语大学、同济大学、复旦大学等上海高校的学者担任国别研究首席专家。在各位首席专家的牵头下，不仅有我院各个领域的科研骨干加入各国别研究团队，还吸收了国内外的一流专家学者参与国别研究，真正形成了跨学科、跨领域的国际化研究格局。

为深化"一带一路"国别研究，有力地推动"一带一路"国别数据库建设，我们在充分总结、评估和吸收现有各类研究文献基础上，更为突出国情研究的特定类型和方式，并在课题研究和数据库建设中特别重视以下几方面特征。一是内容的相对全面性。即除了研究各个国家的资源禀赋、对外开放、人口结构、地域政治外，还要研究各个国家的综合国力、中长期战略、产业结构、市场需求、投资政策、就业政策、科教文化、政治生态、宗教文化等，同时涉及重点城市、产业园区的研究等。特别是用了较大篇幅来梳理、分析我国与这些国家关系的发展。二是调研的一线性。课题组既要收集、整理对象国政府和智库的最新报告，并动员这些国家的优秀专家参与部分研究，增强研究的客观性和实地性，又要收集、整理来自国际组织、国际著名智库的最新国别研究报告，以便多角度地进行分析和判断。三是观察的纵向时序性。课题研究中既有对发展轨迹的纵向梳理和评价，同时还包括对未来发展的基本展望和把握。四是数据库建设内容更新的可持续性与实用性。课题组既要研究国情信息来源渠道的权威性、多样性和长期性，确保国情研究和数据库建设基础内容的需要，同时还要研究如何把汇集起来的大量国情内容，经过专业人员的分析研究，形成更加符合政府、企业和学者需要的国情研究成果。

在研究过程中，课题组经过多次讨论、反复推敲，最终形成了包括基本国情、重大专题和双边关系三方面内容的基本研究框架，这一框架所蕴含的研究特色至少体现在以下三个方面：一是通过跨学科协作，突出基本国情研究的综合性。在第一篇"基本国情"部分，我们组织了来自经济学、地理学、人口学、政治学、国际关系学、宗教学等学科和领域的专家，分别从综合国力、人口结构、资源禀赋、基础设施、产业结构、政治生态、民族宗教、对外关系等方面对"一带一路"沿线国家的基本国情进行深度剖析。二是结合"一带一路"建设需要，突出重大专题研究的专业性。本书第二篇为"重大专题"，我们采取了"3＋X"模式，其中"3"为各卷均需研究的基本内容，包括国家中长期战略、投资与营商环境、中心城市与区域影响力。"X"为基于各国特定国情，以及"一带一路"建设在该国的特定需要而设置的主题。三是着眼于务实合作，突出双边关系研究的纵深度。第三篇主要侧重于"双边关系"领域，我们同样采取了"3＋X"模式。其中，"3"仍为各卷均需研究的基本内容，具体内容包括双边关系的历史与前瞻、对象国的"中国观"、"一带一路"与双边贸易。这些内容对于了解中国和"一带一路"沿线国家双边关系的历史与现实有着非常重要的意义。"X"则着眼于"一带一路"背景下的双边关系特色，以突出每一对双边关系中的不同优先领域。

经过科研团队的共同努力，首期6项国别研究成果（波兰、匈牙利、希腊、以色列、摩洛哥和土耳其）在2020年、2021年由中国社会科学出版社出版，并得到了学界和媒体的较高评价。第二期课题立项后，我们立即组织国内外专家分别对埃及、阿尔及利亚、印度尼西亚、巴基斯坦、菲律宾、斯里兰卡、伊朗、沙特、捷克、马来西亚10国进行了全面研究。第二期课题在沿用前述研究思路和框架的同时，还吸取了首期课题研究中的重要经验，进一步增强了研究的开放性和规范性，强化了课题研究质量管理和学术要求，力求在首期研究成果的基础上"更上一层楼"。

我们特别感谢全国哲学社会科学工作办公室智库处和国家哲学社会科学基金（以下简称"全国社科规划办"）对本项目第二期研究所给予的更大力度的资助。这不仅体现了全国社科规划办对"一带一路"国别研究和数据库建设的高度重视，也体现了对我们首期研究的充分肯定。我们要感谢上海社会科学院有关领导对本项研究的高度重视和大力支持，感谢参与这个大型研究项目的全体同仁，特别要感谢共同承担这一专项研究课题的中国人民大学和兰州大学研究团队。五年来，三家单位在各自擅长的领域共同研究、分别推进，这种同侪交流与合作既拓展了视野，也弥补了研究中可能出现的盲点，使我们获益良多。最后，还要感谢中国社会科学出版社提供的出版平台，他们的努力是这套丛书能够尽早与读者见面的直接保证。

王 振

上海社会科学院副院长、丝路信息网负责人

2022 年 2 月 25 日

本卷作者

前　言　张　群　上海社会科学院国际问题研究所助理研究员

第一篇　基本国情研究

第一章　周　琢　上海社会科学院世界经济研究所副研究员
第二章　周海旺　上海社会科学院城市与人口发展研究所研究员
　　　　曹小雪　上海社会科学院人口学专业研究生
第三章　邹　琳　上海工程技术大学管理学院讲师
　　　　海骏娇　上海社会科学院信息研究所助理研究员
第四章　马　双　上海社会科学院信息研究所副研究员
第五章　金　琳　上海社会科学院信息研究所编译
第六章　来庆立　上海社会科学院中国马克思主义研究所副研究员
第七章　史习隽　上海社会科学院宗教研究所助理研究员
第八章　张　群　上海社会科学院国际问题研究所助理研究员

第二篇　重大专题研究

第一章　吴崇伯　厦门大学国际关系学院/南洋研究院教授
第二章　蔡钰佳　上海社会科学院信息研究所马来语翻译
第三章　邓智团　上海社会科学院城市与人口发展研究所研究员
　　　　彭都君　上海社会科学院研究生
第四章　林　梅　厦门大学国际关系学院/南洋研究院副教授
　　　　赵　悦　厦门大学国际关系学院/南洋研究院研究生
　　　　Alland Dharmawan　厦门大学国际关系学院研究生
第五章　曹云华　暨南大学国际关系学院/华侨华人研究院教授

　　　　　　孙　锦　暨南大学国际关系专业研究生

第六章　高　鹏　青岛大学政治与公共管理学院政治与国际关系系副教授

第七章　周士新　上海国际问题研究院外交政策研究所副研究员

第八章　宋秀琚　华中师范大学中印尼人文交流研究中心研究员

第三篇　"一带一路"背景下的双边关系

第一章　薛　松　复旦大学国际问题研究院副研究员

第二章　李皖南　暨南大学国际关系学院/华侨华人研究院副教授

　　　　　　杨　傲　暨南大学国际关系学院/华侨华人研究院研究生

第三章　潘　玥　暨南大学国际关系学院/华侨华人研究院副研究员

第四章　王勇辉　华中师范大学中印尼人文交流研究中心研究员

　　　　　　王雪微　华中师范大学政治与国际关系学院研究生

第五章　许利平　中国社会科学院亚太与全球战略研究院研究员

　　　　　　孙云霄　北京体育大学人文学院讲师

前　言

　　印度尼西亚共和国（简称"印尼"）位于亚洲东南部，是世界上最大的群岛国家，是全球生物多样性热点地区。印尼是世界人口第四大国，是穆斯林人口最多的民主国家，是东南亚地区面积最大的国家和最大经济体。除此之外，印尼还是不结盟运动和东南亚国家联盟的创始成员，也是亚太经合组织和二十国集团成员，在国际治理中发挥着重要作用。

　　印尼是"一带一路"倡议重要伙伴国。2013 年 10 月，习近平主席在印尼国会发表题为"携手建设中国—东盟命运共同体"重要演讲，首次提出共同建设"21 世纪海上丝绸之路"倡议。印尼前驻华大使苏更·拉哈尔佐表示，印尼海洋强国战略和"一带一路"倡议高度契合。① 自 2013 年中印尼关系由战略伙伴升级为全面战略伙伴以来，两国在政策沟通、设施联通、贸易畅通、资金融通和民心相通等方面取得长足发展。印尼成为建设"21 世纪海上丝绸之路"重要支点和亚洲基础设施投资银行创始成员。印尼驻华大使周浩黎表示，中国投资为印尼四大经济走廊诸多战略项目提供了支持，推动印尼基础设施建设和上游产业发展。②

　　在"一带一路"倡议和印尼"全球海洋支点"构想对接框架下，中国与印尼之间的合作具有广阔的空间与潜力。然而，伴随着合作的深入，一些深层问题逐渐显现。解决问题的第一步在于加深对印尼国情的了解和研究。因而，对印尼国情进行系统梳理和研究，对高质量共建"一带一路"具有重要启示意义。

---

　　① 杨月：《印尼大使：印尼海洋强国战略和中国一带一路倡议高度契合》，http：//news. youth. cn/gn/201503/t20150326_ 6547008. htm。

　　② 《印尼驻华大使：中国投资为印尼四大经济走廊战略项目提供支持》，https：//baijiahao. baidu. com/s? id = 1718184100280710489&wfr = spider&for = pc。

　　本书是上海社会科学院副院长王振研究员主持的国家社会科学基金"一带一路"建设研究专项"'一带一路'沿线国别研究报告"系列成果之一。本书由来自复旦大学、华中师范大学、暨南大学、青岛大学、上海国际问题研究院、厦门大学、中国社会科学院以及上海社会科学院的20余名专家学者分章撰写而成。全书分为基本国情研究、重大专题研究、双边关系研究三大部分，对印尼进行系统介绍和研究，以期为读者了解印尼或深化研究提供助力。鉴于时间、资料及学术积累等因素限制，书中不免存在疏忽纰漏之处，敬请各位读者和同行批评指正。

目　　录

第二篇　重大专题研究

第三篇　"一带一路"背景下的双边关系

第一篇
基本国情研究

第一章 综合国力评估

综合国力评估是对一个国家基本国情的总体判断，也是我们进行国与国之间比较的基础。综合国力是一个系统的概念，涉及基础国力、消费能力、贸易能力、创新能力和营商环境。如何将其度量、量化是本章的主要工作。本章试图通过数量化的指标体系对印尼的综合国力进行评估，进而认识印尼在"一带一路"国家和在全世界国家和地区中的排名。

第一节 指标体系构建原则

指标体系构建原则是为了反映一国在一个时期内的综合国力。我们在参考国际上指标体系和竞争力指标的基础上，立足于"一带一路"国家的特点，提出了"一带一路"国家综合国力指数，旨在揭示"一带一路"国家的综合国力和基本国情，以便更好地判断"一带一路"建设的现实。

从国际贸易角度出发，国际竞争力被视为比较优势。绝对优势理论、相对优势理论、要素禀赋理论都认为，一国之所以比其他国家或企业有竞争优势，主要是因为其在生产率、生产要素方面有比较优势。从企业角度出发，国际竞争力被定义为企业的一种能力，国际经济竞争实质上是企业之间的竞争。从国家角度出发，国际竞争力被视为提高居民收入和生活水平的能力。美国总统产业竞争力委员会在 1985 年的《总统经济报告》中将国家竞争力定义为"在自由和公平的市场环境下，保持和扩大其国民实际收入的能力"。

裴长洪和王镭（2002）[①] 指出，国际竞争力有产品竞争力、企业竞争力、产业竞争力以及国家竞争力之分。从经济学视角来看，关于各类竞争力的讨论分别对应微观、中观和宏观层次。不同于以往的国家综合国力指数，"一带一路"国家综合国力评估立足于发展，发展是"一带一路"国家的本质特征，我们从基础国力、消费能力、贸易能力、创新能力和营商环境五个方面评估"一带一路"国家发展的综合实力和潜力。

要建立一个科学、合理的"一带一路"国家国情评估体系，就需要一个清晰、明确的构建原则：

（1）系统性原则。指标体系的设置要能全面反映"一带一路"沿线国家的发展水平，形成一个层次分明的整体。

（2）通用性原则。指标体系的建立需要实现统一标准，以免指标体系混乱而导致无法进行对比分析，指标的选取要符合实际情况和大众的认知，要有相应的依据。

（3）实用性原则。评估"一带一路"沿线各国国情的目的在于反映其发展状况，为宏观调控提供可靠的依据。因此设置的评估指标数据要便于搜集和处理，要合理控制数据量，以免指标所反映的信息出现重叠的情况。

（4）可行性原则。在设置评估指标时，要考虑到指标数据的可获得性，需要舍弃难以获取的指标数据，采用其他相关指标进行弥补。

合理选取指标和构建综合国力指数评估体系，有利于真实、客观地反映"一带一路"国家的发展质量与综合水平。本书在回顾既有研究成果的基础上，聚焦"国情"和"综合"，结合"一带一路"国家发展实践，提出其综合国力指数的构建原则，并据此构建一套系统、科学、可操作的评估指标体系。

构建方法，第一步，对原始数据进行标准化处理；第二步，按照各级指标进行算术加权平均；第三步，得出相应数值并进行排名。

这一指数的基础数据主要来源于世界贸易组织（WTO）、国际竞争力报告、联合国贸发会议（UNCTAD）、世界银行（WB）、国际货币基金组

---

① 裴长洪、王镭：《试论国际竞争力的理论概念与分析方法》，《中国工业经济》2002 年第4 期。

织（IMF）、世界知识产权组织（WIPO）、联合国开发计划署（UNDP）、联合国教科文组织（UNESCO）、世界能源理事会（WEC）、社会经济数据应用中心（SEDAC）以及"一带一路"国家数据分析平台等。

在关于数据可得性方面，指数所涉及的统计数据存在缺失的情况，特别是一些欠发达国家的数据。为了体现指数的完整性和强调指数的横向比较性，对于缺失的数值，我们参考过去年份的统计数据，采取插值法使得指数更为完整。

第二节　指标体系构建内容

本书拟构建一个三级指标体系来对一个国家的综合国力进行评估。

一　一级指标

本章的综合国力主要基于"一带一路"国家的发展特点评估得出，所以在选择基本指标时，我们倾向于关注国家的发展潜力，所以一级指标体系包括四个"力"和一个"环境"，分别为基础国力、消费能力、贸易能力、创新能力和营商环境。

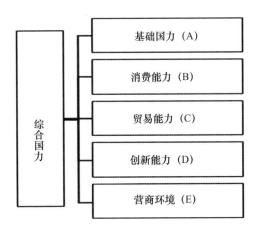

图 I-1-1　"一带一路"国家综合国力一级指标

二　二级指标

关于基础国力（A），我们设置了四个二级指标，分别是资源禀赋

（A1）、人口状况（A2）、教育水平（A3）和基础设施（A4）

关于消费能力（B），我们设置了两个二级指标，分别是消费总量（B1）和消费结构（B2）。

关于贸易能力（C），我们设置了两个二级指标，分别是进口能力（C1）和出口能力（C2）。

关于创新能力（D），我们设置了三个二级指标，分别是创新人才（D1）、研发投入（D2）和创新成果（D3）。

关于营商环境（E），我们设置了四个二级指标，分别是制度环境（E1）、投资安全（E2）、外商政策（E3）和公共服务（E4）。

三 三级指标

三级指标共有 139 个，具体见表 I-1-1 所示。

表 I-1-1　　　　　　　　"一带一路"国家综合国力指标

一级指标	二级指标	三级指标	三级指标代码
基础国力（A）	资源禀赋（A1）	地表面积	A101
		可再生内陆淡水资源总量	A102
		耕地面积	A103
	人口状况（A2）	总人口数	A201
		城市人口数	A202
		农村人口数	A203
		少儿人口抚养比	A204
		老龄人口扶养比	A205
	教育水平（A3）	中学教育入学率	A301
		教育体系的质量	A302
		数学和科学教育质量	A303
		管理类教育质量	A304
		学校互联网普及程度	A305
		基础教育质量	A306
		基础教育入学率	A307

续表

一级指标	二级指标	三级指标	三级指标代码
基础国力（A）	基础设施（A4）	总体基建水平	A401
		公路长度（千米）	A402
		铁路长度（千米）	A403
		港口效率	A404
		空中运输	A405
		航线客座千米（百万/每周）	A406
		电力供应	A407
		手机普及程度（每百人）	A408
		固定电话数（每百人）	A409
消费能力（B）	消费总量（B1）	GDP（PPP）（百万美元）	B101
		国内市场规模指数	B102
	消费结构（B2）	人均消费（底层40%的人口）（美元/天）	B201
		人均消费（总人口）（美元/天）	B202
		人均实际消费年化增长率（底层40%的人口）（%）	B203
		人均实际消费年化增长率（总人口）（%）	B204
贸易能力（C）	进口能力（C1）	保险和金融服务占商业服务进口的比例（%）	C101
		商业服务进口（现价美元）	C102
		运输服务占商业服务进口的比例（%）	C103
		旅游服务占商业服务进口的比例（%）	C104
		货物进口（现价美元）	C105
		农业原料进口占货物进口总额的比例（%）	C106
		食品进口占货物进口的比例（%）	C107
		燃料进口占货物出口的比例（%）	C108
		制成品进口占货物进口的比例（%）	C109
		矿石和金属进口占货物进口的比例（%）	C110
		通信、计算机和其他服务占商业服务进口的比例（%）	C111

续表

一级 指标	二级 指标	三级指标	三级指标 代码
贸易能力 （C）	出口 能力 （C2）	保险和金融服务占商业服务出口的比例（%）	C201
		商业服务出口（现价美元）	C202
		运输服务占商业服务出口的比例（%）	C203
		旅游服务占商业服务出口的比例（%）	C204
		货物出口（现价美元）	C205
		农业原料出口占货物出口总额的比例（%）	C206
		食品出口占货物出口的比例（%）	C207
		燃料出口占货物出口的比例（%）	C208
		制成品出口占货物出口的比例（%）	C209
		矿石和金属出口占货物出口的比例（%）	C210
		通信、计算机和其他服务占商业服务出口的比例（%）	C211
创新能力 （D）	创新 人才 （D1）	高等教育入学率（%）	D101
		留住人才能力	D102
		吸引人才能力	D103
		科学家和工程师水平	D104
		每百万人中 R&D 研究人员（人）	D105
		每百万人中 R&D 技术人员（人）	D106
	研发 投入 （D2）	研发支出占 GDP 比例（%）	D201
		最新技术有效利用程度	D202
		企业的科技运用能力	D203
		科学研究机构的质量	D204
		企业研发投入	D205
		产学研一体化程度	D206
		政府对高科技产品的采购	D207
		FDI 和技术转化	D208
		互联网使用者人口（%）	D209
		固定宽带用户（每百人）	D210
		互联网带宽	D211
		移动互联网用户（每百人）	D212

续表

一级指标	二级指标	三级指标	三级指标代码
创新能力（D）	创新成果（D3）	非居民专利申请数（个）	D301
		居民专利申请数（个）	D302
		商标申请（直接申请，非居民）（个）	D303
		商标申请（直接申请，居民）（个）	D304
		商标申请合计（个）	D305
		高科技产品出口（现价美元）	D306
		在科学和技术学术期刊上发表的论文数（篇）	D307
		高科技产品出口占制成品出口的比例（%）	D308
		工业设计应用数量，非居民（个）	D309
		工业设计应用数量，居民（个）	D310
		非居民商标申请（个）	D311
		居民商标申请（个）	D312
		中高技术产品出口占制成品出口的比例（%）	D313
营商环境（E）	制度环境（E1）	有形产权保护	E101
		知识产权保护	E102
		公共基金的多样性	E103
		政府公信力	E104
		政府的廉政性	E105
		公正裁决	E106
		政府决策偏袒性	E107
		政府支出效率	E108
		政府管制负担	E109
		争端解决机制的法律效率	E110
		改变陈规的法律效率	E111
		政府政策制定透明程度	E112
		审计和披露标准力度	E113
		公司董事会效能	E114
		金融服务便利程度	E115
		金融服务价格合理程度	E116
		股票市场融资能力	E117
		贷款便利程度	E118
		风险资本便利程度	E119

续表

一级指标	二级指标	三级指标	三级指标代码
营商环境（E）	投资安全（E2）	公安机关的信任度	E201
		恐怖事件的商业成本	E202
		犯罪和暴力的商业成本	E203
		有组织的犯罪	E204
		中小股东利益保护	E205
		投资者保护（0—10 分）	E206
		银行的安全性	E207
	外商政策（E3）	当地竞争充分程度	E301
		市场的主导地位	E302
		反垄断政策力度	E303
		税率对投资刺激的有效性	E304
		总体税率（%）	E305
		开办企业的步骤	E306
		开办企业的耗时天数	E307
		农业政策成本	E308
		非关税壁垒的广泛程度	E309
		关税	E310
		外资企业产权保护	E311
	公共服务（E4）	当地供应商数量	E401
		当地供应商质量	E402
		产业集群发展	E403
		自然竞争优势	E404
		价值链宽度	E405
		国际分销控制能力	E406
		生产流程成熟度	E407
		营销能力	E408
		授权意愿	E409
		劳动和社会保障计划的覆盖率占总人口的百分比（%）	E410
		劳动和社会保障计划的充分性占受益家庭总福利的百分比（%）	E411
		20% 最贫困人群的劳动和社会保障计划的受益归属占总劳动和社会保障计划受益归属的百分比（%）	E412

续表

一级指标	二级指标	三级指标	三级指标代码
营商环境（E）	公共服务（E4）	失业救济和积极劳动力市场计划的覆盖率占总人口的百分比（%）	E413
		20%最贫困人群的失业救济和积极劳动力市场计划的受益归属占总失业救济和积极劳动力市场计划受益归属的百分比（%）	E414
		社会安全网计划的覆盖率占总人口的百分比（%）	E415
		社会安全网计划的充分性占受益家庭总福利的百分比（%）	E416
		20%最贫困人群的社会安全网计划的受益归属占总安全网受益归属的百分比（%）	E417
		社会保险计划的覆盖率占总人口的百分比（%）	E418
		社会保险计划的充分性占受益家庭总福利的百分比（%）	E419

　　印尼的综合国力在"一带一路"国家中排第 28 位，在世界 141 个国家和地区中排第 55 位。2018 年印尼人口总数约为 2.64 亿人，人均 GDP 为 3870.6 美元，失业率为 4.3%，基尼系数为 38.1，可再生能源消费比重为 36.9%。在 2014 年至 2019 年的 5 年间，FDI 流入占 GDP 的比重为 1.8%；在 2009 年至 2019 年的 10 年间，GDP 增长率为 4.8%。

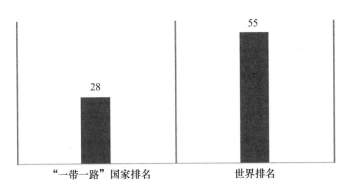

图 I-1-2　印尼的综合国力排名（位）

　　印尼的基础国力在"一带一路"国家中排第 40 位，在世界 141 个国家和地区中排第 72 位。印尼的消费能力在"一带一路"国家中排第 4 位，在世界 141 个国家和地区中排第 7 位。印尼的贸易能力在"一带一路"国家中排第 26 位，在世界 141 个国家和地区中排第 49 位。印尼的创新能力在"一带一路"国家中排第 45 位，在世界 141 个国家和地区中排第 74 位。印尼的营商环境在"一带一路"国家中排第 33 位，在世界 141 个国家和地区中排第 63 位。

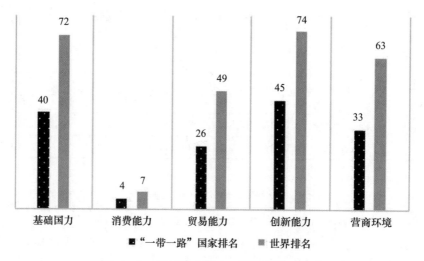

图 I-1-3　印尼综合国力一级指标排名（位）

第三节　指标分类评估

一　基础国力评估

印尼位于亚洲东南部，别号"千岛之国"，实际拥有大小岛屿 17508 座，以巴厘岛最为闪耀。作为全球最大的群岛国家，印尼地跨南北两个半球，横卧两洋两洲（太平洋、印度洋；亚洲、大洋洲），扼守马六甲海峡、巽他海峡、龙目海峡等重要的国际贸易航道。

基础国力是衡量一国在资源禀赋、人口状况、教育水平和基础设施方面的能力。印尼的资源禀赋在"一带一路"国家中排第 35 位，在世界 141 个国家和地区中排第 59 位。

印尼自然资源丰富，有"热带宝岛"之称。盛产棕榈油、橡胶等农林产品，其中棕榈油产量居世界第一位，天然橡胶产量居世界第二位。富含石油、天然气以及煤、锡、铝矾土、镍、铜、金、银等矿产资源。在过去20年里，印尼的煤产量稳步上升。印尼的黄金产量基本稳定在 10000

（百万吨）

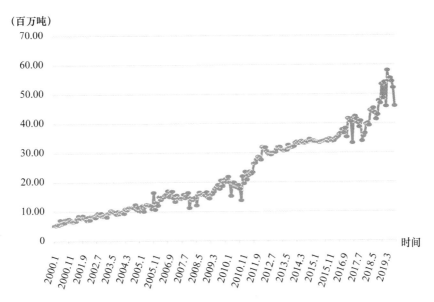

图 I－1－4　印尼的煤炭生产情况

资料来源：世界银行数据库。

（百公斤）

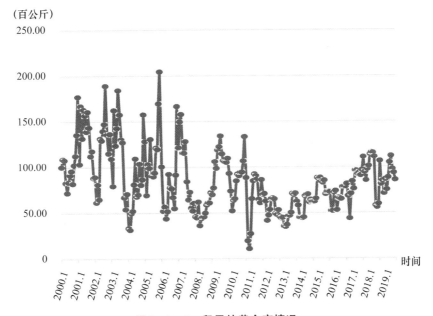

图 I－1－5　印尼的黄金产情况

资料来源：世界银行数据库。

公斤左右。矿业在印尼经济中占有重要地位,其产值占 GDP 的 10% 左右。据印尼官方统计,印尼已探明石油储量约为 97 亿桶(13.1 亿吨),天然气储量达 4.8 万亿—5 万亿立方米,煤炭储量为 193 亿吨,潜在储量可达 900 亿吨以上。

印尼的人口状况在"一带一路"国家中排第 3 位,在世界 141 个国家和地区中排第 6 位。印尼是世界上第四人口大国,据 2019 年印尼全国人口普查,人口总数为 2.68 亿人,其中近 56.3% 的人口集中在爪哇岛,该岛是世界上人口最多的岛屿。其人口数在全球排行第四,仅次于中国、印度和美国。该国人口相对年轻,约一半在 30 岁以下,因此劳动人口数量众多,约有 1.23 亿人,在东盟居冠。不过,超过九成人口从未接受过大专程度教育。15 岁以上人口约有 1.97 亿人,其中就业人数达 1.33 亿人。按行业统计,就业人口主要分布在农业、商贸、工业、建筑业及服务业。华人约占人口总数的 3.79%(实际人数要高于这一比例),在印尼商贸和服务业领域发挥着重要作用。图 I-1-6 为 1990 年至 2020 年印尼的人口增长率,横轴为年份。从动态角度来看,印尼虽然是大国,但是印尼的人口增长率呈现出下降趋势。从 1990 年的 1.8% 左右下降到 2020 年的近 1%,这个过程反映了印尼的人口问题,这将会在后面的章节中做进一步阐述。

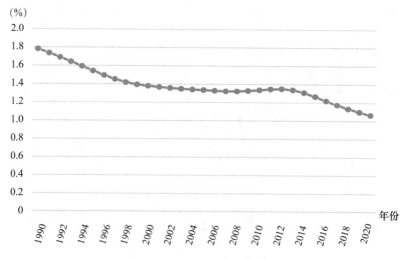

图 I-1-6   1990—2020 年印尼的人口增长率
资料来源:世界银行数据库。

与此同时，1990—2020 年印尼农村人口占总人口的比重呈现出单边下降态势，印尼农村人口不断流入城市，这一变化反映了印尼城镇化进程正不断推进。

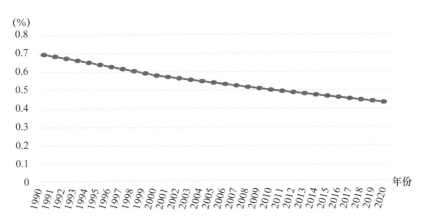

图 I - 1 - 7　1990—2020 年印尼农村人口占总人口的比重

资料来源：世界银行数据库。

在过去 25 年中，印尼就业市场一直保持稳定，就业率大致保持在 77%—80%，但是这一水平低于发达国家。

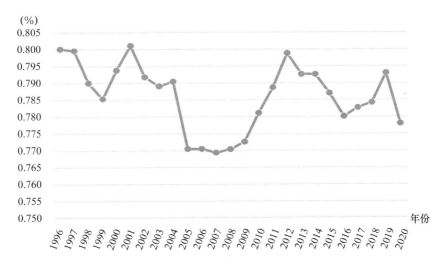

图 I - 1 - 8　1996—2020 年印尼的就业水平

资料来源：世界银行数据库。

印尼的教育水平在"一带一路"国家中排第 45 位，在世界 141 个国家和地区中排第 75 位。印尼实行 9 年制义务教育。2017 年教育预算开支约为 2100 亿元人民币，著名大学有雅加达的印度尼西亚大学、日惹的加查马达大学、泗水的艾尔朗卡大学、万隆理工学院等。

印尼的基础设施在"一带一路"国家中排第 56 位，在世界 141 个国家和地区中排第 76 位。印尼基础设施建设发展相对滞后，是制约其经济增长和投资环境改善的一个主要瓶颈。与此同时，加强基础设施建设也是保证印尼经济能够出现年均增长 6% 的重要因素。印尼是群岛国家，与邻国直接接壤较少，外界互联互通主要通过海路、航空等方式。陆路运输比较发达的地区有爪哇、苏门答腊、苏拉威西、巴厘岛等。全国公路网在 1989—1993 年已经形成。印尼公路全长 34 万千米，但公路质量不高，高速公路建设停滞不前。截至 2014 年底，高速公路总里程不到 1000 千米。印尼将把高速公路建设列为重点工程之一，根据《2015—2019 年印度尼西亚中期发展规划》，2014—2019 年，印尼政府新建 2650 千米的公路和 1000 千米的高速公路，维修全长 46770 千米的现有公路，在 20 个城市建设了快速公交线路。

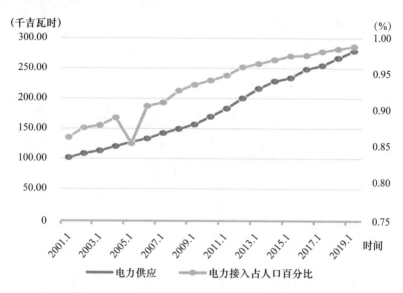

图 I-1-9　印尼的电力供应与电力接入占比变化

资料来源：世界银行数据库。

印尼铁路为国家所有，由印尼国有资产管理公司经营，大规模运输任务都由铁路承担。印尼全国铁路总长 6458 千米，其中，窄轨铁路长 5961 千米。爪哇岛和苏门答腊岛铁路运输比较发达，其中，爪哇岛铁路长 4684 千米，占全国铁路总长的 73.6%。2014—2019 年，印尼政府新建了 3258 千米的铁路网，其中，在爪哇地区发展了南部铁路以及贯通南北的铁路线，并逐渐建设双向铁轨，在加里曼丹和苏拉威西地区将进行铁路运输的调研及准备工作，在雅加达、泗水、锡江和万鸦佬地区考虑建设城市轨道交通。

为解决印尼基础设施落后问题，佐科总统上任后，提出了建设"海上高速公路"战略，确定了 2015—2019 年建设的国家重点项目，其所需投资约为 4000 亿美元，主要包括供水、电力、交通、港口和公共卫生设施等基础设施项目。印尼的电力供应与电力接入占比在过去二十多年间稳步上升。根据印尼国家预算草案，2014 年基础设施建设的预算约为 200 亿美元，主要用于公路、铁路、港口、机场、电站、水利灌溉等项目建设。

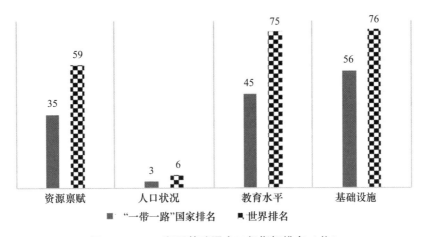

图 I - 1 - 10　印尼基础国力二级指标排名（位）

二　消费能力评估

消费能力是衡量一国内需的能力，消费能力包括了市场规模、人均GDP 和人均消费增长等能力。印尼的消费总量在"一带一路"国家中排第 4 位，在世界 141 个国家和地区中排第 8 位。印尼的消费结构在"一带一路"国家中排第 3 位，在世界 141 个国家和地区中排第 6 位。

印尼已跻身于中等收入国家行列。印尼人口多，国内消费需求规模较大，近年来，个人消费支出占 GDP 的比例在 60% 左右，对 GDP 贡献率超过一半，是支撑经济增长的基石。

图 I - 1 - 11 为印尼 2010 年 1 月至 2021 年 4 月的零售销费指数和消费者信心指数，2010 年 1 月为基年，定义为 100。印尼的零售销费指数和消费者信心指数处于景气区间，高于 100。但是因受到新冠疫情的影响，这两个指数纷纷回落。2008 年至 2019 年，印尼商品和服务支出呈现出上升趋势。不过，随着新冠疫情的发展，印尼的商品和服务支出在短期内有所调整。在 2020 年第一季度，印尼居民消费同比增长 2.84%，远低于 2019 年同期的 5.01%。虽然印尼经济不发达，但物价水平相对较高，近年来平均通货膨胀率在 4% 左右。受新冠疫情影响，2020 年 3 月，通货膨胀率仅为 0.1%。

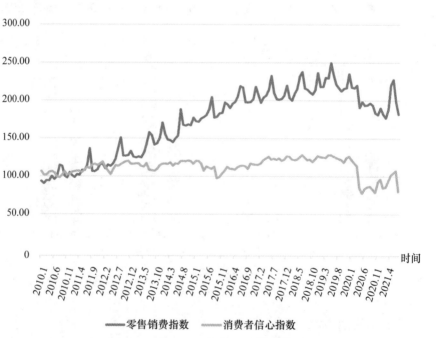

图 I - 1 - 11   印尼的零售消费指数与消费者信心指数变化

资料来源：CEIC 数据库。

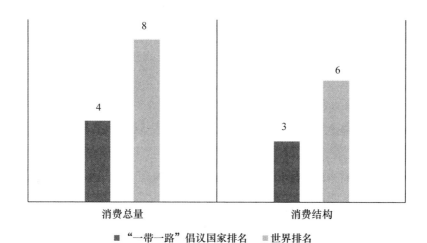

图 I-1-12 印尼消费能力二级指标排名（位）

三 贸易能力评估

贸易能力是衡量一国对外开放的能力，是一国向全世界提供产品和为全世界提供消费市场的能力。印尼的进口能力在"一带一路"国家中排第 23 位，在世界 141 个国家和地区中排第 45 位。印尼的出口能力在"一带一路"国家中排第 29 位，在世界 141 个国家和地区中排第 51 位。

据印尼中央统计局统计，2019 年印尼货物进出口额为 3373.9 亿美元，同比下降 8.55%。其中，出口 1670 亿美元，下降 7.3%；进口 1703.9 亿美元，下降 9.7%。贸易逆差达 33.9 亿美元，下降 60%。图 I-1-13 为印尼过去近二十年的进出口增长变化情况，进口变化和出口变化率基本同步，进口的变化率大于出口的变化率，所以从总体上讲，印尼的对外贸易处于逆差变小的过程中。根据印尼贸易差额的绝对额变化情况（见图 I-1-14），印尼的贸易顺差主要来自于发达国家，而近几年的贸易逆差主要来自发展中国家。

除中国外，美国、日本和新加坡是印尼重要的三大出口市场，2019 年，印尼对这三国的出口为 176.5 亿美元、159.3 亿美元和 129.3 亿美元，分别下降 4.2%、18.2% 和 0.5%，占印尼出口总额的 10.6%、9.5% 和 7.7%。在进口方面，中国是印尼第一进口来源国，新加坡和日本是另外两大主要进口来源国，2019 年印尼自新加坡和日本进口额为 171

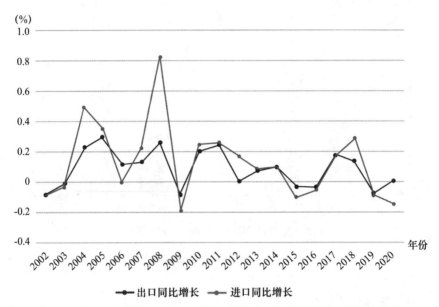

图 I - 1 - 13　印尼的进出口增长变化情况

资料来源：世界银行数据库。

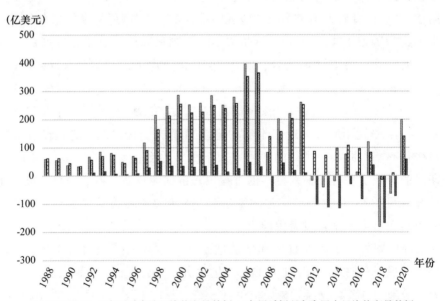

图 I - 1 - 14　印尼的贸易差额变化情况

资料来源：IMF 数据库。

亿美元和 156.1 亿美元, 分别下降 20.3% 和 13.2%, 占印尼进口总额的
10% 和 9.2%。此外, 自泰国进口额为 94.6 亿美元, 下降 13.6%, 占印
尼进口总额的 5.6%。

印尼食品出口在 1990 年至 2019 年呈上升趋势 (见图 I-1-15), 这
说明印尼的制药食品业出口额的比重在下降。出口占印尼 GDP 的比重呈
下降趋势 (见图 I-1-16), 这说明印尼的外贸部门在萎缩。

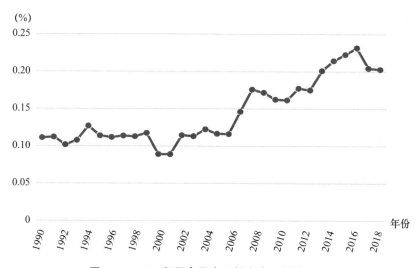

图 I-1-15 印尼食品出口额占出口额的比重

资料来源: 世界银行数据库。

目前, 印尼关税税目中有近 20% 的产品涉及进口许可要求, 涉及对
其国内产业的保护, 如大米、糖、盐、部分纺织品和服装产品、丁香、动
物和动物产品以及园艺产品。印尼的进口许可要求相当复杂, 而且缺乏透
明度, 许多世贸组织成员已经对此表示了严重关切。印尼政府采取进口数
量限制的产品有大米、糖、动物和动物产品, 盐, 酒精饮料和部分臭氧消
耗物质。这些产品的进口数量每年由印尼政府部长级会议根据国内产量和
消费量决定, 并通过印尼进口许可制度来具体实施。

根据世界贸易组织的统计, 2009 年, 印尼简单平均约束关税继续维
持在 37.1%, 简单平均最惠国适用关税税率为 6.8%, 其中农产品为
8.4%, 非农产品为 6.6%, 基本与 2008 年持平。印尼对汽车、钢铁以及

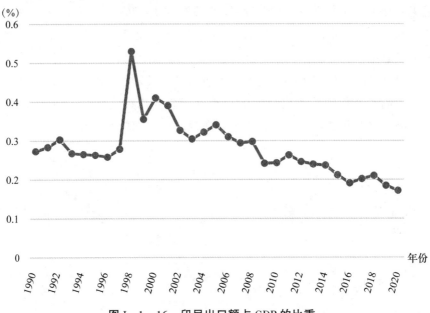

图 I-1-16　印尼出口额占 GDP 的比重

资料来源：世界银行数据库。

部分化学产品不征收关税，并将大多数的关税约束在 40% 左右。印尼的总体关税水平处于较高水平，远高于其他发展中国家。

据印尼统计局统计，2019 年，印尼与中国双边货物进出口额为 727.7 亿美元，同比增长 0.15%。其中，印尼对中国出口 278.8 亿美元，增长 2.8%，占其出口总额的 16.7%；印尼自中国进口 448.9 亿美元，同比下降 1.4%，占其进口总额的 26.4%。据中国海关统计，2019 年，中国与印尼双边货物进出口额为 797 亿美元，同比增长 3.1%。其中，中国从印尼出口 456.4 亿美元，同比增长 5.7%；中国从印尼进口 340.6 亿美元，同比下降 0.3%。印尼自中国进口的主要产品为锅炉、机械器具及零件、电机、电气、音像设备及其零附件、钢铁、钢铁制品、车辆及其零附件、船舶及浮动结构体、贵金属化合物、棉花、化学纤维长丝、针织物及钩编织物、有机和无机化学品、塑料及其制品、涂料、油灰、家具、灯具、活动房、蔬菜、食用水果及坚果、烟草、烟草及烟草代用品的制品、矿物燃料、矿物油及其产品沥青、铝及其制品、光学、照相、医疗等设备及零附件、橡胶及其制品、肥料、纸及纸板，纸浆、纸或纸板制品、陶瓷产品、玻璃及其制品，等等。向中国出口的主要产品为矿物燃料、动植物油脂、塑料、橡胶、化工产品、纤维素浆及纸张、木及制品、纺织品及原料、机电产品、贱金属及制品、活动物及动物产品、食品、饮料、烟草、植物产品、鞋靴、伞等轻工产品、光学、钟表、医疗设备、运输设备，等等。

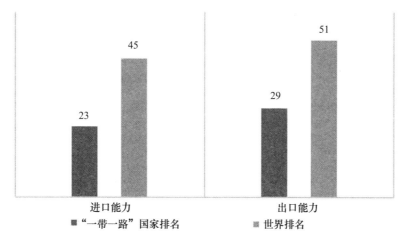

图 I-1-17　印尼贸易能力二级指标排名（位）

四　创新能力评估

创新能力是一个国家高质量发展的基础动力。习近平主席在国际合作高峰论坛上提到"创新就是生产力，企业赖之以强，国家赖之以盛。我们要顺应第四次工业革命发展趋势，共同把握数字化、网络化、智能化发展机遇，共同探索新技术、新业态、新模式，探寻新的增长动能和发展路径，建设数字丝绸之路、创新丝绸之路"。印尼的创新人才在"一带一路"国家中排第 19 位，在世界 141 个国家和地区中排第 38 位。印尼的居民专利申请呈现上升趋势，但总体上还是低于发达国家的平均水平。

印尼的研发投入在"一带一路"国家中排第 54 位，在世界 141 个国家和地区中排第 116 位。印尼的人力资本指数在 0.5 左右。印尼的创新成果在"一带一路"国家中排第 35 位，在世界 141 个国家和地区中排第 56 位。2010—2019 年，印尼高科技产品出口没有发生大的变化，几乎停滞不前，且绝对量比较小。

（项）

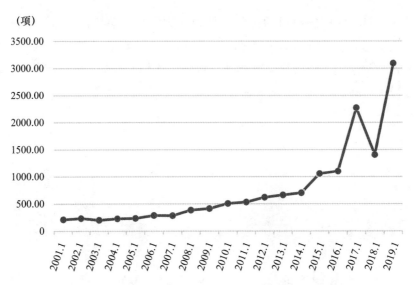

图 I-1-18　印尼的居民专利申请发展情况

资料来源：世界银行数据库。

五　营商环境评估

营商环境是指市场主体在准入、生产经营、退出等过程中所涉及的政务环境、市场环境、法治环境、人文环境等有关外部因素和条件的总和。根据印尼投资协调委员会（BKPM）统计，2019 年，印尼实际吸引外资 423.1 万亿盾（282 亿美元），同比增长 7.7%。2019 年，外国投资前五大来源地依次为：新加坡（65 亿美元，占比 23.1%）、中国内地（47 亿美元，占比 16.8%）、日本（43 亿美元，占比 15.3%）、中国香港（29 亿美元，占比 10.2%）和荷兰（26 亿美元，占比 9.2%）。

2018 年 11 月，印尼政府修订并公布了投资负面清单，大幅放宽外资准入或持股比例。外国投资者可以在互联网服务、制药、针灸服务设施、商业性画廊、艺术表演画廊及旅游开发等行业拥有 100% 股权。此次被排除出投资负面清单的有五大领域 54 项业务，允许外国投资者拥有 100% 的股权。这些投资领域包括制药行业、针灸服务设施、艺术表演画廊、商业画廊、旅游业开发、市场调研服务，固定电信网络、移动电信网络、电信服务内容、互联网接入、信息服务中心或呼叫中心等在内的数据通信服务，海上石油天然气钻井、地热钻井、地热发电厂、职业培训、征信调查等。印尼政府希望该项投资放宽政策能够吸引更多的外商投资。本轮投资负面清单调整是印尼政府推出第 16 套经济改革措施的重要内容。该套经济改革措施还包括减税、出口收入回流等，意在增加外国投资者信心和弥补贸易逆差。印尼的 FDI 流入规模相对发达国家而言较小，且波动较大，并没有呈现出一个稳定向上的态势，说明外国投资对于印尼的投资环境持谨慎的态度。

印尼的制度环境在"一带一路"国家中排第 18 位，在世界 141 个国家和地区中排第 51 位。印尼的投资安全在"一带一路"国家中排第 36 位，在世界 141 个国家和地区中排第 60 位。印尼的外商政策在"一带一路"国家中排第 28 位，在世界 141 个国家和地区中排第 68 位。印尼的公共服务在"一带一路"国家中排第 22 位，在世界 141 个国家和地区中排第 44 位。

税收是反映制度环境的重要方面，印尼的利润税占比在 2013 年至 2019 年呈现出下降趋势，但是下降的比例不大，2019 年相较 2013 年而言，利润税占比下降了 3%。2017 年至 2019 年，利润税占比几乎没有发生变化。

在外商政策方面，2013—2019 年，开业成本占 GNI 的比重下降幅度较大，由 20% 下降到了 5%。从财产注册的时间来看，2019 年相比 2013 年，时间多了 3 天，2013 年至 2017 年，该比重几乎没有发生变化。所以从开办企业的角度来看，成本呈下降态势，但是财产注册的时间增加。

在公共服务方面，2014—2019 年，印尼出口所需要的时间有所下降，由 2014 年的 144 天下降为 2019 年的 106 天，下降的比例为 26.38%。但是这一时间和主要发达国家相比仍然有一定的差距。

小　结

从资源禀赋、人口状况、教育水平和基础设施等方面来看，印尼基础国力在全世界处于中等偏上水平。印尼资源禀赋在世界 141 个国家和地区中排第 59 位；人口在世界 141 个国家和地区中排第 6 位；教育水平在世界 141 个国家和地区中排第 75 位；基础设施在世界 141 个国家和地区中排第 76 位。其中，印尼基础设施落后是制约其经济增长的主要瓶颈之一，其基础设施水平在"一带一路"国家和地区中排第 56 位。

印尼消费能力在全世界位于前十。在市场规模方面，印尼消费总量在"一带一路"国家和地区中排第 4 位，在世界 141 个国家和地区中排第 8 位。在收入方面，印尼已跻身于中等收入国家行列。在消费方面，印尼在"一带一路"国家中排第 3 位，在世界 141 个国家和地区中排第 6 位。

印尼贸易能力、创新能力、营商环境在全世界均处于中等偏上水平。在贸易能力方面，进口能力在世界 141 个国家和地区中排第 45 位，出口能力在世界 141 个国家和地区中排第 51 位。在创新能力方面，印尼创新人才在"一带一路"国家中排第 19 位，在世界 141 个国家和地区中排第 38 位。在营商环境方面，印尼制度环境在世界 141 个国家和地区中排第 51 位，投资安全排第 60 位，外商政策排第 68 位，公共服务排第 44 位。

第二章　人口结构

　　印尼是东南亚国家，首都为雅加达，位于亚洲东南部，地跨赤道，与巴布亚新几内亚、东帝汶、马来西亚接壤，与泰国、新加坡、菲律宾、澳大利亚等国隔海相望。印尼是世界上最大的群岛国家，由太平洋和印度洋之间约 17508 个大小岛屿组成。陆地面积约 190.4 万平方千米，海洋面积约 316.6 万平方千米（不包括专属经济区）。① 北部的加里曼丹岛与马来西亚隔海相望，新几内亚岛与巴布亚新几内亚相连。东北部濒临菲律宾，西南部是印度洋，东南与澳大利亚相望。海岸线总长为 54716 千米，疆域横跨亚洲及大洋洲，是多火山多地震的国家。印尼岛屿分布较为分散，主要有加里曼丹岛、苏门答腊岛、伊里安岛、苏拉威西岛和爪哇岛。各岛内部多崎岖山地和丘陵，仅沿海有狭窄平原，并有浅海和珊瑚环绕。

　　印尼总人口为 2.71 亿人（2019 年），是世界第四人口大国。有数百个民族，其中爪哇族人口占 45%，巽他族占 14%，马都拉族占 7.5%，马来族占 7.5%，其他民族占 26%。民族语言共有 200 多种，官方语言为印尼语。约 87% 的人口信奉伊斯兰教，是世界上穆斯林人口最多的国家。6.1% 的人口信奉基督教，3.6% 的人口信奉天主教，其余信奉印度教、佛教和原始拜物教等。根据印尼政府 2014 年公布的数字，印尼有 300 多个民族，其中爪哇族占人口总数的 45%，巽他族占 14%，马都拉族占 7.5%，马来族占 7.5%，华人约占人口总数的 5%，超过 1000 万人。②

　　作为东盟最大的经济体、"一带一路"沿线的重要国家，印尼对"一带一路"倡议的推进尤为重要。"一带一路"倡议，尤其是"21 世纪海上丝

---

① 中华人民共和国驻印度尼西亚共和国大使馆经济商务处，http：//id. mofcom. gov. cn/。
② 中华人民共和国外交部，https：//www. fmprc. gov. cn/。

绸之路"和印尼"海洋强国战略"的契合为两国未来合作提供了十分广阔的空间。印尼经济体量大，人口多，是世界第四人口大国和第三大发展中国家，印尼与中国的交流历史悠久，社会、经济和文化方面都存在差异。在现行背景下，研究印度尼西亚人口结构，有助于了解印度尼西亚人口变化的基本情况，对加深了解和推动中印尼合作具有重要意义。

本章主要包括人口发展状况、人口结构变化、人口就业状况、国际移民四方面内容。人口发展主要包含人口总量及发展变化趋势、人口自然变动情况、人口城乡分布情况、人口地区分布情况。人口结构变化包括人口年龄结构及变化情况、人口受教育情况。关于人口就业情况主要从就业规模及其变化情况、就业人口的主要行业构成及变化特点、就业人口的职业构成等方面进行阐述。最后一节即国际移民，主要从国际移民数量、国际净移民迁移情况两个方面进行阐述。

第一节　人口发展状况

一　人口总量及发展变化趋势

（一）人口总量发展变化趋势

根据世界银行统计数据，从人口总量上看，截至 2019 年，印尼总人口数量约为 2.71 亿人。其中，男性人口数量约为 1.36 亿人，占总人口比例为 50.2%；女性人口数量约为 1.35 亿万人，占总人口比例为 49.8%。印尼总人口性别比为 101.4（以女性为 100），介于国际平衡区间 96—106，男女性别比例较为均衡，性别结构较为合理。

从人口变化趋势来看，2000—2019 年印尼总人口数量整体上呈持续上升趋势，2000 年总人口数量约为 2.12 亿人，到 2019 年总人口数量约为 2.71 亿人，总人口增加了约 5900 万人；2000—2019 年印尼男性人口数量变动趋势同总人口数量变动趋势一致，呈持续上升趋势，2000 年男性人口数量约为 1.06 亿人，到 2019 年男性人口数量约为 1.36 万人，男性人口增加了约 3000 万人；2000—2019 年印尼女性人口数量变动趋势同总人口数量变动趋势也保持一致，呈持续上升趋势，2000 年女性人口数量约为 1.06 亿人，到 2019 年女性人口数量约为 1.34 亿人，女性人口增加了约 2800 万人。

从性别结构来看，2000—2019 年印尼男性人口数量一直高于女性人口数量，总人口性别比介于 100 和 102 之间，2000—2016 年总人口性别比处于上升阶段，从 2000 年的 100.2 增加到 2016 年的 101.5；2016—2019 年，总人口性别比处于小幅下降阶段，从 2016 年的 101.5 下降到 2019 年的 101.4。

表 I-2-1　　　2000—2019 年印尼人口总数和分性别变化情况　　　（万人）

年份	总人口	男性	女性	总人口性别比
2000	21151.4	10585.4	10566.0	100.2
2001	21442.7	10736.1	10706.6	100.3
2002	21735.8	10888.7	10847.1	100.4
2003	22030.9	11043.3	10987.6	100.5
2004	22328.6	11200.2	11128.4	100.6
2005	22628.9	11359.2	11269.7	100.8
2006	22931.8	11520.5	11411.3	101.0
2007	23237.4	11683.7	11553.7	101.1
2008	23547.0	11848.7	11698.3	101.3
2009	23862.1	12014.9	11847.1	101.4
2010	24183.4	12182.0	12001.4	101.5
2011	24511.6	12349.9	12161.7	101.5
2012	24845.2	12518.1	12327.1	101.5
2013	25180.6	12685.6	12495.0	101.5
2014	25512.9	12851.0	12661.9	101.5
2015	25838.3	13013.3	12825.0	101.5
2016	26155.4	13172.0	12983.4	101.5
2017	26464.6	13327.0	13137.6	101.4
2018	26766.3	13478.5	13287.9	101.4
2019	27062.5	13627.0	13435.6	101.4

说明：总人口性别比，即人口中每 100 名女性的男性人数。

资料来源：世界银行，https://data.worldbank.org.cn/。

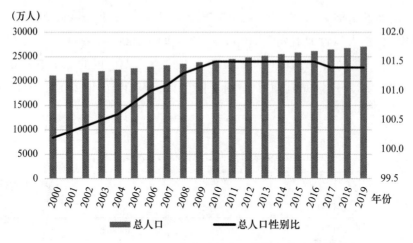

图 I-2-1 2000—2019 年印尼总人口数量和总人口性别比

资料来源：世界银行，https：//data. worldbank. org. cn/。

　　根据世界银行统计数据，从人口数量上看，1960—2019 年印尼人口数量呈不断上升趋势。1960 年的人口数量约为 8775 万人，到 2019 年人口数量约为 2.71 亿人，人口增加了约 1.83 亿人。

　　从人口增长率来看，1961—2019 年人口增长率呈下降趋势，从 1961 年的 2.64% 下降到 2019 年的 1.1%，下降了 1.54 个百分点。但人口仍然呈正增长，只是增长速度放缓。

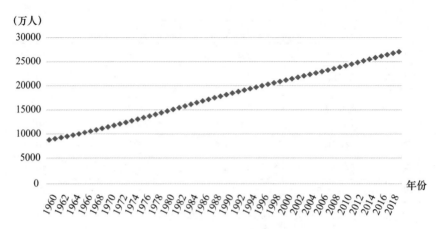

图 I-2-2 1960—2019 年印尼人口数量变动

资料来源：世界银行，https：//data. worldbank. org. cn/。

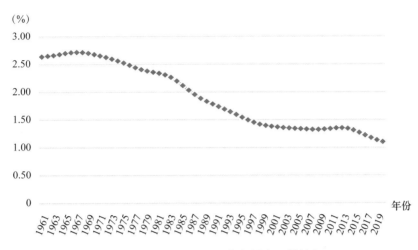

图 I-2-3 1961—2019 年印尼人口增长率

说明：人口增长率计算公式为 ln（Pt/P0）/t，其中 t 是周期长度。

资料来源：联合国人口司，https：//esa. un. org/unpd/wpp/Download/Standard/Population/。

（二）人口发展前景预测

联合国编撰的《2019 世界人口展望》预测，2020 年印尼总人口数量为 2.74 亿人；2030 年印尼总人口数量为 3 亿人；2050 年印尼总人口数量为 3.31 亿人；2075 年印尼总人口数量为 3.36 亿人；2100 年印尼总人口数量为 3.21 万人。从联合国的人口预测结果可以看出，印度尼西亚总人口数量变动将呈现先增加后减少的趋势。

表 I-2-2　　　　　　　　　　印尼人口发展预测　　　　　　　　　（万人）

年份	总人数
2020	27352. 4
2030	29919. 8
2050	33090. 5
2075	33634. 9
2100	32078. 2

资料来源：联合国《2019 世界人口展望》，https：//population. un. org/wpp/Publications/Files/WPP2019。

二 人口自然变动情况

（一）人口自然变动趋势与特点

根据联合国人口司的数据，截至 2019 年，印尼出生人数为 455.9 万人，死亡人数为 147.7 万人，人口自然增长 308.2 万人。从图 I-2-4 中可以看出，出生人数和自然增长人数变动趋势较为一致，呈先波动上升后波动下降趋势，死亡人数则整体上呈现出波动上升趋势。

人口的自然增长过程大致可以分为三个阶段，第一个阶段：1955—1982 年出现波动上升趋势，从 1955 年的 181.7 万人上升至 1982 年的 352.2 万人，其中，1965 年死亡率急剧攀升，导致人口自然增长率急剧下降，形成波谷；第二个阶段：1983—1990 年出现小幅下降趋势，从 1983 年的 350.8 万人下降至 1990 年的 317 万人；第三个阶段：1991—2019 年呈现波动下降态势，从 1991 年的 321.8 万人下降至 2019 年的 252.6 万人。

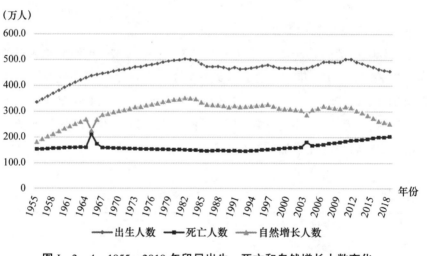

图 I-2-4 1955—2019 年印尼出生、死亡和自然增长人数变化

资料来源：联合国人口司，https://esa.un.org/unpd/wpp/Download/Standard/Population/。

表 I-2-3 　1955—2019 主要年份印尼出生、死亡和自然增长人数变化 　　（万人）

年份	出生人数	死亡人数	自然增长数
1955	335.9	154.2	181.7
1960	392.9	159.3	233.6

年份	出生人数	死亡人数	自然增长数
1965	438.0	212.1	225.9
1970	459.6	157.6	302.0
1975	478.3	154.4	323.9
1980	498.1	152.1	346.0
1985	483.6	148.1	335.5
1990	464.7	147.7	317.0
1995	471.4	148.7	322.7
2000	468.0	158.1	309.9
2005	474.6	167.9	306.7
2010	492.0	180.7	311.2
2015	478.0	193.3	284.7
2019	455.9	203.2	252.7

资料来源：联合国人口司，https：//esa.un.org/unpd/wpp/Download/Standard/Population/。

根据联合国人口司统计数据，2019 年，印尼的人口出生率为 16.9‰，人口死亡率为 7.5‰，人口自然增长率为 9.4‰。截取 1955—2019 年的人口数据，从人口出生率上看，可以分为两个阶段。第一阶段，1955—1960 年呈缓慢上升趋势。在这一阶段里，1955 年人口出生率为 43.2‰，1960 年为 44.5‰，上升了 1.3‰；第二阶段，1961—2019 年是波动下降阶段，这一阶段人口出生率先下降后回升再下降，从 1961 年人口出生率 44.4‰ 持续下降到 2005 年的 20.7‰，2005—2007 年略有回升，从 2005 年的 20.7‰回升到 2007 年的 21‰，随后人口出生率开始持续下降，到 2019 年降为 16.9‰。

从人口死亡率来看，死亡率呈现波动下降趋势，1955 年的死亡率为 19.8‰，到 2019 年则为 7.5‰。其中，1965 年死亡人口急剧增加，死亡率突增到 21‰，达到 1955—2019 年死亡率的峰值。人口自然增长率也呈波动下降趋势，1955 年人口自然增长率为 23.4‰，到 2019 年则为 9.4‰。同时受死亡率峰值的影响，1965 年自然增长率出现急剧下降，人口自然增长率从 1964 年的 27.3‰迅速下降到 1965 年的 22.3‰，1966 年又恢复到 25.9‰。

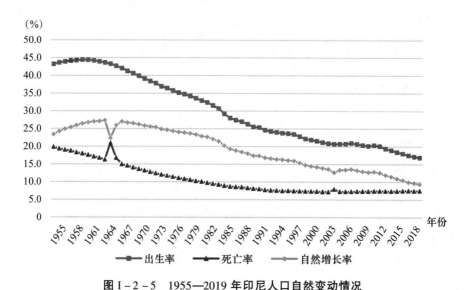

图 I - 2 - 5 1955—2019 年印尼人口自然变动情况

资料来源：联合国人口司，https：//population. un. org/wpp/Download/Standard/MostUsed/。

（二）生育水平变化趋势

从总生育率来看，2019 年，印尼总和生育率为 2.22，从 1960—2019 年的印尼总和生育率数据变动来看，总和生育率变动整体上呈波动下降趋势，1960 年印尼总和生育率为 5.55，2019 年总和生育率为 2.22。

总和生育率呈先上升后下降的趋势，1960—1965 年总和生育率不断上升，从 1960 年的 5.55 增加到 1965 年的峰值 5.62。自 1966 年后总和生育率呈波动下降趋势，从 1966 年的 5.6 下降到 2019 年的 2.22。

（三）预期寿命变化

截至 2019 年，印尼的总预期寿命为 70.5 岁，男性预期寿命为 68.5 岁，女性预期寿命为 72.6 岁，女性高于男性 4.1 岁。总预期寿命、男性预期寿命、女性预期寿命的变化趋势呈现一致。三者之间存在显著的差异，女性预期寿命最高，其次是总预期寿命，男性预期寿命最低。

总预期寿命从 1960 年的 46.5 岁提升到 2019 年的 70.5 岁，总预期寿命显著提升了 24 岁。男性预期寿命从 1960 年的 45 岁增加到 2019 年的 68.5 岁，男性预期寿命增加 23.5 岁。女性预期寿命从 1960 年的 47.9 岁增加到 2019 年的 72.6 岁，女性预期寿命增加 24.7 岁。

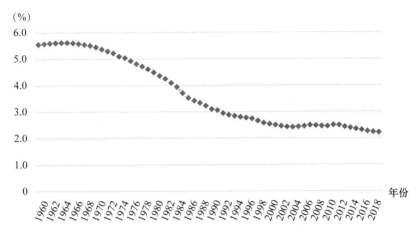

图 I - 2 - 6 1960—2019 年印尼总和生育率变动

资料来源：世界银行，https：//data. worldbank. org. cn/indicator/SP. DYN. TFRT. IN？locations = ID。

1960—2019 年预期寿命出现两次波谷，一次发生在 1965 年，另一次发生在 2004 年，这和死亡率变化相关。1965 年总预期寿命为 42.6 岁，其中，男性预期寿命为 39.1 岁，女性预期寿命为 46.6 岁。2004 年总预期寿命为65.8 岁，其中，男性预期寿命为 64.4 岁，女性预期寿命为 67.1 岁。

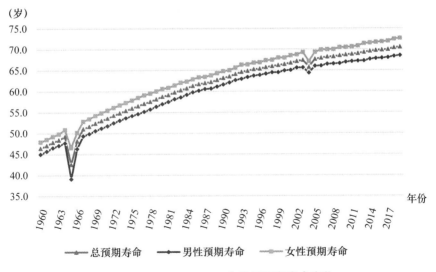

图 I - 2 - 7 1960—2019 年印尼预期寿命变化

资料来源：联合国人口司，https：//esa. un. org/unpd/wpp/Download/Standard/Population/。

三　人口城乡分布情况

（一）城乡人口规模变化趋势

根据联合国人口司统计数据，截止到 2015 年，印尼总人口数量为 25816.2 万人。其中，城市人口数量为 13763.5 万人，约占 53.3%；农村人口数量为 12052.7 万人，约占 46.7%。

1950—2015 年，印尼城市人口数量变动整体呈持续上升趋势，1950 年城市人口数量为 862.3 万人，到 2015 年城市人口数量增加到 13763.5 万人，城市人口数量增加约 12901.2 万人。农村人口数量变动呈先增加后减少的趋势，具体来看，大致也分为两个阶段：第一阶段，1950—2005 年印尼农村人口数量处于上升阶段，1950 年农村人口数量为 6092 万人，到 2005 年农村人口数量增加到 12255.7 万人；第二阶段，2005—2015 年印尼农村人口数量处于小幅下降阶段，农村人口数量从 2005 年的 12255.7 万人下降到 2015 年的 12052.7 万人。

表 I-2-4　1950—2015 主要年份印度尼西亚城乡人口数量变动情况　　（万人）

年份	城市	农村	总人口
1950	862.3	6092.0	6954.3
1955	1040.5	6692.3	7732.8
1960	1280.5	7498.7	8779.2
1965	1583.8	8447.1	10030.9
1970	1960.4	9523.1	11483.5
1975	2525.2	10547.2	13072.4
1980	3260.2	11488.9	14749.1
1985	4304.9	12196.3	16501.2
1990	5549.1	12594.5	18143.6
1995	7105.4	12590.4	19695.8
2000	8885.1	12268.9	21154.0
2005	10415.6	12255.7	22671.3
2010	12105.3	12147.1	24252.4
2015	13763.5	12052.7	25816.2

资料来源：联合国人口司：https://esa.un.org/unpd/wpp/Download/Standard/Population/。

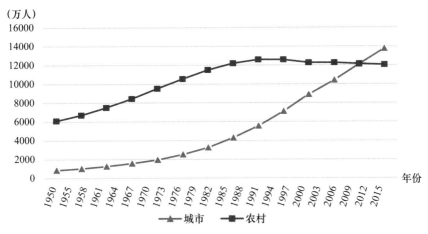

图 I - 2 - 8 1950—2015 年印尼城乡人口数量变动

资料来源：联合国人口司，https：//esa. un. org/unpd/wpp/Download/Standard/Population/。

（二）人口城市化水平变化趋势

根据世界银行统计数据，截至 2019 年，印尼人口城市化水平达到了 56%。1960—2019 年印尼人口城市化水平呈持续上升趋势，从 1960 年的 14.6% 持续增长到 2019 年的 56%，城市化进程也在加快。2011 年，其城市化水平已经突破 50% 大关，一半以上的人口居住在城镇，其城市化水平在发展中国家处于相对较高的水平。

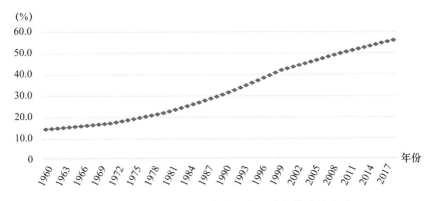

图 I - 2 - 9 1960—2019 年印尼人口城市化水平变动

说明：人口城市化水平 = 城镇人口/全国总人口 ×100%。

资料来源：世界银行，https：//data. worldbank. org. cn/indicator/SP. URB. TOTL. IN. ZS？loca-tions = ID。

四 人口地区分布情况

根据印尼国家统计局统计数据，2000 年、2010 年底，印尼各省区实际人口占比如表 I-2-5 所示，同时也有 2020 年省份预测人口。印尼共有 34 个省区，其中 1 个为首都特别行政区，4 个特别行政区及 29 个省。其中，2010 年西爪哇人口最多，为 4305.4 万人，占全国总人口的 18.12%。东爪哇为人口第二大省，为 3747.7 万人，占全国总人口的 15.77%。

对比 2000 年的人口数据可以看出，占碑、南苏门答腊、邦加—勿里洞、廖内群岛省、西爪哇、万丹、巴厘岛、中加里曼丹、东加里曼丹、南加里曼丹、中苏拉威西、东南苏拉威西、哥伦打洛、西苏拉威西、马鲁古、北马鲁古、西巴布亚、巴布亚省和行政区占全国的比重在 2010 年均有提升，其中西爪哇省的人口比重涨幅最大，为 0.8%。其余各省和行政区的人口比重均出现了不同程度的下降，其中，中爪哇省的人口比重降幅最大，为 1.51%。

从 2020 年印尼国家统计局预测的数据来看，西爪哇仍然是人数最多的省份，人口数为 4827.42 万人。大多数省区人口比重出现下降，但是下降幅度都较小，均未超过 1%。东爪哇下降幅度最大，下降了 0.67 个百分点。在 2020 年的预测中人口增长的省区，其增长幅度较小，均未超过 1%，巴布亚人口增长幅度最大，增加了 0.41 个百分点。

需要注意的是，北加里曼丹省位于加里曼丹省岛东北部，是印尼于 2012 年 10 月 25 日批准设立的第 34 个省区，是将东加里曼丹省的 4 个县和打拉根市划出新设的。因此缺失 2000 年、2010 年北加里曼丹省的人口占比数据。

表 I-2-5　　2000 年、2010 年、2020 年印尼不同省份人口情况

省份	2000 年（万人）	所占比重（%）	2010 年（万人）	所占比重（%）	2020 年（万人）	所占比重（%）
亚齐	393.10	1.91	449.40	1.89	527.49	2.00
北苏门答腊	1165.00	5.65	1298.20	5.46	1479.94	5.50
西苏门答腊	424.90	2.06	484.70	2.04	553.45	2.00
廖内	495.80	2.40	553.80	2.33	639.41	2.40

续表

省份	2000 年（万人）	所占比重（%）	2010 年（万人）	所占比重（%）	2020 年（万人）	所占比重（%）
占碑	241.40	1.17	309.20	1.30	354.82	1.30
南苏门答腊	690.00	3.35	745.00	3.14	846.74	3.10
明古鲁	156.70	0.76	171.60	0.72	201.07	0.70
楠榜	674.10	3.27	760.80	3.20	900.78	3.30
邦加—勿里洞	90.00	0.44	122.30	0.51	145.57	0.50
廖内群岛	—	—	167.90	0.71	206.46	0.80
雅加达	838.90	4.07	960.80	4.04	1056.21	3.90
西爪哇	3573.00	17.32	4305.40	18.12	4827.42	17.90
中爪哇	3122.90	15.14	3238.30	13.63	3651.60	13.50
日惹	312.20	1.51	345.70	1.45	366.87	1.40
东爪哇	3478.40	16.86	3747.70	15.77	4066.57	15.10
万丹	809.90	3.93	1063.20	4.47	1190.46	4.40
巴厘岛	315.10	1.53	389.10	1.64	431.74	1.60
西努沙登加拉	400.90	1.94	450.00	1.89	532.01	2.00
东努沙登加拉	395.20	1.92	468.40	1.97	532.56	2.00
西加里曼丹	403.40	1.96	439.60	1.85	541.44	2.00
中加里曼丹	185.70	0.90	221.20	0.93	267.00	1.00
南加里曼丹	298.50	1.45	362.70	1.53	407.36	1.50
东加里曼丹	245.50	1.19	355.30	1.50	376.60	1.40
北加里曼丹	—	—	—	—	7.02	0
北苏拉威西	201.20	0.98	227.10	0.96	262.19	1.00
中苏拉威西	221.80	1.08	263.50	1.11	298.57	1.10
南苏拉威西	806.00	3.91	803.50	3.38	907.35	3.40
东南苏拉威西	182.10	0.88	223.30	0.94	262.49	1.00
哥伦打洛	83.50	0.40	104.00	0.44	117.17	0.40
西苏拉威西	—	—	115.90	0.49	141.92	0.50
马鲁古	120.60	0.58	153.40	0.65	184.89	0.70
北马鲁古	78.50	0.38	103.80	0.44	128.29	0.50
西巴布亚	—	—	76.00	0.32	113.41	0.40
巴布亚	222.10	1.08	283.30	1.19	430.37	1.60

资料来源：印度尼西亚国家统计局，https：//www. bps. go. id/subject/12/population. html#sub-jekViewTab5。

第二节   人口结构变化

一   人口年龄结构构成及变化情况

(一) 总体情况

根据联合国人口司统计数据,截至 2015 年,从人口结构图中可以看出,印尼人口金字塔为扩张型,中间和底部宽、塔顶较窄,少年儿童人口占比高,老年人口占比较小。这种类型的人口由于育龄人群比重高,后备力量较大,在生育水平几乎不变的情况下,未来人口变动趋势呈正增长,人口增加。

从人口数量上看,2015 年印尼 0—14 岁人口数量为 7092.9 万人,占总人口数量的比重为 27.5%,其中,0—14 岁男性人口数量为 3639.1 万人,0—14 岁女性人口数量为 3453.8 万人;15—64 岁人口数量为 17354.4 万人,占总人口数量的比重为 69.3%,其中,15—64 岁男性人口数量为 8757.2 万人,15—64 岁女性人口数量为 8597.2 万人;印尼 65 岁以上人口数量为 1391 万人,占总人口数量的比重为 3.3%,其中,65 岁以上男性人口数量为 617 万人,65 岁以上女性人口数量为 774 万人。

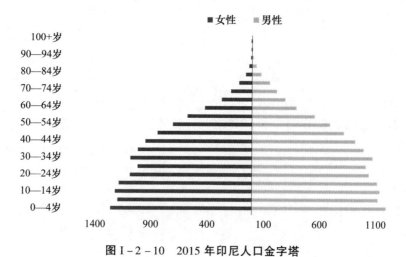

图 I - 2 - 10   2015 年印尼人口金字塔

资料来源:联合国人口司,https://esa.un.org/unpd/wpp/Download/Standard/Population/。

（二）0—14 岁人口情况

从 1960 年到 2019 年，印尼 0—14 岁人口数量占总人口数量的比重介于 26% 和 44% 之间，整体上呈波动下降趋势。1961 年印尼 0—14 岁人口数量占总人口数量的比重为 39.9%，到 1971 年，印尼 0—14 岁人口数量占总人口数量的比重增加到 43.3%，此时为最高水平。1971 年以后，0—14 岁人口数量占比开始下降，到 2019 年，印尼 0—14 岁人口数量占总人口数量的比重减少到 26.6%，为历史最低水平。

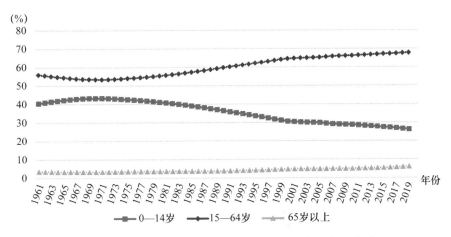

图 I－2－11　1960—2018 年印尼各个年龄组人口占比变动

资料来源：联合国人口司，https：//esa. un. org/unpd/wpp/Download/Standard/Population/。

（三）15—64 岁人口情况

从图 I－2－11 所显示的人口比重上看，印尼 15—64 岁人口数量占总人口数量的比重介于 53% 和 68% 之间，整体呈波动上升趋势。

具体来看，1961 年印尼 15—64 岁人口数量占总人口数量的比重为 56.5%，到 1972 年，15—64 岁人口数量占总人口数量的比重为 53.4%，这一比重减少了 3.1%；之后这一比重变动呈大幅度上升趋势，从 1972 年的 53.4% 上升到 2019 年的 67.7%，此时达到历史最高水平。

（四）65 岁以上人口情况

从人口比重图 I－2－11 来看，印尼 65 岁以上人口数量占总人口数量的比重介于 3%—6%，整体上呈波动上升趋势，具体来看，大致可以分为两个阶段：第一阶段，1961—1971 年印尼 65 岁以上人口数量占总人口数量的比重处于下降趋势，1961 年 65 岁以上人口数量占总人口数量的比重为 3.6%，到 1971 年，65 岁以上人口数量占总人口数量的比重为 3.3%，这一比重下降了 0.2%；第二阶段，1972—2018 年，印尼 65 岁以上人口数量占总人口数量的比重处于上升趋势，1972 年 65 岁以上人口数量占总人口数量的比重为 3.6%，到 2019 年，65 岁以上人口数量占总人口数量的比重为 6.1%，这一比重增加了 2.5%。

（五）抚（扶）养比

根据世界银行统计数据，从总抚（扶）养比来看，1960—2019 年印尼总抚（扶）养比整体上在 47% 和 88% 之间波动，1971 年达到最大值，为 87.3%；2019 年达到最小值，为 47.6%。

从少儿抚养比来看，1960—2019 年印尼少儿抚养比整体上呈波动下降趋势，下降幅度较大，1971 年少儿抚养比达到最大值，为 81.1%；2019 年少儿抚养比为最小值，为 38.7%。

从老年扶养比来看，1960—2019 年印尼老年扶养比整体上呈上升趋势，

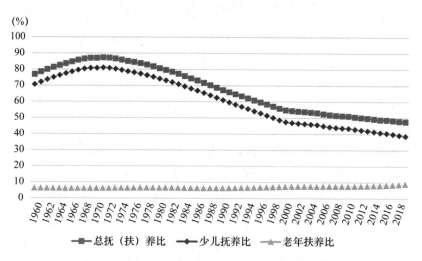

图 I - 2 - 12　1960—2019 年印尼抚（扶）养比变动

资料来源：世界银行，https：//data. worldbank. org. cn/indicator/SP. POP. DPND? locations = ID。

说明：总抚（扶）养比 =（0—14 岁人口数量 + 65 岁以上人口数量）/15—64 岁人口数量 × 100%，少儿抚养比 =（0—14 岁人口数量/15—64 岁人口数量）× 100%，老年扶养比 =（65 岁以上人口数量/15—64 岁人口数量）× 100%。

1960 年印尼老年扶养比为 6.3%，1965 年老年扶养比下降到 6.1%，为历史最小值。到 2019 年，印尼老年扶养比为 8.9%，为历史最大值。

二　人口受教育情况

（一）人口文化程度变动情况

联合国教科文组织提供了 1961 年、1971 年、1980 年、1990 年、2006 年、2007 年、2008 年、2009 年、2011 年、2014 年、2015 年、2016 年、2018 年印尼 25 岁以上人口受教育程度数据，从中可以发现：受过高中、大学及以上教育的人口比重从 1961 年开始逐渐递增，具有初中学历的人口比重在波动中增加。1961 年、1971 年印尼人口的受教育程度超过半数为未上学，即文盲。至 2007 年，中学学历人口比重超过了小学学历人口比重。2015 年、2018 年受教育程度为中学的人口占总人口受教育程度的比重逐渐接近 40%。可见，印尼人口整体的文化程度在不断提高。

表 I - 2 - 6　　　印尼 25 岁以上人口受教育程度构成变动情况　　　　　（%）

年份	未上学	小学未完成	小学	中学	大学及以上
1961	75.5	15.0	7.6	1.8	0.1
1971	55.3	22.1	17.0	5.1	0.5
1980	41.1	31.6	16.8	9.7	0.8
1990	54.5	26.4	—	16.8	2.3
2006	6.1	13.7	36.9	36.4	6.9
2007	10.9	17.4	31.3	35.9	4.5
2008	10.5	17.7	30.5	37.1	4.3
2009	9.5	17.7	30.6	34.8	7.5
2011	8.0	17.6	30.0	36.6	7.9
2014	6.8	16.6	29.3	39.3	8.0
2015	7.3	15.0	28.8	40.3	8.5
2016	4.8	15.0	36.3	35.2	8.8
2018	5.5	16.1	27.5	41.5	9.4

资料来源：联合国教科文组织，http：//www.unesco.org。

（二）教育的性别差异情况

印尼人口受教育程度随时间推移而逐步提高，教育上的男女性别差异也很显著。根据联合国教科文组织统计数据可以得到上述年份印尼小学、中学、大学及以上各阶段女生与男生的入学比例。

结合对应的数据折线图可以发现：从整体来看，1961—2018 年印尼小学女生与男生的入学比例先下降，到 2006 年几乎稳定下来，维持在 1∶1 左右，在小学阶段，教育资源在男性与女性之间分布较均匀。

印尼中学女生与男生的入学比例变化可以大致分为两个阶段：第一阶段，1961—2005 年，印尼男女生的入学比例呈持续下降趋势，1961 年男女生的入学比例为 3.5，到 2005 年为 1，男生和女生中学入学人数几乎相等。第二阶段，2005—2018 年印尼男女生的入学比例呈上升趋势，从 2005 年的 1 上升到 2018 年的 1.2。在中学阶段，教育资源比较偏向于男性。

在高等学院印尼女生与男生的入学比例可以大致分为三个阶段：第一阶段，1971—2006 年印尼男生与女生的入学比例从 4.1 一直下降到 0.8，从男生入学人数大于女生入学人数转变到女生入学人数大于男生入学人数；第二阶段，2006—2007 年，女生与男生的入学比例从 2006 年的 0.8 逐步回升到 2007 年的 1.6，男生入学人数大于女生入学人数；第三阶段，

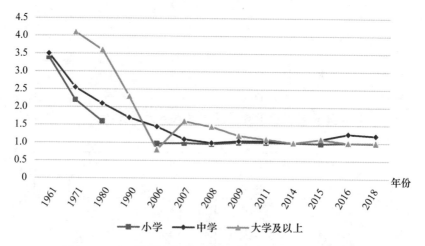

图 I-2-13　印尼不同学习阶段男女入学人数比变化趋势

资料来源：联合国教科文组织：https://data.worldbank.org.cn/indicator/SE.PRM.NENR?locations=ID。

2007—2018 年，男生与女生的入学比例呈现波动下降趋势，从 2007 年的 1.6 波动下降到 2018 年的 1。可以看出，在高等学院阶段，从初期教育资源倾向于男性，逐渐注重教育资源的均匀。

（三）小学、中学和大学的入学率

1. 小学入学率

根据世界银行统计数据，1971—2018 年（部分数据缺失）印尼小学教育入学率情况如下：从总入学率来看，可以分为五个阶段：1971—1987 年呈上升趋势；1987—1997 年整体呈下降趋势；2001—2006 年呈下降趋势；2006—2010 年整体呈波动上升趋势；2010—2018 年呈现下降趋势。分性别来看（部分数据缺失），可以分为三个阶段。第一阶段：1971—2009 年，男性入学率高于女性入学率；第二阶段：2010—2013 年，女性入学率高于男性入学率；第三阶段：2014—2018 年，男性入学率高于女性入学率。

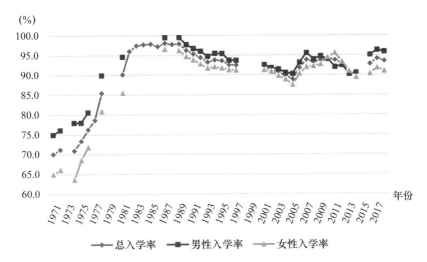

图 I-2-14 1971—2018 年印尼小学入学率变化情况

说明：小学总入学率是指无论年龄大小，小学的总入学人数与官方规定的小学适龄总人口的百分比值。总入学率可能超过 100%，因为包含了较早或较晚入学及复读的超龄和小龄学生。部分年份数据缺失。

资料来源：世界银行，https：//data. worldbank. org. cn/country/% E5% 8D% B0% E5% BA% A6 % E5% B0% BC% E8% A5% BF% E4% BA% 9A。

2. 中学入学率

根据世界银行统计数据，1970—2018 年印尼中学教育入学率（部分数据缺失）情况如下：从总入学率来看，可以分为三个阶段。第一阶段：1970—1988 年，总体呈快速上升趋势；第二阶段：1988—1993 年，总体呈下降趋势；第三阶段：1993—2018 年，总体呈快速上升趋势。分性别来看，可以分为六个阶段。第一阶段：1970—2005 年，男性入学率一直高于女性入学率；第二阶段：2006—2007 年，女性入学率高于男性入学率。第三阶段：2008—2009 年，男性入学率高于女性入学率。第四阶段：2010—2012 年，女性入学率高于男性入学率。第五阶段：2013—2014 年，男性入学率高于女性入学率。第六阶段：2015—2018 年，女性入学率高于男性入学率。

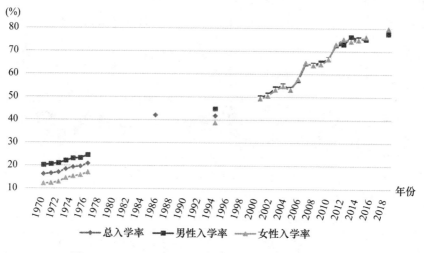

图 I-2-15   1970—2018 年印尼中学入学率变化情况

说明：中学总入学率，是指不论年龄大小，中学在校生总数占符合中学官方入学年龄人口的百分比。总入学率可能超过100%，因为包含了较早或较晚入学及复读的超龄和小龄学生。部分年份数据缺失。

资料来源：世界银行，https://data.worldbank.org.cn/indicator/SE.SEC.NENR.FE? locations = ID。

3. 高等教育入学率呈上升趋势，女性入学率先低于男性，后高于男性

根据世界银行统计数据，1999—2018 年印尼高等教育入学率（2005 年男女入学率数据缺失）情况如下：总入学率呈持续上升趋势，从 1999 年的

14.7%增加至2018年的36.3%。分性别来看，可以分为两个阶段。第一个阶段：1999—2012年，男性入学率高于女性入学率；第二个阶段：2013—2018年，女性入学率高于男性入学率。出现以上情形的原因主要有以下几点：首先是印尼经济获得长足的发展，GDP从1967年的56.68亿美元增加到2019年的11190亿美元，经济实现近200倍的增长，经济基础决定上层建筑，高等教育也取得了长足的发展。其次，女性高等教育入学率逐渐高于男性，这是因为教育体制越来越公平化，在印尼政府的大力倡导下，男女入学的机会几乎相等。最后，在当下的就业环境中，女性的就业门槛远高于男性，因此女性通常会通过提高学历来打破就业中面临的性别歧视等障碍。

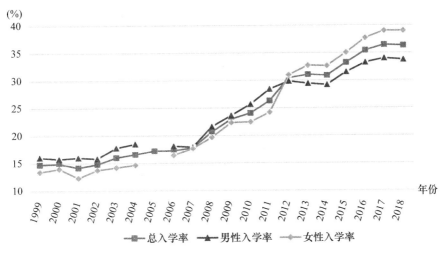

图 I - 2 - 16　1999—2018 年印尼大学入学率变化情况

说明：大学总入学率，是指不论年龄大小，大学在校生总数占中学之后 5 年学龄人口总数的百分比。部分年份数据缺失。

资料来源：世界银行，https：//data. worldbank. org. cn/indicator/SE. TER. ENRR. MA？locations = ID。

三　首都介绍

（一）雅加达概述

雅加达是印尼的首都和最大城市，按人口数量计算，雅加达也是东南亚第一大城市，位于爪哇岛西北海岸，城市面积为 740 平方千米，人口为 1056.2 万人。包含周边城镇的大雅加达地区，居住超 3000 万人，是世界第二大都市圈，雅加达是印尼的经济中心，聚集了全国大部分财富、人才和政治精英，雅加达享有省级地位，居民主要为爪哇人、巴达维亚人和巽他人，少数为华人。雅加达作为印尼的经济中心，主要以金融居多，占印尼生产总值的 28.7%，并拥有国内最大的金融和主要工商业机构。

（二）雅加达人口总数历史变动情况

根据印尼中央统计局统计数据，截止到 2020 年，雅加达常住人口数量约为 1056.2 万人。

根据印尼中央统计局的统计数据，2013—2020 年雅加达人口数量呈现持续上升状态。其人口变动趋势大致可分为两个阶段，第一阶段为 2013 年到 2019 年，人口数量从 997 万人增加到 1055.8 万人，人口增长速度快；第二阶段为 2019 年后，人口增加速度下降，趋于平缓，从 2019 年的 1055.8 万人增加到 2020 年的 1056.2 万人，人口仅增加 0.4 万人。

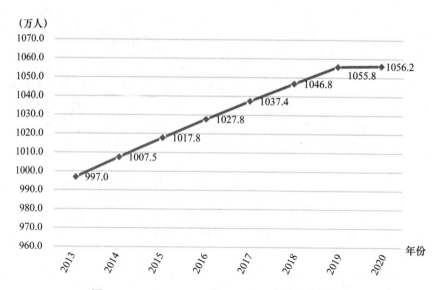

图 I-2-17 2013—2020 年雅加达常住人口数量

资料来源：印尼中央统计局，https：//jakarta.bps.go.id/site/resultTab。

第三节 人口就业状况

一 就业人口规模及变化情况

（一）2010 年以来劳动参与率持续提高

根据国际劳工组织统计数据，截至 2019 年，15 岁以上人口劳动参与率为68.2%，其中，15岁以上男性人口劳动参与率为82.6%，15岁以上女性人口劳动参与率为53.9%。

2008—2019年印尼15岁以上男性和女性人口劳动参与率的变动趋势同总劳动参与率的变动趋势一致；变动趋势大致可以分为三个阶段。第一阶段：2008—2012年，印尼15岁以上人口总劳动参与率、男性劳动参与率、女性劳动参与率均呈上升趋势，各指标增加了约1个百分点；第二阶段：2013—2016年，印尼15岁以上人口总劳动参与率、男性劳动参与率、女性劳动参与率均呈小幅下降趋势，总劳动参与率、女性人口劳动参与率各指标下降了约0.5个百分点，男性人口劳动参与率下降了约1.5个百分点；第三阶段：2017—2019年，印尼15岁以上人口总劳动参与率、男性人口劳动参与率、女性人口劳动参与率各指标分别增加1.9个百分点、0.6个百分点、3.1个百分点。

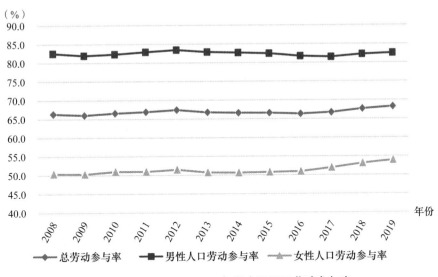

图Ⅰ-2-18　2008—2019年印度尼西亚劳动参与率

说明：劳动参与率 = 从业人口/劳动年龄人口×100%。

资料来源：国际劳工组织，https://www.ilo.org/global/lang--en/index.htm。

（二）失业率

从印尼2008年到2019年失业率数据来看，男性人口失业率、女性人口失业率变动同总人口失业率变动趋势一致，呈现出波动下降的特点，

2008 年到 2019 年男性人口失业率、女性人口失业率、总人口失业率，均不高于 9%。2008 年到 2014 年男性人口失业率、女性人口失业率、总人口失业率持续下降，2015 年以后男性人口失业率、女性人口失业率、总人口失业率出现回升现象，总人口失业率从 2014 年的 4.1% 增加到 2015 年的 4.5%，男性失业人口从 2014 年的 4.2% 增加到 2015 年的 4.6%，女性失业人口从 2014 年的 3.9% 增加到 2015 年的 4.4%。2015 年以后男性失业率、女性失业率、总人口失业率波动下降。2019 年总人口失业率为 3.6%。男性人口失业率为 3.8%，女性人口失业率为 3.4%。

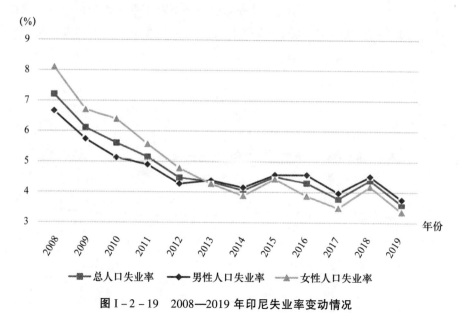

图 I-2-19　2008—2019 年印尼失业率变动情况

资料来源：国际劳工组织，https：//www.ilo.org/global/lang--en/index.htm。

二　就业人口的主要行业构成及变化特点

（一）男性就业人口比女性多，服务业成为就业的主要行业

根据国际劳工组织统计数据，2019 年印尼就业人口的行业就业情况如下：以农业、工业、服务业为主的就业人口总数为 1.2959 亿人，其中男性人数为 7806 万人，占比为 60.2%，女性人数为 5153 万人，占比为 39.8%；农业就业人数为 3693 万人，占就业人口总数的比重为 28.5%，其中男性人数为 2333 万人，占农业就业人口比重的 63.2%，女性人数为

1360 万人，占农业就业人口比重的 36.8%；工业就业人数为 2898 万人，占就业人口总数的比重为 22.4%，其中男性人数为 2039 万人，占工业就业人口比重的 70.3%，女性人数为 859 万人，占工业就业人口比重的 29.7%；服务业就业人数为 6368 万人，占就业人口总数的比重为 49.1%，其中男性人数为 3434 万人，占服务业就业人口比重的 53.9%，女性人数为 2934 万人，占农业就业人口比重的 46.1%。

表 I-2-7　　　　　　　2019 年印尼分行业的就业人数　　　　　　（万人）

行业	类别	人数
总就业人数	合计	12959
	男性	7806
	女性	5153
农业就业人数	合计	3693
	男性	2333
	女性	1360
工业就业人数	合计	2898
	男性	2039
	女性	859
服务业就业人数	合计	6368
	男性	3434
	女性	2934

资料来源：国际劳工组织，https：//www.ilo.org/global/lang--en/index.htm。

（二）各行业就业人数都在持续增加

截取 2000—2019 年印尼就业人口数据，以农业、工业、服务业为主的就业人数情况如下：2000 年印尼总就业人数为 8983.8 万人，其中，农业就业人数为 4067.7 万人、工业就业人数为 1566.5 万人、服务业就业人数为 3349.6 万人。总就业人数从 2000 年到 2019 年呈波动上升趋势，2019 年总就业人数为 13189.6 万人，其中农业就业人数为 3788.6 万人、工业就业人数为 2941 万人、服务业就业人数为 6460 万人。

从整体变化趋势来看，总就业人数、工业就业人数、服务业就业人数整体上呈现波动上升趋势。农业就业人数则呈现出相反的发展趋势，整体就业人数波动下降。到 2019 年，服务业就业人数最多，其次是农业，再次是服务业。其中，服务业就业人数在 2009 年首次超过农业就业人数，成为就业人数最多的行业。同时，2009 年后农业就业人数与工业就业人数差距不断缩小，从 2009 年的 2318.1 万人缩小到 2019 年的 847.6 万人，就业结构不断优化。

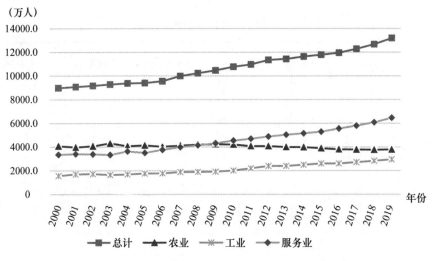

图 I-2-20 2000—2019 年印尼分行业就业情况

资料来源：国际劳工组织，https：//www.ilo.org/global/lang--en/index.htm。

三 就业人口的职业构成

印尼各职业大类的就业人数比较均衡，服务业和销售人员的就业规模比较大。根据国际劳工组织统计数据，截止到 2019 年，印尼就业人口的职业分布如下：

管理者总数为 331.4 万人，其中，女性人数为 98.7 万人，男性就业人数为 232.7 万人，管理者就业人数占总就业人数的 2.5%。

专业技术人员总数为 761.9 万人，其中，女性就业人数为 466.3 万人，男性就业人数为 295.6 万人，专业技术人员占总就业人数的 5.8%。

一般技术人员总数为 403.3 万人，其中，女性就业人数为 107.7 万人，男性就业人数为 295.6 万人，一般技术人员占总就业人数的 3.1%。

　　文职人员总数为 617.4 万人，其中，女性就业人数为 280.7 万人、男性就业人数为 336.7 万人，文职人员就业人数占总就业人数的 4.7%。

　　服务和销售人员总数为 3244.3 万，其中，女性就业人员为 1764.6 万人、男性就业人数为 1479.7 万人，服务和销售人员占总就业人数的 24.9%。

　　熟练的农业、林业和渔业工人总数为 2868.4 万人，其中，女性就业人数为 1045.3 万人，男性就业人数为 1823.1 万人，熟练的农业、林业和渔业工人占总就业人数的 22%。

　　工艺有关人员总数为 1468.5 万人，其中，女性就业人数为 508.1 万人，男性就业人数为 960.4 万人，工艺有关人员占总就业人数的 11.3%。

　　工厂和机器操作员和装配工总数为 886.4 万人，其中，女性就业人数为 117.4 万人，男性就业人数为 769 万人，工厂和机器操作员和装配工占总就业人数的 6.8%。

　　简单劳动职员总数为 2411.6 万人，其中，女性就业人数为 762.1 万人，男性就业人数为 1649.5 万人，简单劳动职员占总就业人数的 18.5%。

　　武装人员总数为 56.2 万人，其中，女性就业人数为 2.4 万人，男性就业人数为 53.8 万人，武装人员占总就业人数的 0.4%。

表 I-2-8　　　　　　　　2019 年印尼分职业人口构成　　　　　　　　（万人）

类别	人数
就业总人数	13049.4
管理者	331.4
专业技术人员	761.9
一般技术人员	403.3
文职人员	617.4
服务和销售人员	3244.3
熟练的农业、林业和渔业工人	2868.4
工艺有关人员	1468.5
工厂和机器操作员和装配工	886.4
简单劳动职员	2411.6
武装人员	56.2

　　说明：此处的就业总人数为表中不同职业就业人数的总和，与社会上总的就业人口数据有出入，因为有一部分就业人口不在此表所分职业中。

　　资料来源：国际劳工组织，https://www.ilo.org/global/lang--en/index.htm。

四　印尼就业率及就业结构的影响因素

印尼就业率增加的最根本的原因是经济的不断发展，经济水平的提高带来了更多的就业机会。由于印尼特殊的发展方式，就业率增速较快。印尼农村非传统产业向城市集中，来自城市的拉力对农村非传统劳动力的吸引，使非城市化就业和收入都获得了较好的增长。还有农村土地集中迫使无地农民走向城市，在印尼转向实行资本主义制度以后，农村土地关系发生了剧烈的变化，私有化和自由买卖使得农村土地逐渐向少数人集中，农村开始出现无地或少地的农民，失去土地的农民向城市和农村非传统产业流动，城市人口增加，使就业率迅速增加。另外，20世纪70年代，印尼开始重视劳动力出口也是就业率增加的一个重要原因。70年代，由于马来西亚沙田州种植园及沙特阿拉伯等中东国家石油的开发，这些国家的经济建设出现劳动力严重短缺，于是大量雇用国外劳动力。1981年，印尼成立了印度尼西亚劳动力供应公司联合会，规模化地向外输出劳动力。

就业结构的变化与经济发展是根本原因的，经济发展使产业结构发生比较大的变化，从以农业为主转向以第二产业为主，其后又慢慢转向服务业，继而提供了更多的岗位。

第四节　国际移民

一　国际移民数量

（一）总体情况

根据联合国人口司统计数据，截至2019年，印尼国际移民数量为353135人。国际移民主要来源国为中国、朝鲜、英国、新加坡、东帝汶、泰国、日本、美国、印度、约旦等国家。其中，来自中国的国际移民数为75511人，占总国际移民的比重为21.4%；来自朝鲜的国际移民数为33357人，占总国际移民的比重为9.4%；来自英国的国际移民数为32693人，占总国际移民的比重为9.3%；来自新加坡、东帝汶、泰国的国际移民数均为23524人，各占总国际移民的比重为6.7%；来自日本的国际移民数为19748人，占总国际移民的比重为5.6%；来自美国的国际移民数为12612人，占总国际移民的比重为3.6%；来自印度的国际移民数为12507人，占总国际移民的比重为

3.5%；来自约旦的国际移民数为12507人，占总国际移民的比重为3.5%。

（二）21世纪以来的变动趋势

根据联合国统计数据，2000年印尼国际移民数量为29.2万人左右，2019年印尼国际移民数量增长到35.3万人左右，可以看出，印尼国际移民数量正逐步增加。其中，中国一直为其最大移民来源国之一，朝鲜、英国、新加坡、东帝汶、泰国、日本、美国、印度、约旦也提供了较多的移民。中国作为亚洲的印尼移民主要来源国，其印尼国际移民数略有下降，2000年，来自中国的移民数量为8.4万人左右，2019年，移民数量减少到7.6万人左右。

表 I -2 -9　　　　　　　　印尼国际移民来源国变动情况　　　　　　　　　　（人）

年份	主要来源国	移民数量	移民总数
2000	东帝汶	142028	292307
	中国	83502	
	英国	6751	
	利比亚	4480	
	日本	4052	
	朝鲜	3513	
	美国	2827	
	印度	2527	
	澳大利亚	1928	
	沙特阿拉伯	1792	
	其他国家	37502	
2019	中国	75511	353135
	朝鲜	33357	
	英国	32693	
	新加坡	23524	
	东帝汶	23524	
	泰国	23524	
	日本	19748	
	美国	12613	
	印度	12507	
	约旦	12507	
	其他国家	83627	

资料来源：联合国人口司，https：//esa. un. org/unpd/wpp/Download/Standard/Population/。

（三）国际移民来源地变化

印尼位于亚洲东南部，地跨赤道，与巴布亚新几内亚、东帝汶、马来西亚接壤，与泰国、新加坡、菲律宾、澳大利亚等国隔海相望。

2000年，印尼国际移民来源地主要有东帝汶、中国、英国、利比亚、日本、朝鲜、美国、印度、澳大利亚、沙特阿拉伯，其占印尼国际移民总数的比重依次减少，分别为48.6%、28.6%、2.3%、1.5%、1.4%、

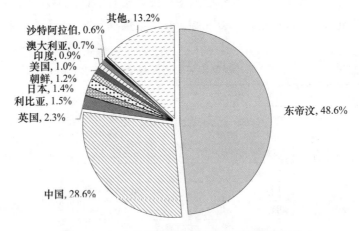

图 I - 2 - 21　2000年印尼国际移民来源地构成

资料来源：印尼中央统计局，https：//www.bps.go.id/。

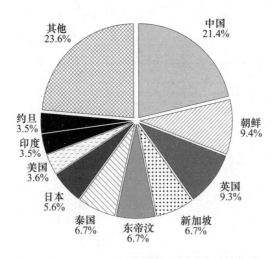

图 I - 2 - 22　2019年印尼国际移民来源地构成

资料来源：印尼中央统计局，https：//www.bps.go.id/。

1.2%、1%、0.9%、0.7%、0.6%。2019年，印尼国际移民来源地主要有中国、朝鲜、英国、新加坡、东帝汶、泰国、日本、美国、印度、约旦，其占印尼国际移民总数的比重依次减少，分别为21.4%、9.4%、9.3%、6.7%、6.7%、6.7%、5.6%、3.6%、3.5%、3.5%。

二 国际移民净迁移情况

从表 I-2-10 可以看出，1950—2015 年印尼人口净迁移情况为先净迁入后净迁出。1950—1955 年人口净迁入 37.9 万人，到 2010—2015 年净迁出人口 45.4 万人。印尼的净迁移大致可分为两个阶段。第一阶段为1950—1990 年，这一阶段各时期净移民人数大于 0，属于人口净迁入；第二阶段为 1990—2015 年，这一阶段各时期人口净迁移人数小于 0，属于人口净迁出。

表 I-2-10　　　　　　印尼净人口迁移情况　　　　　　（万人）

年份	净迁移人口数
1950—1955	37.9
1955—1960	40.3
1960—1965	45.0
1965—1970	55.6
1970—1975	50.8
1975—1980	37.9
1980—1985	47.5
1985—1990	26.1
1990—1995	-3.5
1995—2000	-6.8
2000—2005	-115.0
2005—2010	-133.4
2010—2015	-45.4

资料来源：人口迁移数据：https://migrationdataportal.org/。

三 国际移民的影响因素以及未来可能的变化趋势

20 世纪 90 年代，随着全球化的不断蔓延与深入，人口跨国流动与移民等活动更加频繁。印尼作为全球穆斯林人口最多的国家，面对国际性的移民潮，也不断进行着移民法律法规的调适和修正以求更好地利用移民和跨国人口流动所带来的资金、技术和劳动力资源。在婚姻移民政策、外籍劳工政策、印尼外国劳工保护法律、难民安置政策及印尼华裔国籍法等方面进行了一系列的修正与改革，逐渐放宽了外籍人员的居住与入籍条件，积极颁布印尼外国劳工保护法律，并彻底废除了对印尼华裔带有歧视性的国籍证明要求。21世纪以来，中印尼两国建立和加强了战略关系，随着中印尼关系的进一步发展，双方经贸关系飞速发展，两国人民的跨国交流和流动也越来越多。

外国资本对印尼移民政策有着重要的促进作用。印尼政府重视改善投资环境，吸引外资。在1997年金融危机前每年吸引外资约300亿美元，在金融危机后大幅下降。苏希洛政府重视改善投资环境，大力吸引外资。2011年、2012年、2013、2014年实际利用外资额分别为173亿美元、229亿美元、223亿美元和230亿美元。受印尼盾大幅贬值的影响，2015年吸引外国投资136亿美元。2017年吸引外国投资322.4亿美元，同比增长8.5%。主要投资来源国为新加坡、日本、中国、美国、英国、韩国。在吸引外资的同时也会吸引外来人口，增加国际移民。

印尼与中国的"一带一路"合作建设，尤其是在基础设施部门的合作，将带动印尼经济发展。印尼是由各个岛屿组成的，交通是其面临的重大难题。如果印尼在各岛屿建立起交通基础设施，将会促进其货物运输方式的转型，经济将加速发展，同时也会促进两国间人口流动。经济的发展会吸引越来越多的国际移民，移民也会呈现多元化。

第三章　资源禀赋

　　印尼位于连接太平洋与印度洋的关键区域，扼守马六甲海峡、巽他海峡以及龙目海峡等海上交通要道。印尼有"千岛之国"的美誉，由约17508个大小岛屿组成，是全世界最大的群岛国家，也是全球生物多样性热点区及保护优先区之一。印尼是"21世纪海上丝绸之路"的首倡之地，作为中国的重要邻国，两国关系源远流长。在"一带一路"倡议和"全球海洋支点"战略框架下，两国在政治、经济、社会文化等领域开展了大量合作。近些年来，中国与印尼的合作卓有成效，两国已经同意合作开发四个经济走廊，即北苏门答腊正在开发的"东盟的经济和商业中心"、北加里曼丹"能源和矿产中心"、巴厘岛"高科技与创意经济中心"和北苏拉威西"环太平洋经济中心"。中国和印尼在各个领域都存在着诸多共同利益，本章通过介绍印尼的土地资源、矿产资源、能源资源、生物资源、遗产资源，积极探索中国和印尼之间更加广阔的合作空间。

第一节　土地资源

　　印尼是东南亚面积最大的国家，也是东南亚最大的群岛国家。陆地面积约为1904556平方千米，海域面积约为3212160平方千米，其中，加里曼丹岛、苏门答腊岛、伊里安岛、苏拉威西岛和爪哇岛为印尼的五大主要岛屿，占其国土面积的92%。印尼境内森林和林地面积约占全国土地面积的67.8%，仅次于亚马孙地区。[1] 作为一个农业大国，印尼全国约有耕地面积8000万公顷，从事农业人口约有4200万人。

---

① 葛瑞：《印度尼西亚主要自然资源概述》，《长江丛刊》2017年第20期，第126页。

一　林地资源

印尼地处热带，终年炎热多雨，雨量充沛，土壤肥沃，为植物的生长提供了极为有利的条件，所以森林资源极其丰富。境内森林和林地面积占国土面积的67.8%，在世界上仅次于亚马孙地区。印尼的森林类型以热带雨林为主，其次为次生林、季雨林、沼泽林和海岸林。森林总面积约为1.2亿公顷，其中，天然防护林区约有2330万公顷，保护林区约有3190万公顷，有限生产林区约有2180万公顷，生产林区约有3520万公顷，可转换林区约有8200万公顷（见表I-3-1）。

表I-3-1　　　　2014—2018年印尼林区内外土地覆盖面积　　　（千公顷）

年份	林地面积	非林地面积
2014	1207703	669816
2015	1205624	671895
2016	1204238	673280
2017	1203901	673617
2018	1203857	673662

资料来源：印尼统计局。

1967年，印尼政府颁布《林业基本法》，开始大规模开发森林资源。20世纪70年代，全国有6540万公顷森林成为伐木特许区，占国土总面积逾30%。逾30%的特许区控制在20家大公司手中，其中外资占有相当大的比重。1972年，木材出口总值在国民经济出口总值中跃居第二位，仅次于石油。20世纪70年代末，政府着手调整林业政策，限制原木出口，发展木材加工业。印尼成功地从原木出口大国转变为胶合板出口大国，包括胶合板、木材、纸浆等在内的林产品生产、加工和出口贸易均有长足发展。1985年，木制板材协会（APKINDO）成立，负责颁发出口许可证，调控生产商家的竞争。随着林业产业链条的延伸，为了满足对原材料的迫切需要，印尼政府开始实施工业林种植计划，致力于构建可持续发展的绿色产业体系的尝试与实践。[①]丰富的森林种类为印尼提供了许多优

---

① 李雯：《苏哈托时期印度尼西亚的林业政策》，《东南亚研究》2015年第5期，第4—9页。

质的名贵木材，如加里曼丹和苏门答腊的铁木、努沙登加拉的檀木、苏拉威西的乌木、爪哇的柚木等。其木材生产、加工和出口已形成成熟的产业链，是世界上重要的林木产品出口国之一，出口的产品包括胶合板、木材、纸浆和木质家具等（见表 I-3-2）。

表 I-3-2　　　　2000—2018 年印尼木材产品产量及演化　　　　（立方米）

年份	原木（Logs）	木材（Sawn Timber）	胶合板（Playwood）
2000	13798240	2789543	4442735
2001	11432501	674868	2101485
2002	9004105	623495	1694405
2003	11423501	760604	6110556
2004	13548938	432967	4514392
2005	31965725	1471614	4533749
2006	34092484	679247	3811794
2007	32197046	587402	3454350
2008	32000786	530688	3353479
2009	34320536	710208	3004950
2010	41973668	898576	3324889
2011	42706657	967318	3302843
2012	6537195	1100096	3310863
2013	33410808	992867	3261970
2014	31899666	1458624	3579113
2015	38853618	1765080	3640631
2016	37621235	1820475	3636058
2017	43205947	2812812	3793059
2018	47966365	2078551	4213557

资料来源：印尼国家统计局数据库。

二　农用地资源

据统计，2015 年印尼农业用地达 57 万平方千米，占国土面积的 31.36%，其中可耕种土地面积为 2350 万公顷，可耕种土地面积占陆地面积的比例约为 13%，人均可耕地面积约为 0.09 公顷，农业生产较分散，这不利于推行农机规模化使用（见表 I-3-3）。目前印尼购买大型、高端的农机设备还有一定的困难，适用的主要是价格低、维护方便、适用性比较强的小型农机，印尼农业机械化程度还处于比较低的阶段。[①]

　　农业在印尼经济结构中一直占有非常重要的地位，主要的粮食作物以水稻为主，玉米、大豆以及木薯等产值也比较高。印尼是东盟最大的水稻生产国，受益于国家对稻谷产业的重视，水稻种植面积均呈现出增加趋势（见表 I-3-4）。

表 I-3-3　　　　　　　1999—2015 年印尼农业用地及耕地情况

年份	农业用地（万平方千米）	农业用地/国土面积之比（%）	耕地面积（万公顷）	耕地/国土面积之比（%）	人均耕地面积（公顷）
1999	45.88	25.32	1970.00	10.87	0.09
2000	47.18	26.04	2050.00	11.32	0.10
2001	47.70	26.33	2020.00	11.15	0.09
2002	48.18	26.6	2008.10	11.08	0.09
2003	51.01	28.16	2240.60	12.37	0.10
2004	53.37	29.46	2466.60	13.62	0.11
2005	51.85	28.62	2294.60	12.67	0.10
2006	51.50	28.43	2150.00	11.87	0.09
2007	53.00	29.26	2200.00	12.14	0.10
2008	54.00	29.81	2270.00	12.53	0.10
2009	55.60	30.69	2360.00	13.03	0.10
2010	55.60	30.69	2360.00	13.03	0.10
2011	56.50	31.19	2350.00	12.97	0.10
2012	56.50	31.19	2350.00	12.97	0.09
2013	57.00	31.46	2350.00	12.97	0.09
2014	57.00	31.46	2350.00	12.97	0.09
2015	57.00	31.36	2350.00	12.97	0.09

资料来源：印尼国家统计局数据库。

[①]　张中元：《中国与印尼的农业产能合作研究》，《国际经济合作》2017 年第 4 期，第 86—92 页。

在印尼经济作物中棕榈油、橡胶和可可产量居世界前列。其中橡胶种植面积居世界首位，但产量次于泰国。橡胶种植以小农户种植为主。产区集中在南苏门答腊省、占碑省、廖内省、北苏门答腊省、加里曼丹省和中加里曼丹省。

在过去十多年里，印尼棕榈种植面积和棕榈油产量持续增加，2007年开始超过马来西亚成为世界上最大的棕榈油生产国。棕榈以大型种植园为主，主要集中在廖内省、北苏门答腊省、中加里曼丹省、南苏门答腊省和西加里曼丹省。

印尼的可可豆产量居全球第三位，仅次于科特迪瓦和加纳。可可种植面积持续增长，以小农户种植为主，2013年，可可种植面积占种植总面积的96%，可可豆产量占总产量的71%。可可生产公司的数量持续下降，从2000年的219个减至2013年的86个。可可种植主要集中在中苏拉威西省、南苏拉威西省、东南苏拉威西省、西苏拉威西省、西苏门答腊省和亚齐省，合计可可种植面积和可可豆产量分别占种植总面积和总产量的68.8%和67.8%。[①]

表 I-3-4　　1993—2015 年印尼主要农作物种植面积及变化趋势　　（公顷）

年份	水稻	玉米	大豆	花生	绿豆	木薯	红薯
1993	10993920	2881466	1468316	621088	—	1388700	220046
1994	107177.34	3047378	1406038	638291	—	1337478	191973
1995	11420680	3595700	1476284	735460	—	1305265	224041
1996	11550045	3685459	1277736	685705	—	1401508	207615
1997	11126396	3301795	1118140	624890	290379	1233047	258381
1998	11730325	3815919	1094262	646468	336167	1197357	199041
1999	11963204	3456357	1151079	624980	298070	1350008	172243
2000	11793475	3500318	824484	683554	323978	1284040	194262
2001	11499997	3285866	678848	654838	339252	1317912	181026
2002	11521166	3126833	544522	646953	313563	1276533	177276

---

① 朱增勇、曲春红：《印度尼西亚种植业及其与中国合作研究》，《世界农业》2015 年第 10 期，第 64—68 页。

续表

	水稻	玉米	大豆	花生	绿豆	木薯	红薯
2003	11488034	3358511	526796	683537	344558	1244543	197455
2004	11922974	3356914	565155	723434	311863	1255805	184546
2005	11839060	3625987	621541	720526	318337	1213460	178336
2006	11786430	3345805	580534	706753	309103	1227459	176507
2007	12147637	3630324	459116	660480	306207	1201481	176932
2008	12327425	4001724	590956	633922	278137	1204933	174561
2009	12883576	4160659	722791	622616	288206	1175666	183874
2010	13253450	4131676	660823	620563	258157	1183047	181073
2011	13203643	3864692	622254	539459	297315	1184696	178121
2012	13445524	3957595	567624	559538	245006	1129688	178295
2013	13835252	3821504	550793	519056	182075	1065752	161850
2014	13797307	3837019	615685	499338	208016	1003494	156758
2015	14116638	3787367	614095	454349	229475	949916	143125

资料来源：印尼国家统计局数据库。

三　建设用地资源

印尼的土地，尤其是对世袭土地的征用十分复杂，并已经成为外商在印尼投资的主要障碍之一。根据印尼国会于 2011 年 12 月批准的第 2/2012 号土地征用法案（涉及铁路、港口、机场、道路、水坝和隧道等项目），政府会通过给被征地人更合理的补偿来征收土地，从而将土地用于基础设施项目建设。该法案本身仅适用于政府项目，但根据公私合作伙伴计划，私营部门的投资者可通过与国有企业合作的方式参与。总统条例的执行仅适用于合法登记且具有法律承认凭证的土地。就土地流转而言，由于印尼实行土地私有制度，外国人或外国公司在印尼不能拥有土地。但是，外商直接投资企业可以拥有以下 3 种受限制的权利：建筑权，允许在土地上建筑并拥有该建筑物 30 年，并可再延期 20 年；使用权，允许为特定目的使用土地 25 年，可以再延期 20 年；开发权，允许为多种目的开发土地，如农业、渔业和畜牧业等，使用期 35 年，可再延长 25 年。①

---

① 参见 Global Business Guide Indonesia，http://gbgindonesia.com/zh-cn/property/article/2012/an_ update_ on_ indonesia_ s_ land_ acquisition_ law. php.

四　印尼土地资源保护与开发存在的问题与挑战

印尼农业至今仍以小农经济为主体，严重地阻碍了农业生产力的发展，农业的劳动生产率、作物单位面积产量都不高，粮食安全仍然是印尼政府面临的最大问题。中印两国在种植业领域具有广泛的合作前景，尽管在农业科技、农业产业投资和农产品贸易方面已经具有良好的合作基础，投资数量和投资金额增加，但是，由于企业间缺乏有效合作，同质化严重，未能形成有效的力量，未来在合作规模和合作层次上仍有很大的提高潜力。印尼作为世界上第三大热带森林国家，拥有丰富的森林资源，印尼对中国的出口产品仍以资源型为主，主要出口产品为胶合板、木材及其制品、纸浆、橡胶等。中印两国的贸易结构存在互补性，未来双方应积极采取贸易便利化措施，降低双边贸易成本，提高贸易效率，加深双边经贸关系。

第二节　矿产资源

印尼矿产资源丰富，是亚洲乃至世界上重要的矿产资源国和矿产品生产国。印尼位于环太平洋成矿域的西南成矿带，矿产资源丰富，已发现的矿产资源有石油、天然气、煤炭、镍、铜、金、锡、银、钼、钴、铁矿石、铝土矿、锌、铅、稀土等。印尼是世界上第二大镍矿和锡矿、第五大煤炭和第八大铜矿与铝土矿生产国，同时正在进行的矿产勘探与开发项目超过百余个，在世界矿产资源上占据着极为重要的地位。长期以来，矿业在印尼的国民经济中占有重要地位。以2015年为例，矿业占印尼GDP的产值约为4%，属于矿业占GDP比重较高的国家。

一　金属矿产资源

印尼金属矿产资源丰富，铝土矿资源主要分布在邦加岛—勿里洞岛、西加里曼丹省和廖内省。镍矿资源主要分布在马露古群岛、南苏拉威西省、东加里曼丹省和巴布亚岛。铁矿主要分布在爪哇岛南部沿海，西苏门答腊、南加里曼丹和南苏拉威西。铜矿主要分布在巴布亚岛、北苏拉威西岛的哥伦打洛省。锡矿主要分布在西部的邦加—勿里洞、井里汶岛以及苏门答腊岛的东海岸地区。金矿主要分布在苏门答腊岛、苏拉威西岛、加里曼丹岛和巴布亚岛。银矿资源主要分布在邦加—勿里洞群岛、苏门答腊岛西南的明古鲁省、加里曼丹岛中西部和西爪哇岛。

截至 2018 年底，已发现的镍矿储量为 2100 万吨，铜矿储量为 5100 万吨，金矿储量为 2500 吨，锡矿储量为 80 万吨，铝土矿储量为 12 亿吨，分别占世界总储量的 23.6%、6.1%、4.6%、17.0% 和 4%。

表 I - 3 - 5　　　　　　　　2014—2018 年印尼主要矿产储量　　　　　　　　　（万吨）

矿种	2014	2015	2016	2017	2018	2018 年储量占世界总储量的比重（%）
镍	450	450	450	450	2100	23.6
铜	2500	—	—	2600	5100	6.1
金	3000	3000	3000	2500	2500	4.6
锡	80	80	80	80	80	17.0
铝土矿	100000	100000	100000	100000	120000	4.0

资料来源：2015 年、2016 年、2017 年、2018 年和 2019 年美国地质调查局矿产品概要。

印尼是世界上第二大镍矿和锡矿、第五大煤炭和第八大铜矿与铝土矿生产国。2017 年，印尼镍矿产量为 33.1 万吨，锡矿产量为 6 万吨，煤炭产量为 4.62 亿吨，铜矿产量为 69.4 万吨，铝土矿产量为 129.4 万吨，分别占世界总产量的 15.3%、16.2%、6.0%、3.5% 和 0.4%。[1]

截至 2019 年 3 月底，印尼正在进行的矿产勘探与开发项目超过百余个[2]，涵盖煤炭、镍、铜、金、铁矿石、锡、铝土矿、锌等多个矿种。其中，较大的勘探与开发项目包括 BEP 煤矿项目、Weda Bay 镍钴项目、Gag Island 镍铁钴项目、Elang-Dodo 金铜银项目、Jogjakarta 铁矿项目、Pomalaa East 镍矿项目、La Sampala 镍钴项目、Poboya 金矿项目、Pendopo 煤炭项目、Pungkut 金铜项目、Meliau 铝土矿项目，等等。

---

① 何金祥：《印度尼西亚矿业投资环境》，《国土资源情报》2019 年第 4 期，第 27—35 页。

② S&P Global Market Intelligence. Indonesia. Metals & Mining Properties. https://platform. mi. spglobal. com/web/client? auth = inherit#country/countryMiningProjects? KeyCountry = ID.

表 I-3-6 　　　　　2013—2017 年印尼主要矿产品产量

矿种	2013	2014	2015	2016	2017	2017 年产量占世界比重（％）
铝土矿（万吨）	570.2	255.6	47.2	47.7	129.4	0.4
钴（万吨）	1010.0	1009.0	1041.0	995.0	985.0	0.9
铜（万吨）	50.9	37.9	58.0	74.8	69.4	3.5
金（万盎司）	208.6	223.8	308.6	292.4	322.7	3.1
镍（万吨）	83.5	11.2	19.6	20.9	33.1	15.3
银（万盎司）	706.1	615.1	793.4	988.8	921.7	1.1
锡（万吨）	3.5	7.0	6.8	6.0	6.0	16.2

资料来源：S&P Global Market Intelligence. Indonesia Production by Commodity.

二 非金属矿产资源

印尼石灰石资源储量约为 340 亿吨，探明储量约为 280 亿吨，主要分布在西爪哇岛南部、东爪哇、东部的巴布亚省、巴厘岛和苏门答腊岛的南北两端。2004 年，其产量为 4000 吨，出口达 782 吨。在印尼经营石灰石的主要是一些地方公司。花岗石在苏门答腊岛、巴布亚岛、苏拉威西岛等许多地方都有分布，储量估计超过 160 亿吨，2004 年，印尼花岗石的产量是 360 万吨。印尼经营花岗石的主要公司是一家港资私人企业 PT. Karimun Granite 和一些地方公司。

三 印尼矿产资源开发面临的机遇与挑战

印尼矿产资源丰富，成矿条件良好，政府鼓励矿业发展，欢迎外国投资。自 2009 年新矿业法实施以来，印尼政府多次表示，欢迎外商投资其矿产工业，并大力改善相关矿业投资环境，包括简化矿业审批流程等。但从总体上说，与西方发达国家相比，印尼外国矿业投资政策仍显保守，且其矿业政策呈现出不连续、不稳定性，同时存在基础设施欠发达，政府管理较低效等一些不利于矿业投资的问题。印尼矿产资源丰富，与中国有较强的互补性。两国又是近邻，空间距离较近，地缘环境良好，在矿产资源开发合作方面有很多有利条件。近年来，中国努力开展与印尼矿业领域的合作，并取得了较大的进展。作为中国重要的矿业合作伙伴，客观认识和定期评估印尼的矿业投资环境和走向，有利于中国正确认识矿业投资在印尼的潜力、机遇、风险和挑战，在充分收集、掌握信息的基础上，通过细致分析、认真评估和精心准备，就能降低风险、排除困难，有效把握合作共赢的机遇和方向。

第三节　能源资源

印尼能源资源丰富，有"热带宝岛"之称。石油、天然气、煤、水能、太阳能、地热能等储量非常丰富。其中，印尼是世界上第 16 大产油国；印尼还拥有巨大的天然气储量，其中已探明的天然气储量为 2.9 万亿立方米；印尼的地热资源约占全球总量的 40%；印尼的水能资源在东盟各国中最为丰富。此外，印尼还拥有较为丰富的太阳能及生物质能资源。

一　不可再生能源

印尼是世界上第五大煤炭生产国。印尼从 19 世纪 70 年代开始进行陆上油气地质调查，是世界上较早发展油气工业的国家之一。在"海上丝绸之路"沿线资源国中，印尼油气储量、产量与待发现资源量均居首位，是东南亚最大的原油和天然气生产国。[1]

（一）煤炭

印尼位于欧亚大陆的东南边缘，是构造活跃地区，由于板块俯冲作用，地震和火山活动频繁，地质背景复杂。在印尼西部，处于欧亚和印度板块接合部的是巽他海沟（Sunda Trench）。新生界是印尼的含煤地层，分布在巽他大陆及其周围的沉积盆地中，覆盖印尼的大部分地区。这里有俯冲边缘处火山活动的产物，有蛇绿岩、岛弧岩浆岩及碰撞期侵入的澳大利亚地壳层。在巽他大陆内部，始新世广泛的断裂作用始于俯冲作用时期，并导致了很多沉积盆地的形成。有些沉积盆地的深度超过了 10 千米，并填充了新生代沉积物，且富含煤炭、石油和天然气。大型的沉积盆地位于苏门答腊岛、爪哇岛的近海地区以及加里曼丹岛的东部和南部。到了新近纪，加

---

① 卫培：《印度尼西亚油气工业状况与投资环境分析》，《国际石油经济》2020 年第 10 期，第 51—59 页。

里曼丹岛山脉的升起增加了环加里曼丹沉积盆地的沉积物来源。[1]

印尼大部分煤层来自于古近系和新近系，煤层埋藏较浅。在煤炭探明储量中，无烟煤和烟煤占68%，次烟煤和褐煤占32%。印尼煤炭几乎都是露天开采，91%产自东加里曼丹和南加里曼丹，9%则来自南苏门答腊岛南部。印尼的主要含煤盆地分布在苏门答腊岛的中部和南部，以及加里曼丹岛的东部和南部。这些主要含煤盆地分别为南苏门答腊盆地、中苏门答腊盆地、库台盆地、巴里托盆地和巴西亚盆地。

表 I-3-7　　　　　　　印尼的煤炭资源量及储量　　　　　　　（吨）

岛屿	省份	资源量					储量			
		预测	推断	控制	探明	总计	概略	证实	总计
苏门答腊	亚齐特别自治区	0	346.35	13.40	90.40	450.15	0	0	0
	北苏门答腊	0	7.00	0	19.97	26.97	0	0	0
	廖内	12.79	467.89	6.04	1280.82	1767.54	1354.76	585.61	1940.37
	西苏门答腊	24.95	475.94	42.72	188.55	732.16	0.68	36.07	36.75
	占碑	190.84	1508.66	243.00	173.20	21515.70	0	9.00	9.00
	明古鲁	15.15	113.09	8.11	62.30	198.65	0	21.12	21.12
	南苏门答腊	19909.99	10970.04	10321.10	5883.94	47085.07	9289.01	253.00	9542.01
	楠榜	0	106.95	0	0	106.95	0	0	0
	合计	20153.72	13995.92	10634.37	7699.18	52483.19	10644.45	904.80	11549.25
爪哇	万丹	5.47	5.75	0	2.09	13.31	0	0	0
	中爪哇	0	0.82	0	0	0.82	0	0	0
	东爪哇	0	0.08	0	0	0.08	0	0	0
	合计	5.47	6.65	0	2.09	14.21	0	0	0
加里曼丹	西加里曼丹	42.12	468.95	3.39	2.58	517.04	0	0	0
	中加里曼丹	197.58	951.86	17.33	471.89	1638.66	10.14	64.14	74.28
	南加里曼丹	0	5525.16	362.59	6377.81	12265.56	1806.56	1797.80	3604.36
	东加里曼丹	14396.27	11068.56	4755.42	7684.72	37904.97	3141.20	2762.63	5903.83
	合计	14635.97	18014.53	5138.73	14537.00	52326.23	4957.90	4624.57	9582.47

---

[1]　梁富康、苏新旭：《印度尼西亚的煤炭资源及开发前景》，《中国煤炭》2019年第4期，第128—132页。

续表

岛屿	省份	资源量				储量			
		预测	推断	控制	探明	总计	概略	证实	总计
苏拉威西	南苏拉威西	0	144.94	33.09	53.09	231.12	0.06	0.06	0.12
	中苏拉威西	0	1.98	0	0	1.98	0	0	0
	合计	0	146.92	33.09	53.09	233.10	0.06	0.06	0.12
马鲁古	马鲁古	2.13	0	0	0	2.13	0	0	0.00
新几内亚	西巴布亚	93.59	32.82	0	0	126.41	0	0	0
	巴布亚	0	2.16	0	0	2.16	0	0	0
	合计	93.59	34.98	0	0	128.57	0	0	0
全国合计		34890.88	32199.00	15806.19	22291.36	105187.43	15602.41	5529.43	21131.84

资料来源：印尼国家统计局数据库。

根据 BP《世界能源统计年鉴》，截至 2017 年底，印尼的煤炭探明储量为 255.98 亿吨，占全世界煤炭探明储量的 2.2%，储产比为 49。其中，无烟煤和烟煤的储量为 173.26 亿吨，次烟煤和褐煤的储量为 82.47 亿吨。根据印尼煤炭工业协会的统计，印尼煤炭资源量为 1052 亿吨，储量为 211 亿吨。印尼的含煤省主要有 6 个，分别为南苏门答腊省、东加里曼丹省、南加里曼丹省、占碑省、廖内省、中加里曼丹省，这 6 个省的煤炭资源量和储量分别占全国总量的 97.7% 和 99.8%。印尼煤炭产量逐年上升，2019 年，印尼煤炭产量达 6.1 亿吨。

（二）石油

印尼国内地质构造复杂，拥有 66 个沉积盆地，其中，36 个盆地已经完成勘探活动，15 个盆地正在生产石油天然气。四大产油区分别是苏门答腊、爪哇海、东加里曼丹和纳土纳。在已探明的石油总储量中，17.1248 亿桶（占 68.94%）位于陆上区块，其余 7.5142 亿桶（占 30.25%）位于海上区块。目前，印尼有 3/4 以上的勘探开发区块位于西部，东部的第三系和前第三系盆地中有 30 多个富含碳氢化合物潜力，但因为东部地区构造极其复杂，地形地貌也很陡峭，所以对东部地质和构造演化的研究存在空白，油气潜力大小仍属未知。1988 年，印尼石油天然气总探明储量达到 253 亿桶峰值，此后石油探明储量出现大幅度下跌，并一直呈下降趋势。2019 年，石油探明储量为 25 亿桶，较上一年下降 21.3%，约占世界石油探明储量的 0.1%。目前，印尼在产油田多为开发已久的老油田，加上储量替换率和勘探投资减少，在过去 10 年里，西部地区几乎没有重大原油田发现，1991 年印尼原油产量第二次达到峰值后便一路下滑（见表 I - 3 - 9）。2019 年，印尼原油全年产量为 3820 百万桶。

表 I - 3 - 8　　　　　　　1990—2019 年印尼煤炭产量　　　　　　（百万吨）

年份	产量	年份	产量
1990	10.7	2005	152.7
1991	13.8	2006	193.8
1992	22.4	2007	216.9
1993	27.6	2008	240.2
1994	32.9	2009	256.2
1995	41.8	2010	275.2
1996	50.4	2011	353.3
1997	54.8	2012	385.9
1998	62.2	2013	474.6
1999	73.7	2014	458.1
2000	77.0	2015	461.6
2001	92.5	2016	456.2
2002	103.3	2017	461.2
2003	114.3	2018	557.8
2004	132.4	2019	610.0

资料来源：BP Statistical Review of World Energy.

表 I - 3 - 9　　　　　　　2007—2019 年印尼原油储量　　　　　　（亿桶）

年份	总储量	探明储量	潜在储量
2007	84.0	39.9	44.1
2008	82.2	37.5	44.7
2009	80.0	43.0	37.0

续表

年份	总储量	探明储量	潜在储量
2010	77.6	42.3	35.3
2011	77.3	40.4	36.9
2012	74.1	37.4	36.7
2013	75.5	36.9	38.6
2014	73.7	36.2	37.5
2015	73.1	36.0	37.0
2016	72.5	33.1	39.4
2017	75.4	31.7	43.6
2018	75.1	31.5	43.6
2019	37.8	24.8	12.9

资料来源：印尼石油和天然气总局（MIGAS）历年年报。

（三）天然气

印尼三大产气区为东加里曼丹、南苏门答腊和纳土纳。2008 年，天然气探明储量达到 203 亿桶油当量峰值，随后开始缓慢下滑，2019 年仅约为 90 亿桶油当量，约占世界天然气探明储量的 0.7%。天然气在印尼油气总产量中的占比越来越高，预计 2050 年将增至 86%，天然气在印尼油气工业中的地位愈发重要。

印尼天然气历史产量一路攀升，2010 年达到高峰，日产气达 88.57 亿立方英尺。随着一些主力气田的枯竭，预计天然气产量将缓慢下降。目前，科里多（Corridor）区块，海上的马哈坎（Mahakam）、麻拉巴高（MuaraBakau）和东固（Tangguh）项目贡献的天然气产量占到印尼天然气总产量的一半以上；印尼东加深水项目（Ganal、Rapak）和马塞拉（Masela）项目将成为下一个 10 年印尼天然气产量的主要贡献者。在前些年里，为了实现产量接替，印尼政府审批通过了几个新的上游油气战略项目，例如埃尼公司作业的近海深水区域的姜克里克（Jangkrik）天然气开发项目、印尼深水天然气开发项目和国际石油开发帝石公司（Inpex）作业的阿巴迪（Abadi）天然气开发项目。然而，由于国际油价下滑的影响，这些项目中只有姜克里克气田于 2017 年 5 月投产，生产能力约为 6 亿立方英尺/日。

表 I - 3 - 10　　　　　　　2007—2019 年印尼天然气储量　　　　（万亿立方英尺）

年份	总储量	探明储量	潜在储量
2007	165	106	59
2008	170	113	58
2009	160	107	52
2010	157	108	49
2011	153	105	48
2012	151	103	47
2013	150	102	49
2014	149	100	49
2015	151	98	53
2016	145	102	43
2017	144	101	42
2018	136	96	39
2019	77	50	28

资料来源：印尼石油和天然气总局（MIGAS）历年年报。

二　可再生能源

印尼的地热资源约占全球总量的 40%，印尼的水能资源在东盟各国中最为丰富。此外，印尼还拥有较为丰富的太阳能及生物质能资源。

（一）地热能

从绝对储量来说，印尼的地热资源占全球的 40%，已探明的印尼地热资源发电潜力约达 2800 万千瓦，其中约 1400 万千瓦处于苏门答腊岛，900 万千瓦处在爪哇岛和巴厘岛，200 万千瓦处在苏拉威西岛，目前印尼属于全世界蕴藏地热能源最丰富的国家，这有赖于它星罗棋布的众多群岛上那些死火山或活火山或正在休眠的火山，以及三大板块交界处和环太平洋地热带的地理位置。

但是，由于历史上印尼的石油天然气资源储量丰富，依赖于这些资源，印尼并不缺少能源，对地热资源开发的热情不高。此外，地热资源开发成本高，并且需要先进技术，这也是令印尼这个发展中国家感到困扰的，地热发电的成本是火力发电的两倍，既然有廉价的煤炭石油天然气，政府并不热衷于地热发电，其回购地热电力的热情不高，相应的保障措施

也不完善，鼓励支持地热开发的优惠政策很少，而国内外投资者在这种大
环境下，对地热开发更加没有积极性。

表 I – 3 – 11 　　　　　2000—2019 年印尼地热能产量 　　　　　（兆瓦）

年份	装机容量	年份	装机容量
2000	525	2010	1189
2001	785	2011	1226
2002	785	2012	1336
2003	805	2013	1344
2004	820	2014	1404
2005	850	2015	1439
2006	850	2016	1644
2007	980	2017	1809
2008	1052	2018	1946
2009	1189	2019	2131

资料来源：BP Statistical Review of World Energy.

　　印尼的地热资源开发缓慢，还有一个非常特殊的原因，就是在印尼
2003 年的《地热法》中，它将地热资源划归矿业开采，而印尼的地热资
源有一半都分布在林区。根据《林业法》，在林区禁止进行矿业开发，那
么地热资源作为矿业开采，当然也遭到了禁止。由于政府监管不力，即使
一些地热电站能够在林区兴建起来，在开发过程中也造成了一系列的环境
问题，遭到当地居民的强烈抵制。

　　因此，目前印尼地热资源利用率仅为5%，现有地热电站发电总量约
为134.1兆瓦。印尼矿能部共规划了58个地热开发区，但只有9个投入
生产。基于上述种种原因，印尼的地热开发速度和规模始终相当缓慢。

　　近几年来，由于全球对地热资源开发的热情，加上其本国的煤炭、天
然气、石油等资源消耗巨大，并且出口量大，而环境污染、生态等一系列
问题，让印尼重新开始面对本国的地热资源开发，也打开了视野，开启了
引进外资、出口地热能源的进程。2014年8月底，《雅加达邮报》公布了
印尼国会通过的地热资源新法案，这是一项酝酿多时的能源法案——《地

热法》，此法案的目的是充分利用其庞大的地热能源储备，加大开发力度。在这项法案中，印尼政府旨在为地热资源开发铺平道路，不再将地热开发活动归于矿业开发范畴，对地热电站的电价机制做出详细规定，将地热开发项目招投标权限收归中央政府所有。

目前，印尼的地热电力仅有1300万千瓦，其电力主力仍然来自煤炭和石油，碳排放以及对森林的乱砍滥伐，使印尼的环境迅速恶化，印尼这个有着2.5亿人口的发展中国家，在温室气体排放量上居然位居世界第三，可见其对清洁环保能源的需求有多么迫切。因此，为了引导地热资源项目开发，印尼政府将提高地热电力的价格。随着地热新法案的颁布，政府对地热资源政策的落实，国内外投资商将再次投入印尼的地热开发市场。1990年就开始规划的沙鲁拉地热电站已在2014年6月正式开工，该电站计划投资总额为16亿美元，装机容量为330兆瓦，建成后将成为全球最大的地热电站。

印尼能源部长说，到2025年，地热发电可达9500兆瓦，将地热发电量在全国电力中的比重提高到12%，成为全球最大的地热利用国。未来地热电站项目将成为印尼极具吸引力的能源项目之一，印尼将掀起投资开发地热资源的新高潮。

（二）水能

印尼水资源十分丰富的岛屿为加里曼丹岛和巴布亚岛，而水电开发极多的却是居住人口较多的爪哇岛、苏门答腊岛和苏拉威西岛。印尼水电年理论蕴藏量达21470亿千瓦时，年技术可开发量为4016.5亿千瓦时，技术可开发装机容量为7500万千瓦。另外，印尼小水电资源也较为丰富，技术可开发装机容量为1938.5万千瓦（见表I-3-12）。

表I-3-12　　　　　2010—2016年印尼可再生能源发电　　　　（兆瓦；千瓦时）

能源类型		2010	2011	2012	2013	2014	2015	2016
水电	装机容量	3734	3944	4166	5166	5230	5261	5321
	发电量	11384	17456	12419	12799	16930	15148	13738
风电	装机容量	0	1	1	1	1	1	7
	发电量	4	5	5	1	1	4	—

续表

能源类型		2010	2011	2012	2013	2014	2015	2016
太阳能发电	装机容量	0	1	4	9	9	9	80
	发电量	1	1	3	6	11	15	—
生物质发电	装机容量	1864	1913	1923	1606	1747	1753	1753
	发电量	5659	6329	6557	6615	6887	6871	
沼气发电	装机容量	—	26	26	26	26	32	32
	发电量	—	114	114	114	114	114	
地热能发电	装机容量	1189	1226	1336	1344	1404	1439	1534
	发电量	9357	9371	9417	9414	10038	10048	

资料来源：谢越韬、楼书逸、张皓天《印尼可再生能源与电力发展现状及合作潜力分析》，《中外能源》2019 年第 1 期，第 22—27 页。

三　印尼能源资源开发面临的机遇与挑战

近年来，中国与印尼在油气、煤炭、可再生能源及电力等领域开展了大量合作，打下了坚实的基础。中印尼双方为实现印尼能源结构多元化、低碳化，改善生态环境，推动能源转型进行了有益探索。印尼可再生能源资源储量丰富，特别是水能、太阳能和地热能开发潜力巨大。作为世界上电力生产和消费第一大国，近年来，中国在可再生能源发电领域取得了较快发展，在设计、制造、施工、运营等方面均已达到或接近世界一流水平。未来中国与印尼在可再生能源与电力的基础研究、能力建设和项目合作等方面具有广阔的合作空间和巨大的合作潜力。

印尼国内的投资环境稳定，政府鼓励外国资本对其电力和电网进行投资。中国是印尼多年来最大的贸易伙伴，众多中资企业在印尼电力行业有较丰富的投资管理经验。印尼总体投资环境对中资企业有较强的吸引力。印尼有丰富的煤炭资源，其低灰、低硫的特点适合电厂使用。同时印尼是一个缺电的国家，印尼的煤电联营项目具有广阔的投资开发前景。印尼的基础设施条件差、政府效率低下、腐败现象严重、征地困难，经济民族主义和民粹主义依然存在。中资企业可以和当地的合作伙伴设立合资公司、聘请优秀的律师团队、充分发挥当地华人团体的作用可有效降低投资风险。

第四节 生物资源

印尼有"千岛之国"的美誉，是全球生物多样性热点区及保护优先区之一。这里丰富的动植物资源为研究生物适应性演化提供了宝贵的材料，著名的"华莱士线"也吸引了许多科学家到此考察，众多相互隔离的岛屿更是生物学家眼中的天然实验室。印尼是全球最大的群岛国家，地跨赤道，约有 1.75 万个大小岛屿点缀于浩瀚的太平洋和印度洋上。这里是典型的热带雨林气候，年平均气温为 25—27℃，无四季之分，充沛的降水及常年高温使印尼成为地球上生物资源十分丰富的国家之一。印尼在地质史上与亚洲大陆有密切的关系，物种交流比较频繁，生物地理学上东洋区与澳洲区的分界线"华莱士线"贯穿此区域，更是彰显了这里生物区系的复杂性。

印尼有 90 多个生态系统类型、35 个林藻类物种、500 多种爬行物种，这使印尼在世界生物多样性领域扮演着极为重要的角色。2002 年，印尼制定"2003—2020 年国家生物多样性保护战略计划"（简称"IBSAP 2003—2020"），从生态系统、物种和遗传资源等层面保护生物多样性。

一 植物资源

印尼的植物资源极为丰富，苏门答腊岛三分之二的土地为树种繁多的多层常绿湿润赤道林所覆盖。在多种多样的树种中，龙脑香料树居多。如各种娑罗双树种、羯布罗香属、龙脑香属和坡垒属。也可见到夹竹桃科、紫葳科、鼠李科、漆树科、芸香科和山榄科等湿润赤道林的典型树种。在低地上还有许多榕树和棕榈树科植物，如桃椰子、槟榔等。娑罗双树和龙脑香树可提供香脂、香精和各种树脂。

加里曼丹岛上主要是多层常绿湿润赤道原始乔木林。树种和苏门答腊差不多。但是在加里曼丹低地林中有清一色的，属于婆罗洲贝壳杉的针叶树林，其木材可用来生产胶合板、火柴和纸浆。在加里曼丹的森林中有许多珍贵的热带树种，它们可提供优质木材，如铁木、多种红木和各种树脂与香脂。

苏拉威西岛上的主要树种为热带针叶树种贝壳杉。苏拉威西岛较为普遍的珍贵树种是乌木和柚木，主要销往国外。

在伊里安查亚滨海较为干燥的地方常可见到木麻黄林，在比较干燥的低地和低山坡上，生长着常绿赤道林，其树种与苏门答腊、加里曼丹和苏拉威西的树种差不多。在海拔较高的地方，主要由各种橡属、板栗属的树种组成。有的地方有南洋杉属植物——由杉木组成，在更高的地方生长着针叶林——贝壳杉等树。

爪哇岛面积较小，在海拔较高的地方，生长着常绿热带林，此地常绿林的典型代表是高大的枫香树，更高的地方则生产着常绿橡属、板栗属、樟科、木兰科等树种。除此之外，印尼各岛还普遍生长着茂密的竹林和藤类植物。

稀有植物，如生长在苏门答腊岛中部热带雨林中的巨魔芋，它以巨大花序而闻名于世。巨魔芋的花序轴可高达 3 米，佛焰苞的直径可达 1.5 米，如此巨大的花序，堪称世界之最。[①]

二 动物资源

印尼的动物种群达 20 多万种，其中哺乳类动物约有 650 种，鸟类有 2000 多种，爬行类有 520 多种，昆虫类则难以计数。印尼受到国家法律保护的珍稀动物超过 520 种，一半属于鸟类，其余为哺乳动物、爬行动物、淡水鱼类及昆虫类。颇具代表性的动物有科莫多巨蜥、虎、单角犀牛、双角犀牛、红毛大猩猩、大象、野牛、极乐鸟等。科莫多巨蜥又名科莫多龙，为印尼所特有，是现存已知体型最大的蜥蜴。这种蜥蜴成年后体长达 2—3 米，体重达 70 千克，人工饲养的体型更大。虎有苏门答腊虎、爪哇虎和加里曼丹虎三个亚种，其中苏门答腊虎是同类物种中体型最小的，仅分布于苏门答腊岛的平原、森林和高山，现存 400—500 只。单角犀牛也叫爪哇犀，现仅存于爪哇岛西部的乌戎库隆国家公园，总数有 50—60 头，无法人工养殖，是世界上十分珍贵的动物之一。红毛猩猩体型仅次于大猩猩，分布在加里曼丹岛和苏门答腊岛，是唯一分布在亚洲的猩猩种类。低地倭水牛生活在苏拉威西岛，为世界上体型最小的牛类，对森林环境的要求比亚洲的其他种类挑剔，濒临灭绝且极难人工繁育。邦加

---

① 毓棠：《稀世霸王花》，《大自然探索》2001 年第 10 期，第 13—14 页。

跗猴体重仅为 80—140 克，身长 12—15 厘米，是世界上最小的灵长目动物，分布在加里曼丹岛、苏门答腊岛和廖内群岛，也是濒危物种。爪哇鹰为印尼国鸟，分布于爪哇热带森林，也处于濒危状态。

三 生物资源保护存在的问题和挑战

印尼政府对生物多样性保护相当重视，于 1994 年签署《联合国生物多样性新公约》，并且出台一系列政策措施，推进保护生物多样性工作。印尼不仅拥有保护生物多样性的国家战略，还建立了国家生物多样性管理委员会来协调各部门、组织之间的工作。然而，从长远发展角度来看，印尼现有的保护体系不能满足印尼政府保护所有生态资源的要求。中国和印尼可进一步加强合作与交流，尤其是在生物多样性保护、区域生态与环境监测、全球变化等方面展开研究。双方可通过共同开展合作研究项目、共建实验室、联合举办学术会议、联合培养研究生、加强人员互访等方式拓展合作。

第五节 遗产资源

印尼自然环境优美，人文成果灿烂。在历史上，中华文化、印度教和佛教文化、伊斯兰文化在印尼交流激荡，融合协作，逐渐形成了印尼特有的文化风貌，具有丰富的文化多样性。

一 世界遗产资源

印尼于 1989 年 7 月 6 日成为联合国教科文组织世界遗产委员会成员国。截至 2019 年 7 月 10 日第 43 届世界遗产大会闭幕，印尼共计拥有 9 项世界遗产，其中文化遗产 5 项，自然遗产 4 项。

（一）婆罗浮屠寺庙群（Borobudur Temple Compounds）

1991 年，联合国教科文组织将婆罗浮屠作为文化遗产列入《世界遗产名录》。婆罗浮屠寺庙群遗产项目包括了三座佛教寺庙：婆罗浮屠佛塔（Borobudur Temple）、孟督寺（Mendut Temple）和巴旺寺（Pawon Temple）。婆罗浮屠是位于印尼中爪哇省（central Java）的一座大乘佛教佛塔遗迹，是 9 世纪世界上最大型的佛教建筑物。2012 年 6 月底，被吉尼斯世界纪录大全确认为当今世界上最大的佛寺。婆罗浮屠与中国的万里长城、埃及的金字塔和柬埔寨的吴哥窟并称为"古代东方四大奇迹"。

世界遗产委员会评价道：这座著名的佛教圣殿建于 8 世纪至 9 世纪，位于爪哇岛中部。整个建筑分为三层。基座是五个同心方台，呈角锥体；中间是三个环形平台，呈圆锥体；顶端是佛塔。四周围墙和栏杆饰以浅浮雕，总面积为 2500 平方米。有 72 座透雕细工的印度塔围绕着环形平台，内有佛龛，每个佛龛供奉一尊佛像。该遗产在联合国教科文组织的援助下于 20 世纪 70 年代得以重建。

（二）普兰巴南寺庙群（Prambanan Temple Compounds）

1991 年，联合国教科文组织将普兰巴南的寺庙群作为文化遗产列入《世界遗产名录》。普兰巴南寺庙群（印尼语：Candi Prambanan，或译作巴兰班南、普兰巴那）位于印尼的中爪哇省，是印尼最大、最美丽的印度教建筑，也是东南亚最大的印度教庙宇。普兰巴南寺庙群是世界建筑、雕刻和绘画艺术史上一颗璀璨的明珠，现正式名称为普兰巴南文化旅游公园。

世界遗产委员会评价道：建于 10 世纪的普兰巴南寺庙群是印尼最大的湿婆神建筑群。六座寺庙在同心广场的正中间拔地而起：其中三座主寺庙饰有罗摩衍那史诗的浮雕，分别供奉着印度教的三位主神（湿婆、毗湿奴和梵天）；另外三座寺庙为守护神灵的动物而建造。

（三）科莫多国家公园（Komodo National Park）

1991 年，联合国教科文组织将科莫多国家公园作为自然遗产列入《世界遗产名录》。科莫多国家公园（印尼语：Taman Nasional Komodo）是印尼的一个国家公园，总占地面积为 219332 公顷。科莫多国家公园主要包括母贝勒林和那哥诺格森林保护区及鸣勒·母贝若克自然保护区。这个国家公园起初建立的目的是保护世界上最大的蜥蜴——科莫多龙，后来扩展致力于保护包括海洋物种在内的多种生物。

世界遗产委员会评价道：这里的火山岛上生活着大约 5700 只巨大蜥蜴。它们因为外观和好斗而被称作"科莫多龙"，世界上其他地方尚未发现它们的生存踪迹。这些蜥蜴引起了研究进化论的科学家们的极大兴趣。这里，干旱的热带大草原上高低不平的山坡，多刺的绿色植被凹地和壮丽的白色沙滩，与珊瑚上涌动着的蓝色海水形成了鲜明对照。

（四）乌戎库隆国家公园（Ujung Kulon National Park）

1991 年，联合国教科文组织将乌戎库隆国家公园作为自然遗产列入
《世界遗产名录》。乌戎库隆国家公园（印尼语：Taman Nasional Ujung Ku-
lon）是印尼建立最早的自然国家公园，总面积为 1206 平方千米。该遗产
项目共计包括五个遗产点：乌戎库隆半岛（Ujung Kulon peninsula）、红叶
自然保护区（Honje Nature Reserve）、巴娜依丹岛（Panaitan Island）、贝坞
藏（Peucang Island）、喀拉喀托自然保护区（Krakatau Nature Reserve），被
列入遗产保护的面积为 785.25 平方千米。乌戎库隆国家公园是印尼第一
个国家公园，旨在保护留存在爪哇岛上的世界上最大的低地雨林。这里也
是极危物种——爪哇犀牛仅有的两个栖息地之一。

世界遗产委员会评价道：乌戎库隆国家公园位于巽他大陆架的爪哇岛
最西南端，包括乌戎库隆半岛和几个近海岛屿，其中有喀拉喀托（Kraka-
toa）自然保护区。这里自然风光秀丽，在地质研究方面具有重要意义，
特别是为内陆火山的研究提供了很好的例证。除此之外，这里还保留着爪
哇平原上面积最大的低地雨林。这里生存着几种濒危动植物，其中受威胁
最大的是爪哇犀牛。

（五）桑义朗早期人类遗址（Sangiran Early Man Site）

桑义朗"爪哇人"化石遗址，距印尼首都雅加达以东约 520 千米。在
桑义朗出土的古人类化石，采自三个不同的地层。桑义朗最古老的人类化
石埋藏在 180 万年—70 万年前的第一地层，是尚未进化成人的猿人化石。
从在 70 万年—20 万年前的第二地层中发现的爪哇猿人化石来看，这时候
的"爪哇人"虽然还带有某些原始特征，但已经是进化完全的直立人了。
在最新的第三层（20 万年—10 万年前）中，发现了进化程度较高的古人
类头盖骨化石。据测算，其脑容量已达到 1100—1300 毫升。

世界遗产委员会评价道：该遗址在 1936 年至 1941 年进行挖掘，发现
了早期原始人类化石。后来，这里发现了 50 种化石，包括远古巨人、猿
人直立人/直立人，占世界已知原始人类化石的一半。过去 150 万年前的
人类聚居地这一事实，使桑义朗成为理解和研究人类进化论十分重要的地
区之一。

（六）洛伦茨国家公园（Lorentz National Park）

洛伦茨国家公园位于印尼的巴布亚省，世界上第二大岛屿新几内亚岛

的西部。公园面积为25056平方千米，被列入世界自然遗产的面积为23500平方千米。洛伦茨公园是东南亚最大的国家公园，也是世界上唯一一个既包括积雪覆盖的山地又有热带海洋环境以及广阔的低地沼泽的连续完好的保护区。

世界遗产委员会评价道：洛伦茨国家公园占地面积为250万公顷，是东南亚最大的保护区，也是世界上唯一一个既包括积雪覆盖的山地又有热带海洋环境以及广阔低地沼泽的连续完好的保护区。它位于两个大陆板块碰撞的地方，这里的地质情况复杂，既有山脉的形成又有冰河作用的重要活动。这里还保存着化石遗址，记载了新几内亚生命的进化。这一地区拥有动植物的地方特色及丰富的生物多样性。

（七）苏门答腊热带雨林（Tropical Rainforest Heritage of Sumatra）

苏门答腊热带雨林位于印尼的苏门答腊岛上，被列入世界自然遗产的总面积为25951.24平方千米。苏门答腊热带雨林遗产保存着苏门答腊岛独特及多元的生态面貌，其生物地理印记亦见证着该岛的演化过程。在苏门答腊热带雨林中，大约有10000个植物种类，其中包括17个本地种类。在动物方面，哺乳动物大约有200种，其中22种只在亚洲存在，包含印尼所特有的苏门答腊猩猩；鸟类有580多种，其中21种是当地特有的。当地特有的物种包括世界上最大的花卉（阿诺德大花草，学名：Rafflesia arnoldii，又名霸王花、大王花，花的直径可达1.5米）和最高的花卉（巨魔芋，学名：Amorphophallus titanum，又名尸花、泰坦魔芋，花序最高可达3米）。

世界遗产委员会评价道：苏门答腊250万公顷的热带雨林由三个国家公园组成：古农列尤择（Gunung Leuser）、克尼西士巴拉（Kerinci Seblat）以及布吉巴瑞杉西拉坦（Bukit Barisan Selatan）国家公园。这里拥有长期保护苏门答腊种类各异且多样化的生物群和濒危物种的巨大潜力。保护区中约有1万个植物种类，包括17个本地种类；超过200种哺乳动物，580种鸟类，其中465种是不迁徙的，21种是当地特有的。在哺乳动物中，22种是亚洲特有的，15种仅限于印尼地区所有，其中包括苏门答腊猩猩。该保护区也提供了这个岛进化的生物地理学证据。

（八）巴厘文化景观：苏巴克灌溉系统（Subak System）

巴厘文化景观位于印尼的巴厘岛。巴厘文化景观包括五块水稻梯田和它们的水神庙，占地 19500 公顷。这些梯田沿袭一种叫作"苏巴克"的古老灌溉系统，由水稻梯田和水渠、水坝、印度教神庙等建筑物组成。"苏巴克"灌溉系统至今仍正常运行，已成为巴厘著名人文旅游景观之一。水神庙是以"苏巴克"闻名于世的由水渠、水坝组成的协作水管理系统的中枢，其历史最早可追溯至 9 世纪。四个遗产点分别是：巴度尔神庙、巴度尔火山湖、巴吐卡鲁山脉卡图尔火山口的苏巴克景观、玛阿芸寺（也译作母神庙，Royal Temple of Pura Taman Ayun）。

世界遗产委员会评价道：巴厘文化景观拥有五块水稻梯田和它们的水神庙，占地 19500 公顷。水神庙是以"苏巴克"闻名于世的由水渠、水坝组成的协作水管理系统的中枢，其历史最早可追溯至 9 世纪。在遗产地内还有一座 18 世纪的皇家寺庙（母神庙，Royal Temple of Pura Taman Ayun），它是岛上同类型建筑中最大、最具震撼力的一座。"苏巴克"体现了"幸福三要素"（Tri Hita Karana）的哲学概念，是精神王国、人类世界和自然领域三者的相互结合。这一哲学思想是过去 2000 多年巴厘岛和印度文化交流的产物，促成了巴厘景观的形成。尽管供养岛上稠密的人口是一大挑战，但"苏巴克"体系所倡导的民主与公平的耕种实施原则使得巴厘人成了群岛中最多产的水稻种植者。

（九）沙哇伦多的翁比林煤矿遗产（Ombilin Coal Mining Heritage of Sawahlunto）

翁比林煤矿位于印尼西苏门答腊省沙哇伦多，这一工业遗址由荷兰殖民政府于 19 世纪末至 20 世纪初建设，用于开采、加工和运输苏门答腊一偏远地区的优质煤炭。遗址包含采矿地、矿区集镇、位于德鲁巴羽港的煤炭仓储设施以及连接矿区和海港的铁路网。2011 年以来，逐渐转型的翁比林煤矿建造了旅游和体育设施、苏门答腊吸毒者康复中心、摩托车公路赛场和动物园等，成为综合性的旅游景点。

二　其他遗产资源

印尼于 2007 年 7 月 5 日加入了联合国教科文组织的《保护非物质文化遗产公约》。据联合国教科文组织公布的数据，目前印尼已有 9 项非物质文化遗产被纳入联合国教科文组织《世界非物质文化遗产名录》。

（一）印尼国粹——哇扬戏（Wayang）

哇扬戏是印尼的古典戏剧，被视为印尼的国粹，分为哇扬皮影戏、哇扬木偶戏等，联合国教科文组织于 2004 年发起鼓励印尼采取措施保护、振兴和推广哇扬戏的项目，随后在日惹和梭罗建立起了专门传授哇扬戏的艺术中心。2008 年，哇扬戏被纳入联合国教科文组织《世界非物质文化遗产名录》。

（二）东南亚冷兵器之王——克里斯短剑（Keris）

克里斯短剑是马来群岛及马来半岛各民族使用的一种独特的短剑，是东南亚的冷兵器之王。现在克里斯短剑一般用于宗教仪式上，被当作护身符和传家之宝，或者庆典的饰物。2008 年，克里斯短剑被列入联合国教科文组织《世界非物质文化遗产名录》。

（三）印尼国服——巴迪克（Batik）

巴迪克是印尼特有的一种蜡染花布，颇具传统民族特色的蜡染服装被印尼人民视为“国服”。印尼将每周五定为“巴迪克日”。巴迪克的制作过程精细复杂，匠人们通过手工绘制印染的巴迪克布，每件都独一无二，颇具艺术价值。巴迪克图案上的每款设计都有一个源于印尼的歌舞、宗教、神话传说故事，通过其颜色与图案的象征意义，表达印尼人民的信仰和创造精神。2009 年，巴迪克被联合国教科文组织列入《世界非物质文化遗产名录》[1]。

（四）印尼的国乐器——昂格隆（Angklung）

昂格隆是印尼一种传统的竹筒乐器。印尼人民视其为民族团结的象征，也是印尼爪哇族的文化符号之一，被称为印尼的国乐器。2013 年印尼驻华大使馆和印尼中国友好协会在北京工人体育馆举办了昂格隆大型音乐会，现场共计有 5393 人，包括来自北京各界的音乐爱好者共同演奏了昂格隆，从而创造了一项新的吉尼斯世界纪录。2010 年 11 月，昂格隆被列入联合国教科文组织《世界非物质文化遗产名录》。

（五）“千手之舞”——沙曼舞（Tari Saman）

沙曼舞是印尼十分受欢迎的舞蹈之一，起源于苏门答腊岛亚齐省的迦

---

[1]　中华人民共和国驻印度尼西亚共和国大使馆：《带您领略印尼非物质文化遗产（之一）》，http://id. china-embassy. org/chn/indonesia_ abc/t1565379. htm。

佑族（The Gayo）。沙曼舞以宗教信仰为纽带，希望增强族人之间彼此的向心力和凝聚力，其独特之处在于舞者间高度的团结协作精神，沙曼舞是印尼文化多样性和神秘主义的见证之一。从 2011 年开始，沙曼舞被列为世界非物质文化遗产。

（六）"联合国亟须保护的非物质文化遗产"——诺肯袋（Noken）

诺肯袋在印尼巴布亚地区被广泛使用，尤其是分布在巴布亚中部高地的部落将诺肯袋作为日常携带、存放物品或携带小婴孩的工具，同时诺肯袋还是和平、富饶、美好的象征。制作诺肯袋的过程烦琐，一般制作一个大尺寸的诺肯袋需耗时 3 周甚至 2—3 个月。现在制作和使用诺肯袋的人数正在减少，2012 年联合国教科文组织将诺肯袋纳入亟须保护的《世界非物质文化遗产名录》。[①]

（七）与神的对话——巴厘舞蹈（Tari Bali）

巴厘舞蹈是印尼巴厘岛地区的传统舞蹈艺术，深受印度教文化的影响，由于世代相传和艺术家的不断创新，形成了独特的表演风格和特点。巴厘舞蹈的表现形式丰富多样，按照舞蹈传达的意境可分为三类：神圣（Wali）、仪式（bebali）、娱乐（balih-balihan）。表达神圣和仪式感的舞蹈只能在寺庙等特定场合表演，用于娱乐的舞蹈则可在寺庙外的公共场合表演。2015 年巴厘传统舞蹈被纳入联合国教科文组织《世界非物质文化遗产名录》。

（八）印尼民族开拓进取的象征——皮尼西帆船（Pinisi）

皮尼西帆船是印尼的传统木质双桅帆船，其造船技艺源于印尼南苏拉威西地区的布吉族和望加锡族。该船的主体由两个主桅、七面船帆组成。皮尼西帆船的规模可以达到 20—35 米长，建造船舶的当地人坚信神明的力量，因此在建船的每一个阶段都需要严格遵守相关的宗教礼仪和仪式，皮尼西帆船已成为具有印尼航海文化传奇意义的标志。2017 年皮尼西帆船制造技艺被列入联合国教科文组织《世界非物质文化遗产名录》。[②]

---

① 中华人民共和国驻印度尼西亚共和国大使馆：《带您领略印尼非物质文化遗产（之二）》，http://id. china-embassy. org/chn/indonesia_ abc/t1565803. htm。

② 中华人民共和国驻印度尼西亚共和国大使馆：《带您领略印尼非物质文化遗产（之三）》，http://id. china-embassy. org/chn/indonesia_ abc/t1566345. htm。

三　遗产资源保护与开发存在的问题和挑战

印尼十分重视遗产资源的保护和开发，早在 2007 年就批准了联合国《保护非物质文化遗产公约》。此外，印尼政府不断完善有关法律保护非物质文化遗产，将民俗、传说、传统知识技艺也列入法律保护范围，并通过立法加强工艺的保护、传承、开发。印尼通过电视、电影、网络等传播手段扩大非物质文化遗产的影响力与知名度，如印尼国家博物馆和谷歌 2012 年实现合作，人们通过网络可以欣赏到巴迪克蜡染及其制作过程。还采取了一系列措施筹措资金，通过科学、系统的管理，人才的培养与壮大，密切国际交流与合作等方式为非物质文化遗产的保护、传承与发展提供支持。

中国和印尼具备跨境交流合作的丰厚基础，曾开展形式多样的非物质文化遗产交流活动，在遗产资源方面具有较为良好的共生文化环境。中国作为文化遗产大国，积极联合印尼开展文化遗产保护工作，搭建对话交流机制，推进遗产资源的保护和开发工作。2015 年 3 月，中国发布《推动共建丝绸之路经济带和 21 世纪海上丝绸之路的愿景与行动》，提出要"联合申请世界文化遗产，共同开展世界遗产的联合保护工作""支持沿线国家地方、民间挖掘'一带一路'历史文化遗产"。2017 年 1 月，中国文化部发布《"一带一路"文化发展行动计划（2016—2020 年）》，提出"推动与沿线国家和地区建立非物质文化遗产交流与合作机制""积极探索与'一带一路'沿线国家和地区开展同源共享的非物质文化遗产的联合保护、研究、人员培训、项目交流和联合申报"。这些都为弘扬和传承中国和印尼的遗产资源及优秀文化，加强对文化传统和人类文明的理解与认同，营造良好的氛围打下了坚实的基础。未来可以通过加强区域合作，实现联合保护，通过构建跨国遗产资源社区，深化科学研究，激发文化传承等方式增进彼此的文化亲近和文化吸引，体现交融共生的遗产价值。

小　结

印尼是东南亚面积最大的国家，是全世界最大的群岛国家，土地、矿产、能源、生物和遗产等各类资源丰富多样。在土地资源方面，印尼陆地面积约为 1904556 平方千米，海域面积约为 3212160 平方千米。森林资源丰富，境内森林和林地面积约占全国土地面积的 67.8%。全国耕地面积约为 8000 万公顷。土地征用问题是外商在印尼投资的主要障碍之一。

在矿产资源方面，煤炭、铜、金、天然气、镍和锡等重要矿产资源的储量与产量均居世界前列。矿业在印尼国民经济中占有重要地位，政府鼓励矿业发展，欢迎外国投资。

在能源资源方面，石油、天然气、煤、水能、太阳能、地热能等能源资源丰富。印尼已探明的天然气储量为 2.9 万亿立方米，地热资源约占全球总量的 40%。此外，具有较为丰富的水能、太阳能及生物质能资源。

在生物资源方面，印尼有 90 多个生态系统类型、35 个林藻类物种、500 多种爬行物种。印尼是全球生物多样性热点区及保护优先区之一。印尼政府对生物多样性保护非常重视，制定了"国家生物多样性保护战略计划"。

在遗产资源方面，截至 2019 年，印尼拥有 9 项世界遗产。具体包括：婆罗浮屠寺庙群、普兰巴南寺庙群、科莫多国家公园、乌戎库隆国家公园、桑义朗早期人类遗址、洛伦茨国家公园、苏门答腊热带雨林、巴厘文化景观、沙哇伦多的翁比林煤矿遗产。此外，印尼已有 9 项非物质文化遗产被纳入联合国教科文组织《世界非物质文化遗产名录》。

第四章 基础设施

印尼位于亚洲东南部，扼守马六甲海峡、巽他海峡、龙目海峡等重要的国际贸易航道。印尼基础设施建设发展相对滞后，是制约其经济增长和投资环境改善的一个主要瓶颈。与此同时，加强基础设施建设也是保证印尼经济能够实现年均增长6%的重要因素。印尼是群岛国家，与邻国直接接壤较少，与外界互联互通主要通过海路、航空等方式。2014年佐科就任总统伊始，就开始部署和谋划基础设施建设项目，全面展开铁路、公路、桥梁、机场、电厂、港口、农田水利等多个工程建设，使印尼真正迎来了基础设施的蓬勃发展时期。截至2019年10月，佐科政府基本完成了战略规划的目标，通过大规模完善公路、铁路、港口等基础设施，印尼互联互通状况得到极大改善，佐科总统也因在基础设施建设上取得的显著成绩而被誉为"基建总统"①。

印尼长期以来都是中国企业开展工程承包的前十大海外市场之一。据印尼官方统计，2019年，中国对印尼直接投资达47亿美元，位列印尼第二大外资来源国，占当年印尼吸收外资总额的16.7%，中国企业对印尼的基础设施投资涉及电力、房地产、产业园区等领域，遍布印尼各大主要岛屿。2019年，中国企业在印尼工程承包新签合同额和完成营业额分别达140亿美元和87亿美元。中国企业积极参与印尼的电站、高速公路、桥梁、水坝等项目建设，例如，雅万高铁、爪哇7号燃煤电站等项目，为推动印尼基础设施建设做出积极贡献。

---

① 张俊勇、陈艳春：《印度尼西亚佐科政府基础设施建设》，《国际研究参考》2020年第6期。

第一节 交通基础设施

长期以来，交通基础设施建设是印尼经济发展中的短板。由于条件落后，印尼物流费用高达邻国马来西亚的 2.5 倍，严重拖累经济发展。为解决印尼基础设施落后问题，佐科总统上任后，提出了建设"海上高速公路"战略，初步确定了在 2015—2019 年建设的国家重点项目，所需投资约为 4000 亿美元，主要包括供水、电力、交通、港口和公共卫生等基础设施项目。根据印尼国家预算草案，2014 年基础设施建设的预算约为 200 亿美元，主要用于公路、铁路、港口、机场、电站、水利灌溉等项目建设。目前印尼正逐渐迎来基础设施建设的新高潮，每年将启动数千个公路、桥梁、铁路、电站等基础设施建设项目。

因基建耗资巨大，印尼政府十分希望外资和本国私营企业参与投资基础设施建设，正努力为私营企业投资创造各种有利条件并建立合理的法律框架。中国参建的雅万高铁项目是印尼基建对外合作的标志性工程，现大部分建设用地问题已经解决。日本对参与印尼基建热情高涨，两国正商谈改建雅加达—泗水快速铁路事宜，预计投资额将达 60 亿美元。印尼国有企业作为基建主力，全年投资基建 410 万亿盾（约合 308 亿美元），主要投向 62 个大型项目。

同时，印尼政府进一步加强宏观经济调控，加强税收征管，推出税务特赦法案，偷漏税者在特定期限内申报财产并缴纳 2%—10% 的税款后即可免于刑罚，还包括调整税率及投资政策等。2014—2015 年，印尼政府已兴建普通公路 2225 千米、高速公路 132 千米和 160 座桥梁。铁路建设在爪哇、苏门答腊、加里曼丹、苏拉威西等各岛铺开，现铁路运营里程长5200 千米。快速轨道交通、轻轨等亦在加速兴建。在海上交通方面，24个在建、扩建的港口被明确为"海上高速公路节点"，2019 年将建成港口100 个。印尼还建成启用了 6 个机场，另外 9 个机场建设已经动工。[①]

---

① 杨晓强、王翕哲：《印度尼西亚：2016 年回顾与 2017 年展望》，《东南亚纵横》2017 年第 1 期。

一 公路

印尼曾是率先建设高速公路的东南亚国家，1978 年建成的第一条雅加达—茂物—芝亚威高速公路是领先邻国的标志性基础设施工程，印尼全国公路网在 1989—1993 年已经形成。但截至 2014 年，邻国马来西亚的高速公路已经达到 1800 千米，印尼却只有 260 千米的收费高速公路。国道、省道、县道占比分别为 7.59%、10.56%、81.85%，国道比例明显偏低，地方道路所占比重较大且道路等级差，通行速度和能力均不高；处于良好状态的道路占比不足 50%，遭受严重损坏的道路占比达到 17.4%。

2014 年，佐科政府上台伊始就把高速公路建设列为重点工程之一，根据《2015—2019 年印尼中期发展规划》，2014—2019 年印尼政府将新建 2650 千米的公路和 1000 千米的高速公路，维修全长 46770 千米的现有公路，在 20 个城市建设快速公交线路。到 2020 年，印尼已有公路里程为 54 万千米，但公路质量不高，高速公路建设进程仍然缓慢，总里程不到 1500 千米。在第一个任期内，佐科政府新建公路实际完成 3793 千米，完成收费公路建设 1000 多千米，立交桥约 20 千米，新建桥梁实际完成超过 58 千米，完成的 1000 多千米收费公路，大大超过其前任政府 10 年才建成 250 千米的纪录，而且，不管是收费公路还是普通公路，均已经按照目标提前或超额完成，有些公路项目甚至成为有史以来的里程碑式建设。比如，2019 年完工、2020 年投入使用的东部苏拉威西岛望加锡港口，该港口的腹地建有大片的保税区，同时以一条计划新修的 150 千米铁路线与主要经济中心城市相连。

表 I - 4 - 1　　　　　　　2010—2020 年印尼公路里程情况

年份	国道		省道		县道		总计（千米）
	长度（千米）	占比（%）	长度（千米）	占比（%）	长度（千米）	占比（%）	
2010	38570	7.91	53291	10.94	395453	81.15	487314
2011	38570	7.77	53642	10.80	404395	81.43	496607
2012	38570	7.68	53642	10.69	409757	81.63	501969
2013	38570	7.59	53642	10.56	415788	81.85	508000

续表

年份	国道		省道		县道		总计（千米）
	长度（千米）	占比（%）	长度（千米）	占比（%）	长度（千米）	占比（%）	
2014	38570	7.59	53642	10.56	415848	81.85	508060
2015	47017	8.97	55416	10.58	421541	80.45	523974
2016	47017	8.74	55416	10.30	435405	80.95	537838
2017	47017	8.72	55416	10.27	436982	81.01	539415
2018	47017	8.70	55112	10.20	438123	81.10	540252
2019	47024	8.66	54888	10.11	440930	81.23	542842
2020	47052	8.67	54888	10.11	440969	81.22	542909

资料来源：《印尼统计年鉴（2011—2021）》。

从各省的道路建设情况来看，印尼陆路运输比较发达的地区是爪哇、苏门答腊、苏拉威西、巴厘岛等地。2020年，东爪哇省、北苏门答腊省和中爪哇省的道路里程规模排名前三，分别达到41535千米、40431千米和30667千米。国道里程最长的巴布亚省，达2637千米。

表 I – 4 – 2　　　　2020 年印尼各省公路里程情况　　　（千米；%）

省份	国道		省道		县道		总计
	长度	占比	长度	占比	长度	占比	
亚齐（Aceh）	2102	8.80	1782	7.46	20013	83.75	23897
北苏门答腊（Sumatera Utara）	2632	6.51	3049	7.54	34750	85.95	40431
西苏门答腊（Sumatera Barat）	1449	6.48	1525	6.82	19377	86.69	22351
廖内（Riau）	1337	5.50	2800	11.51	20183	82.99	24320
占碑（Jambi）	1318	10.04	1033	7.87	10775	82.09	13126
南苏门答腊（Sumatera Selatan）	1600	8.18	1514	7.74	16445	84.08	19559
明古鲁（Bengkulu）	793	8.58	1563	16.92	6883	74.50	9239
楠榜（Lampung）	1292	6.22	1693	8.16	17774	85.62	20759
邦加—勿里洞（Kepulauan Bangka Belitung）	600	11.07	851	15.71	3967	73.22	5418
廖内群岛（Kepulauan Riau）	587	10.32	896	15.76	4203	73.92	5686
雅加达（Jakarta）	60	0.92	6432	99.08	—	—	6492

续表

省份	国道		省道		县道		总计
	长度	占比	长度	占比	长度	占比	
西爪哇（Jawa Barat）	1789	6.51	2361	8.59	23340	84.90	27490
中爪哇（Jawa Tengah）	1518	4.95	2501	8.16	26648	86.89	30667
日惹（Yogyakarta）	248	5.69	783	17.95	3330	76.36	4361
东爪哇（Jawa Timur）	2361	5.68	1421	3.42	37753	90.89	41535
万丹（Banten）	565	9.90	762	13.36	4378	76.74	5705
巴厘（Bali）	629	7.14	743	8.44	7435	84.42	8807
西努沙登加拉（Nusa Tenggara Barat）	965	11.31	1484	17.39	6085	71.30	8534
东努沙登加拉（Nusa Tenggara Timur）	1854	7.87	2650	11.24	19063	80.89	23567
西加里曼丹（Kalimantan Barat）	2118	11.56	1535	8.38	14662	80.05	18315
中加里曼丹省（Kalimantan Tengah）	2002	11.12	1272	7.06	14734	81.82	18008
南加里曼丹（Kalimantan Selatan）	1204	8.96	756	5.63	11480	85.42	13440
东加里曼丹（Kalimantan Timur）	1711	13.47	895	7.05	10098	79.49	12704
北加里曼丹（Kalimantan Utara）	587	12.77	852	18.53	3159	68.70	4598
北苏拉威西（Sulawesi Utara）	1664	16.51	927	9.20	7485	74.29	10076
中苏拉威西（Sulawesi Tengah）	2373	14.03	1644	9.72	12891	76.24	16908
南苏拉威西（Sulawesi Selatan）	1746	5.78	2015	6.68	26421	87.54	30182
东南苏拉威西（Sulawesi Tenggara）	1498	12.19	1009	8.21	9784	79.60	12291
哥伦打洛（Gorontalo）	749	13.59	467	8.47	4297	77.94	5513
西苏拉威西（Sulawesi Barat）	763	10.65	644	8.99	5759	80.37	7166
马鲁古（Maluku）	1772	17.29	1080	10.54	7395	72.17	10247
北马鲁古省（Maluku Utara）	1203	16.36	1277	17.36	4874	66.28	7354
西巴布亚（Papua Barat）	1326	10.66	2310	18.58	8800	70.76	12436
巴布亚（Papua）	2637	12.14	2362	10.87	16728	76.99	21727
总计	47052	8.67	54888	10.11	440969	81.22	542909

资料来源：《印尼统计年鉴（2021）》。

随着道路设施的不断改善升级，印尼机动车数量也呈现出不断上升的趋势。2010—2020 年，印尼所用机动车数量从 0.77 亿辆迅猛上升至 1.36 亿辆，年均增幅达 5.9%。从各类型车辆数量来看，小汽车从 889.1 万辆增加至 1580.4 万辆，年均增幅达 5.9%，所占比重变化不大，一直稳定在 12% 左右。公交车是唯一呈现下降趋势的车辆类型，数量从 225 万辆下降至 23.3 万辆，年均降幅高达 20.3%，所占比重也下降了 2.7 个百分点。货车数量呈现增长趋势，年均增幅超过近 1%，但所占比重却出现下降，至 2020 年已不足 4%；相反，摩托车的数量占比从 79.42% 增加至 84.5%，摩托车的数量规模也从 6107.8 万辆迅猛增加至 11518.9 万辆，年均增幅达 6.5%，是印尼所用机动车类型中增长速度最快的。可以看出，近年来印尼摩托工业和需求的增长十分惊人，私人交通领域的小汽车发展同样喜人，但公共交通领域的车辆，不论从数量增速还是规模占比上，都还有较大的发展空间。

表 I-4-3　　　2010—2020 年印尼登记机动车数量情况

年份	小汽车		公交车		货车		摩托车		总计（辆）
	数量（辆）	占比（%）	数量（辆）	占比（%）	数量（辆）	占比（%）	数量（辆）	占比（%）	
2010	8891041	11.56	2250109	2.93	4687789	6.10	61078188	79.42	76907127
2011	9459597	11.01	2254406	2.62	4960305	5.78	69216688	80.59	85890996
2012	10432259	11.05	2273821	2.41	5286061	5.60	76381183	80.94	94373324
2013	11484514	11.03	2286309	2.20	5615494	5.39	84732652	81.38	104118969
2014	11546916	10.27	2291182	2.04	5918128	5.26	92658756	82.43	112414982
2015	13480973	11.11	2420917	1.99	6611028	5.45	98881267	81.45	121394185
2016	14580666	11.28	2486898	1.92	7063433	5.46	105150082	81.33	129281079
2017	15424890	11.29	2490748	1.82	7281224	5.33	111470878	81.56	136667740
2018	14838106	11.71	223011	0.18	4804178	3.79	106836985	84.32	126702280
2019	15600108	11.66	231717	0.17	5029305	3.76	112950332	84.41	133811462
2020	15803933	11.59	233406	0.17	5090625	3.73	115188762	84.50	136316726

资料来源：《印尼统计年鉴（2011—2021）》。

表 I - 4 - 4　　　　　　　　2020 年印尼各省登记机动车数量情况

省份	小汽车		公交车		货车		摩托车		总计（辆）
	数量（辆）	占比（%）	数量（辆）	占比（%）	数量（辆）	占比（%）	数量（辆）	占比（%）	
亚齐	160334	7.27	1048	0.05	65785	2.98	1978138	89.70	2205305
北苏门答腊	658330	9.76	5744	0.09	261748	3.88	5821157	86.28	6746979
西苏门答腊	265241	10.95	4034	0.17	130326	5.38	2022227	83.50	2421828
廖内	334144	8.83	5136	0.14	191490	5.06	3253261	85.97	3784031
占碑	162107	6.99	35001	1.51	130604	5.63	1991271	85.87	2318983
南苏门答腊	366969	9.94	6366	0.17	312038	8.45	3006479	81.44	3691852
明古鲁	104579	10.08	836	0.08	47481	4.58	884151	85.26	1037047
楠榜	274765	7.47	2984	0.08	172688	4.69	3229304	87.76	3679741
邦加—勿里洞	78504	7.49	1173	0.11	44189	4.22	924322	88.18	1048188
廖内群岛	141044	13.87	2117	0.21	26368	2.59	847289	83.33	1016818
雅加达	3365467	16.64	35266	0.17	679708	3.36	16141380	79.82	20221821
西爪哇	3652233	22.67	20839	0.13	391265	2.43	12043160	74.77	16107497
中爪哇	1363756	7.53	33787	0.19	570347	3.15	16131478	89.13	18099368
日惹	359776	12.36	3759	0.13	60129	2.07	2487138	85.45	2910802
东爪哇	1883822	8.56	35295	0.16	732670	3.33	19349743	87.95	22001528
万丹	232939	9.14	3519	0.14	76905	3.02	2234539	87.70	2547902
巴厘	459369	10.39	9390	0.21	151884	3.44	3798850	85.96	4419493
西努沙登加拉	97186	5.31	2591	0.14	72402	3.95	1659389	90.60	1831568
东努沙登加拉	58062	6.43	3660	0.41	46649	5.16	795011	88.00	903382
西加里曼丹	141397	5.48	1560	0.06	94785	3.67	2343626	90.79	2581368
中加里曼丹	90135	6.52	1472	0.11	65645	4.75	1224863	88.62	1382115
南加里曼丹	219216	8.33	2969	0.11	134013	5.09	2274317	86.46	2630515
东加里曼丹	266296	8.70	6047	0.20	181981	5.94	2607262	85.16	3061586
北加里曼丹	20731	5.89	277	0.08	15873	4.51	315101	89.52	351982
北苏拉威西	119266	12.83	1333	0.14	64441	6.93	744342	80.09	929382
中苏拉威西	83966	7.26	917	0.08	47260	4.09	1024025	88.57	1156168
南苏拉威西	503113	11.96	3677	0.09	185605	4.41	3513739	83.54	4206134
东南苏拉威西	180130	19.69	509	0.06	35733	3.91	698407	76.35	914779
哥伦打洛	33978	7.94	333	0.08	25140	5.87	368600	86.11	428051

续表

省份	小汽车		公交车		货车		摩托车		总计（辆）
	数量（辆）	占比（%）	数量（辆）	占比（%）	数量（辆）	占比（%）	数量（辆）	占比（%）	
西苏拉威西	19221	5.62	36	0.01	11353	3.32	311452	91.05	342062
马鲁古	23700	7.78	451	0.15	13062	4.29	267263	87.78	304476
北马鲁古省	18747	6.81	120	0.04	11345	4.12	244970	89.02	275182
西巴布亚	34585	10.21	341	0.10	16614	4.90	287292	84.79	338832
巴布亚	30825	7.34	819	0.20	23099	5.50	365218	86.96	419961
总计	15803933	11.59	233406	0.17	5090625	3.73	115188762	84.50	136316726

资料来源：《印尼统计年鉴（2021）》。

从各省机动车数量来看，东爪哇、雅加达、中爪哇、西爪哇等地的机动车数量均超过了 1000 万辆，其中小汽车数量最多的地区是西爪哇省，数量达 365.2 万辆，占比达 22.7%；公交车、货车、摩托车数量最多的地区均为东爪哇省，数量分别达到 3.5 万辆、73.3 万辆和 1935 万辆，占比分别为 0.16%、3.33% 和 88.0%。

2010—2019 年，在机动车规模突飞猛进的同时，印尼国内组装的机动车数量却下降明显，至 2019 年已跌至 777.4 万辆，年均降幅达 0.3%。造成这一现象的主要原因是摩托车国内组装数量的明显下降，年均降幅近 2%；相反，小汽车组装数量发展迅速，十年间增长了近 70 倍。总体而言，印尼民族汽车工业也经历着重大的结构转型和调整，产业结构不断优化。

表 I-4-5　　　　2010—2019 年印尼国内组装机动车数量　　　　（辆）

年份	小汽车	两座吉普车	四座吉普车	公交车	货车	摩托车	总计
2010	4081	477252	15191	4106	201878	7366646	8069154
2011	3231	530762	27870	4142	271943	8006293	8844241
2012	4869	693421	45211	5299	316757	7079721	8145278
2013	58047	842234	24830	4713	278387	7780295	8988506
2014	224716	761928	26528	4105	281246	7926104	9224627
2015	238601	556078	29776	3873	270462	6708384	7807164

续表

年份	小汽车	两座吉普车	四座吉普车	公交车	货车	摩托车	总计
2016	28304	663794	19378	4769	204552	5931285	7109082
2017	280504	681942	19910	2550	231709	5886103	7102718
2018	286977	744693	24133	3660	284480	6383108	7727051
2019	277557	747124	20985	3275	237907	6487460	7774308

资料来源：《印尼统计年鉴（2011—2020）》。

二　铁路

印尼铁路为国家所有，由印尼国有资产管理公司经营，大规模运输任务都由铁路承担。截至 2008 年底，印尼全国铁路总长为 6458 千米，其中窄轨铁路长 5961 千米。爪哇岛和苏门答腊岛铁路运输比较发达，其中爪哇岛铁路长 4684 千米，占全国铁路总长的 73.6%。根据规划，2014—2019 年，印尼政府新建了 3258 千米的铁路网，其中，在爪哇地区将发展南部铁路以及贯通南北的铁路线，并逐渐建设双向铁轨，在加里曼丹和苏拉威西地区将进行铁路运输的调研及准备工作，在雅加达、泗水、锡江和万鸦佬地区考虑建设城市轨道交通。

从铁路客运情况来看，2010—2019 年，印尼铁路客运量从 2.03 亿人次上升至 4.27 亿人次，年均增幅达 7.7%。客运周转量为 20.34 亿人次·千米上升至 29.03 亿人次·千米，年均增幅达 3.6%。其中，爪哇的客运量和客运周转量上升速度更快，客运规模也更大。此外，印尼旅客平均运输里程有所下降，这主要与铁路网的不断完善、铁路路线密度增大、运输线路缩短有关。

表 I－4－6　　　　　2010—2019 年印尼铁路客运情况

年份	客运量（百万人次）			客运周转量（百万人次·千米）			旅客平均运输里程（千米）		
	爪哇	苏门答腊	全国	爪哇	苏门答腊	全国	爪哇	苏门答腊	全国
2010	198.2	5.2	203.4	1936.3	97.7	2034.0	98	188	100
2011	194.0	5.3	199.3	1803.3	99.1	1902.4	93	187	95
2012	197.8	4.4	202.2	1631.5	83.9	1715.4	82	191	85
2013	212.0	4.0	215.3	1615.2	70.8	1686.0	76	177	78

年份	客运量（百万人次）			客运周转量（百万人次·千米）			旅客平均运输里程（千米）		
	爪哇	苏门答腊	全国	爪哇	苏门答腊	全国	爪哇	苏门答腊	全国
2014	272.6	4.9	277.5	1960.1	79.5	2039.6	72	162	73
2015	320.6	5.3	325.9	2146.3	83.3	2229.6	67	157	68
2016	345.8	6.0	351.8	2083.7	79.9	2163.7	60	133	62
2017	386.4	6.9	393.3	2479.2	86.2	2565.4	64	125	65
2018	414.4	7.8	422.2	2704.5	85.7	2800.2	65	123	66
2019	418.8	8.1	426.9	2804.9	98.3	2903.2	67	121	68

资料来源：《印尼统计年鉴（2011—2020）》。

从铁路客运情况来看，2010—2019 年，印尼铁路货运量从 1911.4 万吨上升至 5110.6 万吨，年均增幅达 11.6%。货运周转从 6.6 亿吨·千米上升至 15.6 亿吨·千米，年均增幅达 10.0%。货物平均运输里程有所下降。与客运相反，印尼的货物主要集中于苏门答腊地区。总体而言，印尼铁路基础设施建设成效显著，客运、货运能力明显增强，铁路路网密度进一步增大，铁路运输量持续攀升，未来发展前景广阔。

表 I - 4 - 7　　　　　2015—2019 年印尼铁路货运情况

年份	货运量（千吨）			货运周转量（百万吨·千米）			货物平均运输里程（千米）		
	爪哇	苏门答腊	全国	爪哇	苏门答腊	全国	爪哇	苏门答腊	全国
2015	10071	21963	32034	329.3	676.4	1005.7	327	308	314
2016	10890	24414	35304	358.4	753.6	1112.0	329	309	315
2017	12437	30930	43367	406.6	931.0	1337.6	327	301	308
2018	14814	34582	49396	491.9	1017.9	1509.8	332	294	306
2019	13738	37368	51106	452.4	1104.9	1557.3	329	296	305

资料来源：《印尼统计年鉴（2015—2020）》。

三　航空

随着经济发展和旅游业兴旺，印尼航空运输日益繁忙。各省、市及偏远的地区均通航，全国有 179 个航空港，其中有 23 个达到国际标准，开通了国际航班、国内航班、朝觐航班、先锋航班等。航空公司主要有 Ga-ruda 航空公司、Citilink 航空公司、Lion 航空公司、Sriwijaya 航空公司。政府的空运业发展方案包括主要机场的维护、改进和扩建，以及新机场的建设和旧机场的替代，具体项目包括棉兰、龙目机场建设项目。据 2008 年美国《世界概况》统计，印尼共有机场 652 个。为满足日益增长的航空运输需求，印尼交通运输部计划在 2019 年之前新建 15 个机场，在 6 个地点建设物流运输机场。

2010—2019 年，印尼登记在册的民用航空器数量从 839 个增加至 1129 个，年均增幅超过 3%，其中最多年份即 2018 年超过了 1200 个。

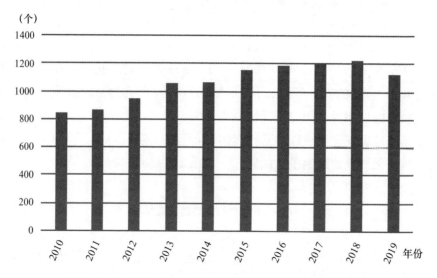

图 I-4-1　2010—2019 年印尼登记在册的民用航空器数量

资料来源：《印尼统计年鉴（2011—2020）》。

从航空公司的国内运输情况来看，2015—2019 年，印尼国内出发航班从 79.1 万架次增加到 87.6 万架次，到达航班从 79.2 万架次增加到 88.1 万架次。两者增幅均接近 3%。出发人次和到达人次也呈现出波动上升趋势，至 2019 年分别达到 7615.6 万人次和 8010.9 万人次，但转乘人次有所减少，降幅达 1.3%。在货运方面，货物装载量有所下降，货物卸载量则增加了 55776 吨，行李和包裹的吞吐量均呈现出小幅下降趋势。

表 I-4-8 　　　　　2015—2019 年印尼航空公司国内运输情况

	2015	2016	2017	2018	2019
出发架次（次）	790779	896489	969580	1005237	876996
到达架次（次）	791783	894104	972863	1011111	880645
出发人次（人次）	72563813	83349974	90744365	94896041	76156367
到达人次（人次）	75593248	87208889	95401545	101260614	80108804
转乘人次（人次）	7048233	8138360	11363232	10423132	6686285
装货量（吨）	597939	534594	603152	709557	579789
卸货量（吨）	496300	445440	557653	642065	552076
行李装载量（吨）	584304	712731	723180	742747	450015
行李卸载量（吨）	568726	735193	729283	784908	570042
包裹装载量（吨）	2945	4274	3568	9066	3422
包裹卸载量（吨）	4575	3364	3166	4881	3179

资料来源：《印尼统计年鉴（2016—2020）》。

从航空公司的国际运输情况来看，2015—2019 年，印尼国际出发和到达架次均有所增加，2019 年超过了 11 万架次。出发人次、到达人次和转乘人次也持续上升，年均增幅分别达到 8.9%、8.8% 和 27.5%。货物、行李和包裹吞吐量也不断攀升，至 2019 年已达 47.6 万吨、40.8 万吨和 0.4 万吨，年均增幅分别达到 5.5%、4.9% 和 25%。

表 I-4-9 　　　　　2015—2019 年印尼航空公司国际运输情况

	2015	2016	2017	2018	2019
出发架次（次）	95647	99054	109248	119082	118745
到达架次（次）	95623	99189	110084	118810	118611
出发人次（人次）	13625109	14801001	16665035	18247272	19073159
到达人次（人次）	13175804	14462373	16253259	17691252	18460312
转乘人次（人次）	68809	81061	80596	133813	181994
装货量（吨）	196275	205419	224253	212749	218491
卸货量（吨）	185426	188804	223901	264138	257177
行李装载量（吨）	145737	159015	184036	191195	190790
行李卸载量（吨）	168707	177273	208485	218473	217467

	2015	2016	2017	2018	2019
包裹装载量（吨）	1194	2173	2469	4414	2138
包裹卸载量（吨）	725	927	1357	3477	2355

资料来源：《印尼统计年鉴（2016—2020）》。

从机场航班飞行情况来看，起飞次数、飞行距离和飞行时长均有显著提升。2019 年国内航班的起飞次数比 2010 年翻了一倍多，飞行距离增幅达 62.4%，飞行时长增幅达 65%。国际航班的起飞次数、飞行距离和飞行时长则分别增加了 95%、150% 和 139%。

表 I-4-10　　　　2010—2019 年印尼机场航班飞行情况

年份	国内航班			国际航班		
	起飞次数（次）	飞行距离（百万千米）	飞行时长（小时）	起飞次数（次）	飞行距离（百万千米）	飞行时长（小时）
2010	417717	356.1	639620	50793	101.7	151519
2011	504519	409.1	686784	61755	126.9	184312
2012	614712	555.7	851127	69946	138.7	209107
2013	591601	440.3	863054	82966	158.6	290276
2014	636436	525.0	943267	77972	158.4	238875
2015	659091	636.4	981278	70357	144.6	235522
2016	763980	568.6	1114792	71487	162.0	234413
2017	829615	618.8	1231134	85072	188.3	280093
2018	874954	672.6	1281718	92930	217.2	326476
2019	959307	578.2	1055774	99047	254.0	361501

资料来源：《印尼统计年鉴（2011—2020）》。

从机场国内运量情况来看，2010—2019 年，印尼客运量从 51.8 万人次增加至 108.4 万人次，年均增幅达 8.6%；客运周转量从 594.4 亿人次·千米增加至 702.3 亿人次·千米，年均增幅达 1.9%，但载客率则下降了 7 个百分点。货运量从 74.9 万吨波动下降至 68.4 万吨，货运周转量也有明显降幅，载货率则上升了 15.6 个百分点。

表 I-4-11　　　　2010—2019 年印尼机场国内运量情况

年份	客运量 （万人次）	客运周转量 （亿人次·千米）	载客率 （%）	货运量 （吨）	货运周转量 （亿吨·千米）	载货率 （%）
2010	51.8	594.4	81.7	749203	115.9	45.8
2011	60.2	584.6	85.2	483736	52.4	34.4
2012	71.4	692.4	80.8	571668	118.3	32.1
2013	75.8	609.0	83.1	530265	54.3	30.3
2014	76.5	674.0	82.3	584571	60.4	67.7
2015	76.6	651.7	78.8	564048	59.4	66.2
2016	89.4	739.1	78.5	604341	65.0	56.8
2017	96.9	790.0	77.6	587017	69.5	62.1
2018	102.0	862.0	78.5	651174	77.9	64.3
2019	108.4	702.3	74.7	684142	63.4	61.4

资料来源：《印尼统计年鉴（2011—2020）》。

从机场国际运量情况来看，2010—2019 年，印尼客运量从 661.5 万人次增加至 1444.5 万人次，年均增幅达 9.1%；客运周转量从 163.7 亿人次·千米增加至 412.7 亿人次·千米，年均增幅达 10.8%，载客率也上升近 6 个百分点。货运量从 8 万吨增加至 15.1 万吨，载货率上升了 24 个百分点，但货运周转量则出现年均 5.5% 的降幅。总体而言，印尼机场运输能力有了显著提升，但容量还未完全释放，未来还有很大的发展空间。

表 I-4-12　　　　2010—2019 年印尼机场国际运量情况

年份	客运量 （万人次）	客运周转量 （亿人次·千米）	载客率 （%）	货运量 （吨）	货运周转量 （亿吨·千米）	载货率 （%）
2010	661.5	163.7	72.2	79549	63.7	30.0
2011	815.2	229.0	73.4	72163	47.8	44.3
2012	993.8	232.6	74.0	90692	120.3	34.8
2013	1081.8	243.2	69.3	106162	26.8	57.9
2014	1025.2	238.6	61.8	117902	26.8	51.9
2015	953.4	232.9	71.5	87067	25.7	54.5

年份	客运量 （万人次）	客运周转量 （亿人次·千米）	载客率 （%）	货运量 （吨）	货运周转量 （亿吨·千米）	载货率 （%）
2016	1037.7	279.2	72.8	111595	31.2	59.1
2017	1294.9	335.6	74.2	142177	37.2	62.1
2018	1351.0	384.1	73.5	144379	35.2	52.9
2019	1444.5	412.7	78.1	151135	38.4	54.4

资料来源：《印尼统计年鉴（2011—2020）》。

2019 年，在印尼五大主要机场中，苏加诺—哈达国际机场的客运和货运量均居第一位，国内客运量达 1926.5 万人次，国际客运量达 789.9 万人次，国内货运量达 15.68 万吨，国际货运量达 14.89 万吨，几项指标均比第二位的机场高出数倍。

表 I-4-13　　　2019 年印尼五大主要机场国内国际运量情况

机场	客运量（万人次）		货运量（吨）	
	国内	国际	国内	国际
瓜拉娜姆国际机场	263.1	109.1	17078	6040
苏加诺—哈达国际机场	1926.5	789.9	156826	148948
朱安达国际机场	628.9	118.1	39051	14169
巴厘岛机场	495.6	693.8	24786	44032
乌戎潘当机场	335.3	15.5	22133	917

资料来源：《印尼统计年鉴（2021）》。

苏加诺—哈达国际机场是印尼最大的机场，机场位于印尼首都雅加达以西 20 千米，于 1985 年 4 月开始营运。该机场是亚洲转运中心之一，也是全世界十分繁忙的机场之一。机场占地面积为 18 平方千米，有两条独立的平行跑道，跑道由两条滑行道相连。机场内有两座主要客运大楼：1号候机楼服务所有国内航空公司的航班（由印度尼西亚航空和印尼鸽航运营的航班除外），2 号候机楼服务所有国际航班以及印度尼西亚航空和印尼鸽航运营的航班。每座客运大楼都被分为三部分，1A、1B 和 1C 部分主要用于印度尼西亚航空公司运营的国内航班，1A 部分用于由虎航、

Wings 航空和 Indonesia AirAsia 航空运营的航班。2D 和 2E 用于国际航空公司运营的所有国际航班。

四 水运港口

印尼水路运输较发达，水运系统包括岛际运输、传统运输、远洋运输、特别船运。印尼全国有水运航道 21579 千米，其中苏门答腊有 5471 千米，爪哇/马都拉有 820 千米，加里曼丹有 10460 千米。印尼有各类港口约 670 个，其中主要港口 25 个。雅加达丹绒不碌港是全国最大的国际港，年吞吐量约为 250 万个标准箱，泗水的丹戎佩拉港为第二大港，年吞吐量为 204 万个标准箱。2007—2019 年，印尼港口基础设施质量指数①从 2.6 增加至 4，班轮运输指数②从 32.5 增加至 44.4，年均增幅分别达到 3.7% 和 2.6%。印尼港口基础设施建设和服务效率有了很大提升，未来发展前景广阔。

印尼政府发展规划主要集中在境内水运航线和港口的建设方面，包括加里曼丹地区的河运交通建设项目、建设一系列渡口码头和湖泊码头。在海运方面，印尼政府希望尽快扩大其港口的货物处理能力，使其与国家的整体经济相匹配，解决由于装卸能力不足而导致的货物滞留问题。根据 2014—2019 年中期建设规划，印尼将兴建 24 个大型港口项目，增加 26 艘货轮、6 艘运输牲畜的船只和 500 艘民用客船，新建 60 个轮渡码头，增加 50 艘渡轮。为解决资金问题，印尼政府正在逐步放宽对港口的控制，并计划允许私人机构通过 BOT 方式建设和管理港口。

---

① 港口基础设施的质量用于衡量企业高管对本国港口设施的感受。数据来自于世界经济论坛与 150 家合作研究机构 30 年来合作进行的高管意见调查。2009 年的意见调查涉及 133 个国家的 13000 多名调查对象。抽样调查遵循基于公司规模和所经营行业的双层模式。通过在线或面谈的方式收集数据。对调查问卷数据采用行业加权平均值进行汇总。最近一年的数据与上一年数据相结合创建出两年的移动平均值。分数从 1（港口基础设施十分不发达）至 7（根据国际标准，港口基础设施十分发达高效）。向内陆国家受访者询问港口设施可用性的情况（1 = 可用性极差；7 = 可用性极高）。

② 班轮运输相关指数指各国与全球航运网络的联通程度。该指数由联合国贸发会议（UNCTAD）根据海运部门的五部分数据计算得出：船舶数量、船舶集装箱承载能力、最大船舶规模、服务量、在一国港口部署集装箱船舶的公司数量。对于每一部分数据，各国的数值都要除以 2004 年每部分数据的最大值，然后取每个国家五部分数据的均值，再用均值除以 2004 年的最大均值，最后乘以 100。对于拥有 2004 年最高平均指数的国家，其值定为 100。基础数据来源于《国际集装箱化》杂志网站。

　　2010—2018 年，印尼集装箱吞吐量从 969.2 万标准箱增加至 1285.3
万标准箱，年均增幅达 3.6%。2010—2020 年，印尼国内货物卸货量、国
内货物装货量、国际货物卸货量、国际货物装货量均呈现出持续上升态
势，增幅分别达到 6.2%、7.1%、4.3% 和 4.1%。印尼港口货物吞吐规
模有了显著提升，货物运输能力显著增强。

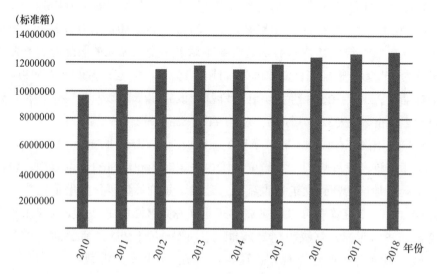

图 I - 4 - 2　2010—2018 年印尼集装箱吞吐量变化情况

资料来源：世界银行数据库，https://data.worldbank.org.cn/indicator。

表 I - 4 - 14　　　　　　2010—2020 年印尼港口货物吞吐量情况　　　　　（吨）

年份	国内运输		国际运输	
	卸货量	装货量	卸货量	装货量
2010	221675161	182486239	65641061	233222480
2011	284291609	238939559	78836209	376652344
2012	327714788	312598650	69644576	488263828
2013	336063340	303880606	89512079	510699033
2014	381602283	328743247	100569958	417155226
2015	296335622	294309440	98858435	340000909
2016	361605714	324844501	92940799	313175102
2017	409335297	334109441	105491266	272404192

续表

年份	国内运输		国际运输	
	卸货量	装货量	卸货量	装货量
2018	410135574	365153589	95267033	310201539
2019	401068221	358025431	104531942	349094557
2020	402457300	361888173	100179270	348985447

资料来源:《印尼统计年鉴(2011—2021)》。

从各省港口货物吞吐量情况来看,2020 年,南加里曼丹、东加里曼丹、万丹、东爪哇和中爪哇的国内货物吞吐量排名前五,分别达到2.05 亿吨、0.84 亿吨、0.64 亿吨、0.59 亿吨和3.89 亿吨,其中南加里曼丹的集聚程度明显。在国际运输方面,排名前五的分别是南加里曼丹、东加里曼丹、万丹、雅加达和东爪哇,与国内运输的差别不大。

2010—2020 年,印尼船舶进出港次数从 642566 艘次增加至 780038 艘次,年均增幅达2%。净吨位从9.8 亿吨增加至17.5 亿吨,年均增幅达6%。从各省情况来看,廖内群岛、南加里曼丹、廖内是船舶进出港次数较多的三个省份,数值分别达到161876 艘次、74150 艘次、49782 艘次,而东加里曼丹、南加里曼丹和东爪哇则是进出港船舶净吨位较大的三个地区,分别达到3.3 亿吨、2.6 亿吨和1.7 亿吨。

表 I-4-15　　　2010—2020 年印尼船舶进出港次数和净吨位

年份	进出港次数(艘次)	净吨位(吨)
2010	642566	975915834
2011	713323	1215587824
2012	872706	1415821549
2013	832559	1550271403
2014	863036	1600023170
2015	798528	1360048984
2016	882718	1773841805
2017	842086	1678146133
2018	829273	1607486683

续表

年份	进出港次数（艘次）	净吨位（吨）
2019	895528	1764656609
2020	780038	1750306007

资料来源：《印尼统计年鉴（2011—2021）》。

表 I - 4 - 16　　　　2020 年印尼各省港口货物吞吐量情况　　　　（吨）

省份	国内运输		国际运输	
	卸货量	装货量	卸货量	装货量
亚齐	2532396	1658070	364989	7408355
北苏门答腊	6848549	612925	1765004	4990612
西苏门答腊	4550283	3432515	473142	4519166
廖内	14904338	9810048	3187517	7597339
占碑	2958296	3456126	14444	863314
南苏门答腊	1331468	1151039	740741	1207152
明古鲁	320433	2430101	12603	1090782
楠榜	8245773	14260350	3433594	12361101
邦加—勿里洞	2655506	6523676	19416	376284
廖内群岛	8474850	3300705	2012763	2773271
雅加达	10862427	13627645	16921772	7826899
西爪哇	18421991	2384370	2335940	636243
中爪哇	31227774	7700784	2148585	2096231
日惹	0	0	0	0
东爪哇	33936959	25374542	16968725	7154485
万丹	47022079	16859207	27762865	3165147
巴厘	1412883	224975	6043	0
西努沙登加拉	2088926	715238	10158	0
东努沙登加拉	5907769	1221370	0	0
西加里曼丹	4853241	3090367	526000	11423150
中加里曼丹	4303767	9902900	233709	2942776
南加里曼丹	74710885	130077418	5608545	125504322
东加里曼丹	31404639	52340029	8225381	120383355
北加里曼丹	1927325	9222957	164933	2156693

续表

省份	国内运输		国际运输	
	卸货量	装货量	卸货量	装货量
北苏拉威西	4288401	1974384	400403	1249921
中苏拉威西	21193679	6567576	3945786	6755598
南苏拉威西	14983624	11494053	1222623	2380935
东南苏拉威西	10099464	6599768	475122	4212747
哥伦打洛	2756358	625688	1872	52200
西苏拉威西	961214	486837	45670	659899
马鲁古	2944936	981127	0	1830
北马鲁古	5055704	7256913	910094	6487717
西巴布亚	11523391	3317062	0	0
巴布亚	7647972	3207408	240831	707923
总计	402457300	361888173	100179270	348985447

资料来源:《印尼统计年鉴（2021）》。

表 I-4-17　　　2020 年印尼各省船舶进出港次数和净吨位

省份	进出港次数（艘次）	净吨位（吨）
亚齐	8147	13316613
北苏门答腊	15425	48690588
西苏门答腊	4739	12150785
廖内	49782	49656845
占碑	4363	5670936
南苏门答腊	5854	16248363
明古鲁	1251	2623933
楠榜	6882	39861275
邦加—勿里洞	11246	9491043
廖内群岛	161876	55937764
雅加达	18234	140448683
西爪哇	5886	32222703
中爪哇	13833	62104334
日惹	—	—

省份	进出港次数（艘次）	净吨位（吨）
东爪哇	38506	170968319
万丹	20802	124750484
巴厘	47665	7621524
西努沙登加拉	9979	10442216
东努沙登加拉	46775	21621260
西加里曼丹	7810	16940812
中加里曼丹	7857	13324997
南加里曼丹	74150	255711494
东加里曼丹	46363	326841468
北加里曼丹	11264	30167885
北苏拉威西	14222	19973227
中苏拉威西	18236	29374817
南苏拉威西	21655	65241569
东南苏拉威西	47080	69104695
哥伦打洛	2840	2517993
西苏拉威西	2871	1613085
马鲁古	16171	29538785
北马鲁古省	23350	25262433
西巴布亚	8179	23437601
巴布亚	6745	17427478
总计	780038	1750306007

资料来源：《印尼统计年鉴（2021）》。

第二节   通信基础设施

印尼电信发展潜力巨大，电信建设增长势头迅猛，跨国运营商和资本介入较多。Telkomsel 为印尼国内最大的电信公司，Indosat 则为最大的外资电信公司。印尼 3G 网络正处于起步阶段并开始运营，印尼 5 家电信公司将加大在基建方面的投入。为保证未来 3G 网络的顺利建设，印尼固定电话无线网络将进行频率转移，所有固定无线网络运营商的设备将进行网络调整和扩容以及更新终端用户设备。另外，印尼政府还在推行全国村村通电话工程。

印尼大部分地区都有互联网连接，但印尼的带宽较小，网速较慢。政府计划在印尼东区兴建全长 1.2 万千米的光导纤维网，使其拥有 3 个终端与其他国家连接。该 3 个终端包括可与菲律宾连接的印尼万鸦佬终端、可与澳洲连接的巴布亚终端，以及可与新加坡和马来西亚连接的加里曼丹终端。印尼共有 2.6 亿移动终端用户，据印尼中央统计局数据显示，2016年印尼手机用户数量占总人口的 58.3%。根据 2014—2019 年中期建设规划，印尼将为市县区建设完善的宽带网络。

2020 年，印尼拥有邮局的村庄数量已有 6738 个，覆盖率达 8.9%。从各省情况来看，爪哇地区的邮政系统规模较大，东爪哇、中爪哇、西爪哇是拥有邮局的村庄数较多的三个省份，数值分别达到 1103 个、1071 个和 949 个。相比 2018 年和 2019 年，这一排名没有发生变化。

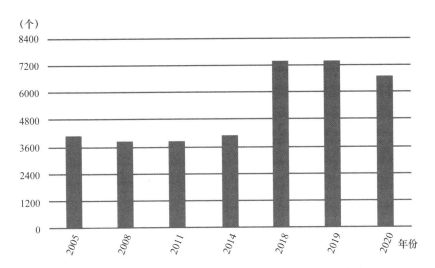

图 I - 4 - 3 2005—2020 主要年份印尼拥有邮局的村庄数

资料来源：《印尼统计年鉴（2011—2021）》。

表 I - 4 - 18 2018—2020 年印尼各省拥有邮局的村庄数 （个）

省份	2018	2019	2020
亚齐	242	296	231
北苏门答腊	375	361	330

省份	2018	2019	2020
西苏门答腊	212	184	160
廖内	164	138	127
占碑	164	156	122
南苏门答腊	206	183	162
明古鲁	102	107	81
楠榜	177	166	155
邦加—勿里洞	55	51	37
廖内群岛	77	76	81
雅加达	227	222	224
西爪哇	1020	1010	949
中爪哇	1120	1110	1071
日惹	155	163	162
东爪哇	1174	1221	1103
万丹	254	290	236
巴厘	125	116	97
西努沙登加拉	105	116	101
东努沙登加拉	117	122	123
西加里曼丹	153	126	126
中加里曼丹	98	85	79
南加里曼丹	157	154	144
东加里曼丹	135	127	134
北加里曼丹	30	28	29
北苏拉威西	111	109	91
中苏拉威西	74	95	79
南苏拉威西	184	198	171
东南苏拉威西	68	71	76
哥伦打洛	22	40	25
西苏拉威西	25	20	29
马鲁古	50	57	46
北马鲁古	46	39	40
西巴布亚	37	27	29
巴布亚	123	101	88
总计	7384	7355	6738

资料来源：《印尼统计年鉴（2021）》。

从拥有电脑的家庭比例来看，2013—2020 年印尼呈现出波动上升趋势，近五年来，全国这一数值比例一直稳定在 19% 左右。从各省情况来看，日惹和雅加达是两个拥有电脑的家庭比例超过 30% 的地区，2020 年，这一数值比例分别达到 35.05% 和 34.19%，这与经济发展水平具有较强的相关性。

表 I–4–19　　　2018—2020 年印尼各省拥有电脑的家庭比例　　　（%）

省份	2018	2019	2020
亚齐	19.55	17.08	17.31
北苏门答腊	16.61	15.64	15.49
西苏门答腊	22.62	21.02	20.62
廖内	22.78	19.34	20.52
占碑	18.25	17.25	17.25
南苏门答腊	15.66	14.57	14.97
明古鲁	19.98	19.51	20.26
楠榜	12.60	11.57	11.71
邦加—勿里洞	21.95	18.42	19.40
廖内群岛	31.44	30.26	27.09
雅加达	32.24	30.00	34.19
西爪哇	19.92	17.54	18.33
中爪哇	17.59	16.48	16.02
日惹	34.99	34.69	35.05
东爪哇	18.57	18.28	17.99
万丹	22.08	21.02	19.47
巴厘	26.61	25.50	25.82
西努沙登加拉	13.68	12.74	12.43
东努沙登加拉	13.57	13.56	13.94
西加里曼丹	16.73	17.35	16.67
中加里曼丹	23.78	21.52	20.42
南加里曼丹	22.86	20.41	19.84
东加里曼丹	33.19	31.53	28.43
北加里曼丹	31.09	28.93	26.66
北苏拉威西	22.01	20.38	19.38

续表

省份	2018	2019	2020
中苏拉威西	17.81	18.31	17.34
南苏拉威西	23.34	22.87	21.93
东南苏拉威西	20.03	22.31	21.20
哥伦打洛	18.64	18.26	17.51
西苏拉威西	17.27	16.84	14.11
马鲁古	20.98	18.32	21.02
北马鲁古	21.15	18.22	18.51
西巴布亚	26.33	23.87	23.56
巴布亚	12.87	11.41	11.03
平均	20.05	18.78	18.83

资料来源：《印尼统计年鉴（2021）》。

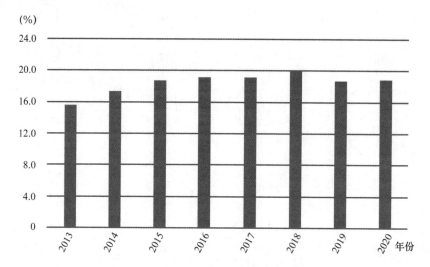

图 I-4-4　2013—2020 年印尼拥有电脑的家庭比例变化情况

资料来源：《印尼统计年鉴（2011—2021）》。

近十年来，印尼互联网接入率呈现出快速增长态势，年均增幅达13%，到2020年，印尼家庭互联网接入率已达78.2%。从各省情况来看，雅加达、廖内群岛、东加里曼丹、北加里曼丹、日惹、巴厘等省份是家庭互联网接入率较高的地区，这一数值比例都超过了85%。

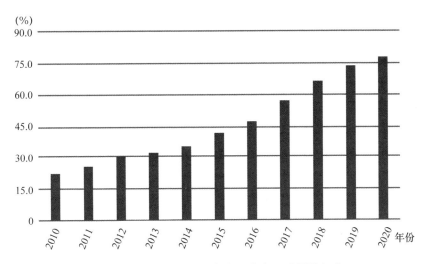

图 I－4－5 2010—2020 年印尼家庭互联网接入率

资料来源:《印尼统计年鉴 (2011—2021)》。

表 I－4－20　　　　2018—2020 年印尼各省家庭互联网接入率　　　　（%）

省份	2018	2019	2020
亚齐	56.89	65.16	71.97
北苏门答腊	60.70	68.91	74.12
西苏门答腊	64.00	69.67	74.62
廖内	68.73	76.00	80.61
占碑	62.43	70.81	75.56
南苏门答腊	59.41	66.42	74.85
明古鲁	58.49	67.36	71.69
楠榜	60.41	68.68	74.09
邦加—勿里洞	65.78	74.80	78.35
廖内群岛	78.41	87.96	91.15
雅加达	89.04	93.33	93.24
西爪哇	70.61	77.55	82.18
中爪哇	66.73	75.16	79.66
日惹	79.10	83.68	85.83
东爪哇	65.01	73.24	77.21

续表

省份	2018	2019	2020
万丹	75.39	82.25	84.07
巴厘	74.15	79.59	85.67
西努沙登加拉	53.03	65.25	69.51
东努沙登加拉	42.21	49.83	56.87
西加里曼丹	54.99	64.71	70.44
中加里曼丹	60.31	71.84	76.57
南加里曼丹	66.67	74.35	78.64
东加里曼丹	78.98	84.17	86.87
北加里曼丹	75.71	80.72	86.58
北苏拉威西	67.60	74.06	78.50
中苏拉威西	53.42	61.66	68.70
南苏拉威西	65.22	72.62	77.23
东南苏拉威西	61.95	71.21	75.87
哥伦打洛	63.76	72.68	76.98
西苏拉威西	50.44	59.09	66.03
马鲁古	55.16	58.52	65.86
北马鲁古	49.06	53.61	62.39
西巴布亚	61.95	66.62	72.62
巴布亚	29.50	31.31	35.25
平均	66.22	73.75	78.18

资料来源:《印尼统计年鉴 (2021)》。

从网民人口比例来看,印尼男性网民的增长速度要快过女性网民,年均增幅分别为20.2%和19%。两者比例差距也有扩大趋势,2015年比例差为3.6个百分点,2020年已扩大到近6个百分点。从各省情况来看,2020年雅加达的网民人口比例最大,是唯一超过70%的省份,比第二名的日惹多出9个百分点,达到77.61%。日惹、廖内群岛、东加里曼丹、巴厘、北加里曼丹是另外五个网民人口比例超过60%的省份。

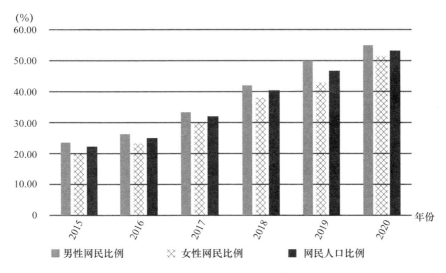

图 I-4-6　2015—2020 年印尼网民人口比例

资料来源：《印尼统计年鉴（2016—2021）》。

2015—2019 年，印尼安全互联网服务器数量从 2 台迅猛上升至 1684 台，年均增幅超过 111%，互联网安全设施建设得到极大改善和加强。

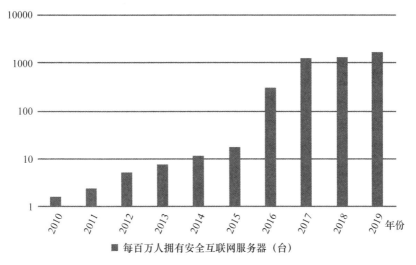

图 I-4-7　2010—2019 年印尼安全互联网服务器变化情况

资料来源：世界银行数据库。

表 I - 4 - 21　　　　2018—2020 年印尼各省网民人口比例　　　　（％）

省份	2018	2019	2020
亚齐	30.69	35.60	42.56
北苏门答腊	34.27	41.38	48.05
西苏门答腊	36.49	41.15	46.35
廖内	39.98	44.97	52.78
占碑	35.82	42.68	47.93
南苏门答腊	33.35	38.14	46.00
明古鲁	32.66	40.72	45.32
楠榜	32.41	40.17	47.06
邦加—勿里洞	37.33	45.85	51.78
廖内群岛	53.74	65.02	67.72
雅加达	65.89	73.46	77.61
西爪哇	45.33	53.94	59.90
中爪哇	38.51	47.74	54.72
日惹	55.45	61.73	68.68
东爪哇	38.75	47.10	53.49
万丹	47.90	56.25	58.63
巴厘	46.42	54.08	61.06
西努沙登加拉	28.31	39.16	44.28
东努沙登加拉	21.10	26.29	32.04
西加里曼丹	30.99	38.38	45.16
中加里曼丹	36.17	46.73	51.18
南加里曼丹	40.89	50.37	55.20
东加里曼丹	50.25	59.12	66.24
北加里曼丹	46.87	54.30	60.52
北苏拉威西	40.59	46.73	51.80
中苏拉威西	28.94	35.52	42.82
南苏拉威西	37.09	43.91	49.59
东南苏拉威西	33.27	41.92	48.31
哥伦打洛	34.62	41.78	46.92
西苏拉威西	26.07	31.26	38.29
马鲁古	29.79	33.89	39.48

续表

省份	2018	2019	2020
北马鲁古	25.80	29.13	35.80
西巴布亚	36.41	43.46	50.21
巴布亚	19.59	21.70	25.52
平均	39.90	47.69	53.73

资料来源：《印尼统计年鉴（2021）》。

2018—2020 年，印尼拥有固定电话的家庭比例呈现出持续下降的态势，至 2020 年已跌至 1.65%，比 2010 年下降了近 8 个百分点。从各省情况来看，2020 年雅加达的家庭固定电话拥有率最高，达 7.75%，其次是日惹和巴厘省，这一排名与 2018 年和 2019 年相比没有发生明显变化。

表 I-4-22 2018—2020 年印尼各省拥有固定电话的家庭比例 （%）

省份	2018	2019	2020
亚齐	0.47	0.54	0.21
北苏门答腊	1.45	1.16	0.74
西苏门答腊	1.22	1.22	1.05
廖内	1.57	0.96	0.76
占碑	1.13	1.07	0.82
南苏门答腊	2.19	1.32	0.93
明古鲁	1.46	1.17	1.13
楠榜	0.25	0.30	0.43
邦加—勿里洞	1.10	1.15	0.80
廖内群岛	3.53	2.98	1.99
雅加达	11.61	10.26	7.75
西爪哇	3.24	2.79	2.15
中爪哇	2.61	2.11	1.73
日惹	4.91	4.65	4.66
东爪哇	1.96	1.58	1.17
万丹	3.84	2.22	1.83
巴厘	5.51	3.51	3.65

续表

省份	2018	2019	2020
西努沙登加拉	0.75	0.40	0.35
东努沙登加拉	0.52	0.46	0.22
西加里曼丹	1.52	0.89	0.62
中加里曼丹	0.97	0.58	0.53
南加里曼丹	1.70	0.83	0.83
东加里曼丹	3.52	2.82	1.54
北加里曼丹	1.50	0.94	0.61
北苏拉威西	1.50	0.67	0.86
中苏拉威西	0.58	0.63	0.59
南苏拉威西	1.48	0.64	0.79
东南苏拉威西	0.77	0.65	0.50
哥伦打洛	0.31	0.19	0.19
西苏拉威西	0.70	0	0.23
马鲁古	1.12	0.58	1.08
北马鲁古	0.32	0.02	0.05
西巴布亚	1.06	0.71	0.51
巴布亚	0.58	0.52	0.57
平均	2.61	2.09	1.65

资料来源：《印尼统计年鉴（2021）》。

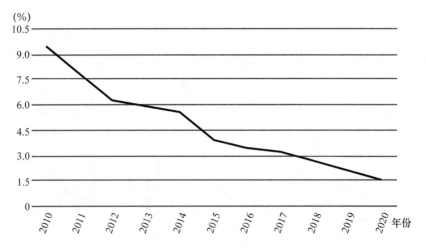

图 I-4-8　2010—2020 年印尼拥有固定电话的家庭比例变化情况

资料来源：《印尼统计年鉴（2011—2021）》。

印尼的手机拥有率呈现出波动上升趋势，从 2015 年的 56.92% 上升到 62.84%，其中男性手机拥有率高于女性，但有逐年缩小趋势，2015 年两者比例相差 13.03 个百分点，2020 年降至 10.61 个百分点，这也从侧面反映出印尼手机普及率的增加情况。

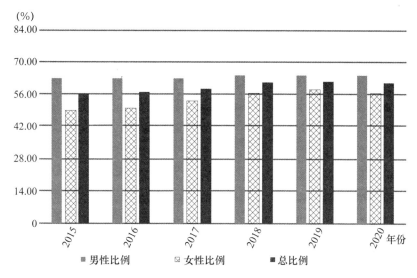

图 I - 4 - 9 2015—2020 年印尼手机拥有率变化情况

资料来源：《印尼统计年鉴（2016—2021）》。

表 I - 4 - 23 　　　　　　2018—2020 年印尼各省手机拥有率 　　　　　　（%）

省份	2018	2019	2020
亚齐	59.05	57.75	59.60
北苏门答腊	59.45	60.66	59.56
西苏门答腊	62.83	62.62	61.83
廖内	67.74	67.29	66.35
占碑	64.29	64.75	64.06
南苏门答腊	61.12	60.70	60.68
明古鲁	60.31	61.18	60.19
楠榜	59.81	61.54	59.03
邦加—勿里洞	68.41	67.77	66.61
廖内群岛	74.11	76.39	74.33

续表

省份	2018	2019	2020
雅加达	76.16	78.42	77.57
西爪哇	65.01	66.24	64.83
中爪哇	60.47	61.66	60.87
日惹	68.32	67.66	67.62
东爪哇	60.66	62.16	61.82
万丹	64.25	65.21	64.40
巴厘	67.99	69.61	69.93
西努沙登加拉	53.88	57.10	56.36
东努沙登加拉	43.91	45.01	44.12
西加里曼丹	58.25	58.57	58.11
中加里曼丹	68.20	70.28	68.56
南加里曼丹	66.04	68.97	67.69
东加里曼丹	76.36	76.88	76.71
北加里曼丹	73.99	74.32	71.95
北苏拉威西	64.64	67.90	67.13
中苏拉威西	56.66	57.68	57.89
南苏拉威西	63.85	65.07	65.14
东南苏拉威西	60.34	62.68	63.86
哥伦打洛	58.50	60.36	61.42
西苏拉威西	50.44	52.18	54.41
马鲁古	56.13	56.96	56.16
北马鲁古	53.55	53.69	54.88
西巴布亚	65.08	66.49	66.61
巴布亚	40.46	38.50	40.44
平均	62.41	63.53	62.84

资料来源:《印尼统计年鉴(2021)》。

从各省手机信号所覆盖的村庄数来看,爪哇地区的 4G 手机信号覆盖村庄数最多,其中中爪哇、东爪哇分别达到 7294 个和 7093 个,其次是西爪哇、亚齐和北苏门答腊。2002 年巴布亚无手机信号的村庄达到 1047

个，是印尼全国手机信号覆盖最差的地区，西巴布亚、西加里曼丹、马鲁古无手机信号村庄数也超过了300个，通信基础设施亟待完善。

表 I-4-24　　2019年、2020年印尼各省手机信号覆盖的村庄数　　（个）

省份	2019				2020			
	4G	3G	2.5G	无信号	4G	3G	2.5G	无信号
亚齐	3553	2327	466	78	4598	1560	207	51
北苏门答腊	3205	1838	633	288	4145	1184	426	180
西苏门答腊	746	360	100	31	974	201	64	26
廖内	947	636	240	26	1310	384	135	6
占碑	936	431	119	39	1174	248	70	20
南苏门答腊	1704	1101	389	63	2275	705	228	61
明古鲁	757	540	158	39	1064	308	97	32
楠榜	1724	724	186	9	2010	532	99	4
邦加—勿里洞	294	88	6	2	351	37	3	1
廖内群岛	198	99	83	34	262	74	62	19
雅加达	252	15	0	0	264	2	1	0
西爪哇	4590	1270	75	12	5225	671	43	5
中爪哇	6659	1749	132	13	7294	1169	79	11
日惹	315	101	20	2	359	70	9	0
东爪哇	6256	2042	162	33	7093	1265	111	17
万丹	980	514	52	2	1168	353	24	4
巴厘	575	138	2	0	643	70	3	0
西努沙登加拉	871	215	29	25	1011	114	11	15
东努沙登加拉	1160	1054	686	321	1602	903	564	222
西加里曼丹	540	454	415	463	756	483	354	331
中加里曼丹	392	388	422	186	542	362	345	157
南加里曼丹	1220	543	175	43	1430	409	109	26
东加里曼丹	523	247	121	101	634	186	90	77
北加里曼丹	116	62	70	201	169	45	77	164
北苏拉威西	1221	365	97	112	1443	204	73	83
中苏拉威西	1091	401	180	162	1326	291	144	121

省份	2019				2020			
	4G	3G	2.5G	无信号	4G	3G	2.5G	无信号
南苏拉威西	2090	696	135	63	2367	462	93	52
东南苏拉威西	1282	603	137	158	1587	420	95	128
哥伦打洛	506	119	68	30	559	92	46	31
西苏拉威西	241	121	46	110	277	100	47	78
马鲁古	296	173	133	500	579	127	90	329
北马鲁古	371	202	195	316	567	167	140	246
西巴布亚	335	120	161	608	678	121	144	437
巴布亚	355	275	414	1276	571	237	406	1047
总计	46301	20011	6307	5346	56307	13556	4489	3981

资料来源:《印尼统计年鉴（2021）》。

第三节　能源基础设施

目前印尼电力总装机容量仅约为 5000 万千瓦，用电普及率不到 75%，2017 年，印尼人均电力消费是 1012 千瓦时，仍有超过四分之一的人口没有用上电，电力需求年均增长 10%—15%。即使首都雅加达偶尔也会因缺电而实施轮流停电。由于印尼个人和企业用电比例为 7∶3，使企业发展对电力的需求更为迫切。为满足国内日益增长的电力需求，印尼政府启动新一期电力发展规划，计划在 2019 年建设 3500 万千瓦电站项目，并发展 4 万千米的电网。此外，在水利设施建设领域，印尼政府计划在 2014—2020 年建成 65 座大坝。截至 2018 年，已经有 55 个处于建设阶段，其中 14 个大坝已经完工或处于建设的最后竣工阶段。

从发展历程来看，2000—2015 年印尼煤炭发电量占比从 36.4% 增加到 55.8%，年均增幅达 2.8%；石油发电量占比从 19.7% 下降至 8.4%，下降了 11.3 个百分点；天然气发电量占比从 28% 小幅下降至 25.2%。火力发电量总占比从 2000 年的 84.1% 上升至 2015 年的 89.4%。水力发电量占比从 2000 年的 10.7% 下降到 2015 年的 5.9%，其他能源发电量占比变化不大。总体而言，现阶段印尼的能源供应主要还是依靠不可再生的煤

炭、天然气等，水力、风电、地热等清洁能源和可再生能源基础设施建设
陷入停滞，印尼能源基础设施的发展水平仍有待提高。

小 结

印尼基础设施发展相对滞后。2014 年总统佐科就任以来，印尼迎来
基础设施建设快速发展时期。

在交通基础设施方面，佐科政府启动建设"海上高速公路"计划。
截至 2020 年底，印尼公路里程达 54 万千米，但高速公路总里程不到 1500
千米。铁路建设成效显著，铁路路网密度进一步增大，发展前景广阔。机
场运输能力显著提升，但容量还未得到完全释放。印尼水路运输较发达，
全国有水运航道 21579 千米，其中苏门答腊为 5471 千米，有各类港口约
670 个，其中主要港口有 25 个。

在通信基础设施方面，印尼电信发展潜力巨大，电信建设增长势头迅
猛，跨国运营商和资本介入较多。近十年来互联网接入率呈现出快速增长
态势，年均增幅达 13%，到 2020 年，印尼家庭互联网接入率已
达 78.2%。

在能源基础设施方面，印尼电力需求年均增长 10%—15%，仍存在
显著的电力供需缺口。现阶段主要还是依靠煤炭、天然气等不可再生能源
发电，水力、风电、地热等清洁能源和可再生能源基础设施建设步履
维艰。

第五章　产业结构

从 1970 年到 2000 年，印尼经济结构从传统农业向制造业和服务业转型。第一产业在苏加诺总统时代（1945—1967）末期的 1966 年占 GDP 的一半以上（53.4%），在半个多世纪后的 2018 年，第一产业占 GDP 的总额下降到 13.1%，第二产业的构成比增加了 27.5 个百分点（14.0%→41.5%），第三产业的构成比增加了 12.8 个百分点（32.6%→45.4%）。

第一节　产业结构演变

在整体上讲，印尼三次产业产值结构的演变呈现出"先收拢后发散"的特征，以至于在不同的时间节点，三次产业产值比重大小次序出现了更替，并表现出不同的特点（见图 I-5-1）。

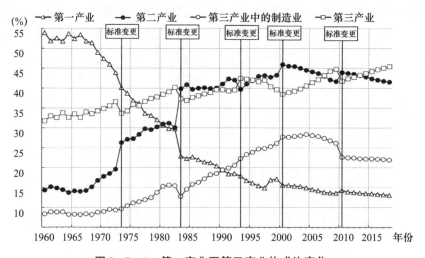

图 I-5-1　第一产业至第三产业构成比变化

资料来源：印尼国家统计局数据库。

一 三大产业产值结构演变

2000 年以后，在第二产业中，采矿业的增长速度放缓了，制造业构成比的扩张也达到了顶峰。特别是制造业的构成比从 2000 年到 2010 年的 10 年里下降了 1.9 个百分点，从 2010 年到 2018 年的 8 年里，下降了 0.7 个百分点。尤其是资源相关领域的下降最为显著，制造业中的"煤炭，原油和天然气精炼"下降了 1.3 个百分点，包含在第二产业中的"采矿·采石业"也大幅下降了 2.8 个百分点。印尼经济处于工业化中期阶段，制造业对经济的贡献率在 20% 以上，但自 2012 年开始，其增速一直低于经济整体增速。目前，印尼的经济政策仍是以发展劳动密集型工业为主，在近五年中，食品和饮料制造业、纺织和服装制造业、皮革及鞋类制造业发展较快，其中食品饮料制造业增长尤其抢眼，五年平均增长率达到 8.5%，而纺织和服装制造业在 2019 年增长达 15.4%。第三产业中的"信息/通信业"（+1.4 个百分点），"运输/仓库业"（+0.6 个百分点）和"金融业"（+0.6 个百分点），以及第二产业中的"食品/饮料"（+1.4 个百分点）和"建筑业"（+0.9 个百分点）等与国内需求相关产业的构成比例正在扩大。[①]

农业产值比重下降幅度较大，农业成为最小产业部门，在整个工业化进程中，印尼农业在国民经济中的地位发生了显著变化，从最大产业部门变为最小产业部门，这种现象顺应了全球经济发展的普遍趋势。印尼农业产值比重整体趋势不断下降，整个过程大致经历了三个阶段，即快速下降阶段（1960—1985）、平缓下降阶段（1985—2005）、略有上升并趋于稳定阶段（2005 年至今）。在工业化初期，农业贡献了印尼国民经济总量的大部分。1960 年，印尼农业产值比重为 51.5%，农业产值超过了国内生产总值的一半。1967 年，农业产值比重仍高达 51.4%，相比 1960 年，七年来几乎没有发生变化。随着工业化进程向前推进，跟发达国家在工业化进程中农业所走过的轨迹相似，印尼农业在国民经济中的地位不断下降，1985 年，其产值比重迅速降至 23.2%。1985 年以后，印尼农业产值比重下降速度有所放缓，但仍保持下降趋势，由 1985 年的 23.2% 降至 2005 年的 13.1%，20 年下降了 10 个百分点。由此可见，相比 1965—1985 年，印尼农业产值比重下降速度确实

---

① 国际协力银行：《2019 印度尼西亚的投资环境》，2019 年 12 月，第 23—25 页。

放缓了不少。进入 2005 年以后，印尼农业产值比重变化出现了新迹象，即在保持整体趋势向下的同时小幅上升，几十年来首次出现这种现象，这与苏希洛政府加大农业发展力度有很大关系。在最近几年里，印尼农业产值比重维持在 13%—16%。当前，农业已成为印尼国民经济中最小的产业部门。

工业产值比重先升后降，出现"去工业化"现象。印尼工业产值比重变化非常显著，整体趋势不断向上，大致分为四个阶段：快速上升阶段（1960—1980）、快速下降阶段（1980—1985）、较快上升阶段（1985—2010）、下降阶段（2010 年至今）。20 世纪 70 年代初至 80 年代中期，印尼推行进口替代工业化战略，这一时期，工业产值比重变化最为迅速，这主要得益于印尼国内进口替代工业和矿业的快速发展。在 20 世纪 70 年代国际石油繁荣时期，印尼大量生产并出口原油等初级产品，为国内工业发展获取了资金。由于矿业的带动，工业产值比重由 1970 年的 18.7% 迅速升至 1980 年的 41.7%。1980—1985 年是印尼工业化战略调整前期，国际油价大跌导致印尼石油、天然气等初级产品出口严重受阻，这一时期虽然制造业产值比重仍不断上升（从 13% 升至 16%），但由于矿业部门大幅萎缩，以至于工业产值比重出现了回落，由 1980 年的 41.7% 降至 1985 年的 35.8%。1985 年以后，印尼转而推行面向出口工业化战略，制造业取代矿业获得迅速发展，工业产值比重也因此攀升，1997 年，该数值达到 44.3%。在东南亚金融危机后，印尼制造业受到严重的冲击，工业也受到了拖累，并且产值比重出现短期回落。经过几年的整顿与调整，印尼经济活力逐渐恢复，工业也重新步入发展轨道，但受制造业产值比重持续走低的影响，工业产值比重自 2000 年以来一直保持较为稳定的状态，已经出现上升乏力现象。工业产值比重在 2011 年达到最高值 44.8%，随后出现了拐点。目前，印尼出现了"去工业化"现象，工业已成为印尼国民经济第二大产业部门，但工业产值比重仍处于较高水平，2016 年为 39.8%。

服务业虽成为最大的产业部门，但产值比重并不高。服务业是印尼三次产业中产值比重变化最不显著的部门，自 1960 年以来，服务业产值比重几乎呈水平变化，仅略有上升。印尼服务业产值比重变化轨迹经历了四个阶段，即相对稳定阶段（1960—1980）、向上突破阶段（1980—1985）、较高水平稳定阶段（1985—2000）、缓慢上升阶段（2000 年至今）。在工业化早期，服务业在印尼整个国民经济中就占有较大的比重，但在

表 I-5-1 各行业国内生产总值构成比（实际）

	2010 年基准价格(万亿盾)			组成比(%)		
	2010	2018	年均增长率(%)	2010	2018	变化
总体	6864	10425	5.4	(100.0)	(100.0)	—
第一产业	956	1307	4.0	(13.9)	(12.5)	(-1.4)↓
第二产业	2936	4153	4.4	(42.8)	(39.8)	(-2.9)↓
采矿和采石	718	797	1.3	(10.5)	(7.6)	(-2.8)↓
制造业	1513	2193	4.8	(22.0)	(21.0)	(-1.0)↓
煤炭,原油,天然气精炼	234	220	-0.8	(3.4)	(2.1)	(-1.3)↓
食品与饮品	360	690	8.5	(5.3)	(6.6)	(+1.4)↑
烟草	67	88	3.4	(1.0)	(0.8)	(-0.1)
纺织品,服装	96	126	3.5	(1.4)	(1.2)	(-0.2)
皮革制品,鞋类	20	29	4.9	(0.3)	(0.3)	(-0.0)
木材/木制品	57	62	1.2	(0.8)	(0.6)	(-0.1)
纸/印刷	68	74	1.0	(1.0)	(0.7)	(-0.3)
化学/制药	114	180	5.8	(1.7)	(1.7)	(+0.1)
橡胶/塑料	67	77	1.7	(1.0)	(0.7)	(-0.2)
有色金属	51	71	4.3	(0.7)	(0.7)	(-0.1)
钢,相同的产品	54	89	6.4	(0.8)	(0.9)	(+0.1)
金属制品,电气和光学制造	131	205	5.8	(1.9)	(2.0)	(+0.1)
通用机	24	34	4.7	(0.3)	(0.3)	(-0.0)
运输设备	134	206	5.5	(2.0)	(2.0)	(+0.0)
家具类	20	26	3.3	(0.3)	(0.2)	(-0.0)
其他制造业	15	16	0.5	(0.2)	(0.2)	(-0.1)
公益事业	78	116	5.0	(1.1)	(1.1)	(-0.0)
建造业	627	1048	6.6	(9.1)	(10.1)	(+0.9)↑
第三产业	3477	5708	6.4	(50.7)	(54.8)	(+4.1)↑
批发/零售业务	924	1377	5.1	(13.5)	(13.2)	(-0.3)
汽车和摩托车(包括修理)	182	263	4.7	(2.7)	(2.5)	(-0.1)
其他批发和零售业务	742	1114	5.2	(10.8)	(10.7)	(-0.1)
运输/仓库业务	245	435	7.4	(3.6)	(4.2)	(+0.6)↑
酒店/餐厅业务	200	315	5.8	(2.9)	(3.0)	(+0.1)
信息通信业	256	539	9.7	(3.7)	(5.2)	(+1.4)↑
金融业	240	416	7.1	(3.5)	(4.0)	(+0.5)↑
房地产业务	198	300	5.3	(2.9)	(2.9)	(-0.0)
商业服务业	99	188	8.3	(1.4)	(1.8)	(+0.4)
公共服务业	260	350	3.8	(3.8)	(3.4)	(-0.4)
教育服务业	202	321	6.0	(2.9)	(3.1)	(+0.1)↑
医疗和社会公益活动	66	117	7.4	(1.0)	(1.1)	(+0.2)
其他服务业	101	185	7.9	(1.5)	(1.8)	(+0.3)
对产品征收的税—补贴	180	422	11.2	(2.6)	(4.0)	(+1.4)

资料来源：印尼国家统计局。

整个工业化进程中服务业一直没有什么大起色，明显落后于工业，以至于它的产值比重波动空间非常小，迟迟没有获得较大突破。随着印尼经济转型，服务业产值比重在 2000 年开始缓慢上升，但直到 2014 年才超越工业比重，2016 年达到历史最高值 45.27%。

（一）劳动力市场和就业结构

一方面，2015 年，印尼的总人口约为 2.6 亿人，15—64 岁的劳动力人口约为 1.7 亿人，占总人口的 67%。另一方面，关于 2050 年人口的估算表明，人口金字塔已变成钟形，总人口将增加到约 3.3 亿人，而劳动力人口将增加到 2.1 亿人。到 2050 年，劳动力人口占总人口的比例将达到 65%，比 2015 年降低 2 个百分点，但劳动力人口充沛。从 2018 年三大产业就业结构来看，农业水产从业人员（3570 万人）占全体就业者的 28.7%，占据了最大的比例。按构成比降序排列为：批发/零售/餐饮/住宿业（3074 万人，占 24.7%）、公共服务业（2066 万人，占 16.6%）、制造业（1825 万人，占 14.7%）。从时间序列来看，农林水产从业人员的构成比在下降，批发、零售、餐饮和住宿业的比重正在逐渐增加。

（二）贸易结构

自 1969 年以来，印尼一直保持着贸易顺差，但 2012—2014 年和 2018 年出现了贸易逆差。2012—2014 年贸易逆差的主要原因是天然气和煤炭等主要出口产品的减少。特别是出口至日本和韩国的天然气减少造成的影响很大。日本财务省的统计显示，1995—2007 年，印尼是日本最大的天然气进口国，但到了 2015 年，从印尼进口的天然气量在日本国内排名第五，次于从澳大利亚、马来西亚、卡塔尔和俄罗斯的进口量。2018 年贸易赤字的主要原因是办公家具、计算机和电气设备的进口激增。2011—2012 年，由于印尼盾贬值和能源市场下跌，以美元计价的进出口额有所下降，但进出口额均在 2016 年触底反弹，2018 年进出口总额（3689 亿美元）接近 2012 年（3817 亿美元）的进出口额。[①]

根据联合国贸易和发展会议（UNCTAD）的统计数据，印尼 2018 年的出口额为 1802 亿美元。按类别划分的主要出口领域是：（1）矿物燃料（占 23.3%）；（2）皮革，纸制品，钢铁和金属等材料产品（占 14.6%）；

———————

① 《2019 印度尼西亚的投资环境》，国际协力银行，2019 年 12 月，第 23—25 页。

（3）机械和运输设备（占 12.6%）；（4）棕榈油等动植物油脂（占 12.4%）；（5）服装等杂项（占 12%）。这五个领域的出口额占出口总值的 75% 左右。出口额超过 100 亿美元的是与资源有关的项目，例如"煤炭，焦炭和熟煤"（240 亿美元），"天然气和生产气"（106 亿美元）以及"植物性油脂"（190 亿美元）。近年来，工业产品的出口也正在增加。特别是"服装和配件类"（89 亿美元）、"汽车和摩托车等"（75 亿美元）、"电气设备"（62 亿美元）、"鞋类"（51 亿美元）4 个项目的出口呈增长趋势，自 2008 年以来其出口额（432 亿美元）增长约 30%（120 亿美元）。

与此同时，2018 年，印尼进口额为 1887 亿美元。按类别划分，印尼的主要进口领域是：（1）机械、运输设备；（2）矿物燃料；（3）皮革/纸制品/钢铁/金属及其他材料制品；（4）化工产品；（5）食品和动物。其中，进口额超过 100 亿美元的有四个项目："石油及其产品"（287 亿美元），"钢铁"（102 亿美元），"电气设备"（115 亿美元），"其他工业机械和零件"（101 亿美元）。虽然从 2012 年到 2016 年进口额有所下降，但自 2016 年之后便开始增加。2012—2016 年，进口额下降的原因是印尼国内汽车需求减少，专用汽车等设备投资需求下降，以及 2014 年 7 月至 2016 年 1 月原油价格降低。从 2016 年起，随着原油市场的回升和机械与设备投资的恢复，石油及其产品、工业机械、汽车和摩托车以及电气设备的进口增加。此外，由于 2015 年对本地采购"通信/音频设备"数量进行了规定，其购买量不到 2013 年高峰时期的一半。

二　三大产业发展概况

（一）农业发展概况

由于多样的土地条件，印尼农作物十分丰富，农作物种植主要集中在土壤肥沃的爪哇地区。主要农作物有水稻、玉米、甘蔗、木薯、大豆和花生。以爪哇岛为中心形成了小规模农业，主要生产大米和木薯。这里生产的大米占印尼大米产量的 60%；以苏门答腊岛为中心形成了商业作物生产区，主要生产油棕、橡胶等。粮食产量稳定增长，其中主粮——大米产量在 2005—2013 年的年增长率为 3.5%，玉米产量也以每年 5.5% 的速度增长。此外，1990—2010 年，油棕产量增长了 9 倍，印尼成为全球第一大油棕生产国。

从主要农作物的生产趋势来看，农业生产构成已从主食（尤其是大米）转向其他商业作物，例如油棕。在主食中，大米是最具战略意义的作物，2009 年大米产量占农业总产值的 18.8%，但油棕的种植面积在 1990 年至 2008 年有所增加。印尼正在提高其作为新兴国家的地位，是东南亚国家中最大的经济体，但人均 GDP 在东南亚国家中排名第五。近年来，伴随着经济增长，印尼中产阶级日益扩大，消费需求旺盛，国内投资也变得活跃起来，因而，印尼有望实现由内需主导的稳定增长。

（二）工业发展概况

工业化是印尼经济建设的主线，其经济发展模式代表了第二次世界大战后一些发展中国家进行经济建设的道路选择。20 世纪 60 年代起步的工业化历程是印尼主动承接以日本和亚洲"四小龙"为代表的雁行国际产业转移浪潮和充分利用两种资源、两种市场，以及充分参与国际产业分工体系、经济全球化的结果，印尼在工业化历程中所面临的国际经济背景是以往任何一个时代都未碰到过的。在这种背景下，一方面，借助本国低廉的劳动力成本优势，印尼获得了劳动密集型产业成本优势和人口红利；另一方面通过国际技术转移和外溢，印尼在生产要素上获得了一定的后发优势。

苏希洛在执政期间，提出要使印尼在 2025 年成为工业强国，他制定了使制造业成为经济发展中支撑产业的计划。数据显示，2010—2014 年，制造业在第二产业中所占的比重已经达到 50% 左右，成为拉动第二产业发展的主导产业，呈平稳发展态势。但是，从三大产业的占比来看，产业结构回旋于第一产业（13%—15%）、第二产业（43%—45%）和第三产业（41%—44%）之间，制造业产值占经济总量的比重则从 2010 年的 22.63% 下降至 2014 年的 21.56%，制造业产值对国内生产总值的贡献说明，印尼已属于半工业化国家（UNIDO 将工业净产值占国内生产总值 30% 以上的国家列为工业化国家，占 20%—30% 的为半工业化国家）。与中等偏下收入国家相比，印尼有良好的劳动密集型初级产品加工制造基础，并且对外开放程度高。

迄今为止，制造业占第二产业的比重维持在 50% 左右，且对 GDP 的贡献占到 20% 以上，成为经济发展的支柱产业。但是，由于各国（地区）经济发展存在历史性、结构性和制度性差异，印尼并不能完全借助亚洲"四小龙"的工业发展优势，其自身工业化水平停留在初级劳动密集型加工产品上，处于全球价值链的低端。2010—2014 年为后苏哈托工业化阶段，处于苏希洛政府中期发展计划时期，以 2010 年为基期，近年来，印尼的工业生产指数一直处在 1—2，工业生产部门主要集中在以石油加工业为代表的资本密集型产业和以农产品、橡胶、纺织为代表的劳动密集型产品上。大多数印尼工人最多只具备初中文化程度，缺乏技能和知识。同时，制造业中产能较高的石油、机械化制品等，又被少数几个家族控制着，不利于员工参与剩余价值分配，使其在获得激励后无法产生较高的工作效率，这使得印尼国内工业生产人力储备不足，高层次创新人才缺失，使得国内创新能力提高缓慢，从而使印尼经济增长放缓。

（三）服务业发展概况

根据印尼统计局的划分，印尼服务业主要有电气水的供应服务，建筑业，零售、餐饮和住宿行业，交通通信业，金融、房地产和商业服务，个人和政府服务六大部门。综合而言，印尼服务业以零售、餐饮、住宿、建筑、维修等传统部门为主，金融、娱乐、仓储、运输、通信等现代服务业所占比重相对较低。

自 20 世纪 60 年代以来，印尼服务业取得长足的发展，在国民经济中所占比重呈现出缓慢上升、窄幅波动的趋势。1960—1980 年，印尼服务业产值比重由 33.5% 微调至 34.3%，基本维持稳定。在此期间，印尼农业产值比重大幅下降，并被快速上升的工业部门所替代。1974 年，印尼农业、工业和服务业的产值相当，在 GDP 中的占比依次为 31.1%、34.2% 和 34.7%。20 世纪 80 年代初，印尼服务业产值比重快速攀升，并在 1985 年突破 40%，之后长期在该水平线上下浮动。1997 年，受亚洲金融危机的冲击，印尼的房地产市场和金融行业遭受重创，服务业产值比重震荡下滑。1998 年，印尼服务业产值下降 16.5 个百分点，比重跌至 36.7%。进入 21 世纪，印尼经济逐步恢复，金融行业整顿效果显现，服务业的产值比重再次上扬，于 2005 年重回 40% 的高位。2007—2009 年，美国次贷危机和欧债危机相继爆发，印尼服务业在 GDP 中的占比小幅回落至 37% 左右。2010 年后，印尼交通业、通信业和建筑业蓬勃发展，推动服务业增速连续 5 年突破 7%。2014 年，印尼服务业的 GDP 占比为 42.2%，时隔 9 年，重新超过工业的比重（41.9%）。按照现价美元计算，印尼服务业总产值从 1975 年的 116.9 亿美元升至 2015 年 3734.2 亿美元，40 年间增加 31 倍。

目前，服务业已经成为印尼三次产业中最主要的就业部门，其对国民经济总量的贡献也不断提升。20 世纪 60 年代中期以来，印尼服务业发展较快，1966—1990 年服务业年均增长率达到 7.9%，高于同一时期农业（3.7%）和矿业（5.7%）的年均增长率水平。随着服务业的较快发展，其在国民经济中的地位不断提升，20 世纪 70 年代初至 80 年代中期，服务业产值占 GDP 的比重一直在 35% 以上，80 年代中期以后超过了 40%。受东南亚金融危机的冲击，印尼经济遭到严重破坏，服务业产值也出现了大幅下滑，其中，金融业、房地产业受到的冲击十分严重，1998 年印尼服务业增长率为 –16.5%，其中金融业增长率为 –37.6%，房地产业增长率为 –39.7%。2000 年以后，随着印尼经济的恢复，金融业的整顿与重组效果初显，服务业增长率连续几年达到 5% 左右。2004 年，苏希洛上台执政后，进一步促进金融业、旅游业和交通运输业的发展，尤其是旅游业成为印尼经济的新支柱。2007 年以来，服务业保持快速增长态势，增长率达到 8% 左右，高于农业和工业的增长水平。服务业的快速发展使其产值迅速上升，按当前美元价格计算，印尼服务业产值由 1967 年的 21.4 亿美元上升到 2012 年的 3813 亿美元，45 年间增长了 177 倍。

1. 服务业整体水平相对较低

作为后起的发展中国家，一方面，印尼发挥了后发优势，在相对短的时间内使自身获得了经济起飞；另一方面，也在很大程度上受制于国际经济环境的变化，以至于经济发展历程充满了曲折和反复，从而影响服务业整体水平的提高。当前，印尼产业结构整体水平仍然不高，三次产业中服务业表现得更加突出。经过几十年的发展，印尼服务业发展水平虽有了一定程度的提高，但是跟其他同等水平的发展中国家或西方发达国家相比，印尼服务业仍存在很大的差距。世界主要发达国家在进入后工业化社会后，服务业成为国民经济第一推动力，对 GDP 的贡献率达到 70% 以上，2011 年美国服务业占 GDP 的比重达到 79%，日本达到 73%。除了产值贡献以外，服务业也是吸收劳动力就业的主要部门，有学者对美国服务业劳动力就业情况进行研究发现，1948—2000 年，美国净增就业人员 7700 万人，而服务业新增就业人员竟达到 7300 万人，占全国新增就业人员的 95%。当前，印尼服务业产值在整个国民经济体系中所占份额仍然较低，

2011 年为 38.6%，低于同一时期马来西亚（49%）、泰国（46%）、菲律宾（56%）等东盟国家和印度（56%）、中国（43%）等转型经济体的水平，跟发达国家相比则更显落后。

2. 服务业基础部门相对落后

在东南亚金融危机爆发后，印尼服务业内部结构处于相当稳定的状态，这跟西方发达国家服务业内部结构演化路径有很大的差异。一般而言，在发达国家工业化历程中，其服务业内部结构呈现出这样的演变路径：传统服务业部门逐渐淡化，现代服务业部门不断加强。自 2005 年以来，印尼服务业中贸易、商业和个人与社会服务等传统服务业所占比重仍然较大，并且呈现出上升趋势，然而，运输、通信等服务业基础部门发展都相当滞后。从前面对印尼交通运输行业的分析可知，其公路、铁路、航空运输等基础设施都是相对不足的。2012 年，印尼每 1000 人拥有的客车量仅为 37 辆，马来西亚为 325 辆，泰国为 67 辆。据世界银行数据库相关数据，2009 年，印尼的公路密度仅为 25，远低于马来西亚（41）和新加坡（476）的水平。运输设施的落后直接制约着印尼物流业的发展。根据世界银行物流导引（LPI）的数据，2011 年，印尼物流服务水平有较大提升，从 2010 年排全球第 75 名升至第 59 名，但仍远落后于新加坡（第 1 名）、马来西亚（第 29 名）和泰国（第 38 名）等周边国家。除了公路网和铁路网密度较低以外，相比邻国，印尼信息、通信部门发展也较为落后，2012 年，印尼每 100 人中互联网用户仅为 15.4 人，马来西亚为 65 人，泰国为 26.5 人，新加坡为 74.2 人；印尼每 100 人拥有的电话线路数量为 16 条，马来西亚为 16 条，泰国为 9 条，新加坡为 38 条；当前，印尼固定和移动通信业务由少数几家大型运营商把持，随着行业的迅速扩张，通信基础设施覆盖率虽有了很大的提高，但地区之间差别还较大，全国仍有少数地区无法接入通信网络。

3. 现代服务业发展缓慢，制约其他产业的发展

产业之间是相互联系的，服务业是一个种类繁多的部门，涉及国民经济各个层面，服务业对其他部门起着软化作用，尤其是工业需要用到大量的服务业产品作为中间投入，从而完成初级产品到最终产品的价值实现。服务业中有一类称为生产性服务业，该产业与制造业之间存在十分密切的互动。大量实证研究表明，生产性服务业与制造业是相互作用、相互依赖、共同发展

的，没有发达的生产性服务业，制造业的生产与交易成本难以下降，生产的专业化程度也难以提高；制造业是生产性服务业产出的主要需求部门，它同时决定着生产性服务业的发展程度及国际竞争力水平。生产性服务业大部分属于现代服务业，而印尼现代服务业发展是相对滞后的，根据联合国贸发会议数据，2009年，印尼现代服务业占服务业的比重为47%，低于马来西亚、中国等发展中国家（均高于50%）和世界平均水平（69%）。2012年，印尼贸易、商业及个人与社会服务产值比重高达63.9%，而运输、通信与金融等现代服务业含量较高的部门产值比重仅为36.1%。由前面对金融业的分析可知，印尼金融业发展还比较落后，不发达的金融业导致企业融资成本过高，减少了中小企业的创新活动和私人投资的供给。在东南亚金融危机后，因银行业大规模重组和充实核心资本金的需要，印尼银行贷款额度增长缓慢，贷款利率一直居高不下，2009年末，印尼实际贷款利率为10.9%，远高于新加坡（6.1%）、马来西亚（3.8%）、菲律宾（3.8%）、泰国（2.3%）等其他东盟国家的水平。长期以来，交通运输基础设施建设滞后使得印尼物流业发展相对缓慢，导致企业的物流成本快速上升，严重削弱了印尼企业的国际竞争力。根据印尼工商业协会公布的数据，印尼企业的成本支出约有17%耗费在物流上，而在同一区域的经济体中，这个比例要低于10%。现代服务业和生产性服务业发展缓慢将制约印尼农业和工业的发展，加剧"去工业化"现象和阻碍产业结构调整与升级。

第二节　重点农业

油棕是世界上产油效率很高的热带木本油料作物之一，享有"世界油王"之称。棕榈油是世界上消费量最大的油品，而印尼作为世界上最大的棕榈油生产国，油棕产业在该国的经济发展中占有至关重要的地位。印尼的油棕种植业和加工业是该国的经济支柱产业，也是出口创汇的重要来源。长期以来，印尼在油棕的种植、棕榈油生产及相关技术研发等方面做了大量的工作。

一　印尼油棕的种植情况

1970年以来，油棕成为印尼发展最快的经济作物。在1986—2006年

的 20 年时间里，油棕种植面积增长近 10 倍，从 60.7 万公顷发展到 607.5
万公顷。从 2006 年开始，印尼已成为世界上最大的油棕种植国和棕榈油
生产国。根据印尼统计机构（BPS）的数据，2017 年，印尼油棕种植面积
约为 1190 万公顷，这个数字大约是 2000 年的 3 倍。印尼近 70% 的油棕种
植园位于苏门答腊岛，包括北苏门答腊、西苏门答腊、廖内省、南苏门答
腊、明古鲁、楠榜、占碑、亚齐、邦加—勿里洞，这一产业是在荷兰殖民
时期开始的。其余的约 30% 种植园主要分布在加里曼丹岛。其他分布地
区有西爪哇、南苏拉威西、中苏拉威西、东南苏拉威西、巴布亚等。在地
理上，廖内（苏门答腊）是印尼的主要棕榈油生产省，其次是北苏门答
腊、中加里曼丹、南苏门答腊和西加里曼丹。据印尼政府有关部门的统
计，还有大量用于种植橡胶、可可等经济作物的土地可以被开发用来种植
油棕，可开发利用的土地达到 2600 万公顷。

印尼棕榈种植园长期以来主要有三种经营模式：国有种植园、大型私
有企业的种植园和个体农民小型种植园。为适应国际市场发展和价格波动
的情况，棕榈种植园模式也发生了较大变化，已经由政府主导和控制市场
逐渐转向以私人经营和市场自我调节为主，在 1986 年到 2010 年期间，国
有大型企业拥有的种植园面积由 54.8% 下降到 8.5%，大型私有企业拥有
的种植园面积从 23.8% 上升到 48.5%，个体农民拥有的种植园面积从
21.4% 上升到 43%。2018 年，在印尼的油棕种植面积中，国企只占了
6.63%，私企占 52.88%，个体农民占 40.49%。[1]

二 棕榈油生产和加工情况

以棕榈油生产和加工为基础的产业在印尼国民经济中扮演着重要的角
色，特别是在提供就业岗位、提高收入和增加外汇储备等方面发挥着重要
作用，是其经济发展的支柱行业之一，其产值已占到农业产值的
11.87%。印尼棕榈油协会（GAPKI）的研究表明，由于过去几年印尼油
棕种植面积大幅增加，棕榈油产量在 2008 年到 2018 年的 10 年中提高了
近 4 倍。根据 *Oil World* 的资料显示，2003—2006 年，棕榈油产量以每年

---

[1] 曹红星、杨蒙迪、冯美利、金龙、赵志浩：《印度尼西亚油棕产业发展的现状和展望》，
《热带农业科学》2019 年第 39 卷第 12 期。

约 15.3% 的速度增长，其中，个体小农种植园增长最快，增长率为
20.7%；私营种植园的增长率为 15.9%。从单产趋势来看，除 2015—
2016 年度单产偏低之外，近十年来印尼单产连年提高，目前棕榈油单产
为 4.05 吨/公顷，油棕进入旺产期，单产提升，且种植园面积进一步扩
大，从总体上看，印尼棕榈油产量极具增长潜力和提升空间。

印尼棕榈油的需求包括国内消费和出口两部分，出口部分以毛棕榈油
为主，精炼棕榈油以及棕榈油成品、附属制品的加工等产业还比较薄弱，
很多精炼棕榈油产品的加工水平不及马来西亚。近年来，大多数国家棕榈
油的进口格局发生了改变，例如，中国对初榨棕榈油和 19—24 度棕榈油
的进口量大幅增加，对 44—56 度棕榈油硬脂的进口量急剧降低。在贸易
领域，出口国产品的性质将随着进口国的需求而改变，要继续保持棕榈油
出口的地位，继续加大其创汇能力，印尼棕榈油产品必然要多元化。另
外，印尼政府从 2015 年起，只允许出口 50% 的棕榈原油，到 2020 年只允
许出口 30% 的棕榈原油，借此发展国内棕榈油的下游产业。

印尼私人企业在当地的棕榈油生产中扮演着非常重要的角色，它们占
据了印尼棕榈油一半以上的市场，其中，比较重要的有 Wilmar 集团、金
光集团等。此外，政府十分鼓励外来投资，据悉，油棕种植园与棕榈油生
产行业外资持股比例达到 95%。其中，金光集团是印尼最大的油棕种植、
棕榈油精炼加工和油化学品生产商，拥有世界上最大的棕榈油精炼厂。棕
榈油下游产业分为可食用油和非食用油产业两大类。其中，非食用油产业
有化学制品和生物柴油，在雅加达、西爪哇、中爪哇、东爪哇、北苏门答
腊、西苏门答腊、廖内省和南苏门答腊省有很多这样的产业。而可食用油
产业有食用油、人造黄油、起酥油和油脂，这些企业一般建在大城市里
面，完全依靠港口设施进行运输，比如在北苏门答腊省、廖内省、西苏门
答腊省和南苏门答腊省、雅加达、西爪哇、中爪哇、东爪哇等。

印尼棕榈油协会统计数据显示，2017 年，印尼出口棕榈油达 3105 万
吨，总价值为 229 亿美元；2016 年，出口棕榈油 2511 万吨，同比增长
23%，增长速度较快。印尼的毛棕榈油在亚洲市场上，其进口关税比国内
毛棕榈油及其产品（包括从毛棕榈油中提炼出的食用油）的关税还高。
在非洲，印尼棕榈油出口面临的主要问题是购买力不足和天气温度过高。
而在欧美市场上，印尼棕榈油食用油出口需要和当地产业竞争，还有环境

和卫生许可证问题。虽然欧洲是印尼棕榈油出口的传统市场，但近年来，由于欧洲对印尼棕榈油限制过于繁多，其出口重点已经转移到了亚洲的印度和中国这两大市场。

三　印尼油棕产业发展的相关政策

油棕作为最重要的产业，印尼专门制定了一系列鼓励政策。在印尼独立后的第二个五年发展计划中就曾制定油棕种植园十年规划，注重吸引和鼓励私人及外资投资于油棕种植园。近年来，印尼一直鼓励农民扩大油棕种植生产，将油棕作为国家的政治与战略物资进行发展。2006 年，印尼政府再次将油棕种植列入国家优先发展行业，为种植园提供贴息贷款及减少税收等优惠政策，并在北苏门答腊、廖内省、西加里曼丹和东加里曼丹4 个地区建立了棕榈油工业集中发展区，以吸引国内外投资商，加之国际和国内市场上棕榈油价格看好，也吸引了众多投资者，提高了农民种植油棕的积极性。印尼政府还把税收作为调控棕榈油市场供应的手段，在价格持续低迷时，曾将毛棕榈油及棕榈油产品出口税降至零。此外，为使棕榈油在国际上更具竞争力，印尼政府还成立专门的研究部门，重新调整国有种植业的战略和模式，强化管理，提高国有种植公司的效率，并完善国家市场战略以促进棕榈油消费。目前，印尼棕榈油行业的管理部门主要有三个：农业部、工业部和贸易部。农业部种植园总司负责棕榈种植业的产业总体发展规划、政策制定和技术标准等；工业部负责棕榈油加工生产环节的管理，包括棕榈油加工企业的注册、经营、生产和销售等；贸易部国际贸易总司负责棕榈油进出口贸易环节的管理，包括棕榈油及其衍生产品贸易政策、棕榈油进出口商注册和经营许可等。在印尼国家政策的支持下，由于丰富的土地和劳动力资源等优势条件，印尼油棕产业具有广阔的发展前景。

第三节　重点服务业

印尼旅游业自 20 世纪 70 年代中期以来发展迅速，已成为印尼国民经济的一项支柱产业。印尼正在采取新的措施，推动旅游业再上新台阶，并加强与中国在旅游业方面的合作，争取吸引更多的中国游客到印尼旅游。

2015 年，东盟经济共同体成立后日益严峻的旅游竞争，促使印尼国家旅游部实施各种战略手段，对国家品牌进行重新定位，将"访问印度尼西亚"变成"精彩印度尼西亚"，以提升印尼旅游业的形象和竞争力。印尼作为东南亚国家之一，拥有自然美景和多样性文化，并有自己的独特性，因而有着巨大的旅游潜力。印尼是全世界最大的群岛国家，共有 17000 多个岛屿，其中 6000 个有居民居住。以热带气候为主，并且只有雨季和旱季两个季节。印尼国家面积的一多半是海洋，水域覆盖面积达 93000 平方千米，是世界上最大的海洋国家。印尼有 300 多个民族，有多种民族服饰、民族舞蹈等，民族语言共有 721 种，是方言最多的国家。这些都使印尼成为多元文化的国家。拥有丰富的自然资源与文化、民族、风俗、方言等，这些成为印尼旅游部营销的主要方面。

一　印尼旅游业概况

印尼旅游业起步较晚，但自 20 世纪 70 年代中期以来发展迅速，外国游客和旅游外汇收入逐年递增。旅游业的快速发展，不仅为国民经济建设带来了大量的外汇收入，促进了相关产业的发展，尤其是为商业、酒店业以及旅游商品的生产带来了生机，而且解决了大批社会闲散人员的就业问题。旅游业已成为印尼国民经济的一项支柱产业。印尼虽然海滩纯美、风景如画，但与马来西亚和泰国相比，旅游业仍显落后。除巴厘岛等著名旅游目的地以外，薄弱的基础设施、恐怖袭击所带来的安全风险以及自然灾害频发是阻碍印尼旅游业发展的主要因素。旅游业在印尼经济中所占的比重较小。世界旅游及旅行理事会（WTTC）提供的数据显示，2017 年，旅游业对印尼 GDP 的直接贡献仅为 1.9%，而泰国则为 9.4%。2017 年，印尼旅游业直接就业人数为 460 万人，占该国劳动人口总数的 3.8%。旅游业是重要的外汇创收行业，2017 年，旅游外汇收入为 125 亿美元，较 2016 年的 112 亿美元有所增加。2017 年印尼旅游业收入仅占全球旅游收入的 0.9%，来印尼的游客占全球游客的 1%。

此外，印尼旅游业因火山爆发、地震、洪水泛滥和海啸的风险而极易受到自然灾害的冲击。事实上，2017 年 11 月，印尼最热门的度假胜地巴厘岛的火山活动增加，很可能是印尼未能达成当年吸引外国游客 1500 万人目标的主要原因。2017 年，印尼外国游客数量为 1400 万人，同比增长

22.1%。2017年，印尼国内总体名义旅游消费同比增长12%，达到466.8万亿印尼盾，外国游客消费同比增长15.3%，同时国内旅游消费同比增长10%。外国游客消费增长，是政府通过旅游推广、放宽签证和交通基础设施开发等支持性举措来吸引更多游客的直接结果。近60%的国内旅游行业收入来自印尼个人消费和政府支出，另外40%则来自外国游客。随着印尼平均收入的提高，外国旅游目的地成为印尼人负担得起的选择，出国旅游现象越来越普遍。

2017年，印尼出境游消费达到123.2万亿印尼盾，同比增长12.1%。EMIS数据库数据显示，按2017年的营收计算，Plaza Indonesia是印尼住宿业最大的公司。Plaza Indonesia的主要资产包括Plaza Indonesia购物中心、雅加达君悦酒店（Grand Hyatt Jakarta）、Plaza Office Tower和Keraton at the Plaza。2017年，该公司营业收入为1.6万亿印尼盾，较2016年的1.67万亿印尼盾略有下降。印尼住宿业第二大公司是Jakarta International Hotels and Development，2017年，其营业收入为1.5万亿印尼盾。该公司拥有两大酒店——Hotel Borobudur Jakarta和Ritz Carlton Pacific Place。BMI研究公司认为，2017—2022年，印尼酒店和餐饮业名义复合年均增长率（CAGR）估计为5.3%，到预测期末将达到483.5万亿印尼盾。印尼丰富的旅游景点以及连接地区和全球客源市场的交通网络的改善，被认为是旅游业增长的主要推动力。此外，在旅游推广、放宽签证和交通基础设施投资方面的政府支持将吸引越来越多来自多元化客源市场的游客。

BMI研究公司预计，2018年，印尼国际游客将增长10.1%，总数将达到1540万人，2019年将增至1690万人，达不到2019年吸引2000万名游客的政府目标。入境旅游增长预计将给交通服务及旅游相关项目收入带来积极影响，2017—2022年，CAGR估计为8.3%。主要下行风险包括国内安全问题、环境风险、不太受欢迎地区已有的基础设施缺口以及劳动力市场的限制。高力国际在2018年9月发布的一份报告中预计，2018年，雅加达的酒店将供应大约2000间客房，2019年，客房供应将增加1824间。2018年，新的五星级酒店将提供新客房约885间，三星级、四星级酒店将增加804间和375间客房。Colliers预计，雅加达酒店的平均入住率将从2018年第一季度的60%上升至62%。预计巴厘岛仍将是印尼的主要旅游目的地。根据Colliers的说法，2018年，几个大型活动将集中安排在努沙杜瓦和巴厘岛的其他地区，这可能会提升当年的整体入住率。

巴厘岛作为印尼海上最璀璨夺目的一颗明珠，近年来已成为中国游客春节出境旅游的首选目的地之一。而如今新冠疫情的"寒风"吹冷了往年的旅游"热"潮，巴厘岛旅游业也在"严冬"中苦熬。据报道，受疫情影响，巴厘岛酒店入住率仅为5%。近日，巴厘岛多达60家酒店挂牌出售。巴厘岛经历的困境，仅仅是印尼旅游业受创的一个缩影。据印尼中央统计局发布的数据，2020年1月至10月，仅有372万名外国游客到访印尼，比2019年同期减少72.35%。截至2020年12月初，印尼旅游业因疫情冲击而损失约70亿美元。

为促进旅游业发展，近年来，印尼政府先后采取了一系列措施，着力改善基础设施，修订免签政策，加强数字化营销活动等。而这一系列措施所取得的积极成效，也被两组数字所佐证。2019年，旅游业对印尼GDP的贡献率提升至4%（169亿美元），发展势头迅猛的旅游业成为印尼经济支柱之一。另据世界经济论坛发布的《2019年旅游业竞争力报告》，依照商业环境、基础设施、安全程度、国际化程度等标准，对全球140个国家和地区进行排名，印尼列第40位。随着疫情按下"减速键"，如何从震荡中复苏旅游业，成为印尼政府需要面对的新考题。

二　"精彩印度尼西亚"国家品牌战略

（一）印尼国家品牌历史回顾

借鉴邻近国家如泰国、新加坡和马来西亚的成功经验，印尼政府于1990年开始启动综合促进方案，促进旅游业发展。1991年，印尼旅游业第一次推出国家品牌活动"访问印度尼西亚年1991"（Visit Indonesia Year 1991）。然而，这只是一个口号，1991—2007年，该国家品牌并未真正起到推进印尼国家旅游业发展的作用。2008年，启动"访问印度尼西亚年2008"，并宣传"多元而统一"（unity in diversity）的文化理念。2011年，印尼旅游形象定位战略从"访问印度尼西亚"升级为"精彩印度尼西亚"（Wonderful Indonesia）。

因地理位置相近，东南亚国家有很多相似的旅游推广点，如季节、景色、天气等。在东盟十国中，印尼旅游业最大的对手是马来西亚、泰国和新加坡。这些国家在品牌定位上存在着较大竞争。马来西亚、泰国、新加坡三国的旅游形象宣传语分别为"马来西亚，真正的亚洲"（Malaysia, Truly Asia）、"神奇泰国"（Amazing Thailand）、"独特的新加坡"（Uniquely Singapore）。

（二）"精彩印度尼西亚"国家品牌的内涵①

1. 精彩的大自然

印尼拥有丰富的自然资源，其重要旅游景点均是自然资源，包括海洋、海滩、火山、森林以及种类繁多的动植物群等。印尼是世界上唯一拥有17000多个岛屿的国家，是全球海岸线最长的国家，整个国家由热带海洋包围着，使其在动物多样性方面居世界第二位，也是珊瑚和鱼种类最多的国家。

2. 精彩的文化

作为世界上第四人口大国，印尼有2.45亿民众，有350个民族。诸多民族造就了多样化的民族服饰、民族舞蹈，仅民族语言就有721种，成为世界上语言种类最多的国家。这些元素使印尼成为世界性的多元文化国家。印尼国家认可的宗教有五个，即伊斯兰教、天主教、基督教、佛教、印度教。印尼是世界上唯一一个保持和促进多民族、多宗教、多语言、多习俗团结统一、和谐存在的群岛国家。印尼有八个世界级文化遗产。这些因素造就了印尼精彩的文化。

3. 精彩的人民

热情和微笑是印尼人民的特点，也是得到国外游客认同的印尼标志。热情的印尼人民是吸引国外游客到印尼观光旅游的原因之一。

4. 精彩的美食

印尼的多民族造就了丰富多样的美食，从西部到东部，每个地区都有自己独特的味道和特色美食。美食是印尼人民文化财富的一部分。美国有线电视新闻网（CNN）基于35000人的投票调查得出，在世界上的美味食物中，印尼椰浆干烧肉排名第一，印尼炒饭排名第二。在50道世界好吃的美食中，有三道菜是印尼美食。精彩的印尼美食在全世界有自己的一席之地。

———————————

① 薛鲜莉：《印尼旅游业国家品牌战略分析》，《沈阳工业大学学报》（社会科学版）2017年第10卷第2期。

5. 精彩的价格优势

印尼的旅游服务性价比高，对国外游客来说很合算，这也是印尼旅游业具有竞争力的原因之一。印尼国家品牌被运用于线上和线下多种宣传媒体。所有的目的地品牌和主题品牌都随着国家品牌做出相应改变。如雅加达的宣传语为"畅游雅加达，尽享精彩印尼"（Enjoy Jakarta by Wonderful Indonesia）。所有和印尼旅游业相关的媒体宣传都使用"精彩印度尼西亚"国家品牌进行推广，运用该模式，使得印尼旅游目的地和旅游项目更容易被全球游客接受与了解。

小　结

1960—2000 年，印尼第一产业在国民经济中的比重显著下降，从 55% 下降至 15% 左右；第二产业保持显著的上升趋势，从 15% 上升至 45% 左右；第三产业总体上保持上升趋势，从 30% 上升至 40% 左右。2000 年以来，三次产业结构相对稳定，第一产业比重在稳定中有所下降，变动幅度不超过 5%；第二产业有所下降，第三产业有所上升，第二、第三产业比重变动幅度均不超过 10%。第二产业比重下降主要由于制造业比重的显著下降。

印尼产业结构变化反映出印尼工业化进程。20 世纪 60 年代，在日本主导的东亚雁行模式下，印尼承接了由亚洲"四小龙"转移而来的劳动密集型产业，参与国际产业分工，工业化进程加速。20 世纪 70 年代初至 80 年代中期，印尼推行进口替代工业化战略，这段时期工业产值比重上升最为迅速，这主要得益于印尼国内进口替代工业和矿业的快速发展。20 世纪 80 年代后期，国际油价大跌导致印尼矿业部门萎缩，工业产值比重出现回落。1985 年以后，印尼推行面向出口工业化战略，制造业迅速发展，工业产值比重继续攀升。受 1997 年亚洲金融危机影响，印尼制造业受到严重冲击，工业产值比重出现短期回落。2000 年以来，工业产值比重在稳定中下降，出现"去工业化"现象，工业成为印尼国民经济第二大产业部门。印尼服务业整体水平相对较低，服务业基础部门相对落后，现代服务业发展缓慢，制约着其他产业的发展。

第六章　政治生态

　　印尼是全球最大的岛屿国家，也是穆斯林人口最多的国家。从前7世纪开始，印尼群岛优越的地理位置就使其成为海上贸易的重要航站，不同岛屿间以及与中国、印度等地的贸易不断发展，不仅促进了当地经济发展，也带来了外来文化、宗教等。该地区在历史上曾建立了佛教王国和印度教王国，彼此因资源争夺、贸易利益等问题产生摩擦，发生过数次战争。比如，印尼著名的印度教帝国满者伯夷于13世纪末在东爪哇建立，在14世纪末与佛教王国室利佛逝发生战争并将其消灭，到加查·玛达（Gajah Mada）统治时期，领土扩张到现今印尼的大部分地区及马来西亚部分地区。

　　7世纪中后期就有很多阿拉伯穆斯林商人来到印尼群岛从事贸易，并以此地为中转站前往中国从事丝绸、瓷器贸易。到13世纪，随着欧洲对香料需求的增加，在高额利润的刺激下，许多穆斯林商人放弃前往中国而定居在印尼群岛收买香料，并在当地港口建立贸易据点。在穆斯林商人和传教士的影响下，苏门答腊西北部建立起了印尼第一个伊斯兰国家。室利佛逝灭亡后，逃亡的王子拜里米苏拉（马来语：Parameswara）皈依伊斯兰教，于1402年在马来半岛重新建立了马六甲王国。此后，室利佛逝的继承者立伊斯兰教为国教，马六甲地区及周边港口逐渐完成了自上而下的伊斯兰化。伊斯兰教与当地政治、文化和宗教交织影响着印尼社会的方方面面。16世纪初，葡萄牙、荷兰和英国人先后来到此地从事香料等贸易。1602年，荷兰人建立了荷兰东印度公司（Dutch East India Company），并成为主导印尼地区的殖民统治者。在第一次世界大战后，当地人开始争取自治，虽然内部存在政治、文化、宗派、族群等分歧，但印尼人在反抗殖民统治、争取独立的问题上达成了一致。爪哇中部、苏门答腊中部、马鲁古以及亚齐省等地的民族主义斗争从未间断，这也削弱了荷兰的殖民统治。在第二次世界大战期间，日本对印尼的入侵和占领结束了荷兰的殖民统治。1945 年日本投降后，有影响力的民族运动领导人苏加诺（Soekarno）宣布印尼独立，并被任命为印尼总统。荷兰曾试图恢复殖民统治，但经过激烈的军事和外交斗争，在国际压力下于 1949 年 12 月正式承认印尼独立。

　　因而，以此为时间起点和历史基础，大体上可以从政治结构、大选、主要政党等要素出发，阐释印尼的政治生态及其主要特征。政治生态从属于上层建筑，充分展现了以国家权力为核心的社会关系及其总和。了解一个国家，离不开对该国政治生态的认识。

第一节　政治结构

　　宪法是印尼最高法律，确立了国家的政治制度，规定印尼实行三权分立，因而可以从宪法出发认识该国的基本政治结构。

一　宪法

　　1945 年，印尼共和国宪法（以下简称"1945 年宪法"）颁布。在国体和政体上，印尼为总统制和单一制的共和国，政治权力集中于中央政府。总统是政府内阁首脑、三军最高统帅。苏加诺提出的建国五项原则也被写入宪法，又称"潘查希拉"（Pancasila）。具体包括至高无上的神道；公正和文明的人道；印尼的统一；协商代表制指导下的民主；实现社会公正是立国之基和宪法基础。1965 年，苏加诺总统发布第一号命令，正式确认印尼有六大宗教，即伊斯兰教、基督新教、天主教、印度教、佛教和孔教，奠定了印尼宗教多元主义发展的基础。

　　自 1998 年苏哈托（Soeharto）下台后，印尼政治制度及政府结构开始大幅变革。人民协商会议通过四次修正案，在行政、立法和司法结构等方面对 1945 年宪法进行调整，修宪主要关涉削弱总统权力、议会改革、国民教育、民族文化等议题。当前宪法共有 37 条，主要包括序言和 16 章内容（第四章"最高顾问委员会"被删除）。16 章内容是：国家体制和主权；人民协商会议（Majelis Permusyawaratan Rakyat）；国家行政权力；内阁部长；地方政府；人民代表会议（Dewan Perwakilan Rakyat）；财政；司法权；公民与人权；宗教；国防和安全；教育；国民经济和社会福利；国旗、语言、国徽和国歌；宪法修正案等。①

二　立法权

根据现行宪法，立法权由人民协商会议行使。人民协商会议由人民代表会议（相当于国会）和地方代表理事会（Dewan Perwakilan Daerah）组成。人民协商会议每五年举行一次选举，由一个具有全国性、常设性和独立性质的选举委员会组织。2019 年，人民协商会议选举共选出 711 名议员，包括 575 名国会议员和 136 名地方代表议员。人民协商会议有权制定宪法和国家基本方针，修改宪法至少要有人民协商会议三分之二的议员参加并经过至少三分之二的出席议员的同意。

国会议员按照政党名单比例代表制由普选产生，只有获得超过 4% 选票的政党才能分配到国会席次。② 目前，国会共有 9 个政党，即执政党——民主斗争党（128 个席位）、专业集团党（85 个席位）、大印尼运动党（Gerindra，78 个席位）、国民民主党（Nasdem Party，59 个席位）、民族觉醒党（58 个席位）、国民使命党（The National Mandate Party，44 个席位）、联合发展党（The United Development Party，19 个席位）；反对党——民主党（54 个席位）、繁荣公正党（The Prosperous Justice Party，50 个席位）。人民协商会议设主席 1 名，副主席 4 名。现任主席是来自民主斗争党的布安·玛哈拉妮（Puan Maharani）。③

国会的主要职权有：每年至少召开一次代表大会；国会议员有权提出、讨论和制定法案，如一项法案经国会通过但未获总统批准，则该法案不得在同一届会期内重新提出，经总统签署共同批准的法案成为法律，如果总统在 30 天内未能签署共同批准的法案，该法案自动成为法律予以颁布；国会有权审查国家财政预算并以法律规定之，如国会不通过政府所提出的财政预算，政府得实行上一年度的预算，国会有权监督财政预算的执

---

① 参见印尼 1945 年宪法，http://www.unesco.org/education/edurights/media/docs/b1ba860 8010ce0c48966911957392ea8cda405d8.pdf。

② 2017 年，国会全体大会修改了选举法令，政党只有登记且在审核合格后才能参与 2019 年国会选举，参选政党要有党名、党址、党徽及合法成立条文并且在印尼全国各省份、75% 的县市及 50% 的乡镇设立支部组织；30% 的党员必须是女性，必须拥有至少 1000 名或全国千分之一人口数量的党员，并附以居民证为凭。

③ 参见印尼人民协商会议官网，http://www.dpr.go.id/。

行；有权提出总统、副总统弹劾案，向宪法法院提交裁决请求必须得到出席会议的国会议员三分之二以上支持，并且出席会议人数不得少于国会议员的三分之二。经宪法法院事实裁决后，国会有权罢免总统或副总统的职务等；国会议员在履行职责时，享有调查权、自由言论权和豁免权等权利。

地方代表理事会由全国34个省级行政区普选产生，每区4名代表。[①]地方代表理事会是2004年以后成立的机构，除了在修改宪法时有投票权之外，主要负责有关地方自治、中央与地方政府关系、地方行政划分以及地方资源管理等方面的立法工作。地方代表理事会有权向国会提出并讨论上述相关法案；就国家预算法案和有关地方税收、教育或宗教法案向国会提供审议意见并监督其结果，供国会进一步审议等。[②]

三　行政权

根据现行宪法，印尼最高行政权属于总统。总统和副总统由人民直接选举产生，任期五年，只能连任一届。参加大选的政党或政党联盟应在举行大选前提出总统和副总统各一名候选人。总统和副总统候选人必须年满40岁，要求"唯一信仰"，自出生即为印尼公民，如果候选人有配偶，也必须是印尼公民，不得持有其他国籍，不得从事叛国行为，不曾因犯罪而被判处五年以上监禁，并应在精神上和身体上有能力履行总统的职责和义务。

总统候选人和副总统候选人只有在大选期间得票率超过50%，并且在全国一半以上的省份得票率超过20%，才能当选。如果没有候选人符合上述条件，国民将直接从首轮得票最多的两对候选人中择一，最终得票多者当选。在就职前，总统和副总统应根据各自的宗教信仰宣誓，并在人

[①] 地方代表理事会选举采用不可转移单票制（英语：Single non-transferable vote，SNTV），属于"半比例代表制"，是一种用于复数选区的选举制度。在此制度下，一个选区内有多个应选名额，每位投票者只能投一票给一个候选人，候选人则依得票数多寡按应选名额依序当选，且不论获胜的候选人获得多少选票，均不能将多余的选票让渡给其他候选人。

[②] 参见印尼1945年宪法，http://www.unesco.org/education/edurights/media/docs/b1ba860
8010ce0c48966911957392ea8cda405d8.pdf。

民协商会议议员面前做出庄严承诺。[①] 如果总统去世、辞职、被弹劾或在其任期内不能履行义务，副总统将接任，直至其任期结束。

总统的主要职权是：有权向国会提交法案；可根据实施法律的需要颁布政府条例；在紧急情况下，总统有权制定政府规章代替法律，但必须获得下届国会批准，否则将被撤销；有权领导内阁管理国家行政事务，任免内阁部长；经过国会批准，总统可以宣战或媾和；总统可以签署国际条约，如果国际条约涉及增加财政负担、重大国计民生问题或需要修改法律，则要经过国会批准；有权任命大使和领事，但在任命大使时应考虑国会意见；可以宣布国家进入紧急状态；可以赦免罪犯和恢复其权利，但需要考虑最高法院的意见；总统可以宣布大赦和撤销指控，但需要考虑国会意见；总统可依法授予公民头衔、勋章和其他荣誉；总统应设立一个咨询委员会，负责向其咨询意见等。[②]

表 I - 6 - 1 　　　　　　　　　　　　印尼历任总统

姓名	所属政党	任职时间
苏加诺	无党派	1945.8—1967.3（辞职）
苏哈托	专业集团党（The Golkar Party）	1967.3—1998.5（辞职）
优素福·哈比比（Jusuf Habibie）	专业集团党	1998.5—1999.10
阿卜杜勒拉赫曼·瓦希德（Abdurrahman Wahid）	民族觉醒党（National Awakening Party）	1999.10—2001.7（遭弹劾）
梅加瓦蒂·苏加诺普特里（Megawati Soekarnoputri）	印尼民主斗争党（Indonesian Democratic Party of Struggle）	2001.7—2004.10
苏希洛·班邦·尤多约诺（Susilo Bambang Yudhoyono）	民主党（Democratic Party）	2004.10—2014.10
佐科·维多多（Joko Widodo）	印尼民主斗争党	2014.10 至今

资料来源：根据印尼总统官方网站资料整理，https://www.presidenri.go.id/。

---

① 总统和副总统的就职宣誓内容如下："我在主面前发誓，我将尽我所能，尽可能公正地履行我作为印度尼西亚共和国总统（副总统）的职责，我将忠实地维护宪法，认真执行所有法规和条例，并将致力于为国家和民族服务。"就职承诺如下："我庄严承诺，我将尽我所能，尽可能公正地履行我作为印度尼西亚共和国总统（副总统）的职责，我将忠实地维护宪法，认真执行所有法规和条例，并将致力于为国家和民族服务。"

② 参见印尼 1945 年宪法，http://www.unesco.org/education/edurights/media/docs/b1ba860 8010ce0c48966911957392ea8cda405d8.pdf。

四　司法权

根据现行宪法，印尼司法权独立于行政权和立法权，由法院行使。印尼的普通法院按照审级分为三级：最高法院、高等法院（包括马来亚高等法院和婆罗洲高等法院）和初级法院（包括地方法院和巡回法院）。除此之外还设有专门法院——宪法法院、宗教法院、军事法庭、行政法院和人权法院。

根据宪法，应设立独立的司法委员会，有权提出最高法院法官的候选人，并进一步维护和确保法官的荣誉和尊严。司法委员会成员应具有法律知识、从业经验和高尚的道德。司法委员会成员由总统经国会批准任免。

宪法规定，最高法院的每一位法官都必须具有正直的人格，不得有不光彩的行为，必须公正、专业，并具有丰富的法律从业经验。最高法院的候选法官应由司法委员会提名，经国会批准后由总统正式任命。最高法院院长和副院长由最高法院法官选举产生。最高法院拥有国家最高一级审判权；有权审查根据法律制定的法令和条例是否违反法律；有权在总统给予赦免和恢复权利时发表意见；有权管理下级法院，以及审理下级法院上诉案件等。

宪法法院由九名宪法法官组成，由总统任命，其中三人由最高法院提名，三人由国会提名，三人由总统提名。宪法法院的主席和副主席由宪法法官选举产生。宪法法院有权审查法律是否违宪；对宪法赋予其权力的国家机构有关权力的争议进行裁决；有权决定是否解散一个政党；有权对大选结果的争议做出裁决；有权调查和审判关于总统、副总统的弹劾案，确认其是否存在叛国、腐败、贿赂或其他性质严重的犯罪行为，对其是否具备担任总统、副总统的资格做出裁决；有权就国会提出的总统、副总统是否违宪的意见做出决定。[①]

---

① 参见印尼 1945 年宪法，http://www.unesco.org/education/edurights/media/docs/b1ba860
8010ce0c48966911957392ea8cda405d8.pdf.

第二节　总统大选

由于印尼是总统制国家，其总统大选对政治生态的影响非常大。以总统上台方式的差异为视角，大体上可以将独立后的印尼分为三个政治发展阶段。

一是苏加诺执政的"旧秩序"（Orde Lama）时期（1945—1967）。根据 1945 年宪法的规定，印尼总统由人民协商会议议员选举产生。独立后，苏加诺一直担任总统职务，但由于与印尼共产党亲近而引起国内保守势力尤其是亲美派的不满。1965 年 9 月，印尼发生"九三〇"事件，部分亲美军方高层意图推翻苏加诺政权，时任陆军战略后备司令的苏哈托借镇压叛军之机逐渐掌握大权，此后苏哈托指控印尼共产党与此次政变有关，组织军队进行"反共清洗"。1967 年，在美国的支持下，苏哈托罢黜苏加诺的总统职位，出任代总统。1968 年，苏哈托正式出任总统一职。

二是苏哈托执政的"新秩序"（Orde Baru）时期（1967—1998），①1967 年，苏哈托出任代总统，凭借对军队的绝对控制，他在印尼进行了长达 31 年的统治。在苏哈托的领导下，印尼经济突飞猛进，但苏哈托政权也被指责贪腐严重。1997 年，亚洲金融风暴重创印尼，民众对苏哈托政权的不满集中爆发，引发全国大规模抗议活动，苏哈托被迫于 1998 年 5 月下台。

三是印尼"民主"恢复发展时期（1998 年至今）。苏哈托下台后，印尼开启了"民主化"进程，经过 2002 年的第四次修宪，印尼总统、副总统选举改为直选。2004 年印尼举行了独立以来的首次总统直选。下面就以此为时间点简单介绍印尼总统选举情况。

一　2004 年总统选举

2004 年 7 月和 9 月，印尼分两轮举行了第一次总统直选。根据宪法修正案，政党或政党联盟只有在国会占有 3% 以上的议席，或在上届议会选

---

① "新秩序"是苏哈托于 1966 年掌权后，为了与前任总统苏加诺执政时期所谓的"旧秩序"有所区别而使用的政治语言。一般而言，新秩序可以指代苏哈托执政时期（1967—1998）。

举中赢得5%以上的选票，才能被提名为总统候选人。

本次大选有两组热门候选人。一组来自民主党的前内阁成员、退役将军苏希洛·班邦·尤多约诺，他的竞选搭档、副总统候选人是来自专业集团党的人民福利协调部前部长、富商优素福·卡拉（Jusuf Kalla）；另一组是来自印尼民主斗争党的时任总统梅加瓦蒂·苏加诺普特里，她是前总统苏加诺的女儿，她的竞选搭档是印尼最大的伊斯兰群众组织——伊斯兰教士联合会（Nahdlatul Ulama）① 中央委员会主席哈西姆·穆扎迪（Hasyim Muzadi）。在第一轮选举中，这两组候选人的得票数位居一、二。

根据印尼国家民主国际事务研究所（National Democratic Institute for International Affairs）的调查结果，本届大选中选民关心的问题是腐败、官商勾结和裙带关系。尤多约诺凭借坚毅、正直的良好形象，既不过于宗教化也不反穆斯林的立场而深受选民喜爱，印尼人认为，他身上没有前几任总统的缺点——腐败、轻浮、优柔寡断、效率低下，他还承诺打击贪腐、裙带关系、恐怖主义和跨国犯罪活动。他的竞选搭档卡拉作为无军事背景的平民及虔诚的穆斯林，与之形成优势互补，广泛吸引着选民。② 另外，很多选民认为，由于卡拉本身财力雄厚，减少了其贪腐的可能性。而作为时任总统，民众对于梅加瓦蒂的政绩并不满意，加上印尼部分地区以及传统宗教文化中对于女性的偏见，导致形势对她不利。③ 她的搭档哈西姆也由于违背政治中立原则而被部分伊斯兰教士联合会成员和伊斯兰学者所诟病。

同时，"9·11"事件后，印尼一些激进的伊斯兰团体更为活跃，恐怖主义事件频发，因此尤多约诺将反恐作为竞选主题之一得到不少选民的支持，很多选民认为他有军方背景，比梅加瓦蒂在打击恐怖主义方面更有手段和魄力。

---

① 伊斯兰教士联合会于1926年12月成立，是印尼最大的伊斯兰群众组织，有大约4000万成员，主要基地在东爪哇和中爪哇，代表广大农村伊斯兰教势力，以比较保守和传统而闻名。伊斯兰教学堂是其教育基地，在全国有数万个。学堂培养了大批宗教人才和专业人士，许多人在政府机构工作，对国家的政治、文化、宗教的发展起到了重要作用。

② Aris Ananta, Evi Nurvidya Arifin & Leo Suryadinata, *Emerging Democracy in Indonesia*, Singapore：Institute of Southeast Asian Studies, 2005, p. 73.

③ 参见https://web. archive. org/web/20081129125402/http://www. ndi. org/files/172 9_ id_ focusgroups. pdf。

最终，在第二轮选举中，尤多约诺以60.62%的得票率击败了梅加瓦蒂，并于2004年10月宣誓就任总统。

表 I - 6 - 2　　　　　　　2004年印尼总统大选主要候选人结果

候选人	政党	第一轮选票数（张）	第一轮得票率（%）	第二轮选票数（张）	第二轮得票率（%）
苏希洛·班邦·尤多约诺	民主党	39838184	33.57	69266350	60.62
梅加瓦蒂·苏加诺普特里	印尼民主斗争党	31569104	26.61	44990704	39.38

资料来源：Jusuf Wanandi, "The Indonesian General Elections 2004," *Asia-Pacific Review*, Vol. 11, No. 2, 2004.

二　2009年总统选举

2009年7月，印尼举行第二次总统直选。根据2008年第42号法令，只有在国会中占有20%以上席位或在上一届议会选举中赢得25%以上选票的政党或联盟才有资格提名候选人，同时宪法法院裁定独立人士不得参与总统选举。[①] 于是政党纷纷结成联盟推举总统候选人。

本次大选的三组候选人分别是寻求连任的尤多约诺，他由民主党、国民使命党等五个政党组成的联盟推举，其竞选搭档、副总统候选人是印尼中央银行行长布迪奥诺（Boediono）；前总统梅加瓦蒂，由民主奋斗党和大印尼运动党共同推举，其竞选搭档、副总统候选人是大印尼运动党领袖、陆军战略司令部前司令普拉博沃·苏比安托（Prabowo Subianto）；副总统优素福·卡拉由专业集团党、人民良知党（People's Conscience Party）等10个政党组成联盟推举，其竞选搭档、副总统候选人是武装部队前司令和政治和安全事务协调部前部长威兰多（Wiranto）。

尤多约诺自2004年执政后实行政治及经济改革，依靠在经济和反腐败领域的表现赢得民心。最终，他以60.8%的得票率成功连任总统。

―――――――――

① 参见http://www.economist.com/world/asia/displaystory.cfm? story_ id = 13448679。

表 I-6-3　　　　　　　2009 年印尼总统大选主要候选人结果

候选人	政党	选票数（张）	得票率（%）
苏希洛·班邦·尤多约诺	民主党联盟（Democratic Party Coalition）	73874562	60.80
梅加瓦蒂·苏加诺普特里	印尼民主奋斗党和大印尼运动党联盟（Indonesian Democratic Party-Struggle and Great Indonesia Movement Party Coalition）	32548105	26.79
优素福·卡拉（Jusuf Kalla）	专业集团党和人民良知党联盟（Golkar and People's Conscience Party Coalition）	15081814	12.41

资料来源：https://web.archive.org/web/20110718200644/http://www.thejakartaglobe.com/elections2009/final-election-results-confirm-victory-for-sby-boediono-but-protests-linger/319740。

三　2014 年总统大选

2014 年 7 月，印尼举行了第三届总统大选，本次选举有 1.8 亿名合格选民参与投票。

在本次大选中对决的是两组候选人：第一组是来自大印尼运动党的军队战略后备司令部司令、前总统苏哈托的女婿普拉博沃·苏比安托，他的竞选搭档是经济协调部前部长哈塔·拉贾萨（Hatta Rajasa）。另一组是来自民主斗争党的时任大雅加达省省长的佐科·维多多（也被印尼民众称为佐科维），他的竞选搭档是前副总统优素福·卡拉。

由于没有政党可以满足 2008 年选举法的门槛，因此，本次选举还是以政党联盟的形式提名候选人，支持普拉博沃的多数党联盟，包含大印尼运动党、民主党、专业集团党等七个党，共占有 353 个国会议席。而支持佐科的少数党联盟包括民主奋斗党以及其他四个小党（人民良知党、国民民主党等），在国会中占有 207 个席位。[①]

普拉博沃家世显赫、财力雄厚，有着丰富的军政经验，以军人形象展现出果决的领导力。他高举民族主义大旗，号召复兴苏哈托时期的辉煌，强调建立一个更强大的印尼，促进印尼经济商业发展。他曾留学西方国家，英语流利，因此也与西方政商界保持着良好关系。而佐科出身平民，在 2005 年开始由从商转为从政，以亲民勤政的形象示人，在担

---

① 参见 https://web.archive.org/web/20160922174143/http://www.proeconomics.pl/artykuly/indonesianelections.pdf。

任雅加达省省长期间经常深入基层、倾听民意、打击贪腐、关注民生问题，深得民心。佐科的平易近人以及稳健务实的作风还同他的背景有关，即他不是来自印尼的政治、经济和军事精英阶层。佐科的底层出身使他成为数百万普通印尼人心中的榜样。他以麦加朝圣般的实际行动破除非穆斯林流言，承诺当选后将调查旧政府遗留下来的侵犯人权等有争议的历史问题。佐科主张加强反贪局的地位，并计划更新印尼的基础设施，特别是公路、港口以及铁路。可以说，普拉博沃主要代表权贵阶级、大企业财团、传统政治精英等保守势力；而佐科则代表中下平民阶级、年轻选民等新生变革力量。因此，也有国际观察家称这是一场"权贵与平民的战争"①。

最终，佐科凭借民心思变和清新清廉的形象打动了更多的选民。在年轻选民的支持下，他利用新兴社交媒体最终以53%的得票率当选总统，成为首位非军人或政治家族出身的印尼总统，并于同年10月宣誓就职。

表 I - 6 - 4　　　　　2014 年印尼总统大选主要候选人结果

候选人	政党	选票数（张）	得票率（%）
佐科·维多多	印度尼西亚民主斗争党	70997833	53.15
普拉博沃·苏比安托	大印尼运动党	62576444	46.85

资料来源：http://kpu.go.id/koleksigambar/PPWP_-_Nasional_Rekapitulasi_2014_-_New_-_Final_2014_07_22.pdf。

四　2019 年总统大选

2019 年 4 月，印尼举行第四届总统大选，有超过 1.9 亿名合格选民参与了本次选举。2017 年 7 月，国会再次确认只有在国会拥有至少 20% 席位或在上次选举中拥有 25% 选票的政党或联盟才有资格提名总统候选人。

本次大选的主要候选人分别是现任总统佐科与他的副总统候选人穆斯林高级神职人员马鲁夫·阿明（Ma'ruf Amin），以及他的老对手普拉博沃·苏比安托将军和雅加达前副省长桑迪亚加·乌诺（Sandiaga Uno）。

佐科由民主斗争党、联合发展党、人民良知党等十个政党组成的多数

---

① 参见https://opinion.udn.com/opinion/story/11664/3761067。

党联盟提名，占有338个国会席位。另一组候选人由大印尼运动党、公正福利党等五个政党组成的少数党联盟提名，占有222个国会席位。

本次竞选的主要议题是就业和经济。佐科在第一个任期内大力发展经济，兴建基础设施，吸引外来投资，他欢迎中国"一带一路"倡议，并积极接受外国公司的贷款和合作。虽然也有反对派声称，印尼正面临着外国劳工大规模涌入的"威胁"，会影响本国民众就业。但从总体上看，他在执政期间的经济成绩赢得了民心。佐科承诺，如果连任，除了继续推动大型基础设施建设项目外，将继续消除贫困并大力开发人力资本，通过建立更多的职业学校为国家发展储备充足的技术人才，创造更多的就业机会，他还承诺加快推进"工业4.0"计划，扶植本地制造业，降低印尼经济对大宗商品出口的依赖。在民生方面，佐科承诺将持续提高社会福利等公共支出。[1]

他的老对手普拉博沃质疑佐科与中国的紧密关系，指责其"卖国"，主张推动印尼在国际舞台上寻求更高的地位，提升国际话语权。[2] 由于印尼人口中约有九成是穆斯林，穆斯林选票是大选胜负的关键。普拉博沃有保守派穆斯林团体的支持，也常到清真寺祈祷场合造势拉票。佐科选择保守派伊斯兰学者理事会主席阿明当竞选搭档，也意在吸引更多的穆斯林选票。[3]

最终，佐科以55.5%的得票率再次战胜普拉博沃，成功连任。

表 I-6-5　　　　　2019年印尼总统大选主要候选人结果

候选人	政党	选票数（张）	得票率（%）
佐科·维多多	印尼民主奋斗党	85607362	55.5
普拉博沃·苏比安托	大印尼运动党	68650239	44.5

资料来源：印尼选举委员会官方网站，https://kominfo. go. id/content/detail/18852/kpu-tetapkan-rekapitulasi-perolehan-suara-nasional-pilpres-2019/0/berita。

---

① Eve Warburton, "Jokowi and the New Developmentalism," *Bulletin of Indonesian Economic Studies*, Vol. 52, No. 3, 2016.

② 参见https://www. bbc. com/zhongwen/simp/world-47977904。

③ 参见https://www. bbc. com/zhongwen/simp/world-47977904。

第三节　主要政党：民主斗争党

1998 年 5 月解除党禁后，随着社会议题的多元化，印尼涌现出秉持各种立场的政党①，既有世俗政党——专业集团党、民主斗争党等，也有伊斯兰政治团体——民族觉醒党、国民使命党、星月党（Partai Bulan Bintang）等。近年来，印尼政坛最重要的政党是印尼民主斗争党，从 2014 年开始，该党成为议会最大党，总统佐科来自该党。可以说，民主斗争党是当前印尼最大的政党和执政党，对印尼政治生态产生了全面影响。

一　历史沿革

民主斗争党（印尼语：Partai Demokrasi Indonesia-Perjuangan，PDI-P），现为印度尼西亚国会第一大党。

民主斗争党的前身是印尼民主党，1998 年 10 月，在梅加瓦蒂·苏加诺普特里带领下，从该组织中分裂出来，梅加瓦蒂当选党主席。

1999 年，印尼举行第一次真正意义上的大选。1998 年解除党禁后，印尼诞生了 273 个政党参与选举，普选委员会最终甄选出 48 个合法政党，予以登记并参加大选。梅加瓦蒂领导的民主斗争党获得相对多数，成为国会第一大党。根据印尼宪法，国会最大党——民主斗争党的领袖梅加瓦蒂理所当然应担任下一任印尼总统。然而，为了争夺总统职位，国家使命党、建设团结党、民族觉醒党、新月党等伊斯兰政党结成伊斯兰轴心，推举获票甚少的民族觉醒党领袖阿卜杜拉赫曼·瓦希德（Abdurrahman Wahid）为总统竞选人，拥有相对多数选票的民主斗争党领袖梅加瓦蒂被选为副总统。

2000 年 4 月，民主斗争党在三宝垄举行第一次全国大会，梅加瓦蒂再次当选该党主席。

2001 年 7 月，印尼人民协商会议以渎职罪罢免瓦希德的总统职务，梅加瓦蒂接任总统。

---

① 1999 年 1 月，新政党法规定，50 名以上年满 21 岁的公民，只要遵循"不宣传共产主义，不接受外国资金援助，不向外国提供有损于本国利益的情报，不从事有损印尼友好国家的行为"的原则，便可成立政党。

2002 年 5 月，由于对梅加瓦蒂的政策感到失望，民主斗争党的很多党员离开该党，其中梅加瓦蒂的妹妹苏玛瓦蒂·苏加诺普特里（Sukmawati Sukarnoputri）组建新政党马亨主义印尼国民党。2002 年 11 月，梅加瓦蒂另一个妹妹拉玛瓦蒂·苏加诺普特里（Rachmawati Sukarnoputri）组建了印尼先锋党。

2004 年 7 月，印尼举行历史上首次总统直选。由于梅加瓦蒂领导的民主斗争党在其三年任内政绩平平，经济增长缓慢，失业率高企及腐败盛行，在选举中，梅加瓦蒂败给了民主党人苏希洛·班邦·尤多约诺。民主斗争党成为国会第二大党。

2005 年 3 月，民主斗争党在沙努尔举行第二次全国大会，梅加瓦蒂第三次当选民主斗争党主席。因不满梅加瓦蒂长期垄断民主斗争党主席职位，一些党员在这次会议期间开展了名为"民主斗争党的革新运动"。该运动宣称，如想赢得 2009 年的国会选举，必须更新党的领导层。2005 年 12 月，随着梅加瓦蒂再次当选主席，这些党员离开民主斗争党，组建新的政党——民主革新党。

2009 年总统选举，根据 2008 年《总统选举法》的规定，在国会选举中至少获得 20% 的席位或是至少获得 25% 全国有效选票的政党或政党联盟才能推举总统竞选组合。由于没有一个政党符合资格，因此各政党进行了联盟。民主斗争党推举的梅加瓦蒂与大印尼运动党推举的普拉博沃·苏比安托组成政党联盟，形成梅加瓦蒂—普拉博沃组合。由于两者的价值理念完全不同以及执政党总统苏希洛所组成的政党联盟的强大，民主斗争党仅获得 14% 的选票，在国会选举中占有 95 个议席，成为国会中的第三大党。

2010 年 4 月，民主斗争党举行第三次全国大会，梅加瓦蒂第四次当选该党主席。这次会议重申民主斗争党将加强其作为主要反对党的地位，并且该党重组其在 33 个省和特区、500 多个行政区域以及包括村级在内的 6000 多个次区域的组织机构。

2014 年 4 月，印尼国会选举，没有政党满足宪法规定的选举资格。5 月，民主斗争党等五个政党组成少数派政党联盟，支持民主斗争党提名的候选人佐科·维多多—优素福·卡拉组合。7 月 22 日，普选委员会公布投票结果，佐科—优素福组合以高于对手 6.3% 的得票率胜出，分别当选印尼第七任总统和副总统。民主斗争党成为国会第一大党。

2015 年 4 月，民主斗争党在巴厘岛举行第四次全国大会，梅加瓦蒂再次当选该党主席，她将继续领导民主斗争党直到 2020 年。在这次会议上，该党发布了名为"实现伟大的印度尼西亚与印度尼西亚的真正独立"的七点声明。在此声明中，民主斗争党宣称将致力于监督中央政府的计划，并确保自身实现竞选承诺，同时加强作为一支政治力量的地位，强调穷人的支持和对抗结构性贫困。

2019 年 4 月，民主斗争党提名的候选人组合佐科—马鲁夫·阿明，在多数党联盟的支持下以高于老对手普拉博沃·苏比安托 11% 的支持率，赢得大选，成功连任。

二　政治主张

根据民主斗争党竞选纲领①，可以将其政治主张大致概括为以下四个方面。

第一是政治领域。一是以"潘查希拉"为政治纲领，弘扬民族精神，反对宗教和种族歧视；二是完善法制，严打贪腐，建立民主诚信和有效的政府管理机制；三是建立一个团结的、政治上有尊严、经济上富足的多元文化国家，成为全球文明枢纽中心；四是实现无纸办公，以提高政府办公透明度、减少欺诈；五是提高税收收入。

第二是在经济领域。一是经济上自力更生，粮食完全自给自足，发展国民经济，最大限度地为民造福；二是成立农民银行，建设联结贯通的农业基础设施，加强小农机构组织，限制将肥沃耕地变为非农业用途；三是通过国家标准，提高出口和竞争力，减少进口货，降低基本生活品受进口货冲击的程度；四是解决能源赤字，加大能源转化，减少燃油依赖，增加使用天然气与其他新能源；五是改进制造工业，保护"知识产权"，提高"印尼品牌"在国际市场上的知名度；六是积极吸引投资，简化投资手续，实施一站式服务，精简对投资者和商业许可的签发程序。

第三是社会领域。一是加强老少边穷地区的建设力度，改进卫生服务，保障就业，提高人民生活水平；二是削减燃油补贴，增加化肥补贴或

---

① 参见http://www.pdiperjuangan.id/article/category/child/28/Partai/AD/ART。

灌溉基础设施以支持农民，为低收入家庭扩大微型贷款渠道；三是加强道路、港口、空港和工业区等基础设施建设，尤其是东部基础设施建设；四是保护少数族群（宗教少数、种族少数），解决过去的人权侵害问题；五是推行 12 年义务教育，增强未来人力资源的竞争力；六是保持民族文化特征，提高全民文化素质和国家科技水平，巩固殊途同归的多元社会理念，为各族群和社群提供对话沟通的空间，建立并加强友善和谐的社会关系。

第四是外交领域。一是继续坚持自主积极的外交政策，把印尼建成有安全保障的自主国家；二是继续坚持以东盟为印尼外交政策基石的理念，不断提高印尼作为东盟领导者的威望和责任，在努力维护东盟团结的基础上，协调对外立场和政策；三是继续坚持"一千个朋友太少，一个敌人太多"的亲善外交政策；四是继续保持大国平衡战略，与美、中、俄等大国保持平等的交往和密切的合作；五是不断提高印尼在国际社会上的地位，努力在相关区域或国际组织中争取一个新兴大国应有的地位和权力，同时在区域或国际事务中发挥更加积极、重要的作用；六是让印尼成为全球海事中轴，提高对印尼海外侨民的保护，保护印尼自然和海洋资源，提升印尼生产力和竞争力，参与改善地区和全球安全事务。

从总体上讲，民主斗争党属于右翼民族主义政党，它以"潘查希拉"作为政党的宗旨，代表印尼世俗政治力量。

三 现有规模和影响

自 1999 年实行民主选举以来，几乎没有一个政党可以获得国会绝对多数，一些实力较大的政党一般选择和自己政治理念相似的政党合作参与选举。民主斗争党也不例外。在 1999 年选举中，由于没有和其他政党联合，该党只获得相对多数选票，即国会总席位 500 席中的 153 席，得票率为 33.8%。在 2004 年的选举中，民主斗争党主席梅加瓦蒂选择与最大的穆斯林群众组织——伊斯兰教师联合会合作，获得 18.5% 的选票和国会总席位 550 席中的 109 席。在 2009 年选举中，民主斗争党和大印尼运动党联合，获得 14% 的选票和国会总席位 560 席中的 95 席。在 2014 年选举中，民主斗争党和其他四个政党合作，获得 18.9% 的选票和国会总席位 560 席中的 109 席。在 2019 年立法选举中，民主斗争党依然是国会第一大党,得票率为19.3%,占有总席位575席中的128席。

就2019年选举来看,民主斗争党推举的佐科在全民直选中赢得了总统大选,民主斗争党成为国会第一大党。同时,民主斗争党及其政党联盟也赢得了国会中的多数席位,在国会中占有约60%的议席,是多数党联盟。而支持普拉博沃的政党联盟在国会中占有40%的席位,是少数党联盟。因此,在未来几年里,以佐科为首的多数党联盟在国会受到的阻力较少,有利于政府政策的推行。

表I-6-6 民主斗争党立法选举成绩

大选年份	赢得议席(席)	得票率(%)	席位占比(%)
1999	153(500)	33.8	30.6
2004	109(550)	18.5	19.8
2009	95(560)	14.0	17.0
2014	109(560)	18.9	19.5
2019	128(575)	19.3	22.3

说明:括号内为当年国会的总席位;得票率是指以有效的选票计算的百分比。

资料来源:http://kpu.go.id/index.php/pages/detail/2008/4/Visi-dan-Misi。

四 未来走向

首先,民主斗争党推选的佐科在上任伊始就宣称其任内的内外政策总体上与上届政府保持延续性,对内突出国民经济建设,对外强调全方位友好合作。本着海洋强国战略以及让印尼成为全球文明枢纽中心的奋斗目标,佐科总统在未来几年里可能会强力打造印尼的全球海事中轴作用。①

其次,中国习近平主席正是在访问印尼时提出了"21世纪海上丝绸之路"构想的,这与印尼的"海上高速公路"计划高度契合。佐科在2015年访问中国时,两国签署了关于加强全面战略伙伴关系的联合声明。该声明指出,双方将携手打造"海洋发展伙伴"。可见,以佐科为代表的民主斗争党及其政党联盟作为务实的政党联盟,在与中国的"一带一路"倡议的合作中有其现实需求。

① 参见http://www.pdiperjuangan.id/article/category/child/28/Partai/AD/ART。

最后，印尼实行的是多党制，目前，印尼党派数目繁多，竞选成功上台执政的往往是多党联盟。民主斗争党是国会第一大党，属于国会的多数党联盟，但其他反对党可能会对中国—印尼的合作形成阻力。除此之外，还有很多因素可能会影响中国—印尼的合作，如发生多次大规模的排华事件、各党派的腐败以及家族政治导致的政局不稳、伊斯兰极端组织恐怖袭击问题等。

就目前而言，佐科领导的印尼还是比较务实的，这也是民众支持他上台的最主要原因。发展经济、增强在东盟的影响力、建设海洋强国以及完善印尼的民主制度等，是这届政府施政重点。印尼有理由在"一带一路"倡议下与中国展开积极合作，但是上述不利因素也是客观存在的，并且一时难以改变。

第四节　政治生态特征

印尼自 1998 年苏哈托下台后开始向"民主政治"转型，第四次总统直选的顺利举行表明印尼政治体制逐步稳固，大部分地区的地方选举也都能以相对自由公平的方式进行。[1] 近年来，总统佐科的新发展主义（New Developmentalism）[2] 推动着印尼社会经济的发展，但也有学者认为，在全球经济放缓和"民主衰退"的大背景之下，印尼贫富差距逐渐增大，恐怖主义滋生了不稳定因素，使印尼政治生态中的"威权性"增强，"自由民主"受到一定的限制，出现了"非自由的民主"（Illiberal Democracy）现象。[3] 以此为中心，印尼的政治生态大体上有如下特征。

---

[1]　Noory Okthariza, "Indonesia: Twenty Years of Democracy（Elements in Politics and Society in Southeast Asia），" *Bulletin of Indonesian Economic Studies*, Vol. 55, No. 1, 2019.

[2]　1978 年，巴西经济学家鲁伊·毛罗·马里尼（Ruy Mauro Marini）首次提出新发展主义的概念。新发展主义是中等收入国家为实现经济赶超而采纳的国家发展战略。新发展主义既反对完全放任的经济自由化，又反对中央集权式的统制经济。在具体的政策导向方面，新发展主义摒弃新自由主义所秉持的市场最优论调，认为国家应积极发挥自身在基础设施建设和战略性产业等方面的作用，对优先发展产业提供政策支持，同时通过调节利率、汇率、工资、利润和通货膨胀率等宏观经济价格，实现国民经济的平稳运行。

[3]　"非自由的民主"一词是由法里德·扎卡里亚（Fareed Zakaria）于 20 多年前在其《非自由民主的崛起》（*The Rise of Illiberal Democracy*）一书中提出的。他认为，在某些情况下，许多被视为民主的国家在贯彻民主价值观方面并不完整。在这样的范式下，举行大选可以被解释为民主得到了实施，但其政策往往会优先考虑精英或统治者的利益。

一 "新发展主义"是影响印尼政治生态的重要因素

为振兴印尼经济，在第一个任期内（2014年10月至2019年10月），佐科抛弃了尤多约诺时代的"公私合营"发展模式，推动由国家主导的经济发展模式。他通过加强政府在基础设施建设（建成了首条地铁）、产业规划发展和人力资源投资等领域的主导作用，将发展经济、消除贫困和改善民生等作为执政目标，这样的发展战略和执政理念，也被称作佐科式的新发展主义。佐科在第一个任期内所取得的经济成绩是有目共睹的，印尼各地大兴基础建设，工业发展速度上升，外来投资增加，使印尼跻身于全球GDP"万亿美元俱乐部"，2015—2018年经济增长率在二十国集团成员中一直稳居第三位。此外，印尼还在佐科领导下成功举办了2018年亚运会，这些成就提升了印尼的国家实力和国民凝聚力。

在政治方面，佐科为推行新发展主义奠定了更稳定的政治基础。在执政初期，他面临不利的政治局面——其政党联盟在国会中属于少数①，内阁内部不团结，因无力应对经济放缓和通货膨胀等问题而导致支持率下降至最低点，有分析人士甚至称其为印尼有史以来最软弱的总统。② 为扭转不利局面，佐科采取了如下措施。第一，借助反对党联盟内部选举领导人相持不下局面，选择支持和拉拢反对党内亲政府派别，使其所在政党联盟的国会席位占有率上升为69%，从而化解了反对派在国会中的威胁，佐科对国会的控制能力大幅提高。第二，利用总统拥有的内阁任免权，通过多次内阁改组，增强执政权威性和对内阁的控制。佐科在第二次改组时，一口气解除了五名部长的职务，调换了另外五名部长的岗位，并任命了九名新部长，展现出其强硬和果断的一面。随着佐科"驯服"国会和内阁，成功扭转不利的执政开局，他的执政核心政策——新发展主义得以更有效和顺畅地实施，并取得了一定的成效。例如，通货膨胀率降低，2014—2018年，印尼的通货膨胀率由4.93%下降为3.07%；国民生产总值上升，由8908亿美元上升到11200亿美元；财政赤字占GDP的比重由

---

① 在国会的560个议席中，佐科领导的"辉煌联盟"只占据36.96%的席位，普拉博沃领导的"红白联盟"占据63.04%的席位。

② Burhanuddin Muhtadi, "Jokowi's First Year: A Weak President Caught between Reform and Oligarchic Politics," *Bulletin of Indonesian Economic Studies*, Vol. 51, No. 3, 2015.

2.59%降至2.51%，等等。① 伴随而来的是佐科支持率的上升，从41%的最低点稳步提高到2016年8月的68%，此后一直维持在60%以上。

为推行新发展主义铺平了道路，在领导国家发展经济的同时，佐科也践行着竞选承诺：将发展成果惠及民众，改善民生。佐科政府推出"家庭福利计划"（Family Welfare Program），向1550万个低收入家庭发放政府福利卡——免费手机电话卡、幸福家庭卡（KKS）、印尼健康卡（KIS）和印尼智能卡（KIP），为贫困人口提供免费医疗服务和平等受教育权利等福利。② 同时，为缩小城乡差距，支持农村地区发展，佐科政府提出消除农村贫困的三大举措：建立村民沟通网络计划、建立乡村经济仓、建立乡村文化圈，以此提高村民在农村经济文化事务中的参与度。经过近四年的努力，佐科的各项举措取得了良好效果，人口贫困率有所下降，收入差距也有所降低，为佐科竞选连任打造了牢固的民众基础。③ 佐科的成功连任即是民众对他首个任期政绩的肯定。

应当强调的是，佐科在第二个任期里仍面临着巨大的挑战。受到新冠疫情的影响，在2020年第二季度，印尼的GDP较2019年同期下降5.32%，21年来首度出现负增长。为了创造就业、吸引外资，刺激经济复苏，2020年10月，佐科政府推动的"综合法案"（Omnibus Bill）在国会迅速完成了审议。该法案修改了79个现行法律，超过1200个条款，松绑81项法律中被视为不利于投资的"障碍"，涉及投资、劳动权益、环境保护、土地取得等多方面。"综合法案"的通过引发了一定的争议，各界对其褒贬不一。政府称其将吸引大量外资，每年为年轻人创造290万个就业岗位；世界银行称赞这部法案将会让印尼更有竞争力、更繁荣。但国际货币基金组织等35个全球投资机构忧心印尼一旦放松监管，可能会破坏可持续发展。

其中最具争议性的是"综合法案"中的"创造就业法案"（Job Creation Bill）。2019年7月，劳工团体和大学生针对"创造就业法案"中的争议部分发起游行抗议。④ 因为原本的印尼劳动法规保证劳工的年薪将持续增加，且遣散费很高，几乎是周边国家的两倍，而"创造就业法案"

---

① 参见世界银行数据，http://datatopics.worldbank.org/world-development-indicators。
② 参见https://www.thejakartapost.com/news/2014/11/04/aid-program-remains-vague.html。
③ 林梅、那文鹏：《印尼的新发展主义实践及其效果研究》，《亚太经济》2019年第4期。
④ 参见https://www.thenewslens.com/article/139133。

允许雇主以较低的遣散费解雇员工，并且可以用弹性工时招募员工。印尼劳工民众运动联盟（Gebrak）发言人妮英（Nining Elitos）对此表示说，政府有责任保障劳工的合理薪资和营造稳定的就业环境，但这项立法却降低了最低工资，大幅放宽外包与临时工聘用制度。① 也有学者认为，佐科政府推动的"创造就业法案"旨在透过削减工人保障，加强企业垄断人力和自然资源以吸引外资，法案的主要目的是使工人阶级服从于佐科的新发展主义、基础建设计划，而忽略了工人阶级的利益和福利。②

同时，在"民主"问题上，印尼塞塔拉民主和平研究所（Setara Institute for Democracy and Peace）副主席波那（Bonar Tigor Naipospos）认为，目前佐科在国会拥有超强执政联盟，这次立法只有两个小党反对，民间的反对声音更无法在政治层面加以表达，整个法案没有经历充分的民主讨论。原本需要两到三年时间完成的大范围法律修改，现在只花了100个工作日就"高效"地走完程序，印尼已有走向"寡头政治"的趋势。③

二　选举制度存在的弊端可能影响印尼政治生态的稳定

当一个国家选举制度运转良好时，政府就能够充分聚集分散的政治偏好，使政策与公众舆论保持一致，提高政府效率，避免出现极端主义和政府治理能力减弱等现象。但印尼选举制度存在的弊端容易弱化政府决策能力和施政的有效性，从而影响印尼政治生态的稳定和社会经济发展。

第一，竞选日益"个人化"。

从2009年国会选举开始，印尼实行完全开放名单的比例选举制度。在这种制度下，选民可以在选票上表明其支持某一政党，也可以直接支持该政党在其选区内的候选人，更重要的是政党所赢得的席位将分配给个人得票最多的候选人。这一转变极大地改变了选举主题——国会选举不再只是政党间的竞争，而更多的是同一政党候选人间的竞争。"个人战"导致候选人不再以宣传政党纲领和愿景为主要活动，因为这不能使他们与党内竞争对手区分开来。因此，他们就会将精力和资金投入建立个人关系网和

---

① 参见http://lausan.hk/2020/jakarta-is-returning-omnibus-bills-chinese/。
② 参见http://lausan.hk/2020/jakarta-is-returning-omnibus-bills-chinese/。
③ 参见《印度尼西亚商报》，https://shangbao.s3.ap-southeast-1.amazonaws.com/epaper_pdfs/2020-11-04_04-Nov-2020_sb.pdf。

竞选团队，以及向选民推广"个人品牌"，甚至通过向选民或社区提供现金、礼物和社区捐款等"收买人心"①。"个人化"的竞选活动使政党的存在感减弱，导致政党在选举中弱化，尤其是在地方选举中亲属关系、恩庇关系更加泛滥。在选举"个人化"的环境中，政党变得越来越不重要，个人对政治的影响力逐渐上升。印尼很多政党不再是特定政策偏好、意识形态或政治认同的载体，而成为"个别领袖"的载体，成为政治家竞争国会席位的工具。

第二，金钱政治和贿选愈演愈烈。

2019 年选举后进行的一次全国民意调查显示，有 19.4% 的选民承认曾收到竞选工作人员的现金或货物，有 24% 的选民表示曾目睹或听说邻居获得此类"福利"②。在调查中也有一些政党候选人承认，他们不得不分发现金或其他礼物以保持竞争力。同样，部分选民表示，他们将选举视为捞取好处的"机会"，可以从那些他们本来并不看好的候选人身上获益。2019 年选举中最引人注目的案件是消除腐败委员会（KPK）查获的与专业集团党政治家博沃·西迪克·潘格索（Bowo Sidik Pangarso）有关的贿选案，他将 80 亿卢比纸币放在 40 万个信封里以备贿选使用。③ 由此可见，印尼贿选文化似乎越来越根深蒂固，金钱政治有愈演愈烈的趋势。并且粗暴的选票购买方式正在被更隐蔽和冠冕堂皇的方式——提供小额信贷或其他投资计划等取代，给选举制度和印尼政治生态的健康发展埋下很大隐患。

获胜的候选人为了收回高昂的竞选成本，也催生了腐败的可能性，选举本身被越来越多地用来作为实现个人野心的工具，而不是履行社会或政治责任。这种恶性循环在很大程度上降低了政治代表性，削弱了印尼政治制度的有效性和合法性。在 2019 年竞选活动中，反对党联盟又回到了 2014 年竞选主题——谴责政治精英的腐败上，这在一定程度上反映了公

---

①　Burhanuddin Muhtadi, *Vote Buying in Indonesia：The Mechanics of Electoral Bribery*, Singapore：Palgrave Macmillan, 2019, pp. 81 – 107.

②　Lembaga Survei Indonesia, "Efek Kinerja Pemberantasan Korupsi terhadap Dukungan pada Jokowi," LSI Release, 2019/08/29, http：// www. lsi. or. id/riset/444/rilis-temuan-survei-nasional-290819.

③　Tim detikcom, "Bowo Sidik Terima Duit dari Dirut BUMN, Sofyan Basir Tolak Dikaitkan," https：// news. detik. com/berita/d-4529049/bowo-sidik-terima-duit-dari-dirut-bumn-sofyan-basir-tolak-dikaitkan.

众对现有政治生态的不满。

第三，选举逐渐被"政治精英"所垄断。

伴随着竞选活动日益个人化，竞选成本也迅速飙升（由个人候选人而非政党承担），导致"权贵精英"作为候选人具有先天优势。全国选票份额增长最快的政党是国民民主党，从 2014 年的 6.7% 增长到 2019 年的 9%。该党由佐科的支持者、富商苏里亚·帕洛（Surya Paloh）领导。相比其他政党，该党在纲领方面并没有太大的特别之处，主要是通过招募具有强大知名度的候选人，特别是精英和权贵阶层——地方政府官员及其亲属来实现高增长。掌握权势和财富的精英阶层成为选举成功的重要决定因素。在 2019 年的选举中，全国大约有 50% 的选票由军界、商界和政界的"知名"人士获得，他们垄断政党和立法机构，确保"精英阶层"巩固自身的政治优势地位，这容易导致权力固化，使选举无法起到重新合理分配资源和权力的目的。有学者认为，相关现象可能会造成印尼政治体制乃至社会经济的崩溃。[1]

三 "宗教多元主义"和"伊斯兰主义"容易造成印尼政治撕裂

尽管自印尼独立以来，宗教多元主义者和伊斯兰主义者之间的竞争一直是该国政治生态的常态。但近年来，宗教多元主义与伊斯兰主义的分化正在加剧，在选举中体现得淋漓尽致。

第一，"反钟万学运动"（Anti-Ahok Protests）[2] 的爆发是宗教两极化的代表性事件。

作为非穆斯林，钟万学在政坛上的活跃引发了印尼传统穆斯林的恐

---

[1] Christian Houle, "Inequality and Democracy: Why Inequality Harms Consolidation but Does Not Affect Democratization," *World Politics*, Vol. 61, No. 4, 2009.

[2] "Ahok"（阿学）是印尼雅加达特区第 17 任首长钟万学（印尼语：Basuki Tjahaja Purnama）的客家语小名，他是首位当上雅加达首长的印尼华人。佐科与钟万学关系密切，他们在 2012 年雅加达选举中作为竞选伙伴在全国声名鹊起。2016 年 9 月，钟万学在发表讲话时提及"不要被那些利用《古兰经》第五章第 51 条（不要与犹太教徒和基督教徒结盟）的人所欺骗"，他强调反钟万学团体做出这一行为，是一种欺骗选民的手法。虽然他是引用《古兰经》文，但言论遭反对者利用，反钟万学的当地伊斯兰组织领导人利用这件事宣称钟万学亵渎《古兰经》，煽动 10 万名穆斯林于 2016 年 11 月展开游行示威。2016 年 12 月，以涉及亵渎宗教案在雅加达地方法院开庭审理。钟万学在 2017 年的雅加达特区首长选举中败北，同年 5 月以"亵渎《古兰经》"的罪名被判处 2 年有期徒刑，并被罢免首长职位。

惧，普拉博沃趁势支持"反钟万学运动"，打击以佐科为代表的宗教多元主义阵营，使宗教矛盾进一步激化和政治化。"反钟万学运动"后，基督徒、其他宗教少数派等宗教多元主义者由于担心无法建立一个充满包容性的多元主义国家，就开始支持佐科政府利用一些非自由化的行政手段打击伊斯兰主义者。他们支持佐科对伊斯兰主义者实施"高压行动"，例如禁止伊斯兰解放阵线（HTI）①和驱逐伊斯兰捍卫者阵线（FPI）②的大伊玛目（The Imam）③哈比卜·里齐耶克·希哈卜（Habib Rizieq Shihab）等。这些佐科的支持者在2014年大选时曾将他的平民出身视为深化印尼"民主"和抵制政治权威主义的希望④，但到了2019年，由于宗教分化加剧，这些人把打击强硬伊斯兰主义作为首要任务，可见社会矛盾的进一步激化。而前述"高压行动"也让伊斯兰主义者更加担心他们的领导人和组织会受到政府更为严厉的威胁，因而采用了一些极端反击手段。彼此之间"你来我往"，使印尼的宗教关系逐渐陷入"零和竞争"和"恶性循环"中，造成印尼政治的进一步撕裂，是威胁印尼政治生态稳定的重要因素。

尽管宗教色彩浓厚的竞选活动在印尼并不新鲜，但"反钟万学运动"的规模、程度超乎一些评论家和民众的想象，极端伊斯兰主义者的抗议不仅针对钟万学，而且针对倡导宗教多元主义的佐科政府，因为政府未能满足印尼保守派穆斯林选民的政治愿望。⑤佐科受到"反钟万学运动"的负面影响，在2019年竞选连任时不得不转而联合伊斯兰宗教组织。为了挽

---

① 印尼政府宣布在2017年8月正式解散伊斯兰解放阵线（HTI），原因是该组织的活动已威胁到国家的安全与稳定。政府称，该组织作为一个法人社会团体，没有起到参与实现国家发展目标的积极作用；有明显迹象显示，该组织开展的活动与印尼1945年颁布的宪法目标背道而驰，违反印尼社团法令，已引起社会冲突，威胁到社会安全、公共秩序和国家的完整统一。

② 伊斯兰捍卫者阵线是印尼的一个激进派宗教组织，因以伊斯兰的名义进行仇恨犯罪和暴力活动而闻名。有一些印尼人包括温和派穆斯林在内部呼吁取缔该组织。该组织鼓吹实施伊斯兰教法，在雅加达和西爪哇较活跃。该组织经常干扰被视为进行"不道德"活动的场所，如酒吧、夜总会等，也常在斋月里阻止售卖食物的摊贩在白天营业。

③ 伊玛目在阿拉伯语中原意是领袖、师表、表率、楷模、祈祷主持。

④ Aspinall Edward and Marcus Mietzner, "Indonesian Politics in 2014: Democracy's Close Call," *Bulletin of Indonesian Economic Studies*, Vol. 50, No. 3, 2014.

⑤ Marcus Mietzner, "Fighting Illiberalism with Illiberalism: Islamist Populism and Democratic Deconsolidation in Indonesia," *Pacific Affairs*, Vol. 91, No. 2, 2018.

回穆斯林的选票，佐科选择阿明作为竞选副手，而阿明正是钟万学受到法律起诉的推手之一。佐科的妥协在一定程度上反映出印尼宗教分裂加剧对政治生态的影响。①

第二，宗教分化使选举制度成为"党争"工具而淡化了政治治理的目的。

宗教分化加剧让民众更加关注如何打击"异见者"，政客们为了吸引选民，以宗教矛盾为切入点制定选举策略，而非针对国家治理和发展。② 一旦普拉博沃被认为是伊斯兰主义阵营的，而佐科被认为是宗教多元主义阵营的，双方的支持者就开始用煽动性的语言描绘对手，以在选民中引发恐慌而获取选票。2019 年的竞选活动正是在这种"剑拔弩张"的政治氛围中进行的，宗教多元主义者和伊斯兰主义者都把对方描绘成巨大威胁。在基督教和其他少数民族地区，例如，在东努沙登加拉省，佐科的支持者告诉选民，普拉博沃的胜利预示着印尼将成为一个伊斯兰国家，甚至是一个伊斯兰阿拉伯帝国。③ 在爪哇东部和中部，佐科的支持者警告选民，激进组织如伊斯兰解放阵线是普拉博沃竞选的幕后黑手，如果普拉博沃胜选，充满包容性的"群岛伊斯兰"（Archipelagic Islam）愿景，以及"潘查希拉"的国家信念将受到威胁。④ 同时，普拉博沃的伊斯兰主义支持者甚至散布佐科是华人或基督徒的谣言，还有他计划禁止穆斯林在祈祷时使用扬声器，使同性婚姻合法化，将数百万华人劳工偷渡到印尼以取代印尼工人的无端指控，等等。⑤

目前，这种与社会宗教认同密切挂钩的选举策略在印尼仍然非常奏

① Thomas P. Power, "Jokowi's Authoritarian Turn and Indonesia's Democratic Decline," *Bulletin of Indonesian Economic Studies*, Dec. 2018, https://doi.org/10. 1080/00074918. 2018. 1549918.

② Milan W. Svolik, "Polarization versus Democracy," *Journal of Democracy*, Vol. 30, No. 3, 2019.

③ Emilianus Yakob Sese Tolo, "Campaigning in the Shadow of Ahok in NTT," New Mandala, 15 April 2019, https://www. newmandala. org/campaigning-in-the-shadow-of-ahok-in-ntt/.

④ Eve Warburton and Edward Aspinall, "Explaining Indonesia's Democratic Regression: Structure, Agency and Popular Opinion," *Contemporary Southeast Asia: A Journal of International and Strategic Affairs*, Vol. 41, No. 2, 2019.

⑤ Marcus Mietzner, "Indonesia's Elections in the Periphery: A View from Maluku," New Mandala, 2 April 2019, https://www. newmandala. org/indonesias-elections-in-the-peripherya-view-from-maluku/.

效，这在选举结果中得到了充分体现：① 2019 年大选选票的地域分布比 2014 年更加集中。佐科在基督教和其他少数民族占主导的地区表现得更好，而普拉博沃在伊斯兰主义占主导的地区表现得更好。例如，佐科以 92% 的选票赢得了印度教占多数的巴厘岛省（2014 年得票率为 71%），他还在天主教徒占多数的东努沙登加拉省（得票率从 2014 年的 66% 上升到 89%）以及以新教徒为主的北苏拉威西省（得票率从 2014 年的 54% 上升到 77%）、巴布亚省（得票率从 2014 年的 74% 上升到 91%）和西巴布亚省（得票率从 2014 年的 68% 上升到 80%）赢得胜利，且获得了极高的支持率。印度尼西亚政治指数（Indikator Politik Indonesia，2019 年）的一项民意调查显示，佐科赢得了 97% 的非穆斯林选民（增加了约 10 个百分点）。与此相对应，普拉博沃在伊斯兰主义的传统地区获得了较高的支持率。在虔诚的穆斯林占多数的亚齐省，他的支持率从 2014 年的 55% 上升到 86%，在西苏门答腊省从 2014 年的 77% 上升到 86%，在南苏拉威西省的支持率也有所提高，从 2014 年的 29% 提高到 57%，几乎翻了一番。

由此可见，选票与宗教立场的关联性增强，社会"分化"加剧。忽略政治治理的选举策略不仅进一步撕裂了印尼政治，也削减了选举制度的有效性，这可能会对印尼政治生态的健康发展造成负面影响。

第三，政府职位竞争与宗教意识形态关联性增强，传统伊斯兰主义的上升趋势造成宗教多元主义生存空间被压缩，双方矛盾加剧。

随着宗教分化的加剧，尤其是在发生"反钟万学运动"之后，佐科为了争取更多的穆斯林选票，巩固自己在伊斯兰教众中的"合法性"，也选择依赖传统组织——伊斯兰教士联合会的支持，该组织大部分追随者来自爪哇东部和中部的农村地区。② 在 2019 年大选后，在佐科政府中，伊斯兰教士联合会的成员获得了历史上最多的内阁职位，其组织成员能够担任行政长官职务，并将大量政府资助用于该组织的活动。更关键的是，伊斯兰教士联合会成功地将其长期竞争对手、代表现代派的穆罕默迪亚协会

---

① Diego Fossati, "The Resurgence of Ideology in Indonesia: Political Islam, Aliran and Political Behaviour," *Journal of Current Southeast Asian Affairs*, Vol. 38, No. 2, 2019.

② Jeremy Menchik, *Islam and Democracy in Indonesia: Tolerance without Liberalism*, Cambridge: Cambridge University Press, 2016, pp. 36 – 64.

（Muhamma Diyah）① 从宗教事务机构、国家伊斯兰教育机构和其他机构的关键职位上排挤出去。而穆罕默迪亚协会历来是城市现代穆斯林的主要代表。伊斯兰教士联合会主席赛义德·阿基罗·西拉德（Said Aqil Siradj）表示，伊斯兰教士联合会需要担任所有宗教相关职务，如清真寺里的伊玛目、传教士、宗教部长、宗教事务办公室职务等，他担心如果由其他宗教人士担任具有宗教影响力的职位，民众可能就会被灌输"错误"的观念。② 这种将政府职位竞争与宗教意识形态挂钩的言论，激起了其他宗教组织领导人和宗教多元主义者的愤怒，矛盾进一步激化。

　　与此同时，宗教分化趋势在 2019 年选举后达到顶峰。普拉博沃的许多支持者拒绝接受选举结果，2019 年 5 月，在雅加达举行的一次抗议活动演变成为期两天的暴乱，造成 9 人伤亡。普拉博沃的支持者试图通过示威活动推翻选举结果，而佐科的支持者则支持警察镇压抗议（一些中产阶级、世俗主义者走上街头感谢警察）。虽然 2019 年大选的成功举行确保了印尼民主选举的延续，但其暴力后果表明宗教分化破坏了印尼的政治制度。有学者认为，这种宗教分化与民主衰落有关，它削弱了民主话语作为政治竞争的基本要素。2019 年，社会的宗教分裂几乎完全盖过了 2014 年竞选所带来的民主希望。③ 佐科政府能否弥合社会分化的裂痕，继续带领印尼实现发展，仍有待观察。

小　结

　　本章主要从政治结构、大选、主要政党等要素出发，阐释印尼的政治生态及其主要特征。

---

　　① 印尼穆罕默迪亚协会是印尼第二大且影响最广的伊斯兰教群众组织，有 3000 万名成员。1912 年成立后，该组织致力于唤起民众觉醒，以达到民族团结和争取民族独立的目的，在全国举办学校、医院和慈善福利事业。它在宗教改革中开办了西方式学校，培养了不少穆斯林知识分子。该组织的群众基础主要是城市中的官员、公务员、商人、知识分子等中间阶层，人们称穆罕默迪亚协会是"城市的伊斯兰教团体"。

　　② Andrian P. Taher, "Pidato Said Aqil: Tuduhan dan Bantahan UN Minta Jabatan," Tirto. id, 29 Januari 2019, https://tirto. id/pidato-said-aqil-tuduhan-dan-bantahan-nu-minta-jabatan-dfkM.

　　③ Edward Aspinall and Marcus Mietzner, "Southeast Asia's Troubling Elections: Nondemocratic Pluralism in Indonesia," *Journal of Democracy*, Vol. 30, No. 4, 2019.

宪法是印尼最高法律，确立了国家的政治制度，规定印尼实行三权分立。根据现行宪法，立法权由人民协商会议行使。人民协商会议由人民代表会议和地方代表理事会组成。印尼最高行政权属于总统，由人民直接选举产生，任期五年。印尼司法权独立于行政权和立法权，由法院行使。

根据总统上台方式，独立后的印尼大体上可分为三个政治发展阶段。一是苏加诺执政的"旧秩序"时期（1945—1967）。根据1945年宪法的规定，印尼总统由人民协商会议议员选举。独立后，苏加诺担任总统职务。二是苏哈托执政的"新秩序"时期。1967年，在美国的支持下，印尼军队领导人苏哈托罢黜苏加诺总统的职位，出任总统。三是印尼"民主"恢复发展时期（1998年至今）。2004年印尼举行了独立以来的首次总统直选。

在1998年解除党禁后，印尼开始涌现出秉持各种立场的政党，既有专业集团党、民主斗争党等世俗政党，也有民族觉醒党、国民使命党、星月党等伊斯兰政治团体。其中，民主斗争党是当前印尼最大的政党和执政党，对印尼政治生态具有重要影响。

佐科总统执政以来，"新发展主义"成为影响印尼政治生态的重要因素。选举制度存在的弊端有所显现，例如，竞选日益"个人化"、金钱政治和贿选现象愈演愈烈、选举逐渐被"政治精英"所垄断等，可能会影响印尼政治生态稳定。此外，宗教多元主义与伊斯兰主义的分化正在加剧，或会导致印尼政治撕裂。

第七章　民族与宗教

印尼是一个多民族国家，同时也是东南亚最大的伊斯兰教国家。该国的民族与宗教既与整个东南亚的历史发展存在紧密的联系，又在很大程度上受到了欧洲殖民文化的影响。复杂的历史因素与多元的文化交融使得印尼的民族、宗教具有独特的文化特质，但也存在由民族融合、宗教认同所产生的历史遗留问题。充分认识印尼民族与宗教的历史和现状，将有利于促进中国与印尼之间的国际交流，推动中国"一带一路"建设。

第一节　民族概况

印尼是全世界最大的群岛国家，号称"千岛之国"，全国有大大小小的岛屿17508个。印尼人口达2.62亿人，是世界上第四人口大国，有300多个民族及742种语言及方言。特殊的地理结构与复杂的历史进程，使印尼成为东南亚地区最大的民族多样、文化多元的国家。

一　民族起源与发展沿革

印尼被认为是人类较早的发祥地之一。自19世纪末以来，各国考古学家在爪哇岛各地陆续发现了属于"直立人"的"爪哇人"、属于"早期智人"的"昂栋人"（Homo sapiens soloensis），以及属于"晚期智人"的"原始澳大利亚人"，证明印尼是"早期人类生存繁衍的地区之一"①。

在前1500年左右，由于战争和自然灾害等原因，大批原始马来人从亚洲大陆南部迁至印尼群岛。马来人来到印尼群岛后，与印尼本地已经存

---

① 汤平山：《印度尼西亚》，当代世界出版社1998年版，第37—38页。

在的小黑人族或称尼格里多族（Negerito）和韦达族（Vedda 或 Wed-da）的居民开始融合。不过，当时并非所有原有族群都与原始马来人产生了深度融合，也有一部分逃至了偏远的山区。①

在 2 世纪前后，印尼的古代民族逐渐建立起奴隶制王国。在 3 世纪以前，中国古书记载的印尼古代王国有叶调、毗骞、加营、诸薄和斯调等，但有碑文可证的王国只有两个：一是位于加里曼丹东部的古泰王国（Martadipura），二是位于西爪哇的多罗磨（又称"达鲁曼"）王国。它们出现于 3—6 世纪。② 古泰王国拥有七块石碑。石碑用印度帕拉瓦文记载了该国的宗教信仰、语言文字及国王的名字，从中可以看出，当时印尼已经受到了印度文化的影响。在很长一个时期里，包括印尼在内的整个东南亚地区都受到印度文化的强烈影响，法国东方学家乔治·赛代斯（Georges Coedes）甚至将这一现象称为东南亚的"印度化"③。

至 5 世纪，由于开辟了直通中国的海路，苏门答腊东南海岸变得更为重要。干陀利国随之兴起，它位于今印尼苏门答腊岛的巨港一带。干陀利国对中国实行积极的外交政策，在南朝刘宋孝武帝（454—484）和梁武帝（502—549）时期常遣使访问中国。④ 其后，7 世纪中叶，建立于苏门答腊东南部的室利佛逝日益强大，成为雄霸一方的海上帝国，同时也成为大乘佛教在东南亚的传播中心。⑤ 室利佛逝也被认为是马来亚文化形成的中心地区。

13 世纪末，拉登·威查雅（Raden Wijaya）在爪哇建立了印度尼西亚历史上最强大的王国——麻喏巴歇（又被称为"满者伯夷"），并统一了印尼。这是爪哇人在印尼历史上建立的著名的两个王朝之一。与此同时，伊斯兰教也于 13 世纪传入印尼，16 世纪，麻喏巴歇被伊斯兰教王国淡目（Sultanate of Demak）毁灭，印尼由此进入伊斯兰王国鼎盛时期。⑥

---

① 许红艳：《印度尼西亚地区南岛语民族的形成初探》，《曲靖师范学院学报》2013 年第 1 期。

② 汤平山：《印度尼西亚》，当代世界出版社 1998 年版，第 38—39 页。

③ 具体参见 ［法］G. 赛代斯《东南亚的印度化国家》，蔡华、杨保筠译，商务印书馆 2008 年版。

④ 中华人民共和国商务部：《商务历史——印度尼西亚》，http://history.mofcom.gov.cn/？bandr = ydnxylsyl。

⑤ 唐慧、龚晓辉：《马来西亚文化概论》，世界图书出版广东有限公司 2015 年版，第 77—78 页。

⑥ 中华人民共和国驻印度尼西亚共和国大使馆经济商务处：《印度尼西亚历史简述》，http://id.mofcom.gov.cn/article/ddgk/200305/20030500088486.shtml。

16 世纪，西方殖民者纷纷来到东南亚地区从事香料贸易。率先入侵印尼的是葡萄牙殖民者。他们用武力和收买等手段占领了被誉为"香料群岛"的马鲁古群岛（Maluku islands）上的安汶（Ambon）等地，并在这里建立了商馆和炮台。随后西班牙人也来到此地。1596 年，荷兰商人进入印尼。1602 年，荷兰政府批准成立具有政府职权的联合东印度公司。其后，荷兰的东印度公司击败了其在印尼的竞争对手——葡萄牙和西班牙人，占领了马鲁古各主要岛屿，垄断了当地的香料贸易。1619 年，东印度公司又占领了雅加达，并将其改名为巴达维亚，在此后长达 300 年的历史中，这里一直都是荷兰殖民者统治印尼的重要据点。

19 世纪末 20 世纪初，为了对抗殖民者的统治，东南亚民族主义蓬勃兴起。在印尼也同样如此。当时，印尼出现了众多以争取全印度尼西亚人民团结和解放为目标的团体。例如，1927 年苏加诺（Bung Sukarno）领导建立了"印度尼西亚民族党"，该组织是世俗民族主义的代表，后来成为领导印尼民族独立运动的主力。[①] 这些团体以民族团结和民族解放为旗帜，提出了"一个民族——印度尼西亚民族。一个祖国——印度尼西亚祖国。一个语言——印度尼西亚语"的共同理想，在反抗荷兰殖民统治的斗争中发挥了巨大的作用。[②] 最终，印尼于 1945 年宣布独立。

二　主要民族构成与分布

印尼是一个多民族共存的国家，共有 300 余个部族和分支，使印尼成为世界上人口最具多样化的国家。在印尼的各民族群体之中，绝大部分是操南岛语系语言的民族。他们的先民被认为从中国南方地区迁徙到印度尼西亚群岛。其后，他们分别生活在各个岛屿，"千百年的自然界的分隔状态使他们在各自不同的条件下成长和发展，形成了许多大大小小拥有自己独特语言和文化的族群"[③]。以下对印尼的几个较

---

① 范若兰：《试论印度尼西亚民族独立运动时期伊斯兰教与民族主义的关系》，《东南亚研究》2006 年第 4 期。

② 吴杰伟：《印度尼西亚和菲律宾民族意识的形成、特点及其对独立运动的影响》，《世界民族》2001 年第 2 期。

③ 许红艳：《印度尼西亚地区南岛语民族的形成初探》，《曲靖师范学院学报》2013 年第 1 期。

大的民族群体进行简要介绍。①

（一）爪哇族（Javanese）

爪哇族是印尼人口最多的民族，占全国人口约 40%，人口超过 9520 万人。爪哇人遍布印尼全国，但大多集中在爪哇和巴厘岛。爪哇族自称 Wong Djawa 或 Tijang Djawi，现在的印尼语叫他们为 Orang Djawa。爪哇族在 5—7 世纪曾受到印度文化的强烈影响，建立了印度化的王国。但在 14 世纪末以后，随着伊斯兰教的传入，爪哇岛上的大部分居民接受了伊斯兰教。不过，仍有一些爪哇族人保持着对印度教和"万物有灵"的部分信仰。爪哇族人大部分居住在农村，从事水稻、旱稻、玉米等经济作物的种植。也有一部分爪哇族人居住在沿海或城市。

（二）巽他族（Sundanese）

巽他族是印尼的第二大民族，约有人口 3670 万人，占全国人口的 15%。这一族群主要分布在西爪哇南部沿海地区，并向该岛北部和东部扩散。巽他族的社会等级制度较弱，主要从事农业和手工业。该民族在语言、文化上与爪哇族较为接近，同样，绝大多数人信仰伊斯兰教。

（三）马来族（Malay）

马来族是居住在印尼各地的马来人，为印尼的第三大民族群体。印尼拥有近 875 万马来族人，其马来族人口数量仅次于马来西亚，占印尼总人口约 3.7%。印尼马来人的母语为印尼语。苏门答腊岛和加里曼丹岛在历史上曾有许多马来人建立的王国，例如三佛齐、末罗瑜和坤甸苏丹国等。

（四）巴达克族（Batak）

巴达克族又称为巴达族，主要分布于北苏门答腊省的多巴湖周围，人口约 850 万人，占印尼总人口近 4%，是印尼的第四大民族群体。巴达克族主要使用巴塔克语、马来语、印尼语等。按照语言、习俗的不同，巴达克族又可以分为阿拉斯族（Alas）、可鲁特族（Kluet）、新葛吉尔族（Singkil）、卡罗族（Karo）等不同的族系。巴达克族人既有信仰伊斯兰教的，也有信仰基督教的，还有一部分信仰万物有灵论。该民族主要从事农

---

① 以下内容主要参考汤平山《印度尼西亚》，当代世界出版社 1998 年版，第 10—13 页；许红艳《印度尼西亚地区南岛语民族的形成初探》，《曲靖师范学院学报》2013 年第 1 期；https://jakartaglobe. id/culture/unity-diversity-indonesias-six-largest-ethnic-groups/；http://thespicerouteend. com/introduction-indonesian-ethnic-groups-languages/。

业生产，以及畜牧业、养殖业等。

（五）苏拉威西族（Sulawesi）

苏拉威西族主要分布在苏拉威西岛上，是印尼的第五大民族群体。该民族拥有人口 760 万人，相当于印尼总人口的 3.2%。苏拉威西族由 208 个族裔组成，大部分苏拉威西人信奉伊斯兰教逊尼派，但有 19% 的人信奉基督教。其中有 2% 的人口信仰罗马天主教，有 17% 的人口信奉基督新教，他们主要集中在印尼北部和中部，以及一些大城市。

（六）马都拉族（Madurese）

马都拉族约有人口 718 万人，占印尼总人口的 3.03%。该民族主要分布在爪哇岛东北方的马都拉岛，以及东爪哇地区。马都拉人被认为是最早居住在马都拉岛上的居民。大多数马都拉族人信奉伊斯兰教，属于逊尼派，并且对宗教信仰尤为热心。还有少部分马都拉族人信仰基督教和印度教。

（七）巴达维族（Betawi）

巴达维族是雅加达市及其近郊的原住民，被认为是从 17 世纪开始居住在巴达维亚（雅加达）的人的后代。巴达维族约有人口 680 万人，占印尼总人口的 2.9%。该民族使用的方言是一种基于马来语的克里奥尔语。它是爪哇岛北部沿海地区唯一使用马来语的方言。目前，巴达维语言已成为印尼流行的非正式语言，并被用作印尼语的基础。它已成为印尼使用最广泛的语言，也是该国最活跃的地方方言。大部分巴达维族人信仰逊尼派伊斯兰教，但也有不少人信仰基督教，这与巴达维亚在历史上曾受到西方殖民统治存在一定的联系。

三　21 世纪以来民族发展趋势

如同世界上很多国家一样，印尼每十年会进行一次人口普查，普查工作由印尼统计局（BPS-Statistics Indonesia）组织开展。基于 2000 年以及 2010 年的人口普查报告，我们可以对印尼的民族特点及其发展变化有一定的了解。[1]

---

[1] 主要参考 Hartanto, Wendy etc., "The 2010 Indonesia Population Census," https://unstats. un. org/unsd/censuskb20/Attachments/2009IDN _ ISI-GUIDfba441dd463e4ca5907f1a1ae508f3ff. pdf; Aris Ananta etc., "Changing Ethnic Composition: Indonesia, 2000 - 2010," https://iussp. org/sites/default/files/event_ call_ for_ papers/IUSSP% 20Ethnicity% 20Indonesia% 20Poster% 20Section% 20G% 202708% 202013% 20revised. pdf.

　　值得注意的是，在 21 世纪之前，民族问题是印尼的一项政治禁忌。由于担心引发社会与政治动荡，在印尼独立之后至 2000 年前的人口普查中，并不收集有关民族或族裔的信息。进入改革时代（从 1998 年起）以后，民主政府不再把种族视为对民族团结的威胁。相反，它允许通过权力下放和区域自治推动族裔运动的发展。在这种改革精神的鼓励下，2000 年，印尼人口普查取得了突破，在调查问卷中首次列入了关于民族的问题。而 2010 年的人口普查又进一步将民族与宗教和语言联系起来，提供了更为丰富的信息。将这两年的数据进行对比，可以较为直观地认识这十年间印尼的民族变化。

　　如前所述，印尼总共有 300 余个民族，表 I–7–1 仅仅列举了该国最大的 15 个民族群体，但已经覆盖了印尼公民总数（2.367 亿人）的 84.89%。从表 I–7–1 可以发现，从 2000 年至 2010 年的 10 年间，大部分民族的人口出现了较为平稳的增长。除了戴亚克族 2000 年的数据缺失之外，民族人口变化最大的是亚齐族。之所以会出现 2000 年与 2010 年亚齐族人口差别巨大的问题，主要是因为 2000 年的人口普查中并没有关于亚齐的准确资料。亚齐人是印尼苏门答腊北部的穆斯林民族，在印尼拥有悠久的历史传统。亚齐人大多是保守的穆斯林，按照伊斯兰教法的习俗和法律生活。由于信仰与习俗上的差异，亚齐地区自印尼获得独立之后一直与印尼政府存在对立。1976 年 12 月，激进的亚齐伊斯兰教势力在亚齐成立了"亚齐独立运动"组织，以政治斗争和武装斗争为手段展开反政府活动，以谋求亚齐脱离印尼，建立独立的亚齐伊斯兰教国家，实行政教合一的伊斯兰教制度。1997 年，苏哈托总统下台，其任期内军队在镇压"亚齐独立运动"组织过程中采取了违反人权的行为，由此遭到了国内外的强烈谴责。这迫使新上台的哈比比（Bacharuddin Jusuf Habibie）政府和印尼军方不得不宣布从亚齐撤出大部分军队。"亚齐独立运动"组织以此为契机大力扩充实力，使其武装力量达到 5000 人，在亚齐拥有 17 个基地，并不断发动大规模的袭击。[①] 鉴于这种动荡的政治和安全局势，在 2000 年人口普查期间统计局未能收集亚齐人较为集中的几个地区——北亚齐、东亚齐和比迪亚（Pidie）地区的人口数据。最终导致这一时期亚齐人的数量被远远低估。

---

① 武文侠：《印度尼西亚的民族分离主义运动》，《世界民族》2005 年第 2 期。

除了亚齐人以外，由于民族分类上的问题，2000 年的人口普查中戴亚克族未能得到有效统计。这是因为戴亚克族是由数百个亚族组成的，而在 2000 年公布的人口普查数据中，许多次族裔群体没有合并成一个单一的戴亚克族裔群体。但是在 2010 年的人口普查中，该民族得到了较为全面的统计。

另外，有研究指出，在 2000 年的人口普查中，华人群体的人数也被低估了。2000 年华人群体人口数量的"真实"百分比应该在 1.5% 和 2% 之间，而不是人口普查中记录的 0.86。这主要是因为 2000 年的政治局势导致一些受访者不愿自称为华人。[①] 由于印尼的华人长期在经济领域占据明显优势，因此印尼社会的排华情绪严重，屡屡发生反华、排华流血事件。1997年发生的亚洲金融风暴迅速波及印尼，致使印尼的贫富差距更加明显。这种不安情绪最终再次演变为多起针对印尼华人的暴行。1998 年 5 月 13—16日，在印尼棉兰、雅加达、梭罗等城市发生了针对华裔社群持续约三天的暴动。即便在暴乱平息之后，针对华裔的暴行仍然时有发生。在这样的社会氛围和政治局面之下，当地华人极度缺乏安全感，所以在一定程度上导致在人口普查时出现数据不完整的情形。不过值得注意的是，2010 年人口数据中的华人人口依然低于预估。由于相对于 2000 年，2010 年的政治局势已经非常开放，因此担心政治局势而不愿承认华人身份的可能性很小。华人群体的比例之所以较低，可能是因为生育率较低，或者向外迁徙。另外，印尼的很多华人与当地其他民族通婚，其后代或许已经从文化和身份上偏向认同印尼的其他民族。

表 I-7-1　　　　　　　2000 年、2010 年印尼民族构成变化

排名	民族群体	2000		2010	
		人数（千人）	占比（%）	人数（千人）	占比（%）
1	爪哇族（Javanese）	83866	41.71	94843	40.06
2	巽他族（Sundanese）	30978	15.41	36705	15.51

---

① 具体参见 Suryadinata, Leo, Evi Nurvidya Arifin, and Aris Ananta. *Indonesia's Population: Ethnicity and Religion in a Changing Political Landscape*, Singapore: Institute of Southeast Asian Studies, 2003.

排名	民族群体	2000		2010	
		人数（千人）	占比（%）	人数（千人）	占比（%）
3	马来族（Malay）	8950	4.45	8754	3.70
4	巴塔克族（Batak）	6891	3.43	8467	3.58
5	马都拉族（Madurese）	6772	3.37	7179	3.03
6	巴达维族（Betawi）	5042	2.51	6808	2.88
7	米南加保族（Minangkabau）	5475	2.72	6463	2.73
8	布吉族（Buginese）	5010	2.49	6415	2.71
9	万丹族（Bantenese）	4113	2.05	4,642	1.96
10	班加尔族（Banjarese）	3496	1.74	4,127	1.74
11	巴厘族（Balinese）	3028	1.51	3925	1.66
12	亚齐族（Acehnese）	872	0.43	3404	1.44
13	戴亚克族（Dayak）	n.a	n.a	3220	1.36
14	萨萨克族（Sasak）	2611	1.3	3175	1.34
15	华人	1739	0.86	2833	1.20
	其他	32249	16.02	35769	15.11
	共计	201092		236728	

资料来源：Aris Ananta etc. , *Changing Ethnic Composition*：*Indonesia*，2000 – 2010，p. 14. 以及相关研究对 2000 年、2010 年印尼人口普查原始数据的分析。

归根结底，人口流动的增加，特别是不同族裔和宗教群体的人口流入，是民族结构变化的主要原因之一。而民族构成的迅速变化也会造成潜在的社会、经济和政治冲突。反过来，政治局势和社会经济文化也会改变民族对国家的身份认同以及自身的发展方向。可以说，民族极为多元化的印尼的未来走向与其民族的发展息息相关。

第二节 宗教概况

印尼多元的民族构成以及复杂的历史进程决定其在宗教信仰上的多样性。印尼存在各种各样的宗教，但被政府所认可的仅有六个，即伊斯兰教、新教、天主教、印度教、佛教和孔教。在印尼，伊斯兰教拥有绝对的影响力。在 2010 年的印尼人口普查中，有约 87.18% 的印尼人表示自己信仰伊斯兰教，有 6.96% 的人表示自己信仰新教，天主教徒占 2.91%，印度教徒占 1.69%，佛教徒占 0.72%，孔教徒占 0.05%，其他宗教教徒占 0.13%。另外值得注意的是，虽然在宪法上印尼是一个世俗国家，不过，印尼建国五项原则的第一项就是"信仰神明"（Ketuhanan yang Maha Esa，必须有宗教信仰）。[①]

一　主要宗教信仰

（一）伊斯兰教

伊斯兰教于 13 世纪末 14 世纪初传入印尼，此前印尼的主流宗教信仰是印度教和佛教。当时，印尼正处于满者伯夷王朝的统治之下，经济发达，贸易繁荣，吸引了很多外国的客商，其中包括大量来自印度和波斯的穆斯林商人。印度古吉拉特邦的穆斯林商人，将伊斯兰教从苏门答腊西海岸传入印尼，然后经由爪哇岛发展到印尼东部。主张维护贸易平等、保护私有财产的伊斯兰教不仅迅速为商人和平民所接受，许多封建领主也逐渐改信伊斯兰教，并以其对抗信仰印度教的满者伯夷王国。在满者伯夷王国崩溃之后，印尼出现了一系列伊斯兰教王国。由此，伊斯兰教得以在印尼广泛传播，并进而成为最主要的宗教。[②] 多元文化的融合使印尼的伊斯兰教呈现出自身的特色。"伊斯兰教经过印度文化的过滤及与本土文化价值相融合，发生了伊斯兰教在印尼本土的异化，而本土色彩更加突出，此乃印尼伊斯兰化的一大特色。"[③]

印尼的穆斯林主要分成两个教派：逊尼派和什叶派。其中，有 99% 的印尼穆斯林遵循逊尼派中的沙斐仪派（Shafi'i），而什叶派仅占印尼穆斯林总数的 0.5%，主要集中在雅加达。另外，阿赫迈底亚派（Ahmadiyya）约有 40 万人，约占印尼穆斯林总数的 0.2%。其余 0.3% 则属于瓦哈比派和萨拉菲运动，为信奉原教旨主义的保守派。

---

① 1945 年印度尼西亚共和国宪法，https://web.archive.org/web/20070310160936/http://www.us-asean.org/Indonesia/constitution.htm。

② 汤平山：《印度尼西亚》，当代世界出版社 1998 年版，第 208 页。

③ 王受业等编：《列国志：印度尼西亚》，社会科学文献出版社 2006 年版，第 29 页。

（二）新教

新教是印尼信徒群体第二大的宗教。早在 7 世纪，来自印度和波斯的基督教商人就被认为曾来到印尼（北苏门答腊和爪哇），但这一时期基督教并未在印尼的历史上留下太多痕迹。新教在印尼的传播在很大程度上是荷兰改革宗和路德宗在印尼殖民时期传教的结果。印尼在沦为荷兰的殖民地后，新教得到了广泛的传播。1640 年，荷兰殖民者在雅加达（巴达维亚）建立了新教教堂。在荷兰东印度公司统治时期，它在传播新教的同时还对当地的天主教进行排斥和限制。至 19 世纪后，印尼才开始逐渐实行各种宗教平等的政策。在印尼独立之后，政府实行宗教信仰自由政策，新教和天主教都获得了较大的发展，并成立了相应的政党。[①]

在印尼的新教教派中，改革宗和路德宗这两个分支是印尼十分常见的新教教派，但同时也有许多其他教派存在。目前，印尼最大的新教教会是巴塔克基督新教教会（Batak Protestant Christian Church），创立于 1861 年。

（三）天主教

罗马天主教是印尼信徒群体第三大的宗教。天主教的传入主要是以大航海时期葡萄牙殖民者来到印尼开展香料生意为契机。不过，葡萄牙殖民者来到亚洲，并不仅仅是为了攫取巨额贸易利润、抢占殖民地，同时也是为了与伊斯兰教争夺信仰市场，它发动了对伊斯兰教的"圣战"。16 世纪，葡萄牙在占领马六甲之后，将此地作为其垄断东方航道与传播天主教的基地。葡萄牙人一方面抢劫、没收穆斯林商船，另一方面极力排斥伊斯兰教徒，或迫使他们改宗，同时派出很多教士到东南亚各地传教，使天主教得到了一定范围的传播。1641 年，马六甲被荷兰人夺走，但葡萄牙人成功保留其在小巽他群岛上的势力。在多明我会的努力下，小巽他群岛上的恩得（Ende）、弗洛勒斯、索洛、帝汶等地的很多居民都效忠于葡萄牙人。[②] 在日本对印尼进行殖民统治时期，天主教会与新教的活动均受到严格限制，传教士也遭到迫害。在印尼独立之后，天主教徒的人数出现了明显增加，1949—1959 年，印尼的天主教徒人数增加了近两倍。至 1980

---

① 汤平山：《印度尼西亚》，当代世界出版社 1998 年版，第 210 页。http://www.reformiert-online. net/weltweit/64_ eng. php.

② 李德霞：《早期葡萄牙在远东殖民扩张中的天主教因素》，《南洋问题研究》2007 年第 4 期。

年，印尼的天主教徒达 370 万人，占全国人口的 2.51%。此后，印尼的天主教又进一步发展。据统计，至 1990 年前，印尼的天主教堂已超过 12000 座。[①] 目前，印尼的天主教徒人数将近占全国人口的 3%。

（四）印度教

在伊斯兰教传入之前，印度教曾是印尼的主流宗教信仰之一，时至今日，印尼仍有一群数量可观的印度教徒，为世界上第四大印度教国家。

印度教在印尼的发展是早期东南亚地区"印度化"的标志之一。早在 1 世纪前后，婆罗门教由印度的科罗曼德耳海岸，通过马六甲传入印尼群岛。4 世纪，印度教传入爪哇。随后，从沿海地区逐步深入内地，得到宫廷王室的接纳与保护，获得了广泛的发展。爪哇的印度教是以密宗（Mantrayana）的形式传播的。爪哇人主要信奉湿婆教，也有些人信奉毗湿奴教。5 世纪，在加里曼丹东部和爪哇西部分别出现了崇奉印度教的古戴王国和多罗磨王国。随着 16 世纪爪哇岛的全面伊斯兰教化，印度教徒主要集中于巴厘岛和龙目岛西部。[②]

（五）佛教

根据 2010 年的人口普查，印尼约有 0.7% 的人信仰佛教，不过，由于皈依佛教不举行仪式，因此具体的信徒数量很难确定。与印度教一样，佛教在印尼有着悠久的历史传统。1 世纪，印尼群岛与围边国家的交流日益增多，伴随着贸易活动的开展，佛教从印度传入了印尼。随后，佛教在印尼被广为接受，印尼群岛上先后出现了数个强大的佛教帝国，如室利佛逝和满者伯夷等，均对后世历史产生了重要的影响。最先传入印尼的是上座部佛教，接着是大乘佛教，其中尤以密宗占较大优势。在 15 世纪伊斯兰教传入爪哇后，佛教才逐步被取代。[③] 随着伊斯兰教的广泛传播，大多数印尼当地人逐渐改宗伊斯兰教，只有少数人仍信仰佛教，其中大多数是印尼华人。至今为止，华人仍是印尼佛教的重要信徒群体。

（六）孔教

印尼的孔教源于中国儒教，以中国孔子的学说（儒学）为宗教信仰，

---

①　汤平山：《印度尼西亚》，当代世界出版社 1998 年版，第 210 页。

②　http://www.cistudy.cn/bencandy.php? fid = 54&id = 56.

③　http://www.pacilution.com/ShowArticle.asp? ArticleID = 193.

目前是与伊斯兰教、新教、天主教、佛教和印度教并列的印尼六大宗教之一。孔教在印尼的传播源自早期华人与印尼群岛的贸易文化往来与交流，随着17世纪华人大规模移居南洋，孔教与儒学开始在印尼扎下根来。印尼孔教的发展迄今已有数百年之久，并逐渐成为印尼部分土生华人特有的宗教形式。儒学传统教育是印尼孔教的主要表现形式之一。"最初儒学传统教育主要通过华人的家庭教育及庙堂、宗祠的祭祀仪式和文化教育进行。随着印尼华人民族意识觉醒，开始自觉地维护华人文化传统，1900年出现了第一个正式的孔教组织——巴达维亚（今雅加达）中华会馆，明确宣布孔教为印尼华人的宗教，确立了孔教的基本教义。"[1] 1966年，苏哈托（Haji Mohammad Suharto）发动军事政变上台后，基于对印尼华人的排挤，华文教育被禁止，孔教会也随之转入地下和家庭活动。直至1999年瓦希德（Abdurrahman Wahid）当上总统后，孔教会才重新获得了合法的地位。2006年，印尼孔教会重新开始公开活动，并且在印尼的身份证上也开始允许公民将孔教登记为自己的宗教信仰。[2] 印尼孔教的崇拜对象及信仰体系分为四大类：天、圣人孔子、神明和祖先。祭祀仪式则包括祭天仪式、祭孔仪式、祭神仪式、祭祖仪式。

二　主要宗教名胜

（一）伊斯兰教

雅加达独立清真寺（Masjid al-Istiqlal fi Djakarta）又称伊斯蒂赫拉尔清真寺，落成于1979年，是印尼的国家清真寺，也是东南亚宏大的清真寺之一。该清真寺是印尼重要的清真寺之一，为纪念印尼国家的独立而建，印尼重大的伊斯兰教活动和仪式都在这里举行。其占地面积为93.5公顷，全寺可容纳10万人同时礼拜。雅加达独立清真寺是由基督教建筑师弗雷德里希·西拉班（Frederich Silaban）在1961年至1978年期间建造的，因此印尼人一直将其视为跨宗教对话的象征。印尼国父、第一任总统苏加诺曾希望将独立清真寺作为民族团结、宗教和睦与宽容的象征。雅加

---

[1] 王爱平：《印度尼西亚孔教的形成与发展》，《暨南学报》（哲学社会科学版）2010年第3期。

[2] 王爱平：《印度尼西亚孔教：中国儒教的宗教化、印尼化》，《世界宗教文化》2015年第5期。

达独立清真寺的对面是雅加达圣母升天主教座堂（Gereja Katedral Jakarta）。2020 年 2 月，印尼总统佐科·维多多（Joko Widodo）批准在雅加达独立清真寺与圣母升天主教座堂之间修建地下通道，以促进宗教间的对话与交流。[①]

巨港郑和清真寺（Masjid Cheng Hoo Sriwijaya Palembang）位于印尼巨港市查卡巴林，被认为是印尼具有重大影响力的中国穆斯林清真寺之一。它是多元文化相融的表现，结合了阿拉伯、爪哇和中国的文化风格。该清真寺落成于 2006 年，由印尼中华伊斯兰教联合会筹款建造。该清真寺有上下两层，可同时容纳 600 名教徒。

（二）新教

弥赛亚大教堂（Katedral Mesias）位于印尼的雅加达，属于印尼归正福音教会（Gereja Reformed Injili Indonesia），该教会成员主要是印尼华裔。弥赛亚大教堂落成于 2008 年，可容纳信徒 8000 人，是归正千禧建筑群的一部分，该建筑群还包括音乐厅、美术馆、图书馆和神学院等。

（三）天主教

雅加达圣母升天主教座堂位于印尼首都雅加达特区雅加达市的中心，是天主教雅加达总教区的主教座堂。其前身是雅加达（巴达维亚）第一座天主教堂。目前的主教座堂兴建于 1891—1901 年，为新哥特式风格，是当时这一时期教堂建筑的主要风格。大教堂的平面图采用十字架的形式，有三座主要的尖顶。教堂由上下两层组成，二楼曾是群众聚会时合唱团的聚会场所，目前被用作雅加达大教堂博物馆，里面存放着天主教举行仪式的遗物，并展示了印尼天主教的发展史。

法蒂玛圣母教堂（Santa Maria De Fatima Church）位于雅加达的唐人街，它在建筑形式上更偏向于中国式的庙宇，在建筑门前有两头石狮子，建筑构造以木材为主，体现了中国建筑与天主教信仰元素的融合。同时，教堂内也有印尼爪哇雕刻艺术的装饰，体现了印尼多元化互相交流和发展的共同信念。这座教堂最初建于 20 世纪 50 年代，1972 年被列为印尼国

---

① https://www.vaticannews.va/zh/world/news/2020-02/indonesia-cardinal-suharyo-greets-friendship-tunnel.html.

家文化遗产之一。[①]

（四）印度教

普兰巴南神庙（PrambananTemple）是印尼著名、最壮观的印度教神庙，也是东南亚最大的印度教庙宇。普兰巴南神庙位于印尼日惹以东，由250座大大小小的陵庙组成，拥有8座主殿。该神庙大约建于900年，为放置当时国王及王后骨灰而修建。普兰巴南神庙与柬埔寨的吴哥窟基本属于同一时代，因此二者在建筑形式和雕塑题材方面有诸多相似之处。因曾多次遭受火山和地震的损毁，现存神庙遗址约50座。目前，普兰巴南神庙已被联合国教科文组织列入《世界文化遗产名录》。[②]

（五）印度教

婆罗浮屠（Borobudur）是一座大乘佛教佛塔遗迹，位于印尼中爪哇省，被认为是9世纪最大型的佛教建筑物。2012年6月底，被确认为当今世界上最大的佛寺。[③]据推测，婆罗浮屠大约建于842年，由当时统治爪哇岛、信奉大乘佛教的夏连特拉王朝（Shailendra Dynasty）统治者兴建，名为"千佛坛"，被修筑于一座海拔265米的岩石山上。后因火山爆发，佛塔群下沉，被隐藏于茂密的热带丛林中长达近千年之久，直到19世纪初才重见天日。婆罗浮屠同样被列入了《世界文化遗产名录》。

（六）孔教

泗水孔庙（Gereja Bun Byo）为印尼最大且最古老的孔庙，由印尼的华人建于1883年。在荷兰殖民时期，该寺庙被荷兰人称为"孔子教堂"，最初建于该城市的唐人街，后于1907年迁入新址。目前该寺庙由印尼儒家委员会负责管理运营。

三　21世纪以来宗教发展趋势

如前所述，印尼政府只承认六种官方宗教，即伊斯兰教、新教、天主教、印度教、佛教和孔教，且不承认无神论和不可知论。在印尼公民所携带的身份证件的"宗教"一栏中，可以留空，但不得填写除上述六种被

---

① https://www.medcom.id/cn/news/read/2016/12/22/3880.

② https://whc.unesco.org/en/list/642.

③ https://www.guinnessworldrecords.com/world-records/largest-buddhist-temple.

正式承认的宗教以外的信仰。这一点在印尼的人口普查中也得到了反映。根据印尼 2000 年与 2010 年的人口普查数据，自 21 世纪以来，印尼各大宗教构成变化如表 I－7－2 所示。

表 I－7－2　　　　　　2000—2010 年印尼宗教构成变化　　　　　　（%）

	2000	2010
伊斯兰教	88	87.5
基督新教	6	6.96
天主教	3	2.91
佛教	—	0.71
印度教	2	1.69
孔教	—	0.05
其他宗教或未作答	1	0.13

资料来源：印尼 2000 年与 2010 年人口普查数据。https：//2001-2009. state. gov/g/drl/rls/irf/2008/108407. htm；https：//sp2010. bps. go. id/index. php/site/tabel? tid=321&wid=0。

其中，2000 年的"其他宗教或未作答"包含了佛教与孔教的信徒。由此可以发现，自 21 世纪以来，印尼的宗教格局事实上并未发生结构性的根本变化。因为印度教徒在总人口中的百分比有所下降，这在很大程度上可归因于这一群体的出生率较低。另外，由于孔教和佛教等东方信仰并不具有排他性，因此往往与道教及很多民间信仰相互杂糅，因此在数据上存在一定的模糊性。

印尼的宗教结构与其多元的民族构成之间也有密切的联系。作为一个穆斯林占比高达 87.5% 的国家，印尼的绝大多数民族信仰伊斯兰教。在印尼的 15 个大的民族之中，仅有巴塔克族、巴厘族、戴亚克族和华人群体中的穆斯林占比低于该民族总人口的一半，而剩余 11 个民族的穆斯林占比基本上高达 98%。在印尼的第四大民族——巴塔克族中有超过一半的人信仰基督宗教，其中以新教徒占绝大多数，占该群体总人数的 49.56%。戴亚克族的情况与巴塔克族有些类似，同样有超过一半的人信仰基督宗教，不过，戴亚克族的宗教信仰结构似乎更为平均，穆斯林、新教徒和天主教徒分别占 31.6%、30.2% 和 32.5%。

　　剩余两个民族群体更为特殊。居住于巴厘岛上的巴厘族主要信仰印度教，其印度教徒占比高达群体总人数的95%。4—5世纪，印度教传入了印尼。在760年左右，东爪哇国王在巴厘岛南部建立了一个印度教国家。自此之后，印度教就在巴厘岛存在下来。不过，巴厘人信仰的印度教与印度本土的印度教略有不同。巴厘人在接受印度教之前信仰的祖先崇拜和万物有灵论与印度教信仰相融合，对后者的宗教教义内涵及祭祀仪式产生了深刻的影响。巴厘印度教的种姓制度与印度本土的种姓制度也有所不同，其阶层关系主要遵照本地传统而非印度教教规处理，因此，不同种姓间的接触并未受到严格限制。① 华人群体的信仰则更为多元与复杂。几乎每一个宗教都有华人信仰者，且没有一个宗教的信徒人数超过华人群体总数的一半。其中，信仰人数较多的是基督新教与佛教，新教徒占总人数的27%，而佛教徒的占比更是高达49%。这一佛教群体实际上可能包括其他宗教的信仰者，如道教和儒教。并且因为道教及其他民间信仰不被印尼政府所承认，所以或许存在这部分信徒将自己归入佛教徒的可能性。由于儒释道合流的现象显著，因此事实上或许很难严格分清信徒究竟信奉的是哪一种宗教，或是否同时信奉多种宗教。

表 I-7-3　　　　　　　　　　印尼宗教与民族构成对照　　　　　　　　（%）

族裔群体	穆斯林	新教徒	天主教徒	印度教徒	佛教徒	儒家	其他
爪哇族	97.17	1.59	0.97	0.16	0.10	0	0.01
巽他族	99.41	0.35	0.14	0.01	0.07	0.01	0.01
马来族	98.77	0.71	0.26	0.01	0.23	0.01	0
巴塔克族	44.17	49.56	6.07	0.02	0.11	0	0.07
马都拉族	99.88	0.08	0.03	0.01	0.01	0	0
巴达维族	97.15	1.62	0.61	0.02	0.58	0.03	0
米南加保族	99.72	0.18	0.08	0	0.02	0	0
布吉族	98.99	0.46	0.09	0.41	0.01	0	0.04
万丹族	99.83	0.08	0.03	0	0.06	0	0.01

---

　　① 中华人民共和国驻登巴萨总领事馆官网（http://denpasar.china-consulate.org/chn/blfq/t1215504.htm）。

族裔群体	穆斯林	新教徒	天主教徒	印度教徒	佛教徒	儒家	其他
班加尔族	99.55	0.30	0.08	0.02	0.03	0	0.01
巴厘族	3.24	0.92	0.34	95.22	0.26	0	0.01
亚齐族	99.85	0.10	0.02	0	0.03	0	0
戴亚克族	31.58	30.18	32.50	0.38	0.54	0.02	4.79
萨萨克族	99.33	0.12	0.06	0.14	0.34	0	0.01
华人	4.65	27.04	15.76	0.13	49.06	3.32	0.04
其他	64.48	24.11	10.67	0.18	0.20	0.03	0.33
共计	87.54	6.96	2.91	1.69	0.71	0.05	0.13

资料来源：参见 Aris Ananta etc.，Changing Ethnic Composition：Indonesia，2000-2010，p. 21. 以及相关研究对 2010 年印尼人口普查原始数据的分析。

第三节　主要民族与宗教问题

1945 年 6 月，在印尼建国前夕，苏加诺确立了建国的五项基本原则，即"潘查希拉"：信仰神道、人道主义、民族主义、民主政治、社会公正。其中，信仰神道主张宗教平等，奉行宗教信仰自由，而人道主义则主张人人平等，不分民族、种族、肤色、信仰、性别及社会地位。尽管追求自由平等的"潘查希拉"一直被视为印尼的核心价值观体系，但复杂的民族结构、多元的信仰体系，以及曾被西方殖民的历史使得印尼始终存在着深刻的社会矛盾，并且自 20 世纪末起冲突不断。其中，因为宗教与民族问题而引发的对立尤为突出。

一　宗教冲突问题

印尼是世界上穆斯林人口最多的国家，全国有超过 87% 的国民信仰伊斯兰教。虽然印尼实行政教分离原则，并未将伊斯兰教立为国教，但伊斯兰教仍在印尼的政治经济、社会文化发展中扮演着极为重要的角色。伴随着苏加诺下台所带来的政局动荡，1998 年金融危机造成的严重经济问题，与东南亚伊斯兰极端主义的崛起，自 20 世纪 90 年代起印尼各地区冲突频发，造成社会动荡，而这些冲突基本上与伊斯兰教有着密不可分的联系。

（一）基督宗教与伊斯兰教之间的冲突

伊斯兰教于 13 世纪末传入印尼，当 16 世纪西方殖民者将基督宗教传至这里时，伊斯兰教已是印尼群岛大部分地区的主流宗教。在荷兰殖民统治时期，基督新教备受推广，而伊斯兰教则遭到压制，不平等的宗教政策加剧了两教之间的对立，同时也极大地损害了宗教徒之间的感情。在与西方殖民者进行斗争的过程中，伊斯兰教逐渐演变为一种民族主义的标志。虽然在印尼独立后，两教的矛盾一度有所缓和，但彼此间的隔阂并未消除。

"潘查希拉"奠定了宗教自由政策的基调，但却没有对宗教自由给予具体的定义。这导致在苏加诺执政时期，基督宗教通过提供物质利益、教育、联姻等各种手段促使穆斯林改变信仰，实现了信徒的大幅增长。这种劝诱穆斯林改变信仰的行为，一直都是两教矛盾的焦点之一。在苏加诺下台后，在齐亚和望加锡（Makassar）便出现了基督教堂被毁事件。①

苏哈托在上台后，对宗教自由的范围作了规定，不允许进行使他人改变宗教信仰的活动。②然而，在此之后，一些激进的福音派基督教徒仍会在穆斯林中心地区劝诱穆斯林改变信仰，这导致两教之间的紧张关系进一步升级。例如，在伊斯兰组织相当活跃的勿加泗（Bekasi），基督教的福音主义组织同样建立了分支机构，并设立了专门针对穆斯林贫民的传教项目，甚至还有一些组织要求其学校中的每个学生只有使五名穆斯林皈依基督教才能毕业。③据印尼新教和天主教教会 2008 年公布的消息，印尼全国尤其是在爪哇岛西部，有超过 108 家的新教和天主教设施遭到抢劫或者被纵火烧毁。印尼新教教区主席古尔托姆认为，伊斯兰暴力增加的原因之一在于："一些穆斯林认为印尼基督教的存在就是为了将印尼基督化。如果哪个地方建造了一座基督教堂，对他们来说就意味着那里有了一个新的皈依基督教的中心。他们始终担心，大多数受教育水平低的穆斯林会皈依基

---

① 韦红：《印尼宗教冲突的前因后果》，《东南亚研究》2000 年第 4 期。

② Hyung-Jun Kim, "The Changing Interpretation of Religious Freedom in Indonesia," *Journal of Southeast Asian Studies*, Vol. 29, No. 2, 1998, p. 366.

③ 《印度尼西亚："基督教化"和宗教偏执》，https://www. crisisgroup. org/zh-hans/asia/south-east-asia/indonesia/indonesia-christianisation-and-intolerance。

督教。"①

除了在信仰市场上的激烈争夺外，政权更替与经济形势恶化也是导致宗教冲突升级的原因。一方面，在苏哈托下台后，随着各政治集团对国家政权的角逐，在印尼东部基督教集中的安汶地区，基督教徒和穆斯林互相残杀，自 1999 年 1 月至 2000 年初，造成 1100 余人死亡和超过 2000 人受伤。另外，还有 8500 多处包括教学设施在内的建筑物遭到焚毁。另一方面，金融危机带来的长期经济问题也使得基督教与伊斯兰教之间的对立加剧。占全国人数不足 10% 的基督教徒（新教加天主教）在印尼的经济地位远高于占据人口总数近 88% 的穆斯林，由于贫富悬殊所导致的心理失衡致使一部分穆斯林选择将矛头对准基督徒。②

（二）地区分离主义

印尼的宗教冲突并非仅仅发生于伊斯兰教与基督教之间，同样，信奉伊斯兰教的民族之间依然存在着分歧与争端。或因为不满中央政府垄断资源和收益分配，为了追求地方民族自治权以及经济利益最大化，或要求从世俗国家分离、建立伊斯兰国家，印尼的多个地区纷纷出现独立运动。自 20 世纪以来，地区分离主义就一直是印尼面对的一个难题。

亚齐地区的独立运动是印尼地区分离主义的代表之一。亚齐位于印尼苏门答腊岛的北端，其人口约占印尼全国人口的 3%。亚齐人信奉伊斯兰教，属于逊尼派，但仍在一定程度上保留了一部分本土的原始信仰。13 世纪初，亚齐人在苏门答腊岛北部建立伊斯兰教王国。它是印尼最早传入伊斯兰教的地区，后来成为整个东南亚地区伊斯兰教的中心。1945 年印尼宣布独立后，亚齐成为印尼立国的创始省份之一。一直以来，亚齐都希望成为一个以伊斯兰教的宗教法为法律的自治省。③ "但印尼中央政府出于对亚齐人剽悍尚武的历史和强烈的族群意识的忌惮，于 1950 年把亚齐并入北苏门答腊省，使之成为比省还低一级的地区。"对此极为

①　《印尼的伊斯兰教与基督教》，https://www.dw.com/zh/%E5%8D%B0%E5%B0%BC%E7%9A%84%E4%BC%8A%E6%96%AF%E5%85%B0%E6%95%99%E4%B8%8E%E5%9F%BA%E7%9D%A3%E6%95%99/a-3104655。

②　韦红：《印尼宗教冲突的前因后果》，《东南亚研究》2000 年第 4 期。

③　郭艳：《民族分离运动与国家认同的建构——印度尼西亚个案研究》，《国际论坛》2004 年第 5 期。

不满的亚齐于 1953 年爆发反抗中央政府的暴动，宣布成立独立的伊斯兰教国家，实行政教合一的伊斯兰教制度。在重压之下，印尼中央政府于 1959 年被迫给予亚齐"特别自治区"的地位，并准予其拥有宗教、教育和文化方面的自主权。然而，这个"特别自治区"有名无实，各项自治权并未得到有效落实。并且，印尼中央政府又对亚齐的自然资源进行盘剥，再度引起亚齐人的强烈不满。1976 年，"自由亚齐运动"成立并于当年再度宣布"亚齐独立"，从此展开了与印尼中央政府的长期武装对抗。①

除了亚齐地区之外，西加里曼丹的雅达族、伊里安查亚的巴布亚、苏拉威西、寥内、马鲁古等地区也纷纷出现要求独立的民族分离主义运动。据称，在 2000 年后，"印尼 26 个省区中，有上述分离倾向或程度不同的不满情绪的省份几占半数"②。这些民族分离运动往往伴随着武装冲突与暴力活动，极大地影响着印尼的地区稳定与民众的生命安全。

（三）伊斯兰极端主义的影响

印尼的宗教冲突频发有其内在和外在的原因。从其内在原因来讲，在印尼独立之后，其各个政党多是以宗教信仰、民族和地区为界组建的，政党间的斗争在无形中加剧了宗教、民族间的冲突。与此同时，在经济发展方面，行业和地区发展的不平衡，客观上造成民族、宗教间利益不均，加剧了彼此间的对立情绪和矛盾。③ 其外在原因则在于，一方面，历史上西方殖民者埋下了宗教对立的隐患；另一方面，20 世纪末以来东南亚伊斯兰极端主义思想的扩张也对印尼的国家秩序构成严重威胁。

20 世纪 80—90 年代，东南亚伊斯兰极端主义开始萌芽。苏哈托政权垮台后，大量流亡海外的伊斯兰极端分子回国建立伊斯兰极端团体和组织。2014 年，在"伊斯兰国"崛起后，东南亚伊斯兰极端主义进入了一个新阶段。"伊斯兰国"不断向东南亚地区渗透并建立分支机构，积极宣传圣战萨拉菲思想，推动当地伊斯兰团体向极端方面转化，使伊斯兰极端

---

① 庄礼伟：《印度尼西亚社会转型与族群冲突——亚齐民族分离运动个案研究》，《世界民族》2005 年第 1 期。

② 李凌：《印度尼西亚的经济形势和民族团结和解》，《世界经济与政治》2000 年第 4 期。

③ 姜杰、丁金光：《东南亚国家转型期的民族和宗教冲突研究》，《山东大学学报》（哲学社会科学版）2001 年第 1 期。

主义思潮在东南亚范围内迅速蔓延和扩散。在极端主义思想的影响下，印尼的一些穆斯林甚至携其妻儿前往叙利亚参加"伊斯兰国"组织，并在"伊斯兰国"发展遇挫后"回流"东南亚母国。据称，截至 2015 年底，响应"伊斯兰国"号召前往中东的印尼籍恐怖分子至少有 820 名，其中568 人仍滞留在伊拉克和叙利亚，69 人死亡，183 人已返回印尼。①

伊斯兰极端主义思想的蔓延同时也会催生恐怖袭击活动。2016 年发生于雅加达的爆炸袭击事件造成至少 7 人死亡，17 人受伤，"伊斯兰国"宣称对此次爆炸案负责。② 2016 年 7 月 5 日，在印尼梭罗发生恐怖袭警爆炸事件，造成一名警员受伤，该恐袭案被认为是"伊斯兰国"号召全球圣战士在斋月期间发动恐怖袭击的一个案例。③

东南亚伊斯兰极端主义意识形态的扩张不仅为暴力恐怖主义提供了思想基础，还极大地恶化了东南亚地区的政治生态。在伊斯兰极端主义思想的影响下，印尼、马来西亚等国大量伊斯兰团体趋向保守，使世俗政权带上浓重的伊斯兰色彩。随着更多新成立的伊斯兰政党将伊斯兰教作为其意识形态源泉，积极提倡伊斯兰价值观，"印尼伊斯兰团体保守化态势凸显，伊斯兰极端主义思想在印尼伊斯兰团体中认同度明显提升，宗教不宽容和极端主义思想不断扩散，作为印尼立国政治哲学基石的'建国五原则'正经受着越来越大的挑战"④。

就"伊斯兰国"本身而言，由于其信奉的萨拉菲主义属于逊尼派的罕百里学派，而东南亚的伊斯兰教普遍属于逊尼派的沙斐仪派，教法学派的不同使印尼的主流伊斯兰组织与大部分穆斯林对其持反对意见⑤，但如何抵御境外势力的渗透，防止原本属于伊斯兰温和派的印尼穆斯林走向极端化，妥善处理民族矛盾与宗教冲突则是印尼未来需要长期面对的严肃课题。

---

① 王利文：《东南亚伊斯兰极端主义思想的扩散：诱因、影响及应对》，《南洋问题研究》2019 年第 2 期。

② https://society.huanqiu.com/article/9CaKrnJTb03.

③ 沈燕清：《"伊斯兰国"在印尼的渗透、扩张及印尼政府的应对》，《东南亚南亚研究》2017 年第 3 期。

④ 王利文：《东南亚伊斯兰极端主义思想的扩散：诱因、影响及应对》，《南洋问题研究》2019 年第 2 期。

⑤ 张金荣：《伊斯兰国向东南亚渗透剖析》，《当代世界》2016 年第 6 期。

二　印尼华人的历史与现状

虽然印尼被认为是世界上华人较多的国家之一，但事实上华人却只是印尼的一个很小的民族群体。据 2010 年人口普查官方数据，华人仅占印尼人口总数的 1.2%。然而，在民族构成中占比很小的华人群体却是印尼建国以来长期面对的一个民族问题。21 世纪以前，印尼频频发生针对华人的动乱与暴行，华人在印尼的生命安全与生存状况受到严重影响。华人受到印尼其他民族排挤、打压的根本原因主要体现在三个方面：

首先，由于华人企业控制了大半印尼经济，对印尼经济自主性之影响甚高，华人在印尼的经济领域占据着重要地位，引起其他国民的不满，这可谓是华人与其他民族之间发生冲突的主要原因。华人与印尼群岛各民族的交往可以追溯到汉代，但真正出现华人的移民潮却是在荷兰统治印尼期间。聪明、勤奋的华人能够带来更大的经济利益，所以受到了早期荷兰殖民者的青睐，被给予了高于印尼土著的社会地位。但荷兰殖民者这种"分而治之"的统治政策把华人和土著民众区分开来，并使两个族群相互对立①，为华人与印尼其他民族间的对立埋下了祸根。印尼独立之后，为了复兴经济，苏哈托政府采取了利用华人资本和企业家技能的做法。随着华商在私营部门中占据有利的支配地位，其他本土企业家和社会上的大多数人便开始抨击政府偏袒华人。"结果，政府被迫采取重大政策来剥夺华人的明显支配地位，并使印尼人在经济中有更加合乎比例的参与权。"尽管如此，许多华人公司还是不断成长并扩展成为国际性的联合公司。② 远高于其他印尼人的经济地位使得华人极其容易在社会动荡时成为暴力袭击的靶子。印尼暴徒趁乱抢夺华人财产，奸淫、屠杀华人等事件不时发生，遂形成大规模的排华浪潮。1997 年亚洲爆发金融危机时，印尼盾贬值超过80%，是东南亚通胀率最高的国家。部分必需品的物价飙升数倍，失业人数高达 2000 万人，生活在贫困线以下的人口增至 8000 万人，分别占印尼总人口的 10% 和 40% 左右。金融危机威胁着印尼许多人的生存。在如此

---

① 罗发龙：《边界维持理论视野下印尼华人族群性的变迁分析》，《华人华侨历史研究》2016 年第 2 期。

② 《华人少数民族在印度尼西亚发展中的作用》，陈玉兰、赵红英译，《华侨华人历史研究》1989 年第 2 期。

巨大的经济压力之下，排华暴徒则趁社会秩序动荡和混乱之际，煽动和掀起了令人发指的排华暴乱。据不完全统计，1998 年 5 月，仅雅加达一地华人的损失就高达数十亿美元，有 1632 名华人死亡，百余名华裔妇女被强暴。①

其次，政治局势与民族政策对华人的社会地位造成了严重影响。印尼华人首先面对的是国籍选择上的难题。中国历朝政府曾依据血统原则，将生活在印尼的中国移民及其后裔一律视为当然的中国人，移民后裔中的大多数人也认为自己是中国侨民。但 1955 年中华人民共和国政府与印度尼西亚共和国政府签订《关于双重国籍问题的条约》后，印尼侨民必须对加入印尼国籍还是中国国籍做出选择。这一时期的印尼华侨华人绝大多数仍保留中国国籍，对于印尼的客居心态使得华侨华人基本上远离印尼政治和国家事务。然而，20 世纪 50 年代中期以后，印尼政府就华侨工商企业和文化教育事业采取种种限制措施，1959 年甚至发布第 10 号总统法令，明确禁止华侨在省、县和州首府以外的地区经营零售商业。从 60 年代后期起，选择加入印尼国籍的华侨人数逐渐增多。② 但即便加入了印尼的国籍，华人在印尼的处境依然非常艰难。代表中间势力的苏加诺总统原本一直采取较为宽容、温和的华侨华人政策，但随着 1958 年印尼进入"有领导的民主"历史时期，右翼军队势力与左翼印尼共产党之间因相继进入政治权力核心而引发的派系斗争愈演愈烈，最终迫使苏加诺改变了政策，开始极力排斥和限制华侨与华人的日常活动。"9.30"事件后，苏哈托推翻了苏加诺的统治，左翼势力遭到大面积打压，而一直被视为是印尼共产党支持者的印尼华侨也因此受到牵连，全国范围内的排华运动持续不断。③ 在苏哈托统治时期，约有 50 万名印尼共产党员遭到屠杀，针对当地华人的国家恐怖主义暴行更是比比皆是。并且苏哈托政府还在文化上对华人实施强制同化政策，例如，禁止在公众场合使用华文华语、取缔华文学校和华文报刊，不许华人公开庆祝春节等中国传统节日，强制华人改用印尼文

---

① 廖小健：《马来西亚、印度尼西亚民族关系比较》，《世界民族》2004 年第 1 期。

② 梁英明：《印度尼西亚华人与祖籍国关系及其民族融合问题：历史与现实》，《华侨华人历史研究》2010 年第 4 期。

③ 丁丽兴：《从被动适应到主动融入：印度尼西亚华侨华人社团的历史演进》，《东南亚纵横》2009 年第 8 期。

姓名等。华人无法通过政治参与的方式让自身利益诉求获得权力机关的有效回应。社会正义的缺失致使族际关系失和，进而导致族际政治问题频发。① 据不完全统计，1945 年 9 月至 1949 年 9 月独立战争时期，华人共死伤 3500 人，失踪 1631 人，财产损失达 5.3 亿盾。而在苏加诺执政时期，几乎每年都有一两起排华流血事件发生。20 世纪 90 年代后，排华事件愈演愈烈，据不完全统计，1994 年有 8 起，1995 年有 6 起，1996 年达到 27 起。②

最后，随着伊斯兰极端主义思想的蔓延，华人还常常在宗教冲突中成为被攻击的对象。如前所述，在华人中，信仰天主教的比例为 15.74%，信仰新教的比例为 27.04%，这意味着超过 42% 的华人信仰与伊斯兰教矛盾最深的基督宗教。而华商之中基督徒的比例也较高，许多人把华商等同于基督徒，这导致一旦发生基督徒与穆斯林的冲突，华人通常都会被波及。正如"先知使徒会"（Muhammadiyah）领袖拉伊斯所言："在某种程度上，贫富不均造成宗教间的紧张。有钱人刚好是华人，而大部分的华人是基督徒。但大部分的人民是穷人，而穷人刚好是穆斯林。"③

不过，苏哈托下台之后，印尼社会和华人社会都进入了一个新的历史发展阶段，印尼华人的生存与发展状况得到了改善。华人开始多层次、全方位地参与共同构建多元和谐的印尼社会进程，印尼华族与其他族群的关系正在逐步改善当中。④ 2000 年以后，一方面，一些歧视华人的政策、条规开始逐渐被废除，在宽松的民族政策之下，华人社团纷纷成立，华人报刊纷纷出版，华文教育迅速发展。另一方面，昔日的很多印尼侨民在经历了一系列历史变迁之后大部分已经加入印尼国籍，并且从心态上发生了根本性的转变，开始在印尼"落地生根"，实现了印尼华侨社会向华人社会

---

① 于春洋：《族性视野中多民族国家族际政治问题比较研究——基于尼日利亚与印度尼西亚民族国家建构的经验观察》，《国际安全研究》2017 年第 3 期。

② 廖小健：《马来西亚、印度尼西亚民族关系比较》，《世界民族》2004 年第 1 期。

③ 蔡维民：《印尼华人基督教会宣教初探——以苏门答腊为例》，《亚太研究论坛》2004 年第 23 期。

④ 丁丽兴：《从被动适应到主动融入：印度尼西亚华侨华人社团的历史演进》，《东南亚纵横》2009 年第 8 期。

的转化。① 虽然真正实现民族融合将是一个漫长的过程，但印尼华人的地位相较从前已经发生了明显的变化。随着中印两国的交流日趋深入与"一带一路"建设的开展，印尼华人有望在经济、文化、宗教等各个领域扮演更为重要的角色。

小　结

印尼现有的民族与宗教格局在很大程度上是由其复杂的历史进程以及国内的政治变局所造成的。16 世纪，葡萄牙、荷兰等西方殖民者的统治将基督教传入了印尼群岛，丰富了印尼宗教文化的多元性，但同时其有失公平的民族、宗教政策却为印尼的民族隔阂与宗教冲突埋下了种子。进入 20 世纪之后，印尼在追求独立的过程中，伊斯兰教信仰逐渐带上了民族主义的色彩，这在客观上为推动民族独立，促进民族团结提供了动力。在印尼建国之初，建国五项原则"潘查希拉"为印尼追求宗教、民族的平等奠定了基础。但随着印尼政局的动荡，与 20 世纪 80—90 年代伊斯兰极端主义思想的蔓延，出于各种原因的宗教、民族冲突不断，一些地区出现了严重的暴乱，另一些地区则纷纷要求独立。与此同时，印尼的华人受到了来自政府与民众的排挤与歧视，在政治、经济、文化等各个领域均遭到了极不公平的待遇，并屡屡成为暴行的对象。随着苏加诺的下台，印尼的民族政策开始趋向宽容，各宗教、民族之间的对立也逐渐趋于缓和，但宗教冲突与民族分离主义的威胁依然存在，这也是印尼需要长期面对的重要课题之一。相信"一带一路"建设的推行，会为印尼实现地区稳定、民族融合提供更大的空间，也将为印尼与周围邻国乃至国际社会的交往提供更大的机遇与可能。

---

① 梁英明：《印度尼西亚华人与祖籍国关系及其民族融合问题：历史与现实》，《华侨华人历史研究》2010 年第 4 期。

第八章　外交政策

一国外交政策的影响因素大体可分为三类：一是该国所处的外部环境因素，如国际体系格局；二是该国自身的属性特征，如地理位置、经济和军事实力、政治体制等；三是决策者特征，如领导人风格、执政党政治主张等。上述因素共同影响着印尼的外交政策。本章将以决策者为切入点，探讨印尼外交政策以及对外关系的演变。

第一节　苏加诺政府时期印尼的外交政策

建国之初，印尼国内对于外交政策的立场产生了分歧。亲美派认为，印尼需要美国等西方国家的经济援助；而亲苏派则认为，美国可能带来经济殖民主义。1948 年 9 月 2 日，印尼前副总统穆罕默德·哈达（Mohammad Hatta）在印尼中央民族委员会工作组会议上提出，面对美苏争霸，对印尼最有利的政策不是在美苏之间选边站，而是保持战略自主，积极塑造外部环境，避免成为国际冲突的对象。[1]

在美苏两大阵营对峙的国际格局之下，印尼将独立和积极原则确立为外交政策的基本原则。其中，独立原则是指印尼不在大国之间选边站，而积极原则是指寻求积极参与国际事务，而不是在国际问题上保持被动或消极应变的立场。独立和积极原则缓解了印尼政治精英之间的理念分歧。由此，印尼将独立和积极原则作为其外交政策的基础。

其一，反帝反殖民主义是建国初期印尼外交政策的重要内容。印尼独

---

① Indonesia's Foreign Policy/The Principles of the Foreign Policy. Embassy of The Republic of Indonesia Washington, DC., https://www.embassyofindonesia.org/index.php/foreign-policy/.

立和积极的外交政策并非中立政策。由于美国等西方国家最初拒绝向荷兰施压使其移交政权，印尼决策者在最初阶段更倾向于反西方立场。1955年4月，印尼作为主要发起国之一主办亚非会议，推动第三世界的团结合作。1957年，苏加诺开始推行"有领导的民主"，其反帝反殖民主义倾向愈加明显，印尼对外政策在一定程度上显现出向社会主义阵营倾斜的趋势。① 印尼同中国、朝鲜等社会主义国家保持友好往来，但与西方国家之间的关系却不断恶化。

其二，与美国等西方国家的关系疏远并不断恶化。印尼独立后，美国等西方国家垄断资本仍然控制着印尼的金融、石油、橡胶等重要行业，在印尼国内寻找代理人，保护其经济利益。美国干涉印尼内政，支持印尼国内政治势力，策划军事政变，意图颠覆印尼政府。苏加诺政府认为，美国主导建立"东南亚条约组织"加剧了地区紧张局势，不利于地区和平与稳定。1958年3月，杜勒斯表示美国国务院正在研究承认印尼叛乱分子的交战地位问题，并认为印尼局势问题属于东南亚条约组织考虑的事项范畴。② 苏加诺政府反对美国等西方国家的干涉，与亲美派军人势力的矛盾恶化。

其三，与中国关系总体向好，在国际事务中相互支持。印尼于1950年6月与中国建立正式外交关系。在建交之初，双方互动相对较少。在万隆会议后，双方高层互动增多，在国际政治舞台上相互支持。中国支持印尼收复西伊里安，印尼支持中国在台湾问题上的立场。同时，两国经济社会交往日益频繁，在经济、技术、文化等领域签署友好合作协议。然而，印尼国内政局频繁变动对双方关系产生了不利影响。1959年，印尼颁布"总统第10号法令"，禁止华人在乡镇进行商业活动，印尼地方军区借机搞排华行动。两国关系遭受挫折，中国被迫采取撤侨行动。此后，双方通过领导人互访等方式修复双边关系，使双边关系总体上保持向好趋势。

其四，与马来西亚对抗。1963年，马来亚同沙巴、沙捞越和新加坡

---

① Anindya Batabyal, "Change and Continuity in Indonesian Foreign Policy: From Sukarno, Suharto to Megawati," *Jadavpur Journal of International Relations*, Vol. 6, No. 1, 2002, p. 31.

② 庞海红：《苏哈托执政时期印尼的国内政治与对外关系（1966—1998）》，硕士学位论文，云南师范大学，2001年，第5—6页。

组建马来西亚联邦。印尼出于历史认知和战略考量，以"粉碎马来西亚"为口号，与马来西亚对抗。1965 年，在英美支持下，马来西亚联邦继承了马来亚联邦在联合国的非常任理事国席位，印尼宣布退出联合国。1965年印尼发生"九卅事件"，苏加诺失去政府控制权。

其五，参与不结盟运动。不结盟运动始于 20 世纪 50 年代，由南斯拉夫总统铁托、印度总理尼赫鲁、埃及总统纳赛尔发起，印尼总统苏加诺积极响应并参与。不结盟运动是第三世界国家建立的合作平台，奉行独立和平的外交政策，对维护世界和平与反对霸权主义做出重大贡献。

尽管伴随着国内政局变动，印尼外交政策发生了一定程度的调整。从总体上看，在苏加诺政府时期，印尼采取了独立且积极的外交政策，与第三世界国家合作，反对帝国主义和殖民主义，成为不结盟运动的创始成员之一。哈达在其 1976 年出版的专著中将印尼外交政策概括为"在两块暗礁间行船"。

第二节　苏哈托政府时期印尼的外交政策

苏哈托政府的外交政策主要服务于谋求经济发展，采取独立不结盟的外交政策。其一，在大国关系方面。在安全领域，亲近美日欧西方阵营，警惕苏联，疏远中国。在经济领域，依赖美日欧获得经济和技术援助，同时寻求同苏联开展经济合作，为印尼经济发展创造良好环境。其二，在周边关系方面。苏哈托政府停止苏加诺政府对马来西亚采取的对抗政策，并与周边国家合作建立东南亚国家联盟（简称"东盟"），提升战略互信，推动双边及地区合作。其三，在国际事务方面。从 20 世纪 80 年代开始，苏哈托政府积极寻求介入国际事务。1991 年，印尼当选 1992—1995 年不结盟运动主席国。苏哈托表示，不结盟运动应同发达国家进行建设性对话，以便在对话中寻求解决国际经济问题的路径。

一　亲近美日欧西方阵营

20 世纪 80 年代之前，苏哈托政府疏远共产主义阵营，换取美日欧经济援助，全力发展国内经济。苏哈托政府将发展国民经济作为首要任务，积极调整外资政策，把利用外资作为发展经济的重要举措。1967 年，苏哈托政府颁布《外国资本投资法》，向外资提供优惠待遇以吸引外国投资。同时，苏哈托政府承诺归还苏加诺政府在 1963—1965 年没收的美资和英资企业资产，对已被国有化的荷资企业给予补偿。①

苏哈托政府中断与中国的外交关系，同时寻求改善与西方国家的关系并获得经济援助。西方对苏哈托政府反共产主义立场较为满意，1966 年成立援助印尼国际财团。美国、日本以及欧洲发达经济体向印尼提供了大量经济援助。发达经济体向印尼提供经济和技术援助，对印尼经济发展起到了重要作用。

苏哈托政府积极改善同美国的关系，向美国寻求经济和军事援助。双方领导人多次互访。苏哈托曾多次访美，美国前总统尼克松、福特、里根、布什等均访问过印尼。苏哈托政府宣称美国应保持对太平洋地区的安全承诺，印尼战略地位重要，美国应给予其充分的经济和军事援助。苏哈托政府借助美国军事援助计划（包括军售、军事贷款、军官培训等），提高印尼的军事实力。尽管苏哈托政府实行亲美政策，但寻求保持一定的战略自主性，并未同美国签署同盟协议。美国卡特政府将经济援助与印尼人权问题挂钩，要求苏哈托政府改变印尼人权现状。由于在经济上严重依赖美国，苏哈托政府做出一定程度的妥协和让步。20 世纪 90 年代，以美国为首的西方国家常以东帝汶人权问题为由向印尼施压。苏哈托政府对于美国等西方国家以人权为借口干涉印尼内政表示不满，寻求发展更为多元化的外交关系。

苏哈托政府积极同日本开展经济合作，但在军事上对日本保持警惕。1958 年，印尼与日本建立外交关系。在苏哈托政府时期，两国领导人互访频繁，双方政治和经贸关系密切。苏哈托曾多次访日，日本前首相田中角荣、福田赳夫、铃木善幸、中曾根康弘等都曾访问印尼。日本当时是印尼第一大经济援助国、投资来源地和出口市场。苏哈托政府借助日本经济和技术援助实现其五年经济发展计划。日本在推动印尼经济发展的同时，在印尼的经济利益不断扩大。苏哈托希望日本能够带动印尼及地区经济发展，但对日本增强军事力量保持警惕。

---

① 庞海红：《苏哈托执政时期印尼的国内政治与对外关系（1966—1998）》，硕士学位论文，云南师范大学，2001 年，第 21 页。

苏哈托政府将荷兰、德国等欧洲发达经济体视为重要的援助来源和出口市场。印尼独立后，荷兰对印尼经济部门仍然具有重要影响。1963 年，印尼与荷兰恢复外交关系。在援助印尼国际财团中，荷兰对印尼经济援助规模仅次于日本和美国，排在第三位。20 世纪 90 年代初，印尼曾因荷兰批评其人权问题而宣布拒绝其经济援助，两国关系出现挫折。1994 年，在荷兰首相访问印尼期间，两国就建立平等互利的外交关系达成共识，双方关系得到改善。苏哈托政府积极寻求同联邦德国开展经济和技术合作，由于双方经济结构具有较强的互补性，双方经济合作较为稳定。

二 警惕并疏远共产主义国家

苏哈托政府在对苏联保持警惕的同时，寻求同苏联发展经济合作。在苏哈托上台后，苏联中断对印尼的经济援助，双方关系骤降。为最大限度地促进国内经济发展，苏哈托政府在美苏间采取大国平衡政策，在与美日欧接近的同时，寻求与苏联开展经济与技术合作。1974 年，苏哈托政府同苏联签署新的贸易协定和经济合作协定，但对苏联的军事扩张保持警惕。1989 年，苏哈托总统访问苏联，戈尔巴乔夫和苏哈托签署《苏联印尼友好关系和合作基础的声明》，双方确定在和平共处五项原则的基础上发展友好关系。双方在此基础上推动经贸合作。

苏哈托政府将中国视为安全威胁，直到 20 世纪 80 年代才寻求同中国复交。1965 年印尼"九卅事件"发生后，苏哈托军人政权在印尼掀起反共反华浪潮，印尼与中国关系显著恶化。1967 年印尼与中国中断外交关系后，两国通过新加坡和香港进行转口贸易来维持经贸联系，其中，华侨华人是维持双方经济往来的重要渠道。20 世纪 70 年代中后期，中国与美国以及其他东盟国家之间的关系呈现出缓和态势并相继建交。在此背景下，1978 年 3 月，苏哈托公开表达准备与中国复交的意向，但受到较大阻力。鉴于中美关系正常化，且印尼工商界迫切希望开拓中国市场，苏哈托政府于 1985 年批准印尼工商会和中国国际贸易促进会签署《谅解备忘录》，双方恢复直接贸易。印尼希望在国际和地区事务中提升影响力，必然需要同中国复交。1990 年 8 月，中印尼恢复外交关系。两国领导人在复交后实现互访，双方关系得到巩固和发展。

三　与其他东盟国家保持友好交往

1967 年 8 月，印尼与马来西亚、菲律宾、新加坡和泰国共同发表《曼谷宣言》，宣布建立东盟，以维护地区和平与稳定，促进地区繁荣发展。[①] 此后，文莱、越南、老挝、缅甸和柬埔寨相继加入东盟。苏哈托政府寻求同其他东盟国家保持友好往来，在政治安全、经济贸易、社会文化等领域开展合作，并主张将东盟发展为共同市场。印尼希望协调东盟成员，在国际事务中采取共同立场。

苏哈托政府停止与马来西亚之间的对抗，积极推动双边合作。印尼于1957 年同马来亚联邦建立外交关系。1963 年，印尼反对马来亚联邦与沙巴、沙捞越和新加坡组成马来西亚联邦，对其采取对抗政策，两国断绝外交关系。苏哈托政府上台后，停止与马来西亚对抗并恢复外交关系。此后，两国签署友好条约和双边安全协定，双方经济合作不断加强，并多次进行联合军事演习。1980 年以来，两国领导人互访频繁，在国际事务中开展合作。例如，1980 年 3 月，印尼总统苏哈托和马来西亚总理侯赛因就解决柬埔寨问题进行磋商，并共同提出 "关丹原则"。两国矛盾分歧主要涉及争夺东盟领导权、利吉丹和西巴丹岛屿归属问题、两国经济摩擦（如棕榈油出口竞争）等。

苏哈托政府与新加坡冰释前嫌，推动经济合作。新加坡在独立初期与印尼、马来西亚之间的关系依旧处于紧张状态。新加坡寻求同印尼建立友好关系，以制衡马来西亚。[②] 1968 年，由于发生新加坡爆炸案，新加坡处死两名印尼士兵，双边关系自此快速降温。直到 1973 年新加坡总理李光耀访问印尼，双方关系才出现转折，苏哈托于次年回访。此后，两国领导人频繁互访，双方签署贸易与航海协定、海洋划界协定、经济技术合作协定和航空协定等。[③] 新加坡是世界上重要的转口贸易中心，工业化水平高，在技术、资金、管理等方面具有优势，而印尼是资源和人口大国，在初级产品、劳动力成本和市场潜力方面具有优势。双方经济互补性强，是

---

① About ASEAN, https://asean.org/about-us/.

② 刘少华：《新加坡对印尼的外交政策》，《当代亚太》2001 年第 5 期，第 51 页。

③ 庞海红：《苏哈托执政时期印尼的国内政治与对外关系（1966—1998）》，硕士学位论文，云南师范大学，2001 年，第 36 页。

重要的贸易伙伴。

苏哈托政府积极改善同泰国和菲律宾两国的关系。印尼于1953年与泰国建立外交关系。由于泰国是美国盟友，在苏加诺政府时期，双方关系比较冷淡。在苏哈托政府时期，印尼与泰国签署《友好条约》《大陆架界线协定》和《引渡协定》，并且多次举行联合军事演习。印尼和泰国对于如何处理柬埔寨问题存在分歧。印尼对越南态度相对温和，而泰国认为越南是泰国面临的主要威胁，主张采取强硬态度。泰国和印尼积极开展贸易合作，双方经济关系日益密切。印尼和菲律宾都是群岛国家，双方政治、经济关系密切。20世纪70年代，双方领导人频繁会晤，在双边和多边层面开展合作。双方在经济领域推动贸易合作，在安全领域多次进行联合军演。

从总体上看，在苏哈托政府时期，印尼坚持独立和积极的不结盟外交政策，为国内经济发展创造了有利环境。苏哈托政府改变了苏加诺政府亲共产主义阵营、与马来西亚对抗的外交政策，通过亲西方阵营获得经济和军事援助，并与苏联保持经济合作关系。在国内经济发展的背景下，20世纪80年代，印尼更为关注国际事务，积极参与解决柬埔寨问题，并寻求同中国复交。此后，印尼在国际舞台上更为活跃，积极参与不结盟运动，提升自身在国际社会的影响力。

第三节　后苏哈托时代印尼的外交政策

苏哈托总统下台后，印尼开启民主化进程。在民主化初期，印尼政府频繁更迭。哈比比政府（1998年5月—1999年10月）主要着手处理国内政治经济问题，其外交政策仍延续苏哈托政府的亲美日欧路线，为印尼经济发展寻求经济援助。[①] 从瓦希德政府开始，印尼着力发展全方位、多元化的外交关系。

一　印尼外交政策的目标和指导方针

印尼官方将其外交政策目标概括为：其一，支持以经济发展优先为导

---

① 李倩倩：《民主化进程中印尼外交决策机制的特点研究（1998—2014）》，硕士学位论文，外交学院，2014年。

向的国家发展目标；其二，维护国内和地区稳定，为国家发展创造有利环境；其三，保护印尼领土完整和人民居住安全。尽管印尼外交政策在不同时期各有侧重，但各届政府都以独立、积极的不结盟政策为基础，根据国际环境、国内政治经济动态及执政偏好制定和调整印尼外交政策。

印尼人民协商会议第 II/MPR/1993 号决议是印尼外交政策制定的指导性方针，对后苏哈托时代印尼的外交政策依然适用。[①] 第一，以独立、积极的外交政策为基础，以国家利益尤其是支持国内社会各个领域发展为导向。第二，借助各种多边和地区渠道，促进国际和地区友好往来与合作，并通过文化活动等方式提升印尼在国际社会的积极形象。第三，秉承万隆十项原则精神，持续强化在国际问题治理中的作用。第四，密切关注国际发展和变化，以便迅速采取适当措施，保护国家稳定和发展免受潜在的负面因素的影响，并且充分利用国际社会的发展为本国发展所带来的机遇。第五，强化印尼的国际角色，促进国家间友好往来与互利合作，并持续努力实现本国目标。第六，通过各种国际组织，如联合国、东盟、不结盟运动、伊斯兰会议组织等，推动发展中国家的团结合作、形成共同立场。第七，与其他发展中国家共同努力，加速国际货物贸易协定谈判，消除发达国家对发展中国家所施加的贸易壁垒和限制，扩大发展中国家之间的经济和技术合作，并继续推动建立信息通信新秩序。第八，加强东盟成员国公共和私营部门之间的合作，特别是经济、社会和文化领域的合作。

二　后苏哈托时代印尼外交政策的演变

在后苏哈托时代，印尼逐渐形成和发展全方位外交。哈比比和瓦希德时期的外交政策主要服务于恢复国内经济和政治稳定，瓦希德政府通过发展多元化外交关系向全方位外交迈进。梅加瓦蒂政府继续推进多元化、全方位外交政策，对国际事务的关注度上升但仍以国内事务为主。在苏希洛时期，国内政治经济恢复稳定发展，印尼外交政策对国际和地区事务的关注度显著回升。佐科政府则以惠民的经济外交为核心，推行务实并且具有民族主义倾向的外交政策。

---

① Indonesia's Foreign Policy/The Principles of the Foreign Policy. Embassy of The Republic of Indonesia Washington, DC., https://www.embassyofindonesia.org/index.php/foreign-policy/.

　　瓦希德政府（1999 年 10 月—2001 年 7 月）改变了苏哈托政府的亲美路线，开展多元化外交，积极与各个大国发展双边关系，使大国之间相互牵制，对冲其外部压力。印尼多元化外交战略旨在降低印尼对单一国家的依赖，使主要大国对印尼的影响力形成均势，从而提升战略自主性。为对冲美国等西方国家的压力，瓦希德将中国作为上任后正式访问的首站，主张建立印尼—中国—印度战略合作关系，倡议中国、印度、日本、新加坡与其共同建立"五国新经济框架"[①]。

　　梅加瓦蒂政府（2001 年 7 月—2004 年 10 月）继续保持大国平衡战略，在同美国等西方国家保持密切关系的基础上，加强与中国、印度等亚洲国家的合作。同时，积极推动东盟国家加强军事安全合作。[②]受亚洲金融危机的影响，在哈比比和瓦希德时期，印尼外交政策主要聚焦于国内问题，对东盟的关注较之苏哈托时期明显下降。梅加瓦蒂政府对东盟的关注度有所回升，2003 年主办东盟峰会并倡导建立东盟安全共同体。然而，受国内政治经济条件的限制，梅加瓦蒂政府在国际事务上投入的资源较为有限，政策效果并不明显。

　　在实施民主改革后，苏希洛成为印尼首位直选总统。苏希洛政府（2004 年 10 月—2014 年 10 月）以独立、积极的不结盟政策为基础，开展"全方位"外交。其一，将东盟作为外交主阵地，谋求对东盟的领导地位。其二，全面加强同美、日、中、印、澳等国家的关系。其三，寻求在 APEC、G20 等国际平台上发挥影响力。其四，作为最大的伊斯兰国家及第三大民主国家，寻求成为美国等西方国家与伊斯兰世界的桥梁。

　　佐科政府（2014 年 10 月至今）的外交政策具有实用主义、民族主义和内向化等特征。[③]其一，积极推行以"惠民"为核心的经济外交，以此作为外交政策的优先方向。对内积极改善营商环境，吸引外国投资，推进基础设施建设；对外积极同贸易伙伴签署经贸合作协议，开拓海外市场。其二，在海洋权益等问题上转向以民族主义为特征的强硬外交，严格实施沉船政策。其三，降低对国际和地区事务的关注度，强调外交政策应服务

---

①　温北炎：《瓦希德政府的国内外政策》，《当代亚太》2000 年第 5 期。
②　温北炎、郑一省：《后苏哈托时代的印度尼西亚》，世界知识出版社 2006 年版，第 29 页。
③　尹楠楠：《印尼佐科政府外交特点、原因及挑战探析》，《江南社会学院学报》2018 年第 3 期，第 68—69 页。

于国内经济社会发展。

三 后苏哈托时代印尼外交政策的特征

在后苏哈托时代，印尼在独立、积极原则基础上采取以大国平衡、多元对冲为特征的全方位外交政策。

第一，巩固和发展同美国的关系。1997 年亚洲金融危机后，美国主导的国际货币基金组织在对印尼提供贷款援助时，提出了极为苛刻的改革条件，引发印尼国内对美国的失望和不满。尽管对美国的不满情绪明显上升，但印尼离不开西方国家提供的各项援助。因此，印尼积极寻求同美国改善关系，深化经济、技术和军事合作。2002 年，美国国务卿鲍威尔访问印尼，美国与印尼之间的军事合作升级。2010 年，苏希洛政府与美国签署全面伙伴关系协议。2015 年，佐科总统就任后首次访美，双方关系从全面伙伴关系提升至战略伙伴关系。[①]

第二，将欧盟、日本、澳大利亚等作为重要合作伙伴。印尼重视发展同欧盟国家的关系，双方建立印尼—欧盟对话机制，就民主、人权、反恐、多边主义等议题达成共识。2004 年 12 月，印尼发生海啸后，欧盟国家向印尼提供大量援助。印尼与欧洲国家高层互动较为频繁，与西欧国家的合作不断拓展和深化。日本是印尼最大的援助国和出口市场。苏希洛政府重视与日本深化双边关系，双方发表"建立面向未来和平与繁荣的战略伙伴关系"联合声明，双方合作不断推进。[②] 苏希洛政府改善同澳大利亚的关系，支持澳大利亚参加东盟峰会，双方高层互动带动双边关系明显改善。

第三，积极同中国开展务实合作。哈比比上任后表达了与中国改善关系的意愿，瓦希德、梅加瓦蒂、苏希洛执政后都曾访问中国。在亚洲金融危机期间，中国向印尼伸出援手，提供了大量贷款援助，为推动双边关系发展奠定了重要基础。尽管印尼希望同中国改善关系并开展务实合作，但对中国的国际影响力快速提升也存在一定的忧虑。2005 年，印尼与中国

① 刘平：《美国与印尼关系提升至"战略伙伴"》，《中国青年报》2015 年 10 月 28 日第 7 版。

② 王香菊：《后苏哈托时代印度尼西亚的外交政策》，硕士学位论文，华中师范大学，2008 年。

建立战略伙伴关系，双边关系得到长足发展，双边贸易规模迅速扩大，社会人文各领域合作均有所深化。2013 年，习近平主席访问印尼，双方决定把中印尼关系提升为全面战略伙伴关系。①

第四，印尼维护和发展同其他东盟国家的友好关系，推动东盟国家一体化建设。印尼积极参与东盟自贸区建设，对与马来西亚的分歧采取克制态度。自 2002 年 10 月巴厘岛爆炸事件发生以来，印尼政府加大反恐力度，与新加坡、马来西亚联合反恐，并于 2004 年签署《马六甲海峡联合巡逻协议》。2003 年，印尼作为东盟轮值主席，在第九届东盟峰会上倡议，于 2020 年建成以安全共同体、经济共同体和社会文化共同体为三大支柱的东盟共同体，获得东盟国家领导人的一致认可。2004 年印尼发生海啸后，新加坡政府协助印尼进行灾后重建工作，推动双方关系深化发展。2006 年，苏希洛政府与新加坡签署共建巴淡、宾丹、卡里孟三岛联合经济特区的谅解备忘录。2007 年，在东盟东部增长区框架下，印尼、马来西亚、菲律宾和文莱四国就增加航线问题签署备忘录。苏希洛政府寻求东盟的主导地位，就东亚峰会等问题同马来西亚和泰国展开博弈。然而，印尼对东盟的影响力受国内政治经济条件变化、成员间博弈等多重因素的限制。

第五，积极开拓多元化的外交关系。印尼积极发展与印度、巴基斯坦、韩国、俄罗斯等国的关系。双边关系明显改善，双边合作不断深化拓展。2002 年，梅加瓦蒂政府同印度签署和平利用空间等合作协议。2003 年，梅加瓦蒂政府与巴基斯坦签署禁毒和反恐合作备忘录。2006 年，苏希洛政府同韩国建立战略伙伴关系，双方签署核能合作协议。同年，与俄罗斯就经贸、能源、航天、军事等领域签署谅解备忘录。

综上所述，在后苏哈托时代，印尼经济外交以促进国内经济发展为导向，采取大国平衡策略。印尼在与美日欧保持合作关系的同时，深化拓展同中印韩等亚洲经济体的经济合作。印尼发展多元化的经贸关系降低对美国的经济依赖，使大国对印尼的经济影响力形成均势。印尼政治和军事外交以东盟为基石，采取多元对冲策略。伴随着新兴国家的崛起，东盟国家

---

① 张朔：《中国与印尼关系提升为全面战略伙伴关系》，中国新闻网（https://www.chinanews.com.cn/gn/2013/10-02/5343804.shtml）。

担心中国、印度等新兴大国威胁东南亚地区的和平稳定。其一，印尼在与中国、印度扩大经济往来的同时，加强与美国的军事和安全合作，利用美国军事力量，制衡中印两国在东南亚的影响力。其二，印尼着力推进东盟国家之间的军事安全合作。其三，印尼主张以东盟为中心开展区域合作，将大国纳入"东盟＋"框架内，利用东盟地区论坛、东亚峰会等机制约束和限制大国的行为。

小　结

在苏加诺政府时期，印尼以独立、积极原则为基础，实行以反帝反殖民主义为主要内容的外交政策，拒绝在美苏之间选边站，积极塑造外部环境。苏加诺政府与第三世界国家合作，反对帝国主义和殖民主义，同美国等西方国家关系疏远并不断恶化，并且与马来西亚对抗。

在苏哈托政府时期，印尼采取独立不结盟的外交政策，其外交政策主要服务于谋求国内经济发展。其一，与大国关系。在安全方面，亲近美日欧西方阵营，警惕苏联，疏远中国；在经济方面，依赖美日欧获得经济和技术援助，同时寻求同苏联开展经济合作。其二，与周边关系。苏哈托政府停止苏加诺政府对马来西亚采取的对抗政策，并与周边国家合作建立东盟。其三，在国际事务方面。苏哈托政府自20世纪80年代开始积极参与国际事务，提升印尼在国际舞台上的影响力。

在后苏哈托时代，印尼逐渐形成和发展全方位外交。经济外交以促进国内经济发展为导向，采取大国平衡策略；政治和军事外交以东盟为基石，采取多元对冲策略。其一，巩固和发展同美国的关系。其二，将欧盟、日本、澳大利亚等作为重要合作伙伴。其三，积极同中国开展务实合作。其四，维护和发展同东盟其他国家的友好关系，推动东盟国家一体化建设。其五，积极开拓多元化的外交关系。

第二篇
重大专题研究

第一章　印尼海洋强国战略

在苏希洛政府时期（2004 年 10 月至 2014 年 10 月），印尼制定并实施海洋综合管理政策，积极推动"蓝色经济"发展。印尼政府开始从整体上考虑海洋政策问题，整合政府资源，加强中央、地方政府的统筹协调，加快海洋综合开发，促进海洋资源可持续发展。2014 年 10 月，佐科上台后正式提出要把印尼打造成海洋强国，开始制定并实施海洋强国战略。

第一节　印尼实施海洋强国战略的基础

印尼是全球最大的群岛国家，其国土面积中 70% 以上为海洋滩涂。印尼政府利用其海洋资源优势，积极推动"蓝色经济"发展，促进海洋综合开发和可持续发展。海洋经济发展是印尼实施海洋强国战略的基础。

一　渔业发展

渔业是印尼国民经济主要部门之一。印尼是世界上第七大渔业国，仅次于中国、秘鲁、日本、智利、美国和印度。苏门答腊东岸的巴干西亚比亚是世界著名的大渔场，勿里洞沿海产海参，马鲁古群岛沿海产珍珠，马都拉岛沿海产海盐。印尼海域可捕捞的资源种类丰富，30% 以上具有较高的经济价值。2018 年，印尼海洋捕鱼量超过 670 万吨，渔业资源开发潜力巨大，特别是印尼东部和南部海域的金枪鱼资源还有很大的开发空间。[1] 此

---

[1] 纪炜炜、阮雯、方海等：《印度尼西亚渔业发展概况》，《渔业信息与战略》2013 年第 4 期，第 317—323 页。

外，印尼的淡水渔业同样在全球范围内具有重要地位，2018 年，其内陆渔业总产量位居世界第六。同时，近年来，印尼水产养殖业发展迅速，其在鱼类总产量中的占比呈上升趋势，2018 年达到近 43%，上升空间巨大。①

进入 21 世纪，印尼政府开始重视渔业，出台政策措施推动渔业发展。经过多年的发展，印尼的渔业生产能力有了很大提高，近海捕捞技术成熟，远海捕捞量持续增加。2001 年，印尼渔业总产量达 520 万吨，其中捕捞产量为 413 万吨，水产养殖产量为 107 万吨，捕捞渔业与水产养殖产量比约为 4:1。2010 年，渔业总产量首次突破 1000 万吨，达到 1083 万吨。② 渔业快速发展也促进了印尼海产品出口创汇。2021 年，印尼渔业产量达到 2440 万吨，成为第 11 大渔业产品出口国，渔业产品的出口价值达到 57 亿美元，其主要出口目的地是美国、中国、东盟、日本和欧盟。印尼海事渔业部将 2024 年渔业产品出口目标提高至 71.3 亿美元。③

近年来，印尼国内渔业产品消费量大增，由原来的每年每人 36 公斤增至 2017 年的每年每人 41.6 公斤。印尼海事渔业部重视国际合作，力争在五个方面取得新进展：确立渔业优先发展项目；引导印尼企业积极争取外国投资；加强人力资源培训和管理；加强渔业经济宣传并争取社会支持；加大国际合作力度。根据印尼海事渔业部中期发展规划，2019 年，印尼已实现跻身世界渔业生产出口大国行列的目标。

二　造船业发展

印尼国内拥有 250 家大型的船舶制造企业，主要分布在廖内群岛的巴淡地区、楠榜省的坦哥目斯县和东爪哇省的南望安县，印尼造船业的发展状况很不错，能够生产、维修各种类型及容量的船只。本地造船厂能建造 5 万载重吨的船只，修理 15 万载重吨的船只，印尼造船业年产能达到 80 万载重吨，修理能力达到 1000 万载重吨，目前仅有巴淡地区的船厂正在发展制造 7 万载重吨船只的设备。长期以来，印尼对造船业进口零配件征

---

①　FAO, The State of World Fisheries and Aquaculture 2020, Sustainability in Action, Rome, 2020, https://doi.org/10.4060/ca9229en.

②　RI Targets a Bigger Fishing Catch in 2010, *The Jakarta Post*, Feb. 28, 2011.

③　《印尼海事渔业部寻求在全球范围内改善渔业品牌产品》，中华人民共和国驻印度尼西亚共和国大使馆经济商务处，http://id.mofcom.gov.cn/article/sbmy/202211/20221103365421.shtml。

收 10% 的增值税，而对船舶进口免征进口税，对印尼国内造船业造船积极性构成重大打击。

为了鼓励和推动国内船舶工业的发展，印尼工业部出台两项措施：一是为进口部分船舶零配件而提供免征增值税优惠，以减少国内造船厂的生产成本，提高国内船舶竞争力；二是把船舶建造列为基础设施工业，实施更低税率。同时，为加快发展和振兴印尼的造船业，业者呼吁，除了已有的财政激励措施外，印尼政府应降低贷款利率，取消对本地船厂征收的 10% 的增值税。另外，由于地价较高，本地船厂生产用地无法保证，呼吁印尼政府为本地造船厂建设专业造船工业区。

三　海洋油气资源开发

当今世界正面临着日趋严重的能源危机，海洋油气开采成为增加能源供应的重要途径。印尼已把油气勘探开采的重点转移到海上，海洋石油天然气的产量比重将不断提升，成为印尼油气供应中的重要组成部分。印尼已于 2004 年成为石油净进口国。2018 年，印尼石油探明储量为 32 亿桶，石油日产量为 80.8 万桶，而石油日消费量达到 178.5 万桶，石油供给难以满足国内需求。[①] 印尼政府对美国雪佛龙、印尼国家石油公司、中海油、法国道达尔等公司寄予厚望，希望通过与之合作，将石油产量恢复至 100 万桶/天。

截至 2018 年底，印尼已探明天然气储量为 2.8 万亿立方米，占世界总量的 1.4%，在亚太地区居第二位。[②] 印尼大部分天然气（60%）产自东加里曼丹、南苏门答腊、北苏门答腊和南纳土纳海的近海气田。许多成熟气田的产量已大不如前，如阿伦（Arun）和邦坦（Bontang）等地气田。印尼政府提出到 2030 年将天然气产量提高到 12000 百万标准立方英尺/天（MMSCFD），将通过包括增加现有产量、加速勘探以寻找气源储量等一系列政策来实现。[③]

---

①　英国石油公司：《BP 统计年鉴 2019》。

②　英国石油公司：《世界能源统计年鉴》，http://www.sohu.com/a/330835214_99895902。

③　《印尼努力提升天然气产量　调整能源结构》，中华人民共和国驻印度尼西亚共和国大使馆经济商务处，http://id.mofcom.gov.cn/article/jjxs/202107/20210703180475.shtml。

四 海洋旅游业发展

印尼海洋旅游资源丰富，旅游业外汇收入增长迅速，并为数百万人带来就业机会。2012年，印尼接待外籍游客804万人次，旅游业外汇收入达到90亿美元。2014年，印尼接待外籍游客944万人次，旅游业吸收就业853万人，占国内劳工总数的7.72%。2019年，印尼接待外籍游客1610万人次，是2012年的两倍。新冠疫情暴发后，印尼旅游业遭到重创。据估计，2020年，印尼旅游业因新冠疫情损失约70亿美元。①

巴厘岛是印尼最著名的旅游胜地，凭借其独特的热带岛屿风光与丰富多彩的人文景观，连续多年成为世界海岛旅游的热门目的地。巴厘岛大力发展休假游、游轮游、潜水游、渔民生活体验游等多种旅游方式，旅游文化开发涉及乡村旅游、养生旅游、特色旅游商品开发和旅游人才培训等方面。巴厘岛旅游业发展势头迅猛。2013年，巴厘岛接待外籍游客328万人次，人均停留7.5天，人均日消费为147.2美元，其旅游收入约占印尼旅游业收入的1/4。② 国际旅游评论网站"猫途鹰"（Trip Advisor）将印尼巴厘岛、英国伦敦、法国巴黎及希腊克里特岛评为全世界优越的四大旅游胜地。③ 印尼政府着力推动海洋旅游业向绿色创意旅游业发展，充分发掘各地旅游特色，促进海洋休闲游与绿色生态游、民俗风情游相融合，促进当地旅游产业发展。

五 港口基础设施建设

港口是海洋交通运输的重要基础设施。为降低工业生产成本，印尼政府推进港口基础设施建设，提升海上运输实力。为适应日益增长的对外贸易需求，印尼主要港口的扩建工程全面展开，重点发展29个国际港口，扩大港口吞吐量，使港口进一步现代化。

2013—2014年，印尼启动131项港口建设项目，包括78项新港口工

---

① 《印尼旅游业因新冠损失70亿美元》，新华网（http://www.xinhuanet.com/world/2020-12/08/c_1210920268.htm）。

② Desy Nurhayati, "Bali Attracts 3.27 Million Foreign Tourists in 2013," *The Jakarta Post*, 2014-01-24.

③ 《巴厘成为全球最优秀旅游胜地》，《国际日报》2020年8月6日。

程和 53 项旧港改扩建工程，其中 108 个港口在印尼西部，23 个港口在东部。政府特别计划扩建雅加达、泗水、棉兰等主要城市的 29 个国际性港口，用于改善海上物流系统，这些项目所需资金约达 130 亿美元。[①] 其中，雅加达丹绒布碌港从 590 万扩建至 1100 万集装箱吞吐量。此外，印尼政府计划动工兴建三个国际港口，分别为位于西爪哇省的加拉璜（Kar-awang）、苏北省棉兰的库瓦拉丹绒（Kuala Tanjung），以及邦加—勿里洞省的勿里洞港口。由于三大国际港口工程耗资庞大，政府无法单靠国家收支预算案拨款，印尼政府拟吸引国内外投资参与建设。

六　国际海洋合作

印尼正积极与周边国家就发展海洋经济、保护海洋资源进行合作，其中一项重要工作就是实施"珊瑚礁三角区倡议"（CTI）。该倡议于 2009 年由印尼、马来西亚、菲律宾、东帝汶、巴布亚新几内亚、所罗门群岛共同发起，旨在加强保护珊瑚生态系统的国际合作。由于"珊瑚礁三角区倡议"发起国海洋生物的多样性极高，故又被称作"海上亚马孙倡议"。"珊瑚礁三角区倡议"由五个行动计划构成：一是加强海洋产品的管理；二是在鱼产品加工中推广使用环保方法；三是保护海洋环境；四是帮助沿海社区应对气候变化；五是保护海洋珍稀物种。

此外，印尼已同新加坡和马来西亚达成协议，共同投资 5.7 亿美元，将三国沿海地区开发成国际旅游度假胜地，建成"东方加勒比旅游区"。印尼与缅甸签署旅游合作协定，将共同推进巴厘岛—额布里海滩—维桑海滩旅游线路，推动印尼婆罗浮屠和缅甸帕敢两个佛教圣地成为友好城市。

第二节　佐科政府的海洋强国战略

2014 年 10 月，印尼新任总统佐科·维多多在国会发表就职演说时要求各界摒弃分歧，把印尼打造成海洋强国。佐科表示："我们必须兢兢业业，重塑印尼作为海洋大国的辉煌。我们疏忽海洋、海峡和海湾已经太久

---

① 《印尼政府将投资 130 亿美元改善海上物流系统》，《印度尼西亚商报》2012 年 11 月 14 日。

了。现在，到了我们恢复印尼'海上强国'称号，像祖辈那样怀着雄心壮志'称雄四海'的时候了。"① 2014 年底，佐科总统公布了海洋强国战略的相关细节，希望通过发展海洋经济使印尼收入达到中上等水平，争取在任期内，将印尼人均 GDP 从 3592 美元提高至 1 万美元以上。佐科反复强调海洋是印尼的未来，向外界传达了印尼建设"海洋强国"的决心。佐科上台伊始决定在新内阁机构调整中增设海洋事务统筹部，统筹协调以"海洋轴心"为主的海洋经济发展，制定新的海洋发展战略，朝着建设海洋强国的目标迈进。

一　实施"海上高速公路"计划

"海上高速公路"计划重点发展海上互联互通，带动海陆空和通信等基础设施建设，兴建各岛屿港口和陆上铁路、公路等设施，通过船只运输形成海上交通网络，推动经济平衡发展，使印尼成为全球海上交通运输的一大枢纽。政府鼓励地方和企业发展海运、河运，使之成为连接各岛的主要支柱。

改善基础设施、发展海陆互联互通是佐科政府第一任期经济发展的重点，其中海陆互联互通建设更是重中之重。2015—2019 年，印尼政府计划投资 699 万亿印尼盾（约合 574 亿美元）实施"海上高速公路"规划。在这项庞大的投资计划中，243.6 万亿盾将用于在全国兴建 24 个国际性商业港口，198 万亿盾将用于新建 1481 个非商业性港口，101.7 万亿盾将用于购买船舶，7.5 万亿盾将用于近海运输，40.6 万亿盾将用于大宗和散装货物设施建设，50 亿盾将用于至港口的多式运输，10.8 万亿盾将用于造船厂更新等。

根据印尼中期发展规划（2015—2019 年），其基础设施领域的目标为电力普及率从 81.5% 提升至 96.6%，公路里程从 38570 千米增至 45592 千米，铁路里程从 5434 千米增至 8692 千米，港口数量从 278 个增至 450 个，机场数量从 237 个增至 252 个，轮渡码头从 210 个增至 275 个。政府将通过建立海陆互联互通，完善印尼整体物流运输体系，降低物流成本，

---

① 《印尼新总统呼吁重建海洋大国，将大力发展海洋产业》，《中国新闻网》，2014 年 10 月 21 日，https://www.chinanews.com.cn/gj/2014/10-21/6698676.shtml。

提高市场竞争力，推动经济整体发展。

由于财政收入有限，印尼每年可用于基础设施建设的政府预算仅约175亿美元，印尼政府努力增加税收，降低燃油补贴支出，将节省的财政资金用于生产性部门，并通过公私合营（PPP）等模式吸引国内外投资，以筹措发展海洋基础设施所需资金。为寻求更多的融资支持，佐科就海洋基础设施建设事宜同中国、欧盟和美国的投资者进行会晤。印尼是亚洲基础设施投资银行创始成员国之一。印尼将亚投行、丝路基金等平台作为其基建项目外部融资的重要来源。

佐科政府大力发展基础设施的计划纲领逐步得到落实，在第一任期（2014年10月—2019年10月）中基础设施建设费用占国内生产总值的比重显著增加，从2014年的1.8%上升到2015年的2.7%。在2015年修订的国家预算中，基础设施项目的支出增加到290.3万亿盾（209亿美元），同比增长40.51%。2015年，印尼国家预算修正案的预算开支总额为1984.1万亿盾，其中用于基础设施建设的开支约达290.3万亿盾，占预算开支总额的14.63%。[①] 2016年预算为317.1万亿盾（228亿美元），2017年预算为346.6万亿盾（250亿美元），预算持续上涨。[②] 2019年，印尼基础设施建设投资预算为420.5万亿盾，占2019年国家预算总支出的17.2%，主要用于建设667千米的新国道、905千米的高速公路，48个水坝和16.2万公顷的灌溉网。[③] 2015年至2017年，印尼新建和修建公路总长为2571千米，新建铁路为175千米，新建贫民住房12.3万套，新建大坝10个，新建机场9个。

佐科总统在竞选连任后，于2019年4月提出更为雄心勃勃的国家发展计划——总投资高达4120亿美元的"国家重建计划"，重点仍是基础设施建设。这项重大计划将从2020年持续至2024年，包括新建25个机场、升级165个机场、修建电站和海上高速公路建设等，投资额较佐科2014年提出的3500亿美元规模《国家发展五年规划》大幅增加。总投资额的40%直接由财政提供，25%来自国有企业，剩下的35%来自私营部门；

---

① 《今年基础设施建设开支290.3万亿盾》，印尼《国际日报》2015年2月18日。
② 《2019年基础设施预算更为充裕》，《印尼商报》2018年8月20日。
③ 《明年基础设施预算开支420.5万亿盾》，《国际日报》2018年8月20日。

总投资中约 2470 亿美元将用于交通领域基础设施建设，约 700 亿美元和 40 亿美元分别用于电力部门和水利设施建设。[①]

二　推动海洋资源可持续利用

印尼海洋渔业资源丰富，目前只开发利用了不到 10%，仍有极大的发展空间。佐科政府大力投入资源发展渔业，以振兴国内经济，保持印尼的世界渔业大国地位。

其一，积极推动水产养殖业的发展，注重发展水产加工业，提高产品附加值。2015—2019 年，渔业年产量从 1240 万吨增至 1880 万吨，印尼成为世界上主要的海产品生产大国之一。

其二，对渔业政策进行重大改革。具体包括修订有关渔业捕捞政策规定，对船舶在海上装卸货物、渔业捕捞许可证收费、渔民燃油补贴分配政策等进行调整；复核已发放的捕捞许可证；提高对大型渔船的收费标准；[②] 对国内小型渔户提供税收减免，促进中小型渔业公司的发展。

其三，强力打击非法捕鱼。在上台后，佐科政府立即宣布严打在印尼领海非法捕鱼的外国渔船，并开始禁止外国渔船进入其水域。自此，数百艘违反禁令的外国渔船被扣押或击沉。直到 2019 年 10 月 20 日海事渔业部部长苏西任期结束，印尼才中止扣留和炸沉外国渔船的极端做法。

其四，完善相关法律和国际协议，维护海洋主权，以期妥善解决海洋边界纠纷。目前，印尼仅明确了 2258 海里的海上边界，包括 44% 的领海和 55% 的专属经济区。印尼与东帝汶、印度、泰国的海上边界仍在谈判中。印尼 2014 年第 178 号总统条例提出成立海上安全机构（Bakamla），将相关部门的职能整合在一起，作为印尼加强海上防御的重要举措。

三　鼓励造船业、海洋旅游业等相关产业发展

作为海上交通运输和互联互通的重要支撑，造船业是佐科政府重点发展的领域。为了实现海洋强国构想，印尼政府加快造船业发展步伐。印尼政府设立专项资金为船舶采购提供融资，修改造船业及相关领域的进口关

---

① 《印尼拟出台新"国家重建计划"》，印尼《千岛日报》2019 年 5 月 23 日。
② 《60 万艘渔船将改用天然气》，《国际日报》2014 年 12 月 26 日。

税、增值税和收入税，为造船业提供更加灵活的银行担保，把新建船舶的当地制造成分提高至40%。印尼政府为造船企业提供包括削减关税和增加补贴在内的激励措施，支持造船业发展。具体包括修改2003年38号政府条例，免除造船企业增值税；出台财政部长条例，于2015年1月起免除船舶零配件进口税；对雇用超过300个工人、投资额不低于500亿印尼盾（约合417万美元）的造船厂实行税收减免政策；向造船厂提供土地租金优惠政策；发展船舶工程设计中心，提高研发水平，鼓励科技创新等。印尼工业部已编制2010—2025年印尼造船业发展蓝图，计划发展全国舰艇设计和工程中心，提高国内船舶的设计和工程支持能力。

为推动旅游业发展，佐科政府推出免签证待遇、提高通关效率、改善旅游配套设施等举措。自2015年起，中国、澳大利亚、俄罗斯、韩国及日本成为首批获得免签待遇的国家。目前，印尼已向其他东盟国家、秘鲁、智利、摩洛哥、厄瓜多尔等15个国家和地区提供免签证待遇。印尼政府计划建设7条沿海游艇路线，并根据2014年第180号总统条例，为外国游轮和帆船进入印尼海域提供便利。印尼海事渔业部、外交部、旅游部将通过实施"一站式"服务，加快巴厘岛、科莫多岛、加里曼丹岛等旅游岛屿对外国游轮的通关效率，提高外国游艇进出港口的便利性，力争在5年内将外国游客数量翻一番。同时，印尼着力改善国内旅游配套设施，以增加外国游客在印尼的消费。印尼优先建设连接旅游景点的高速公路及其他基础设施，如爪哇岛的横贯高速公路已经通车。2019年，印尼接待外籍游客1610万人次，前三大客源地依次为马来西亚、新加坡、中国。①

四　发展海洋外交

佐科政府的海洋强国战略在外交层面聚焦于成为"世界海洋轴心"。为此，佐科政府努力提升印尼在印太地区的存在感，使其在维持印太区域海洋安全与稳定方面扮演关键角色。印尼加强其海上军事实力，控制亚太地区的咽喉要道，如马六甲、巽他（Sunda）和龙目（Lombak）海峡等。同时，印尼担心南海问题升级会破坏地区稳定，将增强东盟凝聚力和战略自主权作为首要任务，尽力确保争议各方继续对话并促成"南海行为准

---

① "Indonesia Welcomes 16.1 m Foreign Tourists in 2019," *The Jakarta Post*, Feb. 3, 2020.

则"的签署。佐科政府屡次强调印尼外交"向西看",使印尼成为连接印度洋和太平洋的轴心,努力在大国之间保持平衡以确保印尼国家利益和国际影响力。

第三节　印尼实施海洋强国战略面临的主要挑战

佐科政府着力发展海洋产业,致力于将印尼建设成为"世界海洋强国"。尽管印尼在发展海洋经济方面具有巨大潜力,但其海洋强国战略仍面临诸多挑战。

一　印尼经济增长乏力

印尼经济表现不尽如人意,对其发展海洋经济、打造海洋强国形成制约。印尼总统佐科第一任期为 2014 年 10 月至 2019 年 10 月,并已于 2019 年 10 月开启第二任期。发展经济提高民众生活是佐科政府的第一要务。综观印尼近些年来的经济表现,虽并非全无建树,但成绩确实无法令人满意。自从佐科担任总统以来,印尼经济增长乏力,增长率一直徘徊在 5% 左右,远低于其承诺目标(7%)。由于印尼制造业薄弱、出口增长乏力、政府团队互相掣肘等因素,佐科上任以来未能有效推动经济步入增长快车道。

2014 年印尼经济增长率为 5.01%。因全球经济放缓及资本外流,2015 年印尼经济增长仅为 4.88%,是自 2009 年全球金融危机以来印尼经济增长最为缓慢的一年。此后,印尼政府出台包括降低企业所得税、放宽外商直接投资限制等一系列措施,同时央行多次降息,刺激经济。2016 年印尼经济增长率为 5.03%,仅比 2015 年略有提高。2017 年印尼经济增长率为 5.07%,未能达到国家收支预算修正案制定的指标(5.2%)。2018 年,印尼经济运行面临着更大的外部风险压力,印尼盾进入下行区间。2018 年全年印尼盾对美元的贬值幅度为 5.7%,明显高于新加坡(3.02%)、马来西亚(3.45%)和泰国(0.78%)。[①] 印尼盾币值跌至 20 年来新低,令佐科政府的政绩大打折扣,经济仅获得了 5.17% 的增长率。

---

① "Rupiah Strengthens as US Dollar under Pressure," *The Jakarta Post*, January 4, 2019.

由于投资和出口下滑，2019 年，印尼国内生产总值为 15.8339 万亿盾，增长率仅为 5.02%，创下 2015 年以来最低增长纪录，未能达到预定增长指标（5.3%）。2019 年，各个产业都呈现出疲态，工业生产缓慢增长，增长率为 3.8%，低于 2018 年工业增长率（4.27%）。贸易增长率从 2018 年的 4.97% 下降到 4.62%，农业生产总值从 3.89% 下降到 3.64%。①

受新冠疫情冲击，印尼经济增长态势不容乐观。财政部长斯里·穆利亚尼·因德拉瓦蒂（Sri Mulyani Indrawati）预测，新冠疫情将使 189 万至 489 万名印尼人变得贫穷，而 300 万至 523 万名印尼人将失去工作。印尼国家发展规划署数据显示，在新冠疫情冲击下，印尼大约有 370 万人失业，由此导致全国失业人数激增至 1060 万人，约占全国劳动力人口（1.33 亿人）的 8%。② 世界银行预计，印尼贫困率将上升 2.1—3.6 个百分点，这意味着 2020 年有 560 万—960 万人陷入贫困。③

其一，印尼盾汇率大幅下挫。2020 年 3 月 20 日，印尼盾兑美元汇率跌破 16000 盾关口。受全球对新冠疫情增加的担忧的影响，2020 年初至 5 月中旬，印尼盾已经贬值 11.84%。

其二，经常账户赤字规模扩大。2018 年预算开支赤字仅占国内生产总值（GDP）的 1.76%。2019 年印尼收支赤字达 353 万亿盾，占 GDP 的 2.2%，较 2018 年明显提高。④ 受疫情的影响，印尼政府不得不屡次修订 2020 年的国家预算，以适应刺激经济的需要。2020 年的预算赤字已膨胀至 GDP 的 6.34%，比预期预算赤字增加 307.2 万亿盾。⑤

其三，受疫情的冲击，印尼证券市场承受着巨大的压力。在过去 20 年中，印尼股市上涨近 15 倍。2018 年，外资开始处理高风险资产且整体呈现净卖出状态，不少本土公司或暂缓上市，或削减融资规模。受疫情影响，2020 年 4—月，印尼证券交易所股票综合指数（IHSG）由 2020 年年

---

① 《社论：在困境中保持乐观》，《印尼商报》2020 年 2 月 6 日。
② 《印尼财长：主权财富基金初始资本达 50 亿美元》，新加坡《联合早报》2020 年 10 月 26 日。
③ 《疫情对印尼经济造成深远影响　世界银行预测贫困率将上升》，https://finance.sina. com.cn/stock/usstock/c/2020-06-06/doc-iirczymk5592849.shtml。
④ 《社论：2019 年我国赤字继续膨胀》，《印尼商报》2020 年 1 月 10 日。
⑤ 《我国融资需求增为 905.2 万亿盾》，《国际日报》2020 年 6 月 22 日。

初开市时的 6. 299 点下降了 20%，至 4. 986 点。①

其四，外资进入数量大幅减少。2020 年印尼境内的外国直接投资连续两季度呈下降态势。第一季度降幅为 10%，第二季度降幅为 3%。第二季度，印尼只吸引到 67 亿美元的外国直接投资。②

其五，外债规模持续扩大。2017 年底，印尼外债总额达 4772. 6 万亿盾（3522 亿美元），同比增长 10. 1%。2019 年底，外债总额为 4043 亿美元，同比增长 7. 7%，负债比率约为 36. 1%。③ 截至 2020 年 7 月底，印尼外债为 4097 亿美元，占国内生产总值的比例已达到 38. 2%。其中公共部门（政府和央行）的外债为 2018 亿美元。④ 印尼整体经济形势欠佳，对其耗资较大的基础设施建设与国内互联互通计划将构成重大障碍。

二　海洋油气资源开发面临多个瓶颈

油气业仍是印尼的核心产业。印尼剩余可采储量、资源量多居于海上，多数为天然气。陆上主力油田多数进入开采后期，印尼已把油气勘探开采重点转移到海上。然而，海洋石油和天然气开采是一项高技术、高投入、高风险的"三高"产业。由于资金、技术等方面的限制，印尼在海洋石油和天然气勘探、开采及配套设施建设方面尚无实质性进展。尽管未来印尼可能成为亚洲深海油气开发的主要地区，但就目前而言，深海油气勘探活动规模较小，对大型跨国公司的吸引力不强。

印尼油气工业的发展一直依赖外资。印尼政府积极引进外国企业，尤其是美国企业，目前引进的外国公司主要有雪佛龙、道达尔、埃尼石油公司、埃克森美孚、康菲、英国石油公司、日本帝石、中海油、中石油等。近年来，印尼政府频繁招标，招标区块较多，主要分布在印尼中部、东部和海上。外国公司在印尼石油部门的业务面临诸多困难，因此合作进展不大，多数业务处于停顿状态。

---

① 邝耀章：《评论：我国 2020 年资本市场的走向》，《印尼商报》2020 年 6 月 18 日。

② 《67 亿美元！吸引外资连续两个季度下滑后，印尼或考虑退出东盟？》，https://www.360kuai. com/pc/98107164f929ed79d? cota = 3&kuai_ so = 1&sign = 360_ 57c3bbd1&refer_ scene = so_ 1。

③ 《印尼外债总额增为 4043 亿美元》，《国际日报》2020 年 2 月 18 日。

④ 《社论：我国外债持续增加 国家经济或将不堪负荷》，《印尼商报》2020 年 9 月 22 日。

三　渔业发展面临设备和人力资源瓶颈

渔业是印尼的主要经济支柱，2018 年全行业收入达 269 亿美元，占 GDP 的 2.6%。[①] 尽管印尼海产资源丰富，但由于受资金、捕捞设备和技术的限制，印尼国内海洋捕捞业发展比较缓慢，所以许多国家和地区通过与印尼当地政府或公司合作的方式进入印尼水域进行捕捞作业。人力资源素质低是长期阻碍印尼海洋渔业发展的症结。印尼渔业人员一般缺乏训练，无法安全有效地操控器械。此外，与东南亚同业相比，印尼渔业设备相对落后，致使其陷入增长瓶颈。

印尼的海草养殖业是因设备落伍而发展滞后的典型案例。印尼是全球较大的海草出口国之一，北苏拉威西数以万计的农民依靠养殖海草作为主要收入来源，但当地养殖场至今仍不具备自行加工海草的能力。相比之下，菲律宾在逐渐掌握相关技术之后，日益崛起为东南亚海草生产、加工和出口大国。渔民的人力资本素质水平可能成为制约印尼海洋产业发展的重要瓶颈。印尼沿海地区的贫民人数多达 787 万人，占全国贫民人数的 25.14%。印尼海洋产业发展与脱贫、教育等问题息息相关。只有综合解决脱贫、教育等问题，才能促进印尼海洋产业的可持续发展。

四　基础设施建设资金不足

印尼基础设施建设资金不足，港口设施老化，公路、铁路等配套设施缺乏。印尼面临着世界上最大的物流难题——有着 17500 多个独立而分散的岛屿。根据世界银行报告，2014 年，印尼物流指数（LPI）在全球 160 个国家（地区）中排第 53 名，较 2007 年的 43 名有所退步，落后于本地区的泰国、马来西亚和越南等国家。2018 年上升至第 46 名，仍然位于泰国、越南和马来西亚之后。[②]

港口是海洋经济的支柱产业，同时也是重要的交通基础设施。港口不同于其他行业，对区域经济发展具有强大的辐射与带动作用，因此，港口

---

① 《今年政府预定 12 个油气田投产》，《国际日报》2020 年 1 月 23 日。
② 《2019 印尼跨境电商市场解析：如何入局印尼电商》，https:// www. jianshu.com/p/ 6505fde35dac。

是海洋经济和社会发展的强大引擎。近年来，印尼经济表现抢眼，连续数年 GDP 增幅在 5%—6%，但由于基础设施落后，物流成本畸高，严重制约着经济的进一步发展。印尼现有港口数目虽不少，但大多是小港和浅水港，特别是港口设备落后，满足不了日益增长的装卸要求。根据印尼交通部资料，印尼共有 111 个商业港口和 614 个非商业港口，其中只有 262 个港口的设施符合国际海事组织（IMO）颁布的国际船舶和港口设施安全规则（ISPS）的服务标准。[①] 印尼港口的吞吐能力已远远无法满足急剧增长的贸易需求，加快海港系统的改扩建迫在眉睫，以保障货物顺利流通。

五　印尼以强硬立场维护海洋权益

东南亚水域特别是印尼水域范围内渔业资源丰富，对国内外渔民的吸引力极大，非法捕鱼现象时有发生。印尼社会各界一直抱怨政府忽视渔业投资以及保护渔业资源力度不够。易受非法捕鱼行为侵害的地区从亚齐北部水域、纳土纳海、苏拉威西海、印度洋南部海域、马鲁古海域一直延伸到巴布亚附近的阿拉弗拉海域。本地和外国渔民利用印尼执法船只和监控力量不足的弱点，通过各种手段非法捕鱼。印尼方面认为，外国渔民的违法行为给印尼带来巨大的经济损失，印尼每年因偷渔而损失 160 万吨水产品，造成印尼渔业部门 300 万亿盾（约合 250 亿美元）的年损失。

佐科总统提出海洋强国理念后，印尼对维护海洋权益采取了前所未有的强硬立场。印尼海军扣留并炸毁侵犯印尼海域的外国渔船，向世人宣示其维护海洋权益的决心。2014 年，苏西担任印尼海事渔业部长，成立打击非法捕捞专案小组，严打非法捕鱼并频频下令炸沉查扣的外国渔船。自 2014 年 10 月以来，已有 488 艘外国渔船被击沉，其中越南渔船占据 276 艘。[②] 印尼处理外国船只在印尼领海非法捕鱼所采取的强硬政策，引起国际上的广泛关注和质疑，尤其招来邻国的不满。

六　印尼海洋强国战略引发周边国家担忧

同新加坡和马来西亚相比，印尼的国防装备相对落后。印尼认为，有

---

①　《印尼港口现状和建设的重要性》，《印尼商报》2014 年 6 月 29 日。

②　《印尼"击沉"51 艘"非法捕鱼"外国渔船多半来自越南》，2019－05－06，http://www.sohu.com/a/311976605_ 162522。

必要加强国防现代化，以捍卫印尼的海空权。近十年来，国防预算在 GDP 中一直低于 1%。2014 年国防预算为 86.4 万亿盾，占 GDP 的 0.8%。佐科政府计划增加国防开支，使国防开支占国内生产总值的比重提高至 1.5%。2019 年，印尼国防开支达 200 亿美元。印尼政府认为，国防支出占国内生产总值达到 2%，才能够维持一支装备精良的军队。① 佐科总统在第二任期提出，2020 年国家预算增加 3%，其中国防预算的名义资金同比增长 16%。在印尼 2021 年国家预算案中，国防预算达到 137 万亿盾，是仅次于公共工程与民居部（149.81 万亿盾）的第二大预算项。其中，武备预算为 4.4 万亿盾，士兵专业培训和生活保障预算为 11.42 万亿盾，国防政策和法规预算为 354 亿盾，国防基础设施和国防装备现代化预算为 42.65 万亿盾，国防资源开发预算为 1.6 万亿盾，国防工业研究和高等教育预算为 5438 亿盾，国防管理预算为 76.28 万亿盾。② 印尼塑造海洋强国的举动引发周边国家的不安，担心其发展为地区军事强国，威胁地区和平。

第四节　中国—印尼海洋经济合作

印尼海洋强国战略和"一带一路"倡议高度契合。中国将印尼作为高质量共建"一带一路"的主要合作伙伴，积极参与印尼建设海洋强国进程，大力推动双方在海洋经济、基础设施建设等领域的合作项目。"一带一路"倡议已得到印尼社会各阶层的高度重视与支持。印尼一些有识之士酝酿成立民间组织，协助政府推动和发展两国的经贸往来，促进两国在经济建设方面的相互支持、共同发展。"印尼中国新丝绸之路协会"（Per-himpuan Jalur Sutra Baru Indonesia-Tiongkok）于 2014 年 12 月 31 日在雅加达正式成立。其宗旨是推动印尼与中国及其他东盟成员开展全方位的经济合作和人文交流。

一　海上油气资源勘探开发合作

中印尼两国是近邻，都重视海洋的保护与开发。印尼有海洋面积 320

---

① 《印尼的国防支出理应占国内生产总值至少 2%，才足以维持一支装备精良的军队》，新加坡《联合早报》2014 年 12 月 12 日。

② 《总统促国防部不依赖进口武备》，《国际日报》2020 年 10 月 6 日。

万平方千米，深水油气和超深水油气（水深超 300 米海域为深水油，水深超 1500 米海域为超深水油）储量非常丰富。印尼的问题是缺乏勘探开发所需要的高端科技和装备以及巨额的资金投入，而中国成功运作南海"海洋石油 981"的深水石油钻井平台，正符合印尼当前的迫切需求和开发深海油气政策。印尼业界呼吁印尼政府全力与中国磋商，加速落实与中国在海洋和能源工业方面的紧密合作，特别是加速在印尼的纳土纳群岛和其他深海地区的海洋石油工业合作，通过使用中国的深水石油钻井高端技术，大力开发印尼的深海油田，以增加印尼的油气产量和储备量，协助缓解印尼油气短缺的危机。

印尼能源和矿产资源部部长阿里芬（Arifin Tasrif）于 2020 年 11 月在雅加达参加阿布扎比国际石油展览和会议的视频战略会议时也透露，印尼原油储存量只有 37.7 亿桶和天然气储备量仅达 77 万亿立方英尺。同全球的油气储备量相比，印尼的原油储备量并不丰富。因此，印尼迫切需要向海洋领域进军，勘探开发海洋石油和其他能源。印尼油气机构 2012 年 5 月公布，为增加油气产量和储备，决定大力开发深海油田，并提高投资者的收益分配比例，以吸引外资参与。①

印尼是中石油较早出海的投资地之一。早在 2002 年 4 月，中石油进入印尼发展油气业务，获得 9 个合同区块。但比较而言，中石油在印尼油气领域的投资规模还很小，与其国际化大石油公司的地位并不相称。目前，全球有近 300 家油气公司在印尼进行石油天然气勘探开发，86 家公司拥有开发区块的 PSC 合同，其中 66 家公司正在进行油气生产。埃克森美孚、雪佛龙、道达尔、康菲等世界主要石油公司在印尼皆有合同区块，中石油中油国际（印尼）公司综合排名居第 10 位。② 印尼政府希望中石油加大在印尼油气领域的投资力度。中石油不仅资金实力雄厚，而且技术先进，其三次采油技术对于印尼一些老油田开发具有十分重要的意义。

另外，印尼在石油炼化、LNG 等领域也非常欢迎来自中石油等中国企业的投资。此外，印尼更希望通过加强与中国在深海油气资源方面的勘探

----

① 陆地油田收益分配比为"85∶15"，即印尼政府占 85%，投资者占 15%；深海油田收益分配比为"65∶35"，即印尼政府占 65%，投资者占 35%。

② 《中国携印尼打造"亚太油气合作区"》，北京《经济参考报》2018 年 1 月 24 日。

开发合作，使印尼能重新崛起成为亚太新兴能源大国。印尼政府的目标是到 2030 年将石油产量增加到每天 100 万桶，即在未来十年中，每天增加 25 万桶，目标不难实现，但需要一笔巨额投资。能源和矿产资源部 2020 年的目标是，为 12 个上游油气项目获得 14 亿美元的投资，预计每天生产 7200 桶石油和 5.2 亿标准立方英尺的天然气。① 印尼计划在 2021 年对 68 个未开发的海上油气区块进行招标，对上游的勘探至下游的加工和培训等业务实施全部开放。建议加强两国海洋深海油气开发合作，通过海洋开发合作，推动中印尼经济合作上台阶。

二　船舶制造业产能合作

印尼海域辽阔，造船业具有良好的发展前景，应关注印尼船舶市场。印尼地理条件特殊，由处于太平洋和印度洋之间 17500 多个大小岛屿组成，90% 的货物流通需依赖船舶运输。而印尼国内船厂设备残旧、人才缺乏、进口船舶配套设备成本高、生产系统落后，印尼造船业竞争力低。目前，印尼近 200 家船厂中只有极少数能建造最大为 50000 载重吨的船舶，但建造周期平均为 18 个月，远超国际规范。

作为海洋大国，印尼对各类海轮的需求量相当大，尤其是 3500 吨到 5000 吨的油轮和货轮。据印尼工业部预计，在今后 10 年里，印尼对各类船舶的需求量将达 4000 艘，印尼国内造船业发展远不能满足其需求。印尼新政府将通过财政激励措施向上下游造船工业提供支持，鼓励国内造船业提高造船生产能力。

同时，印尼政府还有意吸引外国企业在印尼进行造船业投资。印尼对外商投资造船业没有限制，可以独资形式进行，而且印尼欢迎投资制造 2 万吨级以上的大型船只。中国已成为全球造船第一大国，国内大量产能迫切需要向外转移。印尼大力发展造船业，为中国造船业产能向印尼转移提供了难得的机遇，也为中国相关配套设备出口提供了新的机遇。

印尼工商会正加强与中国有关方面的合作，计划在未来 5 年内争取中国投资 55 亿美元，用于从中国进口 500 艘各类船只。建议中国造船业界关注印尼船舶市场，尤其关注印尼在中小型、自航式油驳、煤驳、岛屿间

---

① 邝耀章：《评论：政府追赶每天生产 100 万桶石油》，《印尼商报》2020 年 1 月 22 日。

的渡船等船型需求，寻找机会，收获订单。中国要立足良好的造船工业基础，积极研发海洋石油平台、浮式生产系统、海洋石油开发专用船舶等，推进传统船舶工业向海洋工程装备制造业转型，并投资与印尼船舶企业开展产能合作。

三　核电合作

受国际油价剧烈波动以及能源需求日渐增长的影响，东南亚国家近年来纷纷将目光瞄准核能。印尼原计划在 2015 年前建成首座大规模核电站，初期发电能力为 1000 兆瓦，然后发展 4000 兆瓦的核发电能力，力争在2025 年前建成四座总发电量达 6000 兆瓦的核电站。印尼建核电站，无论是规划、建设和运营，都不可能依靠自身的力量，在很大程度上需要依赖外部的技术支持。自 2013 年以来，中国把核电、高铁"走出去"上升为国家战略。近年来，中国电力企业加大在印尼、老挝、缅甸等国的水电投入，但作为世界核电大国之一，中国在东南亚国家的核电投资尚处于起步阶段。

在东南亚国家中，印尼、越南两国同中国合作发展核电的意愿较为强烈。印尼全国上下极为关注核电安全问题。中资企业在与印尼开展核电合作时，首先，在核电厂选址上，必须综合考虑厂址所在区域的地质、地震等环境特征，必须考虑厂址所在区域内可能发生的自然或人为的外部事件对核电厂安全的影响。同时核电厂应尽量建在人口密度相对较低、离大城市相对较远的地点。其次，核电项目的挑战是非常大的，包括对签约国政治、经济、法律的了解，而且核电项目投资非常大、建设周期非常长，在建设过程中对项目的融资、成本的控制等问题必须加以综合考量，谨慎处理。此外，中国核电产业要抓住东南亚市场的机会，走出去要形成联盟，必须和制造队伍、施工队伍绑在一起，形成一个团队。特别是中广核走向印尼，最好与国内另外两家核电巨头——中核集团和国家核电技术公司联合起来，强强联手形成合力一起闯南洋，避免出现恶性竞争、内耗严重等问题。

四　旅游合作

由于历史原因，印尼旅游业每年吸引的外国游客数量，与其丰富的热带、海洋和海岛旅游资源不成正比，在东盟国家中也只能位居中游，发展

潜力巨大。在过去几年里，印尼旅游业每年增长率都超过 GDP 增长率的
50%，2017—2019 年国际游客到印尼旅游年均增长速度达到 30.8%。

印尼政府看好中国中产阶级人口数量庞大，具有巨大的消费潜力这一
方面。中国出国游客在 2014 年超过 1 亿人次以后，2015—2019 年，每年
都维持在 1.3 亿人次左右，在国外的旅游消费支出巨大。然而，到印尼旅
游的中国游客 2017 年刚刚突破 200 万人次，印尼吸引的中国游客不足
2%。2018 年全年赴印尼旅游的中国内地游客人数为 213.75 万人次，比
2017 年的 209.32 万人增加了 2.1%，占印尼国际游客总数的 13.52%，
是印尼第二大国际游客来源地。① 2019 年到印尼旅游的中国游客为 207 万
人次，仅次于马来西亚的 298 万人次，仍居第二位。②

新冠疫情发生之前，印尼与中国的旅游合作成效显著。2016—2017 年，
中国已连续两年成为印尼最大的国际游客来源地，并且仍有巨大潜力。作
为印尼旅游业吸引国际游客的第一个争取目标，印尼对世界上第一大出境
旅游客源市场的中国寄予极大的希望，制定各种方案以吸引中国游客。

印尼加大针对中国游客的旅游宣传，开通更多的邮轮和航班直航航
线，并改善旅游基础设施。2013 年，印尼与中国政府签署了旅游合作谅
解备忘录，其促进措施包括联合推广、共享咨询、旅游便利以及落实旅游
投资等。携程旅行网与印尼旅游与创意经济部签署了关于共同推广印尼旅
游的谅解备忘录。2015 年初，印尼鹰航公司已开通北京至巴厘岛常规直
飞航班，加上原有从北京、上海、广州直飞雅加达的航班，印尼鹰航已开
通 4 条直飞中国的航线。

中国游客在印尼的主要旅游目的地是雅加达、巴淡及巴厘。其中，巴
厘岛依然是中国内地游客钟情的印尼旅游目的地。2018 年从巴厘岛入境
印尼的中国游客人数为 136.15 万人次，占访问巴厘岛国际游客总数的
22.43%。中国也是巴厘岛最大的外国游客来源地。③ 中国和印尼应进一

---

① 《2018 年访问印尼中国游客数量 213.75 万人》，新华网（http://www.xinhuanet.com/travel/2019-03/18/c_ 1124248294.htm）。
② 《去年 12 月国际游客仅 137 万，统计局称同比减少 2% 环比却增长 7%》，印尼《国际日报》2020 年 2 月 5 日。
③ 邝耀章：《评论：政府定下六项策略，以便达 2000 万人次外游指标》，《印尼商报》2019年 2 月 29 日。

步推进旅游合作，开发以"郑和下西洋"、印尼华侨来华"寻根之旅"为主题的旅游线路和产品，加强旅游人才联合培养，推动旅游签证便利化，深入开展旅游保险合作，推动双向旅游交流规模不断扩大。

五　参与印尼"海上捷运"基础设施项目建设

印尼经济发展主要集中在首都雅加达所在的爪哇岛和苏门答腊岛，而其他各岛在基础设施、交通等方面的发展有所不足，区域经济发展极不平衡，城乡差距不断拉大。印尼政府决心大力提升各岛之间的互联互通，兴建高速铁路、深水港等，同时还将加大电力等基础设施建设。佐科总统"贯穿印尼东西部的超级海上高速公路"计划包括建设10个新的"世界级枢纽港"以完善全国海运系统，发展100个"全国性的渔业交易、存储和加工基地"，大力发展造船业和海运业等，力争尽快降低过高的物流成本，带动东部和欠发达地区的经济发展。中国企业应积极参与印尼海洋基础设施建设，包括高铁、普通铁路、炼油厂、码头、船舶、海运物流等项目建设。

中国对印尼投资逐年增加，主要投资于重大基础设施项目，如南加里曼丹的水泥厂和南苏门答腊省的发电厂等。[①] 2016 年，中国企业对印尼直接投资达 26.7 亿美元，同比增长 350%，投资金额仅次于新加坡和日本。[②] 2017 年，中国对印尼直接投资达 33.6 亿美元，继续保持印尼第三大投资来源国地位。[③] 2018 年，中国对印尼投资约 44 亿美元，投资主要集中在基础设施建设和采矿业、制造业、电子产业等领域。[④] 2019 年，中国投资额约为 47.4 亿美元，涉及 2130 个项目，超过日本居第二位。[⑤]

---

① 《中国成为印尼的第四大投资国》，印尼《星洲日报》2015 年 1 月 30 日。

② 《为中印尼企业合作搭建沟通平台：中资企业与东爪哇省对接洽谈会举行》，印尼《千岛日报》2017 年 3 月 17 日。

③ 《中国驻泗水总领事顾景奇：中国经济新时代，中印尼合作新机遇》，印尼《千岛日报》2018 年 2 月 9 日。

④ 《印尼驻广州总领事谷丹多：中国企业在印尼投资增长迅速》，中国新闻网，2019－03－13。

⑤ 《去年中国在印尼获 2130 个建设项目 投资 64 万亿盾 超过日本排名第二位》，印尼《国际日报》2020 年 1 月 31 日。

六　推进海洋产业投资合作

印尼政府积极推行的"北部经济走廊"战略构想，与"一带一路"建设高度吻合。中资企业可借助"一带一路"倡议与印尼"北部经济走廊"建设对接的契机，大力推进中印尼产能合作，促进基础设施互联互通，推进境外产业园区建设，推动重大项目落地生根。印尼政府已向中方提出位于北苏门答腊省、北苏拉威西省和北加里曼丹省投资额约280亿美元的机场、港口、工业和旅游设施等项目投资建议，包括瓜拉丹戎港、双溪芒克特别经济区以及北苏拉威西省的比通港等拟建项目清单，希冀中方提供融资支持。此外，印尼拟借助中国资金发展旅游业，开发北苏门答腊省多巴湖旅游区和北苏拉威西省美纳多国际机场等。

北苏门答腊省是"三北区域经济走廊"之一，已成为中印尼在各个领域建立良好合作关系的重要地区之一。北苏门答腊省拟建的瓜拉丹戎港位于马六甲海峡中段，被定位为未来印尼西部海上交通枢纽和区域性国际航运中心。双溪芒克特别经济区位于瓜拉丹戎港沿岸，为传统与新兴产业相结合的国家级经济开发区，被定位为棕榈、橡胶等重要经济作物的生产、加工、物流和出口中心。中国与印尼就北苏拉威西省的旅游设施达成投资协议，双方还继续商讨关于利库庞经济特区的合作计划。2016年，印尼政府批准开通往来北苏拉威西首府美纳多与成都、重庆、广州、武汉、南昌、长沙、香港及澳门的直航包机服务，带动美纳多入境旅客数显著攀升。中国旅客占北苏拉威西省入境旅客总数的80%。2017年5月，国际旅游业会议在美纳多举行，此次会议就多个合作投资项目达成协议。[1]

北加里曼丹省于2012年10月正式设立，是印尼最年轻的省份，经济发展水平较低。建立新省有利于优化当地公共服务体系，加速当地经济社会发展。中国企业对北加里曼丹省的投资意向主要倾向于能源和农业行业，包括水电站和矿冶厂等。中国企业可充分利用资金与技术优势，积极参与印尼"北部经济走廊"港口、码头等海洋产业投资，推进中印尼海洋经济合作向纵深发展。

---

[1] 《中国支持印尼开展"一带一路"相关旅游和基建计划》，香港贸发局网站，2017年10月27日。

七   重启渔业合作

中国与印尼经过长期谈判于 2013 年签署渔业协议。印尼方面要求以合资形式进行渔业开发，并要求中国方面的资金所有权占比不得高于 49%。该协议给予中国渔船在印尼水域合法保障。然而，佐科总统 2014年 10 月上台以后，以渔业协定对印尼不利为由予以废除。

自从印尼单方面终止渔业协议后，恢复协议的谈判一直搁浅。当前，两国应该以平等协商的方式重启谈判，解决渔业争端，尽早实现渔业协议的恢复与续订，将渔业合作真正纳入两国海洋战略合作框架中，促进两国海洋渔业合作的健康发展。另外，两国可开展合作，共同抵制非法捕鱼行为，建立信息共享机制，实现双边联合治理，解决非法捕鱼问题，促进两国的互信，减少渔业纠纷，以实现两国海洋渔业合作的再次提速发展。

中国与印尼在海洋渔业领域有着良好的合作基础，福建、广东、海南等省企业已在印尼开展捕捞、水产品加工等项目。建议中印尼两国尽早重新启动政府间渔业合作谈判，把渔业合作项目纳入双边渔业合作框架协议中开展，以进一步推动项目持续、健康发展。印尼渔业资源丰富，中印尼在渔业领域具有很大的合作发展潜力，双方可在捕捞、水产品养殖、冷链建设等具体项目上进行进一步的探讨和磋商。

八   以发展蓝色伙伴关系为抓手构建海洋命运共同体

中国与印尼应加快推进中印尼蓝色伙伴机制和能力建设，提供更多的海洋公共服务产品，构建海洋命运共同体。例如，双方可强化海洋防灾减灾领域的合作，合作实施以生态系统为基础的海洋综合管理。双方可在海洋经济发展规划、海洋空间规划和园区设计等方面强化合作与交流，尤其是开展能力建设和职业培训，共同打造一批受到国际认可的海洋项目，培养一批具有国际竞争力的海洋人才。

印尼正焕发出新的生机与活力，在地区和国际舞台上发挥着日益重要的作用。中国和印尼共同参与"海上丝绸之路"建设，对东南亚地区具有重要的引领、辐射和示范作用。中国应充分发挥海洋、港口优势，深化与印尼在经贸、基础设施、港口、旅游、文化等方面的合作，积极参与印尼建设海洋强国进程，深挖双方合作潜力，共同建设海上丝绸之路，推动中印尼全面战略伙伴关系向纵深发展。

小　结

印尼海洋经济发展构成了印尼海洋强国战略的基础。其一，进入 21 世纪以来，印尼政府开始重视渔业，出台政策措施推动渔业发展。其二，鼓励和推动国内船舶工业的发展。其三，加速海上油气资源勘查，希望通过与外国石油公司合作，增加油气产量。其四，推动海洋旅游业发展，促进海洋旅游向绿色创意旅游转型。其五，加强港口基础设施建设，改善物流系统。其六，与其他国家开展海洋经济合作。

2014 年，佐科政府开始启动海洋强国战略。其一，实施"海上高速公路"计划，发展海上互联互通。其二，推动海洋资源可持续利用，大力投入资源发展渔业，强力打击非法捕鱼，维护海洋权益。其三，鼓励造船业、海洋旅游业等相关产业发展。其四，以"世界海洋轴心"战略为基础，发展海洋外交，提升国际影响力。

印尼海洋强国战略面临诸多挑战。其一，印尼经济增长乏力，对印尼发展海洋经济、打造海洋强国形成制约。其二，海洋油气资源开发面临多种瓶颈。其三，渔业发展面临设备和人力资源瓶颈。其四，基础设施建设资金不足。其五，印尼以强硬立场维护海洋权益，引起国际广泛关注和质疑，尤其招来邻国不满。其六，印尼海洋强国战略引发周边国家的担忧。

印尼"世界海洋轴心"战略和"一带一路"倡议高度契合，中印尼双方可在油气资源开发、船舶制造、核电、旅游、基建、渔业等领域积极开展合作，促进两者对接，发展中印尼蓝色伙伴关系，共促地区繁荣和发展。

第二章　印尼营商环境

营商环境是指市场主体在准入、生产经营、退出等过程中所涉及的政务环境、市场环境、法治环境、人文环境等有关外部因素和条件的总和。一个地区营商环境的优劣直接影响着招商引资的多寡，同时也直接影响着区域内企业的经营，最终对经济发展状况、财税收入、社会就业情况等产生重要影响。良好的营商环境是一个国家或地区经济软实力的重要体现，是一个国家或地区提高综合竞争力的重要方面。

印尼整体营商环境正持续改善并拥有巨大的潜力与机遇。世界经济论坛《2019年全球竞争力报告》显示，印尼在全球颇具竞争力的141个国家和地区中排第50位。世界银行《2020年营商环境报告》显示，印尼在全球190个经济体中，营商便利度排第73位。中国对外承包工程商会发布的《"一带一路"国家基础设施发展指数（2019）》显示，印尼连续多年排名榜首，其发展环境、发展潜力和发展趋势指数均排名前列。

印尼地理位置重要，控制着关键的国际海洋交通线，自然资源丰富，市场潜力大，印尼政局总体稳定，政府重视扩大投资且整体经济保持较快增长，经济增长前景看好，各项宏观经济指标基本保持正面，经济结构比较合理，这为营商提供了稳定的经济和政治环境，不断吸引外资涌入。除此之外，印尼人口众多，有丰富、廉价的劳动力，市场化程度较高，金融市场较为开放，这些均是吸引企业前来营商的重要优势。但是，印尼官僚腐败现象严重，政府部门行政效率低，基础设施有待改善，种族和宗教暴力事件时有发生，这些因素也为企业营商带来了挑战。

世界银行从2003年开始就对世界主要经济体的营商环境质量进行评估和排名，本章将结合世界银行发布的《营商环境报告》，从总体概况、近年发展、具体环节以及问题和改进四方面分析印尼的营商环境。

第一节　营商环境总体概况

世界银行的《营商环境报告》构建了一套比较完整的投资便利化评价体系，将企业在一国投资经营的流程细分为 11 个环节，包括开办企业（startting a business）、获得施工许可（dealing with construction permits）、获得电力（getting electricity）、登记财产（registering property）、获得信贷（getting credit）、保护中小投资者（protecting minority investors）、纳税（paying taxes）、跨境贸易（trading across borders）、合同执行（enforcing contracts）、办理破产（resolving insolvency）、雇用劳工（employing workers）。

世界银行对各个营商环节的主要评估指标如下：开办企业环节，主要对在对象国开办有限责任公司需要办理的手续以及花费的时间和成本进行评估；获得施工许可环节，主要评估完成建造仓库的所有程序，所需的时间和成本以及在获得施工许可过程中的质量监管与安全机制；获得电力环节，主要评估接通电网需要的流程、花费的时间和成本以及电力供应的可靠性和电价的透明度；登记财产环节，主要评估财产转让的流程、所需的时间和成本以及土地管理系统的管理成效。获得信贷环节，主要评估动产抵押法律以及信用信息系统；保护中小投资者环节，主要评估控股股东在关联方交易和公司治理中的权利；纳税环节，主要评估公司遵守所有税收法规以及报税流程需要花费的时间、成本以及最后需缴纳的税款总额和缴纳率；跨境贸易环节，主要评估出口具有比较优势的产品和进口零部件所需的时间和成本；合同执行环节，主要评估解决商业纠纷需要的时间和成本以及司法程序的结果；办理破产环节，主要评估商业破产的时间、成本、结果和回收率以及破产法律程序的执行力度；雇用劳工环节，主要评估就业法规的灵活性和裁员成本。《营商环境报告》对一个国家在企业营商的这11 个方面的表现一一打分排名，从而衡量一国营商环境的优劣。[①]

根据世界银行发布的 2020 年《营商环境报告》，印尼的营商环境在东南亚排第六位，在全球 190 个经济体中排第 73 位，整体来看，营商环境相对便捷，但仍有巨大的改善空间。

---

① 世界银行 2020 年《全球营商环境报告》。

表 II - 2 - 1　　　　2020 年印尼营商环境与东南亚各经济体对比

经济体	得分	排名
新加坡	86.2	2
马来西亚	81.5	12
泰国	80.1	21
文莱	70.1	66
越南	69.8	70
印尼	69.6	73
菲律宾	62.8	95
柬埔寨	53.8	144
老挝	50.8	154
缅甸	46.8	165
东帝汶	39.4	181

资料来源：世界银行 2020 年《全球营商环境报告》。

将印尼与东南亚各经济体的整体营商环境对比来看，新加坡、马来西亚、泰国、文莱、越南的营商环境得分和排名均高于印尼，印尼在东南亚营商环境上排名第六，与第一、第二、第三名的新加坡、马来西亚、泰国总分差距较大，整体营商环境便捷度大大落后于新加坡、马来西亚与泰国，改善空间明显。与东南亚其他经济体相比，整体得分与文莱和越南相近，营商环境整体差距不明显，有赶超潜力。与菲律宾、柬埔寨、老挝、缅甸和东帝汶相比，整体得分相对优势明显，营商环境更便捷。由此可以看出，在东南亚地区印尼的营商环境便捷度远落后于新加坡、马来西亚和泰国，但明显好于菲律宾、柬埔寨、老挝、缅甸和东帝汶，并与文莱、越南接近，有赶超潜力。

根据世界银行《2020 年印尼营商环境报告》对印尼 11 个具体营商环节的打分和排名，获得电力、保护中小投资者和办理破产这三个环节，是印尼营商环境中较有优势的，在全球 190 个经济体中均排在 30 多名，除此之外，获得信贷环节在全球 190 个经济体中排第 48 名，好于印尼整体营商环境的排名，也是一个优势环节。开办企业环节的排名最靠后，在全球 190 个经济体中排第 140 名，是整体营商环境中最需要改善的环节。

　　将印尼营商环境各环节和东南亚各经济体对比来看，印尼营商环境的各环节表现均处于适中的位置，没有特别突出的环节，但是保护中小投资者、办理破产以及纳税这三个环节，印尼在东南亚所有经济体中的排名仅次于新加坡、马来西亚和泰国，好于东南亚其他经济体，是印尼营商环境中相对有优势的三个环节。在其他环节上，印尼的获得施工许可环节在东南亚所有经济体中排名倒数第三，是所有环节对比中排名较靠后的环节，开办企业环节在印尼自身营商环境的 11 个环节中排名最靠后，同时在东南亚所有经济体中的排名也靠后，这两个是亟须改善的环节。除此之外，印尼的跨境贸易环节和执行合同环节在东南亚所有经济体中的排名也低于整体营商环境的排名，也是需要改善的两个环节。

　　综合 2020 年世界银行发布的全球、各地区以及国别的营商环境报告来看，印尼整体营商环境表现适中，在东南亚区域营商便利度落后于新加坡、马来西亚和泰国，与文莱和越南接近并有潜力赶超，整体营商环境明显优于菲律宾、柬埔寨、老挝、缅甸和东帝汶。在具体环节方面，印尼在保护中小投资者、办理破产以及纳税三个环节具有相对区域优势，其他环节表现欠佳，需改善。

表 II - 2 - 2　　　　　2020 年印尼营商环境各环节的得分与排名

具体环节	得分	排名
开办企业	81.2	140
获得施工许可	66.8	110
获得电力	87.3	33
登记财产	60.0	106
获得信贷	70.0	48
保护中小投资者	70.0	37
纳税	75.8	81
跨境贸易	67.5	116
执行合同	49.1	139
办理破产	68.1	38
整体营商环境	69.6	73

　　资料来源：世界银行 2020 年《全球营商环境报告》。

表 II－2－3　　　　印尼营商环境各环节与东南亚各经济体对比

		新加坡	马来西亚	泰国	文莱	越南	印尼	菲律宾	柬埔寨	老挝	缅甸	东帝汶
整体	得分	86.2	81.5	80.1	70.1	69.8	69.6	62.8	53.8	50.8	46.8	39.4
	排名	2	12	21	66	70	73	95	144	154	165	181
开办企业	得分	98.2	83.3	92.4	94.9	85.1	81.2	71.3	52.4	62.7	89.3	89.4
	排名	4	126	47	16	115	140	171	187	181	70	68
获得施工许可	得分	87.9	89.9	77.3	73.6	79.3	66.8	70	44.6	68.3	75.4	55.3
	排名	5	2	34	54	25	110	85	178	99	46	159
获得电力	得分	91.8	99.3	98.7	87.7	88.2	87.3	87.4	57.5	58	56.7	63
	排名	19	4	6	31	27	33	32	146	144	148	126
登记财产	得分	83.1	79.5	69.5	50.7	71.1	60	57.6	55.2	64.9	56.5	0
	排名	21	33	67	144	64	106	120	129	88	125	187
获得信贷	得分	75	75	70	100	80	70	40	80	60	10	20
	排名	37	37	48	1	25	48	132	25	80	181	173
保护中小投资者	得分	86	88	86	40	54	70	60	40	20	22	28
	排名	3	2	3	128	97	37	72	128	179	176	157
纳税	得分	91.6	76	77.7	74	69	75.8	72.6	61.3	54.2	63.9	61.9
	排名	7	80	68	90	109	81	95	128	157	129	136
跨境贸易	得分	89.6	88.5	84.6	58.7	70.8	67.5	68.4	67.3	78.1	47.7	69.9
	排名	47	49	62	149	104	116	113	118	78	168	107
执行合同	得分	84.5	68.2	67.9	62.8	62.1	49.1	46	31.7	42	26.4	6.1
	排名	1	35	37	66	68	139	152	182	161	187	190
办理破产	得分	74.3	68.1	76.8	58.2	38	68.1	55.1	48.5	0	20.4	0
	排名	27	38	24	59	122	38	65	82	168	164	168

资料来源：世界银行2020年《东亚及太平洋地区营商环境报告》。

第二节　近十年来营商环境发展

根据世界银行报告，印尼历年营商环境总体表现存在较明显的波动，这种变动也与世界银行测量方法上的变化有关，但从表 II－2－4 中可以看出，印尼营商环境较十年前有较大的进步，并从 2017 年开始，排名迅速上升，营商环境得到极大改善。

表 II - 2 - 4　　　　　　近年来印尼总体营商环境排名变化

	2015	2016	2017	2018	2019	2020
排名	114	109	91	72	73	73

资料来源：世界银行 2006—2020 年《营商环境报告》。

印尼历年来营商环境各指标变化见表 II - 2 - 5，本章第二节将对与指标相关的各营商环节进行具体分析。

表 II - 2 - 5　　　　　　近年来印尼营商环境各指标排名变化

年份	开办企业	办理施工许可证	获得电力	登记财产	获得信贷	保护少数投资者	纳税	跨境贸易	执行合同	办理破产	雇用劳动力
2020	140	110	33	106	48	37	81	116	139	38	
2019	134	112	33	100	44	51	112	116	146	36	
2018	144	108	38	106	55	43	114	112	145	38	
2017	151	116	49	118	62	70	104	108	166	76	
2016	173	107	46	131	70	88	148	105	170	77	
2015	155	153	78	117	71	43	160	62	172	75	
2014	175	88	121	101	86	52	137	54	147	144	
2013	166	75	147	98	129	49	131	37	144	148	
2012	155	71	161	99	126	46	131	39	156	146	
2011	155	60		98	116	44	130	47	154	142	
2010	161	61		95	113	41	126	45	146	142	149
2009	171	80		107	109	53	116	37	140	139	157
2008	168	99		121	68	51	110	41	141	136	153
2007	161	131		120	83	60	133	60	145	136	140

资料来源：世界银行 2006—2020 年《营商环境报告》。

由印尼 2007—2020 年营商环境各具体环节排名的变化可以看出，除了跨境贸易环节的排名下降外，其他各环节基本上均呈逐步改善趋势，其中获得电力、纳税和办理破产这三个环节的排名在稳步快速上升，证明印尼营商环境中的获得电力环境、纳税环境以及办理破产环境在稳步改善，为印尼整体营商环境便捷度的提高做出了巨大贡献。上述排名变化反映了印尼在影响营商环节相关政策上的变动。

从 2017 年开始印尼即推出一系列重大改革举措来改善自身的营商环境，这些改革大大提升了印尼的营商便利度。2017 年，印尼简化了开办企业的流程，一体化申请公司注册证书和贸易许可证，还取消了中小企业的最低资本要求，降低了开办企业门槛，并鼓励公司使用在线系统，这些改革一方面使开办企业变得更加容易，另一方面也提高了开办企业的效率。印尼还建立了现代抵押品登记处，拓宽企业获得融资的渠道，加强了企业获得信贷的机会。

在纳税方面，印尼通过引入在线提交和缴纳医疗费的系统，使纳税变得更加容易，并且通过以雇主支付 2% 的税率征收新的养老金供款来获得税收，降低企业赋税压力。印尼还改善了海关服务和文件提交功能，使进出口变得更加容易。

在合同执行方面，印尼引入了专门的小额索赔程序，使当事人可以自我代表，从而使合同的执行更加容易。2018 年，印尼通过减少有限责任公司的启动费用，降低了开办企业的成本。在注册财产环节，印尼通过减少转让税使财产登记更加容易。印尼还成立了新的征信局，改善了对征信信息的访问，使企业获得信贷更高效和安全。印尼通过增加股东权利和在主要公司决策中的作用来加强对少数投资者的保护。同年，印尼通过促进在线纳税和降低资本利得税税率，简化企业纳税流程并减少企业纳税负担。

印尼还引入了电子单一计费系统，提高了进口速度，改善跨境贸易服务。2019 年，印尼通过合并不同的社会保障注册并降低雅加达的公证费，为创业提供方便。印尼减少了在原讼法庭解决土地纠纷的时间，并简化了财产登记工作，提高了土地注册处的透明度。

印尼通过分发零售商和公用事业公司的数据来改善对信用信息的访问，提高企业获得信贷的透明度。2020 年，印尼大雅加达地区通过引入在线商业许可平台，用电子证书代替纸质副本，降低创业流程和手续，使创业更加容易。在纳税方面，印尼在大雅加达和泗水地区引入主要税种在线备案和付款系统，使缴纳税款可以直接远程在线操作，降低缴税纳税难度。在跨境贸易方面，印尼通过改进在线出口报关单的处理流程，使跨境贸易变得更加容易。2017—2020 年的改革措施大大降低了在印尼开办企业的时间和金钱成本，极大地改善了印尼的营商便利度。

第三节　营商环境重要环节

本节以世界银行所采用的 11 个营商指标为出发点，对印尼的营商环境进行介绍，根据实际情况对世界银行指标进行整合或延伸，比如"获得信贷"这一指标被拓展为"融资"，"跨境贸易"被拓展成"贸易"。虽然世界银行在进行 2020 年的营商便利程度排名时并未将"雇佣"纳入排名，但由于它是营商的重要环节，因此本节对其也进行了重点讨论。对"获得电力"这一指标作了延伸，将其他机构报告中提及的"物流""电信"等因素结合起来，并在下一节"营商环境问题与改进"部分进行详细分析，本节不再赘述。世界银行评价开办企业、办理施工许可证、登记财产这三个指标时主要考量的是流程数量、耗费时间、耗费资金等方面，这几方面在很大程度上受到政府办事效率的影响，政府办事效率方面的现状、问题及改进将在下一节进行详细分析，本节也不再赘述。

一　雇佣

印尼中央统计局数据显示，截至 2020 年 8 月，印尼人口总数达 2.69 亿人，居全球第 4 位，其中近 53.4% 的人口集中在爪哇岛，该岛是世界上人口最多的岛屿。印尼 15 岁以上劳动力人口约 1.3 亿人，其中就业人数为 1.28 亿人。印尼的劳动参与率约为 67.77%。按行业统计，就业人口主要分布在农业、商贸、工业、建筑业及服务业。印尼的劳动力储备量在全球名列前茅，人口年轻，劳动人口基数大，劳动参与率较高，而且人口发展前景十分乐观，劳动力市场仍在不断扩大，将来依然能继续提供大量可雇用劳工，企业在招聘时有诸多选择。

但是，印尼的中高等教育入学率较低，高素质劳动力比例较低。印尼统计局数据显示，2020 年，7—12 岁人口入学率为 99.21%，13—15 岁人口入学率为 95.52%，16—18 岁人口入学率为 71.44%，19—24 岁人口入学率为 22.53%。中小学入学率低，中学教育水平低下，成为印尼培养高技能劳动力的主要障碍。印尼的教学质量也较差，阻碍了技术劳动力的培养，具备多种技能和正式工作经验的劳动力数量有限，在农村地区这一现象尤其突出。除此之外，印尼的女性劳动力参与度低，导致其劳动力供应有限，这反映了印尼传统社会中的性别不平等，该因素也阻碍了劳动力市场朝着更大、更高质量方向的发展。在印尼，农村劳动力是劳动力市场上的主力军，主要由农业劳动力组成。虽然总体来说人口基数比较乐观，但是有限的医疗保健服务增加了员工患严重疾病的风险，这也就意味着员工的预期寿命仍然较短。

世界银行指标中的"雇佣"研究的主要是雇佣法规的灵活性和裁员成本。下面就印尼的相关劳工法律中的重要规定进行简单介绍。

2020年11月2日，印尼总统佐科签署了《创造就业综合法案》，该综合法案涉及76部现行法律的修订、撤销4451条中央政府条例以及15965条地方政府条例，旨在通过精简官僚机构，消除长久以来制约竞争的阻力，促进境内外投资。该综合法案由11个部分、15个章节和186条条款组成，涵盖领域包括经营许可要求、投资增长、就业和劳工、中小微企业的投资保护、改善营商环境、研发和创新、政府行政改革、行政处罚监管制度、征地、政府投资与国家战略项目。其中就业和劳工部分，对原有的法律进行了修改，但是该综合法案所涉及的现行法律条例的修订细节仍未最终确定，下面结合印尼旧的劳工法以及综合法案现有的修改，对雇佣和解雇私人雇员的规则、工作条件、雇员福利以及工会组织和成员资格以及集体谈判中的准则进行整理。

（一）工作时长与薪资

在印尼，固定期限合同工、长期合同工以及外籍员工均受劳动法的保护。工作时长、薪资等需按照劳动法的规定执行。

《创造就业综合法案》规定，每周6个工作日，包括每天7个小时和每周最多40个小时（在每周6天工作的情况下）。每天/周的任何额外小时都被视为加班小时。加班工作时长每天最多3小时，每周最多14小时。这项限制不适用于在公众假期或公休日进行的加班工作。雇主需根据以下标准支付加班费。

印尼的基本工资与亚洲其他国家相比一直较高，《创造就业综合法案》降低了基本工资。一般来说，基本工资都需要考量生活水准的不同，各城市的工资委员会须制定各市基本工资（UMK）以及产业基本工资（UM-SK）。以西爪哇省的基本工资来说，最高的Kabupaten Karawang跟最低的Kota Banjar基本工资差距可以达到2倍甚至更高，同一城市内产业间最高与最低的工资也有17%的差距。而在《创造就业综合法案》中未来最低工资标准将统一以省为参考标准来规定基本工资（UMP）、劳力密集企业基本工资及中小型企业基本工资，将能够自行制定公司内部的薪资政策。这意味着企业对于最低工资的制定将有更大的话语权。目前，印尼最低工资标准为当年的最低工资＝去年最低工资×（1＋地区经济增长率）。

表Ⅱ-2-6　　　　　　　　　　印尼加班费支付标准

每周6天工作制（40小时/周）			
公休日或法定假日加班，但不在每周最短工作日内		公休日或法定假日加班，在每周最短工作日内	
加班时长	加班工资倍数（×正常时薪）	加班时长	加班工资倍数（×正常时薪）
第1—7小时	2倍	第1—5小时	2倍
第8小时	3倍	第6小时	3倍
第9—10小时	4倍	第7—8小时	4倍

（二）雇员保险与福利

印尼劳动法对职员的社会和医疗保险有以下规定：（1）所有员工及其家庭（包括配偶和最多三名21岁以下未婚未工作的子女）均有权享受社会保障；（2）根据新的条例，在印尼工作超过6个月的外籍人员必须参加医疗和保险方案；（3）印尼由于缺乏全面的社会保障制度，BPJS Ketenagekerjaan代表员工制定社会保障方案，并提供工作意外事故险、意外死亡险、养老保险、医疗保险和退休金。这个项目由指定的国有公司BPJS Ketenagekerjaan进行维护。

关于员工的社会保障，印尼劳动法规定，如果雇主不帮助因年龄退休而被解雇的职工登记参加养老社保计划，则雇主有义务根据第156条第（2）款的规定向其支付遣散费的两倍，根据第156条第（3）款的规定支付工龄补偿，并根据第156条第（4）款的规定支付权利补偿。劳工法第184条规定：违反此规定的任何一方将被处以最低一年、最高五年监禁，或处以至少1亿印尼盾，最高5亿印尼盾的罚款。《创造就业综合法案》还添加了新的社会保障计划，即失业保障，该计划由社会保障BPJS根据社会保险原则进行管理。

（三）终止雇佣

印尼不允许随意终止合同，终止必须有正当的理由，且必须符合《劳动法》规定的程序。在印尼劳动法中没有关于终止通知的法律，公司必须获得劳资关系委员会（IRC）的批准，或者如果双方已经签署了终止协议，公司必须在劳资关系法院登记。在终止过程中，从准备终止到实际完成终止协议的这段时间公司仍有义务支付雇员工资。员工不能单方面终止劳动合同，只有在劳资关系委员会（IRC）批准后，才能终止合同，雇主和雇员可以通过签署劳资关系委员会提供的相互终止协议来解决解雇问题，否则可提起诉讼。

印尼对于员工解雇提供法律保护制度，在下述情况下，印尼法律规定禁止解雇雇员：在连续 12 个月从未缺勤的情况下，雇员因疾病而缺勤（员工需提供医生证明），雇员因履行国家规定的义务而缺勤，雇员因从事宗教方面的义务而缺勤，雇员是已婚状态，雇员因怀孕、分娩、流产或哺乳而缺勤，雇员是工会的成员，雇员报告雇主/公司所犯的任何罪行，与雇员个人信仰、种族、性别、婚姻状况等有关的歧视，雇员因工作事故而永久残疾或生病，或因工作而得职业病且治疗该雇员的医生无法出具其职业病能完全康复的证明。

同时，劳动法还规定雇主可因下列理由解雇雇员：雇员违反“就业协定”或“集体劳动协定”（CLA），雇员已被当局拘留，6 个月后仍因刑事诉讼而无法返回工作，雇员连续 12 个月生病（经医生证明），在不通知雇主的情况下，雇员在工作中缺席了 5 天，并已收到两次通知，雇员已达退休年龄，雇员死亡。除此之外，如有与商业有关的原因，雇主也可解聘雇员；发生阶层变化、所有权变化、并购、合并、破产，雇主连续两年遭受损失，如有财务报告（由一名公共会计师审计的）可证明雇主连续两年遭受损失，雇主永久停业。在这些情况下雇主可以根据情况解雇雇员。

终止雇佣关系的遣散费和赔偿金可分为四类：解雇金（雇主因终止雇佣而付给雇员的款项）、长期服务金（雇主根据服务年限向雇员支付的报酬）、补偿权（雇主向雇员支付工资，以补偿尚未休的年假、长假、返回原雇佣地的旅费、医疗设施、住房设施等）和遣散费（雇主自愿提供给雇员遣散费作为雇员多年在其公司工作的补偿）。

在印尼劳动法的规范下，企业应避免解雇员工。在解雇员工之前，企业需要与工会（或员工本人，如果该员工为非工会成员）进行双边谈判，企业工会必须在人力部进行登记，双边谈判必须在谈判开始后的 30 天内完成。一旦达成和解共识，就会起草和签署一项双方协定。该双方协定及所有相关证据必须由双方在劳资关系委员会登记。因此，企业在解雇任何雇员之前，必须进行充分的考虑。

二　融资

世界银行"获得信贷"这一指标主要讨论的是信用报告系统的优势以及抵押法和破产法在促进贷款方面的有效性。本节结合印尼的实际情况，主要介绍印尼的金融概况、主要金融机构及其为中小企业及微型企业提供的主要融资计划。

（一）印尼金融宏观概况

近年来，印尼经济保持着较高的增长率。2017 年，印尼 GDP 超过 1万亿美元，达 10152 亿美元，同比增长 5.07%，人均 GDP 约为 3837 美元。2018 年，印尼 GDP 约为 10400 亿美元，同比增长 5.17%，人均 GDP约为 3893 美元。2019 年，印尼 GDP 为 11190 亿美元，同比增长 5.02%，人均 GDP 约为 4135 美元。由此可以看出，印尼的经济实力近年来在稳步提高，经济增长具有潜力，为企业营商提供了一个稳定的宏观经济环境。但是，2020 年印尼经济受新冠疫情的影响，出现负增长，但是，随着疫苗的推广以及政府出台的一系列经济刺激计划，牛津经济学家预计印尼经济将出现 6% 的正增长。[①]

表 II - 2 - 7　　　　　　2014—2020 年印尼经济增长情况

年份	经济增长率（%）	人均 GDP（美元）
2014	5.02	3491
2015	4.80	3331
2016	5.02	3562
2017	5.07	3837

---

① "Oxford Economics Projects Indonesias GDP to-grow-6-in-2021," *The Jakarta Post*, https://www.thejakartapost.com/news/2021/01/04/oxford-economics-projects-indonesias-gdp-to-grow-6-in-2021. html.

续表

年份	经济增长率（%）	人均GDP（美元）
2018	5. 17	3893
2019	5. 02	4135
2020	- 1. 49	

资料来源："Oxford Economics Projects Indonesias GDP to-grow-6-in-2021," *The Jakarta Post*, https:// www. thejakartapost. com/news/2021/01/04/oxford-economics-projects-indonesias-gdp-to-grow-6-in-2021. html.

印尼的金融体系由政府监管部门、金融机构、金融市场等共同组成，但以银行体系特别是商业银行为主。在经营和监管模式上，实行银行、证券、保险分业经营、分业监管，但允许商业银行投资参股证券、保险等公司。自亚洲金融危机以来，随着印尼经济逐步复苏并进入增长期，以及政府大力整顿金融体系特别是银行体系，印尼金融体系的安全性得到提升，国家主权及金融机构的信用评级被逐步调升，外汇储备增加，显示了投资者看好其经济金融发展前景。IMF 和亚洲开发银行向印尼提供贷款，也大大改善了印尼的金融环境。

国际货币基金组织发布的《世界经济展望报告》指出，2020 年新兴市场和发展中经济体 GDP 将萎缩 3.3%。聚焦新兴市场，由于疫情相对平稳、中国经济持续复苏等积极因素的影响，新兴市场国家在国际市场上表现出了较强的吸引力。新兴市场的资产在全球资产配置中将扮演愈发重要的角色。新兴市场人口基数大、经济发展快，是一片广阔的蓝海市场。而印尼约有 2.7 亿人，是东南亚最大的经济体、全球第六大经济体，凭借其年轻人为主体的人口红利，相对稳定的政治局面，快速发展的基础设施建设，规模宏大的互联网经济体量，愈加成为投资资金选择流入的地点。包括蚂蚁集团、京东数科等中国领先的金融科技企业正逐步占领东南亚庞大的消费金融市场。印尼一些大基金机构的经理表示，印尼将成为东南亚地区第一个从经济衰退中恢复的国家，该乐观情绪也助推了印尼国内债券市场的升温。印尼的金融环境在日后的发展中将更加充满活力。

（二）印尼的主要金融机构

印尼中央银行是印尼银行（Bank Indonesia），是与内阁各部门平级的独立机构，具有不受其他部门干预，独立行使职能的权力；强调维护金融稳定、加强监督；制定并履行货币政策，维护盾币稳定；管理货币流通和利率，调节和保证支付系统工作顺利进行；通过监管手段健全银行和贷款体系。印尼当地的主要商业银行有：Bank Mandiri、Bank Central Asia、Bank Nasional Indonesia、Bank Rakyat Indonesia、Bank Internasional Indonesia、Bank Danamon。印尼当地外资银行有：汇丰银行、花旗银行、美国运通银行、JP 摩根大通银行、荷兰银行、东京三菱银行、德意志银行、渣打银行、盘谷银行以及中国银行、中国工商银行和中国建设银行。与中国银行合作较多的当地代理行有汇丰银行、Bank Central Asia。

（三）印尼中小企业和微型企业融资现状

印尼的国有企业和大型私营企业集团在印尼经济中发挥着重要作用。印尼有数百个多元化的私营商业集团，仅占印尼活跃公司总数的一小部分，它们与国有企业一起主导着印尼的国内经济。印尼的中小微企业占印尼活跃企业的 99.99%，约占印尼国内生产总值的 60%，并为近 1.16 亿人创造就业机会。这意味着这些中小微企业是印尼的经济支柱。

关于印尼中小企业的融资现状，2018 年，所有企业的未偿贷款为 5931.61 万亿印尼盾，其中 19.68%（1167.45 万亿印尼盾）被分配给了中小企业。在过去的 8 年（2011—2018）中，未偿还贷款继续以两位数的速度增长，年均增长率为 16.42%。在此期间，中小企业的未偿还贷款也增加了 14.82%。尽管未偿还贷款总额显著增加，但不良贷款仍低于 5%。实际上，2016—2018 年，中小企业的不良贷款从 4.05% 下降到 3.35%，整个业务的不良贷款从 2.96% 下降到 2.4%，两方面的不良贷款都在下降。短期贷款的份额在 2011—2018 年下降了 16.29%，从 2011 年的 120.80 万亿印尼盾下降到 2018 年的 101.11 万亿印尼盾。同期，长期贷款从 2011 年的 235.9 万亿印尼盾增长到 2018 年的 10380.05 万亿印尼盾，增长了 192.49%，年平均增长约为 17.58%。长期贷款的增长趋势表明，贷方对印尼中小企业的信任度更高。2011—2018 年，所有业务的贷款利率均从 14.53% 降至中小企业的 12.69%，大公司的利率则从 12.28% 降至 11.01%，下降了 1.27 个百分点。印尼的利率正在下降，但与其他国家的平均水平相比仍然很高。[1]

---

[1]　OECD Library，https://www.oecd-ilibrary.org/sites/67ce6854-en/index.html? itemId =/content/component/67ce6854-en.

　　印尼的大多数中小型企业在获取融资方面遇到了问题。基于此观察，印尼政府于 2007 年启动了一项名为"人民商业信贷计划"（Kredit Usaha Rakyat，KUR）的融资计划。KUR 的目标是增加中小企业获得融资的渠道，并为中小企业从金融机构获得融资计划起到桥梁作用。作为该计划的一部分，2007—2018 年，该计划已分配了总计 499.32 万亿印尼盾，并已分发给印尼所有省份。KUR 一直以非常低的不良贷款率维持着高质量的信贷。2018 年，该计划下的不良贷款率仅为 0.24%。除此之外，印尼政府还设立了专门负责向中小企业发放贷款的政府机构——合作社和中小型企业循环基金管理研究所（LPDB KUMKM），它专门处理中小企业政府贷款款项的发放工作。

　　除了获取政府贷款开展融资外，印尼的中小企业还可以从银行、公司以及非银行金融机构，包括金融部门的公司、印尼出口融资机构、进出口银行以及国家小额信贷公司等获得融资。风险投资公司分配的融资额显著增加，2018 年达到 8.46 万亿印尼盾，比 2012 年增长了 94.59%。2012—2018 年，融资额每年都在持续增长，平均增长率为 13.02%。其他非银行金融指标也有所增长。2018 年的租赁和租购增长了 7.01%。该指标显示，2007—2018 年的总增长率约为 207.54%。保理业务表现出相似的趋势。2007—2018 年，保理业务实现了强劲的增长（603.80%）。保理业务在 2018 年增长了约 16.28%。①

三　纳税

　　印尼的税收体制较复杂，实行中央和地方两级课税制度，税收立法权和征收权主要集中在中央。印尼的纳税负担较重，但近年来推出多项减免税收及线上纳税政策，降低企业营商成本并使纳税流程更为便捷。

　　（一）印尼的主要税种和税率

　　印尼现行的主要税种有企业所得税、个人所得税、增值税、奢侈品销售税、土地和建筑物税、离境税、印花税、娱乐税、电台与电视税、道路税、机动车税、自行车税、广告税、外国人税和发展税等。印尼税务总署

---

　　①　"Financing Small Businesses in Indonesia," https://www.ilo.org/jakarta/whatwedo/publications/WCMS_695134/lang--en/index.htm.

是所属财政部负责税务征管的部门。

（二）印尼对外国投资的税收优惠政策

印尼对外国投资者的税收优惠主要分为行业优惠政策和地区鼓励政策。税收优惠政策的主要法律依据有 2008 年 7 月 17 日通过的《所得税法》，公布于 1999 年的《第七号总统令》恢复了鼓励投资的免税期政策，2009 年印尼政府通过的经济特区新法律进一步规定了特别经济区税收优惠政策。所得税优惠由《有关所规定的企业或所规定的地区之投资方面所得税优惠的第 1 号政府条例》规定。

表 II - 2 - 8　　　　　　　　　印尼各税种简介

税种	介绍
企业所得税	印尼所得税法规定，对在印尼居住或拥有常设机构的所有法人实体征收企业所得税。法人实体包括有限责任公司、合伙企业、基金会、办事处、养老基金和合作社 适用于居民企业和常设机构的税率为 25%。印尼对中、小、微型企业还有税收鼓励，享受减免 50% 的所得税的优惠。为减轻中小企业税务负担，2013 年印尼税务总局向现有的大约 100 万家印尼中小企业推行 1% 税率，即按照销售额的 1% 进行征税，适用上述优惠税率需满足相应的要求条件
个人所得税	居民纳税人应就其在全球范围的收入缴纳所得税，包括资本收益。应纳税所得不超过 5000 万印尼盾部分，税率为 5%；5000 万—25000 万印尼盾部分，税率为 15%；2.5 亿—5 亿印尼盾部分，税率为 25%；超过 5 亿印尼盾部分，税率为 30%
增值税	印尼增值税的核心立法是 1983 年第 8 号法律《增值税和奢侈品销售税法》。印尼的增值税标准税率为 10%，根据不同货物可调整范围为 5%—15%。印尼的出口应税货物适用 0 增值税
奢侈品销售税	为了解决增值税的递减效应，印尼引入了奢侈品销售税（STLG）。奢侈品销售税是增值税的附加税，只在制造商销售奢侈品或进口商进口货物时征一次税，对出口货物不征奢侈品销售税。奢侈品分为两类，即机动车和除机动车外的货物
关税	印尼的进出口关税税率根据商品类别而做出不同的规定，税率从 0—50% 不等。印尼政府对国内外投资者提供进口关税减免、免除和延期支付等优惠政策以促进本地和出口产业的发展
销售税	消费税是针对因其销售和消费可能会对社会造成负面影响的货物而征收的。目前，印尼征缴消费税的产品包括酒精和烟草制品。酒精的税率为 20000 印尼盾/升，烟草制品的税率为 10—110000 印尼盾/支或克，或某些烟草制品适用 57% 的税率
土地与建筑物税	土地与建筑物税是对所有土地或建筑物征收的财产税，根据地方政府每年签发的《应纳税额征缴函》进行课征。根据《地方税收和处罚条例》，土地与建筑物税的税率最高为 0.3%
土地与建筑物转让税	土地和建筑物转让会导致转让者（卖方）在转移/销售时产生认定收益所得税。该税必须在卖方将土地或建筑物产权转让至受让人时缴纳，在所得税还未全额缴纳之前，公证人不得在产权转让契约上签字。土地与建筑物转让税率设定为总转让价值（计税基数）的 2.5%。如果纳税人从事房地产开发行业，则其转让廉价房屋和廉价公寓时的税率为 1%

续表

税种	介绍
土地与建筑物产权购置税	土地和建筑物产权转让也会为受让人一方带来土地与建筑物产权购置税应纳税额。作为地方税收的一部分需遵循《地方税收和处罚条例》，适用税率为5%
印花税	印花税的金额极小且是以固定金额附于特定文件上缴纳。有些文件规定应付6000印尼盾的印花税。除支票外，如果文件规定的金额超过100万印尼盾，印花税则为6000印尼盾；如果金额在25万—100万印尼盾，印花税则为3000印尼盾；如果金额低于25万印尼盾，则无须缴纳印花税。支票，不论其票面价值多少，印花税均为3000印尼盾

资料来源：《对外投资合作国别（地区）指南——印度尼西亚（2019年）》。

　　印尼的行业优惠政策主要表现在旅游业优惠和制造业优惠方面。在旅游业优惠方面，东盟旅游部长会议（东盟旅游论坛）于1999年1月在新加坡举行，各国一致同意对外资投资旅游业提供以下优惠：（1）兴建观光旅馆、休闲中心、高尔夫球场可免税，外资可持有100%股权。（2）旅游设施进口手续简化并免征关税。（3）印尼考虑将旅游土地使用年限延长为70年（目前为30年），使旅游业成为吸引外资的火车头。印尼投资部考虑像泰国一样成立投资单一窗口，帮助外商办理各项繁杂手续；投资部还将授权印尼驻外使领馆办理外商投资申请前的协调、咨询事务，以使外商能在入境10天内完成所有行政手续。

　　在制造业优惠方面，1998年12月，东盟各国首脑峰会在越南河内召开，这次会议发表了包括《河内宣言》《河内行动计划》《东南亚自由贸易区》和《共同优惠税率计划》在内的《大胆措施方案》。在该方案中，印尼对外商的优惠措施有：所有制造业均允许外资拥有100%股权（包括经审核的批发零售业）。外商可拥有已登记注册的新银行的100%股权。1亿美元以下的投资案，审核将在10天内完成。

　　除了这两大行业之外，1999年1月，印尼政府第7号总统令，公布了恢复鼓励投资的"免税期"政策。对纺织、化工、钢铁、机床、汽车零件等22个行业的新设企业给予3—5年的所得税免征。对于某些行业或一些被视为国家优先出口项目和有利于边远地区开发的项目，政府将提供一些税收优惠。上述行业及项目将由总统令具体决定。对出口加工企业减免其进口原料的关税和增值税及奢侈品销售税。近年来，印尼不断推出新的行业优惠政策，可以享受税收减免优惠政策的行业越来越多，大大降低了企业的纳税成本，提高了营商便利度。

印尼的地区鼓励政策主要体现在其按照总体规划和各地区自然禀赋、经济水平、人口状况等特点进行部署方面，将重点发展"六大经济走廊"，即爪哇走廊——工业与服务业中心、苏门答腊走廊——能源储备、自然资源生产与处理中心、加里曼丹走廊——矿业和能源储备生产与加工中心、苏拉威西走廊——农业、种植业、渔业、油气与矿业生产与加工中心、巴厘—努沙登加拉走廊——旅游和食品加工中心、巴布亚—马鲁古群岛走廊——自然资源开发中心。

印尼政府按照规划出台政策和措施，对在上述地区发挥比较优势的产业提供税务补贴等优惠政策，优先鼓励发展当地规划产业。除爪哇岛等地区外，在未来几年里印尼的发展重点将是包括巴布亚、马鲁古、苏拉威西、加里曼丹、努沙登加拉等在内的东部地区，将进一步出台向投资当地的企业提供税务补贴等优惠政策。

四 贸易

世界银行的"跨境贸易"指标主要衡量的是企业办理进出口流程时所需的时间和成本。印尼跨境贸易便利度的排名从最初的几十名持续下降到现在的110多名，这一变化是印尼政府近年来为了保护本国中小企业发展而出台的一系列贸易保护政策带来的，这些政策对印尼的进出口贸易带来了挑战，降低了印尼跨境贸易的便利度。

2019年，印尼的对外贸易占国内生产总值的37.3%，对外贸易对印尼国内生产总值贡献巨大，因此印尼政府也十分重视对外贸易的发展。印尼在1950年2月24日加入《关税与贸易总协定》（GATT），1995年成为世界贸易组织（WTO）的正式成员，并通过签署多双边自由贸易或经济合作协定，积极参与国际经贸合作。目前，印尼签署并生效的自由贸易区协定（FTA）有9个，其中5个是作为东盟自由贸易协定成员与相关贸易伙伴签订的。作为伊斯兰发展中国家集团成员国，印尼与其他7个成员国达成了区内特惠贸易协定，相互给予最惠国待遇。印尼已启动与澳大利亚、印度、智利和欧盟等的自由贸易协定谈判。与多个国家和机构均签署了相关贸易协定。目前印尼参加或正在商谈的区域贸易协定有《东盟自由贸易区协定》《中国—东盟自由贸易区协定》《共同有效优惠关税》《印尼—日本经济合作协定》《印尼—澳大利亚全面经济伙伴关系协议》《印尼—伊朗特惠贸易协定》《印尼—摩洛哥特惠贸易协定》《印尼—土耳其全面经济伙伴关系协议》《印尼—韩国全面经济伙伴关系协议》《印尼—欧盟全面经济伙伴关系协议和区域全面经济伙伴关系协定》等。这些贸易协定在一定程度上提升了印尼的贸易便利度。

印尼进口关税总体相对较低，平均进口关税水平为 6.8%，低于中国（9.6%）、巴西（13.7%）和印度（13%）等发展中国家。印尼承诺落实东盟共同有效优惠关税计划，对东盟内部所有工业产品只征收 0—5% 的进口关税。

但是印尼为保护国内产业在进出口方面设定了一些限制，如在进口方面，印尼关税税目中尚有近 20% 的产品涉及进口许可要求，对大米、糖、动物和动物产品、盐、酒精饮料和部分臭氧消耗物质产品采取进口数量限制。除此之外，对其他多种进出口产品也都发起了保障措施调查。

印尼的贸易保护措施在与中国的双边贸易中时常实施。在中国印尼双边贸易方面，印尼政府禁止从中国进口家禽及家禽产品，对双边禽类贸易设置贸易壁垒；印尼海关对中国企业享受自贸区关税减免设置多重障碍，其中最常见的做法就是不接受中国—东盟自贸区优惠原产地证书（FORME），并对中国企业进行大量退证查询。据统计，印尼海关退证查询的比例高达签发证书的 4.2%，是东盟其他国家的 17.5 倍。印尼海关不仅存在随意退证的情况，还经常征收高额保证金甚至罚款。这些贸易保护举措大大降低了印尼的贸易便利度，对企业营商带来挑战。

第四节　营商环境主要问题与改进

政府效率较低、复杂的司法环境、不完善的基础设施是印尼营商环境中的三大问题。近年来，印尼采取了一系列打击官僚贿赂、改善司法环境、加强基建等相关措施，试图改善营商环境，并取得了一定的成果，可以帮助企业简化流程、降低成本，从而提高自身营商便利度。

一　政府效率

政府效率一方面影响在正常途径下进行财产登记、执行合同、办理破产、办理施工许可证等环节的流程、花费的时间以及投入的资金等。另一方面，腐败问题也会影响企业在上述流程中是否能得到公正待遇。

印尼行政管理效率较低，曾被国际组织评为亚洲最腐败的国家。在世界银行 2020 年营商环境指数中，印尼开办企业指标排全球第 140 位，办理施工许可难度指标排第 110 位。其中，在雅加达创业平均需经过 13 个程序，平均办理时间为 46.5 天，远高于东亚和太平洋地区国家的平均水平。

印尼政府对经济的干预较大。印尼同大多数发展中国家一样，采取政府主导型的工业化模式，随着职能的扩大，政府对经济的干预程度不断加大。权力高度集中，并缺乏有效的权力制约机制，导致部分政府部门腐败现象较严重，部分领域行政管理混乱，在一定程度上削弱了印尼对外资的吸引力。总部设在德国的国际反腐败非政府组织"透明国际"（Transparency International）于 2020 年 1 月 23 日发布了 2019 年度《全球清廉指数》（Corruption Perception Index），印尼在全球 198 个国家和地区中列第 85 位。贪腐问题一直束缚着印尼的发展，牵制着印尼国际竞争力的提升。

佐科总统上任后，将整治贪污腐败作为重要的施政任务，发动了国家层面的"反腐风暴"，规定内阁部长及其配偶必须签署"保证书"，同时加强了国家反腐肃贪委员会的职能，并着力简化有关投资贸易等行政管理手续。为有效控制印尼贪腐问题，提升反贪腐工作效率，印尼政府通过出台多部法律法规并设立相关反贪腐机构对贪腐行为进行规制。《关于国家行政人员清正廉洁，反对腐败、勾结及裙带关系法》《根除贪污犯罪法》及其修正案和《根除贪污犯罪委员会法》是印尼颁布的主要的三部反腐败法律。为落实反贪腐工作，印尼还出台了其他法律法规，加入了相关国际条约。然而，印尼现行法律仍然存在诸如内容覆盖不全、惩罚力度不够、执行力度较弱等问题，但是国际社会对印尼提高行政管理效率寄予厚望。2015 年 1 月，国际评级机构穆迪给予印尼官僚体制改革以正面评价。在世界银行 2015 年的企业调查中，有 35% 的公司将腐败视为主要制约因素，印尼腐败程度是东亚和太平洋国家平均水平的两倍以上。调查显示，认为需要送礼以推进各项流程的公司比例很高，不过，在大多数情况下仍低于区域平均水平。可能需要送礼的环节是"办事"（59%）、"获得施工许可"（40%）、"获得政府合同"（21%）。司法效率低下、法制薄弱一方面阻碍着政策的实施，另一方面在法律执行时也会偏向有背景的大企业，从而损害小企业的利益。

二　司法环境

印尼法律体系以大陆法系为主，同时融合宗教法和习惯法。现行法律由四个部分组成：按照传统习俗保留下来的习惯法；沿袭荷兰殖民统治时期的法典；印尼独立以后制定的法律法令；规范穆斯林婚姻、家庭和遗产事务的教法。根据2011年第12号立法，印尼法律法令的效力由高至低依次为：四五年宪法、人民协商会议决议、法律或政府替代法令、政府法令、总统法令、省法令、县市法令。

印尼的法制环境有待进一步完善，具体表现在以下方面：一是印尼法律的解释和执行经常前后矛盾，缺乏一贯性；二是法律主体不一致，不同部门法之间存在一定的冲突；三是部分司法程序复杂，执法时间较长。根据《2015世界经济自由度》报告，印尼司法过程缓慢且效率较低。以世界银行2020年营商环境指数中的合同执行指标衡量印尼的执法成本，印尼在190个国家和地区中排第139位，执行合同成本占标的额的118.1%。

印尼复杂的司法环境为企业营商带来众多困难，也对印尼经济发展造成巨大损失。2019年11月12日，据安塔拉（Antara）新闻报道，印尼投资协调机构主席宣称，由于复杂的法律法规和其他困难，约700万亿印尼盾的投资最终未落地。2015年初，印尼投资协调机构宣称，由于类似缘由，约400万亿印尼盾的投资也未落地（2015年1月22日Kontan日报）。同一年，印尼投资协调机构撤销了2000年至2006年共计7811个未实现的投资许可（约为584万亿印尼盾，2015年7月7日BKPM路演资料）。

印尼政府为了改善国内司法环境做出巨大努力。2020年11月2日，印尼总统佐科签署了《创造就业综合法案》，综合法案涉及76部现行法律的修订、撤销4451条中央政府条例以及15965条地方政府条例，旨在通过精简官僚机构，消除长久以来制约竞争力提高的阻力，促进境内外投资。如此规模的修订，如果通过常规立法程序，则可能需要数十年才能完成。印尼政府力推《创造就业综合法案》的决心和意志可见一斑。面对经济衰退，印尼需要扩大招商引资来促进经济增长，创造就业岗位以此削减贫困和收入不均衡困境。《创造就业综合法案》的出台时间可能会引发争议，但印尼推行改革刻不容缓。《创造就业综合法案》由 11 个部分、15 个章节和 186 个条款组成。《创造就业综合法案》涵盖领域包括经营许可要求、投资增长、就业和劳工、中小微企业的投资保护、改善营商环境、研发和创新、政府行政改革、行政处罚监管制度、征地、政府投资与国家战略项目。印尼希望通过《创造就业综合法案》，减少经商繁文缛节，吸引外资，增加就业机会。

三　基础设施

印尼基础设施建设发展相对滞后，是制约印尼经济增长和投资环境改善的一个主要瓶颈。世界经济论坛（WEF）发布的 2019 年《全球竞争力报告》将印尼基础设施发展在 140 个经济体中排第 72 位，与其他国家相比，印尼的基础设施建设仍然落后。印尼政府也高度重视加强基础设施建设，这是确保印尼经济快速增长的重要因素。自佐科当选印尼总统以来，印尼政府已认识到落后的基础设施对国民经济发展的制约。大力发展基础设施建设已成为印尼政府振兴经济的重要手段。由于政府财力有限，单靠国家预算难以完成所有基础设施建设，因此印尼政府十分希望外资和本国私营企业参与投资基础设施。目前，以中国高铁为代表的一大批中国企业活跃在印尼的路桥、港口、电力、水利、石油化工、高层建筑等基建领域。

印尼的交通基础设施建设主要存在覆盖范围小、质量不高及地区发展不平衡三大问题。缺乏道路、港口和发电站等基础设施，导致印尼企业平均运输成本较高，运输成本占其总收入的 30%。在全国近 50 万千米的通行道路和铁轨中，只有 28.3 万千米是沥青道路，远不能满足 90% 的居民公路出行、50% 的货物公路运输需求。铁路建设落后且布局过于集中，大部分轨道为单向。全国铁路总里程为 7000 千米，其中 2825 千米分布在爪哇岛，其他大部分分布在苏门答腊岛。水路运输受季节性降雨影响较大，尤其是偏远地区的水路运输存在风险。航空运输较为便捷，但事故多发，且机场与市区之间的交通建设较为落后。港口水深不足，设施落后，无法停泊现代化大型远洋船只，在 350 多个运输港口中仅 130 个可停泊远洋船只。

通信基础设施建设较为滞后，网络覆盖率较低，移动互联网普遍停留在 2G 阶段。印尼电力总装机容量仅有约 5000 万千瓦，用电普及率不到 75%，仍有超过四分之一的人口没有用上电，电力需求年均增长 10%—15%。即使首都雅加达偶尔也会因缺电而实施轮流停电。由于印尼个人和企业用电比例为 7∶3，使企业发展对电力的需求更为迫切。为满足国内日益增长的电力需求，印尼政府启动新一期电力发展规划，计划建设 3500 万千瓦电站项目，并铺设 4 万千米的电网。

根据印尼 2015—2019 年中期建设计划，佐科政府加强基础设施建设，投入资金 5600 万亿印尼盾（约合 4308 亿美元），重点加强交通、电力等 12 个领域的大型基础设施项目建设。除此之外，印尼公共工程与民居部部长巴苏基（Basuki Hadimuljono）2020 年 12 月 14 日在雅加达表示，政府将通过公共工程与民居部以公私合作融资方案（KPBU）推出数个高速路和大桥建设项目，投资总额达 262.27 万亿盾。按照计划，在 2021 年首季度、第三季度和第四季度，公共工程与民居部为数个项目进行了招标。

在 2021 年首季度，政府要进行的招标项目就是 Mamminasata 高速路、Kamal-Teluknaga-Rajeg 高速路、瑟马楠（Semanan）—巴拉拉查（Balaraja）高速路、通过巴隆（Parung）的茂物（Bogor）—瑟榜（Serpong）高速路、南圣杜尔（Sentul Selatan）—西加拉璜（Karawang Barat）高速路、三宝垄港（三宝垄—肯达尔）高速路、吉利马努克（Gilimanuk）—孟威（Mengwei）高速路、通往巴丁班港（Patimbang）的通道和巴淡（Batam）—民丹（Bintan）大桥。

在 2021 年第三季度，政府以公私合作融资方案进行招标的项目是芝古尼尔（Cikunir）—卡拉瓦吉（Karawaci）市内高架高速路、芝古尼尔—乌鲁查米（Ulujami）高架环形高速路和东爪哇省泗马大桥（Suramadu）保养工程，投资总额达 48.37 万亿盾。

在 2021 年第四季度，政府进行招标的项目是芝拉扎（Cilacap）—日惹（Yogyakarta）高速路、淡目（Demak）—厨闽（Tuban）高速路、任抹（Jember）—南海漳（Lumajang）高速路、牙威（Ngawi）—新埠头（Bojonegoro）—巴巴特（Babat）高速路、任抹—徐图文罗（Situbondo）高速路、图隆阿贡（Tulungagung）—格班尖（Kepanjen）高速路、三马林达（Samarinda）—本当（Bontang）高速路、丹那邦布（Tanah Bumbu）—拉乌特岛（Pulau Laut）大桥和穆纳（Muna）—布敦（Buton）大桥，投资总额达96.6万亿盾。

印尼政府正在大力加强国内基础设施建设，提升自身投资吸引力以确保国内经济增长。随着多项大型基础设施项目的落实，印尼的营商便利度也将随之提高。

小　　结

根据世界银行发布的《营商环境报告》，印尼营商环境较十年前有了较大的进步。2020年，印尼营商环境在东南亚排第6名，在全球190个经济体中排第73名，营商环境仍有较大的改善空间。

在具体环节方面，印尼在保护中小投资者、办理破产以及纳税三个环节上具有相对优势，其他环节则表现欠佳，有待改善。

政府效率较低、司法环境复杂、基础设施不完善是印尼营商环境中的三大问题。近年来，印尼采取了打击官僚贿赂、改善司法环境、加强基建等一系列完善营商环境的措施，取得了一定的成果。

第三章　印尼重要城市

雅加达是印尼的首都和最大城市，也是东南亚人口第一大城市。长期以来，雅加达一直是国家的经济中心，主要工业部门有造船、纺织、汽车装配、建筑材料、化工和食品加工等。包括周边城镇的大雅加达地区人口总数超过 3000 万人，是世界上第二大都市圈。泗水，又称苏腊巴亚，拥有印尼的第二大海港，也是印尼重要的对外贸易港口。除此之外，泗水市也是现代化的工业城市，这里有渔港、海军基地以及铁路枢纽，有造船、铁路车辆、机械、冶金、化工、纺织、玻璃、食品加工、卷烟等工业企业。

第一节　城市化进程与趋势

印尼主要由岛屿和海洋构成，国内约有 17508 个岛屿，其中 6000 个岛屿有人居住。岛屿分布较为分散，主要有加里曼丹岛、苏门答腊岛、伊里安岛、苏拉威西岛和爪哇岛。各岛屿之间有许多海峡和内海，其中巽他海峡、马六甲海峡、龙目海峡等是沟通太平洋和印度洋的重要通道。[①] 印尼各岛屿的地形以山地和高原为主，沿海有狭长的平原，并有浅海和珊瑚环绕。

印尼全国面积为 1919440 平方千米，为世界上面积第 16 大的国家，人口密度为 134 人/平方千米，居世界第 79 位。首都雅加达位于爪哇岛上，是印尼最大城市，爪哇岛为世界上人口最多的岛屿，该岛人口密度达

[①]　中华人民共和国商务部：《印度尼西亚国家概况》，http://id. mofcom. gov. cn/article/ddgk/201005/20100506903091. shtml。

940 人/平方千米，其他的主要城市有泗水、万隆以及棉兰。

　　1950 年，印尼城市化水平为 12.4%，1950—1980 年，其城市化率上升速度较为缓慢，印尼城市化年均增长率保持在 1.5% 左右的水平。从 1970 年开始，其城市化增长速度明显加快。1970—1975 年，印尼城市化年均增长率为 2.47%。1980—1985 年，印尼城市化年均增长率达到 3.32%。直到 2000 年，印尼的城市化年均增长率均超过 3%。进入 21 世纪，印尼的城市化年均增长率出现下降趋势，到 2018 年，印尼的城市化率上升到了 55.3%。根据联合国的预测，到 2050 年，印尼的城市化将会达到 66%。

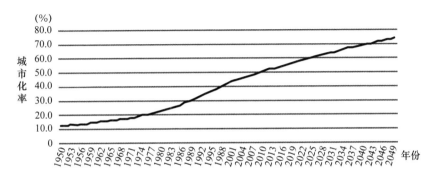

图 II - 3 - 1　印尼城市化率

资料来源：*World Urbanization Prospects*（2018），https://population.un.org/wup/Publications/Files/WUP2018-Report.pdf.

　　印尼城市化率稍高于东南亚地区整体水平。1950 年，印尼的城市化率为 12.4%，东南亚为 15.6%，亚洲国家的整体水平为 17.5%，当时印尼城市化率低于东南亚和亚洲。其后印尼的城市化率不断提升，1992 年，印尼的城市化率为 32.7%，超过东南亚水平（33.2%）；1994 年，印尼的城市化率为 34.9%，超过亚洲国家平均水平（34.3%），而后一直高于亚洲平均城市化水平。2018 年的数据显示，印尼城市化率为 55.3%，与此同时，东南亚和亚洲城市化率分别为 49.4% 和 49.9%。预计到 2050 年，印尼的城市化率将达到 72.8%，彼时东南亚和亚洲的城市化率分别为 66% 和 66.2%。简而言之，印尼的城市化水平略高于东南亚和亚洲整体平均水平。

　　从城市人口来看，印尼城市人口总量逐年增加。1950—1970 年城市人口平均年增长率为 4.06%。到 1970—1980 年，印尼城市人口平均年增长率上升为 5.07%，人口总量快速上升。1980—1985 年，印尼城市人口平均年增长率达到 5.56%，而同一时期亚洲和东南亚城市人口平均年增长率分别为 3.83% 和 5.39%，都低于印尼水平。印尼城市人口高速增长一直持续到 20 世纪末，2000 年，印尼的城市人口总量为 8885.1 万人。进入 21 世纪，2000—2005 年，印尼城市人口平均年增长率为 3.18%，此时的人口增长水平与亚洲和东南亚水平接近。在近十年内，人口增长率进一步下降，人口增长速度得到控制，预计到 2050 年，城市人口平均年增长率将下降为 0.87%。

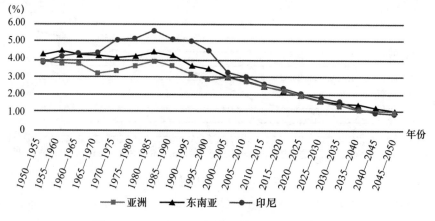

图 II-3-2 印尼、东南亚及亚洲人口增长率

资料来源：*World Urbanization Prospects*（2018），https://population.un.org/wup/Publications/Files/WUP2018-Report.pdf.

1950—1960 年，印尼的城市化速度较为缓慢，增长率平稳保持在 1.6%。从 1970 年开始，印尼城市化增长率快速上升，城市化速度进入爆发扩张模式。1980—1985 年，印尼城市化增长率达到 3.32%，而此时的亚洲国家整体水平仅为 1.86%，东南亚国家平均水平为 2.1%，增长趋势与亚洲整体和东南亚地区基本相同。进入 21 世纪，印尼的城市化增长率骤降，2000—2005 年，城市化增长率从 3.04% 下降至 1.79%，这一速率与亚洲国家整体水平接近。预计印尼城市化增长率会保持平稳下降趋势，到 2050 年会降到 0.63%。

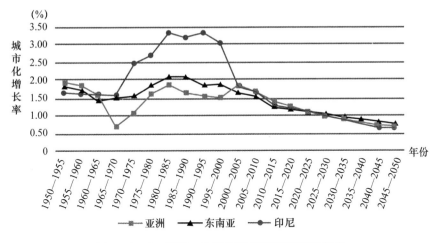

图 II - 3 - 3　印尼、东南亚及亚洲城市化增长率

资料来源：*World Urbanization Prospects*，2018，https：// population. un. org/wup/Publications/
Files/WUP2018-Report. pdf.

第二节　城市体系与重点城市规模的发展

印尼一级行政区分31个省、2个特区和1个首都地区，二级行政区为
县及市，县及市下再分乡（或称"区"），乡以下再分村。各个岛屿上的
省份分布如下。苏门答腊岛：亚齐特别行政区、北苏门答腊省、西苏门答
腊省、明古鲁省、廖内省、廖岛省、占碑、南苏门答腊、楠榜、邦加—勿
里洞；爪哇岛：雅加达、西爪哇、万丹、中爪哇、日惹、东爪哇；加里曼
丹岛：西加里曼丹、中加里曼丹、南加里曼丹、东加里曼丹；小巽他群岛
（又称努沙登加拉）：峇里、西努沙登加拉、东努沙登加拉；苏拉威西岛：
西苏拉威西、北苏拉威西、中苏拉威西、南苏拉威西、东南苏拉威西、哥
伦打洛；马鲁古群岛及伊里安岛（即新几内亚）：马鲁古、北马鲁古、西
伊里安查亚、巴布亚。

一　重点城市规模增长

印尼人口从1960年到2018年持续上升，2018年总人口数为2.68亿人，
位列全球第四。印尼的人口增长率在历史上有较大的变动，人口增长率在
1960年到1975年保持在2.5%以上，全国人口呈现出快速增长模式。但进

入 20 世纪 80 年代，人口增长率开始下降，全国人口增长速度放缓。进入 21 世纪，人口增长率维持在 1.5% 以下，人口增长速度进一步放缓。

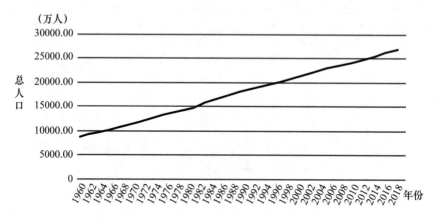

图 II-3-4 1960—2018 年印尼总人口

资料来源：印尼统计局。

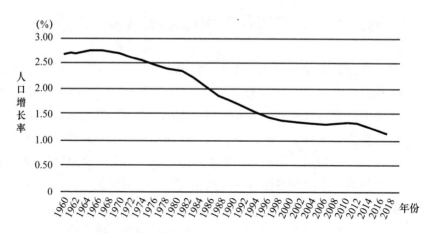

图 II-3-5 印尼 1960—2018 年人口增长率

资料来源：印尼统计局。

1950 年，印尼仅有一个大城市（100 万—500 万人口等级），即首都雅加达，雅加达总人口占全国人口总量的 17%，其余人口分布在若干个 30 万以下人口的城市里。1950—1980 年，雅加达持续吸纳人口，在 1980 年扩大为特大城市（500 万—1000 万人），其人口占全国人口的比重为 18%。此时，不仅雅加达城市人口规模在扩张，印尼国内人口扩张同样也十分迅速。到 2010 年，雅加达人口总数为 962 万人，但占全国人口总量的比重下降至 8%；2015 年，雅加达城市人口达到 1368 万人，城市等级变为超大城市（1000 万人以上），占全国人口的比重下降到 7%。

值得注意的是，1950 年，印尼有 65% 的人口集中在 30 万人以下的城市里，但随着越来越多的人进入大中型城市，到 1965 年，分布在 30 万人以下城市的人口比重下降到 44%，有 35% 的人口分布在大城市（100 万—500 万人）。但进入 21 世纪，这一趋势开始发生逆转，2015 年，印尼分布在 30 万人以下城市的人口比重开始反弹，上升至 68%，全国只有 7% 的人口集中在首都雅加达，特大城市（500 万—1000 万人）的人口占比为 16%，大城市（100 万—500 万人）的人口占比仅为 2%。

二　城市体系发展

印尼的主要城市排序与其人口数量完全呈正相关，排序越靠前的城市，其人口数量越多；同时，主要城市的人口数量占其所属州总人口数的百分比相对较高。印尼由多个岛屿组成，主要城市分布在海岸附近。

印尼各省人口密度差异较大。从平均水平来看，2019 年，印尼整体人口密度为 140 人/平方千米。在全国 34 个省及行政区中，雅加达人口密度最高，2019 年，人口密度达到 15900 人/平方千米；其次是西爪哇省，人口密度为 1394 人/平方千米，密度不足雅加达的十分之一；居第三位的省份为万丹省，人口密度为 1338 人/平方千米，人口密度略低于西爪哇省。而人口密度最低省为西巴布亚省，仅为 9 人/平方千米。可见，雅加达的人口密度远远高于其他地区，人口集中度极高。2000—2019 年，雅加达人口不断上升，人口密度从 12592 人/平方千米上升到 15900 人/平方千米。2019 年，英国交通拥堵监控研究所 TomTom Index 发布的交通指标结果显示，雅加达的交通拥挤程度达到 53%，居全球第十位。

印尼各省人口数量差异。2010 年，印尼总人口数为 23764 万人，西爪哇省人口数量在全国各省中最高，为 4305.37 万人，占印尼总人口数的 18%；其次是东爪哇省，人口总数为 3747 万人，占全国人口总数的 16%；居第三位的是中爪哇省，人口数为 3238.27 万人，占比为 14%。排名前三位的人口大省占全国人口的比重总计约为 48%，几乎为全国人口数量的一半。除此之外，各省之间的人口数量差异较大，人口数最少的西巴布亚省仅有 76.04 万人，只有西爪哇省人口数的 1.7%。根据数据分析可知，印尼的人口主要集中在爪哇岛和苏门答腊岛，而东部的伊里安岛由于热带雨林、湿地等区域不适宜居住，人口密度极低。

第三节　雅加达的经济发展与影响力

一　城市概况

雅加达位于爪哇岛西北海岸，城市面积为 740 平方千米，人口为 1027.7 万人，是印尼首都和最大城市，同时也是东南亚人口第一大城市。包括周边城镇在内的大雅加达地区，居住超 3000 万人，是世界第二大都市圈。雅加达经济主要以金融居多，占该市生产总值的 28.7%，并拥有国内最大的金融和主要工商业机构。

雅加达历史悠久，早在 14 世纪就已成为初具规模的港口城市，当时叫巽他加拉巴，意思是"椰子"，华侨称其为"椰城"。1945 年，印尼宣布独立，定首都为雅加达。雅加达首都特区是印尼 34 个省级行政区之一，下辖五个行政市：东雅加达、西雅加达、中雅加达、北雅加达、南雅加达以及行政县千岛群岛。

2019 年，雅加达总人口数为 1055.8 万人，其中东雅加达的人口数为 293.8 万人，西雅加达的人口数为 259 万人，南雅加达的人口数为 224.6 万人，北雅加达的人口数为 181.3 万人，千岛群岛的人口数最少，为 2.4 万人。

2019 年，雅加达地区的平均人口密度为 15900 人/平方千米。西雅加达地区的人口密度最高，达到 20813 人/平方千米。其次是中雅加达地区，人口密度为 17719 人/平方千米。东雅加达地区的人口密度为 16080 人/平方千米，也高出雅加达地区的平均水平。在雅加达特区内，越来越多的人流向了西雅加达、北雅加达和东雅加达地区。

二　城市经济发展水平

(一) 地区生产总值

印尼产业结构落后，国内工业欠发达，属于发展中国家。但印尼是东南亚最大的经济体，农业、工业和服务业在国民经济中发挥着重要作用，其中农业和油气产业是传统支柱产业，旅游业在印尼经济中也占据着重要地位。根据印尼统计局最新数据,2020 年第二季度与 2020 年第一季度相比,印尼经济环比增长 4.19%。其中运输和仓储增长了 29.22%;住宿和餐饮增长了 22.31%。另外,农业、林业和渔业等传统产业仍保持着正增长,增幅为 16.24%。

2011—2019 年,雅加达地区的 GDP 增长水平始终保持在 5% 以上。2019 年,雅加达 GDP 增长率为 5.89%,略高于同年印尼平均增长水平(5.02%)。2011 年,雅加达呈现出 GDP 高速增长,增长率达到 6.73%,随后经济增长率出现下降,直到 2016 年下降为 5.87%。2017 年,雅加达 GDP 增长率出现反弹,回升到 6.2%,但 2018 年、2019 年雅加达 GDP 增长率继续下降,分别为 6.17% 和 5.89%。

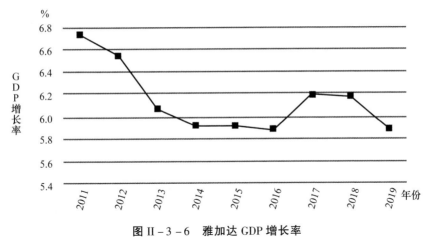

图 II - 3 - 6 雅加达 GDP 增长率

资料来源:印尼统计局。

2011—2015 年,从雅加达 GDP 变化来看,各地区变化趋势基本趋同,GDP 保持逐年增加。2015 年,中雅加达地区 GDP 总额为 483 万亿盾,占雅加达地区总 GDP 的 24%,位于雅加达特区首位,对雅加达地区的经济贡献具有不可替代的作用;其次是南雅加达,GDP 总量为 441 万亿盾,占雅加达地区总 GDP 的 22%。而以捕捞业为主的千岛群岛 GDP 始终位于末位,经济体量小,与其他地区相比存在很大差异。

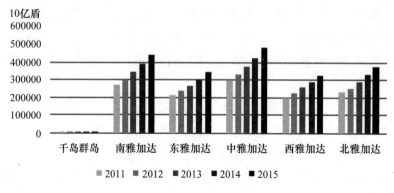

图 II - 3 - 7 雅加达各地区 GDP

(二) 人均地区生产总值

2011—2016 年, 雅加达各地区人均 GDP 逐年增加。雅加达人均 GDP 在 2011—2016 年持续保持上升, 从 1.25 亿盾 (8701.06 美元) 上升到 2.08 亿盾 (14478.57 美元)。从雅加达各个地区来看, 中雅加达的人均 GDP 远高于其他地区。2016 年, 中雅加达人均 GDP 为 5.81 亿盾 (40442.54 美元), 而第二位的千岛群岛仅为 2.76 亿盾 (19211.95 美元), 东雅加达的人均 GDP 最低, 仅为 1.32 亿盾 (9188.32 美元)。

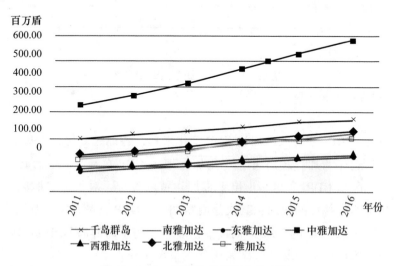

图 II - 3 - 8 雅加达各地区人均 GDP

资料来源：印尼统计局。

（三）城市经济发展

雅加达拥有全国最大的金融和工商业首脑机构，驻扎了数百个国内外公司企业办事处。同时也是全国最大的工业中心，产业主要包括造船、汽车、装配、建材、轮船、化工、化肥、制革、印刷等。2019 年，印尼第一、二、三产业所占比重分别为 13.26%、40.62% 和 46.12%，第二产业和第三产业总计占比达到 86.74%。首都雅加达第一、二、三产业所占比重分别为 0.04%、16.72% 和 83.24%，第三产业在雅加达具有绝对优势。

1. 农业发展

印尼有优越的自然环境，常年高温多雨，气候条件适宜农作物生长，为印尼的农业、林业、畜牧业发展提供了天然优势。印尼海洋面积为316.6 万平方千米（不包括专属经济区），广阔的海洋面积为印尼的渔业发展奠定了基础。雅加达的初级产业（农业、林业和渔业）GDP 占比始终不超过 0.1%。2019 年，雅加达的农林渔 GDP 为 2.19 万亿盾，占地区总 GDP 比重的 0.04%，占比极低。2015—2019 年，雅加达的初级产业产值基本保持稳定。在第一产业分布中，渔业和农业的占比十分接近，2019年，农业的比重为 56.8%，稍高于渔业的 43.18%。

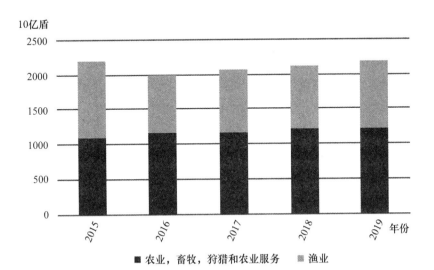

图 II-3-9 雅加达第一产业产值

资料来源：印尼统计局。

2. 工业发展

雅加达工业比重在城市中的占比并不高，主要分布在城市郊区。2015—2019年，雅加达的工业产值占总产值的比重从 27.5% 下降到24.4%，工业产值从 547 万亿盾上升到 694 万亿盾，工业产值体量得到大幅上升，但仍低于城市整体的发展速度。2019 年，在各工业部门中，制造业产值最高，占工业总产值的 49.97%，施工工业占比为 47.51%，剩余的采矿业、电气煤气以及供水业占比合计仅为 2.52%。雅加达正处于城市扩张阶段，仍需要进行大量基础建设、住房修建等建筑施工，因此支出在工业中占据了很大的比重。

从就业人数来看，2017 年，雅加达制造业企业有 2582 家，相关就业人数超过 40 万人。其纺织企业最多，有 491 家，就业人数为 8.1 万人；其次是造纸企业，有 269 家，就业人数为 1.7 万人。从制造业细分产业的产值来看，运输设备制造产值在雅加达制造业中占比最高，产值为 189 万亿盾，占雅加达制造业产值的 54.69%；其次是化学、制药和传统医学行业，产值占制造业的比重为 12.01%。

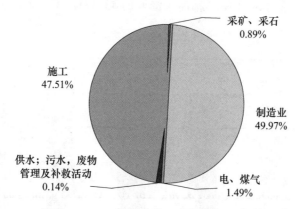

图 II-3-10　雅加达第二产业各行业比重

资料来源：印尼统计局。

3. 服务业发展

（1）金融业

雅加达的金融业正处于快速发展时期。2019 年，雅加达的金融业总产值为 296 万亿盾，行业增长速度从 2018 年的 6% 上升到 11%。从金融业的产值来看，雅加达的金融产业产值占全国金融业产值的44%，雅加达几乎集中了国内主要的金融企业和金融资源，在国内金融市场上占据着中心地位。金融中间服务业的发展速度远远超出了传统产业，已经成为新的经济增长点。[①]

（2）交通运输业

作为人口最稠密的岛屿，雅加达的人口密度已经达到15900人/平方千米，面临着巨大的交通压力，道路运输网络已经无法跟上雅加达城市持续增长的小汽车数量。爪哇铁路连接着雅加达与东爪哇的泗水。苏加诺—哈达国际机场由铁路直接连接到雅加达城区。作为亚洲最繁忙的机场，苏加诺—哈达国际机场的飞机每天起飞量达到1200—1700架。作为印尼最大的港口，雅加达的丹绒普鲁克港口处理了全国货运量的三分之二，但港口的海关通关时间是东南亚最长的，效率低下也给海运行业带来了极高的成本。

2019年，雅加达交通运输与仓储产值为104万亿盾，对雅加达GDP的贡献率为3.84%。从具体行业来看，2019年雅加达铁路运输产值为1.148万亿盾，较上一年增长43%；陆路运输产值为47.31万亿盾，较上年增长12%；海运运输产值为8万亿盾，较上一年增长11%；仓储运输、邮政产值为34.61万亿盾，比上一年增长12.81%。可见，雅加达的运输产业发展势头旺盛，正处于高速发展阶段，其中铁路运输发展最快，这也反映了印尼政府对国家铁路设施进行大力投资建设的现状。

（3）电信业

随着可支配收入的增加，印尼成为电信服务发展潜力极大的国家。2019年，雅加达电信业产值占全市GDP的8.49%，增长率达到13%，远远超过当地GDP的整体增长速度。2016—2019年，雅加达的电信业增长率为10.63%、15.22%、13.22%、13.16%，可见雅加达的电信产业存在极大的发展空间。

雅加达使用移动电话人数占比高。2019年，手机与平板电脑在雅加达的覆盖率达到84.32%，比上一年增长了1.37%。从性别上看，男性的移动设备使用率要高出女性4.61%。同时，在不同收入人群中，移动设

---

① 中国驻印尼大使馆经商参处：《印尼金融体系简介》，http://id.mofcom.gov.cn/article/ddgk/201007/20100707012964.shtml。

备覆盖率呈现出明显差异，前 20% 的高收入群体的移动设备使用率达到 94.12%，而 40% 的低收入群体的移动设备使用率仅为 76.51%。在不同学历层次中，移动设备使用率出现了更大差异，初中及以上学历人群的使用率为 95.02%，比初中以下学历人群高出 33.66%。

雅加达对移动网络需求高。移动设备的高覆盖率还需要移动数据网络的支持，2019 年，雅加达访问互联网的比例为 73.46%，比上年增长 7.57%，但该比例仍低于持有移动设备的比例。在不同学历人群中，访问互联网的数据出现了极大的差距，在初中及以上学历人群中的普及率为 87.6%，而初中学历以下人群中的普及率仅为 43.11%。对此，印尼政府加大基础设施投入，建设通信基站以及连接各岛海底电缆，改善移动网络现状，将更多的居民连接到互联网中。

（4）旅游业

雅加达是一座历史名城，几百年前曾是输出胡椒和香料的著名海港，被称为巽他格拉巴，意思是"椰林密布之地"，或"椰子林的世界"。著名景点包括伊斯蒂赫拉尔清真寺、印尼缩影公园、印尼民族独立纪念碑等。根据印尼统计局数据，2019 年，雅加达接待的国际游客人数约为 242 万人，较上年减少了约 39 万名游客。雅加达接待的游客主要来源于东亚地区，如中国、日本、韩国等国家。2020 年，由于新冠疫情的影响，印尼统计局表示，当年 1—5 月的国际游客数较上年同期下降了约 53.36%。

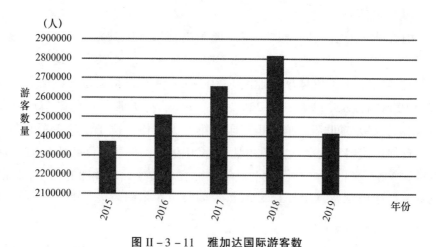

图 II-3-11　雅加达国际游客数

（四）城市的影响力

雅加达是印尼的首都，是印尼的经济、财政、工业、政治和文化中心。雅加达也是东南亚重要的商业中心之一。根据印尼国家统计局公布的数据，2019 年，印尼 GDP 为 15833 万亿盾，雅加达 GDP 为 2840 万亿盾，占全国的比重为 17.94%。世界 500 强分部基本均设在首都雅加达。银行、保险类行业的选址向来位于一国经济最为繁荣的地段，故而基本均设于雅加达，这是毋庸置疑的。

2010 年以来，雅加达在 GaWC（Globalization and World Cities，全球化与世界城市研究网络）中的排名变动不大，在 Alpha 列队中从 2010 年的第 16 位下降至 2012 年的第 7 位，之后，在 2016 年重新回到第 16 位，并在 2018 年进一步上升到第 12 位，国际排名得到进一步提升。2020 年最新研究报告显示，雅加达的排名位于 Alpha 列队第 14 位。① 在"科尔尼"全球城市指数（Global Cities Index）中，近年来雅加达的排名保持稳定。2012 年雅加达城市排第 54 名，2019 年为第 59 名。②

雅加达共有 38 所大学，在校学生 23 万人。其中，历史最悠久的大学是 1949 年建立的印尼国立大学。而比纳·努桑塔拉大学的学生数量最多，有 24999 名学生。除此之外，还有默库布纳大学、雅加达州立大学、加札马达大学等高校。雅加达城内有很多宗教建筑和艺术作品，例如，伊斯蒂赫拉尔大清真寺、中央博物馆、雅加达历史博物馆、印尼国家纪念塔等。另外，雅加达在 2018 年举办了亚运会，促进了亚洲各国与雅加达的交流。

第四节　泗水的经济发展与区域影响

一　城市概况

泗水，是东爪哇省首府，也是印尼第二大城市，位于爪哇岛东北角，临马都拉海峡和泗水海峡，与马都拉岛相望。泗水市属热带雨林气候，年平均气温为 23℃—31℃，全年平均降雨量约为 1600 毫米，气候宜人。泗水市面积为 330 平方千米，约有 400 万人口，其中华人占 100 多万人，六

---

① GAWC, City Link Classification, http://www.lboro.ac.uk/gawc/world2000t.html.

② ATKearney, A Question of Talent 2019 Global Cities Report, bky.ly/2019-Global-Cities.

成为福建闽南人，三成为客家人，其他汉族民系的华人占一成。泗水是以贸易为主的商业城市和港口城市，印尼国内的大多数商品都是从泗水出口到国外的。

泗水市现已和许多国家之间开通了空中航线，包括中国，此外还将航班信息收录到了国内大型 OTA 公司中，如携程、微驴儿等。泗水交通设施较为完善，电车轨道遍布全市。城市的正北方是邻近乌戎海军基地的著名港口丹戎佩拉克，该港是仅次于雅加达的爪哇第二大港。①

泗水是印尼工业化程度最高的工商业城市。印尼很大一部分进口商品要通过这里的港口进入国内，而出口的大宗蔗糖、咖啡、烟草、柚木、木薯、橡胶、香料、植物油和石油产品也通过这里的港口输出。工业产业有船坞、铁路机车制造、纺织、玻璃、化工、啤酒酿造、卷烟和制鞋。

二　城市经济发展

2019 年，印尼国内总产值为 15183 万亿盾，东爪哇省的地区生产总产值为 2352 万亿盾，占国内总产值的 15.5%。作为东爪哇省首府的泗水市，2019 年的地区生产总值为 580 万亿盾，占全省的 24.7%，是全省经济体量最大的城市。

（一）　经济发展规模与发展水平

2011—2019 年，泗水市地区生产总值保持高速增长，2011 年地区生产总值增长率为 6.44%，到 2012 年上涨到 6.64%，地区经济增长水平得到快速上升。但 2012 年以后，其地区生产总值增长率开始下降，增长动力不足，直到 2015 年，增长率降为 5.44%。在随后的 2016—2019 年，泗水市的地区生产总值增长率基本稳定在 5.5%。

泗水的经济发展状况良好，2010—2013 年人均 GDP 持续快速增长。泗水市的经济水平远高出印尼国内的平均水平，是处于国内经济发展前列的城市。2013 年，泗水市人均 GDP 为 10832.75 万盾，比东爪哇省人均 GDP 高出 7229.04 万盾，同时也高出印尼国内人均 GDP 6969.49 万盾。

---

① 中华人民共和国驻泗水总领事馆：《驻泗水总领事馆领区五省概况》，https://www.mfa.gov.cn/ce/surabaya//chn/lqgk/t1383056.htm。

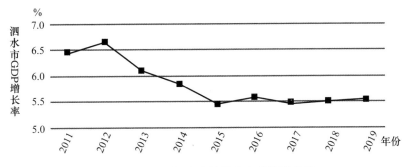

图 II - 3 - 12　泗水市地区生产总值增长率

资料来源：印尼泗水市统计局。

（二）三次产业结构

2019 年，印尼国内第一、二、三产业所占比重分别为 13.26%、40.62%和 46.12%。2019 年，泗水市第一产业占总产值的比重为 0.16%，第二产业占总产值的比重为 28.78%，第三产业占总产值的比重最高，为 71.06%。第三产业在泗水市经济发展中占据重要地位。2017 年和 2018 年，泗水市第三产业产值占比分别为 70.34%和 70.66%，均超过 70%。

第一产业在泗水经济中的比重极低，并出现下降趋势。泗水统计局数据显示，2017 年，泗水市农业、林业和渔业总产值为 8830 万亿盾，占东爪哇省产值的 0.34%。2013 年以来，第一产业增长率总体呈现出下降趋势，2018 年出现负值，为 - 1.4%。

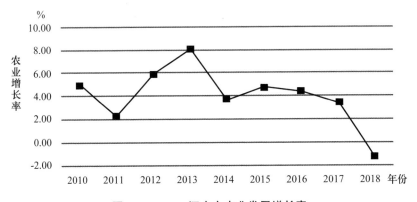

图 II - 3 - 13　泗水市农业发展增长率

资料来源：印尼泗水市统计局。

2017 年，泗水市工业总产值为 145.38 万亿盾，占东爪哇省工业总产值的 16.65%。其中加工业产值最高，为 101.19 万亿盾；其次是施工工业，产值为 52.92 万亿盾；采矿和挖掘业的产值最低，为 320 亿盾。第二产业各行业增长率也有很大差异。最为突出的是电力和天然气采购业，2011—2016 年，行业始终呈现负增长，其中 2012 年的增长率为 -6.17%。除此之外，加工业在 2010—2014 年始终保持高速增长趋势，2014 年加工业增长率达到顶峰，为 10.13%，但近年来加工业增长率呈下降趋势，到 2018 年其增长率为 4.92%。

表 Ⅱ-3-1　　　　　　　　　　泗水市第二产业产值　　　　　　　　（十亿盾）

产业	2010	2011	2012	2013	2014	2015	2016	2017	2018
采矿和挖掘	17	18	19	21	24	27	29	31	32
加工业	45351	50545	57162	62295	70956	78134	85215	92745	101187
电力和天然气采购	1948	2390	2484	1951	2001	2094	2145	2264	2311
供水，废物管理，废物和回收	417	466	498	543	572	627	679	740	772
施工	23730	27121	29896	33623	37876	40626	45103	49604	52920

服务业发展保持良好态势。其一，运输业。2018 年，泗水市运输与仓储带来的经济产值为 29.1 万亿盾，产业增长率为 7.56%。作为印尼的重要城市，泗水市有着繁忙的海运、空运以及陆运体系。朱安达国际机场（泗水国际机场），拥有连接印尼各个城市以及东南亚多国的多条航线。其二，通信业。2018 年，泗水市信息和通信业产值为 28.7 万亿盾，增长率为 6.83%，产业总值占全市的 5.27%。其三，金融业。2018 年，泗水市金融服务与保险业产值为 28.1 万亿盾，增长率为 4.84%，占全市 GDP 的比重为 5.17%。其四，旅游业。泗水市的著名景点有布罗莫火山、泗水动物园、郑和清真寺、三宝麟博物馆等。

（三）城市影响力

泗水被视为"英雄城"，Surabaya（泗水）一词是由"sura"（含勇敢之意）和"baya"（含危险之意）组成的。1945 年 11 月 10 日，仅拥有竹子制作的冲锋枪的泗水人民与武器配备先进齐全的同盟军展开了激烈而顽强的斗争。由此 11 月 10 日被定为"英雄之日"，泗水因此被称为"英雄城"。

泗水拥有艾尔兰加大学（UNAIR）、Sepuluh Nopember 理工学院（ITS）、泗水国立大学（UNESA）、克里斯蒂安·佩特拉大学（Universitas Kristen Petra）、泗水电子工程职业技术学院（PENS-PPNS）等重要大学。泗水是印尼足球发展中心。泗水市有许多足球协会和俱乐部，Scoren Is Ons Doel（SIOD），Sparta，Rapiditas 和 Thot Heil Onzer Ribben（THOR）都是泗水足球协会的先驱。

小　　结

作为印尼首都和最大城市，雅加达是印尼的经济中心，主要产业有造船、纺织、汽车装配、建筑材料、化工和食品加工等。雅加达是东南亚人口第一大城市，包括周边城镇的大雅加达地区，其人口总数超过 3000 万人，是世界上第二大都市圈。泗水是印尼重要的对外贸易港口，拥有印尼第二大海港。泗水是现代化工业城市，拥有渔港、海军基地以及铁路枢纽，主要产业有造船、铁路车辆、机械、冶金、化工、纺织、玻璃、食品加工、卷烟等。

第四章　印尼经济特区和工业园区

第一节　印尼经济特区和工业园区概况

经济特区（Special Economic Zone，SEZ）是为发展经济、提高国际竞争力以及消除地区发展差距而设立的特殊区域。工业园区（Industrial Estate）是为创造就业、推进国家工业化进程而享有优惠政策的工业活动集中地区，其基础设施由工业区公司进行开发与管理。两者的主要区别在于经济特区相比工业园区而言，占地面积大，并主要设立在具有地缘战略优势和资源优势的地方，旨在因地制宜发展经济，提高区域和国际竞争力，经济活动的区域范围较大且经济活动内容更加多样，包括农业、工业、旅游业等，主要的管理机构是国家经济特区管理委员会（KEK）。印尼工业园区筹划时间较早且数量多，其主要目的是发展第二产业，经济活动的区域范围以工业生产为主，其管理机构比较分散，包括印尼工业房地产协会（Himpunan Kawasan Industri，HKI）、地方政府、投资协调委员会（Badan Koordinasi Penanaman Modal，BKPM）和工信部下属的各个小组。两者的共性主要是其对吸引外资、创造就业、增加收入、促进区域和国家经济发展具有重要意义，且两者都享有政府的特殊优惠政策。

一　印尼经济特区概况

为促进印尼经济快速发展、缩小地区差距并增强其核心竞争力，印尼着手设立经济特区。2009 年，印尼正式出台《印尼经济特区法》。① 到

---

① Dewan Nasional Kawasan Ekonomi Khusus Republik Indonesia：Perkembangan Kawasan Ekonomi Khusus Semester Pertama，https:// kek. go. id/report/download/LAPORAN-TENGAH-SEMESTER-TAHUN-2019. pdf.

2021 年 3 月为止，印尼共有 17 个正在运行和开发的经济特区，包括 11 个正在运行的经济特区和 6 个正在开发的经济特区。此外，印尼还有 2 个处于制定阶段的经济特区，印尼国家经济特区委员会也正在评估另外 3 个候选区域的可行性。[①] 印尼经济特区在地域分布上相对集中，主要分布在苏门答腊、爪哇和苏拉威西群岛。根据主营业务类型，印尼经济特区可分为工业经济特区和旅游经济特区两类。

（一）工业经济特区[②]

阿伦洛司马威经济特区（Arun Lhokseumawe SEZ）位于北苏门答腊岛的亚齐特区北部，靠近马六甲海峡，占地 2622.48 公顷，于 2018 年 12 月正式运行。该经济特区以能源产业、石化产业、棕榈油产业、木材加工业为主营业务，由印尼数家国有企业和地区性企业组成的财团开发运营，具体包括国家石油公司（PT Pertamina）、普普依斯干达穆达公司（PT Pupuk Iskandar Muda）、印尼第一港务公司（PT Pelindo I）和亚齐省政府区域发展公司（Pemerintah Daerah Pembangunan Aceh，PDPA，是属于亚齐地方政府的国有公司）等。

双溪芒克经济特区（Sei Mangkei SEZ）位于北苏门答腊省西马伦贡地区（Simalungun Regency），占地 2002.77 公顷，于 2015 年 1 月正式运行。北苏门答腊省是印尼最大的橡胶种植园和最大的认证棕榈油生产商所在地，该特区的设立主要基于周边地区的原材料供应，其主营业务为棕榈油（CPO）产业和橡胶产业。该经济特区也为物流、能源和旅游业的发展提供了机遇。

卡朗巴唐经济特区（Galang Batang SEZ）位于廖内省的巴淡、宾坦和卡里蒙岛，占地 2333.6 公顷，于 2018 年 12 月正式运行，主营业务涉及铝土矿加工业、氧化铝加工业、电力及基础设施建设等。卡朗巴唐经济特区是在原有的宾坦自由港和自由贸易区、巴淡自由港和自由贸易区、卡里蒙自由港和自由贸易区的基础上建立的。由于廖内岛是印尼、马来西亚、

---

① 中华人民共和国驻棉兰总领事馆：《印尼将于 2019 年底拥有 17 个经济特区》，http://medan. china-consulate. org/chn/lqxw/t1721073. htm。

② 各工业经济特区信息引自 Dewan Nasional Kawasan Ekonomi Khusus Republik Indonesia：Booklet Indonesia Special Economic Zone，https：// kek. go. id/assets/download/2019/09/Booklet _ KEK_ 42. pdf.

新加坡增长三角区合作的一部分，该经济特区也得到了廖内岛发展战略的支持。

丹戎阿比阿比经济特区（Tanjung Api-Api SEZ）位于南苏门答腊省班由辛地区（Banyuasin Regency），占地 2030 公顷。该特区依据 2014 年第51 号政府法令设立，但由于缺乏征地和基建资金，至今尚未正式运营。该特区主营业务将以橡胶工业、棕榈油工业、石化工业为主，同时有望发展为印尼国内及周边地区的贸易枢纽。

巴鲁经济特区（Palu SEZ）位于中苏拉威西省的巴鲁市，占地 1500公顷，于 2017 年 9 月开始运营，主营业务为镍矿与铁矿石产业、可可加工业、藤加工业、椰子加工业、海藻加工业等。该经济特区位于苏拉威西的战略贸易通道上，靠近印尼群岛海道（ALKI 2），交通条件优越。

比通经济特区（Bitung SEZ）位于北苏拉威西省的比通市，占地 534公顷，于 2019 年 4 月开始运行。主营业务涉及椰子加工业、渔业和草药制药行业。该经济特区靠近印尼群岛海道（ALKI 3），是进入东亚和太平洋地区的门户和通道，同时，比通市被涵盖在文莱、印尼、马来西亚、菲律宾四国之间的东部东盟增长区，APEC 和澳大利亚印尼发展区的合作范围内，由此，比通经济特区将发展成为一个国际枢纽海港。

索龙经济特区（Sorong SEZ）位于西巴布亚省的索龙地区（Sorong Regency），占地 523.7 公顷，于 2019 年 12 月开始运营。索龙经济特区位于塞勒（Sele）海峡旁，具有重要的地缘经济和战略优势，其附近的阿拉尔港（Arar Port）是印尼海上通道建设的重要节点。索龙地区拥有丰富的自然资源，该经济特区的主要经济活动是镍矿冶炼工业、林业和棕榈油工业、物流业、出口加工业。索龙经济特区未来还可以发展造船业，有望成为印尼东部的新经济增长区。

跨加里曼丹岛的马雷巴杜达经济特区（Maloy Batuta Trans Kalimantan SEZ）位于东加里曼丹省东库泰地区（East Kutai Regency），占地 557.34公顷，于 2019 年 4 月开始运营。该经济特区的主要经济活动是棕榈油工业和木材加工。东加里曼丹省有丰富的棕榈油、矿产和煤炭资源，马雷巴杜达经济特区可以最大限度地提高这些资源的利用率，提高资源的附加价值。该地区还将发展物流业和其他多种产业，以支持其主要产业发展。

（二）旅游经济特区①

丹戎格拉央经济特区（Tanjung Kelayang SEZ）位于邦加—勿里洞群岛省北里洞地区（Belitung Rengency）的西如克区（Sijuk District），占地324.4公顷，于2019年3月正式运行。主要经济活动是旅游业，已经成为政府示范经济转型的经济特区——从原来的锡矿开采转型为旅游经济。丹戎格拉央经济特区与其他3个印尼旅游经济特区并列为印尼10个国家重点旅游目的地。经济特区的发展秉承三个宗旨，即环境和社会可持续发展、文化保护、创造更美好的生活方式。

丹戎勒松经济特区（Tanjung Lesung SEZ）位于万丹省班德吉昂地区（Pandegiang Regency），占地1500公顷，于2015年2月正式运营，主要经济活动是旅游业。该经济特区由万丹西爪哇旅游发展公司开发和管理。丹戎勒松经济特区距离雅加达170千米，地处综合性海滩度假村的黄金地段，周围有丰富的自然景点和文化遗产。万丹省的自然美景以及毗邻雅加达的地理位置为投资者提供了广泛的投资机会，尤其是在旅游业和其他配套业务方面。

曼达利卡经济特区（Mandalika SEZ）位于西努沙登加拉省龙目（Central Lombok Regency）的普朱地区（Pujut District），占地1035.67公顷，于2017年10月正式运营。该经济特区主要的经济活动是发展以沙滩和当地文化为资源的旅游业，旨在打造又一个新巴厘，由国有印尼旅游发展公司（PT Tourism Development Indonesia-ITDC）开发和管理。该经济特区在印尼群岛海道（ALKI 2）附近且与龙目国际机场相连，有利于吸引国际游客，该经济特区筹备了2021年世界摩托车锦标赛（MOTOGP）。印尼全球绿色增长研究所与国有印尼旅游发展公司（ITDC）合作，确定在曼达利卡发展生态旅游，使曼达利卡经济特区能够实现可持续发展，包括用可再生能源进行能源供应。

莫罗泰经济特区（Morotai SEZ）位于北马鲁古省的莫罗泰地区，占地1101.76公顷，于2019年4月开始运营。主要的经济活动是发展旅游业、

---

①　各旅游经济特区信息引自 Dewan Nasional Kawasan Ekonomi Khusus Republik Indonesia：Booklet Indonesia Special Economic Zone，https：// kek. go. id/assets/download/2019/09/Booklet _ KEK_ 42. pdf.

渔业和林业。莫罗泰经济特区位于印尼东部马鲁古群岛的哈尔马赫拉,处在印尼群岛海道(ALKI 3)附近,皮图机场就在该特区范围内,从战略上讲,莫罗泰经济特区将成为印尼东部的国际枢纽。从资源角度来看,该经济特区位于哈尔马赫拉海的边界,处在金枪鱼主要的迁徙路线上。该地区的鱼类产量占印尼总产量的近32%,有利于其发展渔业产业。

(三) 正在开发与规划中的经济特区[①]

除了丹戎阿比阿比经济特区外,还有五个正在筹建开发中的经济特区,即肯德尔经济特区(Kendal SEZ)、信诃沙里经济特区(Singhasari SEZ)、北苏拉威西利库庞经济特区(Likupang SEZ)、爪哇综合工业和港口区(JIIPE SEZ)、里多经济特区(Lido SEZ)。

肯德尔经济特区位于中爪哇省的肯德尔地区(Kendal Regency),由2019年第85号政府令设立,计划占地100公顷,目前正在开发中。主要的经济活动是生产面向出口的工业制成品和进口替代产品,如纺织品和服装、家具、餐饮、汽车、电子业等,旨在提振工业、促进出口、改善贸易赤字状况。同时发展以数字技术为基础的物流中心。

信诃沙里经济特区位于东爪哇省的玛琅地区(Malang Regency),由2019年第68号政府令设立,计划占地120.3公顷,目前正在开发中。主要的经济活动是发展旅游业和数字技术。信诃沙里经济特区所处的大玛琅地区已被政府规划为东爪哇省的创新和数字经济中心。

北苏拉威西利库庞经济特区位于北苏拉威西省的北米那哈斯地区(Northern Minahas Regency),距离比通经济特区不远,由2019年第84号政府令设立,被列为2019年印尼旅游部的优先发展项目。目前正在开发中,主要的经济活动是发展旅游业。

爪哇综合工业和港口区位于东爪哇省格雷西克市(Gresik),2021年3月由国家经济特区委员会批准设立,计划占地3000公顷,目前正处于开发阶段,已经获得主要投资者在经济特区所在地开发铜冶炼厂的承诺。该经济特区计划用于金属、电子、化学、能源和物流行业的发展,在全面

---

① 各经济特区信息引自 Dewan Nasional Kawasan Ekonomi Khusus Republik Indonesia: Booklet Indonesia Special Economic Zone, https:// kek. go. id/assets/download/2019/09/Booklet _ KEK_ 42. pdf.

运作后，经济特区内企业生产的产品预计每年将为出口贡献101亿美元，并实现部分金属和化学工业产品的进口替代。

里多经济特区位于西爪哇省茂物市（Bogor），2021年3月由印尼国家经济特区委员会批准设立，目前仍处于开发阶段。里多经济特区旨在开发旅游景点、住宿，发展创意经济和音乐节。预计到2038年，印尼国内游客和外国游客的访问量将达到6340万人，平均每年游客量为317万人。此外，还有正处于规划制定阶段的经济特区，包括巴淡农萨数码工业园（Nongsa Digital Park）和巴淡飞机维修经济特区（MRO Batam Aero Technic）。

表 II - 4 - 1　　　　　　　　　印尼经济特区概况

经济特区（SEZ）	所在岛屿	省份	面积（公顷）	启动运营时间	状态
阿伦洛司马威经济特区 Arun Lhokseumawe SEZ	苏门答腊	亚齐特区北部	2622.48	2018年12月	运营中
双溪芒克经济特区 Sei Mangkei SEZ		北苏门答腊省	2002.70	2015年1月	运营中
卡朗巴唐经济特区 Galang Batang SEZ		廖内省	2333.60	2018年12月	运营中
丹戎阿比阿比经济特区 Tanjung Api-Api SEZ		南苏门答腊省	2030	N/A	开发中
丹戎格拉央经济特区 Tanjung Kelayang SEZ		邦加—勿里洞群岛省	324.4	2019年3月	运营中
丹戎勒松经济特区 TanjungLesung SEZ	爪哇	万丹省	1500	2015年3月	运营中
肯德尔经济特区 Kendal SEZ		中爪哇省	1000	N/A	开发中
信诃沙里经济特区 Singhasari SEZ		东爪哇省	120.3	N/A	开发中
爪哇综合工业和港口区 Java Integrated Industrial and Ports Esatte（JIIPE）SEZ		东爪哇省	3000	N/A	开发中
里多经济特区 Lido SEZ		西爪哇省	N/A	N/A	开发中
曼达利卡经济特区 Mandalika SEZ	小巽他	西努沙登加拉省	1035.67	2017年10月	运营中

续表

经济特区 （SEZ）	所在 岛屿	省份	面积 （公顷）	启动运营 时间	状态
巴鲁经济特区 Palu SEZ	苏拉威西	中苏拉威西省	1500	2017 年 9 月	运营中
利库庞旅游经济特区 Likupang SEZ		北苏拉威西省	197.4	N/A	开发中
比通经济特区 Bitung SEZ		北苏拉威西省	534	2019 年 4 月	运营中
莫罗泰旅游经济特区 Morotail SEZ	马鲁古	北马鲁古省	1101.76	2019 年 4 月	运营中
索龙经济特区 Sorong SEZ	巴布亚	西巴布亚省	523.7	2019 年 12 月	运营中
跨加里曼丹岛的马雷巴杜达经济特区 Maloy Batuta Trans Kalimantan（MBTK）SEZ	加里曼丹	东加里曼丹省	557.34	2019 年 4 月	运营中

资料来源：根据 Dewan Nasional Kawasan Ekonomi Khusus Republik Indonesia（https://kek. go. id/peta-sebaran-kek）等提供的资料自制。

　　印尼国家经济特区委员会还在评估三个经济特区候选区域的可行性，即邦加—勿里洞丹戎古农（Tanjung Gunung）、邦加—勿里洞烈港（Sungai Liat）和北苏门答腊马迪纳（Mandailing Natal）。[①]

二　印尼工业园区概况

　　印尼政府在 20 世纪 70 年代初就开始建立工业园区。第一个工业园区是由印尼国有企业经营的，位于雅加达普洛加东（Pulogadung）的雅加达普洛加东工业园（Jakarta Industrial Estate Pulogadung），占地 540 公顷。1970—1989 年，印尼只有 7 个工业园区，而且只能由国有企业经营。为了推动印尼工业发展，1989 年政府发布第 53 号总统令，开始准许私人企业投资经营工业园区，由此印尼工业园区步入快速发展的轨道。

---

　　① 中华人民共和国驻棉兰总领事馆：《印尼将于 2019 年底拥有 17 个经济特区》，http:// medan. china-consulate. org/chn/lqxw/t1721073. htm。

印尼的工业园区主要分布在苏门答腊群岛和爪哇群岛。截至 2020 年，印尼共有 108 个工业园区。在 108 个经营性工业园区中，有 60 个分布在爪哇群岛，有 37 个分布在苏门答腊群岛，有 7 个分布在加里曼丹群岛，有 4 个分布在苏拉威西群岛。① 爪哇群岛的工业园区重点发展高科技产业、劳动密集型产业和低耗水产业。爪哇群岛以外的工业园区更注重发展以自然资源为基础的工业，提高物流系统的效率，并将工业园区发展成为新的经济中心。②

表 II - 4 - 2　　　印尼主要工业园区地理位置分布情况（68 个）

所在岛屿	所在省份		名称
苏门答腊	北苏门答腊		Kawasan Industri Medan
			Medanstar Industrial Estate
			Pulahan Seruai Industrial Estate
	西苏门答腊		Padang Industrial Park
	廖内	廖内	Kawasan Industrial Dumai
			Kawasan Industri Tanjung Buton
		廖内（巴淡岛）	Batamindo Industrial Park
			Bintang Industrial Park
			Kabil Integrated Industrial Estate
			Panbil Industrial Estate
			Puri Industrial Park 2000
			Tunas Industrial Estate
			Union Industrial Park
			West Point Maritime Idustrial Park
		廖内（民丹岛）	Bintan Industrial Estate

① Kementerian Perindustrian Repubilik Indonesia：Daftar Kawasan Industri，https：//kemenperin. go. id/kawasan.

② BKPM：Industrial estate directory 2015/2016 A Guide for Investors，https：//www. pwc. com/id/en/media-centre/infrastructure-news/december-2019/industry-ministroposes-19-priority-industrial-estates. html.

续表

所在岛屿	所在省份		名称
爪哇	雅加达		Cilandak Commercial Estate
			Jakarta Industri Estate Pulogadung
			Kawasan Berikat Nusantara
			Kawasan Industri Lion
			Kota Bukit Indah Industrial City
	西爪哇	西爪哇—Karawang	Artha Industrial Hill
			Bukit Indah Industrial Park
			Kujang Idustrial Estate
			Karawang International Industrial City
			Kawasan Industri Mitrakarawang
			Podomoro industrial Park
			Suryacipta City of industry
			GT Tech Park @ Karawang
		西爪哇—Bekasi	Bekasi International industrial estate
			East Jakarta Industrial Park
			Greenland International Industrial Centre
			Jababeka Industrial Estate
			Kawasan Industri Gobel
			Kawasan Idustri Terpadu Indenesia China
			Lippo Cikarang
			Marunda Center
			MM2100 Industrial Town-BFIE
			MM2100 Industrial Town-MMID
		西爪哇—Bogor	Cibinong Censorter Industrial Estate
			Kawansan Industri Sentul
		西爪哇—Sumedang	Kawasan Indutri Rancaekek
	中爪哇		Kawasan Industri Candi
			Kawasan Industri Wijayakusuma
			Kawasan Industri Termboyo
			LIK Bugangan Baru Semarang
			Taman Emas Export Processing Zone
			Jawatengah Land Industrial Park Sayung
			Kawasan Industri Wonogiri

续表

所在岛屿	所在省份		名称
爪哇	东爪哇		Kawasan Industri Gresik
			Ngoro Industrial Park
			Surabaya Industrial Estate Rungkut
			Java Integrated Industrial and Port Estate
			Kawasan Industri Maspion
			Pergudangan dan Industri Safe n Lock
	万丹	万丹 Banten-Serang	Kawasan industry Estate Cilegon
			Modern Cikande Industrial Estate
		万丹 Banten-Cilegon	Krakatau Industri Estate Cilegon
			Jababeka Insurial Esate
		万丹 Banten-Tangerang	Kawasan Industri & Pergudangan Cikupamas
			Millennium Industrial Estate
			Taman Tekno Bumi Serpong Damai
加里曼丹	东加里曼丹		Kaltim Industrial Estate
			Kawasan Industri Kariangau Balikpapan
			Kawasan Industri Delma Mandiri
			Kawasan Industri Muara Wahau
苏拉威西	中苏拉威西		Kawasan Industri Palu
	南苏拉威西		Kawasan Industri Makassar
			Kawasan Kota Industri Terpadu Takalar

　　资料来源：根据 Indonesia Basic Information Industrial Estates（http://www.bkpm-jpn.com/assets/up/2017/04/Indonesia-Basic-Information-Industrial-Estates.pdf）提供的资料自制。

第二节　相关法律法规和管理制度

　　2007 年《印尼投资法》（Indonesian Law No. 25 of 2007 on Capital Investment）第十四章专门就"经济特区"做出规定，为促进某些对国民经济发展具有战略意义的特定地区加速发展，并维持地区发展的平衡，可以建立和发展经济特区，政府有权对经济特区制定特殊的投资政策。

一　印尼政府关于经济特区的相关法律法规和管理制度

2009 年第 39 号印尼法律即《印尼经济特区法》颁布，允许成立经济特区并规范印尼经济特区的运营。2010 年第 8 号总统令批准成立国家级经济特区管理机构——国家经济特区管理委员会（KEK），由印尼经济统筹部长担任主席。国家经济特区管理委员会成员由中央国民议会和各省的区议会成员组成。区议会在每个经济特区都建立了一个经济特区管理委员会，对经济特区运行进行服务、监督和控制。每个特区都依据特定的法规设立和运营，并由当地的经济特区管理委员会根据相应的法律法规进行管理。

印尼经济特区的设立目标是：开展贸易、服务、工业、采矿和能源、运输物流、海洋和渔业、旅游和其他领域的业务。据此，经济特区可以由一个或几个区域组成，包括自由贸易区、出口加工区、物流区、工业区、技术开发区、旅游区和能源区等。

政府提供给经济特区的特殊政策包括税收、关税和消费税、区域税和征税形式在内的各种优惠税收和财政政策，以及土地、许可、移民、投资和就业等形式的非财政政策，并且提供其他设施和便利（如基础设施和一站式行政服务）。印尼政府在批准和设立经济特区时，除考虑特定区域的战略地位和资源优势（必须符合区域空间计划）外，还会考量环境因素。2011 年通过关于经济特区实施方案的第 2 号政府条例以及 2011 年第 7 号关于经济特区实施细则的经济统筹部条例。2018 年开始在经济特区实施单一窗口线上行政服务（OSS），同时准备绿色经济特区纲要。

自建立经济特区以来，印尼通过立法不断优化对经济特区的管理。在对经济特区整体管理方面，根据有关经济特区的 2009 年第 39 号法律第 23 条，以及 2012 年第 124 号总统条例第 29 条第（2）款，经济特区管理者由经济特区的区议会组成，并由驻经济特区的市长任命。经济特区的管理者为企业提供商业许可和其他必要的许可，监督和管理经济特区业务的执行情况，并且定期向区管理委员会提交有关经济特区运营的报告。[1]

---

[1] Dewan Nasional Kawasan Ekonomi Khusus Republik Indonesia: Laporan Tahunan Dewan Nasional Kawasan Economi Khusus, https://kek.go.id/assets/images/report/2016/LAPORAN-AKHIR-TAHUN-2015.pdf.

对进驻经济特区的企业管理有标准的程序。首先，企业入驻经济特区需要提交具体的投资计划申请，与工业园区签订契约，申请通过后，制作公司的纳税人识别号（NPWP）。企业可以通过商业许可在线单一提交（OSS）的方式进行申请，由此可以获得高效、便捷的服务。此外，经济特区的行政人员也提供辅助服务，协助申请人使用 OSS 服务表格。

除了提供入驻经济特区的申请审批便利外，印尼政府也给予经济特区在税收、土地所有权、移民、就业等方面的优惠待遇。根据印尼国家经济特区管理委员会（KEK）2019 年发布的《印尼经济特区手册》，其激励政策有如下几项。

其一，税收优惠。对经济特区企业税收方面的优惠政策包括企业所得税、奢侈品增值税和销售税、进口税三个方面。对企业所得税的优惠包括：第一产业的经济活动根据其投资价值不同免税期为 5—20 年；除第一产业外的其他活动的优惠政策包括：条约国的免税额为 10% 或更低，净收入减去投资额的 30%，按 5% 的比例分摊到六年纳税，损失结转可延长至 10 年，加速折旧和摊销等。奢侈品增值税和销售税的优惠政策包括进口货物免税，豁免经济特区内公司之间、与其他经济特区公司之间交付货物的奢侈品增值税和销售税。

进口税的优惠政策包括企业和租户两个方面，具体为允许经济特区内的企业和租户进口资本货物，货物类型、数量、转让由管理员确定，企业的设备进口期为 3 年，租户的设备进口期为 2 年。递延进口税的优惠政策包括用于生产、资本货物和包装的进口原材料税收减免，本地原材料含量为 40% 的制成品免征进口关税。其他税收方面的优惠包括对用于生产非免税制成品的原材料或辅助材料免征消费税，规定地方税最低为 50%，最高为 100%。

对于旅游经济特区的激励措施包括：位于旅游经济特区内的商店可参照外国护照持有人的增值税退税计划，可免除奢侈品增值税和销售税，对用于生产非免税产品的原材料或辅助材料免征消费税和进口税。

其二，土地所有权优惠。在土地所有权方面的激励措施包括：由部委/机构、省政府、县/市、国有/地区所有企业向经济特区授予土地管理权（HPL 证书）；建造权（HGB 证书）的有效期为 30 年，可延长 20 年，并可续期 30 年；企业在进入商业运营期后，可申请延长建造权；在授予旅游经济特区住宅/财产所有权的使用权（Hak Pakai 证书）方面，当财产已根据法律合法拥有时，使用权可延长并续期；当土地征用计划由国家预算/地区预算/国有企业/地区所有企业提供资金时，适用公共利益征地计划。

其三，移民待遇。移民方面的激励措施包括：给予入境签证 30 天并可延长 5 次，外籍人士及其家庭成员可申请多次入境签证，外国投资者的有限停留许可证有效期为 5 年，并可延长至 15 年，此许可证可转换为永久居留许可证（ITAP）。

其四，就业待遇。在保障特区内劳工权益方面，特区将设立特别工资委员会和特别三方协商机制，每个公司设置一个工会论坛，以建立有效的沟通机制与和谐的劳资关系。在货物运输方面的激励措施是经济特区内的进口货物不受限制。

二　印尼政府关于工业园区的相关法律法规和管理制度

自 20 世纪 70 年代开始建立工业园区以来，印尼一直在探索管理工业园区的方式。印尼政府通过出台法律文件加强对工业园区的管理，使其更加规范化和标准化。关于工业园区的相关法规主要包括：2009 年关于"工业园区"（Industrial Estate）的第 24 号政府令、2014 年关于"工业"的第 3 号政府法令和 2015 年第 142 号政府规定。2009 年的第 24 号政府令对建立、发展和经营工业园区以及投资工业园区的公司进行了比较具体的规定；2014 年第 3 号政府法令要求所有的工业企业必须设在政府规定的工业园区内并获得工业园区的许可。下文根据印尼政府颁发的 2015 年第 142 号文件关于工业园区的规定，归纳出印尼政府对工业园区的作用、园区运营、公司管理以及激励措施等方面的要求和规定。

（一）政府在工业园区中的作用

在管理工业园区的过程中，印尼政府的主要作用在于制定工业园区发展规划，包括布局工业园区主要产业等；取得并提供用于工业开发区的土地、提供工业和配套基础设施、一站式综合服务；监督工业园区的开发。

（二）对工业园区的规定

工业园区必须建设园区内水电、道路等基础设施；授予符合政府空间规划经营范围内的企业以工业园区土地使用权；规划各种规模工业园区的面积；成立工业园区委员会，包括国家政府、地方政府、工业区协会和负责工业园区的工商会成员，其主要职能包括监督工业地产的开发与实施、与相关政府机构或工业地产公司协调、认证新的工业园区、评估工业区的发展、为工业园区内土地和工业建筑物提供售价或租金参考。

（三）对进驻工业园区企业的规定

主要包括进驻工业园区的公司需要申请许可证，并规定有效期限；在园区内进行改扩建的公司需持有工业园区扩张许可证；对工业园区的位置进行规定，即归属于园区的工业公司必须位于工业园区内；工业公司必须符合行业经营许可条件、遵守适用的工业园区行为准则、保持区域周围环境的承载能力、自购买或租赁土地起 4 年内进行工厂建设。

此外还包括一些奖惩措施，主要包括提供税收优惠政策吸引企业在工业园区内投资；基于分区制度对设在欠发达地区的企业提供更多的奖励。主要惩罚措施包括对于未按照规定申报材料、随意进行改扩建、不履行义务等违规行为，给予书面警告和行政处罚。

第三节　经济特区和工业园区的作用

印尼政府设立经济特区的初衷，是吸引外资、促进进出口、发展工业和旅游业、创造就业、促进地区和国家经济发展及改善地区发展不平衡状况。2007 年的投资法明确指出：为加速实现国民经济发展，有必要通过建立具有地缘经济和战略优势的地区来增加投资。投资必须成为国民经济实施的一部分，并应以此作为促进国民经济增长，创造就业机会，实现经济可持续发展，提高国民技术能力，促进社会经济发展以及为社区创造福利的途径。经济特区（或工业园区）主要从事工业、出口、进口和其他具有较高经济价值的经济活动，同时作为区域发展的突破性模式，促进包括工业、旅游业和贸易在内的经济增长，从而创造就业机会，加快该地区的发展。[①]

---

① 由于印尼政府没有有关经济特区和工业园区的专门的总体统计数据，对印尼经济特区和工业园区的作用评估，本书只能依据个案资料加以分析。

一　吸引外国直接投资

工业园区和经济特区的最大特点就是通过优惠的税收、财政政策以及其他便利政策吸引投资特别是外国投资。2015 年 11 月，印尼政府允许外国投资者经营其国内的经济特区，且外国公民可以在经济特区内拥有住宅物业，并有资格获得 20%—100% 的所得税优惠。[①] 表 II - 4 - 3 是关于印尼主要经济特区的外商投资情况，从中可以看出，印尼经济特区在吸收外资方面取得了一定的成效，但各特区之间吸收外资的成效不同，差异明显，这与经济特区成立的时间、发展定位、基础设施和管理有很大关系。

表 II - 4 - 3　　　　　　　印尼主要经济特区外商投资情况

所在经济特区	入驻外资企业	主要业务	投资者来源地	计划投资额 (10 亿印尼盾)
双溪芒克经济特区 (Sei Mangkei SEZ)	PT Unilever Oleochemical Indonesia	皂条，脂肪酸，表面活性剂和甘油	英国	1002.2
	PT Alternatif Protein Indonesia	替代蛋白质	新加坡	2430
卡朗巴唐经济特区 (Galang Batang SEZ)	PT Bintan Alumina Indonesia	区域开发与管理，铝土矿加工业，物流，提供区域基础设施	中国	36250
曼达利卡经济特区 (Mandalika SEZ)	PT Less International Development	皇家郁金香酒店	中国香港	132
	PT Mosaique Jiva One Sky	美居酒店	日本、印尼	338
巴鲁经济特区 (Palu SEZ)	PT Hong Thai International	松树汁加工	中国香港	91.4
	PT Harvard Cocopro Palu	椰子加工业	马来西亚	10
	PT British Bullion Invest & Resources	贱金属行业	印度	50
	PT British Minning Export & Import Resources	铁和贵金属加工贸易	印度	200
阿伦洛司马威经济特区 (Arun Lhokseumawe SEZ)	Prosperity Building Material	水泥搅拌物流	中国香港	40

① 本刊：《印尼将以经济特区带动投资和产业发展》，《时代金融》2016 年第 4 期。

续表

所在经济特区	入驻外资企业	主要业务	投资者来源地	计划投资额（10亿印尼盾）
丹戎勒松经济特区（Tanjung Lesung SEZ）	Kedutaan Besar Mongolia	景点开发	蒙古国	25
比通经济特区（Bitung SEZ）	Australian Combustion Aid Regents Pty. Ltd（ACAR）	能源（催化剂）	澳大利亚	N/A
	PT Brantwood International	油罐场	澳大利亚	1400

资料来源：根据 Laporan Tahunan Dewan Nasional Kawasan Ekonomi Khusus（https://kek. go. id/report/download/LAPORAN-TENGAH-SEMESTER-TAHUN-2019. pdf）提供的资料自制。

二　促进出口和外汇收入增长

工业经济特区通过将原材料加工后对外出口，可以增加产品的附加值，有利于提高当地的出口额，实现出口创汇。例如，双溪芒克经济特区的主要目标是鼓励企业对棕榈油下游产业投资，提高棕榈油的附加价值，增强衍生产品的出口竞争力，为印尼出口做贡献。[1] 从经济特区内已经运营的主要企业出口情况来看，联合利华石油化工印尼公司（PT Unilever Oleochemical Indonesia）2019 年 1 月到 4 月的表面活性剂产量为 10339 吨并全部用于出口，2019 年全年出口额为 3.1 万亿印尼盾；可持续蔬菜产业公司（PT Industri Nabati Lestari）2019 年的出口额为 1200 亿印尼盾。[2] 双溪芒克经济特区尚在筹备中的企业也将增加未来的出口额，2019 年，艾斯苏门答腊工业公司（PT Aice Sumatera Industry）开始在双溪芒克经济特区投资，并于 2020 年 9 月运营。该公司计划于 2021 年出口 400 亿印尼盾的产品，2022 年出口 800 亿印尼盾的产品，2023 年出口 1200 亿印尼盾的产品。[3] 从经济特

①　Dewan Nasional Kawasan Ekonomi Khusus Republik Indonesia：Perkembangan Kawasan Ekonomi Khusus Semester Pertama，https://kek. go. id/report/download/LAPORAN-TENGAH-SEMESTER-TAHUN-2019. pdf.

②　Dewan Nasional Kawasan Ekonomi Khusus Republik Indonesia：Perkembangan Kawasan Ekonomi Khusus Semester Pertama，https://kek. go. id/report/download/LAPORAN-AKHIR-TAHUN-2019. pdf.

③　Dewan Nasional Kawasan Ekonomi Khusus Republik Indonesia：Laporan Tahunan Dewan Nasional Kawasan Economi Khusus，https:// kek. go. id/assets/images/report/2019/LAPORAN-AKHIR-TAHUN-2018. pdf.

区主要公司的实际出口量和计划出口量可以看出，产品出口是该经济特区的重要目标，新工业企业入驻和生产的产品将进一步促进该地区的出口，增加外汇积累。

三 创造就业机会

根据 2019 年《联合国世界投资报告》，在世界范围内，估计有 0.9 亿—1 亿人直接受雇于经济特区和自由区计划，间接就业岗位可能在 0.5 亿—2 亿个。[①] 根据印尼经济特区国家管委会 2019 年的统计，截至 2019 年底，印尼 11 个经济特区劳动力总吸收量为 8362 人（见图 II - 4 - 1）。其中，阿伦洛司马威经济特区吸收的劳动力为 1500 人，双溪芒克经济特区劳动力总吸收量为 1226 人。其中，截至 2018 年底，作为双溪芒克经济特区主要投资者之一的联合利华石油化工印尼公司直接雇用 500 名员工，并根据工厂运作情况，先后吸收了 2000 多名员工为其服务。位于该经济特区的可持续蔬菜产业公司雇用了 232 名员工，其中 73% 为当地居民。经济特区公司对促进当地居民直接就业，增加当地居民收入起着重要作用。此外，对间接就业也有重要影响，为服务双溪芒克经济特区内企业的发展，其周边地区衍生出各类小型企业，包括餐饮、洗衣、住宿、寄宿、超市等，使当地服务业得到发展，同时也吸收了更多的劳动力。[②] 图 II - 4 - 1 是印尼 11 个经济特区吸收就业情况，反映出不同经济特区吸收就业的不同特点。

与此同时，经济特区和工业区的入驻企业通过对员工进行专业技能培训，在一定程度上提高了劳动力素质。随着园区内企业的产业升级，技术含量较高的工作岗位所占比例会上升，对劳动力技能要求更高，企业会对职工进行更高层次的技术培训，进一步提高劳动力的素质。位于卡朗巴唐经济特区的印尼铝业宾坦公司（PT Bintan Aluminal Indonesia），为提高劳动力素质与工业生产的适配度，将本地工人送往日本南山大学进行为期一年的培训，提升其在铝工业和电气工程等方面的技能。该培训由 65 名有

---

① UNCTAD：World Investment Report 2019，https://unctad.org/en/PublicationsLibrary/wir2019_en.pdf.

② Dewan Nasional Kawasan Ekonomi Khusus Republik Indonesia：Laporan Tahunan Dewan Nasional Kawasan Economi Khusus，https://kek.go.id/assets/images/report/2019/LAPORAN-AKHIR-TAHUN-2018.pdf.

电气、机电、化学和仪器仪表工作背景的工人参加。宾坦公司旨在通过此次培训培养卡朗巴唐经济特区在工业领域的领导者，运用其获取的知识和经验发展经济特区的工业产业，培训新的技术工人。比通经济特区为提高当地的人力资源水平，开发课堂学习、实践和实习三种培训项目，设立比通物流社区学院，集中培养物流方面的人才。[1]

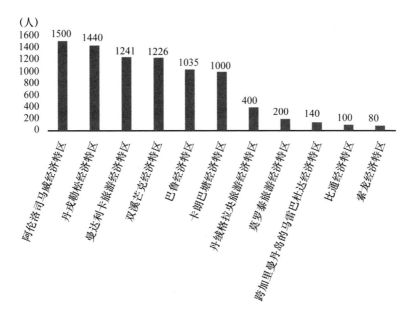

图 II - 4 - 1　截至 2019 年 12 月印尼 11 个经济特区吸收劳动力情况

资料来源：根据 Laporan Tahunan Dewan Nasional Kawasan Ekonomi Khusus（https://kek. go. id/report/download/LAPORAN-AKHIR-TAHUN-2019. pdf）提供的资料自制。

四　推动产业集聚发展和产业价值链形成

一方面，在经济特区和工业园区内，相同类型或关联的企业能够实现集群，从而产生集聚效应，这有利于企业共同利用基础设施和设备，减少同类企业的投资成本，提高资源的利用效率，也可以实现规模化生产和经营，降低生产成本。另一方面，同类企业或者工业园区的企业同处产业链

---

[1]　Dewan Nasional Kawasan Ekonomi Khusus Republik Indonesia：Perkembangan Kawasan Ekonomi Khusus Semester Pertama，https:// kek. go. id/report/download/LAPORAN-TENGAH-SEMESTER-TAHUN-2019. pdf.

的某一环节，企业之间可以进行更加精细化的分工，使企业的产品生产种类更加专一，从而实现企业生产的专业化，提升企业竞争力。

喀拉喀托工业园区（Krakatau）位于印尼万丹省，是该地区最大的钢铁工业综合体之一，主要进行钢铁、化工和石化产品的上下游产业的生产。该园区的主要开发者是印尼国有企业喀拉喀托钢铁公司（PT Krakatau Steel），其次是喀拉喀托钢铁公司和韩国浦项制铁公司（Posco）的合资企业喀拉喀托浦公司（PT Krakatau Posco），这两家公司吸引了超过100家钢铁和化工相关的制造公司在喀拉喀托工业园区建厂，其中包括多家韩国公司，在万丹省形成了钢铁产业集群。此外，对处于产业链下游的钢铁产品制造商而言，可以直接获得钢铁供应，从而降低运输、交易与合作成本。[①]

对于旅游经济特区来说，提高知名度和游客吸引力是其主要目标。曼达利卡经济特区作为2021年世界摩托车锦标赛（Moto GP）和超级摩托车世界锦标赛（Motul FM）的东道主，举办比赛将使外国游客访问量增加到10万人，游客消费将使外汇收入增加1万亿美元。世界摩托车锦标赛的相关新闻也将增加印尼在世界范围内的曝光率，负责放送节目的60个广播公司将向200个国家播送此赛事，该新闻的媒体价值估计约为2万亿印尼盾。[②] 曼达利卡经济特区一方面进行赛道建设和基础设施完善，为游客提供高质量的服务，另一方面通过提供有特色的赛车服务，开展比赛项目，增加经济特区的知名度。

五　促进区域协调发展

印尼经济特区建立的目标之一就是通过建立新的经济增长中心，提高落后地区的竞争力，实现区域之间均衡发展。印尼政府特别鼓励将更多的投资引入爪哇岛以外的区域，同时也提供了更多的刺激政策，激发投资者

---

① Association of Southeast Asian Nations: Asean Investment Report 2017, http://www.asean.org/.

② Dewan Nasional Kawasan Ekonomi Khusus Republik Indonesia: Perkembangan Kawasan Ekonomi Khusus Semester Pertama Tahun 2019, https://kek.go.id/report/download/LAPORAN-TENGAH-SEMESTER-TAHUN-2019.pdf.

对印尼东部的投资热情，比如努沙登加拉群岛、马鲁古群岛和巴布亚岛。① 2019 年 4 月 1 日，印尼总统佐科宣布跨加里曼丹岛的马雷巴杜达经济特区（MBTK）、比通经济特区（Bitung）和莫罗泰经济特区（Morotai）正式开始运营，并期望这三个经济特区能带动印尼东部地区的发展，这对于缩小印尼东部和西部地区的发展差距具有重要意义。② 同时，由于工业园区和经济特区的分布具有明显的政策导向，经济特区和工业园区通常设在城市郊区或靠近海岸线等租金便宜和交通便利的地方，其发展不仅能够使园区内部的基础设施不断完善，在带动周围地区基础设施建设、促进附近居民就业、发展当地特色产业、增加政府税收、缩小城郊地区与城市中心发展差距，以及增加居民消费和政府财政支出等方面具有重要作用，还可以在政府、企业和当地居民之间形成良性互动和循环，使经济特区及其周边区域协调发展。

六　推动国际经济合作进一步深化

工业园区已成为国际经济合作的一种重要方式。印尼在与中国进行经济合作的过程中采用了工业园区（或称"产业园区"）的合作方式，园区一方面有政府政策支持，可以加快建设速度，为企业发展带来便利；另一方面也便利了两国在工业领域的合作。中国通过在印尼建立工业园区和在印尼工业园区设厂，向印尼输出中国在制造业方面的技术、设备和管理方式，实现与印尼在产能方面的合作。同时印尼当地丰富的自然资源也为工业生产提供了原材料，产业园区合作对双方起着互利互惠的作用。例如，中国—印尼占碑工业园区采取一区多园的发展模式，经营范围包括钢铁冶金、建材工业、船舶制造、机械装备、石化产业、农副产品加工、能源动力等多领域③，占碑工业园区具有丰富的能矿资源，石油、天然气、煤炭、石灰石、铝矾土等资源充足，两者之间的合作为转移富余产能提供了

① 王晓波：《印度尼西亚：规划特区经济发展》，《中国投资》2017 年第 3 期。

② Dewan Nasional Kawasan Ekonomi Khusus Republik Indonesia：Perkembangan Kawasan Ekonomi Khusus Semester Pertama Tahun 2019，https:// kek. go. id/report/download/LAPORAN-TENGAH-SEMESTER-TAHUN-2019. pdf.

③ 公信投资管理有限公司：《以重大经济合作项目带动"一带一路"和"国际产能合作"两大战略支点建设》，http://www. ptglobal. com. cn/article/323。

平台，有利于中国解决国内产能过剩所带来的问题。此外也可以促进印尼工业产业的发展。青山工业园区是中国企业在印尼开发和经营的工业园，并已成为中国商务部和财政部联合确认的中国境外经济贸易合作区，以及中国印尼产能合作的成功典范。

第四节　经济特区和工业园区发展面临的挑战

一　环境污染与治理

进行工业生产会对周边环境造成大气污染、水污染和废物污染，给附近居民的健康带来危害。由于发展中国家的监测和执法能力薄弱，因此使得这一问题不能得到很好解决。为使污染物排放与环境承载力相适应，一方面需要政府提高监管力度，加强政策支持，为园区配置污染监测系统和仪器；另一方面也需要园区制定相应的规章，对区内企业进行规制，实现绿色生产。

在开发和发展经济特区的过程中，为实现绿色增长，形成健康的生态系统，维护环境弹性，印尼政府与全球绿色增长研究所（GGGI）就环境污染治理、利用清洁能源等方面进行合作，旨在减少印尼温室气体的排放，实现可持续发展。[①] 例如，为控制污染物的排放，及时对废弃物进行处理，印尼 B3 废物处理设施旨在为双溪芒克和瓜丹戎（Kuala Tanjung）工业区提供服务。该设施可以节省危险、有毒废物的运输成本，并产生减少温室气体排放等环境效益。此外，印尼政府为绿色经济特区提供发展指南，在比通经济特区进行绿色增长研究。

二　自然灾害与防灾减灾

自然灾害可能会给经济特区和工业园区造成严重损失，经济特区的防灾减灾系统和设施还很薄弱，使得自然灾害对经济特区造成的破坏力比较大。2018 年 12 月，由火山喷发引起的海啸袭击了万丹省的沿海地区，丹戎勒松经济特区遭受了最大高度达 2 米的海啸的破坏，8 公顷的区域遭到

---

① Global Green Grow Institue：Mandalika Special Economic Zone（SEZ）Solar PV Project, https://gggi.org/project/mandalika-special-economic-zone-sez-solar-pv-project/.

破坏，其中包括面积为 3 公顷的海滩俱乐部被完全毁坏，61 栋乡村别墅中的 30% 遭到损毁。[1] 2019 年，该经济特区游客人数较前两年同比下降，2017 年和 2018 年 1—3 月，该经济特区旅游人数分别为 305753 人和 247112 人，而 2019 年 1—3 月旅游人数为 109288 人，旅游人数出现明显下降。随着防灾预警设施的完备，从 2019 年 1 月到 12 月，游客人数呈现增加的状态。自然灾害对旅游经济特区的正常运行有极大的伤害，而增加预警系统和设备可以为经济特区的游客提供安全保障。2019 年新建的海滩俱乐部考虑了防灾因素，无论是从外观还是内部设施上抗灾能力都更强。[2] 此外，经济特区还制定了有针对性的减灾措施，主要包括规划灾难撤离路线和临时安置地点，设置健康中心，向酒店员工提供减灾培训，安装海啸预警系统等，以更安全和舒适的旅游环境吸引游客。

三　土地审批和征用问题

印尼的土地权利主要包含所有权、建筑权、垦殖权、管理权、使用权和租赁权等。外国投资公司只能获取土地的建筑权、垦殖权、使用权和租赁权，而外国人个人只能获取土地的使用权和租赁权。外国投资者要获取土地的使用权需经过如下流程：第一，成立一家印尼外资公司；第二，申请外国投资许可证；第三，确认拟开发地块并核实是否符合当地政府的用地规划；第四，申请位置许可证、承诺履行批复函、土地技术建议书；第五，在获取上述许可证和批复函后才能开始收购并获得土地使用权。由于印尼的官僚主义和腐败，以及有许多未确权的土地，印尼土地使用权审批和获取周期较长。例如，2015 年，北苏拉威西省政府向印尼国家土地局申请 92.96 公顷国有土地的使用权用于比通经济特区建设。[3] 2016 年 2 月

---

① Dewan Nasional Kawasan Ekonomi Khusus Republik Indonesia：Perkembangan Kawasan Ekonomi Khusus Semester Pertama Tahun 2019，https:// kek. go. id/report/download/LAPORAN-TENGAH-SEMESTER-TAHUN-2019. pdf.

② Dewan Nasional Kawasan Ekonomi Khusus Republik Indonesia：Perkembangan Kawasan Ekonomi Khusus Semester Pertama Tahun 2019，https://kek. go. id/report/download/LAPORAN-AKHIR-TAHUN-2019. pdf.

③ Dewan Nasional Kawasan Ekonomi Khusus Republik Indonesia：Laporan Tahunan Dewan Nasional Kawasan Economi Khusus 2015，https:// kek. go. id/assets/images/report/2016/LAPORAN-AKHIR-TAHUN-2015. pdf.

5 日完成 92.96 公顷国有土地的清理工作，并开始对 2.8 公顷的社区土地进行征用和土地清理①，2017 年，北苏拉威西省政府获得了该 2.8 公顷土地的使用权。可见，印尼获取土地使用权的周期较长。②

印尼实行土地私有制，容易产生征地纠纷。为进行经济特区建设而征用私人土地的过程存在着土地纠纷，解决纠纷需要经过长时间协调，对国有土地使用审批也需要经过多道程序。例如，阿伦洛司马威经济特区（Arun Lhokseumawe）中的企业 PT Arun LNG 精炼厂的缓冲区被社区占用，印尼国家资产管理局主动召开协调会议来解决此问题。由于没有用于安置占用者的土地，印尼国家资产管理局只能与内阁秘书处和其他有关各方多次协调。③ 土地纠纷问题不能很快得到解决，需要经过多方协调，导致经济特区开发时间延长。

工业园区的地价增长较快，园区扩建成本高。由于工业园区发展速度快，后期吸引投资和企业较多，面临着扩展业务范围和扩大园区面积的需求，园区附近土地价格上涨会成为其阻碍。与其他东盟国家的工业用地价格相比，印尼工业用地价格更为昂贵，价格上涨较快。自 2014 年以来，印尼工业地产的地价保持在每平方米 150—275 美元。④ 雅加达及其周边地区的平均地价为每平方米 191 美元，分别比曼谷、泰国和越南的地价高出 144 美元、45 美元和 150 美元。此外，印尼工业用地的价格上涨率也远高于其邻国，达到每年 30%，而泰国和越南分别为 21% 和 14%。⑤ 一方面，

① Dewan Nasional Kawasan Ekonomi Khusus Republik Indonesia： Laporan Tahunan Dewan Nasional Kawasan Economi Khusus 2016， https：// kek. go. id/report/download/LAPORAN-AKHIR-TAHUN-2016. pdf.

② Dewan Nasional Kawasan Ekonomi Khusus Republik Indonesia： Laporan Tahunan Dewan Nasional Kawasan Economi Khusus 2017， https：// kek. go. id/report/download/LAPORAN-AKHIR-TAHUN-2017. pdf.

③ Dewan Nasional Kawasan Ekonomi Khusus Republik Indonesia： Perkembangan Kawasan Ekonomi Khusus Semester Pertama Tahun 2019， https：// kek. go. id/report/download/LAPORAN-TENGAH-SEMESTER-TAHUN-2019. pdf.

④ PWC Indonesia： Bisnis Indonesia： Prospek Kawasan Industri： Pebisnis Minta Infrastruktur Terus Dikebut， https：// www. pwc. com/id/en/media-centre/infrastructure-news/april-2019/business-players-call-for-infrastructure. html.

⑤ Gbgindonesia： Indonesia's Industrial Property Sector： Rising Supply and Demand， http：//www. gbgindonesia. com/en/property/article/2016/indonesia_ s_ industrial_ property_ sector_ rising_ supply _ and_ demand_ 11690. php.

由于工业园区的入驻率高、企业的需求量大，另一方面是多数工业用地为私营部门所拥有，私营部门可以单方面确定土地价格，政府很难控制市场上的土地价格，使地价变化迅速。因此，不断上涨的地价导致企业面临着较高的扩张成本，使印尼土地价格与邻国相比不具有竞争力，从而阻碍了外国企业投资且限制了企业发展。

四　基础设施建设困境

为了促进落后地区的发展，改善地区发展不平衡，政府鼓励经济特区和工业园区设立在偏远地区和远离生活区的地方。因此发展经济特区和工业园区面临的最大困难是前期基础设施建设。当地缺乏供水、供电设施，需要专门的电力、水和废物处理厂，不稳定的电力和供水会降低工厂对资源的利用率。同时，园区所处位置决定其需要建造额外的交通基础设施来服务于该区，在工业园区发展初期阶段，公路和铁路的联通性差会增加制造商的运输成本。例如，丹戎阿比阿比经济特区是 2014 年通过第 51 号政府法令批准设立的，但由于缺乏土地征用和基础设施建设所需资金，至今尚未正式运营。丹戎阿比阿比经济特区所在的苏门答腊省政府于 2020 年4 月提交新址方案给印尼国家经济特区管委会审批。比通经济特区在 2014年经过法律批准设立，2019 年才开始正式运营，其间基础设施不完善是其进展缓慢的重要原因。2015 年，该区域主要建设了道路、路灯、排水系统、行政办公室、岗亭等设施。[①] 2016 年完成从腾德开（Tendeki）到比通经济特区 6 千米长的净水分配网络建设。[②] 2017 年容量为 30 兆瓦的丹戎美拉变电站建成，完成对废水处理装置的设计审查工作，废水管理系统的开发仍处于计划阶段。[③] 该经济特区另一个正在开发中的基础设施项

①　Dewan Nasional Kawasan Ekonomi Khusus Republik Indonesia：Laporan Tahunan Dewan Nasional Kawasan Economi Khusus 2015, https:// kek. go. id/assets/images/report/2016/LAPORAN-AKHIR-TAHUN-2015. pdf.

②　Dewan Nasional Kawasan Ekonomi Khusus Republik Indonesia：Laporan Tahunan Dewan Nasional Kawasan Economi Khusus 2016, https:// kek. go. id/report/download/LAPORAN-AKHIR-TAHUN-2016. pdf.

③　Dewan Nasional Kawasan 2017 Ekonomi Khusus Republik Indonesia：Laporan Tahunan Dewan Nasional Kawasan Economi Khusus, https:// kek. go. id/report/download/LAPORAN-AKHIR-TAHUN-2017. pdf.

目是扩建比通集装箱港口，该集装箱港口以前的容量仅为 30 万标准箱，在投资 3730 亿印尼盾进行扩建后，将增加到 60 万标准箱。由于在经济特区开发初期，缺乏水电、办公用地等基础设施，无法吸引投资，因此需要投入大量资金进行基础设施建设，导致前期投入成本高昂。

基础设施建设周期长，后期资金回收压力大。工业园区和经济特区前期在基础设施建设方面投入大量资金，资金的回收主要通过政府补贴以及采用招商引资的方式，但政府补贴力度有限，对园区资金回收起到的作用较小。其他成本可以通过收取建筑租金、手续费和服务费从开发区的投资者那里收回，但这一过程持续的时间长，对园区造成的资金压力大。例如，比通经济特区建设曼那多—比通（Manado-Bitung）收费公路投资 9.97 万亿印尼盾，2016 年，该公路一期工程 1—7 千米完成 96% 的土地收购，建设实现率为 13%，一期工程 7—14 千米完成征地工作的 40%，开始进行施工，二期工程 14—39 千米的开发进度为 2%。① 2018 年，曼那多—比通收费公路一期工程建设用地达到 99.59%，建设实现率为 79.77%。二期工程 A 和 B 部分的征地实现率分别为 99.61% 和 91.18%，建设实现率分别为 79.77% 和 38.74%。② 到 2019 年 3 月，该收费公路的整体建设进度达到 90%，但尚未使用。③ 作为通向经济特区的重要收费通道，建设周期长使资金占用时间长，资金使用成本上升。与此同时，该经济特区的港口建设也存在建设周期长的问题，2015 年和 2016 年主要对比通（Bitung）港口的扩建进行规划和招标并且进行施工准备，2017 年和 2018 年持续进行建设。2019 年，该港口的投资价值达到 3730 亿印尼盾。④ 比通集装箱港口也从以前的 30 万个标准箱容量发展到每年 60 万个

① Dewan Nasional Kawasan Ekonomi Khusus Republik Indonesia: Laporan Tahunan Dewan Nasional Kawasan Economi Khusus 2016, https:// kek. go. id/report/download/LAPORAN-AKHIR-TAHUN-2016. pdf.

② Dewan Nasional Kawasan Ekonomi Khusus Republik Indonesia: Laporan Tahunan Dewan Nasional Kawasan Economi Khusus 2018, https:// kek. go. id/assets/images/report/2019/LAPORAN-AKHIR-TAHUN-2018. pdf.

③ Dewan Nasional Kawasan Ekonomi Khusus Republik Indonesia: Perkembangan Kawasan Ekonomi Khusus Semester Pertama Tahun 2019, https://kek. go. id/report/download/LAPORAN-AKHIR-TAHUN-2019. pdf.

④ Dewan Nasional Kawasan Ekonomi Khusus Republik Indonesia: Perkembangan Kawasan Ekonomi Khusus Semester Pertama, https://kek. go. id/report/download/LAPORAN-AKHIR-TAHUN-2019. pdf.

标准箱容量。由此可以看出，公路和港口建设时间长，从施工到运营需要4年以上，这就为后期回收资金带来压力。

五 营商环境有待优化

法律法规之间协调和可持续性较差。首先，良好的政治环境和有序的法律体系对于吸引外商投资，划分产权归属，提高投资企业的运营效率具有促进作用，但印尼缺乏透明、有效的法制环境，法律解释和执行经常前后矛盾，缺乏连贯性，不同部门法规之间存在一定的冲突。[①] 其次，由于印尼中央和地方政府分权，行政审批程序较为繁杂，使得外国投资企业与印尼在国家层面达成协议，但在具体部门办理时效率低下，地方法规存在差异，地方政府之间利益纠纷不断。具体而言，印尼第5/2014号工业部长条例规定，工业区内的企业无须获得妨害许可证，而巴淡市第12/2009号地方法规和第13/2010号巴淡市市长条例要求企业获得妨害许可证。同时，印尼政府也存在苛捐杂税众多且腐败严重的问题。[②] 这就导致行政审批程序和标准紊乱，对中央下达的命令，地方不能有效执行，增加了企业运营成本。[③] 在2020年《世界营商环境报告》中，印尼营商环境排第73位，综合得分为69.6分，东盟国家中新加坡、马来西亚、泰国、越南排名相对靠前，印尼营商环境在东南亚国家中没有明显优势。

六 劳动力结构性短缺问题

许多原材料导向的工业园区都设在原材料产地，而原材料产地一般分布在较偏远的地区，原材料冶炼等工业生产程序所需技术专业化水平高，对劳动力质量提出了更高的要求，而偏远地区通常缺乏技术型人才。例如，中苏拉威西省新成立的印尼摩罗瓦利工业园主要聚集了镍铁冶炼厂和不锈钢制造业，位于西巴布亚省的特鲁克—宾图尼工业园生产化肥和石

---

① 杨超、韩露、经蕊、范鹏辉、王志芳、杨剑、幸瑜：《印尼经济特区：中企投资的机遇和风险》，《国际经济合作》2016年第12期。

② Joanna Octavia, M. Sc Senior Researcher: Rebuilding Indonesia's Industrial Estates, https://www.transformasi.org/en/.

③ World Bank, Doing Business, https://openknowledge.worldbank.org/bitstream/handle/10986/32436/9781464814402.pdf.

油①，这些都需要熟练工人进行操作，而当地的专业技术人员较少。

为提高曼达利卡经济特区及其附近社区劳动力的工作能力，该特区的开发和管理企业与政府合作实施了一些计划，具体有印尼合作与中小企业部对特区内的企业进行创业培训，旅游部实施基础人力资源培训计划，地方政府加强对当地手工艺品推广进行培训，教育文化部协助发展工厂教学工作、推进关于创业的学习，其他相关部门实施培养年轻人企业家精神的计划。② 此外，还包括以对劳动力进行职业教育为目的设立的比通物流社区学院、曼达利卡旅游学院、卓越数字技术中心。为培养技术人才，卡朗巴唐经济特区（Galang Batang SEZ）的企业派遣工人到日本南山大学学习。

第五节　案例分析：中国—印尼青山工业园

镍资源是国家进行经济建设的一种重要矿产资源，近些年来，中国对镍矿资源的需求量不断上升。印尼作为东南亚国家优质镍矿资源丰富的国家，与中国的镍矿贸易密切度提升。根据联合国贸易数据库的数据，2005年，中国从印尼镍矿石和精矿的进口量为268千克，不到中国在世界范围内镍矿石和精矿总进口量的1%。2010年，中国对印尼镍矿石和精矿的进口量达到中国镍矿石和精矿总进口量的48.8%，2018年该比例达到32.9%。

2009年，印尼新《矿业法》要求投资者须在印尼境内处理所有金属原料，以发展本土工业，不得直接出口未精炼的矿产品。③ 在印尼限制对镍矿资源出口的背景下，中国在印尼本土通过投资建厂的方式生产和加工镍产品，保障镍资源供应稳定。中国—印尼青山工业园区就是中国与印尼当地企业合作对镍矿进行投资建厂的典型案例。

2008年，中国的青山钢铁集团把进入镍资源开发行业作为企业发展

---

① 王晓波：《印度尼西亚：规划特区经济发展》，《中国投资》2017年第3期。

② Dewan Nasional Kawasan Ekonomi Khusus Republik Indonesia Perkembangan Kawasan Ekonomi Khusus Semester Pertama Tahun 2019，https://kek. go. id/report/download/LAPORAN-AKHIR-TAHUN-2019. pdf.

③ 范润泽：《不入虎穴焉得虎子——东南亚投资建设镍冶炼厂的现状与风险》，《世界有色金属》2012年第3期。

的重点，印尼成为其对外投资的目标。2013 年 10 月 3 日，中国—印尼青山工业园区在中国—印尼商务协议签约仪式上签约，中国青山钢铁企业开始进入印尼镍铁冶炼行业。青山工业园区自开发建设以来卓有成效，2015年，印尼青山工业园区被印尼工业部评为"工业园区新秀奖"，2016 年 8月被中国商务部和财政部联合确认为中国境外经济贸易合作区。

一　青山工业园区概况

（一）园区概况和设施

中国印尼综合产业园区——青山工业园区位于印尼中苏拉威西省摩罗瓦利县（Morowali）巴奥多皮镇（Bahodopi），靠近省际公路和海岸。青山工业园区由印尼经贸合作区开发有限公司（IMIP）建立，该公司由上海鼎信投资（集团）公司（持股 66.25%）和印尼八星集团公司（持股33.75%）合资设立。园区的总规划用地约为 2000 公顷，经过几年的投资开发，在交通、电信、生活基础设施方面已经较为完善，包括海、陆、空齐全的进园通道和约 46.6 万千瓦的发电装机容量，已建成 4 座二级基站、10 套卫星电视接收系统、一个 3 万吨码头泊位、8 个 5000 吨码头泊位和70 余幢生活用房。园区已经建成青山与中国福安生产基地码头的海运航线，并可以与中国各大沿海口岸进行直航，口岸之间通关顺畅。[1]

（二）园区主要产业和项目

中国—印尼青山园区的产业定位是将当地丰富的镍资源优势转化为经济优势，并结合中国投资方青山实业在国内三大镍铬合金冶炼、不锈钢冶炼、轧钢生产基地建设的优势，逐步构建青山工业园区镍铁和不锈钢生产、加工、销售的产业链。青山工业园区所在的苏拉威西岛拥有印尼50% 的镍储量，园区周边丰富的镍矿可以为园区项目提供稳定的原料供应。[2] 不锈钢的主要原材料是镍，由于园区镍资源丰富、基础设施不断完善以及同类产业的集聚效应，吸引了多家矿业公司进驻，表 II - 4 - 4 展示了进驻公司的具体情况。

---

[1] 《中国印尼综合产业园区青山园区》，中国一带一路网（https://www.yidaiyilu.gov.cn/qyfc/xmal/6014.htm）。

[2] 中国境外经贸合作区：《中国印尼综合产业园区青山园区》，http://www.cocz.org/news/content-262356.aspx。

截至 2020 年，青山工业园区已有四期工程建设项目，一期包括年产 30 万吨镍铁及 2×65 兆瓦火力发电厂项目，用地面积为 95 公顷，总投资逾 6 亿美元，于 2013 年 7 月 16 日开工建设，2015 年 1 月竣工试生产。二期包括年产 60 万吨镍铁及 2×150 兆瓦火力发电厂项目，用地面积为 86 公顷，总投资逾 10 亿美元，于 2014 年 5 月 2 日开工，2015 年第四季度竣工并试产。① 2016 年 12 月，三期项目首批 30 万吨镍铁项目开始通电试生产。② 2018 年 5 月 10 日，青山印尼四期 2×350MW 燃煤电站项目开工，四期项目将形成年产 60 万吨铬铁及 70 万吨冷轧产能，项目总投资为 4.6 亿美元。③

表 II-4-4 　　　　　　　中国—印尼青山工业园区主要项目

项目名称	参与公司	投资额	用地面积（公顷）	开工时间	投产时间	建成后成效
年产 30 万吨镍铁及其配套电厂项目	苏拉威西矿业投资有限公司（SMI）	由中国国家开发银行提供融资，总投资额为 6.28 亿美元	95	2013 年 7 月 16 日	2015 年 5 月 29 日	年产 30 万吨含镍 10% 的镍铁
年产 60 万吨镍铁冶炼厂及其配套电厂项目	印尼广青镍业有限公司（GCNS）	总投资逾 10 亿美元	86	2014 年 5 月 2 日	2016 年 3 月 22 日	年产当量 6 万吨的镍铁合金 60 万吨，年销售收入约 12 亿美元
年产 100 万吨不锈钢连铸坯及其配套电厂项目	印尼青山不锈钢有限公司（ITSS）	由中国国家开发银行提供 5.7 亿美元中长期项目融资，总投资逾 8 亿美元	90	2015 年 7 月 28 日开工建设	N/A	建成投产后，年产不锈钢连铸坯 100 万吨，销售收入约 22 亿美元。该项目将推动中国、印尼其他厂家进入园区建设不锈钢下游加工厂
年产 1 万吨镍项目	博利镍业有限公司	总投资逾 1 亿美元	约 17	N/A	N/A	投产后，年产烧结镍约 1.9 万吨

① 《青山企业打造国际领先的现代钢铁企业》，中国环境电子报，http://epaper.cenews. com.cn/html/2015-08/13/content_32601.htm。

② 《青山印尼项目进展：四期 2×350MW 燃煤电站项目开工》，搜狐，https://www.sohu. com/a/231520804_100153616。

③ 《青山印尼四期 60 万吨铬铁和 70 万吨冷轧项目》，搜狐，https://www.sohu.com/a/ 127796273_115625。

续表

项目名称	参与公司	投资额	用地面积（公顷）	开工时间	投产时间	建成后成效
年产60万吨铬铁（配套热回收焦化）及70万吨不锈钢冷轧项目	印尼瑞浦镍铬合金有限公司	总投资4.6亿美元	40	N/A	N/A	建成后，年销售收入将达13亿美元
年产200万吨1780MM热轧项目	印尼瑞浦镍铬合金有限公司	总投资2亿美元	50	N/A	N/A	建成后，年加工费收入约1.64亿美元
10万吨散货码头项目	印尼经贸合作区青山园区开发有限公司（IMIP）	总投资预计1亿美元	N/A	N/A	N/A	园区配套设施

资料来源：根据中国印尼综合产业园区青山园区（https://www.yidaiyilu.gov.cn/qyfc/xmal/6014.htm）提供的资料自制。

（三）园区管理方式

青山园区的建设、开发和管理采用"政府引导、企业经营、市场运作、依法管理"的方式。合作区依照印尼国家法律，对区内的开发建设公司及入区企业的经营活动进行规范，合作区企业进行的投资和服务行为，按市场经济规律运作。合作区内部的管理体制采用公司管理，建立市场机制为主的园区管理和运行模式，中国青山实业作为中国主要投资方，负责合作区建设的资金筹措和国内招商工作，印尼经贸合作区青山园区开发有限公司对园区进行经营性管理和服务。[1]

二　青山工业园区的建设成效

（一）对经济整体发展的作用

1. 促进印尼不锈钢产业发展进而增加政府财政收入

2017年第四季度，印尼青山工业园区的镍铁产能是150万吨，不锈

---

[1] 中国境外经贸合作区：《中国印尼综合产业园区青山园区》，http://www.cocz.org/news/content-262356.aspx。

钢粗钢产能 200 万吨。2018 年 10 月，园区整条产业链所有项目全部建成投产后，镍铁产能达到 200 万吨，不锈钢 300 万吨，铬铁 60 万吨，发电装机容量 196 万千瓦。[①] 根据国际不锈钢论坛发布的数据，2017 年全球不锈钢产量约为 4808 万吨，2018 年约为 5073 万吨，而在这两年中全球年产量超过 300 万吨的只有中国、日本与印度。[②] 这表明青山工业园区不仅实现其内部完整产业链的构建，同时也大大提升了印尼不锈钢产量，使印尼成为不锈钢生产大国。通过对镍矿的生产加工，镍产品的价值得到大幅度提升，从镍产品的价值可以看出，未经加工的镍矿是 30 美元一吨，生产成镍铁是 1300 美元一吨，炼成不锈钢是 2300 美元一吨，[③] 加工后镍资源的附加值得到极大提升。由此，2017 年青山工业园区所在的摩罗瓦立县税收达到 2016 年的 4 倍左右[④]，2018 年青山园区实现销售收入近 60 亿美元，为当地贡献税收 2.6 亿美元。

2. 为当地提供更多就业机会，同时促进周边地区经济发展

2017 年底，青山工业园区的印尼员工达到 1.9 万多人[⑤]，除了直接就业外，工业园区也促进间接就业，园区协同工业部为巴奥多皮镇（Bahodopi）的妇女提供缝纫培训，并为她们组建业务机构，为青山园区加工制服。此外，青山工业园区与周边社区合作，由其向园区提供货物，并且优先雇用当地承包商从事园区内基础设施建设。[⑥] 整体而言，青山工业园区通过直接雇用员工、向周边地区采购原材料、雇用当地居民等方式，为当地创造直接就业岗位逾 3 万个，帮助间接就业逾 5 万人[⑦]，同时通过与周

---

① 黄卫峰：《青山钢铁建成全球产业链最长的不锈钢生产基地》，《中国产经》2018 年第7 期。

② International Stainless Steel Forum, https://www. worldstainless. org/statistics/stainless-steel-meltshop-production/2012-2018/.

③ 《中印尼合作青山工业园区纪行》，新华社，http://news. xinhuanet. com/world/2016-10/19/c_ 1119751088. htm? mType = Group。

④ International Stainless Steel Forum, https://www. worldstainless. org/statistics/stainless-steel-meltshop-production/2012-2018/.

⑤ 上海鼎信集团投资有限公司：《印尼青山园区开发的实践与思考》，http://www. decent-china. com/index. php/index/news_ detail/index? cid = 18&id = 43。

⑥ 上海鼎信集团投资有限公司：《中国印尼综合产业园区青山园区 2016 年度报告》，http://www. decent-china. com/public/uploads/files/20180212/1518414991109735. pdf。

⑦ World Bank, Doing Business, https://openknowledge. worldbank. org/bitstream/handle/10986/32436/9781464814402. pdf。

边地区的社区与企业合作，促进该地区经济发展。

3. 增加当地居民收入

除了通过雇用当地居民的方式增加其收入外，园区也通过购买服务、产品等方式扩大其收入来源。园区主动向周边地区提供抽砂机，由当地居民挖采砂石，园区对开采的砂石等原材料进行购买，供给采砂石工人的工资每人每天为 20 万印尼盾，园区普通职工月工资为 300 万印尼盾。[1] 为解决园区职工的就餐问题，工业园区向周边渔民购买鱼虾等海产品，使居民有较为稳定的收入来源。青山园区开发公司与当地政府合作，在附近的村庄建设廉租公寓出租给园区员工。在工厂附近的生活区，青山园区建了若干栋三层楼的公寓，且生活区内配有食堂、小卖部和运动设施，切实改善员工生活状况。

4. 促进当地社区发展

为融入当地生产生活环境，青山工业园区积极参与周边社区的建设项目。为提高周边社区的供电质量，青山园区与印尼国家电力公司、摩罗瓦立县地方政府合作，建设了中压输电线路，可为周边社区提供 24 小时供电，改善当地基础设施状况。在健康领域不仅为员工提供医疗服务，也接待当地居民。为照顾当地习俗，在开斋节前开展公益活动，向清真寺捐赠牲口。在社会生活方面，企业会根据当地居民需要，适当为他们提供电力和一些药品，并且落实到每家每户，根据居民的贫富情况进行资源配置，尽力实现公平公正。园区通过赠物、送电、捐资、助学、助医等多种公益活动积极践行企业社会责任，不断融入当地居民的文化生活，逐步提升当地对工业园区的认同感，在为当地居民带来福利的同时也为企业开展经济活动提供便利，实现多方互利。

5. 保护当地生态环境

工业园区开采矿物对当地土地状态有消极影响，金属镍冶炼以红土镍矿为原料，在干燥过程中会产生大量粉尘，造成环境污染。企业为保护当地的生态环境，将生态和环境保护成本列为刚性成本，对矿区进行复垦整治，逐步恢复矿区生态，矿区污水经过多层沉淀处理后排入大海。[2] 考虑

---

[1]　World Bank, Doing Business, https://openknowledge.worldbank.org/bitstream/handle/10986/32436/9781464814402.pdf.

[2]　《走进青山工业园区》，人民网（http://world.people.com.cn/n/2014/0702/c1002-25230590.html）。

到粉尘排放问题，入园企业投资配备价值较高、性能可靠的除尘器，在园区内设置绿化带净化空气。在处理冶炼产生的矿渣时，严格按照规定在指定的填埋区域掩埋，并且建设青山园区综合垃圾处理站。为监管园区的环境状况，青山园区内的每家企业都须每 6 个月制定一份环境管理和监测报告。[①] 从采矿、生产到废弃物处理方面，园区都按照标准执行，并且积极配合当地政府的管理，对于保护当地的生态环境，促进园区的可持续发展具有重要作用。

（二）对园区内部发展的作用

1. 完善园区基础设施建设

青山工业园区在当地基础设施不完善的情况下，自行建设了办公楼、仓库、港口、消防所、保卫处和长达 15 千米的输水管道、长达 42 千米的电网、综合垃圾处理站和矿渣及煤粉灰填埋场，使园区生产能够顺利开展，为其他企业入驻打下基础。[②] 此外，工业园区持续投建招待所、廉租公寓、医院和培训机构等配套措施，使园区形成完整的生产和生活系统。

2. 构建园区完整产业链

随着园区建设不断完善，园区内入驻企业也快速增加，园区内产业链逐步形成。自 2013 年 10 月，青山工业园区作为中国—印尼重要的签约合作项目进行开发，在不到 5 年的时间里，青山工业园区已经被建设成为一个集镍矿开采、镍铁冶炼、铬铁冶炼、不锈钢冶炼连铸、不锈钢热轧洗退全产业链的现代化工业园区。截止到 2016 年底，入园的企业包括苏拉威西矿业投资有限公司、印尼广青镍业有限公司、印尼青山不锈钢有限公司、印尼瑞浦镍铬合金有限公司、印尼青山钢铁有限公司、印尼青山港口有限公司，这些企业大多进行金属冶炼活动，由此形成产业集聚和规模效应，提高工业园区在全球价值链中的参与度和竞争力。

3. 培训园区职工，提高劳动力素质

印尼当地的劳动力素质参差不齐。为提高印尼本地员工的专业技能，

---

① 黄卫峰：《青山钢铁建成全球产业链最长的不锈钢生产基地》，《中国产经》2018 年第 7 期。

② 杨海霞：《印尼青山园区的舍与得》，《中国投资》2018 年第 3 期。

使其成为专业、高效的技术工人，从而尽快上岗工作，青山园区与印尼工业部合作，在巴奥多皮镇（Bahodopi）开办了摩罗瓦立金属工业技术学院。除了提升本地的办学水平外，工业园区还鼓励学生到专业学校进修，2016年，青山园区为前往万隆国立制造工艺学院进修的10位大专学生和在锡江理工学院进修的143位高职学生颁发了奖学金。① 为提升印尼员工的行车安全，2018年，园区储运科对挖掘机和后八轮驾驶员开展技能培训②，安全环保部对园区施工单位进行安全专项培训。③ 通过对当地劳动力进行培训以及鼓励职工进修的方式，提高当地劳动力的素质和技能，使其与工业园区的需求相匹配。

三　园区建设过程中面临的问题及解决办法

1. 土地获取和使用问题

印尼青山工业园区占地面积为2012公顷，实际获批的工业建设用地为600公顷④，这主要与印尼的土地制度、法律环境、社会文化、历史传统有关。印尼法律规定，政府批准的工业用地只能有60%用于建设，使得园区的土地利用率较低。土地制度也为园区开发带来诸多困难。印尼土地实行私有制，土地一级开发只需政府批准就可以，但土地的所有权需要从当地居民手中购买，使得企业取得土地的难度增加。为解决土地收购难题，园区以及企业管理团队主动了解印尼习俗，在处理事务时遵循印尼法律和社会文化。在购买土地时与当地有威望的人说明土地用途，以获得当地居民的理解和认同。在向当地拥有土地的农民购买土地时，为降低取得土地的成本，企业与拥有大块土地的地主进行谈判，通过"销售土地面积与价格成正比"的方式，激励大地主收购小地主的土地，再从大地主手中购买，这样就大大提高了取得土地的效率。

---

① 黄卫峰：《青山钢铁建成全球产业链最长的不锈钢生产基地》，《中国产经》2018年第7期。

② 上海鼎信集团投资有限公司：《印尼青山园区储运科印尼员工开展技能培训》，http://www.decent-china.com。

③ 上海鼎信集团投资有限公司：《印尼青山园区安全环保部开展临时用电安全专项培训》，http://www.decent-china.com/index.php/index/news_detail/index? cid=18&id=201。

④ 黄卫峰：《青山钢铁建成全球产业链最长的不锈钢生产基地》，《中国产经》2018年第7期。

2. 园区招商引资与基础设施建设问题

工业园区在建设之初，缺少供电、供水设备，厂房和道路交通都不完善，需要进行大规模基础设施建设。为吸引企业投资，园区先自己投资建设项目，随着园区设施的逐渐完善，中国国有企业和日本企业开始进行投资，园区自身的投资额逐步减少。通过自建基础设施和招股引资吸引企业，园区解决了用电问题，企业为每个项目配电厂，建设独立电网。2014年8月，青山园区把广东省广新控股集团有限公司、广东吉瑞科技集团有限公司引入园区，共同成立合资公司。[①] 青山园区通过招股引资的方式不仅吸引了国内企业的投资，也吸引了中国香港、日本、法国、澳大利亚等地优秀企业的合作、优势互补，截至2019年，入园企业已达22家，总投资逾80亿美元。[②]

3. 政治文化环境差异性问题

在印尼，政府、军队与警察的势力范围不同，宗教也起着重要的作用。因此，在处理问题的过程中，要有针对性地与不同群体就具体问题进行沟通交流。在建设园区与当地居民打交道的过程中，要充分尊重印尼各族人民的一切宗教信仰和民族习惯。同时，由于各方势力范围不同，企业应重视与当地宗教组织、工会、媒体和民间团体的联系，深入了解当地的风俗习惯与社会关注要点，建立与当地政府、社会团体和居民的互信关系。

由于印尼自然灾害可能对河流附近区域居民的土地造成损毁，因此，青山工业园区购买了生产用河流可能经过的道路以及两岸区域的土地，将自然灾害可能造成的损失固定在可控范围内。为应对当地民众的示威游行问题，园区设立隔离带，避免直接与当地居民发生冲突。

4. 劳工关系复杂问题

印尼劳工法令使得工会势力突显，容易发生罢工和游行等工人活动，造成矿山管理困难。2020年5月10日，青山工业园区发生了工人游行和示威事件，工人要求厂商在疫情期间缩短工作时间，重新考虑工伤和人员

---

① 《中国印尼综合产业园区青山园区》，中国一带一路网（https://www.yidaiyilu.gov.cn/qyfc/xmal/6014.htm）。

② 《中国印尼综合产业园区青山园区》，中国境外经贸合作区（http://www.cocz.org/news/content-262356.aspx）。

排班安置问题。① 由于国内外劳工环境不同，中国企业在管理境外员工时也面临着多重挑战。此外，促进园区内部员工之间和谐相处，增强印尼员工的企业归属感，园区的工艺文件、准则、制度、建造标准等都以双语的形式公开，以充分照顾到印尼员工的民族情结，同时帮助他们了解园区的规章制度。

5. 资金来源和回收周期问题

在印尼投建新厂所需的资金量大，需要建设园区基础设施、厂房、购置设备等。中国企业的融资主要还是以国内银行贷款或者民间借贷为主②，对境外资金的吸纳能力不高，资金风险相对集中在国内。且园区从建设、生产到销售环节所需的资金流量大，只有在产品销售获利后资金才能得到回收，而企业资金的回收率受到镍价稳定性影响的程度大，镍价在国际供需、政府政策、自然条件等因素的影响下，有较大的波动性，因此资金的回收周期长，并且面临着回收周期不确定的问题。

青山工业园区通过增加资金来源的多样性，扩展资金来源渠道，以解决资金短缺问题。2013 年 10 月，中国国开行与项目各方签订《中国—印尼工业投资合作区青山园区基础设施和 30 万吨镍铁冶炼项目投融资协议》，融资 3.81 亿美元。③ 同时也通过向国际组织融资借款等方式，拓宽资金来源渠道。园区主动与当地投资企业合作，采取股份制、合伙制等方式分摊资金风险，分享利润。此外，园区发展借助其他国家、国际组织和区域组织的力量，吸引外国企业到工业园区进行投资建设。

小　结

工业园区是由公司进行开发管理、享有优惠政策的工业活动集中区。截至 2020 年，印尼共有 108 个工业园区。其中，60 个分布在爪哇群岛，37 个在苏门答腊群岛，7 个在加里曼丹群岛，4 个在苏拉威西群岛。经济

---

① 《青山印尼园区暴动》，东方咨询，https://mini.eastday.com/a/200507105336036.html。

② 范润泽：《不入虎穴焉得虎子——东南亚投资建设镍冶炼厂的现状与风险》，《世界有色金属》2012 年第 3 期。

③ 《印度尼西亚：投资成果惠及人民》，中国青年网（http://news.youth.cn/jsxw/201412/t20141227_6352664.htm）。

特区是为因地制宜发展经济而设立、由国家经济特区管理委员会管理的特殊区域。截至 2021 年 3 月，印尼有 11 个正在运行的经济特区和 6 个正在开发的经济特区。

建设工业园区和经济特区具有吸引外国直接投资、促进出口和外汇收入增长、创造就业机会、推动产业集聚发展和产业价值链形成、促进区域协调发展、推动国际经济合作深化发展等作用；同时也面临环境污染与治理、自然灾害与防灾减灾、土地审批和征用、基础设施建设困境、营商环境有待优化、劳动力结构性短缺等挑战。

中国—印尼青山工业园区是中企与印尼当地企业合作投资镍铁冶炼厂的典型案例。青山园区建设采用"政府引导、企业经营、市场运作、依法管理"模式。青山园区建设经验对推动中印尼产能合作具有一定的启示意义。

第五章　印尼华人

印尼华人是一个非常复杂多元的群体，无论是从政治态度、经济收入、职业、文化教育还是生活方式等方面均是如此。我们在了解和研究印尼华人的时候，一定要注意印尼华人的共性和个性、整体性和局部性的关系，既要看到他们的共性和整体性，又要从历史、地域、社会环境等方面考察他们的个性和差异性。本章将主要以民主改革时期的印尼华人为研究对象，探讨最近 20 年来印尼华人社会发展的新面貌、新特点和新趋势。

第一节　印尼华人的历史、现状与未来

印尼学者一般把印尼独立建国之后至今的历史分为五个发展时期：革命时期（1945—1950）、议会民主时期（1950—1959）、有领导的民主时期（1959—1965）、新秩序时期（1966—1998）和民主改革时期（1998年至今）。所谓民主改革时期，是指 1998 年苏哈托下台之后至今的二十多年时间，在这一时期，印尼国内进行了一系列政治经济改革，实行普选制和地方自治等，因此被称为民主改革时期，在这二十多年的时间里，印尼政治、经济、社会和文化等各个领域均发生了翻天覆地的变化，作为亚洲最大的民主国家，也是亚洲新兴经济体，印尼所发生的重大变化不能不引起我们的高度关注。

一　印尼华侨华人简史

印尼华侨华人的历史发展可分为三个阶段：早期（中国汉代至明代）、西方殖民统治时期（1620—1945）、独立建国时期（1946 年至今）。

（一）早期的华侨华人

中国早在汉代就与印尼古代的一些国家有了交往，而华侨华人的出现也可追溯至这个时期。荷兰考古学家德·弗里斯研究印尼出土的中国陶器并得出结论说，远在 2000 年前，中国人就已经漂洋过海踏上印尼国土。[①]隋唐时期，中国与东南亚各国官方和民间的交往逐渐增多。到了宋代，随着航海技术的提高，中国与东南亚海岛国家的贸易往来更加频繁，其中以印尼的一些古代国家为多，包括室利佛逝、三佛齐。明代航海家马欢其的《瀛涯胜临览》中爪哇国条记载了许多中国人前往印尼的事迹。[②]从中国古籍的记载中我们可以了解到，印尼古代已经有不少华侨华人在这里居住，因为时间长了，慢慢就与当地人同化，他们信奉伊斯兰教，说本地人的语言，穿本地人的衣饰。

（二）土生华人社会的形成和发展

在荷属东印度公司阶段（1602—1798），华人多到印尼的爪哇地区经商和贸易，时间长了，许多人就定居下来，逐步形成了一个独特的社群，这就是被廖建裕等学者称为土生华人的社群，即土生华人社会。在印尼，土生华人社会形成的主要标志有三个：

一是人口已经发展到了一定的规模，足以成为一个相对独立的社会。

二是在土生华人内部形成了一种通用的公共语言，即峇峇马来语。

三是土生华人一般实行内部通婚。

第二次世界大战后，印尼的土生华人社会逐渐走向衰落。主要原因是：在日本占领时期，许多土生华人的资产被日本占领者没收，不少人沦落为穷人，他们作为一个特殊的社会群体赖以生存与发展的经济基础遭受严重破坏，无法再继续维持土生华人特有的那种比较奢侈的生活方式。从 20 世纪初期起，随着华人新客中知识分子的增加，东南亚华人民族主义思潮不断扩大影响，华文教育迅速发展，受到华人民族主义思潮的影响，许多土生华人将自己的子女送到华文学校接受教育，走向重新"汉化"的过程，重新回到了华人社会。重新"汉化"以后的土生华人放弃了原来的次族群认同，确立了与大多数华人相同的认同。至于那些受英式教育较多，或曾

---

① 朱杰勤：《东南亚华侨史》，高等教育出版社 1990 年版，第 8 页。

② 马欢其：《瀛涯胜临览》，冯承钧校注，中华书局 1955 年版。

经出国留学的土生华人后裔，他们的文化适应则是沿着另一个方向发展的，那就是完全的西化，从而也慢慢地抛弃了他们祖先的文化。

（三）新客华人社会的形成和发展

19 世纪末 20 世纪初，大量中国人移民到印尼各地，由于到达的时间较晚，华人妇女也随着大批到来，华人族内通婚已经成为可能，与上述土生华人不同，这些新来者仍然较多地保留了中国故乡的生活方式与习惯，包括方言、宗教信仰、族内通婚等。这就是后来被学者定义为"新客"的华人社群。

（四）外岛华人社会的形成和发展

上文将印尼华人分为土生华人和新客华人两大类，主要适用于西方殖民统治时期到印尼独立以前的爪哇地区，而在印尼的外岛地区，生活着大量的华人，他们与爪哇地区的华人有着显著的差别。印尼号称"千岛之国"，各个岛屿之间的政治、经济、民族和文化的情况千差万别，正是这种差异加上外岛地区华人来源地的差别等原因，造成了外岛华人与爪哇华人较大的差异性，他们在文化适应、文化认同等方面都具有自己的特点。

二　对印尼华人的概念界定

印尼华人已经成为印尼民族大家庭中的一个重要组成部分，研究印尼华人，不能孤立地、单纯地就事论事，这样只会得出盲人摸象的结论。这里旨在把印尼华人放到印尼政治经济和社会发展的大环境中加以探讨和观察，从中探索印尼华人发展与印尼发展的关系。

所谓印尼华人，是指祖先来自中国，已经加入印尼国籍，成为印尼公民的华族或者华裔。华族是印尼 100 多个族群中的一个少数族群。这里把印尼华人看作一个整体，是从方便研究的角度进行的假设，其实，印尼华人是一个非常多元化的群体，无论是从语言文化、宗教信仰、职业、居住地、阶级与阶层等方面来看，印尼华人都是一个非常复杂的、相当多元化的群体。

笔者认为，按照政治态度或同化程度来划分印尼华人已经过时，作为印尼公民，印尼华人已经成为印尼民族大家庭中的一个重要组成部分。因此，按照社会学的分层理论对现阶段的印尼华人进行分类更为恰当。

从社会分层理论来看，印尼华人是一个相当复杂和多元的群体，可以划分为上层华人社会集团、中层华人社会集团和下层华人社会集团。上层华人社会集团主要是指大企业家、商人、政治家、教师、医生、律师等专业工作者、高级管理人员，他们在华人社会中居少数，但属于华人社会中的精英，属于上层社会集团。他们对华人社会的未来发展具有领导与导向作用。中层华人社会集团，一般是指华人中产阶级，即拥有稳定的经济收入，从事白领等管理工作者、小商人、中小企业家。下层华人社会集团，一般是指生活在底层的华人，从事非熟练劳动，与大多数印尼人没有多少差别，有许多还从事农业、林业、矿业和渔业等方面的工作，收入较低且不稳定，没有什么技能。

三　印尼华人社会的变化和发展

民主改革和政治现代化、民主化进程，给印尼社会带来了深刻的变化，毫无疑问，也使印尼华人社会受到前所未有的冲击，为印尼华人社会的发展带来了空前的机遇，同时也带来了许多新的挑战。"华人的政治地位和社会地位焕然一新，取得了与主流社会成员平起平坐的位置，在建设国家和社会活动领域扮演举足轻重的角色。"[1] 民主改革 20 年来，印尼华人社会的深刻变化表现在如下五个方面。

（一）华人的公民权利逐步正常化

在苏哈托执政时期，华人的公民权利受到严重的践踏，华人的生命安全得不到应有的保障，更谈不上其他经济、社会和政治权利了。进入民主改革时期之后，随着印尼民主和法制逐步迈入正轨，各种歧视华人的法律、法规和政令被废除，华人作为国家公民的地位得到确认和应有的尊重。实际上，民主改革时期的每一位领导人都在努力促进华人公民权利的恢复和正常化，是积小步为大步，积小胜为大胜，经过前后几任总统的努力，印尼华人的公民权利发生了从量变到质变的变化，最终完全正常化。

（二）华人社团迅速发展壮大

海外华人都喜欢组织自己的社团，印尼华人也不例外。但是，在苏哈托执政时期，印尼人民不允许自由结社，同样，印尼华人也被剥夺了这个

---

[1]　印尼中华总商会副总主席张锦雄于 2009 年 7 月 15 日在中国侨联大会上的讲话，载李卓辉编著《坚强奋起 百年复兴——印尼华人文化教育史话之四》，印尼联通书局出版社 2009 年版，第 3 页。

权利。在民主改革时期，华人组织社团的禁令被解除，其积极性空前高涨。据张锦雄先生说，印尼华人社团在最近 9 多年的时间里迅速发展，到 2009 年已经达到 700 多个。一位印尼华人记者这样写道：

> 民主改革让华族在各个领域里有发展空间。各种以同行、同乡、同窗、同宗为类别的乡亲会、宗亲会、校友会，像雨后春笋般相继成立；有些华社团体之间内部有矛盾，但能通过和平协商得到解决；各种团体经常举办时事论坛、健康讲座或专题座谈会等；各种文艺团体广泛地进行交流活动。近几年来，参加汉语水平考试（HSK）的人越来越多，华文火热地在全印尼掀起来了，这些文化活动都活跃了华族文化的生命力。[1]

（三）华文教育空前繁荣

在苏哈托执政时期，华文学校和教育被严厉禁止，华人连讲华语都受到严密控制。苏哈托下台之后，关于华文教育的各种禁令被取消，在民主改革时期，各类华文学校如雨后春笋般涌现出来，华人学习华语的热情空前高涨，华文教育出现一片繁荣的景象。据不完全统计，印尼全国有较大规模的"三语学校"50 多所，印尼华人的办学热情持续高涨，他们不仅兴办幼儿园、小学和中学，近年来，还积极兴办大学，笔者参观过北苏门答腊省的亚洲国际友好学院，该学院除了设立英文、印尼文等专业之外，中文系是最重要的系，吸引了当地大量的华人子弟前来学习华文。

（四）华文媒体迅速扩张

与华文学校和华文教育一样，华文传媒在民主改革时期也得到了迅速扩张，全国各地出现数十家华文报纸和刊物，同时出现了华语广播电台和雅加达华语电视《美都新闻》节目。目前仍然生存和得到发展的全国性华文报纸有《国际日报》《印尼星洲日报》《商报》和《千岛日报》，地方性的华文报纸有《坤甸日报》《泗水晨报》《棉兰日报》《讯报》（棉兰）和《印广日报》（棉兰）。此外，还出现一些不定期出版的华文刊物，如《呼声》等。由于各种原因，这些华文传媒的生存状况不容乐观，主

---

① 雅加达《啄木鸟》2008 年 12 月 20 日，香港印尼研究学社提供电子资料。

要是印尼华文教育中断了半个多世纪，华文读者出现断层，基本上是老人办报，老人读报，缺少年轻读者，加上新媒体的冲击及其他原因，导致印尼华文传媒的生存比较困难。

（五）华人经济社会生活日益多元化

印尼民主改革的一个重要成就是整个社会变得更加开放，华人从事工商业以外的工作机会变得越来越多，换句话说，印尼政治现代化和民主化导致经济社会开放度增加，给华人从事工商业以外的职业提供了机会和打开了大门。长期以来，印尼与其他东南亚国家一样，华人精英只能在工商业领域发挥自己的聪明才智，很少有人从事工商业以外的各种职业，如政府公务员、警察、军人等职业。在民主改革时代，越来越多的华人精英从传统的工商业领域跳出来，开始从事各种专业工作。东南亚各国华人经济社会发展历史表明，从事工商业之外的各种专业工作，有利于华人与当地人的融合和理解，也有利于华人从更加宽广的视野参与国家的政治经济和社会生活，真正发挥公民的作用。

四　印尼华人与当地民族的关系

从印尼独立建国至今，印尼华人与当地民族的关系经历了三个发展阶段：两种民族主义对立的阶段、歧视性同化阶段、融合阶段。在经历这三个阶段的发展演变之后，印尼华人社会终于为自身和子孙后代在印尼长期生存与发展确定了一条正确的道路，那就是与当地民族和睦相处，融入当地主流社会，与当地民族一道共同努力，建设共同的祖国和共同的家园——印尼。

（一）第一阶段：两种民族主义对立的阶段（1945—1964）

对于第二次世界大战后在印尼出现的一连串反对和排斥华侨华人的事件，究其原因，是两种民族主义激烈冲撞的结果。印尼华人的民族主义与东道国的民族主义到了第二次世界大战后初期均达到了顶峰，在一个民族国家内，两种极端的民族主义是不大可能长期并存且相安无事的，它们必然会产生矛盾和冲突，在冷战这一国际环境因素的刺激下，这一矛盾更加难以调和。

印尼的民族主义发轫于19世纪末20世纪初，在第二次世界大战后则发展到了顶峰。印尼当地民族的民族主义产生和发展可分为两个时期：第一个时期，从 19 世纪末到第二次世界大战后初期，主要表现为反对西方殖民统治和压迫，争取民族的独立与解放。在这个时期，华人与当地民族一起，积极参与反对荷兰殖民统治的斗争，为印尼的民族独立和解放做出了积极的贡献，双方尚未发生正面冲突。第二个时期，印尼获得独立后。印尼独立后面临的主要任务是维护国家的独立、统一和发展。在第二次世界大战后初期，华人的民族主义与当地人的民族主义均日益高涨。印尼当地民族中的政治精英将华人视为其实现政治经济领导权的主要障碍，制定和实施一系列极端不公正的华人政策，以图削弱华人的经济地位并改变华人的政治认同，进而直接引发正面冲突。

（二）第二阶段：歧视性同化阶段（1965—1998）

根据各族群获得的社会权利是否存在差异，民族同化可划分为平等性同化和歧视性同化。所谓平等性同化，是指一旦华人融入当地主流社会，就会在政治、经济、教育等各个领域拥有与当地民族同样的权利，通常是自然同化的结果。例如，泰国、菲律宾等国家采取的同化政策使华族与当地民族享有同等权利。所谓歧视性同化，是指占统治地位的民族集团通过采取歧视性政策，阻止某一族群获得与其他族群同等的权利，从而对处于从属地位的族群产生消极影响和带来不利后果，也被称为强迫性同化。相较于其他东南亚国家，印尼对华人采取的歧视性同化政策尤为典型。自1965 年苏哈托上台后，印尼政府对华人采取了一系列歧视性同化政策。

（三）第三阶段：融合阶段（1999 年至今）

自 1998 年印尼进入民主改革以来，各届政府逐步放弃了苏哈托政府对华人长期实行的歧视性同化政策，转而实行民主平等的民族融合政策。所谓民族融合政策，就是各民族不分大小一律平等，在促进平等和睦相处的同时，各族人民享有同样的公民权利，允许弱小民族和少数民族保留自己的文化，享有宪法和法律赋予的各种自由。

印尼华人中有许多有识之士对民族融合问题进行了探讨。印尼中华党的创始人林群贤认为，当新的印度尼西亚建立时，华人应该成为印度尼西亚人。[①] 印尼独立建国之后，萧玉灿主张，华人要融合进印尼民族大家

---

① 周南京等编：《印度尼西亚华人同化问题资料汇编》，北京大学亚太研究中心编辑，1996年，第41—42 页。

庭，但同时应保留自己的文化特征。① 华人企业家潘仲元认为，无论是从过程还是目的来看，相较于美国华人社会，印尼华人真正融入当地主流社会的路程还相当长，印度尼西亚主体民族对外来民族的包容性较低，印尼华人期待能够对改善中印尼双边关系起到积极作用，华文媒体以及华人社团应引导海外华人以更加积极的态度和方式融入当地主流社会。② 一般认为，华人能否融入主流社会取决于内外部条件以及其自身的立场与态度。海外华人、华裔融入主流社会需要具备两个因素：一是"主流社会"能提供华人融入的外部环境。二是华人要具备融入主流社会的条件，如教育背景、语言文化、经济基础等。在东南亚地区，泰国和菲律宾华人较好地融入了当地主流社会，华人参与住在国的政治生活、经济生活和社会文化生活几乎没有任何障碍，如果要像泰国和菲律宾那样达到华人与当地民族高度的融合，印尼可能还有较漫长的路要走，需要印尼当地民族和华人双方做出坚持不懈的努力。

第二节　印尼华人的政治参与

在民主改革时期，印尼华人社会的重要变化之一就是他们作为一个族群，拥有了参与国家政治生活的权利，这是作为一个国家的公民最起码的权利。最近十多年来，印尼华人积极参与国家政治生活，为印尼政治的现代化和民主化做出了重要贡献。与此同时，印尼华人通过积极参与国家政治生活，也使整个族群得到了改造和提升，印尼华人在国家政治现代化和民主化的进程中努力学习民主，学习与其他兄弟民族和睦相处之道，印尼华人既是民主大学校的学生，又是民主的积极参与者和推动者。

一　殖民统治时代

早在荷兰殖民时代，印尼华人便积极投身于当地的政治生活，通过华人自己管理华人事务等方式参与地方事务，积极影响殖民当局的华人政

---

① 周南京等编：《印度尼西亚华人同化问题资料汇编》，北京大学亚太研究中心编辑，1996年，第76页。

② ［印尼］潘仲元（H. Max Mulyadi Supangkat）：《浅谈华人、华裔融入主流社会——印尼的华裔们都已融入主流社会了吗？》，2008年5月，由香港印尼研究学社提供。

策。东南亚华人参政的历史，最早可以追溯到早期的"甲必丹"制度。"甲必丹"原意为"首领""船长""队长"，是西方殖民统治时期由殖民统治者委任的华人社区领袖，用以管理华人社区的事务。这种制度是由殖民统治者设计的服务于西方殖民统治的一种制度，但也在客观上促进了华人社会的发展，在一定程度上强化了华人自治的意识和能力。

兰芳公司是早期华人自治的一个典型案例。兰芳公司最初是18世纪70年代初荷属印尼坤甸华人罗芳伯（1738—1795）牵头设立的以开采金矿为主的经济组织，后来在成功经营的基础上逐渐从纯经济组织演变为一个地方自治机构，组织武装力量，设立司法、军事、教育、财政及工农业等机构及相关制度。18—19世纪，印尼其他城市也存在类似兰芳公司一类的华人自治组织。例如，在巴达维亚（即现在的雅加达），华人社区最高公共机构是由华人官员组成的团体，后来被称为"公馆"，专门负责管理华人事务。[1]

从19世纪末到20世纪中期，东南亚华人的民族主义意识逐步觉醒，而土生华人对参与当地政治生活表现出极大的热情。近代印尼土生华人的政治态度大体上可分为两类。第一类，以荷属东印度中华会创始人简辉福（1881—1951）等人为代表，主张印尼土生华人要积极参与当时荷兰殖民统治下印尼的政治生活，只有积极参与政治，才能改变印尼土生华人的地位，保护自身利益。第二类，以印尼中华党创始人林群贤（1896—1952）等人为代表，主张华人要与印尼其他民族团结一致，推翻荷兰殖民统治，建立一个独立的印尼共和国。这部分人的著名代表是土生华人林群贤。林群贤出生于印尼加里曼丹的马辰，是第二次世界大战前印尼土生华人领袖之一，是印尼土生华人政党——印尼华人党的创建者，华人同化运动的先驱人物，曾经强烈主张印尼华人必须同化到当地民族中去。他认同印尼民族主义，为争取印尼民族独立进行过积极的斗争。

二　印尼独立至苏哈托政权时期

这个时期，从整体上看，华人对国家政治生活几乎没有任何参与，当

---

① 潘翎主编，崔贵强编译：《海外华人百科全书》，香港三联书店有限公司1998年版，第155页。

然也不乏一些优秀的华人被吸收作为政府的成员，参与政府事务的管理，但是，从华人作为一个少数民族整体来看，他们在国家政治生活中没有应有的地位，也没有自己的代表，他们完全处在一种任人摆布、听天由命的境地。1954 年 3 月 13 日，由各派别华社领袖组成国籍协商会，选举萧玉灿为主席，该协会的初衷是争取华人的公民权益。国籍协商会成立之后便积极参与政治活动。1955 年印尼举行独立之后的第一次民主选举（国会选举和制宪会议），国籍协商会参与了选举，一些大政党也派出华人代表参选。国籍协商会赢得一席（萧玉灿），政府另外委任 7 位华人议员。这个时期，虽然有不少优秀的华人进入内阁担任部长等职务，但囿于各种原因，他们基本上无法发挥作用。"独立后印尼政府内阁有如走马灯，部长座位不稳常被调动，从 1945 年到 1966 年，总共换了 24 届内阁。虽然有多位华人出任部长，如陈宝源、王永利、萧玉灿等被委任为部长或国务部长，但为时都不长，没有发挥应有的作用与才华。"①

在苏哈托统治时期，华人的生命安全与财产安全都处在没有任何保障的恶劣环境下，他们无权参与国家的任何政治生活，在这个时期，在全国各地，各种大大小小的排华反华事件层出不穷，华人生活在恐怖与恐惧之中。1998 年发生的大规模排华事件，是苏哈托政权几十年对华人实行种族歧视和压迫政策的总爆发。印尼华人学者许天堂对这个时期的印尼华人状况做出非常精辟的描述：

> 1998 年 5 月悲剧非常刺痛全印尼华人的心，并且使他们意识到在这期间他们被边缘化和被变得无能为力。他们作为公民的权利大部分被阉割了，并且与印尼共产党一起总是被当作替罪羊和掌权者压榨的对象。作为民族和种族，甚至作为人类的地位被鄙视。新秩序掌权者给予他们唯一的自由，是在企业领域，但是，没有政治自由，这种经济活动便变得毫无意义。②

---

① ［印尼］李卓辉：《印华参政与国家建设》，联通书局（印尼雅加达）2007 年版，第 171 页。

② ［印尼］许天堂：《政治漩涡中的华人》，周南京译，香港社会科学出版社 2004 年版，第 1063—1065 页。

三 印尼民主改革至今

1998 年至今，印尼推行了一系列政治改革，印尼的学者称之为民主改革。民主改革中实行的地方自治为印尼华人参加地方事务提供了广阔的空间。事实证明，印尼华人在地方自治中是可以大有作为的。实行地方自治，由人民直接选举地方各级行政首长，这是印尼民主改革和政治现代化、民主化进程中的重要一环，同时也赋予华人参与地方自治的权利，为印尼华人积极参与地区政治生活提供了机遇。与总统选举和各级议会选举相比，华人参与地方政治事务的机会更多一些，门槛也低一些。据统计，自 2005 年实行地方直接选举各级行政首长以来，已经有一些华人精英当选为地方行政首长，他们是：西加里曼丹省上候县县长张锦坤、邦加—勿里洞省东勿里洞县县长钟万学①、西加里曼丹省山口洋市市长黄少凡、西加曼丹省副省长黄汉山、邦加—勿里洞省东勿里洞县县长钟万友、东努沙登加拉省副省长李振光、东爪哇省玛琅市市长魏廷安等。

以山口洋市为例。山口洋市是西加里曼丹省的一个城市。西加里曼丹省是印尼华人占比例最高的一个省份，全省约 500 万人口，华人约占20%，主要集中在坤甸、山口洋一带。在首府坤甸，约有 60 万人口，华人约占 30%，以潮州人为主，客家人也得学会讲潮州话。在山口洋市，约有 20 万人口，华人约占 62%，以客家人为主，有一部分潮州人，但都讲客家话。该市除华人之外，当地民族主要有达雅族、马来族和爪哇族。就山口洋市华人从政的基本情况来看，黄少凡曾在 2007—2012 年出任市长，而现任市长蔡翠媚也是华人。②

华人能够在上述地方取得成功，有几个共同的特点：一是华人占当地人口比例较高；二是华人与当地民族关系较为融洽；三是华人社会较为团结；四是这些县市均处在印尼的外岛地区，与当地其他少数族群相比，华人文化较为强势。事实上，从印尼华人参政取得成功的实例来看，纵使是在华人人口占较大比例的城市，华人要取得竞选成功，也必须与当地民族

---

① 钟万学在 2012 年与现任总统佐科搭档竞选雅加达首都特区首长，并成功当选副省长。佐科 2014 年 10 月成为总统后，钟万学随即升任雅加达省省长。

② 刘议华：《当选山口洋市长蔡翠媚》，印尼《国际日报》2017 年 2 月 25 日。

打成一片，成为他们中的一员，代表他们的利益。印尼首位华人县长——张锦坤就是这方面的典范。张锦坤于 2003 年被西加里曼丹省上候县议会选举为县长（2004 年之前印尼还没有实行直接选举）。他出生于当地一个客家农民家庭，是第二代华人，其父亲张建仁在 30 岁时由中国南来该县根巴岩村定居，并与当地主要民族达雅族人通婚。所以，张锦坤从小就能说熟练的达雅族语，还会说流利的客家话与潮州话。张锦坤也和当地人结婚，与当地族群紧密联系在一起，这也是他当选县长的关键因素。

四 未来发展趋势

与泰国、菲律宾和马来西亚华人相比，印尼华人在参与国家政治生活的道路上才刚刚迈出一步，当然，这是非常重要的一步，尽管步履蹒跚。然而，在印尼国家民主化改革的进程中，华人当然不应该缺席，只要他们像在经济领域那样，不失时机地播种和精心耕耘，就一定会有收获。

根据笔者对泰国和马来西亚华人参政模式的比较研究，泰国华人参政模式的特点是"商而优则仕"，一般都是先经商，取得成功之后再从政。"与泰国华人参政模式不同，马来西亚华人参政的方式与道路具有自己的鲜明特色，其最重要的特点是华人组建主要由华族组成的政党，参与国家的政治生活。这个特点是由马来西亚华人人口、民族关系的性质和建国过程中的特殊性等一系列因素综合作用所决定的。"①

很明显，马来西亚华人参政模式曾经对印尼华人社会产生了很大的示范作用和吸引力，但是，事实证明，马来西亚华人参政的道路和模式并不适合印尼，这也是为什么印尼民主改革初期成立的大同党、中华改革党、融合党都是昙花一现的主要原因。在华人人口占绝对少数，民族关系还不是完全融合的情况下，华人单独组成本民族的单一政党，不仅无助于华人参政，还有可能成为一些别有用心的政治人物攻击华人的借口，不利于华人与当地民族的团结和融合。

泰国的模式可能比较适合印尼华人，那就是积极参与由本地民族组成的政党，作为他们的代表去竞选和参政。事实上，从印尼华人参政取得成功的实例来看，纵使是在华人人口占较大比例的城市，华人要取得竞选成

---

① 曹云华等：《东南亚华人的政治参与》，中国华侨出版社 2004 年版。

功，也必须与当地民族完全打成一片，成为他们中的一员，代表他们的利益。上文提到过的印尼首位华人县长——张锦坤就是这方面的典范。

笔者曾经撰文论述东南亚华人利益集团的问题，笔者认为，华人参政不一定都要亲自担任政治职务，通过利益集团（或叫压力集团）的形式和途径，也可以影响政治。在印尼，大多数华人在传统上都是从事工商业活动，虽然已经有很多华人新生代改变了这种职业习惯，开始活跃在工商业之外的其他领域，但这种职业习惯可能还会长期沿袭下去，因此，笔者认为，也不一定要求所有华人都从政，毕竟从政是需要有这方面的素养和潜能的，如果你经商取得了成功，你也不一定要亲自参政，你可以通过你的财富和能力去影响政治家，通过压力集团影响政府的政策，这同样也是一种参政，只不过方式不同罢了。在美国，犹太人一般都不从政，但他们对美国政府的政策，尤其是美国政府的中东政策具有决定性的影响，犹太商人和学者通过压力集团对美国政府施加了强大的影响，从而使美国政府的中东政策一直保持亲以色列的方向不变。

印尼本地民族对于华人参政存在两种截然相反的评价。一些印尼学者对华人参政持正面肯定的态度，认为华人是一股新鲜力量，可以改造腐败成风的印尼政坛，为印尼的政治生活带来一股清新的风气。锡江哈山努丁大学社会学家默哈摩德·达尔威斯博士在接受《罗盘报》记者采访时指出，华裔人士对政治产生了兴趣，并且开始投入政治生活当中，这是其他政治家学习改善形象、行为准则和政治操守的绝好契机。他以锡江的华裔政治家为例，分析华裔政治人物给印尼政治生活带来的积极影响：

> 我们看到，在锡江参政的华裔多数都有稳定的经济基础。基于上述的原因，他们的参政就不是为了寻找经济资源，更主要的是为了落实生存的意义、奉献和服务。他们跟其他的政治家显然不一样，其他政治家的参政仅仅是为了夺取经济资源、权力及由中央或地方政府资助的各种便利设施。
>
> 华裔名流不再厌恶政治。他们在政治上融入的意愿已经兴起了。靠他们拥有的经济实力，大政党一定不会拒绝他们的加入。但是，他们当中也有一些人敢于接受挑战而加入新的政党。……我想，五到十年以内，政治上的互动将使华裔的精神特质和精神状态传承给其他的

政治活动家。商业准则所强调的互相信任和效率或许能起到这样的作用，即在人民和议会里的人民代表之间建立起一种真诚、不虚假的关系。①

也有一些印尼本地民族人士对华人参政持否定的态度，他们认为，在印尼，华人政治人物并不能扮演积极的角色，充其量也就是利用其强大的经济实力，通过金钱影响政治人物和政治决策。在 2009 年大选前夕，一位在雅加达国际战略研究中心（CSIS）工作的研究人员在接受新加坡《海峡时报》采访时说："绝大部分的华人议员的作用只不过是 ATM，只不过是一个提款机。"② 印尼华人研究学者廖建裕驳斥了这种论调，他认为："这是不公正的评论。""我认为，出色的华人议员、华人部长，他们在整个印尼的政治活动中、在整个印尼的政治进展中，不是扮演提款机的角色。他们起着相当重要的作用。前任内阁部长郭建义，现任商业部长冯慧兰，在议员中具有争议性的李宁彪，都在印尼政坛上发挥了他们的作用。"③

华人参政的目的和意义是什么？对于每位参与政治的华人而言，意义可能都是不同的，有些可能是出于兴趣，有些可能是出于远大的政治抱负，有些可能是出于想改变华人的状况，有些可能完全出于家族和个人的目的。但是，有一点可能是共同的，就是华人参与政治可以从根本上改变华人与当地民族的关系，真正促进和实现华人与当地民族之间的融合。

华人政治家中的后起之秀钟万学表示："我爸爸曾经对我说，你要是一个做生意的人，如果你给每家 50 万印尼盾，你用 1 亿盾也只能帮助 2000 个家庭。但你要是用这 1 亿盾去竞选官员，当了官之后，你能帮助的就不只是 2000 个家庭，而是一个县、一个省，甚至一个国家。所以，

———————

　　① ［印尼］达尔威斯：《对华裔参政的期望》，《罗盘报》记者 Nasrullah Nara 与达尔威斯博士的访谈记录，原载 2006 年 1 月 26 日《罗盘报》，陈明福译，中译文载印尼《国际日报》2008 年 1 月 25—26 日，香港印尼研究学社提供电子资料。

　　② 转引自印尼廖建裕教授在《呼声》杂志纪念会上的发言：《2009 年大选与印尼华人》，香港印尼研究学社提供电子资料。

　　③ 印尼廖建裕教授在《呼声》杂志纪念会上的发言：《2009 年大选与印尼华人》，香港印尼研究学社提供电子资料。

我决定要从政，帮助更多的人。"①

华人国会议员李祥胜和叶锦标对华人参政有切身的感受与体会，在接受笔者访问时，他们阐述了自己的观点和看法，颇有启发意义。李祥胜议员是第二代华人，是印尼国会（2009—2014）第三委员会成员（负责法律、人权及治安等事务）。李议员认为，华人与当地民族的关系，关键还是华人自己要主动与当地民族搞好关系，让当地民族更多、更好地了解华人，减少猜疑和误会。谈到中国对印尼的援助和投资时，李议员认为，中国的工程技术人员和管理人员到了印尼之后比较封闭，不太与当地人接触，当地老百姓得不到太多的好处，对当地老百姓而言，中国的投资项目，对国家或者从长远来说可能会有好处，但是，对当地老百姓来说，他们失去了土地，失去了他们熟悉的一些环境，有些甚至可能会损害他们的眼前利益。因此，如果中国要在印尼长久地存在下去，更好地发展，就要主动与当地老百姓搞好关系，做一些他们看得见、摸得着的好事，如帮助当地人修建学校、修建教堂、修建道路等。

华人议员叶锦标是民主党副财政、业务和基金部秘书长，负责为民主党筹款，深得苏希洛总统的信任。2004 年，民主党推荐他参选议员，他当时是民主党最合适的人选——华人、佛教徒，这都是当时民主党所缺乏的，民主党需要这样一位代表，叶锦标的所有亲属都反对他从政，认为他从政不仅会给他带来危害，还会殃及亲人，唯有他的父亲支持他。当时他父亲问他，你为什么参政，是为了钱还是为了维护华人。他认为，是为了代表华人，是为了站出来捍卫华人的利益，为他们说话。他父亲说，好，我支持你。因此他便走上了从政的道路。叶锦标还谈到，今后如果有更多的华人站出来参加竞选，参与国家的政治生活，华人社会就一定能够更好地生存与发展。②

印尼华人参政的主要障碍是什么？印尼华人要真正融入和参与住在国

---

① 印尼钟万学接受《印尼星洲日报》记者采访：《钟万学：我为了使命而竞选》，转引自香港《印尼焦点》2012 年总第 34 期，第 36 页。

② 应印尼客属联谊总会的邀请，笔者一行四人于 2012 年 2 月 1—15 日，赴印尼雅加达、西加里曼丹等地访问考察。这次访问考察的重点是印尼华人在民主改革时期的发展变化（1998 年以来），重点考察西加里曼丹省各地华人参政情况和华人文化、华文教育的发展情况。在雅加达期间，我们访问了华人国会议员李祥胜和叶锦标。

的政治生活，仍然有一段漫长的路要走，他们需要克服如下五大障碍：

一是人口比例障碍。华人在所在国政治影响力的一个决定性因素就是人口比例。在马来西亚，华人人口比重占该国的四分之一，因此，马来西亚华人可以影响选举，甚至可以造成 2013 年大选的"华人政治海啸"。但在大部分地区和国家，华人的政治影响力几乎不存在或者微不足道，因此，在普选制的条件下，华人在居住国的人口比例是决定性的因素。在印尼，华人人口占全国总人口的比重最多也不超过 7%，作为一个少数族群，他们的最佳策略不应该是单独组织由本民族成员组成的政党，而应该像泰国华人那样，参加由当地多数民族组织的政党。

二是种族障碍。除了新加坡外，华人在所有的住在国都属于少数民族，针对华人的各种不同程度的歧视一直存在于各个领域，在政治领域尤其明显。每当一个国家举行大选时，华人的议题就会被一些别有用心的政治人物进行炒作，以此煽动选民，为自己捞取政治资本。在印尼，华人作为少数民族，能否成功参与政治生活，在很大程度上还取决于当地占人口绝对多数的主体民族的态度。虽然已经经历了十多年的民主改革，华人与当地主体民族的关系得到了改善，但是，当地主体民族对印尼华人的各种偏见仍然不同程度地存在着，他们并不认可华人担任更多的政治职位。

三是文化障碍。华人离开祖籍国，在住在国生活与工作、繁衍后代，一直面临着文化适应问题，在某种条件下，祖籍国的文化与住在国的文化可能会产生碰撞、摩擦，有时甚至会出现冲突。在苏哈托执政时期，印尼当局对印尼华人实行强迫同化政策，经过几十年的强迫同化，华人文化在印尼受到毁灭性打击，这一方面看起来是坏事；但从另一方面来看，这种强迫同化政策也加快促成华人与当地民族的融合，华人在语言、文化、教育、宗教信仰、生活方式等方方面面均与当地民族完全融合在一起，从而为华人参与国家的政治生活扫清了文化上的障碍。

四是心理障碍。政治现象与人的心理有着密切的关系，一个民族的心理特点也会影响这个民族对政治的看法和对政治生活的参与。海外华人政治心理的最大特点，就是把政治看作别人的事情，与己无关，对政治抱着一种冷漠的态度。印尼华人的政治心理还有另外一个特点，那就是对政治的恐惧心理，因为在苏哈托执政时期，印尼对华人进行了大屠杀，在印尼独立建国初期，印尼华人曾经积极参与国家的政治生活，许多华人参加共产党，从事政治活动，苏哈托发动政变，对这些从事政治活动的华人，包括本地民族进行血腥镇压，华人因为参加政治生活而付出了血的代价。这段血腥的历史至今使许多印尼华人对政治感到恐惧，谈虎色变。

五是职业障碍。在大部分国家和地区，目前乃至在今后相当长一段时间内，华人仍然只是活跃在经济层面，多从事各种商业活动，华人在商业活动方面的过分热情会限制他们对政治生活的参与。当印尼华人社会出现更多的专业工作者，如教师、律师、会计师、医生；当更多的华人愿意做公务员，当警察和军人；当更多的华人愿意做当地民族所从事的其他任何工作；当印尼华人从事政治活动的热情与参与商业活动的热情同样高涨；此时，华人参政便没有这方面的障碍了。

五　小结

从 1998 年苏哈托下台到今天的 20 多年时间里，印尼华人经历了民主的洗礼，在这 20 多年的民主改革阶段，印尼华人与当地民族一道，共同推动着印尼的政治改革与经济社会发展，他们既是这场改革的亲身经历者、参与者，也是受益者，他们与当地民族一道，共同促进了改革，同时也分享了改革的成果，在促进印尼社会进步的同时，也享受到了印尼社会进步的果实。

印尼的民主改革和政治现代化、民主化为印尼华人参政开辟了道路，如果没有这个巨大变革，印尼华人可能还继续在黑暗中徘徊，因此，印尼华人要珍惜这个机遇，把握好这个机遇。印尼华人经过漫长的摸索，已经明白了一个真理，那就是印尼华人和国家的命运是紧紧扭在一起的，只有国家发展了，全印尼人民过上了好日子，华人才能有一个真正稳定、幸福的家园。笔者在这里借用印尼华人著名学者许天堂所说的一句话作为结语：

> 为实现公正和繁荣、民主，没有贪污受贿、相互勾结、裙带关系，没有形形色色的歧视，并且没有各种形式的暴力以及始终尊崇法律和基本人权的新印度尼西亚，显然还需要做出牺牲和经历漫长的时间。正是为此，华人作为印度尼西亚民族不可分割的部分，必须积极地参加，与其他民族组成部分携手合作，肩并肩地为实现上述理想而

共同斗争。因为一切形式的歧视问题，包括"华人问题"，是整个印度尼西亚民族的问题。华人不可能单独解决这个问题。只有实现我们所追求的新印度尼西亚，才能解决这个问题。[①]

印尼的华人是整个印尼民族的一个重要组成部分，印尼华人没有自己的特殊利益，印尼华人参政是代表全体印尼人民的利益，而不是一个少数族群的私利。华人积极参与国家的政治生活，不仅改变了华人自身，还促进了华人与当地民族的融合，从而极大地提升了印尼人民的整体素质。

第三节　印尼华人经济

一　战后印尼政府对华人经济政策的演变

在印尼经济发展的过程中，华人资本一直都是一股不可忽视的力量。大约在 13 世纪甚至更早的时间，华人就开始在爪哇、苏门答腊和西婆罗洲定居。[②] 然而，华人长期以来一直被视为外来族群，印尼政府在不同的历史时期对华人的经济政策都不尽相同。第二次世界大战后，印尼政府多次改变对华人的经济政策，使华人经济饱受挫折，但随着中国和印尼双边关系的逐渐改善、华人对印尼的认同感慢慢增强，以及华人对印尼经济发展做出的贡献越来越大，印尼政府对华人的经济政策才开始趋于温和。

（一）苏加诺时期：华人从事经济举步维艰，如临深渊

第二次世界大战结束后，苏加诺领导建立了印尼共和国，但此时苏加诺的新政权还不巩固，需要面对荷兰殖民者卷土重来的威胁。因此，团结印尼各族人民的力量，成为苏加诺的首要任务。由于当时在印尼的华侨华人人数较多，华商在印尼也有了一定的资本积累。于是，苏加诺对华侨华人采取了团结利用的政策，以此来得到华侨华人在财力和物力上的支持。然而，这一时期非常短暂，仅仅只有 5 年。当苏加诺政府解决了与荷兰殖民者的矛盾后，其对华人的经济政策开始出现大的转变，华人经济因此遭

---

① ［印尼］许天堂：《政治漩涡中的华人》，周南京译，香港社会科学出版社 2004 年版，第 976 页。

② Faye Yik-Wei Chan, Chinese Indonesians Reassessed: History, Religion and Belonging, edited by Siew-Min Sai and Chang-Yau Hoon, *Asian Ethnicity*, Vol. 15, No. 2, 2014.

到重大打击。

从 1950 年开始，苏加诺政府开始打击 200 余万华侨华人及削弱其经济实力，苏加诺政府认为，华侨华人经济是"殖民主义残余""建立独立民主经济的障碍"，在"民族化"以及"印尼国家治安利益"的口号下，对华侨华人及其经济活动不断加强限制，实行了排斥甚至清除的政策。①苏加诺政府不仅封闭和接管了华人经营的主要企业和银行，还出台了大量限制华人正常生活的法令、条例和文件。从表 II - 5 - 1 可以看出，进入 20 世纪 50 年代后，苏加诺政府出台了大量限制外侨经济发展的法案和条令，而在外侨中，又以华人群体为主。在如此严厉的限制下，华人的经济遭到了巨大打击。

具体来看，苏加诺政府主要从四个方面限制华人经济的发展：首先，限制华人经营进出口业务，减少华人经济在印尼进出口贸易中的比重。其次，打压华人占据优势的行业。1959 年，印尼贸易部长决定禁止外国人（实际上指"中国人"）在约 140 个主要城市之外从事零售贸易。② 1961 年 2 月，印尼西爪哇当局规定外侨经营的 13 种工业，必须在限期内转让给印尼民族企业，或与原住民合伙经营。③ 经过几代人的长期拼搏，印尼华人在这些行业逐渐积累了资本和占有了较大的优势，苏加诺政府试图通过限制华侨华人在优势行业的经营权，来发展印尼本土民族企业。再次，加强对华侨华人居住地的控制，苏加诺政府通过各种法令，严格监督华侨华人的居住地址，目的就是限制华侨华人的自由流动，从而打击华商的经济发展。比如，1958 年，西爪哇地方军事当局颁布了从农村地区迁走所有华侨的指令，先后出动大批军警强迫华侨迁离家园，并强行封闭华侨房屋，征用华侨学校，逮捕、殴打、虐待抗命华侨，致使数十万华侨流离失所，境况极其悲惨。④ 最后，实行激烈的财经改革，让印尼盾贬值，使许多华人小商贩不得不变卖资产，宣告破产。同时通过冻结存款使华侨华人

---

①　郭梁：《东南亚华侨华人经济简史》，经济科学出版社 1998 年版，第 163—172 页。

②　Heidhues, Mary Somers, "Violent, Political, and Administrative Repression of the Chinese Minority in Indonesia, 1945 - 1998," *Wacana*, Vol. 18, No. 1, 2017.

③　华侨华人百科全书编辑委员会：《华侨华人百科全书·法律条例政策卷》，中国华侨出版社 2000 年版，第 461—462 页。

④　廖小健：《印尼"排华暴动"的深刻原因——兼论印马两国不同民族关系的历史背景》，《史学集刊》2002 年第 2 期。

的积蓄锐减，财产遭到重大损失。苏加诺政府的这一系列打压华人经济发展的政策，让印尼华人的生活处于水深火热之中，也让印尼华人经济陷入了停顿。

除了实施一系列经济打压政策外，印尼政党之间的斗争也把矛头指向了华人。尽管中国和印尼在 1955 年就签订了双重国籍问题条约，但由于印尼方面对华人入籍制定了种种严苛的限制条件，使得大量华侨无法顺利加入印尼籍。从 20 世纪 50 年代中后期开始，印尼掀起了空前的反华、排华浪潮。在一轮接一轮的排华浪潮中，华人经济遭受一次又一次的重创。

在华人经济受到打击的同时，印尼自身的经济也受到重大影响。到1966 年，印尼年人均收入只有 70 美元，通货膨胀率达 650%，债务额达22.5 亿美元。[①] 经济的低迷让许多印尼人的生活苦不堪言，苏加诺政府因此逐渐失去民众的信任。印尼国内的传统官僚和军方也对苏加诺政府失去了信心，爆发了"9·30"军事政变，苏加诺政府倒台，苏哈托成为印尼新的总统。

表 II-5-1　苏加诺时期出台的与限制华人经济发展有关的部分法令和条例

序号	名称	公布时间	针对外侨的内容
1	苏米特罗经济计划	1950 年	管制外资企业，限制外侨在关键部门的投资
2	外国人在印尼投资政策声明	1955 年	传统小规模工业及小型企业，只能由印尼民族人士经营
3	印尼全国民族经济大会之决议案	1956 年 8 月	限制外侨经营银行业，不允许外侨经营批发业或零售业
4	征收外侨税条例	1957 年 1 月 1 日	加大对外侨的经济打压
5	雇佣外侨条例	1958 年 1 月 19 日	禁止政府部门雇用外侨为职工
6	禁止外侨在县以下地区经商条例	1959 年 5 月 14 日	进一步限制外侨的商业活动

资料来源：周南京、梁英民等编译《印度尼西亚排华问题》，北京大学亚太研究中心，1998年11月，第202—276页。

---

① 汪慕恒：《东南亚华人企业集团研究》，厦门大学出版社 1995 年版，第 27 页。

（二）苏哈托时期：华人经济历经起伏，如履薄冰

苏哈托执政后，宣布印尼转入"建设时代"的新秩序，采取了极为现实主义的经济发展战略，对国内早已形成的华侨华人经济力量，不再视为消极因素，改变了过去一味排斥、打击的态度，实行利用为主、限制为辅的政策，并加快华侨加入印尼籍的进程，以此集中力量推动经济发展。[①] 然而，此时印尼国内掀起了一场声势浩大的反共浪潮，华人被指控协助印尼共产党发动政变，反华暴行接二连三地发生。[②] 据报道，"9·30事件"后，有30万华侨华人被夺走生命。[③] 在反华的过程中，印尼当局加大了对华人企业的压迫，华人企业家向官方和非官方安全部队支付保护费，以免遭受暴力威胁。[④] 可以说，这一时期的华人经济基本上处于停滞状态。

从1967年开始，印尼政府相继颁布《外国资本投资法令》《解决华人问题的基本政策》和《印尼国内资本投资法》。虽然印尼政府对华人的投资依然有比例方面的限制要求，但对比苏加诺时期，则是大幅放宽了限制。出现这些变化的主要原因，是苏哈托政府对华人经济的认知发生了改变。首先，此时的印尼华人基本都加入了印尼国籍，成为华裔印尼公民，苏哈托一直都提醒印尼人不要陷入种族主义的漩涡中；其次，印尼此时想要大力发展经济，而华人经济早已融入印尼的各行各业，苏哈托政府从实用主义角度出发，想借助华人经济来助力印尼的经济建设；最后，华人资本是国际性的，华人经济活动经常超越一国的范围，它不仅能在印尼本土发挥作用，还能吸引外来投资，从而促进印尼的经济建设和社会发展。据统计，到1980年，外国资本在印尼联营企业总数为685家，其中与华人企业联营为236家，占34.5%；日本资本在印尼联营企业总数为206家，其中与华人企业联营为95家，占46.2%；香港地区资本在印尼联营企业为104家，

---

① 郭梁：《东南亚华侨华人经济简史》，经济科学出版社1998年版，第163—172页。

② 廖建裕：《现阶段的印尼华族研究》，教育出版社1978年版，第26页。

③ ［美］吴元黎等：《华人在东南亚经济发展中的作用》，汪慕恒、薛学了译，厦门大学出版社1989年版，第62页。

④ Robert Cribb & Charles A. Coppel, "A Genocide that Never Was: Explaining the Myth of Anti-Chinese Massacres in Indonesia, 1965 – 66," *Journal of Genocide Research*, Vol. 11, No. 4, December 2009.

其中与华人企业联营为 45 家，占 43.4%。① 可以看出，外国资本普遍与华人企业进行合资经营，这也是华人企业集团迅速形成与发展的关键因素。

进入 20 世纪 80 年代后，印尼的华人企业集团得到了空前的发展。这大致有五个方面的原因：第一，华人具有进取、勤奋和节俭的品质②，这些品质让华人能时刻保持上进心，努力拼搏，不言放弃；第二，华人企业在与外国公司合作经营的过程中，不断发展壮大，从个体经营逐渐发展到企业集团经营；第三，华人企业将以往的家族经营模式转变为现代企业的运营方式，进一步适应了印尼经济发展的需要；第四，华人企业从传统商业转向多元化产业发展，华人利用自己商业网络的优势，发展房地产和金融业，这使得华人的经济发展更加多元，抵御风险的能力也得到了加强；第五，华商积极与原住民合作，在一定程度上降低了政治风险给华人经济带来的损失，保障了华人经济发展的可持续性，同时也加强了华人与原住民之间的联系。

20 世纪 80 年代后，苏哈托政府为了摆脱国内经济低迷处境，再次放宽了对华人资本的限制。1993 年，苏哈托政府还重新界定土著企业的含义，即土著占有 35% 股权的企业便属于土著企业，可以享受土著企业的种种优惠，包括优先贷款和特殊的经营范围等。③ 对比之前的土著必须占 51% 的股权来看，可以说在很大程度上放松了对华人资本的限制。据西方学者的研究，高峰时期 5% 的印尼华人控制着大约 70%—75% 的印尼中型和大型私营（非国有）企业。④ 而 1995 年的一项调查则指出，在雅加达证券交易所上市的公司中，华人控制着 73% 的公司和前 300 家大型企业集团的 68%。⑤ 这些研究结论是否正确？华人经济在当时的印尼经济中是否能够占据如此重要的地位？这些都值得商榷。笔者对上述估计是存疑的，毕竟政权在人家手

① 克里斯迪安·维比梭诺：《1967—1980 年印尼外资与国内资本企业调查报告书》，转引自汪慕恒《东南亚华人企业集团研究》，厦门大学出版社 1995 年版，第 30 页。

② Jamie Mackie, "Business Success among Southeast Asian Chinese: the Role of Culture, Values and Social Structures," *Market Cultures. Society and Morality in the New Asian Capitalisms*, Boulder Colorado: Westview, 1998, p. 133.

③ 黄滋生、温北炎主编：《战后东南亚华人经济》，广东人民出版社 1999 年版，第 92 页。

④ Robert Hefner, "Introduction: Society and Morality in the New Asian Capitalisms," *Market Cultures, Society and Morality in the New Asian Capitalisms*, Boulder Colorado: Westview, 1998, p. 17.

⑤ Muhammad Cohen, "Happy to be Chinese in Indonesia," *Asia Times Online*, 20 October 2011.

中，华人经济只是在本地民族设置的鸟笼里生长的一只笼中鸟，怎么折腾也飞不出这只笼子。但是，华人经济在苏哈托统治时期出现过一段时间的发展与繁荣，这也是不争的事实。

1997 年的金融危机，让过度依赖贸易出口的印尼遭受重创，作为印尼经济的一个重要组成部分，华人经济首当其冲，印尼华商面临灭顶之灾。

表 II-5-2　金融危机中资产减少在 10 亿美元以上的印尼华人企业

企业家	主要企业	资产额（亿美元）		资产减少率（%）
		1997 年 5 月	1998 年 3 月	
蔡道行	盐仓集团	72.7	20.3	72.08
黄奕聪	金光集团	54.3	27.0	50.28
林天宝	参布纳集团	22.82	1.62	92.90
林绍良	三林集团	39.5	18.4	53.42
李正文	力宝集团	18.08	7.28	59.73
合计		207.4	74.6	

资料来源：香港《亚洲周刊》，1998 年 11 月 9—15 日编制。转引自李鸿阶《华侨华人经济新论》，福建人民出版社 2002 年版，第 252 页。

金融危机使华人企业的资产大幅度缩水，华人企业资本减少在 10 亿美元以上的就有 5 家，平均资产减少率达到了 64.03%。金融危机还引发了排华骚乱事件，华人经济由此遭受了巨大损失。华人企业的经营环境也变得恶劣，其不断发展壮大的势头突然中断。总的来看，苏哈托时期华人确实展示出了自己在商业方面的能力与实力，但华人在政治和社会上也遭受了很大的歧视，华人越来越被印尼原住民视为"他者"[①]。可以说，印尼原住民对华人的偏见根深蒂固，华人仅仅依靠发展经济带来的影响力，根本无法改变印尼原住民对华人的整体看法和态度。

（三）民主改革时期：华人经济发展抓住机遇，如鱼得水

1998 年，统治印尼 32 年的苏哈托被迫下台。此后，印尼进入了民主

---

① Ling, Chong Wu, "Rethinking the Position of Ethnic Chinese Indonesians," *SEJARAH*: *Journal of the Department of History*, Vol. 25, No. 2, November 2017.

改革时期，改革的一个方面是逐步解除围绕印尼华人的禁令，给予华人越来越多的活动空间。① 1999 年 10 月 20 日，瓦希德成为印尼民选总统，随后相继颁布了《政党法》《大选法》《人民协商会议、国会和地方议会组织结构法》等法规，逐渐取消对华人的歧视性条款。瓦希德上任后的首次出访也选择了中国，在记者招待会上，瓦希德就指出："印尼歧视华人的政策是错误的，印尼新政府将保证修改和废除前政府所颁布的所有歧视华人的不公正法律和政策。"② 2000 年 1 月，瓦希德又宣布撤销 1967 年颁布的限制华人公开庆祝阴历新年的总统第 14 号决定书。这些都为华人经济的恢复和发展提供了良好的政策环境。此外，瓦希德政府还任命华人经济学家郭建义担任经济、财政与工业统筹部长。③ 华人在经济方面的能力和优势，开始受到印尼政府的重视，华人经济学家也逐渐受到重用。

梅加瓦蒂上台后，继续重用郭建义，任命他为国家发展计划委员会主席。此外，梅加瓦蒂还颁布法令，将春节定为全国性节日。④ 华裔经济人才不再只是简单也被利用和装点门面，而是成为印尼政府倚靠的对象。其背后的原因则是印尼为了尽快振兴经济，摆脱亚洲金融危机的深层影响，需要利用华人的商业网络来吸引更多的外资，助力印尼经济的恢复和发展。苏希洛上任后，颁布了《新国籍法》，以法律而非种族为依据重新诠释了本土印尼民族的定义，这标志着来自政府方面的歧视意识和歧视行为的根源从政治和法律上已经消除。⑤ 此外，苏希洛还任命冯慧兰担任贸易部长，掌管印尼的贸易大局，这一做法体现了苏希洛政府对华人经济的特别重视。在经过亚洲金融危机的打击后，华人企业集团也是积极进行战略调整，除了巩固原有的像金融、建材、食品加工等优势行业外，华人还涉足新兴领域，比如医疗保健业、电子信息通信业等，紧跟全球化的趋势，积极与国

① Anggraeni, Dewi, "Chinese Indonesians after May 1998: How They Fit in the Big Picture," *Wacana*, Vol. 18, No. 1, 2017.

② 《印尼总统瓦希德对中国进行国事访问》，1999 年 12 月 3 日，央视网（http://www.cctv.com/overseas/chinareport/199912/03.html）。

③ 温北炎、郑一省：《后苏哈托时代的印度尼西亚》，世界知识出版社 2006 年版，第 245 页。

④ J. Koning, "Chineseness and Chinese Indonesian Business Practices: A Generational and Discursive Enquiry," *East Asia*, 2007, p. 136.

⑤ 江振鹏、丁丽兴：《印度尼西亚民主化改革以来华人经济的新发展及其启示》，《当代中国史研究》2010 年第 6 期。

际市场接轨。2014 年 10 月，佐科就任印尼总统，并在 2019 年成功连任。佐科政府继续实行对华人经济开放政策，华人的地位得到了进一步提升，华人经济也迎来了一个发展机遇期。而华人经济的蓬勃发展，也从侧面反映了印尼经济的活力与稳定。

作为东盟最大的经济体，在亚洲金融危机后，印尼走上了民主改革的道路。随着改革的不断推进，印尼经济发展的潜力也得到了进一步的释放。印尼经济不仅经受住了 2008 年全球金融危机的考验，并且在危机之后，印尼经济一直保持着稳定的增长。2010—2017 年，印尼 GDP 的年均增长率为 5.5%，高于 5.2% 的东盟平均水平。并且在 2008—2017 年的 10 年间，印尼经济的增长率一直保持相当稳定的水平，经济增长率的极差为 1.9%，方差为 0.422，均略高于越南（极差为 1.6%，方差为 0.292），是东盟十国中第二稳定的经济体。[①] 可以说，华人经济在印尼国家经济发展中发挥了十分重要的作用，而印尼各届政府对华人经济的支持，则给予华人企业集团更大的发展动力和更多元的发展方向。

总的来看，在印尼开启民主改革以来，经过印尼各届政府的努力，印尼政府从以前限制打压华人经济逐渐转变到全面支持华人经济的发展上，华人凭借自己的商业网络、管理才能和资本优势，重新发展壮大，成为印尼经济发展的重要组成部分。与此同时，印尼的经济发展也开始加速，成为全球颇具活力的经济体之一。

二　印尼华人经济现状及挑战

印尼华人经济是印尼国民经济的重要组成部分，长期以来，印尼华人为印尼的经济社会发展做出了重要贡献。近年来，随着印尼经济的稳步发展，以及"21 世纪海上丝绸之路"倡议的推进，华人经济对印尼经济发展的贡献也越来越大。然而，除了宏观经济数据的亮点外，华人之间的经济差距也在逐渐加大。总的来看，华人经济现状体现出以下特点：

一是华人大企业以多元化经营为主。2017 年有 9 位印尼华人跻身于全球华人富豪榜前 500 名。而在这 9 位印尼华人中，有 4 位就是依靠多元化经

---

① The ASEAN Secretariat, "ASEAN Statistical Yearbook 2018," Jakarta, 2018. 笔者在报告所提供的数据上，作了进一步的计算分析。

营来积累资本的，其他几位在房地产、超市、媒体等行业也都有许多商业板块。从这一点上看，多元化经营成为印尼大型华人企业的一大特征，而其背后主要有两方面的原因：一方面是亚洲金融危机的影响，亚洲金融危机使得华人企业遭受巨大冲击，华人企业在经营方面比较单一。当危机来临时，不能很好地分散风险，在金融危机后，华人企业积极转型升级，而多元化的经营方式能分散企业所面临的风险压力；另一方面则是华人走向国际化的现实要求，随着华人企业越来越多地吸引外资，并逐渐融入经济全球化的发展浪潮之中，要求华人企业尽可能地满足外来投资的意向需求，多元化经营意味着华人企业涉足的领域更多，对外资的吸引力也更大。

二是华人之间的贫富差距逐渐加大。根据 2019 年《福布斯全球亿万富豪榜》，印尼亿万富豪有 21 人，其中有 13 人是印尼华人，这与 2017 年 9 位华人上榜相比有所增加。可以看出，华人占比超过了 60%，而榜单中的黄惠忠、黄惠祥、翁俊民等华人长期位居印尼富豪榜的前列。毋庸置疑，在富豪层面，华人的表现确实很抢眼。然而，这只是处在华人社会上层的极少数，大多数印尼华人都是普普通通的、生活在中下层的贫苦百姓，部分印尼华人甚至还在贫困线上挣扎，这一点也在印尼整体的贫困状况中得到很好地反映。

表 II-5-3　2017 年福布斯全球华人富豪榜前 500 名中的印尼华人

序号	排名	姓名	净资产（亿美元）	年龄（岁）	财富来源
1	122	翁俊民/Tahir	28	64	多元化经营
2	173	傅志宽/Murdaya Poo	21	76	多元化经营
3	205	李文正及家族/Mochtar Riady & family	19	87	多元化经营
4	226	彭云鹏/Prajogo Pangestu	18	72	石化产品
5	253	徐清华及家族/Ciputra & family	16	85	房地产
6	270	吴笙福/Martua Sitorus	15	57	棕榈油
7	270	陈江和/Sukanto Tanoto	15	67	多元化经营
8	329	郭桂和/Djoko Susanto	13	67	超市
9	394	陈明立/Hary Tanoesoedibjo	11	51	媒体

资料来源：2017 年《福布斯全球华人富豪榜》，https://www.forbeschina.com/lists/1131。

表 II-5-4　　　　　2019 年福布斯富豪榜中的印尼华人排名

序号	印尼富豪榜排名	全球富豪榜排名	姓名	财富（10 亿美元）	财富来源
1	1	54	黄惠忠/R. Budi Hartono	18.6	银行业，烟草
2	2	56	黄惠祥/Michael Hartono	18.5	银行业，烟草
3	4	424	翁俊民/Tahir	4.5	多元化经营
4	6	617	彭云鹏/Prajogo Pangestu	3.5	石化
5	7	962	刘德光/Low Tuck Kwong	2.4	煤炭
6	8	1008	李文正/Mochtar Riady	2.3	多元化经营
7	10	1349	吴笙福/Martua Sitorus	1.7	棕榈油
8	13	1605	傅志宽/Murdaya Poo	1.4	多元化经营
9	16	1717	郭桂和/Djoko Susanto	1.3	超市
10	17	1717	陈江和/Sukanto Tanoto	1.3	多元化经营
11	18	1941	徐清华/Ciputra	1.1	房地产
12	19	1941	陈锡森/Harjo Sutanto	1.1	消费品
13	20	1941	陈明立/Hary Tanoesoedibjo	1.1	媒体

资料来源：2019 年《福布斯全球亿万富豪榜》，https://www.forbeschina.com/lists/21。

表 II-5-5　　　印尼 20% 最低收入人群占国民总收入的比例

年份	1990	2000	2010	2018
比例（%）	9.0	9.2	7.2	6.7

资料来源：世界银行，https://data.worldbank.org.cn/country/indonesia? view = chart。

表 II-5-6　　　　　近些年印尼的贫困和收入分配情况

年份	2008	2010	2012	2014	2016	2018
相对贫困率（%）	15.4	13.3	11.7	11.0	10.7	9.8
绝对贫困人口（百万人）	35.0	31.0	28.7	27.7	27.8	26.0
基尼系数	0.35	0.38	0.41	0.41	0.40	0.39

资料来源：根据印尼统计局和世界银行数据整理。

　　世界银行 2015 年 12 月发布的一份报告称，只有 20% 最富有的印尼人享受到了长达 10 年的经济增长所带来的成果，这意味着 80% 的人口（大约

2 亿人）被抛下了。① 从表 II – 5 – 5 和表 II – 5 – 6 中也可以看出，20% 最低收入人群占国民总收入的比例处于下降趋势，这就意味着最贫穷的人分享到的国家财富越来越少。此外，印尼的基尼系数也一直处于 0.4 上下，这也说明印尼国内的贫富差距比较大。还需要指出的是，印尼人口中有很大一部分实际上接近贫困。印尼媒体最近的报道显示，大约有四分之一的印尼人（相当于 6500 万人）处于贫困线附近。② 根据印度中央统计局的数据，2020 年 3 月，印尼的贫困人口为 2642 万人，占总人口的 9.78%，该数字比 2019 年 9 月增加了 163 万人（0.56%）。印尼中央统计局局长苏哈利延多称，2020 年 3 月，城市地区的贫困人口增至 7.38%，农村地区的贫困人口也增至 12.82%。③ 并且，如果我们采用世界银行的贫困线标准，将每天生活费低于 1.25 美元的人归为贫困人口，那么印尼的贫困率将上升几个百分点。此外，如果根据世界银行的数据，把每天生活费不足 2 美元的印度尼西亚人计算在内，印尼的贫困人口也将急剧上升。

　　在绝对贫困人口方面，根据印尼统计局 2016 年的数据，排名前五的分别是东爪哇（478 万人）、中爪哇（451 万人）、西爪哇（449 万人）、北苏门答腊（151 万人）和东努沙登加拉（116 万人）。由于爪哇和苏门答腊是华人主要聚居区，因此，华人群体中也有着相当数量的贫困人口。综上所述，当前印尼华人经济的两个特征比较鲜明，我们在谈论印尼华人经济时，不能只看到少数富裕阶层而忽视了占华人人口多数的中下层群体，大多数印尼华人与印尼当地人民一样，仍然在贫困线上挣扎，在为生存与发展而拼搏。

　　自民主改革以来，印尼华人经济发展的确比较顺利，取得了许多成就，但也面临着诸多的挑战。首先，华人没有得到相应的政治权利，虽然近些年华人的经济地位得到了较大的提升，但华人的政治地位一直没有多大的起色，这说明印尼政府对华人还不是完全信任，印尼原住民也不愿看到华人掌握政治权力。其次，排华情绪依然存在，虽然印尼华人基本上都

---

　　① *Indonesia Investments*，"*Poverty in Indonesia*"，https：//www. indonesia-investments. com/finance/macroeconomic-indicators/poverty/item301.

　　② *Indonesia Investments*，"*Poverty in Indonesia*"，https：//www. indonesia-investments. com/finance/macroeconomic-indicators/poverty/item301.

　　③ 《世界银行预测我国将有 800 万人因新冠病毒而陷入贫困》，《印度尼西亚商报》2020 年 7 月 16 日，http：//www. shangbaoindonesia. com/read/2020/07/16/economy-1594908672。

加入了印尼国籍，并且部分华人还是土生土长的第四代甚至是第五代华人，但是，在日常生活和话语中，印尼华人仍然会遭受排斥。[1] 部分印尼原住民对华人的敌视依然存在，尤其是当印尼国内的矛盾比较尖锐以及印尼与中国的关系出现波动时，华人往往成为被声讨的对象。最后，印尼本地民族关于"华人控制印尼经济"的争论一直延续至今，部分原住民认为，华人依然遵循中国的文化，不认同印度尼西亚，即使认同印度尼西亚，也仅仅是出于机会主义，并且华人只对金钱感兴趣，他们对印尼经济的统治，压迫了"真正的"印尼人民。[2] 这是部分印尼原住民在心里依然把华人当作"他者"，而没有把华人当成印尼国民的原因。

第四节　印尼华人的社会参与

关于印尼华人的社会参与情况，首先要了解华人在印尼社会中所占的比重。虽然印尼官方没有发布权威的数据，但学界对这一问题一直都有研究。

从表 II-5-7 可以看到学界对印尼华人数量的估算值，需要注意的是，外国学者在 2010 年的估算是在印尼官方人口普查数据的基础上，通过调查问卷的形式得出的，部分华人可能不愿意承认自己的华人属性，因此，这一比例是偏低的。总的来看，华人的数量大概占印尼人口总数的 3%—4%，而根据表 II-5-8 可以看出印尼人口的阶段性变化。因此，我们可以简单地推测目前印尼华人的总人数在 700 万—900 万人。从祖籍来源地方面看，印尼华人约有一半属于客家人及其后裔，多集中在首都雅加达及泗水附近地区。早期的印尼华商多从事烟、米、油、糖、面粉等大规模的传统内销。[3] 有数据表明，雅加达的华人可能是被"同化"最好的华人，原因是他们大多数人能很流利地讲英文或印尼文。[4] 随着华人企业集团的发展壮大，

---

① Tabah Maryanah, "Citizenship in Everyday Life: Exclusion of the Chinese Indonesians by Non-Chinese Indonesians in Bandar Lampung-Indonesia," in The 1st International Conference on South East Asia Studies, KnE Social Sciences, 2016, pp. 516–531.

② Susan Giblin, "Civil Society Groups Overcoming Stereotypes? Chinese Indonesian Civil Society Groups in Post-Suharto Indonesia," Asian Ethnicity, Vol. 4, No. 3, 2003.

③ 中国台湾侨务委员会：《华侨经济年鉴（东南亚篇）2011—2012》，2013 年，第 113 页。

④ C. K. Tong, "Between a Rock and a Hard Place: The Chinese in Indonesia," Identity and Ethnic Relations in Southeast Asia, Springer, Dordrecht, 2011, p. 142.

印尼华人也开始走出传统聚集地，在印尼各地谋求发展，并且在金融危机后，华人经济对印尼经济发展的贡献也越来越大。因此，虽然华人占印尼人口的比例不算高，但华人在印尼经济社会中具有举足轻重的影响力。

表 II - 5 - 7　　　　　　　学界对印尼华人数量的研究情况

学者/研究单位 *	估算值	估算年份
华人经济年鉴编委会	约 600 万人	1994
单纯	600 余万人	1999
北京华人经济技术研究所	1100 万人	2000
廖小健、刘权、温北炎	800 多万人	2003
中国台湾侨务部门	726.2 万人	2003
Laurence Ma	700 多万人	2003
庄国土	大约 1000 万人	2009
Evi Nurvidya Arifin, M. Sairi Hasbullah & Agus Pramono	300 万人左右	2010
中国台湾侨务部门	824.1 万人	2013
吴崇伯	800 多万人	2013

　　* 　详见华人经济年鉴编辑委员会《华人经济年鉴 1995》，中国社会科学出版社 1995 年版，第 339 页；单纯《海外华人经济研究》，海天出版社 1999 年版，第 39 页；华人经济年鉴编委会编著《华人经济年鉴（2000—2001）》，朝华出版社 2001 年版，第 80 页；廖小健、刘权等《全球化时代的华人经济》，中国华侨出版社 2003 年版，第 32 页；Laurence Ma, "Space, Place, and Transnationalism in the Chinese Diaspora," *The Chinese Diaspora*, *Space*, *Place*, *Mobility*, *and Identity*, New York: Rowan & Littlefield, 2003, p. 13；庄国土《东南亚华侨华人数量的新估算》，《厦门大学学报》2009 年第 3 期；Evi Nurvidya Arifin, M. Sairi Hasbullah & Agus Pramono, "Chinese Indonesians: How Many, Who and Where?" *Asian Ethnicity*, Vol. 18, No. 3, 2017；吴崇伯《当代印度尼西亚经济研究》，厦门大学出版社 2011 年版，第 110 页；中国台湾侨务委员会《2013 华侨经济年鉴》，2014 年，第 196 页。

　　资料来源：笔者根据相关资料整理。

表 II - 5 - 8　　　　　　　　　印尼人口数量变化

年份	2000	2010	2018
人口数量（百万人）	211.51	241.83	267.66

　　资料来源：世界银行，https://data.worldbank.org.cn/country/indonesia? view = chart。

如今，华人更加热衷于亲身参与社会活动，积极扩大自己的社交圈，这种积极的转变始于1998年。在1998年之前，华人多数倾向于为社会活动捐钱，自己并不亲自介入。[1] 但是经过1998年的遭遇后，华人意识到要想不让原住民把自己当成"他者"，就必须介入社会活动中，以此让原住民更加了解华人，从而拉近与原住民的距离。同时，1998年后的印尼出现了一个更加开放和自由的社会政治环境，这为印尼华人建立和参与各种基于族裔和非族裔的组织提供了机会。[2] 并且印尼华人在宗教信仰上的多元化，也为其广泛的社会参与提供了更多的机会。据统计，在宗教信仰方面，印尼华人大部分信仰佛教（约50%），其余信仰新教（27%）、天主教（17%）和伊斯兰教（4%），只有4%的印尼华人仍然信奉儒家思想。[3]

具体来看，印尼华人主要通过华人商会、华人社团参与社会事务，在社会参与的过程中，华人注意避免在公共场合表现出华人的传统特性，比如印尼华人会在家里说中文，但倾向于在公共场合使用印尼语。[4] 随着新一代华人的成长，由于他们没有经历过那些苦难，他们的社会参与度会更高，凭借其真心和热情，印尼华人尽其所能地为社会的稳定和发展做出贡献。

以新冠疫情为例。自疫情暴发以来，印尼华侨华人、华商、华社自愿捐资筹款、采购防疫物资和生活物资。印尼中华总商会在其中起到了关键的作用，它们从中国采购包括防护服、护目镜、试剂盒等在内的防疫物资，直接捐赠给印尼卫生部和收治新冠患者的一线定点医院，有一些华社派出专门人员长驻中国把关采购，将一批批医疗物资源源不断地运到印

---

① Susan Giblin, "Civil Society Groups Overcoming Stereotypes? Chinese Indonesian Civil Society Groups in Post-Suharto Indonesia," *Asian Ethnicity*, Vol. 4, No. 3, 2003.

② Chong Wu Ling, "Democratisation and Ethnic Minorities: Chinese Indonesians in Post-Suharto Indonesia," National University of Singapore, July 2014.

③ A. Safril Mubah and Sarah Anabarja, "Globalization, National Identity and Citizenship: Dilemma of Chinese Indonesians in Indonesian Nation-Building," *Tamkang Journal of International Affairs*, Vol. 23, No. 3, 2020.

④ C. K. Tong, "Between a Rock and a Hard Place: The Chinese in Indonesia," *Identity and Ethnic Relations in Southeast Asia*, Springer, Dordrecht, 2011, p. 130.

尼，捐赠给抗疫一线。① 此外，印尼华社还积极响应政府的各类关爱活动，给社会上需要帮助的人群送去米、油、糖等生活物质，更为重要的是，为了稳定社会经济，华商还努力复工复产，避免员工因失业而失去经济来源。

简言之，印尼华人的社会参与度越来越大，虽然印尼社会上仍然存在对华人的歧视与偏见，印尼华人的政治地位也一直与经济地位不相匹配，但印尼华人明白，需要通过积极的社会参与，让印尼原住民更加深入地了解华人这个群体。同时，也只有更加积极地投身于社会建设之中，才能表达华人对印尼的"忠心"，真正让华人从身到心融入印尼社会，让原住民更加信任、接纳华人。

第五节　印尼华人与"21世纪海上丝绸之路"

"21世纪海上丝绸之路"是中国在新的历史时期积极探索区域合作的实践，习近平主席首次公开提出"21世纪海上丝绸之路"倡议的地点就是印尼。2013年10月3日，习近平受邀在印尼国会发表演讲。在演讲中，习近平指出："东南亚地区自古以来就是'海上丝绸之路'的重要枢纽，中国愿同东盟国家加强海上合作，使用好中国政府设立的中国—东盟海上合作基金，发展好海洋合作伙伴关系，共同建设'21世纪海上丝绸之路'。"② 2014年，印尼总统佐科提出了将印尼转变为"全球海上支点"的愿景，他承诺新政府将对印尼长期以来被忽视的海事部门给予更多关注。从根本上说，"全球海上支点"是一个国家发展框架，它包括五个支柱：（1）振兴海洋文化；（2）加强海洋资源管理；（3）发展海上基础设施和联通性；（4）加强海上外交；（5）加强海上防御力量。③ 这一计划向内的重点是旨在印尼群岛之间建立海上联系，提供高效的运输设施，以减

---

① 《印尼侨领张锦雄：华侨华人积极投身抗疫助力稳定经济》，2020年8月14日，中国侨网（http://www.chinaqw.com/hqhr/2020/08-14/266504.shtml）。

② 《习近平：中国愿同东盟国家共建21世纪"海上丝绸之路"》，2013年10月3日，新华网（http://www.xinhuanet.com/world/2013-10/03/c_125482056.htm）。

③ Bantarto Bandoro, "Indonesia's Maritime Role Hinges on 'Pillars'," November 27, 2014, The Jakarta Globe, http://jakartaglobe.id/opinion/indonesia-maritime-role-hinges-on-pillars.

小印尼西部和东部之间的经济差距。相比之下，中国的海上丝绸之路倡议具有外向型的定位，想要将中国与东南亚、非洲和欧洲国家联系起来。[①]可以看出，如果能很好地将"全球海上支点"与"21世纪海上丝绸之路"对接起来，将有助于双边和地区经济的发展。

因此，从国家层面来看，"21世纪海上丝绸之路"倡议与印尼的"全球海上支点"愿景具有广阔的合作空间，但具体到对印尼华人而言，参与"21世纪海上丝绸之路"既有许多特有的优势，同时也面临着潜在的挑战。

一　印尼华人参与"21世纪海上丝绸之路"的独特优势

（一）华人经济的国际化、集团化优势

本章第三节在分析华人经济发展的现状时，提到华人经济特别是华人大型企业基本上是多元化发展的模式，即华人企业涉足的领域比较广泛，集团化的优势日益凸显。同时，华人在经历多次危机后，也不再把目光仅仅停留在印尼和东南亚地区，而是逐渐拥抱经济全球化，让企业的发展与国际接轨。这样做一方面能壮大华人企业，特别是在面临风险挑战时能有更多缓冲的余地，另一方面也能满足印尼经济社会发展中对外资的巨大需求，华人企业可以充分利用自己的商业网络和良好的信誉吸引外资到印尼，推动印尼经济的发展。具体到"21世纪海上丝绸之路"的建设方面，华人经济发挥的空间也很大。2018年5月，李克强总理访问印尼，会见印尼副总统卡拉，讨论两国双边伙伴关系。由于中国和印尼都是发展中经济体和人口大国，市场潜力巨大，双方决定加强双边关系和经济合作。印尼方面愿进一步加强在经贸、文化、教育、海洋开发等领域的交流与合作，推动两国关系迈上新台阶。[②]因此，在"21世纪海上丝绸之路"推进的过程中，华人可以充分利用自己国际化和集团化的优势，在基础设施建设、数字经济等各个领域深度参与到印尼与中国的合作之中，以此增强两

---

① S. D. Negara, L. Suryadinata, "China's Maritime Silk Road Initiative and Indonesia," *China's Maritime Silk Road Initiative and Southeast Asia*, Palgrave Studies in Asia-Pacific Political Economy, 2019, p. 65.

② E. Ingketria, "Chinese Indonesians under Jokowi: Flourishing Yet Unsettling," *Open Journal of Social Sciences*, Vol. 6, No. 7, 2018.

国经济的依存度、深化双边全面战略伙伴关系。

（二）华人与中国经济合作的人文优势

在"21世纪海上丝绸之路"与"全球海洋支点"对接的过程中，印尼华人在人文方面的优势会凸显出来。首先，印尼华人不仅熟知印尼社会经济情况，同时也对中国商人的经商之道比较了解，对于印尼来说，华商能帮助印尼更好地向中国传递印尼的需求，同时也更能了解中国的逻辑和思路。其次，印尼华人能够发挥引路人的作用，弥合两国在项目审批、开办企业和经营法律、法规及文化等方面的差距。在世界银行2018年《全球营商环境》报告中，印尼排第72位，这说明印尼不是容易创业或开展业务的地方。外商在印尼经商的主要障碍之一，是获得必要的许可证和执照，这都是费时费力的事情。因此，为了成功地在印尼扩展业务，企业家需要和当地政府建立良好的关系网络，并努力发展和维护这些关系。① 在这方面，印尼华人的优势就能显现出来。在佐科内阁中，有一批有影响力的华裔人士，如能源和矿产资源部长伊格纳修斯·乔南，印尼投资协调委员会主席托马斯·伦邦等人。② 华裔政府高官在具体项目的推进过程中，能较好地弥补两国之间由于理念、制度不同而产生的不同看法和分歧。最后，华人与中国文化的同根同源，能产生一种天然的亲近感，这种族群关系能提升双方的互信，加快项目的审批进程，提升合作效率。尽管印尼华人已经融入当地，并没有直接受到中国社会环境的影响，但是，在中国媒体、文化实践、当前社会文化语境、过去经验和民族社区的影响下，这种远距离民族主义可能会对华人的自尊、民族自豪感和民族表现有积极的影响。③ 同时，近年来印尼学习中文的人数也连续增长，2018年，印尼有近15000名学生学习中文。④ 印尼前来中国留学的学生也越来越多，这些学

① Indonesia Investments, "Doing Business in Indonesia," https://www.indonesia-investments.com/business/item7.

② E. Ingketria, "Chinese Indonesians under Jokowi: Flourishing Yet Unsettling," *Open Journal of Social Sciences*, Vol. 6, No. 7, 2018.

③ Enny Ingketria, "Cultural Pride in the Era of Pluralism: A Closer Look to Chinese Indonesians' Ethnic Identity under the Reign of Jokowi," *Asian Journal of Social Sciences and Management Studies*, Vol. 5, No. 3, 2018.

④ E. Ingketria, "Chinese Indonesians under Jokowi: Flourishing Yet Unsettling," *Open Journal of Social Sciences*, Vol. 6, No. 7, 2018.

习过中国文化的学生将有助于弥合印尼与中国之间的分歧和误解。

因此，如果说印尼华人经济的国际化、集团化是华人参与"21 世纪海上丝绸之路"建设的"硬优势"的话，那么，印尼华人在人文方面的独特作用，则是"软优势"的体现。从影响的深度和广度来看，印尼华人在人文方面的"软优势"更能持久地支持中国"21 世纪海上丝绸之路"倡议与印尼"全球海洋支点"愿景的对接。

二　印尼华人参与"21 世纪海上丝绸之路"的潜在挑战

（一）印尼民族主义情绪让华人"左右为难"

佐科上台后，发展经济一直是其任内的最优先选项。印尼国内在基础设施建设方面有着大量需求，而中国倡导建立的亚洲基础设施建设银行（AIIB）以及"21 世纪海上丝绸之路"建设，能给印尼带来大量的投资，助力印尼经济社会的发展。但是，印尼国内的民族主义者却时刻提防着中国资本，总的来看，印尼民族主义者主要有三方面的担忧：一是"过度依赖论"。一些批评者指责佐科政府严重依赖中国的资本和公司。印尼伊斯兰领袖普拉博沃公开批评佐科正在向中国投资者"抛售印尼"并向中国劳工提供工作。[1] 印尼民族主义者不太信任中国的投资，并且认为中国大量劳工的进入，抢走了印尼人的就业机会。二是"债务陷阱论"，印尼民族主义者担心中国的投资是陷阱，最后会让印尼深陷巨额的债务之中，从而受制于中国。三是"中国威胁论"，印尼民族主义者担忧中国日益强大，会进一步加强在南海地区的控制权，从而在海洋资源方面对印尼造成威胁，因此，印尼民族主义者经常夸大中国在南海地区的正常举动，极力鼓吹"中国威胁论"。

印尼民族主义的情绪，在南海主权和资源方面体现得十分明显。2010年 5 月 26 日，印尼致函联合国秘书长，认为中国提出的"九段线"主张缺乏国际法依据，且违背了《联合国海洋法公约》。印尼还重提 2016 年中菲南中国海仲裁案，称中国针对南中国海约 90% 水域所提出的主权声

---

[1]　Eve Warburton，"Inequality，Nationalism and Electoral Politics in Indonesia，"*Southeast Asian Affairs* 2018，Singapore：ISEAS-Yusof Ishak Institute，2018，p. 139.

张"没有法律基础"①。2020 年 9 月 12 日，中国海警船只在"九段线"内的北纳土纳海域进行巡逻，印尼海事局认为，这属于印尼的专属经济区，将中国海警船只驱逐出了北纳土纳海域。② 在新加坡东南亚研究所2017 年的一次调查中，有 50.2% 的印尼受访者认为，政府应该限制中国劳工的人数，有 25.2% 的印尼人则希望政府完全禁止中国在印尼的投资，只有 27.7% 的受访者认为，印尼能从与中国的紧密经济关系中得到较大的利益。③ 可以看出，印尼社会对于中国的态度还不够友好，对中国的信任度还不高。在民族主义情绪的压力下，印尼华人面临着选择的困境：一方面是"21 世纪海上丝绸之路"带来的经济发展机遇；另一方面则是印尼国内一直存在的民族主义情绪。印尼华人如果把握不好这两者之间的平衡，则很可能会成为印尼民族主义情绪的发泄对象。

（二）印尼"排华"情绪让华人"进退维谷"

进入民主改革时期后，印尼华人的经济得到了快速发展，同时，华人也积极投身于社会活动，为印尼经济社会的发展做出了重要贡献。然而，印尼国内的"排华情绪"并没有因为华人的积极表现而消散。特别是随着中国经济实力的崛起以及中国在东南亚的存在与影响力的提升，人们对共产主义的复兴有着越来越多的担忧。此外，印尼华人对中国忠诚的看法仍然存在于印尼民众心中。虽然印尼华人致力于成为印尼公民，但这一认识不可避免地引发了中华文化认同与印尼公民身份之间的两难境地。④ 虽然如今不会像 20 世纪那样爆发大规模的排华行动，但排华情绪的存在让华人在面对"21 世纪海上丝绸之路"的发展机遇时，不得不谨慎小心，以免给印尼原住民提供排斥华人的借口。

---

① 龙妍：《印尼为何致函联合国反对九段线》，《联合早报》2020 年 6 月 9 日，https://www.zaobao.com/zopinions/views/story20200609-1059766。

② 《印尼驱逐进入其专属经济区的中国海警》，《联合早报》2020 年 9 月 14 日，https://www.zaobao.com/realtime/china/story20200914-1084812。

③ Fossati, Diego, "The Indonesia National Survey Project：Economy, Society and Politics," *Trends in Southeast Asia*, ISEAS-Yusof Ishak Institute, Singapore, No. 10, 2017.

④ A. Safril Mubah and Sarah Anabarja, "Globalization, National Identity and Citizenship：Dilemma of Chinese Indonesians in Indonesian Nation-Building," *Tamkang Journal of International Affairs*, Vol. 23, No. 3, 2020.

表 II - 5 - 9　　　　　　印尼人对印尼华人的印象　　　　　　　（%）

问题	赞同	中立	不赞同
印尼华人有成功赚钱的天赋	68. 1	20. 6	11. 4
印尼华人通常至少属于中产阶级	60. 1	23. 9	16. 0
印尼华人在生活中比原住民有更多的机会	48. 7	23. 9	27. 5
印尼华人通常比其他族群的人更富有	59. 8	22. 2	18. 1
生活对于印尼华人来说更容易	48. 0	31. 6	20. 4

资料来源：Fossati, Diego, "The Indonesia National Survey Project：Economy, Society and Politics," *Trends in Southeast Asia*, ISEAS-Yusof Ishak Institute, Singapore, No. 10, 2017.

从表 II - 5 - 9 可以清晰地看出印尼人对华人的刻板印象，印尼人多数认为，华人在经济方面具有较大的优势。此外，大约有 48% 的受访者认为印尼华人可能仍然对中国怀有忠诚，这可能也是大多数受访者（64.4%）对印尼华人担任政治领袖的说法为什么感到不安的原因。[1] 在印尼贫富差距日益加大的情况下，印尼当地民族一般都会认为是华人控制了大量的财富，抢走了大量的工作机会，再加上在南海问题上的分歧，印尼人对印尼华人的不满情绪会更加激烈，印尼国内的矛盾也很可能会转移到印尼华人身上，这对于印尼华人来说，是无法承受的。可以说，印尼国内一直都存在的这种"排华"情绪，给印尼华人参与"21 世纪海上丝绸之路"带来相当大的阻碍。具体来看，如果华人继续在经济方面有好的表现的话，会引起印尼原住民的嫉妒与不满，并且，如果华人与中国在印尼各类项目投资中的联系过于紧密的话，也会引起印尼人对华人忠诚度的怀疑。对于印尼华人而言，如果大量地引进中国资本，让中国在印尼经济中变得过于主导和明显，可能会招致严重的风险。1974 年，反对日本统治印尼经济的"反田中暴动"就证明了这一点。[2] 如果这类事件再次爆发，使华人再次陷入当地民族"排华"的浪潮之中的话，印尼华人这么多年积极融入印尼社会的努力很可能会大打折扣。因此，为了防止中国参与印

---

[1]　Fossati, Diego, "The Indonesia National Survey Project：Economy, Society and Politics," *Trends in Southeast Asia*, ISEAS-Yusof Ishak Institute, Singapore, No. 10, 2017.

[2]　Dewi Fortuna Anwar, "Indonesia-China Relations：Coming Full Circle?," *Southeast Asian Affairs* 2019, Singapore：ISEAS-Yusof Ishak Institute, 2019, p. 159.

尼项目建设可能引发的反华情绪，中国和印尼政府都需要改变项目的实施方式，以确保为当地居民带来更多的利益。① 只有让印尼当地居民真正从与中国的经济合作中受益了，才有可能降低对当地华人的疑虑和误解。

（三）印尼华人如何面对新机遇与新挑战

面对"21世纪海上丝绸之路"的发展机遇，印尼华人既有独特优势，也有潜在的阻碍和挑战。但是，从目前来看，华人参与"21世纪海上丝绸之路"的积极因素更多。首先是佐科连任后依然把经济发展视为最优先的目标，这就意味着拥有良好经济网络的华人有了更多的机会；其次是印尼中产阶级消费者的数量不断增长，在电子、矿物加工和贸易等行业，印尼政府需要华人企业吸引中国投资；最后是中国和印尼双方领导人对双边经济合作充满信心，2020年8月31日，习近平在同佐科通电话时表示："中方愿同印尼深入对接共建'一带一路'倡议和'全球海洋支点'构想，实施好雅万高铁、区域综合经济走廊等重点项目，用好用足人员往来'快捷通道'，为两国复工复产提速。"② 此外，中国和印尼都承诺双方将努力推动早日达成《区域全面经济伙伴关系协定》。

对于印尼华人来说，印尼华人的地位是由国内外因素共同塑造的。其中包括权力拥有者的利益，思想开放和政治上更加开明的新一代政治领导人的崛起，印尼与中国的关系以及中国经济地位的全球化。可以这样说，只要开明的政治领导人掌权，印尼和中国都保持着良好的外交关系，印尼的华人将享有不那么脆弱、更安全的地位。③ 因此，印尼华人仍然要积极参与印尼的经济社会建设，身体力行，让印尼人感受到华人是在以印尼人的身份与中国进行经济交流与合作，把华人真正当成"自己人"，而不是"他者"。只有这样，印尼华人才能更好地参与"21世纪海上丝绸之路"的建设，从而使中国和印尼全面战略伙伴关系行稳致远。

中国在印尼推行"21世纪海上丝绸之路"倡议时，也应该谨慎行事，

---

① Dewi Fortuna Anwar, "Indonesia-China Relations: Coming Full Circle?," *Southeast Asian Affairs* 2019, Singapore: ISEAS-Yusof Ishak Institute, 2019, p. 159.

② 《习近平同印尼总统佐科通电话》，2020年8月31日，新华网（http://www. xinhuanet. com/politics/leaders/2020-08/31/c_ 1126436312. htm）。

③ Ling, Chong Wu. Rethinking the Position of Ethnic Chinese Indonesians. *SEJARAH*: *Journal of the Department of History*, Vol. 25, No. 2, November 2017.

既要积极促进，更要考虑印尼的特殊性，考虑印尼华人在印尼国内所处的特殊地位与敏感性，应正确处理好如下几个方面的关系：一是中国政府与印尼政府和印尼华人的关系；二是中国地方政府与印尼地方政府和印尼华人的关系；三是中国民众与印尼当地民族和印尼华人的关系；四是中国企业与当地民族和印尼华人的关系。尤其是在当前中美博弈带来的极端复杂的国际局势下，印尼的极端民族主义势力和极端宗教势力，有可能利用中美博弈，煽动民众对中国和居住在印尼的人数众多的华侨华人的不满，挑起新的反华和排华事端。

小　结

从 1998 年至今，印尼推行了一系列政治改革。印尼民主改革为印尼华人参政开辟了道路。在这 20 多年的民主改革阶段，印尼华人与当地民族一道，共同推动印尼的政治改革与经济社会发展。民主改革 20 年来，印尼华人社会发生了深刻变化，华人社团迅速发展壮大，华人的公民权利逐步正常化，华文教育空前繁荣，华文媒体迅速扩张，华人经济社会生活日益多元化。

第二次世界大战后，印尼政府多次改变对华人的经济政策。在苏哈托政府时期，华人经济历经起伏；在苏加诺政府时期，华人经济举步维艰；在民主改革时期，华人经济抓住机遇，快速发展。印尼华人经济是印尼国民经济的重要组成部分。华人大企业以多元化经营为主，华人之间的贫富差距逐渐加大。

面对"一带一路"倡议所带来的发展机遇，印尼华人既有独特优势，也有潜在的阻碍和挑战。印尼华人参与"一带一路"建设具有三个有利条件。一是佐科连任后依然把经济发展视为优先目标；二是印尼中产阶级消费者的数量不断增长，印尼政府需要华人企业吸引中国投资；三是中国和印尼双方领导人对双边经济合作充满信心。在"一带一路"倡议在印尼推进的过程中，中方应谨慎行事，充分考虑印尼的特殊性以及印尼华人在其国内所处的特殊地位与敏感性。

第六章 印度尼西亚共和国的国家建构

对于1945年8月17日宣布独立的印度尼西亚共和国而言，在此后再次反对荷兰殖民统治时所张扬的民族主义旗帜背后的"国家"，其实质是政治精英想象并建构出一个包括300多个族群（ethnic groups）在内的"民族"（nation）之国家。有的中国学者认为，国家建构是民族作为文化—政治共同体的构建过程和民族认同的形成过程，即国族缔造。该过程涉及社会个体—国家、族群—民族、族群之间三组主要关系。一是包括个体、族群在内的社会活动者共同"认同"感的达成，这需要共同的语言、共同的历史、共同的文化价值、共同的心理取向等要素的形成；二是这些行为者生存空间的确定化，这要求有共同的生活地域，是在国家疆域之内具有不用民族或族群文化背景的民众创造的国家认同。[①] 这就意味着要统一并创造一个国家，在社会个体—国家关系中，前者对后者形成忠诚心理和认同感；在族群—民族关系中，前者层次低于后者，前者要认同并融入后者，并将后者作为最终的演化形态；而在族群之间则是平等互助和谐的关系，为共同向"民族"方向演化创造有利条件。

既然印尼国家是想象建构的产物，要达至上述三方面的结果，就需要原荷兰治下的东印度群岛各地区、各族群和族群背后的各宗教形成多元统一，为此，也需要一支军队可以保证土地、人口和宗教不分离出该国。这些因素就反映出为了建构一个统一的国家所进行的国家建构（nation-building）活动，因此下文将主要围绕军队、地方、族群和宗教四个方面阐释印尼的国家建构。但同时要强调的是，国家建构"作为近代产物，还

---

① 严庆：《民族、民族国家及其建构》，《广西民族研究》2012年第2期；沈桂萍：《民族国家构建的涵义及其现实需要》，《上海市社会主义学院学报》2015年第3期。

没有结束历史任务，始终保持着动态，并且相互支持，保证了'民族国家'的基本政治单位的地位。"[1] 鉴于此，对印尼国家建构进程的描述在时间上将从独立一直持续到今天。

第一节　国家建构进程中的军队

在整个国家建设时期，印尼武装部队（Angkatan Bersenjata Republik Indonesia，ABRI）都拥有比较特殊的地位，是国家独立、稳定与统一可以凭靠的重要力量。国家建构进程，从一般意义上讲，自然会出现"政军关系"。就概念而言，涉及武装部队与社会不同部门之间的一系列关系，从文人治军或者军人治文到两者相互配合使作为整体的国家利益受益却又同时卫护军方和文官的集团利益的互动。[2] 独立战争时期的印尼军队，从政出多门到建制统一；独立后，武装部队在政治和社会生活中的地位变化，以及政军关系的变迁，都反映出印尼国家建构的趋势。

一　国家建设过程中武装部队的演化

早在荷兰殖民印尼的三个半世纪里，当地人作为士兵被招募进名为"皇家荷兰印尼军团"（Koninklijk Netherlands-Indische Leger，KNIL）的殖民军中，但几乎很少有人能担任军官；相较而言，这一情况在日本统治的1942 年 3 月至 1945 年 8 月则发生了变化，日本侵略者组建了比荷兰殖民者多得多的各种武装，也有很多当地人在多支武装中担任指挥官，这其中就包括后来成为军队首脑的苏迪尔曼（Sudirman）。[3] 由此，早在 1945 年8 月 17 日宣告独立的印尼共和国，荷、日两国殖民者就为印尼组建了各种战斗部队，准备了接受过较为先进的军事理念训练出来的军官和士兵等

---

① 杨雪冬：《民族国家与国家构建：一个理论综述》，《复旦政治学评论》2015 年第 3 辑。

② Singh Bilveer, "Civil-Military Relations in Democratizing Indonesia: Change amidst Continuity," *Armed Forces & Society*, Vol. 26, No. 4, July 2000.

③ 日本组建的各种军事集团比较有代表性的如乡土义勇军（Tentara Sukarela Pembela Tanah Air, PETA）、祖国国防志愿军、先锋军（Barisan Pelopor）、青年团（Seinendan）、警戒团（Keibodan）和志愿军（Boei Giyungun）等。苏迪尔曼当时是祖国国防志愿军的指挥官。参见 Singh Bilver, "Civil-Military Relations in Democratizing Indonesia: Change amidst Continuity," *Armed Forces & Society*, Vol. 26, No. 4, July 2000.

基本军事条件。但无论是荷兰殖民者还是日本统治者模式下培训出来的分散在各地的多支武装力量，都不隶属、受辖于共和国政府，而是呈现出分散割据、各自为政、相互之间偶有联系的活动状态。

在日本投降后的 1945 年 8 月至 1949 年 12 月印尼独立战争（亦称"印尼民族革命"）期间，为了反对荷兰殖民者卷土重来，1945 年 8 月 20 日，作为安全机关而非军队的"人民安全局"（Badan Keamanan Rakyat，BKR）建立，随后民族主义者和自由战士们认识到没有统一的军队统辖，将会引发各地武装的割据混战，于是在 10 月 5 日，人民安全局就转为具有军队属性的"人民安全军"（Tentara Keamanan Rakyat，TKR）。随后在 10 月下旬，人民安全军便与意图再次殖民印尼的荷兰和英国的武装干涉军发生了战争，这便是印尼独立战争，11 月 10 日更是爆发了独立战争期间最惨烈的一次战役。出于对可能被再次侵略殖民的恐惧，以及为了能让各战斗部队进行更多的协调，在 11 月 11 日召开的一次具有里程碑意义的军事会议上，受过日本军事训练的苏迪尔曼被推选为人民安全军的总司令（Commander-in-Chief），12 月 18 日，印尼共和国政府对推举结果进行了追认。1946 年 2 月 23 日，人民安全军更名为"印尼共和国军"（Tentara Republik Indonesia，TRI），这次更名是对活跃于全国各地的正规军、非正规军的一次实质性融合，但是，大量隶属于各政党的武装部队和准军事部队，甚至仍直接挑战共和国军的权威。在这种情况下，共和国军又于 7 月 3 日更名为"印尼国民军"（Tentara Nasional Indonesia，TNI），通过这次改编，印尼军队就成为一支真正的国家军队，名称也稳定了下来，并沿用至今。

军队演化过程中的另一个重要阶段，是警察部队于 1964 年被正式划归印尼武装部队总部领导，与国民军一道共同组建印尼武装部队。警察部队的改隶，使军方力量持续坐大，既具有肩负内卫事业的社会政治职能，又具有肩负国防事业的抵御外侮职能。自此以后，特别是在苏哈托执政的 30 余年整个"新秩序"时期（the New Order Era），军队就成为国家政治生活中的一支决定性力量。

但随着 1998 年 5 月亚洲金融危机导致苏哈托倒台，继任总统职位的哈比比（Habiebi）带领印尼在仓促中开启了民主转型，也包括对军队实施的"新范式"（the New Paradigm）改革，其中的一项重要措施就是调整军队的组成建构，从 1999 年 4 月 1 日起将警察从军队中分离出去，成为国防部下属的独立机构；在哈比比之后担任总统的瓦希德（Abdurrahman Wahid）则继续深化军队改革，2000 年通过了军队与警察职能划定的法令，警察部队负责国内安全事务，军队专司对外防御。从 2001 年 1 月开始，警察的管理权将由国防部转归政治与安全事务统筹部，7 月 1 日开始直接受总统管辖。[①] 自此，印尼军警正式分家，军队又恢复到 1964 年以前只包含海陆空三军的国民军状态。

二　国家建设过程中政军关系的变迁

国家建设过程中的军队演化，与文官政府的关系是交织在一起的，政军关系的动态演变给印尼政治和社会带来深远的影响。早在民族独立革命时期，军队便具有相对于政府的独立性并有超越于政府的自主行动能力。其一便是上文提及的印尼军队自下而上地推举总司令并迫使共和国政治领导层接受；其二是荷兰军队于 1948 年 12 月对印尼共和国发动第二次"警察行动"（police action），临时首都日惹（Jogyakarta）沦陷，包括总统苏加诺（Sukarno）和总理哈达（Hatta）等在内的政府高层主动被捕，苏加诺致信苏迪尔曼要求军队放下武器，但遭到后者拒绝，国民军继续进行反对荷兰殖民的游击战争。在印尼彻底独立之后，军政关系经历了三个发展阶段。

第一个阶段，1949 年 12 月荷兰向印尼共和国移交权力后至 1957 年 3 月爪哇岛之外的外岛叛乱导致文官政府垮台，在这一时期文官政府暂时形成了对军队的有效制约。在后殖民时期，印尼文官政府认识到，没有军队就不可能在民族革命中战胜卷土重来的荷兰殖民者，为了使在民众中声望极高的军队能够服从于文官控制，就需要降低国民军在政治中的地位。新政府一方面废除了国民军总司令的职位，另一方面鼓励军种间的竞争，通过这种分而治之（divide and rule）的政策，取得了相当程度的成效。在 1952年 10 月 17 日事件中，军队指挥官纳苏蒂安将军（general Nasution）最终辞职就是这种成效的一个缩影。政军关系的转机出现在 1955 年，这一年，军队抵制了政府对军队总参谋长的任命，自此以后，印尼的政军关系开始出

---

① 哈比比时期的军警分离改革可见杜继锋《后苏哈托时期印尼军队的职业化改革》，《当代亚太》2006 年第 11 期；陈波《文武关系与民主转型——印度尼西亚个案研究（1998—2014）》，《东南亚研究》2016 年第 4 期；潘玥《印度尼西亚民主转型中的军队改革研究（1998—2008年)》，《东南亚纵横》2019 年第 5 期。

现转向。

第二个阶段，1958 年至 1998 年，军队形成了对文官政府的平衡甚或压制。20 世纪 50 年代末，来自苏门答腊和苏拉威西等外岛的地方军队指挥官发动叛乱，政府对此束手无策并最终垮台。鉴于客观情势，国民军最终平定了叛乱并恢复了国家秩序。借此机会，军方重新涉入政治，通过了军事法，并意图设计出允许军队参与国家政治进程的概念与战略。1958 年 11 月，已经复出的纳苏蒂安将军在中爪哇马格朗的国家军事学院 (the National Military Academy) 的演讲中首次提出了 "中间道路" (the Middle Way) 的概念，认为武装部队不仅是政府的工具，也是国家的工具，军队与包括政党在内的其他社会力量一道是人民斗争的重要力量，它们之间是平等的，军队不会袖手旁观，任由国家受到削弱或遭到破坏，应该涉入安全与非安全事务。最终纳苏蒂安将印尼武装部队定位于既不是类似于西方国家那样的 "文官工具"，也不是主导国家权力的军事政权，而是成为一支与其他人民力量紧密协作并为了人民而斗争的社会力量。"中间道路" 理念的正式提出，导致了军队角色的扩张与溢出，其实质是对军队肩负双重职能 (Dwifungsi) 的定调。肩负双重职能的军队，首先是一股政治力量，其次才是军事机构。由此军方在各地建立军区制度，职级上与地方政府平行，职能上重合甚或侵蚀地方政府的权力。从 1959 年至 1965 年的 "有指导的民主" (guided democracy) 时期，总统苏加诺需要军方的支持，但同时又利用印尼共产党 (PKI) 在普通民众中的根基，在利用军方与印尼共产党的同时又让两者相互掣肘，以 "军队—政府—印尼共产党" 的三边制衡模式来维持政权。在 "9·30" 事件之后，军人出身的苏哈托不仅完成了对苏加诺的架空，也完成了对共产主义意识形态的清洗，军队成为苏哈托统治的主要凭靠力量，在国家政治生活中拥有了一家独大的地位，直至 1998 年苏哈托下台。

第三个阶段，自 1998 年印尼开启民主转型至今 20 余年来，文官政府多次进行军队改革，并对后者形成有效掣肘。自总统哈比比开启印尼民主转型进程中的军队改革始，政军关系也迎来了转机，过往都是军队形成了对文官政府包括地方政府的制衡甚或有效压制，后苏哈托时代则越来越呈现出文官政府领导并改革军队的特点。当然，在这个至今都未结束的过程中，军方在妥协与虚与委蛇的同时，仍在关心并有限参与社会政治事务。

如果从对军队改革的烈度来判断，瓦希德政府与梅加瓦蒂政府无疑是两个极端案例，前者的激进与后者的停滞无疑形成了鲜明对比。例如，瓦希德总统采取剥夺有左右政局能量的维兰托将军（general Wiranto）对武装部队的直接指挥权，任命了印尼历史上首位文职国防部长，改革军队的地方指挥系统，解散军队干预政治的重要机构以及实行军警分离等实质性改革措施。① 而在梅加瓦蒂时期，则只推出让军人在 2004 年大选中保持中立、召回在政府与非政府机关、国会与地方议会中的国民军和警察等措施。② 除此之外，哈比比、苏希洛与佐科对军队的稳健式改革，效果显著，使印尼的政军关系朝着符合世界趋势的文官政府至高无上原则的方向发展。哈比比的稳健体现在将改革权限赋予军队自身，推行自我改革、内部改革，军队也开始有意识地去政治化，退出政治前台，但同时其地方指挥系统、独立的财政系统和调停斡旋政治斗争的能力却保留了下来，虽然是转型过程中的一次试水，但却为后续几位总统的军改提供了范本。苏希洛总统曾是担任武装部队政治社会事务部主任的将军，熟知国民军内情，作为脱下军装执政的前军人，也进行了稳健且卓有成效的军改，使印尼的政军关系朝着更加有利于文官政府的方向发展。佐科自 2014 年上任以来，也继续对军队进行改革，利用空军来掣肘陆军，并且利用任命一部分陆军将领和冷落一部分将领来分化陆军，从而使军政关系处于稳定且有利于文官政府的方向继续发展。③

第二节 国家建构进程中的地方

印尼国家建设中的央地关系，也经历过一个演变的过程，在这个过程

---

① 陈波：《文武关系与民主转型——印度尼西亚个案研究（1998—2014）》，《东南亚研究》2016 年第 4 期。关于瓦希德的军队改革，更详细的分析可见潘玥《印度尼西亚民主转型中的军队改革研究（1998—2008 年）》，《东南亚纵横》2019 年第 5 期。

② 潘玥：《印度尼西亚民主转型中的军队改革研究（1998—2008 年）》，《东南亚纵横》2019 年第 5 期。

③ 哈比比总统时期的"新范式"军改对军队做了重新定义、定位并贯彻实施，苏希洛总统时期的军改，集中于制度化方面，接管军队的商业财产、加强对军队的法律监督、加强海空军建设，进一步推动军队退出政治回归军营的进程，促使军队向职业化和现代化方向发展。佐科在军改问题上继承了苏希洛的策略，发展海空军力量以制衡陆军。

中，中央与地方围绕着"分权"（或曰"去中心化"，decentralisation）这一核心问题，展开了旷日持久的博弈。

一　国家建设过程中央地博弈的原因

首先是历史原因。在几百年的殖民过程中，荷兰殖民者对各岛采取分而治之的政策，这就导致独立后中央与地方在建国理念上呈现出紧张状态。毋庸讳言，作为荷兰殖民地的"印尼"，并非一个长期以来都作为整体而存在的政治实体，各地区之间并不存在事实上的统一，这些岛屿唯一共同的身份即是荷属殖民地。所以客观来说，是荷兰人将荷属东印度群岛中的各个岛屿维系在了一起，并成为一个殖民地整体。虽然在20世纪头20年在这些荷属殖民地中出现了宣传民族独立的思想，但在不拥有共同的语言、生活区域、文化的情形下，那也只能是人为地想在将来创造一个"想象的共同体"。在这种情况下，就会出现秉持国家独立统一思想与秉持各地区独立建国思想之间的张力，正如约拿·缪尔曼（Johan Meuleman）所言，在荷兰殖民印尼的后期，在明知不可能再建立殖民体制进行统治之时，却给予殖民地各部分以分别独立的许诺，就势必激荡起一部分主张建立单一制和中心化共和国的倡议者与力主行政上去中心化、政治自治的国家结构甚或主张实现某些地区完全独立的倡议者之间的矛盾。[①] 而联邦制与单一制或各地独立之争，在汉克·豪威林看来，则是由作为印尼独立的领导者所建立集权体制的"第一份遗产"与荷兰政府宣称保护周边岛屿，反对"爪哇的少数人"，反对"少数人的独裁"所致。[②]

其次是经济原因。在印尼独立后，中央频繁地对资源富集地区进行财政汲取用于补贴中心地区，对资源富集但贫困的外岛地区却疏忽于财税基础之上的收入分配，导致央地关系紧张。爪哇岛面积在印尼这个群岛国家只位居第五，但是通过开发其他岛屿丰富的自然资源所获得收入的大部分被转移给了这个"中心"，包括在对粮食和发展项目的补贴分

---

① Johan Meuleman，" Between Unity and Diversity：the Construction of the Indonesia Nation，" *European Journal of East Asia Studies*，Vol. 5，No. 1，July 2006.

② ［荷兰］汉克·豪威林：《分权印尼：历史的遗难与现实的方案》，《史学集刊》2001年第3期。

配上，爪哇岛也远超其他各岛，这一情况持续到现在，仍未得到根本改变。作为印尼的政治和经济中心，这个首善之区集中了全国一半以上的人口，但是矿产与森林资源却十分匮乏，为了保护这个高密度人口的聚居地免于饥饿的威胁，苏加诺和苏哈托时期对爪哇岛进行了侧重照顾，而对外岛的利益则多有疏忽。

二　"去中心化"命题下的央地博弈过程

在国家甫一独立与建设的早期，作为统一的印尼的国家意识主要集中于中央政府所在的爪哇与苏门答腊岛人口比较集中的都市，而外岛居民对于印尼的国家认同感则尚难建立起来，由此分离与聚合两种作用力也一直相互伴随，爪哇与外岛、中央与地方之争是这两种作用力互动的突出表现。由于前宗主国荷兰力图在印尼独立后维持影响力，一直希望把印尼建成一个联邦国家，所以刻意制造爪哇与外岛的矛盾，并进而于1946年7月纠合外岛组成印尼联邦共和国（Republik Indonesia Serikat），这个联邦共和国由20个主权单位构成，由于当时的印尼中央政府缺乏介入地方事务的实力，因此默许地方具有自主权。直至1950年，印尼经过民族独立战争彻底击败荷兰，联邦制才被单一制的共和国所取代。在此后的国家建设时期，印尼中央与地方的关系一直呈现出一种特殊的现象，当外岛表现出强烈的自治或独立倾向时，中央往往通过颁布或名义上或实质性的"分权"法令以保证整个国家的统一和领土的完整，这一现象从印尼共和国早期一直延续到民主转型时期，并历经三个阶段。

在央地博弈的第一个阶段，是外岛叛乱与中央政府出台相关法令予以回应，主要体现在苏加诺当政时期。由于独立初期联邦制的推行，联邦主义的思想意识在爪哇与苏门答腊以外的区域已经深入人心，所以当1950年8月15日苏加诺宣布以印尼共和国正式取代印尼联邦共和国时，引发了各地地方精英的不满。又由于外岛对爪哇中心主义的疑虑、未获自治与自主的承诺、重新划定省份时省界不公的加权存在，导致地方对中央产生了离心倾向，地区叛乱事件此起彼伏。[1] 1950年，由前殖民军本土士兵发

---

[1]　李文俊、王坚德：《印度尼西亚中央与地方关系探究》，《文史博览（理论）》2009年第10期。

动的望加锡（Makassar）叛乱事件，苏门答腊北部亚齐（Ache）地区爆发的反对中央政府的分裂运动，规模稍大的分裂运动是由印尼伊斯兰军（Dural/Tentara Islam Indonesia）领导成立的伊斯兰共和国，更为严重的叛乱发生在安汶岛（Island Ambon），在望加锡事件被粉碎半年之后，分离主义者一度建立了南马鲁古共和国（Republic of South Moluccas）。此外，1953 年还爆发了亚齐达乌德贝鲁事件，其目标诉求为成立自治省，建立以伊斯兰教为基础的宗教自治区；1956 年 8 月开始的军队骚乱，至年末逐步演变成针对中央政府的"外岛叛乱"，而当具有外岛政治象征的哈达因与苏加诺政见不合而请辞副总统一职时，导致叛乱进一步升级，最终在1957 年 3 月，外岛地区发表共同奋斗宣言（Archipelago Declaration 1957），要求爪哇中央政府给予外岛各省广泛的自治权与经济自主，废除中央集权制。①

为了缓解外岛叛乱的压力，印尼中央政府曾以行政改革（administrative reform）的形式通过经济与政治双管齐下的方法解决地方对中央的分离主义。在经济上，1956 年颁布第 32 号法案，划分中央与地方税收分配公式；在政治上，1957 年的第 1 号法案体现出对单一制共和国政体下行政管理的分权，最重要的特征是将由中央政府任命省长（provincial governors）与区首脑（district heads）的权力下放至各行政层级选举产生的人民代表会议。但中央政府一边采取措施对外岛地区释放善意，一边又出台法规在实践中压缩地方分权法案的空间，体现出高度中心主义（centralism）。1957 年第 32 号法案的出台即是明证，中央（中心地区）将掌握由人为高汇率刺激出口所带来的顺差，然后再将一部分收益调配给地方行政

---

① 关于 1950—1958 年群发的地方叛乱事件，可参见 Johan Meuleman, "Between Unity and Diversity: the Construction of the Indonesia Nation," *European Journal of East Asian Studies*, Vol. 5, No. 1 (2006), p. 53；代帆《脆弱性、不安全感与印度尼西亚的外交政策——从苏加诺到苏哈托》，《南洋问题研究》2008 年第 1 期；李文俊、王坚德《印度尼西亚中央与地方关系探究》，《文史博览（理论）》2009 年第 10 期；李一平《1999 年以来印尼马鲁古地区民族分离运动探析》，《南洋问题研究》2011 年第 3 期；高艳杰《艾森豪威尔政府秘密支持印尼"外岛叛乱"的缘起》，《世界历史》2015 年第 1 期。需要特别强调的是，印尼发生的外岛叛乱从 1948 年既已开始，直到 1963年才最终被扑灭，但分离主义都呈零星分布状态，真正的密集性叛乱发生的高潮期则是 1950—1958 年。

单位。① 地方对中央的不满再次高涨，1958 年 2 月，苏门答腊印尼革命政府成立，要求地方经济独立，与共同奋斗宣言阵营达成一致立场。1959年 4 月，获得军队支持的苏加诺政府，对地方的不满视若无睹，强力推行"有领导的民主"（the guided democracy），更是将央地关系内中央相对于地方的主导性地位体现得淋漓尽致。

在央地博弈的第二个阶段，中央全面介入并掌控地方事务，主要体现在苏哈托执政的新秩序时期。随着 1965 年"9 · 30 事件"的发生，苏哈托利用陆军"清共"的同时，也逐渐掌握了国家权力，至 1967 年正式从开国总统苏加诺手中接过权力棒，至此"新秩序"代替了"旧秩序"，在发展的名义下，"稳定与安全"（stabilitas dan keamanan）被作为苏哈托政府的政策基石，其目标是为经济发展创造更加友善的环境。

为此，在法律保障和政治运作中，相较于苏加诺政府，央地关系更加体现出中心化和单一制国家结构的基本特征。一方面，这种特征比较典型地体现在几项法案中。1974 年的第 5 号基本法（Basic Law No. 5 of 1974），只是名义上提升了地区自治，但实际上并未真正让渡权力给包括省、区和更低行政单元在内的各行政层级，而且在财政上更是由中央直接对由外国人或跟总统及其家族直接相关的本国人课税，忽略了地方收入。1979 年的第 5 号法律将爪哇传统乡村的管理模式作为样本推广至外岛，从而使外岛地方行政机构标准化，使爪哇中央政府对地方有较大的控制权力，财政管理也由中央统一调配。1992 年第 45 号行政命令更是将自治权下放至省级以下行政单元，弱化了省级单位的分离倾向与对抗中央的能力。另一方面，这种特征还体现在中央的权威性和爪哇中心主义经由遍布全国的军政平行的军队行政层级直接"扎根"基层，致使各地村级单位都闪现出国

---

① 与 1957 年第 32 号法案相配合出台的是，1957 年 2 月 21 日，苏加诺提出一个改革政治体制的方案，该方案由建立"合作内阁"和设立一个民族委员会两部分相辅相成的内容组成，民族委员会向内阁提供意见，这被统称为"苏加诺总统方案"。合作内阁是指要组织一个包括共产党及其在国会中所有政党参加的内阁；苏加诺认为，民族委员会的组成也应比较广泛，包括工人、农民、知识分子、民族企业界、宗教界、青年和妇女代表，还应包括 1945 年革命队伍的代表和陆、海、空军参谋长、部长等。通过这个政治体制改革方案的内容可以看出，这是苏加诺笼络在印尼社会中影响力与日俱增的共产党与作为传统强力部门的军队的一种手段，是凸显"苏加诺—共产党—军队"三位一体集权的"纳沙贡"的前身，也是中央政府出台 1957 年第 32 号法案钳制地方（外岛地区）的底气所在。

家权力的身影。

在苏哈托时期，全国实行军区制与各省平行，将全国划分为 17 个军事辖区，各辖区下设地区司令部，地区司令部下辖若干个分司令部，每个村庄都有军代表；即使一些地方的市或区的行政长官也是军人。通过军队的力量，苏哈托的中央政权对各级政权机关和国家职能部门形成了全面而又绝对的掌控。这其中，军官集团明显带有"爪哇化"的烙印，爪哇出身的军官在军官集团中的占比达 70%—74%，即使爪哇的人口只占全国总人口的 48.3%。[①] 某些情况则更加严重，所有的军事院校都位于爪哇，尤其是来自中爪哇日惹和梭罗两地的军官经常严苛地对待严重挑战中央权威的行为，这也部分解释了新秩序时期印尼各地发生的践踏人权事件。[②] 最终，地方对中央的反抗只体现在零星的地区暴动上，军队整体上保障了新秩序时期央地关系的主从结构和"压抑性"稳定。

在央地博弈的第三个阶段，是苏哈托下台后迄今为止的民主转型时期，这个阶段央地关系的典型特征是为了避免国家解体，国家对地方在政治与经济上做出让步姿态，并在谈判基础上，或允其独立，或许以自治。副总统哈比比在继任 1998 年 5 月辞职下台的政治强人苏哈托开启民主转型之时，印尼也处于危急时刻，国家解体的威胁来自各地，东帝汶省、亚齐省与伊利安查亚省利用雅加达的政治混乱来强化独立斗争。虽然各地独立的走势趋同，但东帝汶与亚齐、伊利安查亚等地在性质上却大相径庭。[③] 当东帝汶于 1976 年作为第 27 个省被并吞入印尼时，并未获得国际社会的承认，因此哈比比在担任总统开始民主转型后，允许其经过特定程

---

① 2000 年 1 月 11 日，新加坡国立大学学者辛格·比尔维尔（Singh Bilveer）在雅加达采访印尼国家情报协调局前局长穆拉尼将军（Lieutenant-General Z. A. Maulani）时获得的历史数据，可见 Singh Bilveer, "Civil-Military Relations in Democratizing Indonesia: Change amidst Continuity," *Armed Forces & Society*, Vol. 26, No. 4, July 2000.

② Singh Bilveer, "Civil-Military Relations in Democratizing Indonesia: Change amidst Continuity," *Armed Forces & Society*, Vol. 26, No. 4, July 2000.

③ 东帝汶原属葡萄牙殖民地，1975 年获准举行公民投票实行民族自决，但内部各方旋即发生内战，东帝汶独立革命阵线于 11 月 28 日宣布东帝汶独立，成立东帝汶民主共和国，同年 12 月印尼出兵占领了该地，1976 年宣布其成为第 27 个省而被并吞入印尼。但印尼侵吞东帝汶从未获得联合国的承认，相反，联合国秘书长在 1983—1998 年一直居中斡旋，葡萄牙与印尼就东帝汶问题进行了十几轮谈判，最终在 1999 年 1 月，印尼总统哈比比同意东帝汶经全民公决选择独立。最终在 2002 年 5 月 20 日，东帝汶民主共和国成立，正式脱离印尼。

序选择独立，并获得了联合国的确认。而在亚齐与伊利安查亚独立问题上，中央政府采取了分权的对策，将这些省留在了印尼共和国，但又有所不同。亚齐分离问题在 2005 年解决之时，恰如其分地具备了两个要件：一方面，苏希洛时期的中央政府恰好获得了一定的政治（妥协）空间，能够许诺亚齐得到最大程度的自治；另一方面，亚齐独立运动组织也获得了代表亚齐与中央政府进行谈判的资格。在这些前提条件得到满足的情形下，亚齐也因此成为印尼国内的特别行政区，享有高度自治权，并且至今未发生地方分离运动。而西巴布亚（West Papua，2000 年之前被称为"伊利安查亚"）的情况则与亚齐相反，没有任何一个独立运动组织在当地获得最大限度地承认与支持，导致中央政府缺乏一个强有力的谈判对象，所以时至今日仍不时发生暴力分离运动，甚至有恐怖主义化趋势。[①]

　　二十多年前印尼学者曾观察到，"分权一般被视为解决印尼所有既存政治与经济问题的灵丹妙药"[②]。自民主转型时期以来，历任政府都将地方分权视为改善央地关系的有效手段，甚或将分权作为保证国家存在与完整的首要选项。这里需要特别提及，苏哈托时代印尼治理结构（governing structure）从上到下分为四级：中央政府处于结构的金字塔尖，由总统、副总统和各部部长组成全国权力中枢；第二层级为省（propinsi），由省长（provincial governor）领导；第三层级为区/县（kabupaten）或乡（kecamatan），由县长（bupati）或乡长（camat）领导；第四层级也是最低层级为村（desa），由村长（village chief）领导。在威权政府垮台后，治理结构几乎未有变化，但是中央与地方政府的权力矩阵却此消彼长。哈比比政府 1999 年通过并于 2000 年 3 月生效的第 22 号和第 25 号法案，反映的即是国家治理结构中央地权力关系的变化，中央一级政府各部除了外交、国防、宗教、司法和货币及财政等权力外，其余权力悉数转移至各省尤其是区县一级，而省级的职能部门则相应地缩减，这意味着哈比比时期的地方分权设计主要

---

　　① 薛松：《分权与族群分离运动：基于印尼的分析》，《国际政治科学》2019 年第 4 卷第 4 期。关于亚齐分离问题的解决过程，远非如结果那般，实则充满着反复与曲折，可参考 Aleksius Jemadu, "Democratisation and the Dilemma of Nation-building in Post-Suharto Indonesia: The Case of Ache," *Asian Ethnicity*, Vol. 5, No. 3, October 2004.

　　② Mangara Tambunan and Harry Seldadyo, "Fiscal Decentralization in Indonesia: A New Wave with New Challenges," Paper Present at Conference on Kongres Ilmu Pengetahuan Nasional VII, Serpong, Jakata, 1999.

擢升的是区县一级的政治经济权力。[①] 在梅加瓦蒂任上，继之颁布的是2004年第24号法令，规定将地方首长选举改为由地方议会组建的地方选举委员会负责检察和审核，也就是地方首长选举的直选模式。在2005年之后，历经苏希洛和佐科总统时期，"在宪政结构的分权模式下，中央与地方不再是简单的从属关系，而转化为协商、支持和合作性的更具现代功能和权责分属性质的形式。中央依然保留了对地方行政、法律及法规的最终否决权，但中央对地方事务的干预被有意识地加以制度化限制"[②]。

第三节　国家建构进程中的族群

印尼由300多个民族组成，族群关系必然会出现在国家建设进程中，为了建设一个统一的国家，作为印尼建国五原则"潘查希拉"重要内容的民族主义，号召多民族间的共生与统一。但在由国家权力主导国家建设的执行过程中，族群间的共生与统一，经历了从歪曲到逐步修正的不同阶段。从原则上的多元民族融合，到印尼国家对华人族群的限制排斥、强制同化并与其他族群形成二元对立，直至目前政治转型期对华人的正常化政策。

一　国家建设过程中影响族群关系的因素

首先是历史因素的影响。在荷兰殖民印尼时期，华人便被定位成为欧洲公司服务的买办，作为最大的移民群体和经济上最有实力的族群，华人取代土著业主在由殖民者操纵的充满暴利的鸦片贸易中获得了一定的分配份额，由是导致了华人与土著之间裂隙的滋生。日本在侵略统治印尼时期，更是采取宣扬华人的罪恶，离间本地族群与华人族群关系的方法，从而达到巩固日本殖民统治和掠夺的目的。东西方殖民者区分族群的措施，客观来说，是殖民者统治印尼遗留下来的最经久的遗产，也持续影响着独立后的印尼共和国，导致苏加诺和苏哈托政府时期一系列歧视华人政策和法

---

① Mangara Tambunan, "Indonesia's New Challenges and Opportunities: Blueprint for Reform after the Economic Crisis," *East Asia*, Vol. 18, No. 2, June 2000.

② 陈琪、夏方波：《后威权时代的印尼地方分权与政治变迁》，《东南亚研究》2019年第2期。

令的出台，使族群关系充满了张力。

其次是经济因素的影响。一个最俗套的观点是，华人群体虽然是印尼国内的少数族裔，但在经济上却具有主导性地位，根据罗伯特·海夫纳（Robert Hefner）的说法，大约5%的华人控制了印尼70%—75%的大中型私人企业。[1] 但经常被忽略的一点却是，华人群体中能够进入掌握国家权力者视野，代替其家族洗钱的华人——例如，从苏加诺时期开始发迹，苏哈托时代仍备受重用的林绍良（Liem Sioe Liong）家族——只是凤毛麟角，并不能改变大部分华人都是手工业者和小私营业主并处于社会中底层的事实。即使如此，华人族群在经济领域被误读而形成的所谓"优越地位"，在人数上处于少数族裔的地位，加之在政治权力上处于隐匿状态，就导致华人在印尼独立后几乎历次政治动荡中都会被当作替罪羊（scapegoat）。

最后一个不可忽视的因素来源于政治外交领域。冷战时期苏加诺治下的印尼，在国际关系哲学上奉行实用主义，在外交实践上采取两面下注的对冲策略，摇摆于两大阵营之间左右逢源。[2] 这也为其对印尼国内华人问题的操作提供了方便。当美国对印尼态度缓和，争取印尼的外交力度加大之时，排华浪潮则更为剧烈。当印尼与荷兰在西伊里安问题上的矛盾冲突升级，美国采取实质上的虚假中立时，排华则会暂时停止或归寂，"可以说，排华是印尼外交政策左右摇摆在国内政治中的反映"[3]。在苏哈托时期则采取一以贯之的"排华"政策，对华人社群采取"强迫同化"政策的政治外交根源，在于完全倒向美国、反华反共。除了一小部分华人精英外，华人族群几乎被视为印尼国内的"第五纵队"而遭受迫害。在民主转型的二十余年间，印尼政府对华人族群的政策发生变化，华人在政治、经济和文化上的处境逐渐宽松起来，族群间关系也逐渐趋向正常。这主要

---

① Robert Hefner, "Introduction: Society and Morality in the New Asian Capitalisms," in Robert Hefner, ed., *Market Cultures*, *Society and Morality in the New Asian Capitalisms*, Boulder Colorado: Westview Press, 1998, p. 17.

② 游览：《徘徊于阵营之间——冷战背景下苏加诺的中间道路》，《冷战国际史研究》2015年第Z1期。需要注意的是，虽然游文末尾提及苏加诺于1965年8月17日在独立日演讲中宣布抛弃长期以来奉行的中间道路政策，公开宣布反对帝国主义的"雅加达—金边—河内—北京—平壤轴心"，但这已不妨碍将苏加诺时期印尼所采取的政治外交路线以国际关系术语定义为"两面下注"的对冲策略。

③ 周陶沫：《华侨问题的政治漩涡：解析1959—1962年中国对印度尼西亚政策》，《冷战国际史研究》2010年第1期。

是由于一方面印尼与中国关系在复交基础上得到改善，并以国家战略对接中国的"一带一路"倡议，承接中国经济发展红利；另一方面，继任者认识到苏哈托时期在公共领域有效根除"华人认同"（Chinese identities）的政治战略未达预期目的，并未将华人根除到能被同化进多数原住民人口内成为主流社会"印尼人"的程度。①

二　国家建设进程中的族群关系

20 世纪 40—50 年代，印尼国内在如何处理华人的政策方面，曾存在"同化"论与"整合"论的争辩。② 这一时间段恰好对应苏加诺执政时期，苏加诺在对华政策上有一定程度的实用主义摇摆，在整体上采取"限华"政策，在特殊时期也以"排华"收场。1946 年的第 3 号法令采取出生地主义，规定在印尼出生的居民只要在 2 年内不放弃印尼国籍就可以成为永久性印尼国民。1954 年，印尼出台国籍法草案。在经济领域，华人被列为打击对象，限制、排斥甚或消灭华人经济的政策、法令和条例层出不穷，据不完全统计，在 1950—1959 年十年间，印尼政府就颁布了包括"堡垒输入商制度"、《关于限制碾米企业条例》《1957 年第 1 号关于企业管理条例》《第 16 号关于征收外侨税的紧急法令》《工业部长和商业部长联合决定：外资企业管理条例》、1959 年《总统第 10 号法令》等近 30 项限华排华的法令条例等。在文化教育领域，也有《外侨学校监督条例》《外侨私立学校监督条例》《监督外侨教育执行条例》和 1958 年文教部决定书等针对华人的限制性和歧视性法规。③

---

① 参见 J. Paris, How Indonesia's Chinese can Survive: Minority Rules, *The New Republic*, Vol. 2, 1998. E. K. B. Tan, From Sojourners to Citizens: Managing the Ethnic Chinese Minority in Indonesia and Malaysia, *Ethnic and Racial Studies*, Vol. 6, 2001.

② Sarah Turner and Pamela Allent, Chinese Indonesians in rapidly Changing Nation: Pressures of Etjnicity and Identity, *Asia Pacific Viewpoint*, Vol. 48, No. 1, April 2007.

③ 参见黄永第《从同化到多元：印尼独立后华人华侨政策演变及其主导因素分析》，《学术探索》2017 年第 4 期；林德荣《印尼排华根源及华人前景浅析》，《华侨华人历史研究》1999 年第 3 期。经济领域的限华政策具体表现为：1950 年实施的"堡垒输入商制度"是一种通过给予原住民优惠经商条件以形成"堡垒"而体现出针对华人群体的优势，意图实现经济领域"非华化"，该制度迫使 1000 余家华商停业；1953 年 4 月规定华人华侨经营的汽车商业只准拥有 20 辆汽车，行车里程被限于 250 千米以内，且经营时须聘任原住民；1954 年 7 月颁布《关于限制碾米企业条例》，迫使 90% 以上原由华侨华人经营的碾米厂停业；1957 年一年之内接连颁布《1957 年（转下页）

在新秩序时期，苏哈托政府的强制同化政策导致华人在族群关系中处于被绝对歧视的地位。首先表现在采取歧视性的称呼上。其次，在对待华人的文化政策上，1966 年底出台的政策和法令禁止华人在公共场合讲华语、使用华文和宣传中国文化；1967 年又强迫华人改名换姓，使用印尼化的名字，并禁止华人公开举行宗教和传统习俗节日活动；1976 年，禁止进口和使用华语音像制品，禁止输入、销售和散布所有华文书刊和包括商标在内的印刷品。[①]虽然在政治文化领域，苏哈托政府相较于苏加诺政府对待华人社群更加严苛，而且针对普通华商的经济政策仍然是掠夺式的，华商经营环境持续恶化[②]，但同时，苏哈托政权又试图对极少数华人资本家如林绍良加以笼络、扶持和利用，既可以推动经济增长，又可以换取华裔精英的政治支持。[③]

到了民主转型期，历任总统或口头或在实践中强调华人族群在"多元化文化政策"下与其他族群关系朝"正常化"方向发展。迄今为止，民主转型期历经哈比比、瓦希德、梅加瓦蒂、苏希洛几任总统，他们不仅发

（接上页）第 1 号关于企业管理条例》《第 16 号关于征收外侨税的紧急法令》《工业部长和商业部长联合决定：外资企业管理条例》，迫使资金微薄的华侨华人小企业停业；1959 年颁布的《总统第 10 号法令》进一步使华人经济雪上加霜。文化教育领域的限华政策具体表现为：1952 年颁布的《外侨学校监督条例》勒令华文学校必须依法登记，接受监督；1955 年 1 月颁布的《外侨私立学校监督条例》限制华文学校对学生进行政治教育，11 月颁布的《监督华侨教育执行条例》规定不准新办华文学校，华文学校不准招收印尼籍学生，教材须经审批方可采用等；1958 年 4 月的文教部决定书规定，只准在州县政府所在地开办华文学校，9 月，有的地方政府以各种借口下令封闭和接管华文学校；1959 年总统第 10 号令颁布后，仅存的华文学校又有 72% 被迫关闭。也有人根据印尼华文报纸的记载，专门研究了苏加诺政府对华人华侨的经济政策，见彭明正《印尼苏加诺政府时期对华人华侨的经济政策评析》，《西部学刊》2019 年 2 月下半月刊。

① 林德荣：《印尼排华根源及华人前景浅析》，《华侨华人历史研究》1999 年第 3 期。

② 例如，苏哈托曾于 1972 年"建议"非原住民商人将他们公司企业中 50% 的股权分配给原住民。可见 Sarah Turner and Pamela Allent, Chinese Indonesians in rapidly Changing Nation: Pressures of Ethnicity and Identity, *Asia Pacific Viewpoint*, Vol. 48, No. 1, April 2007.

③ 20 世纪 60—70 年代，通过仔细运作复杂的利益体系，具有华人背景的垄断型企业出现了，这个利益网络涉及商界精英、苏哈托和其他政治人物以及军队之间的紧密关系。华裔富商受益于此网络，并使其所获财富固定化。于是，有评论家便以"奶牛"（sapi perahan）这个术语来称呼新秩序时期发展起来的华商所扮演的角色。可见 Suyadinata, *Prominent Indonesia Chinese: Biographical Sketches*, Singapore: Institute of Southeast Asia, 1995; H. Hill, *The Indonesia Economy since 1966: Southeast Asia's Emerging Giant*, Cambridge: Cambridge University Press, 1996. 也可参见 Richard Borsuk and Nancy Chng, *Liem Sioe Liong's Salim Group: The Business Pillar of Suharto's Indonesia*, Singapore: Institute of Southeast Asian Studies, 2014.

表了有利于改善华人处境的言论，而且从颁布政策法令到具体实施，在极大程度上使华人曾经在文化教育权利、政治权利和经济权利上所遭受的歧视得以取消或改善。[①] 在连续的利好政策基础上，华人拥有了政治权利，但是印尼族群间关系仍然十分微妙。

第四节　国家建构进程中的宗教

在立国之初，印尼政府鼓励信仰神道，正如苏加诺所言："希望印度尼西亚成为这样一个国家，每一个公民都能自由地信仰自己的神，希望所有的公民都能以一种有修养的态度来信仰神道，即不带有宗教利己主义。我国的第一条原则就是以一种有修养的态度来信仰神道。信仰神道是在极高的德行之上，不同宗教的信徒互相尊重。"[②] 苏加诺这一表述实质上蕴含着两方面内容：一是宗教进入社会生活领域，每位印尼国民都可以自由选择且必须选择宗教归属；二是各宗教（含宗教内教派）之间彼此平等、互相尊重。抛开对原则的解释，从实践的角度来看，印尼国家建设进程中有关宗教的现实主要体现在两个方面。

一　国家法定宗教的发展状况

首先，在建立一个世俗国家还是伊斯兰教法国家的问题上，最终以苏

---

① 1998 年 9 月 16 日签署第 26 号总统决定书，宣布取消对华人的歧视，要求政府各级领导人不要使用原住民和非原住民的称呼；重新审查在商业和政府领域中各种不公平的法律或政府决定。而 1999 年 5 月 5 日的总统决定书，要求政府各部门解除不准教授华语的禁令及华人获得印尼公民权后仍受歧视的规定；同时还要求落实禁止政府机关和官员歧视任何种族的命令。可参见唐慧《试析后苏哈托时代印尼政府华人政策的调整》，《解放军外国语学院学报》2003 年第 6 期。关于第 26 号总统决定书对华人的松绑政策可参见周南京《华侨华人百科全书·法律条例政策卷》，中国华侨出版社 2000 年版，第 526 页。公开承认华裔身份的瓦希德总统于 2000 年 1 月 17 日签署第六号总统决定书，撤销 1967 年颁布的限制华人公开庆祝自己节日的第 14 号总统决定书。可见新华社雅加达 2000 年 1 月 19 日电，转引自温北炎《试析瓦希德政府对华政策与华人政策》，《东南亚研究》2000 年第 3 期。梅加瓦蒂总统于 2002 年 2 月正式宣布印尼政府已经决定把春节定为全国性假日，意味着印尼正式取消了限制华人庆祝自己节日的规定。可参见张钊《试析后苏哈托时代印尼政府的孔教政策》，《八桂侨刊》2016 年第 3 期。苏希洛在 2004—2014 年 10 月担任总统期间，于 2006 年颁布第 12 号公民权法令，规定取得出生地公民权的华人，可以参选各级政府首长和正副总统，2014 年正式废除了 1967 年第 12 号总统决定书，把"支那"改成"中华"（tionghoa），对华人带有蔑视性的称呼得到彻底更改。可参见《印尼总统佐科承诺"还华人公道"》，《国际先驱导报》2015 年 8 月 3 日。

② Kim Hyung-Jun, The Changing Interpretation of Religious Freedom in Indonesia, *Journal of Southeast Asia Studies*, Vol. 29, No. 2, September 1998, p. 358. 转引自韦红《印尼宗教冲突的前因后果》，《东南亚研究》2000 年第 4 期。

加诺和哈达为首的民族主义者取得了决定性话语权，印尼得以成为一个世俗的共和国。由此，各宗教一律平等成为国家意识形态的重要内容，即使穆斯林占总人口的八成以上，伊斯兰教也并未成为国教。在议会民主制和"有指导的民主"时期，苏加诺政府将基督教、天主教、伊斯兰教、佛教、孔教（Agama Khonghucu）、印度教确立为六大合法宗教。在宗教信仰自由政策鼓励下，罗马天主教得到了极大的发展，爪哇岛的教众人数从1953—1965年增长近一倍，而基督徒人数也以每年20%的速度增长。[①] 由于伊斯兰教在印尼各岛的历史性地位和号召力，以及苏加诺本人作为爪哇出身的"名义穆斯林"（abangan），因此他注意团结温和派穆斯林，并支持传教活动，发展穆斯林教育。但在1949—1962年，出现了分裂印尼的伊斯兰教国运动和伊斯兰教军等激进伊斯兰势力，遭到了国家的镇压，激进的伊斯兰政党马斯尤美党也于1959年被苏加诺政府取缔。作为华人族群的普遍信仰，苏加诺直到1965年1月也就是他本人失去权力的前夕才在总统法令中给予孔教合法身份，这也反映出孔教与华人族群一样，在印尼国家政治生活中的弱势地位。印度教和佛教，则维持在巴厘岛等少数几个地区传播。

其次，在新秩序时期的30多年里，苏哈托政府的宗教政策对于孔教几乎是压迫性的，从20世纪70年代中期开始打压、限制孔教的宣教活动，并强迫孔教加入获得官方承认的佛教总会，最终在1978年孔教的合法地位被取消。在禁止伊斯兰政治化的大原则下，苏哈托政府对伊斯兰教在两个阶段分别采取不同措施。第一个阶段，对于政治伊斯兰（political Islam）从三个层面采取措施加以限制：在政治层面，于1973年将四个穆斯林政党整合成建设团结党（Partai Perasatuan Pembangunan，PPP），表面上加强了穆斯林（政党）间的团结，但实质上却使穆斯林内部互相倾轧内耗，削弱伊斯兰在政治上的影响力，从而保证了专业集团党（Golangan Karya，Golkar）长期执政；在意识形态层面，于1984年将"潘查希拉"作为所有政党和社会宗教团体唯一的"意识形态基础"（asas tunggal），根除亲伊斯兰团体在国家内部发展伊斯兰意识形态的机会，并且在公务员、教师、大学生和社会其他人群中推广、普及、讲授"潘查希拉"课程，从而在国民信仰和选举中削弱政治伊斯兰的影响；在社会经济层面，赋予包括基督徒和华人在

内的非穆斯林精英在公私各领域重要角色。例如，苏哈托支持的一小撮西方化的中产阶层基督徒明显主导了官僚系统、军队、教育机构和大量的国有部门，而与苏哈托存在利益勾连的上层华人则通过国有银行贷款，建立起从制造业到银行业的商业帝国，甚至垄断了各种特许权和其他特殊的政府优先权，从而挤压原住民（Pribumi）穆斯林商人的利益空间。① 通过围绕"潘查希拉"原则建构起的"总统—公权力机构—基督徒—华人"反伊斯兰政治同盟，稳固了新秩序时期第一阶段整个国家在政治、经济、意识形态层面的非伊斯兰立场（un-Islamic stance）。但是预防政治伊斯兰的过程，与将伊斯兰教从政治领域驱使进入文化教育领域同步，并且在认识到"宗教可以为经济发展提供不可或缺的精神与道德框架"的同时，也认识到发展宗教可以对抗共产主义（这是新秩序时期苏哈托政权的合法性来源），于是国家权力通过主动在文化教育领域扶植虔诚的穆斯林，却在不经意间又使伊斯兰教在社会中建立起广泛的影响力。② 这一悖论终于导致"伊斯兰拐点"（Islamic turn）的来临。当"苏哈托—军方"联盟于 20 世纪 80 年代后期因总统与高级将领的关系发生变化，"总统—伊斯兰教"的再结盟（re-alignment）便水到渠成。由此，在苏哈托本人的支持下，经济和司法领域继文化教育领域之后也开始了伊斯兰化进程（process of Islamisation），最终溢出到了原本世俗化的政治领域包括专业集团党和武装部队之中。③

---

① Kikue Hamayotsu, "Islam and Nation Building in Southeast Asia: Malaysia and Indonesia in Comparative Perspective," *Pacific Affairs*, Vol. 75, No. 3, Autumn 2002, pp. 367 – 368.

② 关于这一点可参见 Johan Meuleman, Between Unity and Diversity: The Construction of the Indonesia Nation, pp. 57 – 58. Kikue Hamayotsu, Islam and Nation Building in Southeast Asia: Malaysia and Indonesia in Comparative Perspective, pp. 369 – 370.

③ 有一种说法是，1987 年苏哈托将武装部队总司令、最信任的代理人，身边环绕着名义穆斯林、基督徒和其他具有少数宗教背景的军官以及作为罗马天主教徒的穆尔达尼将军（L. B. Murdani）解职，提拔虔诚的穆斯林至军队高位，这被理解成了根除忠于穆尔达尼将军的政治操作而非使军队伊斯兰化。可参见 William Liddle, The Islamic Turn in Indonesia: A Political Explanation, *Journal of Asia Studies*, Vol. 55, No. 3, August 1996, pp. 629 – 630. 另一种说法是，20 世纪 80 年代末，苏哈托发觉军队高层对其子女在商业领域日益增强的影响力感到不满，穆尔达尼将军也持批评态度，导致苏哈托怀疑穆尔达尼的忠诚度。由于担心在军中失去重要的政治盟友，为了寻求新的同盟增强其政权，从而与穆斯林团体靠近。可参见 [印尼] 肖福旺·巴纳《印尼伊斯兰经济运动的发展（1980s—2012）（下）》，《南洋资料译丛》2014 年第 4 期。无论如何，伊斯兰拐点究竟在苏哈托执政的后期来临，成也苏哈托，败也苏哈托。关于苏哈托支持的经济伊斯兰化可参见 [印尼] 肖福旺·巴纳《印尼伊斯兰经济运动的发展（1980s—2012）（下）》，《南洋资料译丛》2014 年第 4 期。关于司法与社会生活领域的伊斯兰化可参见 [美] 罗伯特·海夫纳《宗教复兴时代的民主化：印尼的个案》，《南洋资料译丛》2013 年第 3 期。对伊斯兰涉入政治生活包括对专业集团党和军队的叙述可参见 Kikue Hamayotsu, Islam and Nation Building in Southeast Asia: Malaysia and Indonesia in Comparative Perspective, p. 370.

最后，在新秩序时期结束后的民主转型期，印尼政府再次承认孔教为国家合法宗教，与其他五大宗教享有平等地位。[①] 与此同时，政府也从主客观上助长了伊斯兰教在经济和政治等领域的影响力，在不经意间促成了激进伊斯兰力量的再度崛起。从主观上而言，在维护"潘查希拉"建国理念的前提和名义下，这一时期的中央政府都坚持传教自由与宗教信仰自由，使伊斯兰教逐渐成为一股拥有举足轻重影响力的社会力量，与苏哈托执政后期为伊斯兰教松绑的局面连贯起来。从客观上而言，历任政府首先为经济领域的伊斯兰化大开绿灯，从为伊斯兰经济建立基本制度框架，使伊斯兰银行业实现了大跃进，再到为伊斯兰银行业的发展提供法律基础，甚至具有伊斯兰背景的经济团体于 2011 年发布《印尼伊斯兰经济路线图》，设定 2017—2019 年的目标和 2020 年的愿景都是伊斯兰经济体系对印尼经济的覆盖。[②] 政治伊斯兰也在整个民主转型期得到了大发展，自哈比比 1998 年 5 月宣布解除党禁、颁布新《政党法》起，具有伊斯兰性质的政党在政坛上复苏，纷纷成立并参加政治竞选，在政坛号召力方面很快便具有了举足轻重的力量，例如 1999 年当选总统瓦希德，其本人即是穆斯林，其所领导的民族觉醒党（PKB）的成员大部分来自在东西爪哇等传

---

① 2000 年 2 月 18 日，在印尼孔教总会举办的庆祝春节晚会上宣布承认孔教为合法宗教，并与其他宗教享有平等地位。3 月 31 日，民政部长苏尔亚迪（Surjadi）颁发新指令，废除了只承认五大宗教合法地位而将孔教排除在外的 1978 年通告（Surat Edaran）。最终在 2006 年，苏希洛总统责令宗教部、内政部和教育部宣布撤销以前对孔教的一系列不利规定，至此，孔教合法性问题终于得到彻底解决。此后，印尼各大中小学都可开设孔教课程，第一批登记孔教为宗教信仰的居民身份证也已问世。孔教合法化的过程可参见张钊《试析后苏哈托时代印尼政府的孔教政策》，第 51—55 页。

② 在整个民主转型期，印尼伊斯兰经济在政府之手的运作下，获得了空前发展。例如，在哈比比时期，有关银行业的第 10/1998 号法令，明确提及了"伊斯兰银行"这一术语，之前被禁止的双重银行系统获准允许实行，以利益为基础的银行包括伊斯兰银行业方面的业务也被允许；在有关印尼中央银行的第 23/1999 号法令中，央行的货币政策可以包括以伊斯兰法为根本的措施；关于扎卡特的第 38/1999 号法令则为非政府和政府的扎卡特管理机构提供了法律基础。央行还成立了关于伊斯兰银行的研究和发展小组。哈比比之后的瓦希德总统，虽然曾在 20 世纪 90 年代对伊斯兰银行业持批评态度，但其在任上并没有干预伊斯兰银行业及其他伊斯兰经济项目的发展。梅加瓦蒂对伊斯兰和银行业及经济项目的态度几乎与瓦希德如出一辙，甚至还颁布了有利于伊斯兰银行发展的法律。苏希洛担任总统后，伊斯兰经济运动倡导的几项法律也都成功颁布。因此，伊斯兰经济产业获得了大发展，社会对此的支持也不断增加，导致一些具有伊斯兰背景的团体对印尼实现伊斯兰化经济越来越乐观。可参见 ［印尼］ 肖福旺·巴纳《印尼伊斯兰经济运动的发展（1980s—2012）（下）》，第 70—80 页。

统伊斯兰教社区具有广泛影响力的"伊斯兰教师联合会"（NU）。但是传统主义教派和现代主义教派之间的影响力却愈发不同，后者相较于前者受到更多的群众性支持。① 由此可以判断从民主转型至今都是伊斯兰的"制度化时期"，如何处理伊斯兰教影响力日增的趋势与保持印尼世俗国家地位之间的平衡是中央政府面临的重要课题。

二　国家法定宗教（教派）间的关系

印尼国家建构进程中不仅有宗教的起落，还伴生着宗教间或同一宗教内教派间的关系。在议会民主制和有指导的民主时期，在华人社会内部进行传教活动的是"三教会"和孔教会，两者曾被寄予促进团结协作希望。1950 年两者也确实合并了一段时间，但后来孔教会中断合作，两者分道扬镳。② 在伊斯兰教派内部，以苏加诺为首的世俗派穆斯林与以建国初期唯一的伊斯兰教政党马斯尤美党为代表的激进穆斯林之间就印尼究竟作为世俗主义国家还是伊斯兰教法国家而存在展开了激烈交锋，最终世俗多元主义者战胜了激进伊斯兰分离主义在外岛发动的叛乱，保证了国家的统一完整，也保证了国家的世俗主义，马斯尤美党最终被苏加诺政权于 1960 年取缔。这一时期，宗教间关系还体现在伊斯兰教与基督教之间。双方围绕宗教信仰自由政策中的"自由"产生了较大分歧，例如，基督教对于穆斯林宣传并促使其改变信仰的行为，导致与伊斯兰教之间关系紧张，虽然这个阶段两教之间并无公开冲突，但却为以后的宗教冲突埋下了伏笔。在新秩序初期，在亚齐和望家锡出现了基督堂被穆斯林毁坏事件，这也导致苏哈托政府从 20 世纪 60—70 年代对宗教传教活动进行限制，不允许有固定信仰的人改信他教，不允许在有特定宗教信仰的居民区散发其他宗教的宣传品，不允许逐户对有固定宗教信仰的家庭宣传其他宗教等。在 20 世纪 80 年代初，政府多次召集官方五大宗教召开宗教会议，就活动准则

---

① 关于伊斯兰教政党在民主转型初期的大量出现、在政坛上的影响力以及新旧教派之间的影响力比较，可参见郑一省《后苏哈托时期印尼政党制度的变化及其影响》，《当代亚太》2006 年第 7 期。关于伊斯兰教政党在民主转型初期的地位和力量，除了关注民族觉醒党的瓦希德外，还有诸如建设团结党的哈姆扎·哈兹、国家使命党的阿敏·赖斯等，可参见尚前宏《印尼穆斯林，政治实力有多大》，《世界知识》2002 年第 11 期。

② ［印尼］苏吉利·古斯德伽：《试析印尼华人社会孔教信仰的形成与发展历程》，《八桂侨刊》2019 年第 3 期。

达成协议，内容涉及教堂建造、宗教传播、异教徒通婚、葬礼行为规则等方面。① 在政府严厉的宗教政策管控下，宗教间冲突保持在可控水平上。但这一时期，因政府政策影响而导致的原住民对华人族群的冲击实质上也可看作伊斯兰教与孔教之间关系的缩影。

　　在民主转型时期，曾经压制宗教冲突的苏哈托政府黯然退场，宗教与教派间的冲突频繁大规模地爆发，尤其体现在基督教与伊斯兰教以及伊斯兰教内部。就前者而言，因苏哈托执政的前 20 年将"基督徒—名义穆斯林"联盟作为政治盟友，从而导致如虔诚穆斯林这般的伊斯兰力量将基督教视为威胁，在苏哈托执政的后 10 年里，因为选举需要而开始培植伊斯兰教力量，导致新秩序后期的伊斯兰化，作为人口处于少数且又失势的基督教将伊斯兰教视为威胁，由此，伊斯兰教与基督教互视对方为威胁的情形在 30 年内交替上升；而且苏哈托在 20 世纪 90 年代最后一次被人民协商会议（MPR）选为总统，其执政前景的不确定性，以及其继任问题和会否发生制度变迁问题，是强化基督教与伊斯兰教之间紧张态势的关键节点（critical juncture），并最终在新秩序末期酿成两教冲突。② 作为延续，在民主转型初期，在原本属于基督徒聚居地但后来穆斯林移民逐步增多的马鲁古群岛，由于对资源和工作岗位的竞争、宗教身份的二分、对未来的隐忧以及互相视对方为威胁，这些都为基督徒与穆斯林持续数年的大规模暴力冲突且导致大量伤亡提供了土壤，过往在出现紧张态势时通过两教领导人对话便可解决问题的机制业已失效。从 1999 年 1 月开始，暴乱冲突区域由一些村镇逐渐波及首府安汶（Anbon）及其周边地区，最后包括中马鲁古省、东南马鲁古省和北马鲁古省在内的几乎整个马鲁古群岛，杀戮双方包括安汶基督徒与作为移民的伯吉斯族（Bugis）和布东族（Butonese）穆斯林，安汶穆斯林也迅速卷入。爪哇和苏门答腊等地的穆斯林甚至叫嚣要对马鲁古群岛基督徒发动"圣战"（Jihad）。值得注意的是，相当部分华人由于在新秩序时期被迫改宗基督教，在这场基督教与伊斯兰

① 主要参见 Jacques Betrand, *Nationalism and Ethnic Conflict in Indonesia*, New York：Cambridge University Press, 2004, pp. 78 – 80. 也可参见韦红《印尼宗教冲突的前因后果》，《东南亚研究》2000 年第 4 期。

② Jacques Betrand, *Nationalism and Ethnic Conflict in Indonesia*, New York：Cambridge University Press, 2004, pp. 80 – 90.

教的冲突中，基本未发生基督徒伤害华人的事件，这与其他地区（激进）穆斯林将华人基督徒作为攻击目标大相径庭。基督徒与穆斯林之间的冲突在 2002 年 2 月马力诺和平协定（the Malino peace pact）签订后仍然零星存在，直到 2003 年才逐渐平息。① 这一事件是印尼历史上基督徒与穆斯林第一次以宗教名义进行的大规模冲突和仇杀。此后，印尼国内基督教与伊斯兰教之间仍不时发生这种"文明的冲突"，印尼国内仍然存在这种"血腥的伊斯兰边界"，较近的典型事例有 2016 年华人基督徒钟万学被政治保守势力利用激进穆斯林组织"捍卫伊斯兰阵线"（FPI）从雅加达省长职位上被弹劾下台。另一事例是 2020 年 11 月 27 日在苏拉威西省中部帕鲁（Palu）的救世军教堂服务站，四名基督徒遭遇伊斯兰极端组织恐怖袭击而全部死亡，此次事件惊动了包括佐科总统和国民军总司令哈迪（Hadi）在内的整个印尼社会。② 就后者而言，伊斯兰教派之间也经常发生"文明内部的冲突"③。经过多年的发展，信众多为逊尼派穆斯林的印尼已经有了传统派、改革派与激进派的明显分野，传统派的最大社会组织为伊斯兰教师联合会，改革派的最大社会组织为穆罕默迪亚（Muhammadiyah），这两者作为印尼第一大和第二大的穆斯林社会组织整体上具有温和属性；而激进派则社会组织众多，其影响力较大的有印尼伊斯兰学者委员会（Majiles Ulama Indonesia，MUI）、伊斯兰捍卫阵线、印尼圣战委员会（Majiles

---

① Jacques Betrand, *Nationalism and Ethnic Conflict in Indonesia*, New York：Cambridge University Press, 2004, pp. 123 – 134.

② 钟万学事件在印尼已是家喻户晓，而帕鲁事件则体现出伊斯兰极端组织的残忍行为，4 名基督徒中有 3 人被割喉，1 人遭斩首。见《印尼苏拉威西岛发生恐袭 基督徒一人被斩首 三人被割喉》，印尼《国际日报》2020 年 11 月 27 日。

③ "文明的冲突"和"血腥的伊斯兰边界"两个术语出自美国政治学家塞缪尔·亨廷顿（Samuel Huntington），他认为，文明的冲突包括伊斯兰文明与以西方基督教世界为核心的冲突，本书以"文明的冲突"代指印尼国内的穆斯林与基督徒的冲突；而血腥的伊斯兰边界主要是指发生在一国内外的种族冲突的认同（身份）战争，尤其是在微观和地区层面上，往往发生在伊斯兰和非伊斯兰之间，印尼民主转型期的马鲁古群岛就是非常典型的"血腥的伊斯兰边界"，现在这种边界也在印尼国内向其他地区扩散。可参见［美］塞缪尔·亨廷顿《文明的冲突与世界秩序的重建》，周琪等译，新华出版社 2011 年版，第 24—25、229—234 页。"文明内部的冲突"这一术语出自德国学者迪特·森格哈斯（Dieter Senghaas），系在对亨廷顿的文明冲突论批判基础上提出的，各种主要传统文化都是以内部分歧以至对立为标志，并在各自历史条件下不断发展和演变。可参见［德］迪特·森格哈斯《文明内部的冲突与世界秩序》，张文武译，新华出版社 2004 年版，第 181—186 页。本书以"文明内部的冲突"喻指印尼国内伊斯兰各派的冲突。

Mujihadin Indonesia，MMI）、印尼伊斯兰宣教理事会（DDII）等，2005年，以印尼伊斯兰学者委员会为首的激进派别发布禁止伊斯兰"异端"阿赫默迪亚（Ahmadiyah）教派的"法特瓦"，此前已经在激进派的煽动下，在苏拉威西南部、龙目岛西部、加里曼丹西部、爪哇西部等地掀起了毁坏阿赫默迪亚清真寺和驱逐该派教徒的暴力行动。最终苏希洛总统既迫于压力又出于选举需要获得激进穆斯林派别的支持，而在 2008 年 6 月 9 日签署法令，宣布禁止阿赫默迪亚教派的宗教活动。这一事例既反映了伊斯兰意识形态领域的分歧与冲突，又折射出民主转型期印尼国内伊斯兰激进思想和派别作为政治动员的有效工具逐渐加强，"潘查希拉"建国原则中的自由多元原则在政府妥协下开始松动。

小　结

经过 75 年的国家建构历程，民主转型期的印尼目前处于佐科总统的第二任期，总体而言，军队在印尼国家政治生活和社会生活中仍然具有举足轻重的地位和作用，在前进内阁（Indonesia Maju）34 名内阁部长以及 4 名部长级政府官员中，有 5 位来自军警界的退役将军，而且军方和警方是打击恐怖主义和伊斯兰极端势力的实施者。各个省、市（区）和县在获得中央分权保障后，拥有一定的自主权，中央与地方之间不再是简单的垂直领导和等级制结构，亚齐省更是成为拥有很大自治权力的特区，两个巴布亚省也仍有寻求独立的呼声。在族群关系上，华人的政治权利获得了法律保障，绝大多数华人在具备中国性（Chineseness）的同时，也更加融入印尼，认可印尼是自己的祖国，是政治效忠的对象，但是在现实生活中，仍有其他族群对华人族群存在着或明或暗的歧视。在宗教和宗教关系层面，孔教再次被官方承认为合法宗教，位列六大宗教之列；伊斯兰教现今越来越表现出强烈的政治化色彩，一些伊斯兰激进组织如捍卫伊斯兰阵线甚至成为扰乱社会秩序的始作俑者；在宗教关系上，伊斯兰教和基督教之间的仇杀仍在延续，尤其是激进穆斯林对基督徒的"圣战"杀戮仍在全国各地区存在。

作为中国"一带一路"倡议的重要合作对象，印尼国家建构到目前为止在军队（政军关系）、地方（央地关系）、族群（族群关系）、宗教

（宗教关系）等方面的实际发展状况，使中国促进在印尼的海外利益发展之时，需要重视并处理好与印尼军队和地方的关系，并且正确认知、对待华人和宗教问题，以使"一带一路"倡议的推进更加顺畅，规避或减少潜在的风险。

第七章　印度尼西亚的地区战略

　　印度尼西亚是东南亚覆盖范围最广、人口最多的国家，也是世界上穆斯林人口最多的国家，以及二十国集团的重要成员国。因此，印尼对地区形势甚至全球形势都具有较大的影响，成为国际社会十分值得关注的国家之一。在此情况下，2019 年 5 月 21 日，印尼总统佐科·维多多以相对比较明显的优势击败了竞争对手普拉博沃·苏比安托赢得了总统大选。①2019 年 10 月 20 日，印尼总统佐科·维多多宣誓就职，并随后宣布了新内阁成员名单，开启了他的第二个五年任期。印尼的内政外交政策也逐步进入新的时期，是延续第一任期的政策，还是发生巨大变化，抑或在延续中做出局部调整？印尼国内民众和国际社会对此都保持着密切观察。然而，就在新旧任期的过渡阶段，印尼主导撰写并推动东盟发表了《东盟印太展望》，佐科总统提出要将部分首都功能迁移出雅加达，这些都引起了地区国家和国际社会的高度关注。佐科第二任期的内外政策似乎会在很大程度上有别于第一任期。也正是如此，回顾佐科政府第一任期地区战略的主要特点，展望其第二任期地区战略可能的发展，不仅对印尼，而且对地区国家，特别是东盟国家，以及包括中国在内的东盟对话伙伴来说，都具有非常特殊的意义。

第一节　印度尼西亚地区战略的历史溯源

　　印尼对东南亚地区合作，特别是安全合作的认识和态度有一个逐渐演进的过程，并不总是持支持和参与立场。冷战伊始，印尼对美苏在东南亚

---

① 梁英明：《印度尼西亚 2019 年大选评析》，《东南亚研究》2019 年第 4 期，第 1—2 页。

的争霸状态持警惕态度，但部分其他东南亚国家却对东西方阵营选边站队。例如，处在美国殖民统治下的菲律宾本身就在美国主导的阵营中，而苏联也在扩大其对东南亚的影响。东南亚条约组织的建立是美国遏制战略的一部分，是受美苏东南亚战略博弈影响的直接结果。1954 年的《东南亚条约组织条约》第四条第（1）款明确规定，如果任何成员方和老挝、柬埔寨和南越的领土遭受侵略，成员方一致同意采取行动。① 对此，印尼认为非地区国家干预了东南亚的安全与稳定，坚决反对东南亚条约组织。②

　　印尼甚至对最初的本地区国家之间的合作也持相对谨慎态度。经磋商，马来亚联邦、菲律宾和泰国在 1961 年 7 月 31 日签署了《东南亚联盟章程》，建立了东南亚联盟（Association of Southeast Asia），但印尼却没有参加。东南亚联盟的特点是结构松散，可谓是东盟的雏形。然而，它仍然保持着简单的结构组织，每年举行外交部长会议，成为其最重要的管理机构，各国在社会文化领域、经济领域和技术合作与研究领域建立了秘书处和常设委员会，常设委员会负责进行经常性的政策磋商。③ 东南亚联盟的合作侧重于经济和社会文化领域，这在其存在期间的各项协议中体现得比较明显。马来亚和泰国同意向东南亚联盟提供 100 万马来亚元。菲律宾同意派遣 60 名医生协助马来亚开展卫生项目。此外，东南亚联盟同意在成员国之间缔结多边贸易和航海协定，取消官员签证要求，并启动东南亚联盟国民免签证费计划，考虑在成员国之间制定新闻业和电报业的特别优惠费率，并开通吉隆坡和曼谷之间的铁路服务。

　　在东南亚联盟成立后，由菲律宾总统迪奥斯达多·马卡帕加尔（Diosdado Macapagal）发起，马来亚、菲律宾和印尼在 1963 年 7 月建立了马菲林多（Maphilindo），或马印菲联盟。在马菲林多成立之前，三国外交部长于1963 年 6 月 7—11 日在马尼拉举行会议。7 月 31 日，三国首脑签署了《马

---

　　① "Southeast Asia Collective Defense Treaty（Manila Pact），" September 8，1954，https：// avalon. law. yale. edu/20th_ century/usmu003. asp.

　　② Richard John Pilliter，"The Evolution of the US Containment Policy in Asia，" *University of Windsor Master Thesis*，1969，pp. 85 – 86，https：// scholar. uwindsor. ca/cgi/viewcontent. cgi？article = 7584&context = etd.

　　③ Russel H. Fifield，"National and Regional Interest in ASEAN，Competition and Cooperation in International Politics，" *Occasional Paper of Institute of Southeas Asian Studies*，1979，No. 57，p. 4.

尼拉协议》和《马尼拉宣言》，标志着马菲林多的诞生。相关协议在当年 9 月 24 日生效。从其成员国的共同身份背景中可以看出，马菲林多是根据菲律宾的何塞·黎刹（Jose Rizal）联合拥有马来传统的殖民国家愿景[①]和菲律宾政治家温塞斯劳·文宗（Wenceslao Vinzons）设想的所谓马来人民联盟的类似愿景而建立的。[②] 菲律宾、印尼和马来亚一致同意"一个由三个马来血统的国家组成的集团，在不破坏各自国家主权的情况下，和谐合作"[③]。马菲林多在菲律宾和马来亚关于北婆罗洲争端中采取的立场表明，主权和非正式性原则是其主要理念。1963 年的《政府首脑联合声明》[④] 第 4 段和《马尼拉协议》第 11 段[⑤]均指出，解决争端应根据北婆罗洲人民通过全民投票的评估而做出决定，这将是为解决争端进行协商的基础。

其实，印尼地区政策的非正式原则可以追溯到前殖民时期。印尼被殖民前的外交历史相当复杂。苏木都剌苏丹国（Samudera Pasai Sultanate）和三佛齐王国（Srivijaya Kingdom）的贸易外交，以及满者伯夷（Majapahit）和三佛齐王国建立的国际联盟，都具有较强的非正规性。[⑥] 在印尼独立后，外交政策始终源于其国家意识形态"潘查希拉"、1945 年宪法和独立且积极的（Bebas Aktif）政策。[⑦]"潘查希拉"是印尼在国际政治中为实现自身利益而采取行动的基础，"1945 年宪法"阐述了印尼在执行外交政策时的主要利益：（1）保护印尼国民；（2）实现公共福利；（3）教育国

① Gerald W. Fry, *Global Organizations*, *The Association of Southeast Asian Nations*, New York, Chelsea House Publishers, 2008, p. 43.

② Anthony Reid, *Imperial Alchemy*, *Nationalism and Political Identity in Southeast Asia*, Cambridge, Cambridge University Press, 2010, p. 100.

③ Anthony J. Stockwell, *British Documents on the End of the Empire*, *Malaysia*, London, The Stationery Office, 2004, p. 650.

④ Joint Statement between the Republic of the Philippines, the Republic of Indonesia and the Federation of Malaysia Signed at Manila, August 5, 1963, https://www. officialgazette. gov. ph/1963/08/05/the-philippine-claim-to-a-portion-of-north-borneo-joint-statement-between-the-republic-of-the-philippines-the-republic-of-indonesia-and-the-federation-of-malaysia-signed-at-manila-august-5-1963/.

⑤ "Manila Accord," Signed at Manila, on 31 July 1963, https://treaties. un. org/doc/Publication/UNTS/Volume% 20550/volume-550-I-8029-English. pdf.

⑥ Olivers W. Wolters, *History*, *Culture*, *and Region in Southeast Asian Perspective*, Ithaca, Southeast Asia Program Publications Cornell University, 1999, p. 30.

⑦ Bruno Hellendorff and Manuel Schmitz, "Indonesia, From Regional to Global Power? *GRIP Analysis*, 2014, p. 3.

民；（4）参与实施以独立、和平和社会福利为基础的世界秩序。

在当时的国际政治环境中，独立且积极的外交政策包含了印尼奉行的两个主要原则。"独立"的政策强调印尼的立场主张，在履行其在国际政治中的作用时要具有公正性，也就是说，印尼既不偏袒共产主义集团，也不偏袒西方集团。"积极"的政策强调印尼的行为方式，即根据联合国的共同价值观，采取一切可能的方式，为实现和平做出积极贡献，缓解两个集团之间意识形态竞争所造成的紧张局势。[1] 然而，独立且积极的外交政策被苏加诺（Bung Soekarno）放弃了，取而代之的是"指导式民主"（Guided Democracy）的概念，将印尼的外交政策推向了一个新的方向。首先，建立"新兴力量"对抗由美国领导的新帝国主义和资本主义国家组成的"守旧力量"。其次，苏加诺与中国的关系较为密切，导致美国取消对印尼的经济援助，造成印尼经济的恶化。[2] 最后，对 1963 年 9 月 16 日成立的马来西亚联邦采取对抗政策。苏加诺推行对抗政策的原因在于：他非常同情北婆罗洲人民的叛乱，关注菲律宾对北婆罗洲沙巴地区的部分主张，因为英国同意将北婆罗洲统一进马来西亚联邦。

在苏哈托（Haji Mohammad Suharto）掌握政权后，宣布印尼进入新秩序时期，与马来西亚的对抗政策在 1965 年也结束了。"新秩序"时期的工作重点主要是评估苏加诺政权的"外交政策损害控制"，并根据通过临时人民协商会议第 12/1996 号规定，恢复了独立且积极的外交政策。[3] 此外，印尼还开始推动与马来西亚关系的正常化。东盟也是在这种情况下成立的。印尼赞同将主权独立、不干涉和非正式性等作为东盟的基本原则。[4] "新秩序"时期的印尼外交政策是以政治经济合作为导向的，是地

---

[1]　Mohammad Hatta, "Indonesia's Foreign Policy," *Foreign Affairs*, Vol. 31, No. 3, 1953, p. 444.

[2]　Raffi Gregorian, "CLARET Operations and Confrontation 1964 – 1966," in Ian Beckett, *Modern Counter-Insurgency*, London, Routledge, 2007, p. 60.

[3]　Michael Leifer, "Continuity and Change in Indonesian Foreign Policy," *Asian Affairs*, Vol. 4 No. 2, 1973, p. 173; Demet Şefika MANGIR and Luthfy RAMİZ, "Indonesia and Regionalism in Southeast Asia, ASEAN and Indonesian Foreign Policy," *Journal of Academic Perspective on Social Studies*, May 2020, p. 37.

[4]　M. Situmorang, "Indonesia, Maintaining a Leading Role in Making of ASEAN and APT Community," in Lai To Lee & Zarina Othman, *Regional Community Building in Southeast Asia, Countries in Focus*, Oxon, Routledge, 2017, p. 64.

区主义的，同时也是全球化的，致力于最大限度地利用国际资源刺激国家经济发展。① 在国际和地区事务上，苏哈托总统的首要任务是恢复印尼的公信力，从而改善和提升印尼的正面形象，获得国际社会对促进印尼经济发展的援助。因此，恢复地区稳定对实现这一目标很重要。为此，作为东南亚最大的国家，印尼对其较小的邻国实行自我克制政策，同时放弃苏加诺政府的对抗政策，进而与地区周边国家在 1967 年建立了东盟，作为协调相互之间关系的地区机制。在接下来的几年里，印尼很快就认识到，东盟在冷战时期保持战略自主极其重要。如果域外大国干预东南亚地区事务，通过代理人战争赢得相互竞争的优势，地区稳定就不可能实现。因此，东盟通过的一些政策文件，无论是 1971 年的《和平、自由与中立区宣言》，还是 1976 年的《友好合作条约》，印尼和东盟其他成员国一道做出了东南亚事务应由其成员国独立决定的政治声明。1976 年 2 月 24 日，在苏哈托的努力和主持下，第一届东盟领导人会议在巴厘岛举行，通过了一系列奠定东盟规范基础的政策文件，让东盟成为真正意义上的、具有相当影响力的地区组织。"新秩序"时期的印尼外交将东盟作为印尼外交战略几个同心圆中的第一个。在后冷战时代，随着新的国际挑战有可能淡化东盟的重要性和印尼对战略自主的追求，经济上的相互依存和地区多边合作机制的扩散为域外大国对东南亚施加影响提供了途径②，印尼和东盟其他成员国的地区战略也因此做出了相应调整，建立了"东盟＋"框架，如东盟区域论坛、东盟＋1 机制和东盟＋3 机制等，形成了一个密集的多边合作机制网络，促进了与域外国家的交流与合作。各种以东盟为核心的和双边的自由贸易协定也成为这一框架的一部分，促进了地区合作伙伴的多样化。③

　　除了 1999—2001 年的阿卜杜拉赫曼·瓦希德政府外，苏哈托之后的印尼外交政策依然呈现出非常相似的特色，都高度强调地区主义，将重点

　　① Yanyan Mochamad Yani, "Change and Continuity in Indonesian Foreign Policy," *Sosiohumaniora*, Vol. 11 No. 1, 2009, p. 9, http:// jurnal. unpad. ac. id/sosiohumaniora/article/download/5575/2936.

　　② John David Ciorciari, "The Balance of Great-power Influence in Contemporary Southeast Asia," *International Relations of the Asia-Pacific*, Vol. 9, No. 1, 2009, p. 159.

　　③ Rakhmat Syarip, "Defending Foreign Policy at Home: Indonesia and the ASEAN-Based Free Trade Agreements," *Journal of Current Southeast Asian Affairs*, Vol. 39, No. 3, 2020, pp. 411 – 412.

放在维护地区政治经济稳定，增强国家自主性，促进自由贸易和刺激私人投资等上。① 例如，印尼总统苏希洛·班邦·尤多约诺采取了全面接触国际社会的战略。苏希洛在 2009 年发表就职演讲时，表示印尼有"百万朋友，零敌人"。他认为，印尼处于相当幸运的战略环境下，没有国家将其视为敌人，它也没有将任何国家视为自己的敌人。尽管"百万朋友，零敌人"的概念不是处理地区安全事务的举措，反映了印尼与其他国家包括其邻国存在着一定的问题，但并不意味着印尼要将对方视为敌人。相反，苏希洛声称将根据国家和共同利益与一些国家建立战略伙伴关系。② 之所以强调"零敌人"的概念，是因为印尼希望在国际力量发生转变的过程中，与朋友和伙伴建立起广泛网络。2012 年 8 月 16 日，苏希洛在独立日演讲中反复强调国家对国际和平与秩序，以及印尼独立与积极外交政策理念传统的宪法承诺，并进一步重申了印尼 2011 年在巴厘举行的不结盟运动峰会开幕式上对和平与正义的承诺。由于第一任期的外交成就乏善可陈，希望在第二任期取得更大的成就，实现更大的抱负，苏希洛总统提出了印尼在地区事务中发挥动态平衡的战略。"动态平衡"是用于描述国际政治的一个新范式，迎合了亚太地区形势的变化，表示各国不仅认识到国家利益和国家安全等传统概念的重要性，而且认识到所有的国家利益实际上是相互捆绑在一起的。因此，没有必要采取任何形式的霸权。和平的地区合作要求所有国家都拥有共同的目标，如地区安全、繁荣与稳定。"动态"反映了印尼认识到地区变革具有内生性和常态性，是各国不能长期抗拒的一种自然现象。"平衡"提醒我们，这种变革的态势并不意味着一种无政府状态，因为既不存在某个国家享有不受约束的主导地位，也不存在地区多极格局的混乱和不确定。相反，地区各国应促进共同安全、繁荣和稳定。动态平衡标志着不存在一个主导性大国通过寻求力量平衡而导致国家对外政策僵化，国家间对立和地区形势紧张。相反，各国尊重一定的原则和规

---

① Yanyan Mochamad Yani, "Change and Continuity in Indonesian Foreign Policy," *Sosiohumaniora*, Vol. 11, No. 1, 2009, p. 6.

② President Susilo Bambang Yudhoyono's Speech at a Meeting with the Ambassadors of Friendly Countries and International Organizations, Jakarta, 15 February 2012, http://en. republika. co. id/berita/en/jakarta-region- others/12/2/15/lzfs3c-sby-reiterates-million-friends-zero-enemy.

范，反映了维护地区和平与稳定的共同责任。① 在当前地区环境中，"动态平衡"不是由集团政治造成的，它通常是一种自我实现的地缘政治态势。这种新的国际关系强调共同安全、共同繁荣和共同稳定②，没有单个国家居于主导地位，每个国家都与其他国家具有双赢关系。③ 这种作用关乎作为地区协调者的角色，这也是印尼政策和知识精英所一直推动树立的印尼形象。

　　然而，佐科·维多多领导下的外交政策中表现出更强烈的现实主义、地区主义和海洋主义的态度。④ 现实主义的外交政策强调以政治经济利益为导向，转向注重塑造印太地区主义和促进海洋经济发展与安全稳定等，希望将印尼发展成为一个强大、稳定、繁荣的海洋国家，在印太地区发挥更大的作用。⑤

第二节　佐科政府第一任期的地区战略

　　自 2014 年 10 月执政以来，佐科政府在促进国家发展方面做出了较为卓越的贡献，为其赢得第二任期奠定了良好的基础。总的来看，佐科政府第一任期的对外战略主要体现在地区战略上，观察和分析其地区战略是评估其第一任期成绩和贡献的重要依据之一。

---

　　① Statement by H. E. DR. R. M. Marty Natalegawa, Minister for Foreign Affairs of the Republic of Indonesia on the Conferement of the Doctorate of Letters, by the Macquarie University, Sydney, 15 July 2013.

　　② Statement by H. E. DR. R. M. Marty Natalegawa, Minister for Foreign Affairs of the Republic of Indonesia at the General Debate of the 66th Session of the United Nations General Assembly.

　　③ "Fighting for Peace, Justice and Prosperity in the 21st Century," Inaugural Address by H. E. Dr. Susilo Bambang Yudhoyono at the Opening Session of the 16th Ministerial Conference and Commemorative Meeting of the 50th Anniversary of the Non-Aligned Movement, 25 May 2011, Bali, Indonesia, 25 May 2013, http:// kemlu. go. id/Pages/SpeechTranscriptionDisplay. aspx? Name1 = Pidato&Name2 = Presiden&IDP = 716&l = en.

　　④ Vibhanshu Shekhar, *Indonesia's Foreign Policy and Grand Strategy in the 21st Century*, *Rise of an Indo-Pacific Power*, Oxon, Routledge, 2018, pp. 15 – 17.

　　⑤ Muhamad Nazrul B. Basar and Noraini bt Zulkafli, "The Indonesia's Global Maritime Axis Policy (GMA) under Jokowi, *International Journal of Physical and Social Science*, Vol. 9, Issue 3, March 2019, pp. 24 – 49 Natalie Sambhi, "Jokowi's Global Maritime Axis Smooth Sailing or Rocky Seas Ahead," *Security Challenges*, Vol. 11, No. 2, 2015, pp. 39 – 55.

首先，对外战略必须为其国内发展议程让路甚至提供服务。佐科政府在第一任期明显将国家战略的重点放在了国内议程上，特别是促进国家经济发展方面，其对外战略决策往往也是以此为优先选择而做出的，体现出佐科政府制定内外政策的倾向性。佐科政府已经不再实行自由国际主义政策①，因此其更加重视内部事务和双边关系②，甚至不再想在东盟内发挥领导的作用。③ 佐科总统认为，东盟和其他多边机制都不能为印尼带来具有实际意义的直接好处。④ 他选择雷特诺·马苏迪（Retno L. p. Marsudi）而不是利扎尔·苏克马（Rizal Sukma）担任外交部长的最直接原因是雷特诺·马苏迪有助于促进印尼和荷兰的贸易。从本质上说，佐科总统更愿意有一个能促进贸易而非制定大战略的外交部长。⑤ 在这种情况下，佐科政府第一任期的地区战略并没有取得什么突出成就也就在预料之中了。

其次，将作为印尼外交政策基石的东盟和其他渠道结合起来，以最大限度地服务于印尼的国家利益。⑥ 印尼一直将东盟视为其施展大国外交的重要平台。苏克马认为，以往通常说东盟是印尼的基石，但现在东盟将只是作为印尼外交政策的基石之一。2016 年 9 月，佐科总统表示，我们不能对地区形势的不稳定无动于衷。我们不能让大国主导我们，主导地区安全与稳定的命运。东盟如果不能保持团结和中心地位，其维持地区和平与稳定的能力将不复存在。⑦ 印尼在东盟内往往仅努力发挥维持平衡协调者而非领导者的作用。然而，印尼具有非常强的东盟身份意识，总是试图在

① Avery Poole, "Is Jokowi Turning His back on ASEAN?" *The Diplomat*, 7 September 2015, https://thediplomat. com/2015/09/is-jokowi-turning-his-back-on-asean/.

② Prashanth Parameswaran, "Is Indonesia Turning away from ASEAN under Jokowi?" *The Diplomat*, 18 December 2014, https:// thediplomat. com/2014/12/is-indonesia-turning-away-from-asean-under-jokowi/.

③ Brian Harding and Stefanie Merchant, "Indonesia's inward Turn," *The Diplomat*, 7 December 2016, https://thediplomat. com/2016/12/indonesias-inward-turn/.

④ Avery Poole, "Is Jokowi Turning His back on ASEAN?" *Indonesia at Melbourne*, September 1, 2015, http://indonesiaatmelbourne. unimelb. edu. au/is-jokowi-turning-his-back-on-asean/.

⑤ Daniel Besant, "The Quiet Achiever: Retno Marsudi," *Southeast Asia Globe*, December 4, 2014, http://sea-globe. com/retno-marsudi-southeast-asia-indonesia/.

⑥ Gibran Mahesa Drajat, "Assessing Indonesia's Leadership in the Advancement of ASEAN Political-Security Community under President Joko Widodo," *AEGIS*, Vol. 2, No. 2, March 2018, p. 138.

⑦ Tama Salim, "Indonesia Stresses ASEAN Unity," *The Jakarta Post*, 7 September 2016, http://www. thejakartapost. com/seasia/2016/09/07/ri-stresses-asean-unity. html.

维持自身利益的同时促进东盟其他成员国的利益，甚至在此过程中努力协调各成员国的政策立场，以东盟的"一个声音"形成集体力量应对这种风险。佐科建议东盟采取三种有效合作方式，推进结出更加具体的实实在在的成果，即加快落实《东盟互联互通总体规划》，促进基础设施和互联互通建设；增加东盟国家在投资、产业和制造业方面的合作；增加东盟内贸易。佐科期待东盟在 2015 年后具有以下功能：东盟成员国和国际社会认为其具有信用；领导人和民众之间保持团结；拥有有效应对地区新形势的能力。[①] 在此过程中，印尼努力维持与其他东盟成员国平等的身份地位，不愿意表现出强势姿态。然而，东盟一体化发展的进程往往取决于印尼在其中的推动作用。印尼提出的议程最终在东盟基本上都会顺利实现，掌握着东盟在共同体建设上的最终话语权，当然也是东盟能否建成共同体，以及决定共同体建设质量的最重要参考指标。

再次，以印尼为核心的地区海洋合作具有较高的重要性。在 2014 年 10 月 20 日的就职典礼上，佐科总统就特别强调了海洋安全的重要性，呼吁人民要尽最大努力再次将印尼发展成为一个海洋国家。"海洋、海峡和海湾是我们文明的未来。"[②] 佐科不仅强调印尼要成为一个力量和外交都非常强大且具有韧性的地区海洋大国，而且认识到海洋外交在解决与其邻国海洋争端方面的重要性，有必要捍卫印尼的海洋意识，减轻与地区大国间的海洋紧张态势。为此，佐科阐述了印尼地区战略，即巩固印尼在东盟中的领导地位，加强东盟的中心地位与合作，建设一个具有凝聚力的地区安全架构，预防出现大国霸权，深化和发展双边战略伙伴关系，管理地区经济整合和自由贸易对国家经济利益的影响，通过环印度洋联盟促进海洋全面合作等。[③] 在这几个方面，海洋合作占了较大的篇幅和地位。佐科政

[①] Yulius Purwadi Hermawan, "China's Dual Neighborhood Diplomacy and Indonesia's New Pragmatic Leadership: How can ASEAN Preserve its Centrality in a New Challenging Dynamic?" *Georgetown Journal of Asian Affairs*, Spring/Summer 2015, p. 38.

[②] "Jokowi's Inaugural Speech as Nation's Seventh President," Embassy of Indonesia in Oslo, 20 October 2014, http://indonesia-oslo. no/jokowis-inaugural-speech-as-nations-seventh-president/

[③] I Gusti Bagus Dharma Agastia and A. A. Banyu Perwita, "Jokowi's Maritime Axis: Change and Continuity of Indonesia's Role," *Journal of ASEAN Studies*, Vol. 3, No. 1, 2015, p. 36; Iis Gindarsah and Adhi Priamarizki, "Indonesia's Maritime Doctrine and Security Concerns," *RSIS Policy Repor*t, 9 April 2015, p. 3, https:// www. rsis. edu. sg/wp-content/uploads/2015/04/PR150409 _ Indonesias-Maritime-Doctrine. pdf.

府提出的"全球海洋之轴"战略不仅体现出印尼希望维持其在东盟的中心地位，而且试图通过关注印度洋而扩大其势力范围。佐科在 2014 年 11 月 13 日的第 9 届东亚峰会上阐述其"全球海洋之轴"战略的五大支柱，即塑造一种海洋文化；改善印尼海洋和渔业管理水平，加强海洋粮食主权；通过改善港口基础设施和海上运输产业，促进海洋经济发展；推进海洋国防能力，实现海洋主权和海洋安全；与其他海洋国家进一步发展海洋外交。① 可以说，佐科的海洋政策相对更加外向，增加国防预算，购置防务装备，使用多边平台与地区大国进行沟通，促进印太机构建设。② 但从演进历程上看，"全球海洋之轴"的概念起初包含着经济和地缘政治双重要素，但最终还是将更多的关注点放在了经济领域，特别是发展印尼的海上战略产业和基础设施。③ 尽管佐科政府公布了关于印尼海洋政策的总统令（16/2017），提出《海洋政策行动计划》来促进实现全球海洋之轴战略④，但实际上这只是早就存在的促进国内发展的政策和项目，而不是印尼外交政策的新愿景。这也从侧面印证了佐科仅关注他认为有助于实现其经济目标的外交事务⑤的论断。

最后，高度重视大国博弈在地区合作中的作用，努力维护东盟及自身的战略利益。东盟的重要对话伙伴包括了几乎所有的全球性大国。这些国家都积极加入以东盟为中心的地区合作架构中，并对推动地区架构的演进发挥着重要作用。作为东盟中最受欢迎的成员国，印尼通过东盟加强了与所有全球性大国的战略沟通与联系，印尼"百万朋友，零敌人"的战略理念也促使其成为国际社会比较受欢迎的国家之一。为了维持这些大国在以

① 马博：《"一带一路"与印尼"全球海上支点"的战略对接研究》，《国际展望》2015 年第 6 期，第 34 页；David Scott, "Indonesia Grapples with the Indo-Pacific: Outreach, Strategic Discourse, and Diplomacy," *Journal of Current Southeast Asian Affairs*, Vol. 38, No. 2, August 2019, p. 201.

② I Gusti Bagus Dharma Agastia and A. A. Banyu Perwita, "Jokowi's Maritime Axis: Change and Continuity of Indonesia's Role," *Journal of ASEAN Studies*, Vol. 3, No. 1, 2015, p. 39.

③ 林梅、那文鹏：《印尼的新发展主义实践及其效果研究》，《亚太经济》2019 年第 4 期，第 66—67 页。

④ Presidential Regulation ［Perpres］16/2017, Jakarta, 2017, http:// sipuu. setkab. go. id/ PUUdoc/175145/lampiran% 201% 20perpres% 2016% 20th% 202017. pdf.

⑤ Sheany, "Indonesia to Boost Efforts in Economic Diplomacy," *The Jakarta Globe*, February 12, 2018, http://jakartaglobe. id/news/indonesia-boost-efforts-economic-diplomacy/.

东盟为核心的地区架构中进行良性博弈，延续与这些国家双边关系的历史传承，维护印尼民主化进程，以及适应地区战略环境的不断变化，佐科政府对发展与全球大国的关系，特别是中美关系实行务实等距离的政策。这种务实等距离外交政策的本质与更广阔的地区环境和东盟及其主导的多边机构是密切相关的。在这一过程中，佐科政府努力维持并进一步促进与中美俄等大国关系，同时将推进构建印尼成为"全球海洋之轴"的能力作为自己的首要目标。东盟中心地位的前提是地区大国的意愿，这也是印尼作为东盟的领导者在参与东盟机制的过程中保持"中立"政策的主要原因。[①]如果东盟得不到这些大国的尊重和认可，东盟的地位、作用和利益也就无从谈起。

　　总体来说，印尼佐科政府在第一任期里的地区战略可谓是温和而克制，务实而有担当，具有担任东盟领导的条件，但并没有朝着这方面积极作为，对地区局势发展发挥着稳定性的作用。佐科政府第一任期对促进地区一体化的作用并不是很明显，影响了印尼在东盟发展议程中发挥领导作用和在新发展议题中起到引领作用，使其逐渐与东盟其他成员国形成了平等关系。这既与印尼没有担任东盟轮值主席国有关，也与佐科政府不愿对东盟投注过多外交资源有关。印尼在地区发展中取舍相对平衡的政策虽然没有引起其他东盟成员国的不满，但它们对佐科政府在东盟内部的不作为还是相当失望的。佐科政府外交政策的务实性[②]超越其民族主义特性，旨在说明印尼愿意和更多的国家在更多领域进行全方位合作[③]，但不会在国家利益上做出妥协。[④]也正是在这种情况下，在佐科政府第一任期即将结束的时候，印尼外交部主导并主持编写的《东盟印太展望》，试图以此宣示佐科政府在第二任期会有所作为。

---

① Evan A. Laksmana, "Pragmatic Equidistance How Indonesia Manages Its Great Power Relations," in David B. H. Denoon, *China, The United States, and the Future of Southeast Asia*, New York: New York University Press, 2017, pp. 113 – 124.

② 潘玥：《结构现实主义视角下的印尼佐科政府的外交政策》，《南亚东南亚研究》2019年第4期，第39—40页。

③ 宋秀琚：《中等强国"务实外交"佐科对印尼"全方位外交"的新发展》，《南洋问题研究》2018年第3期，第97—98页。

④ I Gusti Bagus Dharma Agastia and A. A. Banyu Perwita, "Jokowi's Maritime Axis: Change and Continuity of Indonesia's Role," *Journal of ASEAN Studies*, Vol. 3, No. 1, 2015, p. 37.

第三节　佐科第二任期的地区抱负

　　佐科是在国内外形势出现较大变化的情况下开始第二任期的。从印尼国内来看，政治社会民粹主义情绪依然高涨，普拉博沃领导的反对党在大选中也获得了相当高的支持度，对佐科领导的执政联盟造成极大的挑战和压力。在这种情况下，佐科政府吸纳普拉博沃作为国防部长，既是对国内持不同政见者做出的一定程度的妥协，也是为了借助普拉博沃带有极端民粹①倾向的国防政策，显示新政府在国家安全和主权问题上的强硬立场。另外，印尼经济增长压力越来越大，对外拓展国际市场，特别是部分替代美国市场的需要越来越强烈，已经成为佐科政府缓解来自美国战略压力的首要议程之一。在此情况下，佐科新政府只有在地区战略上更加积极进取，方有可能通过对外战略的部分成功缓解来自国内政治经济形势的压力，同时也有助于部分解决国内政治经济所面临的一些棘手问题。正因如此，佐科政府对部分内阁成员进行了调整，但还有相当一部分继续留任，显示出佐科第二任期政策的延续性和变化性。

　　从外交部长雷特诺·马苏迪继续留任的情况来看，佐科对其在第一任期的表现还是相当满意的，并希望其在第二任期更好地为印尼国内发展提供政策性保障。在 2017 年的东亚峰会上，泰国总理巴育·詹欧差（Prayuth Chan-ocha）提出了东盟应有关于印太概念的立场，这一提议得到了佐科总统的支持。② 印尼外交部长雷特诺·马苏迪遵从佐科旨意，主持与其他东盟成员国商讨细化东盟的印太概念，并在 2019 年 1 月的东盟外长特别会议上提出了"东盟印太展望"的概念，但没能通过。2019 年 6 月 23 日，第 34 届东盟峰会通过并发表了《东盟印太展望》③，

---

　　① Annisa Pratamasari and Fitra Shaumi Az-Zahra, "Populism as a Threat to Democracy: Drawing Parallels of Populist Elements between the Presidential Campaigns of Donald Trump (United States, 2016) and Prabowo Subianto (Indonesia, 2014 and 2019)," *SNU Journal of International Affairs* 2019, Vol. 3, No. 2, 2019, pp. 99 – 127.

　　② "Sights Set on Indo-Pacific," The Bangkok Post 24 June 2019, https://www. bangkokpost. com/thailand/general/1700540/sights-set-on-indo-pacific.

　　③ ASEAN, "ASEAN Outlook on the Indo-Pacific," Bangkok, Thailand, 23 June 2019, https://asean. org/storage/2019/06/ASEAN-Outlook-on-the-Indo-Pacific_ FINAL_ 22062019. pdf.

再次阐明了东盟关于地区合作的主张。从印尼主导制定并努力推进《东盟印太展望》的过程和结果来看，佐科政府在第二任期强烈显示出以下几个倾向：

第一，强调东盟在地区合作中的核心作用，彰显印尼开放包容的地区形象。东盟始终强调实行开放的地区主义，重视与其他国家加强沟通协作，促进地区和平与繁荣。东盟在地区合作中的中心地位已经得到其对话伙伴和部分其他国家的认可和尊重，成为显示东盟在国际社会中日益重要的标志。同时，作为东盟内最大的成员国，印尼长期被认为是东盟的自然领导者，并因与东盟在地区合作中地位的增强而显示出越来越明显的责任感和开放度，成为国际社会较具正面形象的地区大国。也正因如此，印尼始终将自己的命运和东盟发展紧密地结合在一起，在提升东盟在地区合作中地位的过程中塑造印尼的负责任形象。2018 年 8 月 2 日，印尼外交部长马苏迪在第 51 届东盟外长会上阐述了印尼的印太概念，认为有必要建立一个"以东盟为核心的开放的、透明的、包容的和以规则为基础的地区架构"，这种架构必须强调是以"东盟中心地位"为基础进行合作。① 对印尼来说，"东盟方式"已经深深地嵌入印尼外交政策原则中，东盟核心地位的确立意味着印尼可以从中获得更多的战略资本，更好地促进国家建设和发展。

第二，通过扩大东盟核心地位所在的范围，更加关注跨区域的印亚太地区。在《东盟印太展望》发表之前，东盟政策文件往往模糊化处理与相关国家进行合作的地区范围的具体名称，不具体指东南亚、东亚、亚洲、亚太、跨太平洋还是其他地区或次地区的概念，从而使其在范围和内容上可以保留最大的弹性，也让东盟在与其他国家进行合作时能够保持最大的自由度。从地理范围上看，东盟成员国都是东南亚国家，其主导的东亚峰会成员虽然遍及全世界，但也只是个地区概念，其 7 个成员加入了亚太经合组织，4 个成员加入了全面的跨太平洋伙伴关系。最值得关注的是，东盟与其 6 个对话伙伴谈判建立地区全面经济伙伴关系，更是没有突

---

① "ASEAN Crafts Position on US 'Free and Open Indo-Pacific Strategy'," *Nikkei Asian Review*, August 2, 2018, https:// asia. nikkei. com/Politics/International-relations/ASEAN-crafts-position-on-US-Free-and-Open-Indo- Pacific-strategy.

出地理范围的具体性。即使印度表示将不参加地区全面经济伙伴关系，这一多边贸易协定也不会有改变名称的可能性。然而，《东盟印太展望》摈弃了东盟的传统，强调从美国西海岸到非洲东海岸的更广泛范围的"地区"合作，且东盟要继续在这一地区合作中发挥中心作用。从中可以看出，印尼希望与更广范围的国家开展具有更广泛内容的合作，佐科新政府已经开始显示出非常宏大的战略雄心。

第三，引领地区合作的议程和进程，凸显印尼在东盟内部协调中的主导地位。印尼在过去两年里一直敦促东盟其他成员国分别提出自己的地区愿景，促进地区合作。据悉，在审议《东盟印太展望》的过程中，柬埔寨呼吁将"海洋"从合作领域中去除。① 新加坡对使用"印太"概念非常谨慎。在第34届东盟峰会举行前夕，新加坡还没有签署这个文件，印尼方面担心签署这个政策文件的时间可能会延迟。② 然而，印尼向新加坡施加了压力，让新加坡从持保留态度到最终妥协。③ 可以说，印尼为推动《东盟印太展望》的发表，投注了较多外交资源，甚至不惜为此利用自己在东盟内部的信用和权威。印尼之所以大动干戈，除了国内新旧政府换届会出现一定的权力斗争外，更多的还是因为印尼希望塑造东盟的未来发展战略，从而更好地促进印尼的国家利益。

当然，从《东盟印太展望》的内容上看，东盟推进未来地区合作的议程，无论是海洋合作、互联互通、可持续发展，还是其他相关议题，虽然确实能促进东盟整体利益，但更符合印尼的政策倾向。其中，海洋合作议程是最为明显的。印尼总统佐科在2018年4月28日的第32届东盟峰会上就呼吁，印度洋和太平洋沿岸的所有国家要进行合作，东盟可以为这

---

① Toru Takahashi, "Hun Sen Gently Adjusts Cambodia's Intimacy with China," *Nikkei Asian Review*, July 13, 2019, https://asia.nikkei.com/Politics/International-relations/Hun-Sen-gently-adjusts-Cambodia-s-intimacy-with-China.

② Resty Woro Yuniar, "Indonesia Reveals Frustration with Singapore over Delay in ASEAN Adopting President Joko Widodo's Indo-Pacific Concept," *South China Morning Post*, 16 January 2019, https://www.scmp.com/news/asia/southeast-asia/article/3014651/vision-impaired-singapore-deliberately-delaying-indonesian.

③ Dian Septiari, "ASEAN Leaders Adopt Indo-Pacific Outlook," *The Jakarta Post*, June 24 2019, https://www.thejakartapost.com/news/2019/06/24/asean-leaders-adopt-indo-pacific-outlook.html.

种印太合作提供框架。① 此外,《东盟印太展望》强调海洋事务的多边合作实际上是在为印尼的"全球海洋之轴"战略进一步提供合法性,从而印尼可以在从印度洋到太平洋的海洋地区发挥更大的优势作用②,促进本国海洋经济的发展,维护本国的海洋利益和权益,从而实现印尼的强国战略。③ 当然,印尼也试图通过《东盟印太展望》强调,东盟未来的发展重点不是在政治安全而是在经济合作领域,从而为其他国家与包括印尼在内的东盟国家协商合作提供了政策参考和指南。

第四,增强东盟在大国博弈中的韧性,将东盟作为其对冲大国博弈的基础。印尼的大国地位至少可以分为两个层次:一是全球性层次,印尼是二十国集团的重要成员,对全球治理事务具有一定的话语权。当前,印尼还是联合国安理会的非常任理事国,希望能在其中发挥积极作用,对国际安全与和平做出突出贡献。④ 二是地区层次,印尼是东盟面积最大、人口最多,分量最重的创始成员国,始终存在维持东盟内部团结和凝聚力,推进稳健发展的高度责任感。印尼试图引领东盟在全球治理议程中发挥积极作用,以此提升自己在全球舞台上的影响力,实现自己成为一个全球性大国的战略诉求。为此,印尼认识到,它必须快速崛起壮大,发展与自己战略目标相适应的战略能力。然而,当前的东盟仍无法左右或阻止全球性大国在本地区的战略博弈,只有联合地区其他国家,加强地区多边合作架构的稳健性,才能维持全球性大国在这个架构中保持畅通的沟通交流渠道,避免大国博弈出现破局的风险。因此,印尼未来要实现自己在战略上与其他全球性大国博弈的目标,就需要促进东盟成为各个全球性大国重视且愿意进行合作的对象,从而弥补印尼在战略能力上的不足。

---

① Marguerite Afra Sapiie, "Indonesia Wants ASEAN to Take Central Role in Developing Indo-Pacific Cooperation," *The Jakarta Post*, April 29, 2018, http://www. thejakartapost. com/seasia/2018/04/29/Indonesia-wants-asean-to-take-central-role-in-developing-indo-pacific-cooperation. html.

② 刘艳峰:《印尼佐科政府的"印太愿景"论析》,《和平与发展》2019 年第 5 期,第 110 页。

③ 李峰、郑先武:《历史承续、战略互构与南海政策——印尼佐科政府海洋强国战略探析》,《太平洋学报》2016 年第 1 期,第 63—73 页。

④ Premesha Saha, "Indonesia General Election 2019: An Assessment of Potential Post-Poll Impact on Foreign Policy," *ORF Occasional Paper*, No. 189, April 2019, p. 22, https://www. orfonline. org/wp-content/uploads/2019/04/ORF_ Occasional_ Paper_ 189_ Indonesia_ Polls. pdf.

其实，印尼前外交部长马尔蒂·纳塔勒加瓦（Marty Natalegawa）在美国奥巴马政府初提"印太概念"时就做出了积极反应。他在 2013 年甚至提出了地区各国可以谈判签署《印太友好合作条约》（Indo-Pacific Friendship and Cooperation Treaty）的建议。他认为，中国崛起和地区力量平衡的相应变化不应仅被视为地区形势失稳的原因，成为需要解决的一个问题，而应是一个加强合作的机会。① 马尔蒂强调，两洋之间印太地区的紧张态势源于"信任赤字""对他国意图的最坏臆想"，因而导致"冲突不可避免的感觉"。印尼位于本地区的中心位置，有责任维护地区稳定，使用外交手段促进地区和平，担当"规范制定者""共识建设者"及"和平维护者"的角色。② 多年来，印尼方面一直高度关注地区日益增强的紧张态势，以及各国关于印太概念的辩论，对印尼决策者来说，解决地区问题的根本路径是实现以相互理解为基础的积极合作而不是以威胁认知为基础的对地区形势的消极反应。③ 佐科政府延续了这一传统，并试图将之以东盟政策文件的形式显示出来，并最终在实践上实现其所规划的各种议程。在第 36 届东盟峰会前后，印尼提出要在 2020 年举行"印太基础设施和互联互通论坛"的倡议④也充分说明了这一点。

---

① Yohanes Sulaiman, "Whither Indonesia's Indo-Pacific Strategy," *Notes de l'Ifi*, *Asie. Visions*, No. 105, January 2019, p. 11, https://www.ifri.org/sites/default/files/atoms/files/sulaiman_ indonesia_ indo_ pacific_ strategy _ 2019. pdf.

② Amitav Acharya, *Indonesia Matters*: *Asia's Emerging Democratic Power*, New Jersey: World Scientific, 2015, pp. 9 – 10.

③ Retno L. P. Marsudi, "2018 Annual Press Statement of the Minister for Foreign Affairs of the Republic of Indonesia," Ministry for Foreign Affairs, January 9, 2018, p. 13, https://www.kemlu.go.id/id/pidato/menlu/Pages/PPTM2018％20MENLU％20RI％20ENG. pdf.

④ Dian Septiari, "Indo-Pacific Infrastructure and Connectivity Forum, RI Offers to Host New Indo-Pacific Forum," *The Jakarta Post*, October 31, 2019, https://www.thejakartapost.com/news/2019/10/31/ri-offers-host-new-indo-pacific-forum. html; "President Jokowi Invites China to Participate in the 2020 Indo-Pacific Infrastructure and Connectivity Forum," November 3, 2019, https://newsbeezer.com/indonesiaeng/president-jokowi-invites-china-to-participate-in-the-2020-indo-pacific-infrastructure-and-connectivity-forum/; "Indonesia Invites the USA to Indo-Pacific Infrastructure and Connectivity Forum," 4 November 2019, https://kemlu.go.id/portal/en/read/759/berita/indonesia-invites-the-usa-to-indo-pacific-infrastructure-and-connectivity-forum; Dian Septiari, "Indonesia Wants to Match Infrastructure Drive with Indo-Pacific Approach," *The Jakarta Post*, November 13, 2019, https://www.thejakartapost.com/news/2019/11/13/indonesia-wants-to-match-infrastructure-drive-with-indo-pacific-approach. html.

第四节　佐科第二任期的地区战略

　　佐科政府执政的未来五年正处于印尼国家发展转型的关键时期，也是东盟进行中期评估和实现共同体的重要时期。在这种情况下，印尼的地区战略对东盟甚至更广范围地区一体化的发展，东盟与其对话伙伴关系，以及地区形势的演进都会产生较大的双向影响。也正是如此，佐科第二任期的地区战略对包括中国在内的东盟对话伙伴来说显得尤为重要。从目前来看，佐科第二任期的地区战略包含以下几方面的具体内容：

　　第一，努力塑造对东盟有利的国际和地区环境，促进东盟国家，特别是印尼的安全与稳定。随着美国特朗普政府推崇"美国优先"战略原则，推出具有较强军事安全性和排他性的印太战略，对其他国家实行"公平且对等"的贸易政策，特别是向中国挑起了单边贸易冲突，国际和地区形势的发展出现越来越多的不确定性因素，让包括印尼在内的东盟国家都感到相当焦虑，担心自己的对外战略受到不断恶化的环境的影响。因此，东盟国家，特别是印尼希望通过发表野心勃勃的《东盟印太展望》，在更大程度上对冲或在一定程度上缓解美国"印太战略"的冲击，积极塑造地区形势的良性发展，为东盟国家，特别是印尼提供安全稳定的总体发展环境。从总体上说，印尼虽然不赞同美国做事的原则与方式，但并不愿意得罪美国，甚至在诸如反恐、救灾等安全议题上以及对外战略上还需要与美国进行协调，因此，使用"印太"概念部分上迎合了美国的战略需求，美国也表示欢迎印尼主导推出的《东盟印太展望》[1]，日本、法国、澳大利亚和印度等国也表达了类似的支持态度。

　　第二，稳步实现东盟更高质量的一体化，促进东盟国家，特别是印尼的包容性发展。当前，印尼正在为即将实现的升级版东盟共同体做好准备。印尼只有为东盟共同体建设做出更大的贡献，才能体现出印尼的高度责任感，得到其他东盟成员国的尊重和认同。在东盟政治安全共同体建设中，

---

[1]　Morgan Ortagus, "The United States Welcomes the 'ASEAN Outlook on the Indo-Pacific'," Press Statement, Department Spokesperson, July 2, 2019, https://www.state.gov/the-united-states-welcomes-the-asean-outlook-on-the-indo-pacific/.

印尼要增强东盟的团结和凝聚力，维护东盟的持久和平与稳定，从而维持东盟在地区安全架构驾驶员位置上具有更强的领导力。在东盟经济共同体建设中，印尼需要升级东盟自贸区建设，提升东盟内部一体化水平，缩小成员国间发展差距，提高东盟整体实力和能力，避免东盟在地区一体化进程中被边缘化。在东盟社会文化共同体建设中，印尼不仅要提升自己对东盟身份的认识，而且要敦促其他东盟成员国增强社会文化互动，在保持东盟内部多样性的同时，向世界宣示和证明东盟统一的身份认同。

第三，期待实现更广范围的地区一体化，促进东盟国家，特别是印尼的可持续发展。印尼对地区贸易投资自由化便利化有一个逐渐认识的过程，从最初因本国产业竞争力较弱而担心会损害自己国家利益和产业结构升级，到更加积极主动地促进地区一体化建设，努力从对外贸易中促进本国产业结构调整，提升产业竞争力，促进本国经济可持续发展。1994年11月16日，亚太经合组织领导人会议在印尼的茂物举行，此次会议通过的宣言提出"发达成员在2010年，发展中成员在2020年实现贸易和投资自由化"① 的"茂物目标"，印尼也为此做出了突出贡献。近年来，维持印尼经济可持续发展和持续增长一直是历届政府压倒一切的首要任务。在谈判地区全面经济伙伴关系协定的过程中，印尼在推动协定的最终达成上发挥了较为关键的作用，并在印度宣布退出地区全面经济伙伴关系协定后，还通过访问试图劝说印度重新考虑加入该协定的问题。② 随着地区全面经济伙伴关系协定的签署和落实，东盟在地区经济架构中的核心地位不断加强，印尼也利用这一地区多边贸易协定促进本国经济快速增长，以及缩小东盟各国发展水平之间的差距。另外，印尼还准备加入跨太平洋伙伴关系协定③，让具有更高标准的多边自由贸易协定促进印尼对外贸易和经济发展。

---

① APEC, "1994 Leaders' Declaration," Bogor, Indonesia, 16 November 1994, https://www. apec. org/Meeting-Papers/Leaders-Declarations/1994/1994_ aelm. aspx.

② Dian Septiari, "Delhi Forums Chance for ASEAN to Sway India to Rejoin RCEP," *The Jakarta Post*, December 13, 2019, https:// www. thejakartapost. com/news/2019/12/13/delhi-forums-chance-asean-sway-india-rejoin-rcep. html.

③ Shotaro Tani, "Indonesia Making Preparations to Loin TPP, Vice President Says Policy Change Comes Regardless if US Returns to Trade Pact," *Nikkei Asian Review*, June 12, 2018, https:// asia. nikkei. com/Spotlight/The-Future-of-Asia-2018/Indonesia-making-preparations-to-join-TPP.

第四，印尼试图代表东盟发挥更积极的作用，在地区大国博弈中赢得尊重和声誉，巩固东盟在地区合作中的中心地位。印尼的地区战略大多数是以东盟为基础的，当然也试图成为东盟的天然代表。作为二十国集团的唯一正式代表，印尼对新加坡代表全球治理组织列席参加并没有表示太大异议，但对东盟秘书长和东盟轮值主席国政府首脑也列席参加却有不同的意见。当前，东盟秘书长基本上已经不再参加二十国集团大会了，但东盟轮值主席国政府首脑基本上还能够作为嘉宾参加，这在一定程度上代表着东盟的重要性。然而，无论如何，印尼要想名副其实地彰显自己的身份和作用，不仅需要在二十国集团这样的全球性舞台上表现得更加积极，而且需要其他国家的关注、尊重甚至认同。因此，尽管在总体实力上相比中美等大国仍具有较大差距，然而，印尼却能够将二十国集团的议题和东亚峰会的议题更好地衔接起来，从而让中美等在全球性议题上具有更广泛话语权的国家尊重和重视印尼的政策主张，从而体现出这些国家真的认可东盟在地区合作中的中心地位。

总的来说，佐科第二任期的地区战略依然是以自身利益为界定起点的，但会比其第一任期更加积极进取，进一步推进以东盟为核心的地区合作，以东盟整体发展促进本国发展，从而在这种联动效应中促进印尼的国家利益。尽管《东盟印太展望》受到了许多批评，如这个概念过于抽象，缺乏实际相关性，但在域外大国提出的印太概念中，东盟仍需要强调其关于地区架构的共同观点。① 当然，《东盟印太展望》也不可能成为约束包括印尼在内的东盟成员国的政策性文件，其最终效果仍需进一步观察。印尼推动这一进程也不意味着其要在中美战略博弈过程中进行选边站。印尼不可能加入任何军事集团或任何在军事上遏制中美或其他国家的集团。另外，地区国家也要认识到，东盟始终强调通过合作及外交协商达成共识的方式会让印尼扮演印太地区的关键角色。②

---

① Tiola, "Joko Widodo's Re-Election and Indonesia's Domestically Anchored Foreign Policy," *Asia Pacific Bulletin*, No. 487, August 13, 2019, East West Center, https://www. eastwestcenter. org/system/ tdf/private /apb487_ 0. pdf? file = 1&type = node&id = 37240.

② Yohanes Sulaiman, "Whither Indonesia's Indo-Pacific Strategy," *Notes de l'Ifi, Asie. Visions*, No. 105, January 2019, p. 4. https://www. ifri. org/sites/default/files/atoms/files/sulaiman_ indonesia_ indo_ pacific_ strategy_ 2019. pdf.

小　结

作为东南亚面积和经济总量最大的国家，印尼因其在东盟安全与防务议程上提出各种政策建议而常常被认为是东盟的合法领导。[①] 尽管佐科政府第一任期的外交政策发生了明显转变，强调要将印尼建成一个全球海洋轴心，促进国内民众福利发展，但其作为东盟领导的地位是不可能改变的。东盟领导地位有助于印尼巩固其在二十国集团内的影响力，这反过来也有助于增强其在东盟中的战略地位。无论是过去还是未来，印尼与东盟的关系都取决于其从合作中获得的好处，确保其发挥的任何角色都与能否获得这些好处及获得好处的多少密切相关。[②] 在这种情况下，包括中国在内的东盟伙伴与印尼加强合作关系是必然的，也是必需的。2020 年是中国与印尼建交 70 周年[③]，双方不仅应进一步加强在经济和基础设施方面的合作，持续深化共建"一带一路"[④]，还要加强在军事和安全方面的合作[⑤]，推动双边全面战略伙伴关系走深走实，让两国和两国人民都有获得感和成就感，也有利于推动中国和东盟命运共同体建设，为继续稳定和进一步改善中国周边战略环境奠定基础。

[①]　Gibran Mahesa Drajat, "Assessing Indonesia's Leadership in the Advancement of ASEAN Political-Security Community under President Joko Widodo," *AEGIS*, Vol. 2 No. 2, March 2018, p. 138.

[②]　Bama Andika Putra, "Indonesia's Leadership Role in ASEAN: History and Future Prospects," *IJASOS- International E-Journal of Advances in Social Sciences*, Vol. 1, Issue 2, August 2015, p. 196.

[③]　"Indonesian FM: Year 2020 is an Important Momentum for Strengthening the Comprehensive Strategic Partnership between Indonesia and China," 17 December 2019, Portal Kementerian Luar Negeri Republik Indonesia, https://kemlu. go. id/portal/en/read/901/berita/indonesian-fm-year-2020-is-an-important-momentum-for-strengthening-the-comprehensive-strategic-partnership-between-indonesia-and-china.

[④]　《习近平同印尼总统佐科通电话》，2020 年 4 月 2 日，中华人民共和国外交部网站，https://www. mfa. gov. cn/web/zyxw/t1765230. shtml。

[⑤]　Hardi Alunaza, Moh Sarifudin, Dini Septyana Rahayu, "The Strategic Cooperation between Indonesia and Tiongkok under Jokowi's Foreign Policy towards Global Maritime Diplomacy," *Indonesian Journal of Social Sciences*, Vol. 9, No. 1, p. 14.

第八章　后苏哈托时代印尼—美国关系

　　印尼与美国互视对方为重要的国际角色，都重视双边关系的发展。印尼在摆脱日本殖民统治后，于 1945 年 8 月 17 日宣布独立。在随后反荷兰、英国的殖民战争中，美国出于建立"从北海道到苏门答腊岛屿防务链"，包围共产主义国家的战略需要，支持新生的印尼国家。美国不仅参与主导"斡旋"印尼政府与荷兰签订《伦维尔协定》，还以经济制裁胁迫荷兰放弃在印尼的殖民利益，在联合国为印尼发声。客观而言，美国的支持是印尼取得最终独立的一个重要的外部条件。1949—1998年，印尼坚持"独立和积极"的中立不结盟外交政策，与美国的关系经历了友好、冲突、缓和与恶化的曲折变化。① 大致而言，苏加诺对内倡导"纳沙贡"（NASAKOM，即民族主义、宗教和共产主义）；对外推动"新兴力量"团结合作，防范和抵抗新老殖民主义和帝国主义的颠覆、分裂活动。美国想将印尼纳入其主导的全球战略格局与印尼防范美国侵犯其独立、完整主权的斗争贯穿始终。1965 年"9·30"事件后上台的苏哈托总统对内推行"新秩序"政策，对外亲美反共，主动适应美国亚洲战略需要，建立了具有准盟友性质的印尼—美国战略伙伴关系。印尼一方面争取美国经济和军事援助以巩固政权，发展经济；另一方面迎合美国的"全球遏制"战略，与日本、韩国一道嵌入美国的"岛屿战略"，支持美国在远东的冷战和热战。美国则默许印尼入侵吞并东帝汶，协助它拓展国际空间，推动与印尼的经贸往来，加大对印尼的国防和发

---

① 孙丽萍：《双重的矛盾——印度尼西亚与美国关系的历史解析（1949—1966）》，《史学集刊》2007 年第 2 期，第 90—96 页。

展投入。美国是 20 世纪七八十年代印尼国际地位提高及经济腾飞的主要支持国。20 世纪 90 年代初，冷战结束，潜伏在印尼与美国之间的人权、民主等价值观分歧日益严重，两国关系恶化，美国不再支持苏哈托政权。

1998 年苏哈托下台，印尼开始了民主化进程，印尼—美国关系有了新的发展平台，两国政治安全、经贸往来和人文交流进入新时期。纵向而言，二十多年来，印尼—美国关系发展经历了三个阶段：第一阶段，20 世纪末至 21 世纪第一个 10 年，是印尼民主化初期，两国关系基本上处于恢复阶段；但在 2005 年后，两国关系获得了突破性进展，并酝酿建立伙伴关系。第二阶段，2010 年至 2016 年，适应美国重返亚太和推行"亚太再平衡"战略的需要，印尼—美国关系取得了实质性提升，从 2010 年的全面伙伴关系（The U. S. -Indonesia Comprehensive Partnership）升级为 2015 年的战略伙伴关系（U. S. -Indonesia Strategic Partnership）。第三阶段，2017 年至今，由于特朗普政府推行"美国优先"政策，印尼—美国关系受到全面冲击，基本处于原地踏步的停滞状态。

本章将从两国的外交逻辑入手，从理论上分析两国相互定位的"错位"给两国关系的进一步发展所设置的障碍；然后梳理、总结二十多年来两国在安全、经贸和人文交流三大领域的关系发展状况；最后尝试回答三个问题：两国满意双边关系的发展吗？印尼和美国能否胜任对方所赋予的角色？两国关系未来发展的轨迹是什么？

第一节　印尼与美国的外交逻辑：
动态平衡与制衡之术

在国际社会，国家选择哪个（些）国际行为体作为重要交往对象，推行什么政策，发展何种层次的关系，以及中近期甚至远期目标是什么，都受国家对外逻辑的支配。印尼和美国都有自己的逻辑，从表面上看，其逻辑有契合之处，这也是印尼与美国关系发展的初始动力；但其逻辑发展到迫使国家必须做出非此即彼的唯一选择时，它们之间的矛盾就会凸显，两国关系也就触碰到了"天花板"，甚至可能倒退。

印尼对外关系的逻辑是"动态平衡"（dynamic equilibrium）。在经济学中，动态平衡是指"需要连续调整虽不断变化但平衡良好的条件（例如走钢丝的人），以保持其当前或稳定状态"。动态平衡本来就是印尼"自由和积极"外交政策的核心原则，意即印尼不会与任何大国结盟，而是在国际事务中扮演一个建设性的积极角色。① 只是在冷战大格局下，印尼政府维持平衡的动态频率过低。在后苏哈托时期，印尼政府调整了外交路线。瓦希德（Abdurrahman Wahid）总统推动印尼外交走向全球主义；苏希洛（Susilo Bambang Yudhoyono）总统发展了"千友零敌"的对外关系。2010 年，印尼时任外交部长马蒂·纳塔莱加瓦（Marty Natalegawa）首次用"动态平衡"概念阐述印尼的区域秩序观。该概念设想通过国际体系的创造和维护，构建一个权力关系合作体系，体系中的国家通过接受共同规范（即东盟规范，指和平解决冲突、自我克制和互不干涉）来培养相互间的信任。② 2011 年，印尼在担任东盟轮值主席国后，"动态平衡"一词在印尼官员和美国的对话中频繁出现。2012 年 6 月 3 日，美国防长莱昂·帕内塔（Leon Panetta）刚在香格里拉对话会上正式提出"亚太再平衡战略"，印尼国防部长普尔诺莫·尤斯吉安托罗（Purnomo Yusgiantoro）就公开表态："我们欢迎美国在亚洲推行再平衡，它对区域稳定、动态平衡和维持亚洲均势是必要的。"③ 印尼副总统政治事务副秘书长德维·福图纳·安瓦尔（Dewi Fortuna Anwar）通过比较苏哈托新秩序时期的"平衡外交"之后认为，与传统的对抗性的"力量平衡"概念不同，"动态平衡"力图将相关的主要力量都纳入一个合作框架内，以此作为发展包容性区域架构的基础。④ 佐科政府继承了"动态平衡"理念，并希望将东盟规范推广于整个印度—太平洋范围，影响目标国的政策偏好和

① Dr Natasha Hamilton-Hart and Dr Dave McRae, *Indonesia*：*Balancing the United States and China*，*Aiming for Independence*, The United States Studies Centre at the University of Sydney, November 2015. https:// united-states-studies-centre. s3. amazonaws. com/attache/31/5b/54/2d/26/5f/a0/c3/4b/24/b6 /c4/c2/50/14/ad/MacArthur-Indonesia-ONLINE. pdf.

② M. Natalegawa, "Indonesia's Foreign Policy：Waging Peace, Stability, and Prosperity," In U. Fionna, S. D. Negara & D. Simandjuntak（Eds），*Aspirations with Limitations*：*Indonesia's Foreign Affairs under Susilo Bambang Yudhoyono*, Singapore：ISEAS Publishing, 2018, pp. 14 – 32.

③ Veeramalla Anjaiah, "RI, US to Hold Joint Exercises, involving 1, 800 Personnel," *Jakarta Post*, 5 June 2013.

④ Dewi Fortuna Anwar, "Indonesia's Foreign Relations：Policy Shaped by the Ideal of Dynamic Equilibrium'," *East Asia Forum*, February 4, 2014.

行为，实现"多样化的相互依赖关系"，为印尼创造更多的外交选择。

学界将"动态平衡"概念作为研究印尼外交的抓手。美国学者格雷戈里·B. 博林（Gregory B. Poling）认为，印尼提出"动态平衡"战略的初衷，主要是因为美国和中国的优势已经使传统的权力均势战略不堪重负，它试图在亚太地区通过平衡美国、中国、印度、澳大利亚、日本、韩国和俄罗斯等单独或联合力量来避免冲突的希望渺茫。因此，印尼设想建立由中等大国驱动的一系列区域机制，在这些机制中，没有一个国家占主导地位，也没有一个国家被排除在外。博林指出，"动态平衡"系统有三个关键点：一是"动态平衡"理念的核心，就是创建和维护一个在所有参与者之间建立信任和规范的系统，而该系统的核心应该是扩大了的东盟机构，包括东亚峰会（EAS）、扩大了的东盟国防部长会议（ADMM＋）和东盟海事论坛（AMF），以及区域内其他双边和三边关系网络。二是多样性机制是"动态平衡"成功的奥秘。"动态平衡"将每个亚太国家（尤其是中、美两个大国）纳入互惠互利的关系网，达成传统均势所不能实现的"共赢"结局。三是建立"动态平衡"的唯一方法，就是将每个参与者逐步纳入多重机构中，不存在单一的主导权力。实践证明，中美竞争和中美共同主导都是不可持续的，"动态平衡"是最好的选择。① 有学者总结认为，"动态平衡"就是东盟发挥中心作用、所有参与者都被纳入互惠互利的关系网络和不存在大国主导。② 总而言之，动态平衡即东盟之外无中心，东盟之内皆共赢。

印尼遵循"动态平衡"逻辑发展与美国的关系，具体表现在以下方面：第一，美国不是东盟区域的主导国而是东盟规范的遵从国，印尼不会寻求在东盟机制之外发展与美国的特殊关系。第二，平衡美国与中国势力是"动态平衡"的核心诉求，也是印尼发展与美国关系必须面对的敏感

① Gregory B. Poling, *Dynamic Equilibrium*: *Indonesia's Blueprint for a 21*ˢᵗ *Century Asia Pacific*, March 8, 2013, https://www.csis.org/analysis/dynamic-equilibrium-indonesia% E2% 80% 99s-blueprint-21st-century-asia-pacific.

② Evan A. Laksmana 在总结印尼学界关于"动态平衡"的讨论后，总结出这三大要素。参见："Drifting towards Dynamic Equilibrium: Indonesia's South China Sea Policy under Yudhoyono," in Ulla Fionna & Dharma Negara & Deasy Simandjuntak (Eds.), *Aspirations with Limitations*: *Indonesia's Foreign Affairs under Susilo Bambang Yudhoyono*, Singapore: ISEAS-Yusof Ishak Institute, 2018, pp. 153 – 175.

问题。即如印尼官员所谨慎地强调的，印尼的立场是在中、美之间不偏不倚，寻求两国之间的"动态平衡"，避免过分接近或依赖其中一方。第三，印尼遵循"动态平衡"逻辑体现了印尼外交积极进取的一面，因为"平衡"本是一种战略游戏，考验着主导者掌控大局的能力与技巧。悉尼大学美国研究中心的娜塔莎·汉密尔顿—哈特和戴夫·麦克雷两位博士对此深有研究。

　　美国外交的一般逻辑是"制衡"。在国际政治中，制衡总是与平衡、均势等互相包含的；制衡之术即达到平衡、均势状态的谋划和途径。美国外交中的制衡基因遗传自欧洲的自由主义思想、美国本土的"实用主义"哲学、"三权分立相互制衡"的立宪体制，以及在独立战争中推行的欧洲大陆强国——法国制衡宗主国英国的外交实践。在不同时期，"制衡"有不同的名称：第二次世界大战后的"遏制战略"、60 年代末尼克松的"缓和与均势战略"、80 年代里根的"以实力求和平"对外总战略等——或可概言之：持续近半个世纪的冷战就是一个两极制衡格局。在后冷战时期，美国虽然成为唯一的超级大国，但它还没有能力主宰世界事务，仍然需要依靠"制衡之术"从中渔利。米尔斯海默以"离岸平衡手"演绎了美国制衡逻辑的当代含义：均势或推卸责任。[1] 布热津斯基甚至按照对美国威胁程度的高低，将欧亚大陆上的国家排列成一个美国制衡的优先次序表。[2] 在总结欧美近百年的外交经验之后，基辛格认为，在未来世界秩序蓝图中，均势和合法性是两个基本的要件。"冷战胜利使得美国进入一个非常类似 18、19 世纪欧洲国家体制的世界……在五六个大国以及许多小国参与其中的国际体制，就和过去数个世纪一样，（美国）必须借由调和、均衡各自竞争的国家利益去建立秩序。"而且"俾斯麦式的均势运作方法，可能更适合美国传统上处理国际关系的方式"[3]。可见，制衡之术贯穿于美国国际战略和外交始终，并可能一直持续下去。美国重视与印尼

---

　　① ［美］约翰·米尔斯海默：《大国政治的悲剧》，王义桅、唐小松译，上海人民出版社 2003 年版。该书第十章"21 世纪的大国政治"设想美国在东北亚制衡中国的失败可能导致新一轮的悲剧重演。

　　② ［美］兹比格纽·布热津斯基：《大棋局——美国的首要地位及其地缘战略》，中国国际问题研究所译，上海人民出版社 2010 年版。

　　③ ［美］亨利·基辛格：《大外交》，顾淑馨、林添贵译，海南出版社 1997 年版，第 747—773 页。

的关系，在于印尼具备美国看重的优势①，包括东盟稳定和繁荣，自然安全（Natural Security）②，区域安全架构，民主、多元主义和人权，全球调解，反对恐怖主义和避免海洋公地悲剧等。美国要在西太平洋和东南亚地区发挥重大影响，必将与印尼发展战略关系，拉拢印尼并将其势力植入东盟。根据美国外交"大棋局"和"离岸平衡手"战略构想，"美国与印尼合作应对中国崛起及中国对南海的主权诉求"排在最优先位次，其次才是应对伊斯兰极端势力在东南亚的扩张及打击海盗和东南亚其他跨国犯罪。③ 可见，美国在亚太的首要任务就是制衡中国。在 21 世纪第二个 10年里，美国相继出台的"亚太再平衡战略"和"印太战略"都体现了这一核心布局。总之，美国想以印尼为切入中国东南周边的据点，在东南沿海地区构筑围困中国崛起的"反 C 形包围圈"。

　　印尼的"动态平衡"与美国的"制衡"虽然都含有"平衡、均势"之意，但它们是两种截然不同的逻辑：印尼只是"动态平衡"体系的主要设计者和一般参与者。在战略上，印尼不会参与一方对另一方的制衡，它只是维持平衡的"支点"中的重要部分，当体系出现失衡趋势或状态时，印尼会连同机制内的其他国家一道调整政策以维持相对平衡状态。具体到美国、印尼和中国三角关系，印尼只是美国与中国天平两端中间的支点，目的是保持中美在区域内的大体均势。而在美国的制衡之术中，美国本身是制衡的一方，为增加对被制衡一方的绝对优势，它会

---

①　Abraham M. Denmark, Rizal Sukma and Christine Parthemore, *Crafting a New Vision: A New Era of U. S. -Indonesia Relations*, Center for a New American Security（2010），https://www. jstor. org/stable/pdf/resrep 06431. pdf? refreqid = excelsior%3A519fe6fdd9d832ae49b2239cd93f602f.

②　"自然安全"是新美国安全中心学者沙龙·伯克（Sharon Burke）创造的一个概念，意即国家安全和获取自然资源、生物多样性、能源及气候变化的交集（Natural Security is defined as the intersection of national security, access to resources, biodiversity, energy, and climate change）。参见：*What is Natural Security?* https://www. cnas. org/publications/blog/what-is-natural-security. 由于印尼有覆盖着森林的 17000 多个群岛、丰富的自然资源（包括海洋资源）、世界第二大陆地生物多样性生境，以及扮演着与污染斗争和影响气候变化的重要角色，美国学者认为，印尼有潜力成为世界上第一个自然安全超级大国（natural security superpower）。

③　Joshua Kurlantzick, "Keeping the U. S. -Indonesia Relationship Moving Forward," *Council Special Report* No. 81, February 2018. https:// cdn. cfr. org/sites/default/files/report _ pdf/CSR81 _ Kurlantzick_ Indonesia_ With% 20Cover. pdf.

拉拢其他国家加入它的阵营，形成绝对优势下的平衡状态。[①] 印尼的"动态平衡"逻辑和美国的"制衡"逻辑间的两大不同点就在于：在身份上，印尼是调节者，保持不偏不倚，美国是制衡者，为自己"加码"以争取更大的优势；在目标上，印尼希望维持区域内主要势力的相对平衡状态，美国则是要取得绝对优势下的稳定状态。因此，印尼与美国的关系存在持续的张力，也难怪美国多有抱怨：美国与印尼关系的"潜力"很大但就是无法实现。究其原因，就在于两国对外关系的逻辑不同。

在后苏哈托时代，印尼与美国关系的发展有几个关键的时间节点：2001 年"9·11"恐怖袭击事件及 2002 年印尼巴厘岛恐怖爆炸事件刺激了两国加速合作进程，尤其是在安全合作方面；2010 年奥巴马总统访问印尼并签署全面伙伴关系协议；2012 年正式提出"亚太再平衡战略"，印尼—美国逐渐进入战略伙伴关系阶段。2017 年特朗普入主白宫，实施禁穆令、支持以色列并承认耶路撒冷为以色列首都，提出"印太战略"，此时美国偏离了一贯的"制衡"逻辑，追求"美国优先"下的绝对霸权。印尼的战略地位下降了，印尼—美国关系基本上处于原地踏步的平静发展状态。下文将从安全、经贸和人文交流三个方面梳理印尼—美国关系发展状况。

第二节 后苏哈托时代印尼—美国关系的主要内容

苏哈托"新秩序"时代的终结开启了印尼西式民主化道路。共同的西方民主价值观成为印尼与美国发展关系的新基础。概括而言，安全合作关系是印尼与美国最看重的领域；由于印尼国内经济民族主义及不成熟的市场规则，两国的经贸合作仍处于较低水平，美国仍然没有进入印尼的一些重要经济领域；两国人文交流接地气，从教育交流到村民清洁饮水和贫困地区的远程医疗等，深受印尼百姓的欢迎。

---

① 英国学派学者马丁·怀特认为，"均势"（balance）概念模糊，已经完全失去了最初的"平衡"（equilibrium）之意；维持均势也可能意味着拥有决定性的优势。参见［英］马丁·怀特著，［英］赫德利·布尔、卡斯滕·霍尔布莱德编《权力政治》，宋爱群译，世界知识出版社2004 年版，第 114—127 页。

一　印尼—美国安全合作

在新秩序时期，印尼虽然加入了不结盟运动（NAM），没有与美、苏中的任何一方结盟，但是印尼的精英们还是倾向于将美国视为非官方的伙伴，两国是准联盟的关系。在冷战结束后，美国视印尼为潜力巨大的国家和市场，有意加强与苏哈托政权的联系，但因印尼军队 1991 年 11 月在东帝汶进行的有组织大规模侵犯人权事件，美国国会中止了对印尼的国际军事教育与培训项目（International Military Education and Training，IMET），同时限制印尼获得美国军事援助。后在美国国防部及政府人士的推动下，1993 年美国政府对印尼实施扩大版的 IMET，有条件地准许美国与印尼防务部门建立联系，并资助印尼军人参加美国军事院校一些课程的学习，体验美国文化，实地考察军队在民主社会里的作用。但是，印尼军队的不良人权纪录让美国感到如鲠在喉，1994 年，美国国会加大对印尼军售的限制力度，两国军事合作协议也中断达十年之久。① 1999 年印尼精英特种作战部队 KOPASSUS 在东帝汶独立公投期间制造了更大的暴力事件，美国国会随即通过莱希修正案（Leahy Amendment），完全禁止对印尼的军事训练和武器转让。印尼与美国的安全关系陷入谷底。

2001 年"9·11"恐怖袭击事件及 2002 年巴厘岛爆炸案、2003 年雅加达万豪国际大酒店爆炸案，为两国安全合作提供了契机，即它们都面临着恐怖主义威胁，而东南亚是国际恐怖主义组织的聚集地之一，印尼与美国需要在反恐上加强合作；美国还需要通过印尼修复与伊斯兰世界的关系。正是有了安全合作的现实基础，2010 年之前，印尼与美国的安全合作逐步恢复，即逐步松绑 20 世纪 90 年代以来美国对两国安全合作的限制，主要表现在如下方面：

第一，完全恢复了对印尼的 IMET。根据《1976 年国际安全援助法案》设立的 IMET，是美国国家安全战略的重要组成部分，一向被视为向外国和外军提供援助的成功方式和施行对外政策的有效工具；1990 年，在美国参议院拨款委员会的提议下，IMET 被赋予在其他国家内推进民主

---

① 仇朝兵：《美国对印度尼西亚军政关系民主化改革的影响》，《美国研究》2008 年第 3 期，第 98—118 页。

价值观念的责任，即 E-IMET。这就使 IMET 能更好地服务于美国国家利益和战略目标。美国国防部前部长威廉·佩里（William J. Perry）将之称为"预防性防御"战略的重要组成部分。① 在冷战期间，美国对印尼实施 IMET，1991 年中止，1993 年有条件地对印尼实施 IMET。能否恢复对印尼的 IMET 成为检验两国安全关系的标志。2001 年，梅加瓦蒂总统访问美国，小布什总统当即承诺，支持扩大两国军队之间的接触并恢复定期例会，设立双边安全对话机制，启动多边演习，支持印尼参加扩大版的 IMET 项目，取消向印尼提供非致命性国防用品的禁令。2004 年底，印度洋海啸暴发，美国多名重要官员视察印尼灾区，呼吁恢复两国之间的安全合作关系。美国时任国务卿赖斯在一次重要会议上表示："现在是让印尼重获美国国际军事教育与培训计划的最好时机。"② 2005 年初，美国对印尼全面开放 IMET 项目，对印尼军事人员进行专业技能培训。对印尼完全开放 IMET，被视为印尼与美国军事交流合作的新开端。

　　第二，明确了两国安全合作的主要领域。2001 年，两国总统明确了安全合作的主要内容，即打击恐怖主义、盗版、有组织犯罪、贩运人口、麻醉品和小型武器走私等其他跨国犯罪。③ 为此，一是两国通过关于恐怖主义和宗教宽容的联合声明，特别强调在反恐中区分伊斯兰教和暴力极端分子的重要性。二是两国总统都认识到，军事改革是印尼向成熟和稳定民主过渡的重要因素，美国支持印尼军队改革和专业化建设，一方面提升印尼安全部队打击恐怖主义的能力。2002 年 8 月，美国国务卿鲍威尔访问印尼，承诺向印尼提供 5000 万美元的援助，用以协助印尼安全部队的改革。④ 另外提供 1000 万美元用于印尼警察培训。2005 年开始帮助印尼建立反恐部队"Detachment 88"。另一方面，适应国家民主化发展要求推动印尼军队建设，实行文职控制和问责制，提升印尼军队的人道主义援助和

① 杜飞：《"预防性防御"：美国"国际军事教育与训练"项目述介》，《高等教育研究学报》2015 年第 1 期，第 51—55 页。

② 钟天祥：《印尼欢迎美国恢复提供军训》，《联合早报》2005 年 1 月 28 日。

③ Joint Statement between the United States of America and the Republic of Indonesia, September 19, 2001，美国政府网站（https://www.govinfo.gov/content/pkg/WCPD-2001-09-24/pdf/WCPD-2001-09-24-Pg1340.pdf）。

④ Anthony L. Smith, "A Class Half Full: Indonesia-U. S. Relations in the Age of Terror," Contemporary Southeast Asia, Vol. 25, No. 3 (December 2003), pp. 449 –472.

联合救济行动的能力。三是协助印尼国内治安体系改革。2002 年，美国提供 1.3 亿美元支持印尼法律和司法改革；2004 年，两国同意建立联合工作组，以交流经验并加强在司法领域及其他共同关心的相关问题上的合作。① 美国还支持印尼地方和平发展，2002 年向亚齐地区提供 500 万美元用于支持宗教和解的努力。

第三，建立了两国安全对话机制。一是双边安全对话机制。2001 年 9 月 19 日，两国总统率领国防部、外交部等相关机构在华盛顿举行首次"印尼—美国安全对话"，由此建立了两国间高层安全对话机制。在 2005 年 8 月初的第三次对话会上，印尼国防部长尤沃诺·苏达索诺（Juwono Sudarsono）赞扬说，该对话机制为两国共同应对安全挑战，进一步加强两国国防合作提供了表达观点及培养新想法的平台。② 对美国而言，该对话机制为美国对印尼及其周边地区的了解和军事参与提供了渠道；对印尼而言，安全对话有利于印尼的国防现代化建设。二是双边防务对话（USIB-DD）机制。从 2002 年开始，美国与印尼举行年度"美国—印尼双边防务对话"。通过双边防务对话，印尼提高了国防实力；美国则加强了对印尼防务政策的影响力。在安全对话机制下，美国、印尼两国陆续签署了一系列合作协议，有些协议影响深远，比如，2015 年 1 月，印尼国防部和美国防务改革研究院签署合作备忘录，规定在 2015—2019 年，后者参与印尼国防部、印尼国民军总部和印尼海陆空三军建设。

第四，两国恢复了直接军事交流。2005 年 7 月，美国与印尼在爪哇举行联合军事演习；美国解除了对印尼的军售禁令，恢复与印尼冻结长达十几年的双边军事关系。2006 年 11 月，美国总统布什访问印尼并与印尼总统苏希洛举行会谈，双方同意进一步加强军事合作关系。2007 年 6 月 3 日，美国国防部长罗伯特·盖茨（Robert Gates）和印尼国防部长苏达索诺在新加坡举行会谈，就地区安全局势、防务政策及两军信任措施交换意见。

---

① *Joint Statement Between the United States of America and the Republic of Indonesia*, May 25, 2005, 美国政府网站（https://www.govinfo.gov/content/pkg/WCPD-2005-05-30/pdf/WCPD-2005-05-30-Pg880.pdf）。

② *Indonesia-United States Security Dialogue III*, August 2 – 3, 2005, http://www.kemlu.go.id/en/berita/siaran-pers/Pages/INDONESIA-UNITED-STATES-SECURITY-DIALOGUE-III.aspx.

印尼与美国酝酿建立"全面伙伴关系"催生了两国关系的深入发展。2008年11月，印尼总统苏希洛在美国—印尼协会上提出建立两国"全面伙伴关系"；次年2月，美国国务卿希拉里·克林顿（Hillary Diane Rodham Clinton）在讲话中表示接受"伙伴关系"的提法。2010年3月，印尼外长马蒂·纳塔莱加瓦在美国—印尼协会会议上指出，美国与印尼的伙伴关系应该涵盖教育、科学与技术、贸易与投资、能源、食品安全、安全、善治、环境和健康等所有重要领域。4月，印尼副总统布迪奥诺（Boediono）重申期待开启美国与印尼间平等伙伴关系的新时代。6月，美国与印尼召开联合新闻发布会，对外界正式宣布两国即将建立"全面伙伴关系"[1]。7月，美国在印尼没有满足美国国会设定条件的情况下，取消了对训练TNI精锐特种部队KOPASSUS的12年禁令。[2] 11月，美国总统奥巴马访问印尼，两国正式签订"美国—印尼全面伙伴关系"协议。两国安全合作进入深度发展阶段。

第一，两国政治与安全合作被置于优先位置。根据《美国—印尼全面伙伴关系行动方案》，印尼与美国的安全合作包括人的安全、国家安全、区域安全和世界安全合作。具体内容包括：加强印尼国内的执法能力（警察力量及法律部门）建设，确定民主制下的警民关系，维护国内稳定；加强印尼的国防力量尤其是空军和海军建设，应对传统安全和非传统安全威胁；建立印尼维和培训中心和警察维和培训中心，支持印尼在联合国及东盟地区的维和作用。[3] 在2011年11月两国总统确定的协议清单中，"政

---

[1] *The U. S. -Indonesia Comprehensive Partnership*，June 27，2010，美国白宫网站（https://obamawhitehouse. archives. gov/the-press-office/us-indonesia-comprehensive-partnership）。

[2] James Balowski，*US Expands Arms Sales to Indonesia*，10 September 2013，https://redflag. org. au/article/us-expands-arms-sales-indonesia.

[3] 政治与安全合作的计划包括：（1）发挥巴厘民主论坛（BDF）之类的双边、区域和多边对话机制的作用，加强对话和能力建设，深化和扩大在促进善政、民主和人权方面的合作。（2）根据《联合国宪章》和人权公约，在平等的基础上维护所有人的人权和基本自由。（3）通过联合国并与东盟等有关机构合作，寻找保护和增进人权方面的共同点。（4）成为维护东南亚及其他地区及国际和平与安全的伙伴。通过诸如东盟、东盟地区论坛（ARF）和联合国等区域和多边机制，促进国际和平与合作。（5）通过对话和能力建设，加强双边国防和安全合作。根据两国签署的国防合作框架协议，合作主要包括安全部门改革、培训、教育、人员交流、情报交换、维和行动、海洋安全、核安全和核安保、人道主义援助/救灾和军事装备等领域。（6）加强预防和应对区域安全中的非传统挑战的合作。包括灾害管理和应对、海洋安全、反恐、非法移民和人口贩运、非法毒品贩运、非法贩运核材料和放射源、传染病、腐败、洗钱、网络犯罪和国际（转下页）

治与安全"被置于两国合作三大支柱的首位（其后分别是经济与发展合作，社会文化、教育、科学和技术合作）①。2013 年 10 月全面伙伴关系联合委员会年度会议（JCM）明确了六个工作组的主要任务。其中，安全工作组的任务包括：一是推进印尼国防现代化，增强印尼在区域和全球安全中的作用；二是发起国防计划对话（Defense Planning Dialogue），加强双边国防合作，交流两国国防部门组织及管理经验；三是根据 Excess Defense Article（EDA）F – 16s 规定，外国军售法（Foreign Military Sales, FMS）适用于印尼，准许向印尼出售先进武器装备。②2014 年，佐科就任印尼总统，提出了以"全球海洋支点"战略为核心的国家建设大纲。2015 年 10 月，佐科总统访问美国，在随后的两国联合声明中，防务合作被置于重要位置。契合印尼"全球海洋支点"建设需要，两国按照新版《海洋合作谅解备忘录》加强海洋安全方面的合作，美国国际开发署（USAID）、司法部和国防部等将通过技术和执法指导，协助印尼改善海上基础设施以增强联通性，确保航海安全，联合打击 IUU 捕鱼。印尼与美国的军事合作有了更具实质性的内容。

（接上页）经济犯罪、自然资源犯罪、非法采伐及其相关贸易，以及非法、无管制和未报告的捕鱼活动（IUU）；加强能力建设、边境管理及信息交流和双边定期磋商机制；突出东盟和 ARF，以及雅加达执法合作中心（JCLEC）的作用。(7) 重申通过建立东盟共同体发挥东盟在区域合作中的主要动力作用，并重申美国在维护东南亚和平与安全方面的重要作用，包括美国加入《东南亚友好合作条约》，并努力解决与《东南亚无核武器区条约》(the Treaty on the Southeast Asia Nuclear Weapons Free Zone) 有关的未决问题。(8) 根据《不扩散核武器条约》《禁止化学武器公约》和《禁止生物武器公约》，通过合作实现大规模杀伤性武器（WMD）的裁军和不扩散，促进国际和平与安全，并争取批准《全面禁止核试验条约》（CTBT）。(9) 通过加强印尼维和培训中心的能力建设，增强联合国维和行动方面的合作，支持建立警察维和培训中心，并将这些中心发展为未来区域维和培训中心的网络枢纽。(10) 进一步在加强执法和法律援助方面的密切合作，包括在有关国际法律文书范围内从两国或第三国各自的管辖区追回国际资产；继续努力达成双边司法互助条约。(11) 通过信息交流和建立应对危险物品泄漏的能力，加强在海事和海洋事务中的密切合作。(12) 秉持增强多边主义，加强联合国在维护和促进国际和平与安全中的作用，继续努力有效推进联合国系统改革。参见：*Plan of Action to Implement the Indonesia-U. S. Comprehensive Partnership*，September 17，2010，https://2009-2017. state. gov/p/eap/rls/ot /2010/147287. htm.

①　*Fact Sheet United States-Indonesia Comprehensive Partnership*，November 18，2011，https://obamawhitehouse. archives. gov/the-press-office/2011/11/18/fact-sheet-united-states-indonesia-comprehensive-partnership.

②　*United States-Indonesia Comprehensive Partnership*，October 8，2013，https://2009-2017. state. gov/r /pa/prs/ps/2013/10/215196. htm.

第二，2010 年建立了统筹两国安全合作的美国—印尼联合委员会（UIJC），该委员会下设安全工作组。安全工作组的职能包括：一是丰富了安全对话机制的职能。安全对话涵盖海上安全、人道主义援助和救灾、维和、国防改革和职业化、跨国犯罪和反恐，以及虚拟空间和信息技术安全等。二是美国通过对外军事援助项目（FMF/IMET）继续深化印尼军队的现代化和职业化改革，包括 C-130 程序库维护、综合海上监视系统（IMSS）和提供系统升级支持。三是支持印尼在区域安全上的中心地位，发挥印尼在全球安全中的积极作用；通过《全球维和行动倡议》继续支持印尼和平与安全中心（IPSC）的发展，包括营房建设、联合国维和重型建筑设备、汽车驾驶模拟器和培训车辆，扩展语言培训中心。四是美国和印尼共同担任东盟国防部长会议反恐专家工作组的联合主席。

第三，签署了系列安全合作协议，保障安全合作的稳定有序发展。这些协议包括两国国防部签署《关于全面国防合作的联合声明》，承诺深化以下六大领域合作：海洋合作、维和、人道主义援助和救灾、国防联合研发、应对跨国威胁和军队专业化；并继续探讨两国共同开发国防装备、后勤保障和海上安全领域的合作。[①] 此外，《国防合作框架协议》为两国在安全领域的合作提供了制度化的保障；通过《通信的互操作性和安全协议备忘录》（CISMOA）促进两国武装部队之间的互操作性和支持印尼军队现代化发展；发起"防御计划对话"，交换防务信息等。

第四，美国加大对印尼出口先进武器。除了 F-16 战机、小牛导弹和阿帕奇直升机等武器出口外，2011—2015 年，美国共向印尼出售了七批军事装备和服务：2011 年 11 月，向印尼出售 24 架 F-16C/D Block 25 飞机及其相关设备和服务，计 7.5 亿美元；2012 年 8 月，向印尼出售 18 枚 AGM-65K2 MAVERICK 全方位导弹及相关设备和服务，计 2500 万美元；9 月，向印尼出售 8 架 AH-64D APACHE Block III LONGBOW 攻击直升机以及相关设备，计 14.2 亿美元；2012 年 11 月，向印尼出售 180 枚 I 标枪导弹及相关设备，计 6000 万美元；2013 年 8 月，美国国防部长查克·黑

---

① *Joint Statement by the United States of America and the Republic of Indonesia*, 26 October, 2015, https://id. usembassy. gov/joint-statement-by-the-united-states-of-america-and-the-republic-of-indonesia/.

格尔（Chuck Hagel）亲自批准向印尼出售 8 架新的 Apache AH‐64E 攻击直升机和长弓雷达，计 5 亿美元；2015 年 5 月，向印尼出售 AIM‐9X‐2 响尾蛇导弹及其相关设备，计 4700 万美元；2016 年 3 月，向印尼出售 AIM‐120C‐7 高级中程空空导弹（AMRAAM），计 9500 万美元。① 印尼的国防实力有了大幅度提升，在东南亚区域安全格局中占据重要地位。

第五，进一步加强双边防务合作，增加两军交流次数（增加到每年 200 次以上）；加强了人道主义援助和救灾演习、海上演习、海上安全研讨会和对话等活动。

特朗普入主白宫之后，印尼与美国的安全合作进入了止步不前的阶段。原因在于：一是发布禁穆令，在中东地区支持以色列打压阿拉伯国家，激怒了印尼这个世界上穆斯林人口最多的国家；二是对美国的贸易伙伴发起公平调查，印尼因在与美国的贸易中长期处于顺差而倍感压力；三是美国 2017 年提出的"印太战略"与印尼的"全球海洋支点"战略及"印太愿景"相冲突；② 四是佐科政府出于对印尼面临安全威胁的新认知，对其前任的防务政策进行了大幅调整，发展出了新的防务战略思想。③ 印尼—美国安全合作的优先性不复存在。总体而言，印尼与美国关系止步不前并有倒退之势，在安全合作方面基本延续了前一阶段的做法，再无创新：

首先，两国政府及军方领导人有交流，但项目落实不多。2017 年 7 月 8 日，佐科总统与特朗普总统在德国汉堡 G20 峰会期间会面，商谈两军合作事宜。2018 年 8 月底，印尼防长里亚米扎尔德（Ryamizard Rya-cudu）访问美国，与时任美国防长马蒂斯（James Norman Mattis）商讨持续提升两国防务安全合作问题，并在联合侦查和打击海盗、非法捕鱼、贩卖人口犯罪行为等方面达成多项合作意向。在 2019 年 3 月的东盟—美国对话会期间，印尼和美国同意加强印尼安全部队建设能力，分

---

① 美国国防安全合作局网站（https://www.dsca.mil/search/node/indonesia）。

② 关于印尼佐科政府的"印太愿景"及与美国印太战略的区别，请参见刘艳峰《印尼佐科政府的"印太愿景"论析》，《和平与发展》2019 年第 5 期，第 99—117 页。此外，据笔者的分析，美国"印太战略"本质上否定了印尼实施多年并将一直坚持下去的"全球海洋支点"战略；两大战略都追求本国在印太区域的"中心"地位，矛盾不可调和。

③ 韦红、高笑天：《佐科政府防务政策调整及其对中印尼防务合作的影响》，《世界经济与政治论坛》2020 年第 3 期，第 95—112 页。

享情报。同年 5 月底，美国代理国防部长帕特里克·沙纳罕（Patrick Shanahan）访问印尼，意在强化两国伙伴关系：一是重申了 2010 年《国防合作框架协议》和 2015 年《全面国防合作联合声明》中确立的合作机制和协议；二是增加新的合作内容，包括双边演习计划，以增强能力建设和互操作性；三是扩大陆军特种部队之间的演习，并计划于 2020 年开始与印尼 KOPASSUS 进行联合演习和训练；四是美国支持"东盟·我们的眼睛"（the Association of Southeast Asian Nations Our Eyes，AOE）作为东盟成员国共享战略信息的平台。美方期待印尼妥善处理第二次世界大战中的美军遗骸。①

其次，两国军队交流明显减少。2019 年 5 月 1 日，美国海军"蓝岭号"航母舰队访问雅加达丹戎不碌港，以示对两国海军合作的重视；2019 年 8 月 13 日，印尼海军陆战队与美国海军陆战队在印尼诗都文罗的海战训练中心进行联合演习，以提高联合行动中的战斗能力；2020 年 7 月，美方为维护所谓的"南海航行自由"，根据 2016 财年国防授权法（NDAA）及《印度洋—太平洋海上安全倡议》（MSI），向包括印尼在内的七个印度—太平洋 MSI 国家提供帮助和培训。

最后，两国武器交易量显著下降。一是 2017 年两国总统达成协议，印尼购买 32 架洛克希德·马丁公司的 F-16 Viper 喷气式飞机和 6 架 C-130J 货运飞机，以平息"美国国会对（印尼）最近购买俄罗斯军事设备的可能报复"；② 二是 2020 年 7 月，美国向印尼政府出售 8 架 MV-22 Block C Osprey 鱼鹰飞机和相关设备，计 20 亿美元。

印尼除与美国开展双边安全合作之外，还参加了美国主导的多种类型的多边安全合作机制，包括第一类"高级军官多边会晤机制"，如太平洋地区陆军参谋长会议（PACC-Ⅱ）、太平洋地区防务首长会议（APCDC/CHOD）和亚太情报首脑会议（APICC）③；第二类"卫生、通信、环境安

---

① Joint Statement between the Ministry of Defense of the Republic of Indonesia and the Department of Defense of the United States of America, MAY 31, 2019, https://www. defense. gov/Newsroom/Releases/Release/Article/1863375/joint-statement-between-the-ministry-of-defense-of-the-republic-of-indonesia-an/.

② John Mcbeth, To Pacify Trump, Indonesia Seeks American arms, MAY 20, 2019, https://asiatimes. com/2019/05/to-pacify-trump-indonesia-seeks-american-arms/.

③ Asia-Pacific Intelligence Chiefs Meet in Brunei on Security Cooperation, http://news. xinhuanet. com/English/2015-09/07/c_ 134597974. htm.

全领域合作机制",如亚太地区军事卫生交流项目（APMHE）、跨国通信协同项目（MCIP）和备灾减灾评估项目（DPMA）①；第三类"多边军事演习",如"金色眼镜蛇"联合军事演习（CG）②；第四类"第二轨道多边安全机制",如亚太安全合作理事会③和英美主导的香格里拉对话会。

安全合作是印尼—美国关系的基石。对印尼而言，由于武装力量在国家中的特殊地位，美国对印尼国民军及警察部队等武装力量的民主化、专业化和现代化改造，不仅提升了印尼的国防力量并使之在区域安全秩序中处于核心地位，而且是印尼国家治理能力和社会发展的重要标志，对印尼的意义是全方位的。对美国而言，通过与印尼的安全合作，既实现了全球反恐的东南亚布局，又保障了印尼在西方民主化轨道上的变革，延续了冷战时期介入东南亚/西太平洋事务的路径。

二 印尼—美国经贸关系

国家间持续的经贸合作是基于资源优势互补。印尼和美国分属于发展中国家和发达国家，其经济结构和市场成熟程度都有很大的差异。印尼是一个农业大国，是世界上种植面积仅次于巴西的第二大热带作物生产国；渔业资源丰富但开发程度低；森林覆盖率高但管理不善。印尼的工业化水平相对不高，主要工业部门有采矿、纺织和轻工等。其中，油气产业是印尼最重要的工业部门，也是重要的出口创汇产品。但油气能源产业的发展受国际局势的影响很大，油价的波动给石油产业带来冲击是经常性的。④信息化产业刚刚起步，在东盟国家中处于中等水平。印尼旅游资源丰富，旅游业是印尼非油气行业中仅次于电子产品出口的第二大创汇行业，政府长期重视开发旅游资源。但是印尼的基础设施较落后，缺乏发展现代化经

---

① William H. La Fontaine, *Disaster Preparedness Mitigation Assessments: A USPACOM Theater Engagement Tool*, U. S. Army War College, 2003. http://www. dtic. mil.

② 《"2012 金色眼镜蛇"暴露美控马六甲意图》，人民网（http://military. people. com. cn/GB/172467/17063700. html）。

③ 发起成立亚太安全合作理事会的其他国家包括澳大利亚、加拿大、印度尼西亚、日本、韩国、马来西亚、菲律宾、新加坡、泰国等。参见 Desmond Ball & Kwa Chong Guan, eds. *Assessing Track 2 Diplomacy in the Asia-Pacific Region: A CSCAP Reader*, S. Rajaratnam School of International Studies, 2010.

④ 何政：《印度尼西亚经济社会地理》，世界图书出版广东有限公司 2014 年版，第 112 页。

济体系的资金、技术和人力资本。据美国机构预测，到 2050 年，印尼将成为世界上第四大经济体。[1] 其发展前景可期。美国有高度发达的现代市场经济，是世界上最发达的农业国家、工业化国家和金融国家；信息化程度高，创新程度高。但美国经济离不开国际市场，美国也有意将印尼塑造成一个"远东和太平洋地区最活跃的商业监管改革者"[2]，并成为潜力巨大的重要市场之一，印尼与美国经济由于发展程度上的梯次差异，其纵向互补性比较强。

　　印尼是东盟国家中最大的经济体。21 世纪以来，印尼经济年均增长率保持在 5% 左右。在苏希洛总统第二任期内，它还是 G20 中经济增长速度居第三位的国家。但是，印尼经济短板也是显而易见的。与邻国相比，它的人均 GDP 只有马来西亚的 27%，新加坡的 7%；全球竞争力指数（the Global Competitiveness Index）显示，印尼在 133 个国家中排第 54 位（位于立陶宛和哥斯达黎加之间）。从表 II-8-1 "2010 年、2014 年、2019 年印尼营商环境排名"中可以看出，近十年来印尼的营商环境总体排名虽然有所上升，但各项指数仍较低，比如执行合同度，一直位于 140 名之后。在 2014—2019 年佐科第一个总统任期内，印尼的营商环境改善很大。

表 II-8-1　　　　2010 年、2014 年、2019 年印尼营商环境排名

年份 （经济体总数）	营商环境	创业容易度	投资者保护	执行合同	获得信贷难度
2010（183）	122	161	41	146	113
2014（189）	120	175	52	147	86
2019（190）	73	134	51	146	44

资料来源：*A Co-publication of the World Bank*, the International Finance Corporation, and Oxford University Press, *Doing Business* 2010, *Doing Business* 2014, and *Doing Business* 2019. 年度报告请参阅世界银行网站（https://www.doingbusiness.org/）。

---

[1]　PWC, *The Long View*: *How Will the Global Economic Order Change by* 2050？February 2017，https://www.pwc.com/gx/en/world-2050/assets/pwc-the-world-in-2050-full-report-feb-2017.pdf.

[2]　Nadine Ghannam, *Doing Business* 2010：*Indonesia Is the Most Active Business Regulatory Reformer in East Asia and the Pacific*, International Finance Corporation, 9 September 2010.

印尼积极发展与美国的经贸关系。2001 年，梅加瓦蒂访美，双方在经贸领域达成以下协议：第一，美国三大贸易金融机构——美国进出口银行（EXIM）、海外私人投资公司（OPIC）和美国贸易发展署（USTDA）——将协助印尼制订贸易和金融计划，支持印尼对经济进行结构性改革，包括银行私有化和资产重组；促进印尼的贸易和投资（尤其是油气领域），延续对印尼的普惠制（GSP）。第二，印尼将改善投资环境，遵循市场规则，加强法治，保护投资者的财产安全。第三，两国贸易部长将在美国—印尼投资和贸易理事会前期筹备的基础上，磋商两国的贸易和商业关系。在 2003 年巴厘岛会晤上，布什总统肯定了印尼在经济改革、打击贪污腐败和改善投资环境方面的成效，并就进一步推动印尼开放贸易体系达成了新协议。在 2005 年元首会晤期间，布什政府批准了一项价值 1000 万美元的"G-8 领航计划"援助项目，用以改善印尼的基础设施和投资环境；两国元首同意恢复中断了 5 年的贸易与投资委员会磋商机制（TIC），以及中断了 8 年的双边能源磋商机制。2007 年，苏希洛政府与美国签订扩大版的《双边贸易和投资框架协议》（TIFA），以之作为两国对话与合作的重要机制。TIFA 之下的工作组聚焦于知识产权、农业、服务业和投资展开工作。苏希洛政府借助国际资本加速经济发展，制定了到 2020 年将印尼建成区域物流枢纽的发展蓝图，并在世界银行的支持下建立印尼基础设施融资机制（IIFF），以吸引私人资本进入基础设施建设领域。美国抓住良机，推动国内基建发展资金进入印尼，美国海外私人投资公司也在印尼寻得大量商机。美国资金、人员和技术的进入，实际上引导着印尼自由主义市场经济向西方看齐。

此阶段美国投资的重点是印尼的基础设施领域。美国希望通过政府贷款和私人投资，参与产业链长、收益大的基础设施建设：一类是印尼的能源基础设施尤其是可再生和低排放技术、主干道和铁路网、清洁水和卫生设施，以及渔业、海上运输和生态旅游的沿海港口等；另一类是印尼的民航运输体系，美国希望以印尼为跳板，进入东盟单一航空市场（ASAM）。

2010 年，两国经贸关系进入新阶段。《美国—印尼全面伙伴关系行动方案》规划了两国经贸关系的路线图：第一，两国在双边、区域和全球经济机制建设和经济发展上相互合作；第二，印尼进行经济改革，创造更好的营商环境，实现与美国经济的无障碍对接；第三，两国在发展中小企业、环境（海洋、森林、清洁用水等）保护、旅游经济、媒体技术、传统能源和新能源开发等方面加强合作。[1] 为贯彻行动方案，两国建立了四大经济对话机制：一是"贸易与投资对话"，每年召开一次，以解决制药、农产品和能源等关键领域的市场准入问题。二是"美国—印尼商业对话"，着重讨论市场开发和贸易便利化，发展私营部门的合作。三是"美国—印尼能源对话"，意在促进印尼能源行业增长和投资活动，USTDA 在印尼举办地热开发培训。2011 年 5 月，美国能源部主办"美国—印尼能源投资圆桌会议"，为两国和私营部门的高级官员提供解决能源投资的平台。四是"OPIC 贸易和投资洽谈会"，OPIC 同意为印尼东爪哇省的先进碾米设施提供长期融资，并为东爪哇 5 万多户农业家庭提供支持。2015 年 10 月，印尼与美国升级全面伙伴关系为战略伙伴关系，经贸领域的关系更加深入，并在投资贸易便利化、私营部门主导的经济增长、TIFA 机制的可持续性、自由贸易、数字经济、航空和环保等领域达成协议。其中，为缩小印尼的数字经济鸿沟，实现《印度尼西亚数字经济（2020年）》愿景，两国将在信息和通信技术领域开展持久合作；在航空领域，美国联邦航空管理局（FAA）将协助印尼民航总局（DGCA）制定安全标准；在环保方面，美国将在"世纪挑战账户集团"（Millennium Challenge Corporation，MCC）项目下，提供 6 亿美元支持印尼的可持续发展。[2] 两国还特别重视能源合作，《能源合作清单》详细介绍了能源合作项目名称、参与机构、实施程序、投入资金和预期目标。[3] 整体而言，2015 年达成的包括经济合作在内的全面合作方案要比 2010 年的行动方案更加细化和全面。

2017 年之后，印尼与美国的经贸关系虽然没有偏离 2010 年的行动方案，经济对话机制也延续了下来，但由于缺乏新的机制化动力的持续刺激，这种关系终究流于了形式。对此，印尼方也在积极寻求突破。如 2018 年 3 月中旬，佐科总统在会见美国—东盟商业委员会的 41 家美国公

---

[1] *Plan of Action to Implement the Indonesia-U. S. Comprehensive Partnership*, September 17, 2010, https://2009-2017. state. gov/p/eap/rls/ot/2010/147287. htm.

[2] *Joint Statement by the United States of America and the Republic of Indonesia*, October 26, 2015. https://usindo. org/assets/up/2017/07/Strategic-Partnership-Joint-Statement. pdf.

[3] Facta Sheet：*U. S. -Indonesia Energy Cooperation*, October 26, 2015, https://usindo. org/assets/up /2017/07/U. S. -Indonesia-Energy-Cooperation. pdf.

司代表时，就呼吁美国先进科技网络公司"增加对印尼的投资"①。总体上而言，1998 年印尼实施民主化之后，与美国的经济关系呈现出不规则的倒"U"形：2010 年之前处于缓慢上升阶段；2010 年至 2016 年处于高峰时期；但是在 2017 年之后，两国经贸关系呈现出下行和平缓发展态势。2020 年新冠病毒在全球扩散，全球经济整体下滑，国际产业链和供应链遭到严重削弱，两国的经贸关系陷入低谷。

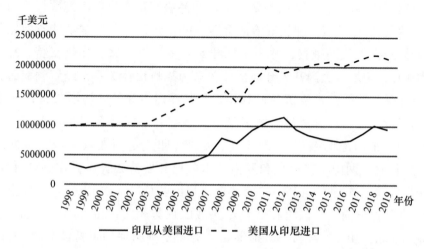

图 II - 8 - 1 1998—2019 年印尼—美国货物进出口贸易额

资料来源：世界综合贸易解决方案（WITS）网站（https://wits. worldbank. org/Default. aspx? lang = en）；世界贸易中心（ITC）网站（https://www. trademap. org/tradestat/Index. aspx）。

可以看出，第一，印尼和美国双向年进口额总体上呈上升趋势，其中 2003—2008 年、2009—2012 年两个时段的增长态势比较明显，尤其是在 2010 年全面伙伴关系建立之后的两年里。但也有下降时段，比如 2012—2016 年，印尼从美国的进口严重萎缩，此后的增长也没有达到历史最高额。究其原因有很多，但有一点是肯定的，即印尼与包括中国在内的近邻国家的关系获得重大发展，新加坡、日本和中国在印尼的对外经贸关系中的地位显著上升。

第二，1998—2019 年，美国从印尼的进口额一直高于印尼从美国的

---

① Viriya P. Singgih, "Indonesia Lures US to Invest More," *The Jakarta Post*, Wed, March 14, 2018.

进口额，而且大部分时间都高出一倍以上。如果按照新自由制度主义的
"权力与相互依赖"理论，认为美国对印尼的依赖要大于印尼对美国的依
赖，进而美国的脆弱性要大于印尼的脆弱性，这是极端错误的观点。实际
情况：一是美国与印尼的经济体量不处于一个级别，即使美国从印尼的进
口额高于印尼从美国的进口额，但它占美国的进出口总额仍不到 10%
（见图 II - 8 - 2）。如此低的比例，对美国经济的影响是有限的。二是从
主要贸易产品上而言，表 II - 8 - 2 以 2001 年、2011 年和 2019 年三年
为例，两国货物贸易并没有体现出工业国家—美国和农业国家—印尼的
产业特色，即双边货物贸易的种类并不是不可替代的，印尼和美国完全
可以从其他经济体中获取相同的货物。因此，美国对印尼的进出口货物
不具有敏感性。那么为什么两国还要维持这种经贸关系呢？原因很简
单：印尼与美国的经贸关系互补性不高，相互需求也不强烈，两国发展
经贸关系的初衷并不是出于经济原因，而是有战略和政治考量；经贸关
系只是维持双边战略关系和政治安全关系的一个手段。根据前述美国的
外交逻辑，美国的目标是要将印尼打造成一个区域战略帮手，以平衡中
国的崛起。

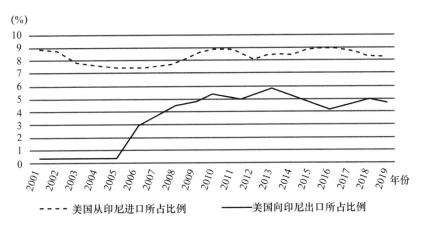

图 II - 8 - 2　2001—2019 年美国—印尼货物贸易额占美国

进出口总额比例变化曲线

资料来源：世界综合贸易解决方案（WITS）网站（https://wits. worldbank. org/Default. aspx?
lang = en）；世界贸易中心（ITC）网站（https://www. trademap. org/tradestat/Index. aspx）。

表Ⅱ-8-2　2001 年、2011 年和 2019 年印尼—美国进出口（金额）前十位商品比较

年份	印尼从美国进口商品	美国从印尼进口商品
2001	1. 机械，机械设备，核反应堆，锅炉部件 2. 棉 3. 食品工业的残留物和废物；动物饲料成品 4. 谷物 5. 油料种子和油质水果；杂粮，种子和水果；工业或药用植物；稻草和饲料 6. 有机化学品 7. 除铁路或有轨电车车辆以外的车辆及其零件和配件 8. 木浆或其他纤维状纤维素材料的纸浆；回收的（废物和废料）纸或纸板 9. 电气机械设备及其零件；录音机和复制机，电视影像和录音机及复制机，以及此类物品的零件和附件 10. 杂项化工产品	1. 电气机械设备及其零件；录音机和复制机，电视影像和录音机及复制机，以及此类物品的零件和附件 2. 非针织或钩编的服装和衣服配件 3. 机械，机械设备，核反应堆，锅炉部件 4. 鞋类，绑腿等类 5. 针织或钩编的服装和衣服配件用品 6. 矿物燃料，矿物油及其蒸馏产物；沥青物质；矿物蜡 7. 家具；床上用品，床垫，床垫支架，垫子和类似的填充家具；未在其他地方指定或未包括的灯具和照明装置；发光标志，发光铭牌等；预制建筑物 8. 橡胶及其制品 9. 木材及木制品；木炭 10. 皮革制品；马鞍和马具；旅行用品，手袋和类似容器；动物肠的物品（蚕肠除外）
2011	1. 飞机，航天器及其零件 2. 机械，机械设备，核反应堆，锅炉部件 3. 油料种子和油质水果；杂粮，种子和水果；工业或药用植物；稻草和饲料 4. 棉 5. 电气机械设备及其零件；录音机和复制机，电视影像和录音机及复制机，以及此类物品的零件和附件 6. 食品工业的残留物和废物；动物饲料成品 7. 谷物 8. 塑料及其制品 9. 除铁路或有轨电车车辆以外的车辆及其零件和配件 10. 杂项化工产品	1. 橡胶及其制品 2. 针织或钩编的服装和衣服配件用品 3. 非针织或钩编的服装和衣服配件 4. 电气机械设备及其零件；录音机及复制机，电视影像和录音机和复制机，以及此类物品的零件和附件 5. 矿物燃料，矿物油及其蒸馏产物；沥青物质；矿物蜡 6. 鱼和甲壳类，软体动物和其他水生无脊椎动物 7. 鞋类，绑腿等类 8. 家具；床上用品，床垫，床垫支架，垫子和类似的填充家具；未在其他地方指定或未包括的灯具和照明装置；发光标志，发光铭牌等；预制建筑物 9. 机械，机械设备，核反应堆，锅炉部件 10. 咖啡，茶，马黛和香料

年份	印尼从美国进口商品	美国从印尼进口商品
2019	1. 矿物燃料，矿物油及其蒸馏产物；沥青物质；矿物蜡 2. 机械，机械设备，核反应堆，锅炉部件 3. 油料种子和油质水果；杂粮，种子和水果；工业或药用植物，稻草和饲料 4. 食品工业的残留物和废物；动物饲料成品 5. 木浆或其他纤维状纤维素材料的纸浆；回收的（废物和废料）纸张或纸板 6. 棉 7. 塑料及其制品 8. 电气机械设备及其零件；录音机和复制机，电视影像和录音机及复制机，以及此类物品的零件和附件 9. 谷物 10. 光学，摄影，电影，测量，检查，精密，医疗或外科手术器械，及其零件和配件	1. 针织或钩编的服装和衣服配件用品 2. 非针织或钩编的服装和衣服配件 3. 橡胶及其制品 4. 鞋类、绑腿等类 5. 电气机械设备及其零件；录音机和复制机，电视影像和录音机及复制机，以及此类物品的零件和附件 6. 鱼和甲壳类、软体动物和其他水生无脊椎动物 7. 家具；床上用品，床垫，床垫支架，垫子和类似的填充家具；未在其他地方指定或未包括的灯具和照明装置；发光标志，发光铭牌等；预制建筑物 8. 动植物油脂及其裂解产物；食用脂肪，动物或植物蜡 9. 机械，机械设备，核反应堆，锅炉部件 10. 肉制品，鱼或甲壳类制品，软体动物或其他水生无脊椎动物制剂

资料来源：世界贸易中心（ITC）网站（https://www.trademap.org/tradestat/Index.aspx）。

那么，与美国的经贸往来对印尼的重要性如何呢？从图 II - 8 - 3 可以看出，印尼从美国进口和对美国出口所占印尼进出口比例均出现"双下降"趋势，这说明在经济上美国对印尼的重要性越来越低。一般而言，经济关系的下降必然会带来政治、社会、文化等关系的下滑。这可以从特朗普政府的"印太战略"给印尼的较低定位中体察一二。

至于双向投资，由于统计口径不一，因此数据也不完整。其中，2009年美国对印尼的直接投资（FDI）存量达到 160 亿美元，印尼对美国的直接投资较 2008 年增长 175%，总额达到 2.56 亿美元。据印尼投资协调委员会（BKPM）统计，美国的投资大部分集中于印尼油气上游部门，如2013—2017 年，美国对印尼的投资总额达到 359.78 亿美元，是印尼的第一大直接投资国，其中有 281.95 亿美元即 78% 以上的投资进入油气上游产业。表 II - 8 - 3 显示，2011 年美国对印尼的投资额相较 2010 年增幅巨大；2011—2014 年，美国对印尼的直接投资保持高位，这与两国进入"全面伙伴关系"是相吻合的；在特朗普政府时期，美国对印尼直接投资保持平稳状态。

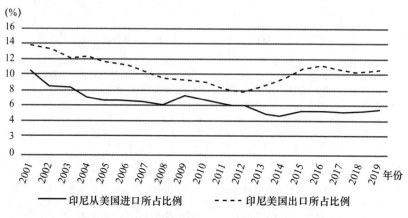

图Ⅱ-8-3 2001—2019年印尼—美国货物贸易额占印尼
进出口贸易总额比例变化曲线

资料来源：世界贸易中心（ITC）网站（https://www.trademap.org/tradestat/Index.aspx）。

表Ⅱ-8-3   2001—2018年美国对印尼的直接投资   （百万美元）

年份	2001	2002	2003	2004	2005	2006	2007	2008	2009
金额	985	—	—	—	—	771	2925	1750	1000
年份	2010	2011	2012	2013	2014	2015	2016	2017	2018
金额	315	2031	1536	2436	1300	893	1162	1193	1218

资料来源：Am Cham Indonesia and the U. S. Chamber of Commerce, Making an Impact: US-Indonesia Investment Report（2019），https://www.uschamber.com/sites/default/files/indonesiareport_ making impact.pdf；OECD, FDI Flows by Partner Country, http://stats.oecd.org/Index.aspx? DatasetCode = FDI_ FLOW _ PARTNER#.

印尼对美国也有投资，但主要集中于服务业（见表Ⅱ-8-4）。

表Ⅱ-8-4   2014—2018年印尼对美国的直接投资   （百万美元）

年份	2014	2015	2016	2017	2018
金额	438	504	527	585	689

资料来源：Foreign Direct Investment（FDI）：*INDONESIA*，https://www.selectusa.gov/servlet/servlet.FileDownload? file = 015t0000000LKMa.

无论是相对还是绝对而言，印尼对美国的净投资存量非常少，印尼属于资本净流入国家。

三　印尼—美国人文交流合作关系

1998 年之后，印尼逐步摆脱了"军事独裁"国家形象，向西方看齐。美国希冀将印尼树立为区域民主典范。为此，美国从政治和经济上支持、引导印尼民主化进程，希望它沿着西方民主轨道发展；① 同时，美国还加强两国的人文交流合作（主要是美国对印尼的文化输出），使西方民主价值观念深入印尼普通民众心里。文化交流是人文交流的重要内容和途径。美国是较早在对外战略中实施文化外交的国家，对印尼的文化外交始于 20 世纪 50 年代初期②，现已成为两国关系中开展最深入、社会影响最大的领域。

与两国安全合作和经贸关系的阶段性特点相类似，印尼与美国的人文交流发展也经历了三个阶段：1998—2010 年，两国逐步恢复新秩序时期建立起来的人文交流机制。20 世纪八九十年代之后，美国逐步减少了与印尼各方面的合作关系，只保留了有限的接触；1998 年，印尼实施民主化改革，美国开始松动与印尼的关系，尤其是在人文交流领域，两国相继恢复了一些交流项目。在 2010 年建立全面伙伴关系之后，两国对社会、文化、教育、科学和技术等人文交流合作进行了较全面规划，主要包括：在人的安全和社会安全上加强合作；促进不同宗教信仰、文化和学术团体间的对话沟通；共享文化资源；推动教育、科学和技术上的交流，以及公共卫生领域的合作等。③ 2015 年，两国建立战略伙伴关系，在人文交流上更加细化深入，如促进教育交流，建立科学研究和高等教育伙伴关系；推动旅游业发展，对公民短期互访实行免签政策；建立印尼科学基金，优先支持在海洋保护、农业技术、健康和再生能源领域的联合科研。这些领域都是佐科政府实施"全球海洋支点"战略的重要领域，反映了两国人文

---

① 这可从美国极力鼓动、主张印尼军政关系民主化改革中窥见一二。参见仇朝兵《美国对印度尼西亚军政关系民主化改革的影响》，《美国研究》2008 年第 3 期，第 98—117 页。

② 薛松：《美国对印度尼西亚的文化外交：类型与行动》，韦红、宋秀琚主编：《中国与印度尼西亚人文交流发展报告（2019）：以教育为主题》，社会科学文献出版社 2019 年版，第 230 页。

③ 参见：*Plan of Action to Implement the Indonesia-U. S. Comprehensive Partnership*，September 17，2010，https://2009-2017. state. gov/p/eap/rls/ot/2010/147287. htm.

交流与国家发展战略的有效对接。2017 年，特朗普政府推行"美国优先"的保守主义外交政策，印尼也深受其害。此后印尼与美国的人文交流基本处于停滞状态，并在某些方面还呈现出倒退之势。

（一）印尼—美国教育交流合作

教育交流合作最能体现"'文'以'人'为本位，'人'以'文'为本性"① 的人文交流精髓，是人文交流中最基本和最活跃的领域，也是人文交流发展的风向标。在印尼与美国的教育交流中，因为美国科学技术发达，是西方文明的集大成者，一直执西方教育教学之牛耳，所以美国基本处于供给者的地位，并深刻影响着印尼教育体系的发展。

2003 年巴厘岛会晤后，布什总统就宣布了一项为期六年，耗资 1.57 亿美元的新计划，旨在加强印尼基础教育和高等教育，培养印尼学生的全球竞争力。2005 年，布什总统和苏希洛总统同意将教育交流合作置于高度优先地位。2010 年通过的全面伙伴关系行动方案也将教育合作置于重要地位。2011 年 4 月，美国商务部组织有史以来规模最大的教育代表团访问印尼，与印尼教育机构进行了全面合作对接。2015 年，两国适应战略伙伴关系发展，提出建立高等教育伙伴关系（the Higher Education Partnership）的初步设想，这是对 2010 年全面伙伴关系在教育领域的进一步落实。两国教育交流基本是以项目形式开展的，这些项目主要包括：专门针对美国—印尼学生和学者的富布赖特印尼研究、科学和技术项目（Fulbright Indonesia Research, Science, and Technology Program for U. S. and Indonesian Students and Scholars），该项目以推进科学技术领域的学习、教授和联合研究为目的；针对印尼学生和教职员工的社区大学倡议（the Community College Initiative）；USAID 的高等教育领导与管理（Higher Education Leadership and Management, HELM）项目，该项目的目的在于提升 50 所印尼合作伙伴机构的财务、行政管理和领导能力；2012 年实施的青年交换与学习计划（Youth Exchange and Study, YES）。在两国元首的推动下，印尼与美国的教育交流合作有了全面深入的发展。

语言是交流的桥梁，印尼与美国推动开展语言学习项目。如高等教育

---

① 张骥、刑丽菊：《人文化成：中国与周边国家人文交流》，世界知识出版社 2018 年版，第 24 页。

伙伴关系项目为语言学习提供了特别资助，2004 年，富布赖特英语教学助理计划（the Fulbright English Teaching Assistant Program）专门用于提升印尼高中生的英语能力；美国国务院的英语语言伙伴计划（The State Department's English Language Fellow Program）也是世界上规模最大的语言项目，仅 2012—2013 学年，就有约 1 万名印尼研究人员接受了专门指导；富布赖特外语教学辅助计划（Fulbright Foreign Language Teaching Assistant Program）资助印尼青年教师前往美国高校教授基础印尼语，而印尼也相应地为美国人到印尼学习印尼语提供奖学金。

两国重视基础教育合作。考虑到印尼是群岛国家、适龄儿童分布广的特点，美国着重发展空中教学和远程教学。21 世纪之初，USAID 就资助位于纽约的 Sesame Street 儿童电视频道，专门为印尼打造 Jalan Sesama 节目，目标是到 2008 年提高全印尼数百万儿童阅读、算数和社交技能。US-AID 还为印尼制定远程教育方案，利用计算机技术实现远程教育系统中的三个主要"行为者"（远程教育课程的设计者、知识的教授者和课堂上新技能的现场演示者）的连接，提高知识和技能的传播。该方案的最大优点是在不降低教育质量的情况下最大限度地扩大受众面。在基础教育教师培训方面，USAID 专项资助教师培训，培训的主要内容是向教师提供数学和科学的学习方法、课程教学设计和评估、信息和通信技术（ICT）在优化学习中的应用，以及低成本教学资源的获取和使用等。USAID 还在因特尔公司的支持下开设互联网"入门"教育计划，主要培训小学和初中教师如何应用信息技术，将计算机、数字资源和摄像机等嵌入课堂教学，开发主动学习平台。2009 年，美国和平队恢复了在印尼的活动后，实际上也参与了为当地学生提供英语教学和教师培训的工作。美国支持印尼基础教育学校建设和现代化管理。2009 年，甲骨文教育基金会（Oracle Education Foundation，OEF）与雅加达教育办公室签署协议，通过思维探索计划（ThinkQuest program）参与对整个地区学校教学的管理。ThinkQuest 使教师能够将学习项目整合到他们的课堂教学中，使学生获得创造力、沟通、团队合作和技术技能。OEF 的目标是将其教学管理推广至在雅加达教育办公室注册的所有 5000 所学校。

高等教育交流合作是两国推动的重点领域。在印尼，发展社区学院是解决劳动力技能低下的重要途径。美国政府与私营部门、非政府组织合作，推动印尼社区学院的发展。美国国务院教育和文化事务局（ECA）向印尼提供社区学院管理员计划（the Community College Administrator Program），印尼教育官员在美国先参加为期一周的高管对话，学习美国社区学院的教学方案；再进行为期五周的学术研讨，包括社区学院治理、财务、学生事务、计划评估、领导力、技术、劳动力发展、社区参与和远程学习等。此外，ECA 还推出社区学院倡议计划（the Community College Initiative Program），资助印尼人到美国社区学院进行非学位的学术、职业和文化课程的学习，以加强彼此了解。2014—2015 年，该计划扩展到了全美各地社区学院，主要在农业、应用工程、企业管理和行政、幼儿教育、信息技术、媒体、旅游和酒店管理等方面提供学术指导。美国大学还在印尼建设分校和联合培养项目，减轻印尼学生出国留学的负担。2013 年，克林顿基金会（Clinton Foundation）联合美国劳瑞德国际大学在雅加达设立印度尼西亚国际学院。学生在雅加达国际学院学习两年，学分在 154 所美国大学通用。在桑波耶纳基金会（the Sampoerna Foundation）的撮合下，雅加达桑波耶纳大学与得克萨斯州的"孤星"学院系统（the Lone Star College System）合作提供美国—印尼联合培养计划，允许两国的新生和大二学生在桑波耶纳大学学习两年后获得"全美副学士学位"学分，这些学分可以在 100 多所美国大学里通用。此外，美国的科尔宾大学还和印尼的哈里潘佩利塔大学联合开设学位教育课程。在政府政策的刺激下，一些大型跨国公司和基金会也参加了两国高等教育交流合作。比如雪佛龙公司与 USAID 合作，在亚齐建立了一所理工学院；埃克森—美孚能源巨头也与桑波耶纳大学、"孤星"学院联合培训技术人员；自由港—麦克莫兰（Freeport-McMoRan）矿业公司为获得高级学位和教学职位的学生提供奖学金。

　　学生之间的交流是教育交流的主要形式。1997—1998 年金融危机之后，由于留美费用太高，在美国学习的印尼学生人数逐年下降。2010 年，两国总统宣布了 2010—2014 年高等教育合作计划，包括 1.65 亿美元的专项资金、增加奖学金名额、简化学生签证程序、举行教育峰会等。在基金会、协会和大学的参与下，印尼与美国双向留学的学生数量逐年增加。主要的交流项目包括：USAID 实现具有可持续影响的奖学金和培训扩展方案（USAID's Program to Extend Scholarships and Training to Achieve Sustainable Impacts，PRESTASI）促成了 36 对印尼—美大学形成积极伙伴关系，自

2008 年以来，已为数百名印尼学生在美国和印尼本国攻读研究生提供了奖学金。USAID 发展信用管理局（USAID's Development Credit Authority）设立 500 万美元的贷款担保，以"一对多"（one-to-many）项目取代"对等"计划，吸引更多的印尼学生进入美国大学学习。ECA 的印尼—美国青年领导方案（the Indonesia-U. S. Youth Leadership Program）是一项为期两周的学生和教育工作者交流项目，每年资助印尼学生在美国家庭生活一年，在美国上高中，在美国社区做志愿者，并通过国务院的肯尼迪—卢加尔青年交换和学习计划（Kennedy-Lugar Youth Exchange and Study）分享他们的文化；国务院也向美国高中生提供全额奖学金，让他们前往印尼，寄宿在当地家庭，在当地学校学习印尼文化。印尼美国教育基金会（www. aicef. org）和印尼国际教育基金会（www. iief. or. id）为印尼人在美国攻读研究生提供奖学金支持。

为了方便两国学生的交流，美方搭建了一些沟通平台。成立于 1994 年的美国—印尼学会（the U. S. -Indonesia Society，USINDO）通过各种暑期项目，以帮助更多的美国人接受印尼文化教育。2010 年以来，美国驻印尼大使馆和 ECA 教育顾问一直在美国文化中心@ america 推广教育咨询计划，为顾客免费提供留学美国的信息；领事馆官员也会定期在@ america 上提供有关学生签证流程的建议，以方便潜在申请人申请。除了雅加达大都市外，美国教育顾问还在泗水、棉兰、登巴萨和玛琅等城市为目标客户提供服务，并通过组织校友会增加吸引力。[1]

综上所述，USAID 是两国教育交流的主要领导机构。它整合美国政府、高校及科研机构、私营部门和非政府组织等官方和民间资源，保障了两国教育合作的灵活性和多样化。

（二）公共卫生交流合作

印尼面临以下公共卫生领域的挑战：第一，它是一些热带流行病的发源地，也是一些世界性疾病的高发地区；第二，公共卫生条件较差，医疗卫生服务严重不足；第三，受经济发展水平及地理条件限制，公共卫生服务分配严重不均，很多偏远地区缺乏基本的医疗服务条件。正是由于此，

---

① 关于@ america 简介，参见美国驻印尼使领馆网站（https://id. usembassy. gov/education-culture/america/）。

两国都将公共卫生交流合作置于重要地位。

　　两国的公共卫生交流合作早，取得了一些进展。如 1970 年以来，美国海军医学研究部门就一直在印尼开展有关疟疾、登革热和鸟类感染等传染病的生物医学研究；2010 年，因受印尼民族主义情绪的冲击，加上双方在分享禽流感样本上的系列误解，该项目中断。2009 年后，USAID 每年投入8000 万至 1 亿美元用于预防、检测和控制大流行病（尤其是起源于动物的流行病）对人类健康的威胁，其中约 20% 的资金流向了印尼。奥巴马入主白宫后，将印尼纳入其全球卫生倡议（Global Health Initiative，GHI）框架，并确定了两国在妇幼保健、结核病、热带疾病、艾滋病和营养保健方面的合作计划。对 GHI 契合印尼的千年发展目标所确立的健康优先事项，印尼积极响应并参与其中，在美国协助下加强了公共卫生研究和应用新技术的能力，在区域和全球卫生问题上发挥作用。2013 年 6 月，印尼卫生部长纳夫西亚·姆博伊（Nafsiah Mboi）就任全球防治艾滋病毒/艾滋病、疟疾和肺结核基金董事会主席，印尼的公共卫生外交日趋活跃。在稍后举行的 APEC卫生筹款会上，印尼卫生部和财政部向美国等国家寻求如何普及健康护理的建议，拟在全国推行全民医疗保健计划；在美国的支持下，印尼还在APEC 峰会上开创性地将公平医疗保健议题纳入会议议程，以期在亚太地区确立卫生保健互助的原则。美国还在 "同一健康从业人员·下一代"（One Health Workforce-Next Generation）和 "东南亚同一健康大学网络"（Southeast Asia One Health University Network）项目中与印尼保持合作。

　　印尼与美国的公共卫生交流合作有三个亮点：一是孕妇和婴幼儿健康是重点。2007 年，印尼产妇死亡率（每 10 万个新生儿中有 228 例）和2012 年的儿童死亡率（每 1000 个新生儿中有 40 例）高于柬埔寨和缅甸，而后两国的人均 GDP 还不到印尼的四分之一。在印尼 5 岁以下的儿童中有约 36% 患有慢性营养不良和发育迟缓。美国推出的 MCC 投资 1.315 亿美元，用于减少和预防 7000 个印尼村庄内的孩童出生体重过低、发育迟缓和营养不良等问题。① 在美国的帮助下，印尼在全国尤其是偏远地区（卫生风险较高地区）建立了数千个新诊所，培训新的医生和助产士。二

---

　　① *Millennium Challenge Corporation*，*STAR REPORT*，*INDONESIA*，https：// assets. mcc. gov/ content/uploads /report-2019001228901-indonesia-star-report-. pdf.

是采用新技术协助印尼发展远程医疗技术，使有限的医疗资源得到较为公平的分配。远程医疗技术适合印尼国情：它不受地域限制，可有效利用优质卫生资源、跟踪疫情发展、普及艾滋病毒和其他传染病预防知识，并为偏远地区的卫生工作者提供更优质的保健诊断和治疗建议；帮助解决农村地区医生短缺的问题，弥合患者和医生之间的沟通障碍；便于医辅人员进行线上会议和远程学习。这些远程医疗技术及设备在抗击 COVID‐19 中发挥了重要作用。三是在 USAID 和美国国立卫生研究院（U. S. National Institutes of Health，NIH）的共同努力下，2013 年，美国与印尼实施"增强健康研究参与度的伙伴关系"（PEER-Health）项目，以消除各种阻碍，应对健康挑战。美国还设立特别款项以资助印尼开展儿童健康和传染病防治领域的研究。

（三）环保方面的交流合作

美国和印尼在减少亚太地区温室气体排放和减轻气候变化的影响方面有着共同利益。根据各自功能定位的不同，两国在环保方面的合作主要有三条途径：一是 MCC 项目下的"绿色繁荣"计划（Green Prosperity Program）。在印尼，"绿色繁荣"计划主要是扩大贫困地区的可再生能源利用，改善小农户的生产力和土地耕作方式，加强森林和其他自然资源的管理，提高区域空间规划的准确性和透明度。印尼是"绿色繁荣"计划的主要受益国之一，每年都会获得大量资金和技术援助。二是为与美国领导的低排放发展战略增强能力计划（Enhancing Capacity for Low-Emission Development Strategies Program）对接，印尼和美国官员共同制订了气候与环境"一揽子"工作计划。三是美国国家海洋和大气管理局（U. S. National Oceanic and Atmospheric Administration，NOAA）与印尼海事和渔业部在海洋气象观测、分析和应用方面进行合作。美国向印尼气候变化中心提供资助，以与美国森林服务局的专家共同开展对泥炭地保护的研究。印尼是"环境超级大国"，双方在具体合作中涉及以下重要领域：

第一，保护森林。砍伐森林是印尼二氧化碳排放增加的主要原因。为协助印尼实现 2020 年东盟"零森林砍伐"目标，美国除了在绿色繁荣计划下为印尼提供资金支持外，USAID 还另外资助印尼 4000 万美元，用于重点保护 2700 万英亩森林，实现减排 600 万吨的目标；改善对 740 万英亩森林的管理，其中包括 420 万英亩的猩猩栖息地；制定 12 个重点战略区空间规划，保护森林和泥炭地，减少温室气体排放。USAID 还配套沃尔顿家族基金会（Walton Family Foundation）的资金支持，保护苏门答腊岛的自然景观。两国还在苏门答腊和加里曼丹岛实施"债务换自然"（Debt-for-Nature Swaps）森林保护项目，即印尼政府可以用保护森林的投资来抵偿美国国债。美国和印尼还共同发起组织了 APEC 非法伐木和相关贸易专家组（Experts Group on Illegal Logging and Associated Trade，EGILAT）。

第二，获得清洁能源和饮用水。USAID 向印尼提供资金以开发清洁能源；2011 年 6 月，美国环境保护局（EPA）和印尼环境部签署谅解备忘录，共同保护雅加达地区的清洁空气和公共健康；USAID 还通过降低成本，帮助印尼 40 多个城市的 200 万穷人获得清洁用水和卫生设施。此外，美国国务院还资助印尼非政府组织参与减少汞排放的工作。

第三，保护生物多样性。印尼是一个环境超级大国，其生物多样性对世界具有重大价值。印尼珊瑚礁占世界的 16%，其中 91% 面临中度至严重破坏的风险。印尼是"珊瑚三角倡议"（Coral Triangle Initiative）的成员之一，USAID 和 NOAA 与印尼海事和渔业部加强机构协作，管理和保护海洋生态系统：USAID 支持印尼改善各级海洋保护区的治理，以促进渔业和生态多样性；2010 年，NOAA 的海洋勘探船 Okeanos Explorer 与印尼研究船 Baruna Jaya IV 联合进行深海勘探，绘制了海洋图，并发现了几十个新物种。USAID 一直致力于猩猩保护服务计划（Orangutan Conservation Services Program），以保护猩猩的重要栖息地。为加强印尼林业和渔业部门的执法力度，美国动员社区和 NGOs 参与东盟野生动物执法网（ASEAN's Wildlife Enforcement Network），共同打击野生动物贩运。

第四，食品安全和渔业可持续发展。粮食安全也是两国合作的重点领域。其中，鱼类由于提供了印尼人体所需动物蛋白质的绝大部分而备受关注。印尼渔业可持续发展面临以下困境：一是受到珊瑚和红树林生境的破坏、过度捕捞和非法捕捞等的威胁，以及不可持续的捕鱼行为（例如使用氰化物或炸药捕鱼）；二是缺乏可靠的冷链设备，鱼品库存少，危及印尼粮食安全。针对以上问题，美方一方面推动世界野生动物基金会（the World Wildlife Fund）协助印尼建立可持续的养殖业和捕捞业，保证供应链的稳定；另一方面则通过美国食品和药物管理局（FDA）提高印尼捕获证书的认证标准，利用基因跟踪技术，打击非法、有害捕鱼，共同维护印尼渔业食品安全。

（四）科学技术交流合作

印尼与美国实质性的科学技术合作始于两国建立全面伙伴关系之后。根据 2010 年美国—印尼科技合作协议，两国启动了高级别对话，加强联合研究和科学发展。2012 年，两国倡导联合实施科研计划，涵盖气候、海洋研究、生物多样性、农业、卫生和创新等领域。为支持印尼科学家提升科研能力，提高专业科研成果的水平，美国推出 60 万美元的能力建设项目；另外 USAID 还提供 110 万美元的资金，支持美国和印尼科学家的合作研究。2011 年，美国前印尼科学特使布鲁斯·阿尔伯茨（Bruce Alberts）与印尼科学院（IAS）合作，启动了美国—印尼科学前沿项目，即 40 名美国科学家和 40 名印尼同行将在 40 年的职业生涯中持续开展合作的规划。另外，根据美国—印尼大学合作计划，USAID 支持两国学生、学者和机构在海洋保护区和生物技术、本土植物和粮食安全、公共卫生和适应气候变化等方面加强交流。例如，NOAA 与印尼海洋科学家合作进行研究和能力建设，包括开发海啸早期预警系统、部署海洋监测仪器、长期预测气候变化、探索未知的深水生境，以及监测有害毒素的暴发。

（五）青年交流合作

青年是国家的未来，青年交流是国家间关系可持续发展的基本工作。印尼与美国重视青年交流。根据全面伙伴关系行动方案，2010 年底，美国在雅加达太平洋广场购物中心启动了@ america 推广项目。该项目意在加强印尼与美国相互了解。@ america 深受印尼年轻人的青睐。[1] @ america 为印尼年轻人专门订制了教育、音乐、体育等项目。如 2012 年，ECA 和美国驻印尼大使馆联合发起了"篮球项目"，邀请美国国家篮球协会传奇人物里克·马洪（Rick Mahorn）和美国国家女子篮球协会明星埃德娜·坎贝尔（Edna Campbell）在印尼日惹、梭罗和雅加达等大城市开设篮球夏令营，与印尼职业篮球队勇士队和萨特里亚穆达队举行友谊赛，吸引年轻人加入体育运动，访问美国学校，参加篮球训练课程。此外，ECA 还赞助全球运动指导计划（global sports mentoring program），有意将美国的篮球文化和联赛制引进印尼。

---

[1] 印尼的美国文化中心成立的宗旨及活动简介，请参阅官方网站（https://atamerica. or. id/en）。

两国文化团体实现了互访。在 ECA 的"中心舞台"倡议下，印尼巴东国宝级舞团——南宗港舞蹈团（Nan Jombang Dance Company）、日惹的纸月木偶剧院（Papermoon Puppet Theatre）和 Jogja Hip Hop Foundation 于 2012 年访问了美国，参加 OneBeat 音乐交流，向美国观众介绍古代印尼的皮影戏。美国驻印尼大使馆赞助美国艺术家访问印尼，包括穆斯林嘻哈乐队 Remarkable Current（2010）和 Native Deen（2011、2012）、格莱美奖获得者奥兰·埃特金（Oran Etkin，2012）等。ECA 还以美国音乐海外项目（American Music Abroad Program）名义，协助嘻哈乐队 Audiopharmacy 在印尼巡回演出。所有这些举措都增加了印尼青年与美国青年之间的交流，促进了两国人民的相互了解。

（六）扩大宗教间的对话

印尼是世界上穆斯林人口最多的国家。印尼与美国在宗教间对话上持相同立场。在 2003 年访问印尼期间，布什总统会见了伊斯兰领袖哈欣姆·穆扎迪（KH Hasyim Muzadi）、西亚菲伊·马里夫（Syafi'i Ma'arif）博士和齐马迪·阿兹拉（Azyumardi Azra）博士，以及基督教领袖纳丹·瑟地阿布迪（Natan Setiabudi）博士和印度教领袖艾达·佩丹达·葛德·玛德·古农（Ida Pedanda Gede Made Gunung）等，对印尼的宗教宽容、节制和对民主的承诺表示了高度尊重；宗教领袖们还向布什总统介绍了印尼伊斯兰教文化与宗教和谐，并表达了对中东、伊拉克和阿富汗时局的关注，大家都同意必须打击国际恐怖主义。在 2005 年的会晤中，两国领导人都认为不同信仰间的对话在促进宽容、相互尊重和相互理解上具有重要性；布什总统邀请印尼伊斯兰学者到美国参加宗教间对话。2009 年，为帮助美国人了解印尼伊斯兰习俗，两国共同发起了一场宗教间对话活动。印尼穆斯林群众组织穆罕默迪亚（Muhammadiyah）和伊联（Nahdlatul Ulama）有 1 亿多成员，对印尼政治、经济和社会、文化影响极大。美国加强了与这些宗教组织的联系，例如穆罕默迪亚在其大学对和平队志愿者进行服务前的培训，然后派他们到伊联的伊斯兰学校任教；穆罕默迪亚还与 USAID 合作，共同应对如禽流感、艾滋病等公共卫生问题，共同参与"家庭计划"。

印尼与美国人文交流的很多项目具有延续性，如教育领域和环保领域的交流，每年都有新的实施方案，并没有因为特朗普入主白宫而终结。在

特朗普政府时期，也出现了人文交流的亮点，比如，在共同抗击 COVID -
19 中，美国帮助印尼政府进行实验室系统的升级，启动病例追踪和事件
监控，以及支持技术专家做出应对和防范；美国 CDC 向印尼卫生官员提
供技术援助；美国陆军领导下的武装部队医学科学研究所（Armed Forces
Research Institute of Medical Sciences）向印尼提供试剂等。但总体而言，由
于缺少新项目的叠加效应，两国人员交流的大幅度下降，以及美国国家形
象的整理下滑，2017 年之后，印尼与美国的人文交流基本处于停滞不前
的状态。如果与印尼同其他国家间人文交流大发展态势相比较，那么，则
可以说处于"相对后退"状态。

总评印尼—美国—关系有两个视角：一是从纵向比较来看，相较于苏
加诺和苏哈托时期，1998 年以来的印尼—美国关系发展全面而深入，这
与全球化发展的大趋势是一致的；二是从横向比较而言，印尼—美国关系
发展并不突出——以同是东盟国家的泰国、菲律宾和新加坡为例，这三国
与美国的关系要远远优于印尼—美国关系；以同是印太国家的日本、澳大
利亚和印度为例，这三国与美国的关系也要高于印尼—美国关系。究其原
因，泰国、菲律宾是美国的传统盟友，新加坡是美国的新战略伙伴，日
本、澳大利亚和美国一直是太平洋上的"铁三角"盟友关系，美国、日
本、澳大利亚和印度还是美国"印太战略"的四大支柱，它们组成了四
国联盟。总之，印尼只是美国希望争取的准盟友，而它周边主要国家几乎
都是美国的盟友。身份决定了关系的亲疏，与周边国家和美国的关系相
比，印尼—美国关系就如画布上最黯淡的部分，引人瞩目但毫无色彩。

第三节　动态平衡与制衡之术之困境

正如前文所论，在"动态平衡"和"制衡"的对外关系逻辑下，印
尼与美国都给对方赋予了不同的身份：印尼希望美国处于东盟机制体系
内，接受各种机制的制约，成为东南亚（亚太或印太）和平稳定的维护
者而不是破坏者；美国则希望印尼完全倒向自己一边，成为制衡中国的一
枚棋子。根据建构主义国际关系理论，身份决定观点，观念决定了行为，
行为进一步强化了身份认知。因此，美国在发展与印尼的关系时，是将它
作为可以利用的棋子培养的；印尼在发展与美国的关系时，是希望借助美

国发展"独立和积极"的外交，成为具有地区影响的中等强国。这就是两国发展双边关系的初衷，结合初衷与两国关系发展的实际进展，我们可以初步回答前文的三个问题。

首先，双方都不满意目前关系的发展，这不是因为发展层次低，而是双方逻辑的错位所致。由于美国试图将印尼纳入自己的战略轨道，因此，自 1998 年以来，美国就不遗余力地试图使印尼遵循自己的民主化轨道发展：一方面，美国历届总统都高度赞扬印尼的民主化改革，称它为世界上第三大民主国家，试图将它打造成东南亚地区的"民主样板"，从意识上抬高印尼的国际地位和影响力。另一方面，在交流合作中，美国也是极力影响印尼的民主化进程。比如在市场经济发展、政府机构及地方分权改革、军队改革和警察部门独立、军民警民关系、社区功能、非政府组织发展等所有方面，都能看到美国的影响。正是因为美国在与印尼的关系中占据着绝对主导地位，看似有利于印尼的安全、经济和人文交流合作，却并不一定是印尼所需要的。比如 1998 年后，印尼逐步走上了以经济发展为中心的国家建设之路，急需外资进入制造业和基础设施建设领域，而美国仅为获得高额利润和自身能源安全，仍然集中投资于印尼油气上游产业，与印尼推动非油气产业经济发展大纲相悖；在人文交流方面，美国以推销西式民主价值观为目的，完全漠视印尼多元文化（宗教）国情。2020 年 8 月初的事例也能说明问题，在印尼及其他国家都将抗击疫情和复工复产作为当前主要任务之时，美国却要求印尼在南海问题上与美国保持一致。美国在与印尼关系中的霸道意识导致了印尼的不满，反美主义在印尼一直存在并时有爆发，比如 2006 年、2012 年的反美示威，以及特朗普入主白宫以后印尼持续不断的反美游行。美国也不满于双边关系的发展，美国的目的就是让印尼只能走美国这条单行道，容不得印尼有其他的选择。譬如，美国希望获得进入印尼市场的某些特殊安排；再如美国还对印尼的外交指手画脚，印尼采购俄罗斯飞机一事，就受到美国的强力施压等。正是由于两国对双边关系都不满意，所以佐科上台后，开展务实的全方位外交，主要发展与周边邻国的关系，减少对美国的依赖；① 而特朗普在综合

---

① 宋秀琚、王鹏程：《"中等强国"务实外交：佐科对印尼"全方位外交"的新发展》，《南洋问题研究》2018 年第 3 期，第 97—108 页。

评估前几届政府对印尼关系之后，认为没有达到美国的目的，印尼在美国的制衡外交中没有起到应有的作用，所以自 2017 年以来，美国—印尼关系总体上处于停滞状态。

其次，印尼和美国都不能胜任对方所赋予的角色。美国希望通过与印尼的合作，将印尼纳入制衡体系中。这样，美国这个"离岸平衡手"通过印尼这个"远东之锚"操控东亚局势。从小布什政府到特朗普政府，都将中国定位为美国在亚太地区的一个强有力的"战略竞争对手"和"挑战者"；在特朗普的《印太战略报告（2019）》中，中国甚至被定性为印太地区的危险国家，是美国的"高端对手"（high-end adversary）。[1] 所以，美国希望印尼成为制衡中国的棋子。对于这一身份及责任，印尼当然是不堪重负。一是因为在全面战略伙伴关系框架内，中印尼政治、经济和人文交流全面发展，已经成了"命运相连、休戚与共"[2] 的好邻居、好朋友、好伙伴，它经受住了历史的考验，是任何外力所无法拆散的；[3] 二是印尼始终坚持不结盟运动精神，遵循"动态平衡"逻辑，所以不可能偏离独立自主的外交轨道。因此，面对美国的制衡之术，印尼进行了柔性抵制，即不选边站，而是将中、美都纳入东盟框架内，既约束了两个大国的对抗行为，又实现了全方位外交。[4] 但美国不可能接受这种安排。小布什政府扶植东南亚国家制衡中国；在奥巴马政府的"亚太再平衡战略"中，印尼是美国"打造新伙伴关系"的重要一员；在特朗普政府的"印太战略"中，东盟虽然被认为是印太战略实施的一个关键合作伙伴（a key partner），但它的权力是美国赋予的，而不是相反。在特朗普时期，美国在世界上推行"美国优先"，退出那些制约自身的机制安排；在东南亚地区根本不可能接受"动态平衡"体系。这就是动态平衡与制衡之术的困境：印尼坚持动态平衡，发展全方位外交；而美国的制衡之术却要求印尼做出

① The Department of Defense, *Indo-Pacific Strategy Report*: *Preparedness*, *Partnerships*, *and Promoting a Networked Region*, June 1, 2019, 美国国防部网站（https://media.defense.gov/2019/Jul/01/2002152311/-1/-1/1/DEPARTMENT-OF-DEFENSE-INDO-PACIFIC-STRATEGY-REPORT-2019.PDF）。

② Xiao Qian, "Berat Sama Dipikul, Ringan Sama Dijinjing," *COMPAS*, 9 April 2020.

③ 薛松：《中国与印度尼西亚关系 70 年：互动与变迁》，《南洋问题研究》2020 年第 1 期，第 41—54 页。

④ Evelyn Goh, "Great Powers and Hierarchical Order in Southeast Asia: Analyzing Regional Security Strategies," *International Security*, Vol. 32, No. 3（Winter, 2007/2008），pp. 113 – 157.

非此即彼的选择——要么与美国站在一起，要么站到美国的对立面——两国关系的发展碰到了"天花板"，已无深入下去的可能性。这也就是为什么在特朗普政府时期，两国关系黯然失色的根本所在。

最后，印尼—美国关系的未来发展将会不愠不火，取得突破性进展的可能性极低。由于上述原因以及后疫情时代新的国际形势，世界范围内的权力进一步疏散，处于经济衰退中的美国霸权难以在全球各地持续展开战略攻势，依靠各重要战略区的盟友成为维持霸权的现实途径——在全球事务上，以五眼联盟（FVEY）为大本营，有在联合国外另立"中心"之疑；在欧洲，小布什政府时期的"新、老欧洲"之辩重新抬头，美国已经开始布局依靠东欧新北约国家打击德、法等老北约国家；在印太地区，抬高"美日印（度）澳"四国联盟，贬低其他国家的作用。总之，印尼在美国战略布局中的地位进一步下降，美国不可能在它身上有更大的投入，双边关系能够维持目前的水平已是较好的结果。印尼自佐科政府以来，积极开拓全方位外交，尤其重视深化发展与东盟及其他邻国的关系，比如，实现与中国"21世纪海上丝绸之路"的战略对接，积极参加并推动区域全面经济伙伴关系协定（RCEP）谈判，2019年与澳大利亚签署自由贸易协定等。随着后疫情时代区域主义的新发展，印尼与东南亚、东亚区域关系将得到进一步升华。相应地，美国对印尼的重要性也在下降，印尼仅是一个美国需进一步"扩展的伙伴"。在两国战略互信不足、经贸合作有限、相互需求不高的情况下，两国未来建立联盟关系的可能性极低。

印尼是中国东南周边重要的邻国，是中国"21世纪海上丝绸之路"上的重要支点国家。历史上形成的"海内存知己，天涯若比邻"般的好邻居、好伙伴，以及"丝路精神"和两国独立后携手推动的"万隆精神"，贯穿两国关系的始终，和平友好是两国关系发展的主轴。就目前态势研判，刚入主白宫的拜登总统不会完全扭转特朗普政府对中国推行的"制裁＋战略性'脱钩'"战略，"美国利益优先"仍然是美国全球战略的基调。中美关系处于剧烈变动和重塑时期。印尼和中国都是特朗普政府"美国优先"政策的受害者，现在又都面临着美国外交战略的调整期；而且从应对缅甸变局的政策上可以看出，中国支持印尼的外交斡旋努力，而美国联合其他西方大国却延续了"制裁"的大棒政策。在"百年未有之大变局"的历史机遇期，中印尼在国家、区域和全球的和平与发展上有共同的诉求，在实现中华民族伟大复兴"中国梦"和 2045 年成为发达国家的"印尼梦"的征程上能够携手共进。中印尼两国也确实抓住了机遇，中国重视东南亚在周边外交布局中的重要性，印尼成为中国对东南亚外交的首要对象和中国"21 世纪海上丝绸之路"倡议的重要伙伴；印尼佐科政府为推动实现海洋大国战略目标，适应国内改革发展需要，实行对华务实合作，积极推动实现战略对接。在所谓南海、新疆和香港等问题上，印尼秉持公平公正的国际道义，表态不支持美方的立场。在抗击疫情和复工复产、共同推动 RCEP 建设，秉持国际多边主义、打造稳定有序的区域产业链和供应链，营造环南海安全区等议题上，中印尼两国有着共同的利益诉求和愿景。国际国内两个大局都决定了中印尼必须进一步发展全面战略伙伴关系，并在内涵上有实质性的提升，共同维护东亚与东南亚和平发展大局。

小　结

印尼与美国互视对方为重要的国际角色，重视双边关系发展。1949—1998 年，印尼坚持"独立且积极"的中立不结盟外交政策，与美国的关系经历了友好、冲突、缓和与恶化的曲折变化。[①] 在苏加诺政府时期，美国想将印尼纳入其主导的全球战略格局与印尼防范美国侵犯其独立、完整主权的斗争贯穿始终。在苏哈托政府时期，印尼对内推行"新秩序"政策，对外亲美反共，主动适应美国亚洲战略需要，建立了准盟友性质的印尼—美国战略伙伴关系。在冷战结束后，印尼与美国在人权、民主等问题上分歧日益凸显，两国关系恶化。

1998 年印尼开启民主化进程以来，印尼—美国关系经历三个阶段。第一阶段，1998—2010 年，印尼民主化初期，两国关系有所恢复，并在 2005 年后取得突破性进展，酝酿建立伙伴关系。第二阶段，2010—2016 年，在美国"亚太再平衡"战略背景下，印尼—美国关系取得实质性提升，2010 年建立全面伙伴关系，2015 年升级为战略伙伴关系。第三阶段，

---

① 孙丽萍：《双重的矛盾——印度尼西亚与美国关系的历史解析（1949—1966）》，《史学集刊》2007 年第 2 期，第 90—96 页。

2017 年至今，由于特朗普政府推行"美国优先"政策，印尼—美国关系受到全面冲击，基本处于原地踏步的停滞状态。

从横向而言，印尼—美国关系建立在安全相互需求的基础上，两国的安全合作处于主导地位，这决定着两国关系的发展方向和价值所在。由于印尼属于新兴市场国家，发展程度较低，两国市场对接存在层级差，经贸合作不是两国关系的压舱石，也不是美国着力的重点。人文交流影响全面且接地气，是美国输出美式价值观和西方民主的主要途径，也是维系两国关系的纽带。

第三篇
"一带一路"背景下的双边关系

第一章　中国—印尼关系的
历史与前瞻*

　　印尼是世界人口第四大国，是最大的群岛国家，也是穆斯林人口最多的民主国家和东盟创始国之一。中国与印尼在 1950 年建交，1967 年冻结外交关系，1990 年关系正常化，2005 年成为战略伙伴，2013 年升级成全面战略伙伴。现在，印尼是"一带一路"倡议的伙伴国和亚投行的创始国之一，但同时在南海、经贸、宗教等方面又与中国存在着分歧或矛盾。中国与印尼关系几经沉浮，该如何理解这段变化的关系背后的动力？

　　本章尝试从国际环境、两国对外政策和印尼内政三个层次探析中印尼关系的特征和变化原因。第一节探讨中印尼关系的研究内容和理解思路，提出一种理解两国关系变迁的历史框架。第二节将两国 70 年关系分为六个阶段加以论述。第三节指出未来两国进行务实合作的空间很大。复交后中印尼关系持续向好的三个重要原因是：两国持续摸索相处之道；双方利益和政策的交汇点增多；中国周边外交政策保持稳定性和延续性。在中美战略竞争加强的背景下，未来两国交往尤其要注意舒适度，避免向印尼施加压力。两国应尽快找到控制纳土纳海渔业纠纷的办法，防止非核心利益分歧升级成政治分歧。中国还要在"民心相通"上努力，准备好花较长时间消除印尼社会对中国的误解。

　　* 本章基于曾发表在《南洋问题研究》2020 年第 1 期的《中国与印度尼西亚关系 70 年：互动与变迁》一文改写，感谢《南洋问题研究》编辑部授权使用。

第一节　中国—印尼关系变迁的历史框架

在思考两个国家的关系时，除了需考虑政治、安全、经贸、社会等具有普遍性的维度外，还有必要将两国交往史上反复出现的、具有深刻和长期影响的非共性议题纳入讨论。1968 年，鲁思·麦克维（Ruth McVey）提出，印尼社会从三个维度理解中国："一个国家、一场革命和一个少数族群"（"a state，a revolution，and an ethnic minority"）。[1] 苏克玛（Rizal Sukma）提出"三角威胁"（中国、印尼共产党和华人）是新秩序时期印尼精英对中国将负面态度的来源，呼应了麦克维的判断。[2] 这一判断至今仍然适用：华人华侨问题[3]和意识形态因素[4]是将中印尼关系与中国和其他国家关系区别开来的两个不可忽视的维度，因此与国家间的政治、经济和社会关系一道成为研究中印尼关系时需要考察的内容。

既有研究从三种视角考察中印尼关系发展的动力。基于国际关系理论的现实主义传统，以后冷战时期东南亚国家对地区秩序变革的回应作为学术探索的整体背景，近十几年来产生了大量以"（软）制衡"或"对冲"为核心

---

[1]　Ruth McVey，"Indonesian Communism and China，" in Tang T.（ed.），*China in Crisis*（volume 2）：*China's Policies in Asia and America's Alternatives*，Chicago：The University of Chicago Press，1968，p. 357.

[2]　Rizal Sukma，"Indonesia-China Relations：The Politics of Reengagement，" in S. Tang and Li Mingjiang（eds.），*Living with China*，New York：Palgrave Macmillan，2009，p. 91.

[3]　华人华侨问题在中印尼建交初期指双重国籍问题，在新秩序时期表现为对华族的系统性歧视，在民主化后体现为残留的对华族政治忠诚的怀疑和对华人的区别对待。华人问题虽已成为印尼内政，但印尼华社具有历史和现实的特殊性，使印尼认为华社与中国从未脱离联系。这里的特殊性是指：（1）华人华侨曾参与中国支持的共产主义在东南亚的扩张行动。（2）因两国关系冻结导致双重国籍协议未彻底执行及因此遗留的华人政治忠诚问题。（3）数次排华事件未得到清算，印尼某些群体对华族仍怀有排斥情绪。随着中国的地缘政治角色愈加重要，印尼社会对华族依靠与中国的联系提升地位产生了恐惧。华人华侨问题在不同时期对两国关系影响的程度不同：在 1990 年复交之前，该问题是两国关系的关键点和敏感点。1998 年后华人的平权进程加速，华人华侨问题在官方互动中不再是一个"问题"，但在两国社会中仍具有敏感性。

[4]　印尼的共产主义与中国的联系在不同历史阶段有不同的表现形式。具体而言，苏加诺为了制衡美国渗透以及平衡军队和伊斯兰势力，与印尼共产党和中国拉近关系。"九卅事件"后至约 1979 年，苏哈托以反共作为政权合法性，冻结了与中国的关系。20 世纪 80 年代后，印尼对共产主义的恐惧逐渐减弱，与中国关系渐暖。但因印尼共产党仍背负着"九卅事件"中谋杀将军的罪名，且"九卅事件"后以印尼陆军为首的政治集团对印尼共产党和华人华侨的大清洗的罪行没有得到清算，印尼军队等集团始终对共产主义和中国抱有敌视或怀疑的情绪。

概念的、探究印尼的地区战略和应对中美两国的对外政策调整的研究成果。①
与这种以较短暂的历史时期为研究对象、采取地区比较视角相对应的是以
中印尼长期交往史为背景，以印尼政治变迁作为主要解释变量的国内政治
视角。② 此外，近年来，基于解密的中国外交史料，产出了若干讨论
1945—1965 年中印尼交往史的优秀文献③，对国际环境和中印尼两国政治
变迁及双方互动有着更动态、全面的把握。

　　本章从两国关系互动的角度提出一种解释思路，阐释中印尼 70 年关
系变迁背后的动力和重大变化，并尽可能把握互动中的细节。该思路可以
概括为：两国交往的基本框架（主题和重心）源于中国对印尼政策和印
尼对华政策的交汇点。其中，中国对印尼政策需要放在中国外交整体思路
下理解，系统性和稳定性较高；印尼希望与中国建立联系的领域和主要议
题受到国外压力和体系压力的影响很大，系统性和稳定性较低。在确定了
两国关系的主要领域和议题之后，两国落实交往目标的具体行动（外交工
具的选择和历史节点的选择）主要受到变动中的印尼国内政治的影响，具
体指执政同盟的稳固性和广泛性限定了印尼使用对外政策工具的范围和
时机。

　　中印尼关系的基本框架，即互动的主要领域和优先主题，由两国对外
政策的交汇点确定。中国对印尼外交方针需要放在中国外交整体思路下理

---

① 代表作品如：Daniel Novotny, *Torn between America and China*: *Elite Perception and Indonesian Foreign Policy*, Singapore: ISEAS-Yusof Ishak Institute, 2010.

David Shambaugh, "US-China Rivalry in Southeast Asia: Power Shift or Competitive Coexistence?" *International Security*, Vol. 42, No. 4, 2008, pp. 85 – 127.

Evelyn Goh, "Great Powers and Hierarchical Order in Southeast Asia: Analyzing Regional Security Strategies," *International Security*, Vol. 32, No. 3, 2008, pp. 113 – 157.

John David Ciorciari, "The Balance of Great-Power Influence in Contemporary Southeast Asia," *International Relations of the Asia-Pacific*, Vol. 9, No. 1, 2008, pp. 157 – 196.

Emirza Adi Syailendra, "A Nonbalancing Act: Explaining Indonesia's Failure to Balance against the Chinese Threat," *Asian Security*, Vol. 13, No. 3, 2017, pp. 237 – 255.

② 代表作品如：Rizal Sukma, *Indonesia and China*: *The Politics of a Troubled Relationship*, London and New York: Routledge, 1999.

③ 代表作品如：Taomo Zhou, *Migration in the Time of Revolution*: *China*, *Indonesia and the Cold War*, Ithaca: Cornell University Press, 2019.

Hong Liu, *China and the Shaping of Indonesia*, Singapore: National University of Singapore Press, 2011.

解，具有系统性和相对稳定性。1950—1967 年，中国对印尼外交政策应放在与周边民族主义国家交往的"中间地带"政策下讨论。1967—1976 年，两国关系处于中断的紧张期，中国对亲美的苏哈托政权的态度从属于对美苏"两面出击"的外交总方针，印尼被划分为与美帝国主义勾结的势力范围。1976—1989 年，两国紧张关系处于松动期，中国对印尼的态度从属于"联美抗苏"总方针下改善与东南亚国家关系的政策。冷战结束后，中国开始与周边国家建立基于和平共处五项原则的新型国家间关系，在睦邻友好与互利合作的宗旨下发展与印尼全方位合作，对印尼外交政策的层次更加丰富也更具有稳定性。后冷战时期中国对印尼政策至少需要在三个层次上理解：中国的周边外交总体方针、对东盟和东南亚的方针以及对印尼的国别外交政策。随着国际关系主题的拓展，中国的对外政策体系也愈加精细化。

印尼对华政策层次较为单一且不稳定。对于印尼而言，中国是一个非常特殊且需要慎重对待的大国，印尼对华政策几乎无法归类到东亚政策、亚太政策或任何类别或系统中去，因而印尼对华政策自成一体、层次单一。印尼对华政策也具有不稳定的特点。苏克玛认为，印尼对华政策主要反映其国内发展诉求和国内政治情况[1]，而印尼还是一个国家建构尚未完成的新兴国家，其自身形势的瞬息万变使得它对中国的态度和反应充满不确定性。那么应如何着手分析印尼对华政策的主体框架呢？

贺凯曾提出一个有发展潜力的思路，认为印尼在后冷战时期的对外政策是对国外压力的反应。[2] 国外压力主要指美国对印尼施加的压力。美国曾在印尼脱离荷兰控制、西巴布亚问题、1957—1958 年地方叛乱、九卅事件和印尼共产党的清洗、东帝汶问题、苏哈托下台和民主改革等决定印尼命运的重大历史事件中扮演重要角色，也是新秩序时期对印尼经济援助的主要提供者。后冷战时期尤其是在 1998 年民主改革后，如何平衡和适应美国的压力和诉求是印尼对外政策制定者的主要任务。中国正是在这样

---

[1]　Rizal Sukma, *Indonesia and China: The Politics of a Troubled Relationship*, London and New York: Routledge, 1999.

[2]　Kai He, "Indonesia's Foreign Policy after the Cold War: Political Legitimacy, International Pressure, and Foreign Policy Choices," in B. McKercher (ed.), *Routledge Handbook of Diplomacy and Statecraft*, Abingdon, Oxon: Routledge, 2012, p. 215.

的背景下成为印尼疏解美国压力的合作伙伴。在印尼外交光谱上，中国的许多特质正是美国的反面：中国奉行不干涉主义，与美国高举民主和人权旗帜干涉内政的行为截然不同；中国的对外援助不附加政治条件，而美国的援助常常以政治和经济改革为前提；改革开放后中国在东南亚的主要利益在于促进双方的经济和社会发展，而美国则主要关注其在该地区的安全利益。在印尼看来，中印尼关系与美印尼关系是此消彼长的零和关系。[①]正因为中国被印尼看作缓解美国压力的伙伴，美国对印尼的诉求在一定程度上影响了印尼主动向中国寻求合作的领域。

近二十年来，随着中国国力的快速增长，体系压力的相关性也愈发突出，约束了印尼与中国发展关系的方向和重心。体系压力指在冷战结束后美国霸权相对衰落和中国迅速发展的背景下，中美在东南亚日益显著的主导权竞争关系对印尼形成的"选边"压力。印尼在双边领域与中美保持适当距离，在多边领域与东盟国家一道制衡大国竞争的威胁。印尼对中国所谓的"软制衡"或"对冲行动"正源于体系压力，因此体系压力影响着中印尼关系的亲疏（尤其是在安全领域）和合作范围，为中印尼关系的提升设定了上限。

鉴于中印尼关系的演变是两国互动的结果，其基本框架（交往主题和重点）反映了各时期中国对印尼政策和印尼对华政策的交集，下文将对此进行分阶段阐述。

在两国关系基本框架和发展趋势下，两国交往的具体政策、措施和历史节点具有弹性，这与政府使用对外政策工具的能力有关。决策者可以选择何种外交工具实现对外政策目标受到国内制度和政治结构的限制。1950年以来，因政治制度的三次重构和政府频繁更替，印尼实现对华具体政策和行动的时间范围的弹性加大。换句话说，在落实两国关系基本发展框架过程中，印尼时常缺乏迅速落实的条件，而中国则经常处于等待、试探和提供替代性选择中。尤其当印尼政府面对在野党联盟议席数量多于执政党联盟议席数量时，或反对者成功组织起挑战执政派系的社会动员时，或在

---

① Irman Lanti, "Indonesia in Triangular Relations with China and the United States," in E. Goh, and Sheldon W. Simon (eds.), *China, the United States, and South-East Asia*, Abingdon, Oxon: Routledge, 2007, p. 136.

执政联盟内部不稳定的情况下，其广泛利用外交工具的能力会受到限制。这种情况在两国漫长的复交沟通过程（1978—1989）中得到充分体现。将印尼国内政治和决策规则中的制约因素纳入考察范围，对两国关系发展的具体措施和历史节点具有一定的解释力，尤其为两国关系基本框架和政策措施不匹配的情况提供了解释思路。

第二节　中国—印尼关系的历史发展历程

一　政治伙伴阶段：反帝反殖的同行者（1950—1965）

冷战初期，中国和印尼都面临着巨大的体系压力。20世纪50年代初，美国对新中国采取孤立政策，突破美国对中国的战略包围是中国外交的重要任务。中国提出对苏"一边倒"、反对美帝国主义和"中间地带"路线。在处理与新兴民族国家关系方面，中国依据"中间地带"路线，秉承"修睦四邻"的原则，广泛团结新兴民族主义国家。1950年春，周恩来发表声明指出："亚洲人民自己的事情，应该由亚洲人民自己处理。"毛泽东也在1950年6月和1955年10月发表过相似的言论。[①]因此，反对西方干涉和支持新兴民族国家独立解决主权和民族解放问题的政治共识确立了中国与印尼发展友好关系的基础和主要内容。

印尼也面对着沉重的国外干预和体系压力：一方面，美国担心"多米诺骨牌"理论在印尼得到印证，于是加强对印尼的直接干预；另一方面，美苏争霸的体系压力体现在印尼国内尖锐的意识形态之争和党派之争中。在双重压力下，印尼政府一方面反对西方国家对印尼民族解放运动的干涉，反对帝国主义和殖民主义，另一方面走"独立、积极"（bebas aktif）的外交路线，不追随美苏任何一方。印尼广泛地与包括中国在内的新兴民族国家建交，以获得更多的国际支持。

中国和印尼在1950年4月13日建交。建交初期的互动并不频繁，以万隆会议为转折点，两国开始高层互动，并进行了初步的经济和社会交往。在美苏竞争加剧并威胁到亚非拉新兴国家安全的背景下，反帝反殖的亚非会议于1955年在万隆召开。周恩来总理在1955年亚非会议上阐述了

---

① 梁敏和：《印度尼西亚史纲》，广州世界图书出版公司2019年版，第212页。

"和平共处五项原则"和求同存异的立场，赢得印尼等亚非拉国家的赞同。参会期间，周恩来与印尼签订了解决印尼华人双重国籍问题的条约，试图消除印尼对中国通过华侨干预印尼内政的后顾之忧，展现出中国对印尼政府的政治支持。

万隆会议后，两国开启高层互访，在国际政治舞台上逐渐发出相互支持的声音。1955—1959 年，印尼总统苏加诺、总理沙斯特罗阿米佐约、副总统兼外交部长哈达、国会议长沙多诺和众多议员、军队领导访问过中国。[1] 中国公开支持印尼民族解放运动，反对以美国和荷兰为首的西方国家对印尼内政的干涉。印尼对中国的政治支持投桃报李，同意台湾与西伊里安问题具有相同的性质，支持中国在台湾问题上的立场。[2] 在高层互动的带领下，两国开始了经贸和文化交往。1956 年，两国继 1953 年第一份贸易协定后又签署了第二份贸易协定，双边贸易快速扩大：1958 年双边贸易额为 7500 多万美元，1959 年增至 11100 多万美元。[3] 1955 年，中国首次派出大型文化代表团造访印尼。[4] 自 1954 年起，中国邀请了大批印尼知识分子和文化团体访问中国。印尼精英赞叹新中国的建设和中国人民的精神面貌，中国被看作提供了一种与西方资本主义不同的发展模式。[5]

然而，1950—1959 年，两国关系从陌生到相互理解的过程也受到印尼政局变化的负面影响。印尼在此期间实行议会民主制，在不到 10 年间组阁 7 次，政党间竞争激烈，伊斯兰政党和陆军不乐见两国交好。领导班子不稳定和党派竞争导致印尼政府在提升与中国关系过程中需要跨越诸多障碍。例如，纳赛尔（Mohammad Natsir）和苏基曼（Sukiman Wirjosandjojo）内阁曾对中国在印尼设立大使馆设置障碍；1955 年签订的华侨双重国籍条约一直没有换文；1959 年 5 月 1 日，印尼贸易部颁发法令禁止华人

---

① 郑一省、陈思慧：《印度尼西亚与中国政经关系互动 60 年》，《东南亚纵横》2010 年第 7 期，第 4 页。

② 新华社：《印度尼西亚外交部发言人说印度尼西亚完全支持我国对台湾问题立场》，《人民日报》1955 年 5 月 5 日第 4 版。

③ 梁平：《中国和印尼的直接贸易》，《人民日报》1985 年 8 月 29 日第 6 版。

④ Kankan Xie, "Beyond Ideology: China-Indonesia Engagement and the Making of the Guided Democracy, 1955 – 1959," *Journal of Indonesian Social Sciences and Humanities*, Vol. 6, No. 1, 2018, pp. 25 – 37.

⑤ Hong Liu, *China and the Shaping of Indonesia*, Singapore：National University of Singapore Press, 2011. p. 2.

在乡村进行商业活动，印尼地方军区借机搞排华行动等。尽管经历了一些挫折，但两国关系的大方向没有改变，趋势总体向好。

1958—1959 年，中国的外交方针和印尼所处的国际环境都发生了变化，拉近了两国的政治伙伴关系。一方面，1958 年中国对外政策转向"世界革命"，对美苏实施两线出击，因此团结包括印尼在内的新兴民族主义国家变得更为重要。中国看到印尼镇压了美国支持的地方叛乱后，对印尼的政治支持更加坚定。另一方面，英美对印尼的干涉压力持续增加，暗中支持"全面斗争约章"（Permesta）和"印尼人民共和国革命政府"（PRRI）地方叛乱。[1] 可见，印尼向中国靠拢大致有四个原因：一是中国支持印尼的解放事业，反对美国干涉其内政；二是苏加诺倚重印尼共产党以制衡亲美的军人派系，而印尼共产党是沟通中国和印尼关系的桥梁；三是中国转变了对苏联"一边倒"的政策，更接近印尼"独立、积极"的外交原则；四是掌握公共话语权的印尼政治和知识精英将中国塑造成一个民族主义国家[2]和"新兴力量"[3]，而不是与苏联一样的共产主义国家，因此对于穆斯林占人口多数的印尼而言更容易获得认同。

此外，1959 年前后，印尼的政治制度变革也使其与中国发展关系所面对的国内阻力变小。1959 年 7 月，印尼实行"有领导的民主"后，政党被削弱或被解散[4]，苏加诺作为总统的权力加强，施展外交手腕更为自如。1959—1965 年，印尼的对外政策相比议会民主时期更加体现了苏加诺的个人意志。苏加诺不欣赏赫鲁晓夫，且与亲北京的印尼共产党领导人约多（Nyoto）私交甚好，也部分解释了苏加诺与中国交好的原因。[5]

---

[1]　Dewi Fortuna Anwar, "Indonesia-China Relations: Coming Full Circle?," *Southeast Asian Affairs*, Vol. 2019, No. 1, 2019, pp. 147 – 148.

[2]　Hong Liu, *China and the Shaping of Indonesia*, Singapore: National University of Singapore Press, 2011, pp. 50 – 52.

[3]　新华社：《在印度尼西亚总统欢迎刘少奇主席的国宴上苏加诺总统的讲话》，《人民日报》1963 年 4 月 15 日第 3 版。

[4]　苏加诺的本意是解散全部政党，但遭到印尼民族党和印尼共产党的反对。1960 年 8 月 17 日，苏加诺解散了与地方叛乱有牵连的马斯友美党和印度尼西亚社会党。见梁敏和《印度尼西亚史纲》，世界图书出版公司 2019 年版，第 228 页。

[5]　Irman Lanti, "Indonesia in Triangular Relations with China and the United States," in Goh, E. and Sheldon W. Simon (eds.), *China, the United States, and South-East Asia*, Abingdon, Oxon: Routledge, 2007, p. 130.

从 20 世纪 50 年代末到 1965 年"九卅事件"以前两国政治联系非常紧密。首先,高层互访频繁。1961 年和 1964 年,苏加诺两次访问中国。刘少奇主席(1964)、周恩来总理(1965)、陈毅外长(1961、1965)先后出访印尼。"九卅事件"发生时,在中国的印尼代表团有大小 28 个,有 500 多人聚集在北京。[1] "九卅事件"发生之前,因高层和民间来往密切,两国关系被西方称为"北京—雅加达轴心"。其次,两国在一系列政治问题上相互支持。中国支持印尼参与创立不结盟运动[2]、解放巴布亚和"对抗马来西亚运动",印尼支持中国加入联合国等。此外,中国向印尼提供援助,减轻印尼对美国的依赖。1958 年到 1965 年,中国援助印尼2.15 亿美元,在当时中国对亚非民族主义国家的援助中居首位。[3] 最后,两国推动解决华人华侨问题。1960 年 1 月 20 日,两国就华侨双重国籍条约换文,印尼政府于 1961 年 8 月批准了该条约。

在紧密的政治联系带动下,中印尼的合作范围扩大,经贸和文化交流成果初显。1961 年,两国签订经济技术合作协定,中国援助印尼纺织和印染等成套工业设备。1965 年,中国已经成为印尼第二大贸易伙伴。[4]1961 年,两国签署了友好条约和文化合作协定,许多印尼文艺作品进入中国,《星星索》《梭罗河》等歌曲在中国广为传唱。

二 关系冻结阶段:意识形态之争的式微(1967—1989)

1965 年"九卅事件"后两国关系急转直下。1967—1976 年,两国关系中断且对彼此的态度较为负面。借"九卅事件"对印尼共产党进行大清洗的苏哈托政府视反共为政权合法性来源,得到了美国全方位的援助。中国对亲美的苏哈托政府持否定态度,敌视 1967 年印尼参与创立的东盟,坚持与"印尼共产党中央代表团"保持联系。两国在国内意识形态和对外政策上都没有相互妥协的空间。在关系中断期间,中国在印尼的事务由

---

① 刘一斌:《印尼"九三〇事件"发生后》,《世界知识》2006 年第 1 期,第 26 页。

② 高志平、程晶、魏楚楚:《中国对不结盟运动的态度及其变化(1961—1991)——以〈人民日报〉为中心的考察》,《决策与信息》2018 年第 9 期,第 11—12 页。

③ 李一平、曾雨棱:《1958—1965 年中国对印尼的援助》,《南洋问题研究》2012 年第 3 期,第 30 页。

④ 郑一省、陈思慧:《印度尼西亚与中国政经关系互动 60 年》,《东南亚纵横》2010 年第 7 期,第 4 页。

罗马尼亚大使馆代理，印尼在中国的事务由柬埔寨大使馆代理。两国贸易通过新加坡和香港地区转口。印尼国内外的华侨华人对维持两国的转口贸易和民间往来起到了重要作用，也成为两国政府私下沟通的渠道。

大约从 1976 年起两国关系开始缓和，中国的"联美抗苏"和"不结盟"两次周边外交战略的转变和与东南亚国家的关系调整，以及印尼政治新形势都对两国关系缓和有推动作用。从 70 年代初提出"联美抗苏"到 1979 年中美建交，中美关系缓和为中印尼复交化解了外部压力。中国提出了"一条线、一大片"的对外政策，团结周边国家对抗苏联霸权主义，通过反对越南在苏联支持下的扩张行动改善了与东南亚国家的关系。1974—1975 年，中国与马来西亚、菲律宾、泰国建交，与新加坡开启友好交往，印尼与中国的紧张关系也随之开始松动。

1979 年，中国将发展重心转移到社会主义现代化建设上来，并提出"和平与发展"的时代主题和不结盟、独立自主的和平外交政策。1982 年，中共十二大报告提出中国不与大国结盟，中国在周边奉行独立自主的和平外交政策，以创造和平安定的国际环境，努力在周边国家中树立新形象。在新周边外交引导下，中国继续与东南亚国家改善关系。1980 年至 1989 年 10 月，邓小平会见的东盟客人达 17 批之多。[①] 中国持续向印尼释放友好信号，态度坚定但不急迫。中国借参加 1980 年和 1985 年万隆会议纪念活动的机遇，表达基于万隆精神与和平共处五项原则与印尼复交的意愿。

20 世纪 80 年代，苏哈托政府从反共的意识形态合法性转向经济发展的绩效合法性。在石油危机后，印尼压缩能源出口比重，发展出口导向型加工业。为了突破欧美贸易保护主义、扩大出口市场、减少对日本的依赖和降低与中国转口贸易的手续费，印尼工商界迫切希望与中国发展直接贸易。此外，80 年代初，苏哈托政府积极参与地区和全球事务，免不了与中国打交道。尤其是在解决柬越冲突问题上，印尼和东盟都希望与中国合作。印尼外交部也认为与中国关系正常化有利于促进印尼经济和拓展外交舞台。[②]

---

① 石源华等：《新中国周边外交史研究（1949—2019）》，世界知识出版社 2019 年版，第 82 页。

② Anthony L. Smith, "From Latent Threat to Possible Partner: Indonesia's China Debate," *Special Assessment*（Dec. 2003），Asia-Pacific Center for Security Studies, 2003, p. 3.

在中美关系正常化、中国周边外交战略调整和苏哈托政权合法性转变三个积极因素的影响下，1976 年前后，两国紧张关系开始缓和。苏哈托总统在 1975 年表示，鉴于菲律宾、泰国陆续和中国建交，印尼也准备改善对华关系。① 1977 年，印尼工商总会首次参加广州出口贸易交易会，翌年再次赴华。1978 年 3 月 11 日，苏哈托对人协公开表示准备与中国复交。②

然而，从双方表达复交意愿到关系正常化经历了漫长的十几年，原因是印尼政府面对的国内阻力较大。军队和伊斯兰团体等精英仍认为中国是威胁，对复交有四重忧虑：第一，担心共产主义在印尼复苏。印尼认为，中国在"九卅事件"中支持印尼共产党，但中国予以否认。印尼希望与中国澄清此历史问题，使印尼不再担忧中国会干预印尼内政。第二，担心对印尼经济的冲击。政商界精英害怕与中国通商会冲击国内产业，也担心中国利用华人资本控制印尼经济。③ 第三，担心华人效忠中国。军队和安全部门怀疑印尼华人对中国保持政治忠诚，也担心与中国复交在印尼国内引发排华事件。④ 第四，担心中国在东南亚的战略意图。印尼军方认为，80 年代后期中国对南海的声索威胁到印尼海洋边界，不愿与中国接触。⑤但印尼外交部认为，正因为不确定中国的意图，才需要接触中国并用多边机制来约束中国。⑥

由于国内阻力较大，苏哈托总统只能先从不敏感的经贸领域推进与中国的关系。两国在 1985 年恢复了直接贸易。1987 年，中国国际贸促会代表团与印尼产业代表在雅加达举行 20 多年来首次贸易研讨会。印尼工商总会在 1988 年再次访问中国并参加 1989 年北京国际贸易博览会。80 年

① 赵金川：《中国印尼复交前后》，《人民日报》1990 年 8 月 5 日第 4 版。
② "Getting Set for Ties with China," *The Strait Times*, 12 March 1978.
③ 高伟浓：《印度尼西亚与中国关系正常化的动因》，《东南亚研究》1989 年第 3 期，第 9 页。
④ Christin Sinaga, "The Dynamics of Indonesia-China Relations in Politics, Defense-Security, and Economy in Southeast Asia: An Indonesian Perspective," in Sinaga C. (ed.), *Six Decades of Indonesia-China Relations: An Indonesian Perspective*, Singapore: Springer, 2017, p. 3.
⑤ Anthony L. Smith, "From Latent Threat to Possible Partner: Indonesia's China Debate," *Special Assessment* (Dec 2003), Asia-Pacific Center for Security Studies, 2003, p. 3.
⑥ Anthony L. Smith, "From Latent Threat to Possible Partner: Indonesia's China Debate," *Special Assessment* (Dec 2003), Asia-Pacific Center for Security Studies, 2003, pp. 3 – 4.

代末期，印尼军队和伊斯兰组织的政治地位被削弱，苏哈托独揽大权[1]，能抵制国内的反对声音与中国复交。同一时期，中国第三代领导集体登上舞台也有益于与印尼一道放下历史包袱、修复关系。1989年2月，苏哈托与钱其琛在东京举行会谈，就复交的原则性问题达成一致意见。1990年8月8日，两国恢复外交关系。

三 关系恢复阶段：经贸与多边合作（1990—1998）

20世纪80年代末90年代初，面对两极格局解体和西方对华制裁，邓小平提出"韬光养晦、有所作为"的外交方针。1992年，中共十四大报告将全部国家分为第三世界和"所有国家"两类[2]，实施全方位无敌国外交（包括东盟国家），并提升了印尼等第三世界国家在中国对外战略中的地位。此外，中国的全方位外交尤其重视参与国际组织[3]，通过多边外交舞台走向世界。在这样的政策背景下，中国希望与印尼发展友好关系并增加同多边组织的联系。

印尼也倾向于用多边平台而不只是双边平台接触中国[4]，一方面体现了印尼对中国的信任还需提高，另一方面是因为苏哈托总统打算在后冷战时期的国际政治新舞台上有所作为。印尼关注的越柬冲突、禁止核武试验、反对美国的人权压力、建立新型南北关系、促进南南合作等国际问题，都是基于联合国、东盟、不结盟运动、亚太经合组织等多边平台讨论的，印尼希望中国在这些平台上支持它。这一时期，两国在多边平台上的合作较多，如印尼支持中国恢复关贸总协定的地位；印尼在第四十八届人权会议关于西藏问题的决议中支持中国立场；[5] 1992年，印尼任不结盟运

---

① Rizal Sukma, *Indonesia and China：The Politics of a Troubled Relationship*, London and New York：Routledge，1999，Chapter 7.

② 阎学通：《大国外交得区分敌友》，《环球时报》2013年8月25日，https://opinion.huanqiu.com/article/9CaKrnJFsP7。

③ 石源华等：《新中国周边外交史研究（1949—2019）》，世界知识出版社2019年版，第302页。

④ Rizal Sukma, "Indonesia's Response to the Rise of China：Growing Comfort amid Uncertainties," *The Rise of China：Responses from Southeast Asia and Japan*, edited by Jun Tsunekawa, Tokyo：The National Institute for Defense Studies，2009，pp. 152 – 153.

⑤ 《印尼副总统苏达尔莫诺抵京，李鹏总理主持仪式热烈欢迎》，《人民日报》1992年4月11日第1版。

动轮值主席时接纳中国成为观察员国。中国与印尼在东盟平台上的互动更加密切，如中国被邀请参加东盟地区论坛；1996 年，印尼在任轮值国主席期间接纳中国成为东盟全面对话国；1997 年中国与东盟举行首次首脑会晤并参加了首次东盟"10 + 3"领导人非正式会议。

在关系恢复期，两国双边合作最为显著的成就是在经贸领域。经贸合作不仅是印尼恢复对华关系的初衷，也是中国进行国内建设的主线。1987—1997 年，印尼对中国的年平均出口额为 12.17 亿美元，中国是印尼第五大出口贸易伙伴①，印尼一直处于顺差地位。印尼不仅希望发展与中国的传统商贸，而且希望与中国发展投资、技术转让等全面经贸关系②，尤其是在能源和农业领域进行合作。两国签署了《关于成立经济、贸易、技术合作联委会的谅解备忘录》（1991）、《地质矿产合作谅解备忘录》（1991）、《促进和保护投资协定》（1994），建立了经贸和技术合作联委会会议机制。1996 年，印尼首次在中国举行经贸投资展览洽谈会。中国海洋石油总公司的第一个海外项目就是与印尼合作的。③

两国也恢复了部分社会人文交往。人文交流以官方牵头的高层次交流为主，目标是活跃两国商界和文化界精英的交往。两国签署了《新闻领域合作的谅解备忘录》（1992）、《科学技术合作谅解备忘录》（1994）、《青年事务合作谅解备忘录》（1997）；分别成立了以促进友好关系为宗旨的印尼—中国和中国—印尼经济、社会和文化合作协会；1992 年，雅加达与北京结成友好城市，等等。

四　重建信任阶段：金融危机中的友谊（1999—2004）

1998 年亚洲金融风暴席卷印尼并导致政治地震。印尼接受了国际金融机构提供的 150 亿美元贷款，同时也被迫接受其附加的严苛的政治条

---

① Yuki Fukuoka and Kiki Verico, "Indonesia-China Economic Relations in the Twenty-First Century: Opportunities and Challenges," In Kim Y. (ed.), *Chinese Global Production Networks in ASEAN*, Switzerland: Springer, 2016, p.57.

② 赵新考：《苏哈托分别会见李岚清钱正英》，《人民日报》1992 年 12 月 12 日第 6 版。

③ 余曼、费伟伟：《海洋石油开始向海外发展，我购买印尼马六甲油田 32.58% 权益成为最大股权者》，《人民日报》1994 年 9 月 12 日第 3 版。

件。由此，印尼对外政策目标发生了较大变化：一是寻找资源尽快偿还援助款并恢复经济；二是获得政治支持以制衡西方的干预。[1] 在后一个方面，美国谴责印尼的人权情况、干涉马六甲海峡管辖权，澳大利亚支持东帝汶独立威胁到印尼的主权和领土完整，西方国家的干涉行为使印尼精英感到失望、沮丧。美国掀起的全球反恐战争在以穆斯林为主体的印尼社会也遭到批评[2]，甚至素来对华社和中国抱有怀疑的伊斯兰精英也开始转变思维，认为接触中国可以制衡美国霸权。与美国相反，中国在维护主权和领土完整、反对干涉和霸权上支持印尼，渐渐地在印尼精英中达成共识，即推进与中国关系是制约美国霸权的一种方式。[3] 因此，在这一时期，印尼与中国的互动围绕借助中国制衡西方的政治压力和复苏印尼经济两条主线展开。

两国政治关系在双边和多边平台上同时推进。在双边领域，印尼通过减少对印尼华人的政治歧视而改善对华关系。哈比比政府批准了《消除一切形式种族歧视国际公约》，吹响印尼华人平权改革的前奏。瓦希德总统对恢复华人权利及对华关系做出了巨大贡献：他就职后将中国定为首个正式出访的国家，并解禁了中文、孔教和春节（总统令 No. 6/2000），任命华人郭建义（Kwik Kian Gie）为经济统筹部长。梅加瓦蒂总统延续了对华友好的路线。中国是她出访的第一个非东盟国家。她支持印尼发展中文教育和中国学研究机构，宣布春节为全国公共节日。中国也多次公开支持印尼维护领土和主权，反对西方对印尼内政的干涉，如 2001 年 5 月，中国外交部发布评论与声称得到中国支持的巴布亚分离分子保持距离；[4] 2004

---

[1] Yuki Fukuoka and Kiki Verico, "Indonesia-China Economic Relations in the Twenty-First Century: Opportunities and Challenges," In *Chinese Global Production Networks in ASEAN*, edited by Young-Chan Kim, Switzerland: Springer, 2016, p. 53.

[2] Irman Lanti, "Indonesia in Triangular Relations with China and the United States," in *China, the United States, and South-East Asia*, edited by Evelyn Goh and Sheldon W. Simon, Abingdon, Oxon: Routledge, 2007, p. 132.

[3] Nanto Sriyanto, "Indonesia-China Relations: A Political-Security Perspective," in Sinaga C. (ed.), *Six Decades of Indonesia-China Relations: An Indonesian Perspective*, Singapore: Springer, 2017, p. 72.

[4] 中国外交部：《发言人就印尼当前形势发表评论》，2001 年 5 月 29 日，外交部网站（https://www.fmprc.gov.cn/web/gjhdq_ 676201/gj_ 676203/yz_ 676205/1206_ 677244/fyrygth_ 677252/t6157. shtml）。

年，中国发声反对美国插手马六甲海峡巡逻；① 中国对于东帝汶人权干预的谨慎反应得到印尼的尊重。②

在多边领域，两国关系主要通过东盟平台推进。印尼作为东盟非正式领导国，对中国和东盟关系的快速深化发展发挥了重要作用。中国在金融危机中坚持人民币不贬值，对东南亚经济体给予援助，使"中国威胁论"不攻自破，接受中国在地区秩序中发挥更大的作用成为东盟国家的共识。在东盟"10＋3"清迈倡议下印尼与中国签订了央行间货币互换协议。2002 年，中国与东盟签署《全面经济合作框架协议》，决定于2010 年建立自贸区。同年，中国与东盟签署《南海各方行为宣言》。2003 年，在印尼任东盟轮值主席国期间，中国加入了《东南亚友好合作条约》。

援助印尼经济和经贸合作是两国关系的另一个重要方面。中国向瓦希德政府提供经济援助和贷款。在梅加瓦蒂任期内，能源合作成果丰富并开启了基础设施建设合作。两国在 2002 年成立能源论坛。在印尼竞标 135 亿美元的广东液化天然气项目失败后，中国将 100 亿美元福建液化天然气项目大单送给印尼。③ 中国参与泗马大桥项目建设并提供 45% 的资金，这是当时中国参与印尼基础设施建设项目中最大的一个。在梅加瓦蒂任期内，两国双边贸易额翻了一倍且印尼处于贸易顺差地位。

尽管 1999—2004 年两国关系有较大提升，但仍受到印尼政局不稳的制约。瓦希德因执政联盟不稳固而导致一系列彻底的改革举措在议会遭遇阻力。他提出的撤销印尼共产党禁令和建立彻查"九卅事件"的和解委员会提议都没有被议会通过。因中途被弹劾，他雄心勃勃的以中国、印度和印尼为支柱的亚洲外交新构想也未能实现。

1990—2004 年，中印尼关系取得了两项突出成就：通过在多边平台

---

① Mikkal Herberg, "China's Search for Energy Security: The Implications for Southeast Asia," in *China, the United States, and South-East Asia*, edited by Evelyn Goh and Sheldon W. Simon, Abingdon, Oxon: Routledge, 2007, p. 77.

② Ian Storey, *Southeast Asia and the Rise of China: The Search for Security*, Abingdon, Oxon: Routledge, 2011, p. 202.

③ Muhammad Badaruddin, "Indonesia-China Energy Trade: Analyzing Global and Domestic Political Economic Significance in Indonesia-China LNG Trade," *Journal of ASEAN Studies*, Vol. 1, No. 1, 2013, pp. 25 – 40.

上的相互支持和持续互动减轻了印尼政府对中国的戒心，两国的双边政治关系得以推进；中国为困境中的印尼提供经济援助使印尼社会增强了对中国的信任。这一时期两国建立的互信基础为下一阶段双边关系的提升和全面合作奠定了基础。

五　战略伙伴阶段：开启全方位合作（2005—2012）

2005 年，以胡锦涛总书记为代表的第四代领导集体提出"和平发展"的国家战略与"和平、发展、合作"的对外政策①，强调以中国自身发展维护世界和平并促进与各国共同发展。2005 年 4 月 26 日，胡锦涛主席在印尼的讲话中强调中国奉行"与邻为善、以邻为伴"的周边外交方针和"睦邻、安邻、富邻"的政策。2006 年，中国又提出"大国是首要，周边是关键，发展中国家是基础"的总体外交方针。印尼既是周边国家又是发展中国家，在中国外交版图中处在十分重要的位置上。中国提升与印尼的全方位合作关系势在必行。

印尼基本走出了亚洲金融危机的影响，且与美国修复了关系，印尼面对的外部压力得到缓解。2006 年，印尼提前偿清 IMF 债务。苏希洛成为首位直选总统，标志着印尼民主制度进入巩固时期。印尼支持反恐战争、民主化进程顺利并改善了人权状况，成功修复了与美国的关系②，两国在2005 年恢复了军事合作。苏希洛政府面对较为宽松的国外和国内环境，可以自主地追求对华政策目标。2008 年，印尼加入 G20，标志着其朝中等强国和地区大国的方向大步迈进，对外政策更加自信和开放，使苏希洛政府与中国合作所涉及的领域超过之前任何一届政府。然而，这一时期也出现了新的体系压力：国际社会提出崛起的中国在亚洲和世界上扮演的角色问题，认为中美有在亚太竞争影响力的苗头，奥巴马推行"亚太再平衡"政策更为印尼增加了体系压力。在这样的背景下，苏希洛实施"千友无敌，动态平衡"的对外战略，与主要大国保持等距离双边接触，并将主要大国拉进东盟主导的多边机制中，力图维持亚太均势。2005 年，苏

① 中国国务院新闻办公室：《中国的和平发展道路》，2005 年 12 月。

② Ann Marie Murphy，"US Rapprochement with Indonesia：from Problem State to Partner，" *Contemporary Southeast Asia*，Vol. 32，No. 3，2010，p. 362.

希洛提出东亚峰会成员国不应局限于东盟"10＋3"伙伴，也应该包括澳大利亚、新西兰、美国和俄罗斯等域外国家。这一提议被广泛评价为印尼对中国的制衡。①

在苏希洛执政的约十年间，两国在政治、安全、经济和社会领域的关系提升是渐进式的，主要成就包括在战略伙伴关系下开启防务合作、中国成为印尼第一大贸易伙伴、孔子学院在印尼带动起中国文化热潮。

第一，两国成为战略伙伴，开启防务合作。2004 年 12 月，印尼遭受特大海啸，中国开展了历史上最大规模的对外救援行动，使印尼对中国的好感大幅提升。2005 年 4 月，在亚非会议 50 周年纪念之际，两国建立了战略伙伴关系，印尼成为首个与中国建立战略伙伴关系的东盟国家。胡锦涛主席对两国战略伙伴关系的评价是："作为亚洲两个重要的发展中国家，中国和印尼加强友好合作，符合两国的现实利益和长远利益，有利于本地区乃至世界的和平、稳定、繁荣。"② 在战略伙伴关系框架下两国开启了防务合作：2005 年 8 月，两国签署协议，合作研发 150 千米射程导弹，此后，印尼向中国购买反舰导弹。③ 2007 年，两国签署了防务合作协议并开展军工产业合作。

第二，双边贸易快速增长，中国成为印尼最大贸易伙伴。2004 年，中国与印尼双边贸易额为 122.43 亿美元，到 2012 年，这一数字增长到 356.28 亿美元。④ 2006 年，中国在双边贸易中成为出超一方，并在 2011 年成为印尼的最大贸易伙伴并保持至今。两国发展贸易的历程并非一帆风顺，而是经历了一次次解决矛盾、摸索互利合作智慧的过程。2007 年，印尼因安全隐患而对中国的玩具和食品给出了警示，中国随即禁止印尼部分海产品进口。中国的回应引起印尼极大的担忧，但不久之后，此争议便通过协商得

---

① Jae Cheol Kim, "Politics of Regionalism in East Asia: The Case of the East Asia Summit," *Asian Perspective*, Vol. 34, No. 3, 2010, p. 123.

② 《胡锦涛出席印尼各界举行的欢迎会并发表重要讲话》，2005 年 4 月 26 日，人民网（http://politics.people.com.cn/GB/1026/3351369.html）。

③ Michael Chambers, "China's Military Rise to Great Power Status," in *China, the United States, and South-East Asia*, edited by Evelyn Goh and Sheldon W. Simon, Abingdon, Oxon: Routledge, 2007, p. 179.

④ 印尼统计局（www.bps.go.id），数据最后更新时间是 2019 年 10 月。

到妥善解决。[①] 2008—2009 年, 印尼染布行业受到中国出口的廉价染布的冲击[②], 话题借此发酵并导致在 2009 年中国—东盟自贸区协议即将生效之际, 西爪哇等城市发生罢工, 印尼希望重新与中国商议 228 项商品的关税条款。中国迅速与印尼政府和业界举行了数次会谈, 宣布帮助印尼中小微型产业提升竞争力, 并提供 20 亿美元基础设施发展款项[③], 向印尼展示了中国努力"维护关系"以及"尊重和谨慎的态度"[④]。恰逢 2009 年大选刚刚结束, 苏希洛总统的民主党成为国会第一大党, 民主党执政联盟议席超过半数, 执政联盟广泛且较稳固, 总统和冯慧兰部长才可以顶住业界和议会的反对声浪执行自贸区协议。

第三, 印尼兴起中国文化热, 对中国好感度上升。两国社会文化交流采取的是以官方为主导, 邀请民众参与社会和文化交流的模式。孔子学院在印尼落地是一个典型案例。2007 年, 印尼建立了第一所孔子学院。[⑤] 2010 年, 在两国建交 60 周年之际, 印尼教育部高教总司选出 6 所拟建孔子学院的大学并与汉办签署协议。6 所孔子学院在 2011 年 11 月之前全部挂牌成立。[⑥] 在孔子学院的带动下, 印尼年轻人掀起了学中文的热潮, 其他私人中文教育机构也纷纷建立。这一时期, 印尼社会对中国的好感有较大的提升。BBC 一项调查指出, 印尼对中国的全球影响力提升持积极态度。[⑦] 印尼社会

① Ahmad Syaifuddin Zuhri, "Indonesia-China's Diplomatic Relations after Normalization in 1990," *Proceeding of the International Seminar and Conference* 2015: *The Golden Triangle (Indonesia-India-Tiongkok) Interrelations in Religion, Science, Culture, and Economic*, University of Wahid Hasyim, Semarang, Indonesia. 28 – 30 August 2015, p. 71.

② Ganewati Wuryandari, "Prospek Hubungan Indonesia-Cina," in *Hubungan Indonesia-Cina Dalam Dinamika Politik, Pertahanan-Keamanan Dan Ekonomi Di Asia Tenggara*, edited by Lidya Christin Sinaga, Jakarta: LIPI, 2013, p. 143.

③ Alexander Chandra and Lucky A. Lontoh, "Indonesia-China Trade Relations: The Deepening of Economic Integration amid Uncertainty?," *Trade Knowledge Network*, International Institute for Sustainable Development, 2011, p. 9.

④ Christin Sinaga, "The Dynamics of Indonesia-China Relations in Politics, Defense-Security, and Economy in Southeast Asia: An Indonesian Perspective," in C. Sinaga (ed.), *Six Decades of Indonesia-China Relations: An Indonesian Perspective*, Singapore: Springer, 2017, p. 11.

⑤ 这所孔子学院因为未获得印尼国民教育部的认可, 在 2011 年停止运作。见李启辉、姜兴山《印尼孔子学院刍议》,《东南亚研究》2013 年第 3 期, 第 86 页。

⑥ 李启辉、姜兴山:《印尼孔子学院刍议》,《东南亚研究》2013 年第 3 期, 第 87 页。

⑦ Robert G. Sutter, *Chinese Foreign Relations: Power and Policy since the Cold War*, Maryland: Rowman & Littlefield Publishers, 2011, p. 357.

一度出现了学习中国治理模式（惩治贪腐、维护社会秩序、培育爱国主义、控制外国影响等）的公众话语。[1] 印尼社会对华社更加包容，越来越多的华人进入政坛。这与苏希洛任期内颁布的一系列反歧视政策分不开：2008 年印尼颁布了第 40 号《反种族和族群歧视法》。2014 年，苏希洛总统下令（Keppres No. 12/2014）使用"中国"（Tiongkok）和"中华"（Tionghoa）代替侮辱性的称谓"支那"（Tjina/Cina）。

六　全面战略伙伴阶段：两国发展战略对接（2013—2020）

2013 年以来，中国周边外交的重要性大幅提升，印尼成为中国周边外交的优先方向和"一带一路"倡议的重要合作伙伴。印尼既面对经济增长放缓、官僚体制改革滞后、民主倒退等国内结构性矛盾，又希望实现"全球海洋支点"（海支）的大国抱负，深化与中国的合作是最务实的选择。两国在 2013 年结成全面战略伙伴关系，2018 年实现了"21 世纪海上丝绸之路"（海丝）和"海支"的战略对接，两国关系进入了一个合作领域和深度前所未有的新时代。

2010 年，中国成为全球第二大经济体，2013 年进入大国外交时代，中国国际身份的转变对周边外交提出了更高的要求。中国共产党十八大以来，周边国家在中国对外战略布局中的地位更为凸显，党中央提出了"亲、诚、惠、容"的新理念和"推动构建人类命运共同体"的新目标。东南亚在周边外交版图中的位置显得格外重要：2013 年，习近平主席在印尼国会指出，将建设中国—东盟命运共同体；同年，李克强总理在中国—东盟领导人会议上描绘了中国—东盟打造"钻石十年"的蓝图。印尼作为东盟中人口最多、面积最大的国家，其重要性无可替代。两国自复交以来关系得到跨越式提升，尤其是在建立战略伙伴关系后各领域务实合作进展顺利，这也使中国十分看好与印尼深化合作的前景。2013 年，习近平主席在印尼提出了建立"21 世纪海上丝绸之路"的倡议，并表示"中国把印尼作为中国周边外交优先方向"，同年，两国关系提升成为全面战略伙伴关系。

---

[1] Johanes Herlijanto, *Emulating China: Representation of China and the Contemporary Critique of Indonesia*, PhD dissertation, Vrije Universiteit, Amsterdam, 2013, pp. 208 – 209.

2014 年上任的佐科总统面对的国际压力远小于国内压力。虽然中美战略竞争持续升级，特朗普政府的印太战略增大了针对东盟的体系压力，但东盟国家均对印太战略反应冷淡。印尼也没有感受到迫近的选边压力，反而引导其他东盟国家于 2019 年发布了《东盟印太展望》，重申了东盟领导印太地区合作的中心地位。在这样的国际环境下，印尼追求对华政策目标的独立性仍然较强。反观印尼国内浮出水面的诸多问题，自 2008 年全球金融危机后，印尼在推动增长、深化民主、政府改革等方面的治理成绩平平，而佐科总统又提出了建立横跨两洋的海洋大国的宏大目标。在这样的背景下，印尼急需与中国加强务实合作，从中国获得资金和产能支持。

2013—2020 年，两国高层沟通频繁，首次实现了国家战略对接。习近平主席于 2013 年和 2015 年访问印尼，并借其他出席会议的机会与佐科总统交流；2018 年，李克强总理访问印尼；佐科总统在第一任期中五次访华。频繁的高层互动促进了两国的政策沟通：佐科政府成为"一带一路"倡议最早的一批支持者。中国在 2015 年 3 月已经把"全球海洋支点"战略写进《中国和印尼关于加强两国全面战略伙伴关系的联合声明》中。2018 年，两国签署了共建"一带一路"和"海支"的谅解备忘录，发展战略实现了对接。

这一阶段，双边关系有三个亮点：基础设施合作、中国对印尼投资增长、官方和民间同时发力人文外交。第一，基础设施大单引人瞩目。"海支"突出了印尼依海发展、岛屿联通的需求，与"一带一路"将基础设施互联互通作为优先发展领域的目标一致。仅 2018 年，印尼向中国投资者提供了 600 亿美元的基础设施项目清单。① 迄今为止，雅万高铁是基础设施合作的标志性项目，有望成为东南亚首条高速铁路。"区域综合经济走廊"发展计划有望成为"一带一路"第二阶段的领头项目。印尼的迁都计划也在积极寻求亚投行的支持。

第二，两国经贸领域合作持续向好，中国对印尼直接投资是新亮点。中国自 2011 年起一直是印尼最大贸易伙伴，2018 年，双边贸易额达

---

① Reuters, "Indonesia Woos Chinese Investors with $ 60-billion Menu of Belt and Road Projects," 5 December 2018, *Reuters*, https://www.reuters.com/article/us-indonesia-china/indonesia-woos-chinese-investors-with-60-billion-menu-of-belt-and-road-projects-idUSKBN1O40ZV.

773.7 亿美元，同比增长 22.2%。[①] 印尼从中国主要进口机电产品，向中国主要出口矿物燃料、动物和植物油脂及矿产品，两国贸易互补性较强。近些年来，中国增加了印尼的水果等特色产品进口，努力维持贸易平衡。2018 年，两国续签双边本币互换协议并将互换规模扩大至 2000 亿元人民币。两国经贸合作的新亮点是中国对印尼投资迅速增长。2017 年，中国内地和香港以 55 亿美元投资成为印尼的第二大投资来源国。[②] 中国企业看好印尼丰富的自然资源、廉价的劳动力和庞大的消费市场。印尼的产业园区、房地产、金融、互联网和旅游产业吸引了大量中国企业。中美贸易战提升关税风险后，印尼成为中国制造业出海青睐的目标国。

第三，社会人文交流发展迅速，官方和民间同时发力。两国在 2015 年建立了副总理级人文交流机制，几年来签署了教育、科技、文化、林业等领域的多个政府间合作文件。教育和留学是该机制的重头戏，中国加强了吸引印尼留学生的措施：2017 年，中国政府向印尼提供了 215 个奖学金名额，较 2015 年录取人数增长了 11 倍。[③] 2017 年，印尼在中国留学生总数约有两万人（包括港澳台），位居各生源国第三位。[④] 两国建立了高校智库联盟，组织了"中印尼百名青年代表团互访"等项目，全方位带动人文交流。由于经贸联系日益密切，印尼人学中文的热情高涨，非华裔印尼人也开始热衷于学习中文。截至 2019 年，印尼有 26 所大学开设中文课程，创办了上千所中文培训中心和三语学校。[⑤] 第 7 所孔子学院也在 2019 年建成。印尼旅游产业吸引了大量中国游客。2018 年，中国内地赴印尼旅游达 213.75 万人次，占印尼国际游客总数的 13.52%，是印尼第

---

① 《中国同印度尼西亚的关系》，2019 年 12 月，外交部网站（https://www.fmprc.gov.cn/web/gjhdq_ 676201/gj_ 676203/yz_ 676205/1206_ 677244/sbgx_ 677248/）。

② Erwida Maulia, "China Becomes Indonesia's No. 2 Investor with Infrastructure Drive," 1 February 2018, *Nikkei Review*, https://asia.nikkei.com/Politics/International-relations/China-becomes-Indonesia-s-No.-2-investor-with-infrastructure-drive.

③ 《驻印尼使馆举办 2017 年度中国政府奖学金录取通知书颁发仪式》，2017 年 8 月 22 日，中国驻印尼大使馆（https://www.fmprc.gov.cn/ce/ceindo/chn/whjy/Study_ China/t1486426.htm）。

④ 宋秀琚：《印度尼西亚在华留学生调查报告及政策建议》，韦红、宋秀琚主编：《中国与印度尼西亚人文交流发展报告（2019）》，社会科学文献出版社 2019 年版，第 44—45 页。

⑤ Chang Yau Hoon and Esther Kuntjara, "The Politics of Mandarin Fever in Contemporary Indonesia: Resinicization, Economic Impetus, and China's Soft Power," *Asian Survey*, Vol. 59, No. 3, 2019, pp. 573–574.

二大国际游客来源地和巴厘岛最大的外国游客来源地。① 两国城市交往活跃，至今中国与印尼结成友好省市 27 对。②

两国日益紧密的交流是否使印尼社会对中国有了更好的印象？答案并不统一。印尼 SMRC 调研中心 2017 年的调研指出，印尼人认为，中国现在是且未来十年仍将是亚洲最有影响力的国家，57% 的受访者认为，中国对印尼影响很大，但中国不是印尼发展的理想模板。③ 而新加坡尤索夫伊萨东南亚研究院 2017 年的调研指出，印尼人认为，中国既不如东盟国家对印尼重要，也不如新加坡、马来西亚和泰国受欢迎。④ 可见，中印尼之间民心相通的任务仍然任重道远。

一些观察者评论佐科总统对华匮从，但事实并非如此，其对华政策仍受到国内政治的制约。两国在纳土纳海域的渔业纠纷（海洋权益）、钟万学案件引发的印尼社会对华人的包容性降低（多元主义）、中国劳工涌入印尼问题（社会）、所谓的债务陷阱问题（经济）是影响中印尼关系的四个负面因素。为了回应国内挑战，佐科总统颁布了一系列政策，如将纳土纳周围海域重新命名为"北纳土纳海"并加强军事部署⑤，积极谋求与日本合作建设雅泗中速铁路，加强国外劳工准证检查，与宽容的伊斯兰教士联合会合作引导宗教政治走向等。因佐科的执政联盟尚且稳固，反对声音暂时没有阻碍进行中的两国合作，但这些隐患为未来两国深化合作设置了一定的障碍。

第三节　中国—印尼关系面临的挑战与前景

习近平主席 2013 年在印尼国会讲话中提到了印尼美丽的梭罗河，他

---

① 《2018 年访问印尼中国游客数量 213.75 万人》，2019 年 3 月 18 日，新华网（http://www.xinhuanet.com/travel/2019-03/18/c_ 1124248294.htm）。

② 《中国同印度尼西亚的关系》，2019 年 12 月，外交部网站（https://www.fmprc.gov.cn/web/gjhdq_ 676201/gj_ 676203/yz_ 676205/1206_ 677244/sbgx_ 677248/）。

③ SMRC 调研中心的数据来源于 2019 年 9 月 14 日复旦大学中国与周边国家关系研究中心主办的"印尼政情圆桌"会议上 SMRC 前执行主任 Djayadi Hanan 的报告。

④ Diego Fossati, Hui Yew-Foong, and Siwage Dharma Negara, 2017, "The Indonesia National Survey Project: Economy, Society and Politics," *Trends in Southeast Asia*, No. 10, 2017, p. 40.

⑤ David Scott, "Indonesia Grapples with the Indo-Pacific: Outreach, Strategic Discourse, and Diplomacy," *Journal of Current Southeast Asian Affairs*, Vol. 38, No. 2, 2019, pp. 11 – 12.

说："中国和印尼关系发展，如同美丽的梭罗河一样，越过重重山峦奔流向海，走过了很不平凡的历程。"本章对中印尼 70 年外交关系的互动和演变进行了简要回顾，提出中印尼关系作为研究对象的特殊性应从国家间关系、华人问题和意识形态三者间的不可分割性来看待，进而提出一种分析两国关系的思路，即两国交往的基本框架（主题和重心）由中国对印尼的政策和印尼对华政策的交集所确定。其中，中国对印尼的政策方向需要放在中国外交整体思路和层次下理解，系统性和稳定性较高；印尼的对华政策目标在两国交往的大部分时间里是对国外压力和体系压力的反应，系统性和稳定性较低。在两国交往的主题和重点确定后，两国交往的行动（具体外交措施和历史节点）主要受到变动中的印尼国内政治的影响，具体指执政同盟的稳固性和广泛性限定了印尼使用对外政策工具的范围和时机。

依据上述框架，本章将中印尼交往史分为六个阶段。在冷战时期，西方国家对新兴民族主义国家的干预是理解新中国与苏加诺时期的印尼在政治伙伴阶段（1950—1965）形成相互支持关系的重要背景。由于亲美的军人集团上台，两国进入了关系冻结阶段（1967—1989）。20 世纪 70 年代，随着中美关系正常化，苏哈托政府获得了缓和对华关系的国际环境。80 年代，中国的改革开放与和平的外交政策与印尼追求稳定和发展的方向一致，两国逐渐放弃了意识形态上的分歧。在两国关系的调整和发展时期，复交后处在关系恢复阶段（1990—1998）的两国都关注其在后冷战格局下的新政治和经济地位，双方延续了重点发展经贸合作的基本框架，增强了在多边组织中的相互支持。在重建信任阶段（1999—2004），由于印尼受亚洲金融危机和政权更迭的双重冲击，与西方关系骤然紧张。中国第三代领导集体向哈比比、瓦希德和梅加瓦蒂政府提供急需的经济援助和政治支持，使印尼对中国的信任快速提升，为战略伙伴阶段（2005—2012）中国第四代领导集体在"和平发展"战略下与印尼全方位合作打下基础：这一阶段的防务和贸易合作有较快发展，印尼社会对中国好感度快速提升。进入两国关系的全面战略伙伴阶段（2013—2020），在中美战略竞争背景下，中国领导人进一步提升了东盟和印尼在周边外交布局中的重要性。恰逢佐科政府面对国内改革压力，主动向中国寻求务实合作，首次实现了两国战略对接。这一时期的基础设施合作、中国对印尼投资增长和人文外交格外引人瞩目。

本章提出的分析框架对于未来中印尼关系的走向具有政策参考意义。鉴于两国发展阶段的差异性和资源禀赋的互补性,未来两国的务实合作还有很大空间。针对两国关系的基本框架,鉴于印尼将中国视为在各方面制衡美国的力量,美国对印尼、东盟、南海沿岸国家或伊斯兰世界施加压力只会增强印尼国内的反美情绪,使印尼在政治上向中国靠近。同理,中国应避免对印尼施加压力,应坚持和平共处五项原则和"亲、诚、惠、容"的外交价值观,重视双边关系中的"舒适度",吸引印尼与中国合作。中国各部门在推进与印尼务实合作的过程中,也要有大局意识和系统性思维,避免为了部门利益而向印尼施加压力或损害中国的利益。

中国应妥善处理与印尼之间的误解和矛盾,提升两国的政治互信。当前,中国与印尼之间实质的国家利益争议只有纳土纳海域专属经济区重叠一项,两国由于渔业资源纠纷在纳土纳海域不时会发生摩擦。相关事件经印尼国内智库和媒体的不当宣传,印尼社会感到中国有侵犯印尼海上权利的意图,并将此问题与南海争议错误地联系在一起。这些社会压力传导到政府层面,使非声索国印尼越来越不能秉承中立的态度来对待南海争议,这就增加了中国在南海问题上的压力。印尼作为东盟非正式领导国,其态度的倾斜可能导致东盟对南海问题的官方表态发生变化,因此中国急需为纳土纳争端"降温"。中国应与印尼一道向两国社会重申和澄清纳土纳纠纷的性质,共同推进渔业资源分配问题的解决,并控制此问题的政治影响,而不能让资源分配问题危害两国互信和增加中国在南海问题上的压力。

对于两国关系基本框架下的操作问题(措施和时间节点),中国应该对印尼国内政治的规则和动态加深理解和掌握,这有助于双方优化合作方式。中国也应认识到,在印尼执政联盟的挑战者反对与中国合作的原因中,国家利益只占一小部分,主要原因往往是华人问题、身份政治问题、宗教和意识形态等印尼本国的历史遗留问题,亦即"国家间关系、华人问题和意识形态三者间的不可分割性"。针对印尼国内的历史问题和偏见,中国政府、高校和研究机构、媒体、民间团体应动员已建立起来的智库网络、高校联盟等合作机制,与印尼学界、媒体、民间组织一道完成研究、释疑与和解的工作,在较长时间内用"润物细无声"的方式消解印尼历史上涉华的遗留问题，消除印尼社会对中国的误解。

最后还要特别指出，自1990年复交以来中印尼关系在稳步提升，这其中有三个因素起到了重要作用。其一，两国在长期交往中都在不断摸索相处之道，寻找让对方舒适的交往方式。这一点在前文两国共同处理贸易摩擦的案例中有充分体现。其二，两国政策和利益交汇点不断增多。这既来自于两国成长过程中的战略抱负、身份定位和现实需要，也在于各个阶段两国领导人的战略视野、政治意志和外交风格。其三，中国外交政策的稳定性和连续性功不可没。正是由于中国在与印尼交往中坚持和平共处五项原则，贯彻"与邻为善、以邻为伴"的周边外交方针，才能使印尼逐渐放下历史心结，恢复两国互信，提升合作的深度和广度。在百年未有之大变局中，特别是在国际政治秩序和印尼内政都充满不确定性的时刻，中国周边外交政策的稳定性和连续性对于中印尼关系的未来发展至关重要。

小　结

本章回顾了中印尼70年交往发展史及其中的关键事件，提出两国关系应从国家间关系、华人问题和意识形态的不可分割性来看待，进而提出理解两国关系的分析框架：两国交往的主题和重心由中国对印尼的政策和印尼对华政策的交集所确定：中国对印尼政策目标需要放在中国外交整体思路下加以理解，印尼对华政策目标主要是对国外压力和体系压力的反应。两国交往的具体措施和时间点受变动中的印尼国内政治的影响较大。据此框架，本章将中印尼70年交往史分为六个阶段。结论指出，复交以来两国关系不断向好的三个原因是：两国持续摸索相处之道、双方利益和政策的交汇点增多以及中国周边外交方针保持着稳定性和延续性。

第二章　中国—印尼双边贸易和投资关系

2022 年是中国与印尼建交 72 周年。在过去的 72 年里，尽管中国与印尼外交关系历经起伏，但是中国印尼的经贸关系却发展良好，合作历史源远流长。早在 20 世纪 50 年代，两国的贸易额就达到 1.2 亿美元，到了 60 年代中期仍保持在 1 亿美元左右的水平。在双方外交关系中断时期，双边直接贸易于 1985 年得到恢复，早于外交关系的恢复，并保持着快速发展势头。[①] 进入 21 世纪，中国与印尼双边贸易年均增速超过 30%。目前，中国是印尼最大的贸易伙伴，经贸合作成为中国与印尼两国合作的重点，也是两国合作的主渠道，为两国政治合作和全面战略伙伴关系的发展打下了坚实的物质基础。本章主要从贸易和投资两个维度分析中印尼之间的经贸关系。

第一节　中国—印尼双边贸易规模

印尼是当今世界经济发展潜力较大的国家之一，是东南亚地区的海上交通要道和枢纽。中国和印尼两国自 1990 年恢复外交关系以来，双边经贸合作稳步发展，贸易规模持续扩大，尤其是 2002 年 11 月，中国与东盟正式签署《中国与东盟全面经济合作框架协议》，标志着中国—东盟自由贸易区进程正式启动，这为中国—印尼双边贸易规模的扩大提供了巨大的动力和良好的环境。在中国—东盟自由贸易区框架下，中国与东盟国家相继签订了三个主要协议，即《中国—东盟货物贸易协议》(2004)、《中国—东盟服务贸易协议》(2007)、《中国—东盟投资协议》(2009)。根

---

① 温北炎：《试析中国与印尼经贸关系存在的问题》，《南洋问题研究》2006 年第 3 期。

据协议，2010 年 1 月 1 日，中国与东盟六个老成员国（新加坡、马来西亚、泰国、印尼、菲律宾、文莱）间 93% 的贸易商品关税降为零，实现货物贸易自由化。中国—东盟自由贸易区建成后，中国与印尼间的贸易高速发展，经贸关系日益紧密，贸易规模方面也体现出许多特征。

一　中国与印尼双边贸易规模不断扩大

从双边贸易总额的变化情况来看，在 2004—2019 年的发展过程中，中国与印尼的贸易总额呈现出不断增长趋势。表 III - 2 - 1 是印尼统计局提供的关于中国—印尼贸易规模的数据，从中可以看出，2004—2019 年，中国与印尼贸易规模从 122.43 亿美元上升为 2019 年的 728.7 亿美元，增长了近 5 倍，年均增速达到了 33%。2005 年，中国与印尼确定为战略伙伴关系，同年，中国—东盟自由贸易区早期收获计划开始实施，部分红利开始释放，到 2010 年，中国—东盟自由贸易区建成，中国—印尼双边贸易规模从 155.67 亿美元上升至 361.17 亿美元。

2013 年 10 月，习近平主席在访问印尼时首次提出共建"21 世纪海上丝绸之路"，中国和印尼双边关系提升至全面战略伙伴关系。2014 年，印尼新任总统佐科·维多多上台之后提出了"海洋强国"的目标，并出台了"全球海洋支点"战略，这与习近平主席提出的建设"21 世纪海上丝绸之路"高度契合。2013 年以来，印尼总统佐科甚至多次到访中国，与习近平主席进行了多次会晤，就中印尼对接发展战略、推进务实合作达成了重要共识。[①] 政治上的紧密联系带来了经济上的互通，2013 年以来，中印尼的双边贸易额飞速增长，从 524.52 亿美元上升至 2019 年的 728.7 亿美元，创历史新高，同比增长 17%。

2020 年 11 月 15 日，《区域全面经济伙伴关系协定》（RCEP）正式签署，不仅诞生了全球最大的自由贸易区，并且是首个同时包含中日韩、东盟国家的自贸协定。作为世界上人口最多、成员结构最多元、发展潜力最大的自贸区，RCEP 更有利于刺激中国—东盟以及中印尼经贸合作的深入发展。展望未来，中国—印尼在新的 RCEP 框架下，贸易规模会更加进一步扩大。

---

① 王立平：《推动中印尼经贸合作更上层楼》，《国际商报》2018 年 5 月 7 日。

二 中国在印尼对外贸易中的地位快速提升，连续多年成为印尼第一大贸易伙伴

截至 2021 年，中国已连续 11 年成为印尼第一大贸易伙伴，但是，这并不是一蹴而就的，中国在印尼贸易地位中的提升经历了逐步上升的发展历程。21 世纪初，中国在印尼贸易中的地位并不是很高。比如，2005 年，日本、新加坡、美国和中国是印尼前四位贸易伙伴，双边贸易额均超过百亿美元。其中，中国与印尼双边贸易额为 155.67 亿美元，较 2004 年增长27.15%，印尼对中国出口额为 66.62 亿美元，同比增长 44.7%；从中国进口额为 89.05 亿美元，同比增长 16.6%。[①] 中国只是印尼第四大贸易伙伴，第三大进口贸易来源地和第五大出口目的地。

表 III-2-1　　　　　2004—2019 年中国与印尼贸易额　　　　　（亿美元）

年份	贸易总额	中国从印尼进口	中国向印尼出口	贸易差额
2004	122.43	46.05	76.38	30.33
2005	155.67	66.62	89.05	22.43
2006	171.39	83.44	87.95	4.51
2007	182.34	96.76	85.58	11.18
2008	268.84	116.37	152.47	36.1
2009	255.01	114.99	140.02	25.03
2010	361.17	156.93	204.24	47.31
2011	491.53	229.41	262.12	32.71
2012	510.46	216.6	293.86	77.26
2013	524.52	226.02	298.50	72.48
2014	482.30	176.06	306.24	130.18
2015	444.57	150.46	294.11	143.65
2016	475.92	167.91	308.01	140.1
2017	588.5	230.83	357.67	126.84
2018	726.70	271.32	455.38	184.06
2019	728.70	279.62	449.08	169.46

资料来源：印尼中央统计局，https://www.bps.go.id/statictable/2014/09/08/1010/nilai-ekspor-menurut-negara-tujuan-utama-nilai-fob-juta-us-2000-2019.html。

① Statistics Indonesia，https://www.bps.go.id/subject/8/ekspor-impor.html#subjekViewTab3.

到 2010 年，印尼货物贸易快速提升，印尼货物进出口额为 2934.4 亿美元，同比增长 37.6%。分国别（地区）来看，印尼对日本、中国和美国的出口额分别增长 38.8%、36.5% 和 31.5%，占印尼出口总额的 16.3%、10% 和 9%；自中国、新加坡和日本的进口额分别增长 45.9%、30.2% 和 72.4%，分别占印尼进口总额的 15.1%、14.9% 和 12.5%。印尼与中国双边贸易额为 361.17 亿美元，增长 41.6%。其中，印尼对中国出口额为 156.93 亿美元，增长 36.5%；印尼自中国进口额为 204.24 亿美元，增长 45.9%。[①] 实际上，从 2010 年开始，中国超过新加坡，一跃成为印尼第二大贸易伙伴，仅次于日本，同时中国保持印尼第二大出口市场和印尼第二大进口来源国地位。2011 年，印尼与中国双边贸易额为 491.53 亿美元，增长 36.1%，中国超过新加坡成为印尼第一大进口来源地，同时继续保持印尼第二大出口市场和第二大贸易伙伴的地位，仅次于日本。

2013 年开始，中国超过日本，一跃成为印尼第一大贸易伙伴，并持续至现在。2013 年，中国与印尼进出口贸易总额为 524.52 亿美元，占印尼对外贸易总额的 14.2%，其中，印尼出口额为 226.02 亿美元，印尼进口额为 298.5 亿美元。同年，印尼与日本贸易总额为 463.70 亿美元，占印尼对外贸易总额的 12.6%，其中，印尼出口额为 270.86 亿美元，印尼进口额为 192.84 亿美元。[②]

2019 年，印尼货物进出口额为 3373.9 亿美元，同比下降 8.4%。其中，出口额为 1670 亿美元，下降 7.3%；进口额为 1703.9 亿美元，下降 9.3%。贸易逆差为 33.9 亿美元，下降 56%。[③] 除中国外，美国、日本和新加坡都是印尼重要的三大出口市场，2019 年，印尼对三国出口额分别为 176.5 亿美元、159.3 亿美元和 129.3 亿美元，分别下降 4.2%、18.2% 和 0.5%，分别占印尼出口总额的 10.6%、9.5% 和 7.7%。在进口方面，中国是印尼第一大进口来源国，新加坡和日本是另外两大主要进口来源国，印尼自三国进口额分别为 229.08 亿美元、170.96 亿美元和 156.09 亿美元。

从上述数据分析可以看出，中国在印尼对外贸易中所占比重逐年增加。

---

① Statistics Indonesia：https://www.bps.go.id/subject/8/ekspor-impor.html#subjekViewTab3.

② Statistics Indonesia：https://www.bps.go.id/subject/8/ekspor-impor.html#subjekViewTab3.

③ Statistics Indonesia：https://www.bps.go.id/subject/8/ekspor-impor.html#subjekViewTab3.

2010 年，中国一跃成为印尼第一大进口来源国和第二大贸易伙伴，2013 年开始成为印尼最大贸易伙伴，并保持至今。可见，2013 年是中国印尼贸易关系发展史上的一个重要转折年份，也是中国印尼双边关系中的重要年份，这一年，双方确定的全面战略伙伴关系为两国开启了黄金未来。

三 中国—印尼的贸易规模占中国—东盟贸易规模的比重不高

自 2010 年中国—东盟自贸区建成以来，中国与东盟贸易总额呈现出快速增长趋势，开启了中国—东盟关系的"钻石十年"。根据东盟秘书处统计，中国—东盟贸易从 2010 年的 2355.14 亿美元增长至 2019 年的 5078.55 亿美元（见表 III - 2 - 2），年均增长 12.8%，略高于同期中国与印尼的贸易增速。2019 年，中国对东盟出口 2024.65 亿美元，进口 3053.91 亿美元。

虽然印尼是东盟最大的国家，但在中国与东盟各国的贸易往来中，印尼不是中国贸易最大的东盟国家。从图 III - 2 - 1 中可以看出，2019 年，越南脱颖而出，成为中国的第一大出口对象，与中国贸易额达 1170.20 亿美元，中越进出口贸易总额占中国对东盟国家进出口贸易总额的 23.04%，其中，中国对越南出口 755.86 亿美元，自越南进口 414.34 亿美元。新加坡和泰国分列第二位和第三位，与中国贸易总额分别为 1007.31 亿美元和 795.31 亿美元，占中国对东盟国家进出口贸易总额的 19.83% 和 15.66%。其中，中国对新加坡出口额为 490.75 亿美元，进口额为 516.56 亿美元；对泰国出口额为 503.67 亿美元，进口额为 291.64 亿美元。中国与马来西亚和印尼进出口贸易总额分别为 760.62 亿美元和 727.85 亿美元；占中国对东盟国家进出口贸易总额的 14.97% 和 14.33%，分别为第四位和第五位。菲律宾、缅甸、柬埔寨、老挝、文莱排第六位至第十位。文莱、柬埔寨、老挝相比其他东盟国家，与中国的进出口贸易规模基数较小。

表 III - 2 - 2 　　　　　　　**中国与东盟进出口贸易总额** 　　　　　　　（亿美元）

年份	总额	中国进口	中国出口
2010	2355.14	1125.77	1229.37
2011	2949.89	1400.66	1549.24
2012	3193.90	1425.40	1768.50

续表

年份	总额	中国进口	中国出口
2013	3515.83	1533.79	1982.05
2014	3667.11	1540.13	2126.99
2015	3634.97	1452.91	2182.05
2016	3685.67	1439.65	2246.02
2017	4409.39	1869.94	2539.46
2018	4824.94	1976.80	2848.14
2019	5078.55	2024.65	3053.91

资料来源：东盟数据库，https://www.aseanstats.org/。

　　可见，如果从中国与印尼双边关系发展历史进程来看，中国与印尼的贸易规模是喜人的；但是如果从东盟区域比较的视角来看，中国与印尼贸易发展还是需要进一步重新检视的，中国与东盟整体贸易比重不仅没有上升，而且还在下滑。从图 III-2-1 中可以看出，2010—2013 年，在中国与东盟各国的贸易中，新加坡、泰国和马来西亚处在前三位，印尼排在第四位；2013—2017 年，东盟各国在与中国的贸易中，新加坡、泰国和马

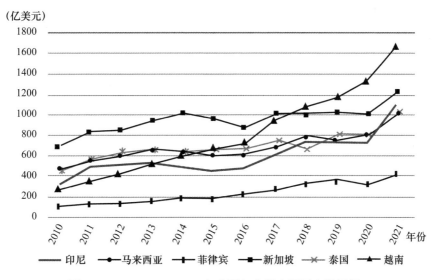

图 III-2-1　2010—2021 年中国与东盟主要国家贸易额

资料来源：东盟数据库，https://www.aseanstats.org/。

来西亚与中国的贸易相对平稳，但由于越南与中国的贸易规模大幅上升，2014 年超过印尼后，2015 年又超过泰国和马来西亚，在这期间，印尼成为中国的东盟第五贸易伙伴，2018 年超过新加坡；2018 年，印尼虽然超过了泰国，但是，2019 年，印尼又被泰国超过，继续成为中国的东盟第五贸易伙伴。所以，在中国与东盟贸易快速发展的钻石年代，中国与印尼的贸易规模和速度没有达到中国与东盟贸易的平均水平，这与印尼在东盟的大国地位很不相称。

四　中国—印尼之间的贸易逆差成为敏感因素

（一）中国—印尼贸易逆差规模

根据印尼中央统计局资料，中国与印尼贸易在多数年份上中国是顺差，印尼是逆差。如表 III - 2 - 1 所示，2004—2019 年，除 2007 年外，印尼在中印尼双边贸易中存在着较大的逆差问题。2004—2013 年，印尼对中国的贸易逆差额相对较小，还在 100 亿美元以下。但 2014 年，印尼对中国的贸易逆差额飙升至三位数，达 130.18 亿美元，在此后几年里都呈逐渐上升的态势。2017 年、2018 年、2019 年中国连续三年成为印尼的第一大逆差来源国，分别为 126.84 亿美元、184.06 亿美元、169.46 亿美元。除中国外，新加坡和泰国在印尼贸易逆差主要来源国中分列第二位、第三位，但其逆差额远远不及中国。[①]

从印尼对外贸易发展来看，2010 年以来，印尼进出口贸易持续发展，但贸易逆差问题较严重。表 III - 2 - 3 的数据反映了印尼对外贸易的整体情况，从中可以看出，2012—2014 年印尼处于贸易逆差状态，2015—2017 年有所好转，但在 2018 年之后急转直下，又转为逆差。

表 III - 2 - 3　　　　　　2010—2019 年印尼对外贸易额　　　　　（亿美元）

年份	进口额	出口额	贸易总额	贸易差额
2010	1356.63	1577.79	2934.42	221.16
2011	1774.36	2034.97	3809.32	260.61
2012	1916.91	1900.32	3817.23	- 16.59

---

① Statistics Indonesia：https://www.bps.go.id/subject/8/ekspor-impor.html#subjekViewTab3.

年份	进口额	出口额	贸易总额	贸易差额
2013	1866.29	1825.52	3691.80	-40.77
2014	1781.79	1762.92	3544.71	-18.86
2015	1426.95	1503.93	2930.88	76.98
2016	1356.53	1444.90	2801.42	88.37
2017	1569.25	1676.40	3245.66	107.15
2018	1879.17	1802.15	3681.32	-77.02
2019	1703.88	1670.03	3373.91	-33.85

资料来源：印尼中央统计局，https://www.bps.go.id/subject/8/ekspor-impor.html#subjek-ViewTab3。

根据印尼统计局资料，2018年，印尼的主要逆差来源国分别为中国、新加坡、泰国、沙特等国；主要顺差来源国分别为印度、美国、菲律宾、荷兰等国。2019年，印尼的主要逆差来源国分别为中国、新加坡、泰国、澳大利亚等国；主要顺差来源国分别为美国、印度、菲律宾、荷兰等国。中国、新加坡、泰国连续几年成为印尼的主要逆差来源国；而美国在2019年超过印度成为印尼第一大顺差来源国。

对于外汇储备不多的印尼来说，对外贸易逆差对印尼的经济发展有一定的影响。首先，贸易逆差意味着国内资金的外流，印尼国内市场流通的货币少，可能会造成通货紧缩；同时也说明印尼国内的商品生产不能满足国内的需要。其次，贸易逆差会导致就业率下降，这主要集中于制造业上；进口商品的竞争会使其同类产品的销售额下降从而影响企业的收入，企业收入下降不得不进行裁员或削减企业规模来维持运行。最后，贸易逆差说明本国商品竞争力较差，进口大于出口，由于企业需要通过结售汇制度来兑换美元进行对外支付，会减少印尼国内外汇储备。

（二）印尼对华贸易逆差的原因

长期的逆差状态已经成为中国与印尼经贸关系不可回避的敏感话题，影响中印尼关系的稳定发展。究其原因，中印尼贸易逆差主要有以下几个因素：

第一，印尼作为"千岛之国"，国内部分资源稀缺，但印尼国内人口基数大，国内需求量巨大，国内的经济资源不能满足国内发展的需要，需要从其他国家进口大量商品。

第二，印尼还处于工业化中期阶段，由于印尼国内产业结构不完善，需要向中国进口大量的工业品。如 2019 年，印尼自中国进口价值 198.8 亿美元的机电产品，价值 53.3 亿美元的贱金属及其制品，价值 41.6 亿美元的化工类产品；[①] 分别占印尼向其他国家进口的同类产品的 42.%、27.5%、24.9%。相比之下，中国对印尼的商品依赖性较小，中国是印尼最主要的贸易伙伴，对于中国来说，印尼不是主要的贸易伙伴，只是一个快速增长的新兴市场。[②]

第三，印尼关税中有近 20% 的商品有进口许可要求，涉及对其国内的产业保护，如大米、部分纺织品等。印尼国内的进口许可相当复杂，部分受到印尼国内政治环境的影响，主要表现为"原始忠诚"和"诸侯政治"[③]。在印尼国内，或以意识形态的分化结成联盟或以血缘关系或世袭制度形成地方政治集团，前者冲击着印尼的国家认同，使印尼政局变得碎片化；后者长期盘踞地方，掌握地方的政治、经济和资源。每个团体都以自己的利益为先，对有利于自身的进出口贸易大力推动，而对不利于自身的经贸合作以各种法令和复杂的办事程序横加阻挠，从而影响印尼经贸的发展。

第四，印尼关税中有近 20% 的商品有进口许可要求，涉及对其国内的产业保护。2019 年，中美关系严重恶化，美国在关税、高新技术等多个方面打压中国。不仅如此，美国还提出并巩固"印太战略"，企图包围中国。根据美国国防部 2019 年 6 月发布的《印太战略报告》（Indo-Pacific Strategy Report），"印度—太平洋地区是对美国的未来唯一重要的地区"[④]。在 2019 年 11 月的"印太商业论坛"上，美国商务部部长威尔伯·罗斯（Wilbur L. Ross）也表示，印太地区是对美国的未来最重要的地区。在

---

① Statistics Indonesia, https://www.bps.go.id/subject/8/ekspor-impor.html#subjekViewTab3.

② 袁群华、李楠：《中国印尼货物贸易互补性分析》，《南亚东南亚研究》2020 年第 1 期。

③ 梁孙逸、李源正：《中央—地方关系视角下中国印尼经贸合作的风险因素分析》，《国际论坛》2020 年第 3 期。

④ The Department of Defense, "Indo-Pacific Strategy Report: Preparedness, Partnerships, and Promoting a Networked Region," https://media.Defense.gov/2019/Jul/01/2002152311/-1/-1/1/DEPARTMENT-OF-DEFENSE-INDO-PACIFIC-STRATEGY-REPORT-2019.PDF.

2019 年 11 月美国国务院公布的题为 "自由和开放的印太：推进共同愿景" 的报告中，迈克·蓬佩奥（Mike Pompeo）指出，唐纳德·特朗普已经把美国与印太地区的接触作为其政府的 "首要任务"①。而且特朗普本人也多次公开表示要把美国与印太地区 35 个国家的接触放在美国政府最优先考虑的位置上。② 印尼是 "印太战略" 概念的支持者，但同时印尼要实现海洋强国的目标，践行 "全球海洋战略" 又需要中国所倡导的 "21 世纪海上丝绸之路" 的支持。

通过佐科政府执政几年的外交实践来看，印尼依然奉行大国平衡战略，不在中美两国之间做出明确选择，且同时与中美两大国保持良好的伙伴关系，体现出印尼外交政策演进的灵活性与自主性。在这种情况下，美国为进一步拉拢印尼，采取了诸如在印尼等国开展液化天然气发电项目和燃气发电商业项目、取消部分进出口限制等。在美国的有意推动下，美国成为印尼第一大进口来源国。中方也大力促进中印尼的经贸往来。如 2019 年 4 月 25 日，印尼外交部长蕾特诺（Retno Marsudi）与中国海关总署署长倪岳峰在北京签署了关于从印尼进口山竹的议定书；③ 目前印尼已有 629 个企业可以出口渔产品到中国，同时，印尼正在开放渔业工业领域的投资，中国可以成为其中一个投资者，推动印尼的海产工业的发展等。④

印尼总统佐科在 2018 年出席雅加达会议中心主持罗盘报首席执行官论坛开幕仪式时表示，希望印尼企业家要善加利用中美贸易摩擦寻求商机，在三方的推动下，印尼获益良多。但需要注意的是，尽管印尼因为中美贸易摩擦促进其与中、美的经贸往来，然而中国仍是印尼最大的贸易逆差来源国，美国则是印尼最大的贸易顺差来源国。

---

① U. S. Department of State, "A Free and Open Indo-Pacific：Advancing a Shared Vision," https://www. state. gov/wp-content/uploads/2019/11/Free-and-Open-Indo-Pacific-4Nov2019. pdf? mccid = 1059cf856b&mceid = 124d3bee83.

② Office of Public Affairs, "Remarks by Commerce Secretary Wilbur L. ROSS at the Indo-Pacific Business Development Mission," https:// www. Commerce. gov/news/speeches/2019/11/remarks-commerce-secretary-wilbur-l-ross-indo-pacific-business-development.

③ 《海关总署公告 2019 年第 94 号（关于允许印度尼西亚山竹进口的公告）》，海关总署，http://www. customs. gov. cn/customs/302249/302266/302267/2537309/index. html。

④ 《中印签署水产品安全保障合作协议》，中国驻印尼大使馆经济商务处，http://id. mofcom. gov. cn/article/sbmy/201912/20191202923450. shtml。

第二节　中国—印尼双边贸易结构

一　中国—印尼进出口商品贸易结构

（一）中国对印尼出口商品结构

据印尼中央统计局资料，2018 年，机电产品是中国向印尼出口的主要商品，出口额为 198.09 亿美元，增长 28.3%，占中国对印尼出口商品总额的 43.7%，接近一半。贱金属及制品是中国对印尼出口的第二大商品，出口额为 57.06 亿美元，增长 35.9%。化工产品、纺织品及原料及塑料橡胶分居第三、第四、第五大类商品，出口额分别为 45.6 亿美元、40.8 亿美元和 21.21 亿美元，增长 18.8%、23.1% 和 30.5%。[①]

2019 年，中国对印尼出口的第一大类商品仍为机电产品，出口额为 198.77 亿美元，微增 0.3%，占中国对印尼出口总额的 44.3%。虽增幅较小，但其金额在中国对印尼出口商品总额中依旧具有举足轻重的分量。其中，电子类产品出口额为 92.1 亿美元，下降 7.9%；机械类产品出口额为 106.7 亿美元，增长 8.7%。此外，贱金属及制品出口额为 53.32 亿美元，下降 6.6%，占中国对印尼出口总额的 11.9%，为中国对印尼出口的第二大类产品；化工产品出口额为 41.58 亿美元，下降 8.8%，占中国对印尼出口总额的 9.3%；纺织产品以及塑料橡胶分列第四、第五位，出口额分别为 39.68 亿美元和 21.51 亿美元。[②]

（二）中国从印尼进口商品结构

2018 年，中国从印尼进口的两大主要商品分别为矿产品和动植物油脂，进口额分别为 107.88 亿美元和 32.54 亿美元，其中，矿产品进口额增长 43.1%，动植物油脂进口额下降 0.1%，分别占中国从印尼进口总额的 39.8% 和 12%。贱金属及制品进口额为 31.87 亿美元，增长 27.4%，占中国从印尼进口总额的 11.8%，为中国从印尼进口的第三大类商品。中国从印尼进口的第四和第五大类商品为纤维素浆和化工产品，进口额分

① 《2018 年印尼货物贸易及中印尼双边贸易概况》，中国商务部，https://countryreport. mofcom. gov. cn/record/view110209. asp? news_ id = 63282。

② 《2019 年印度尼西亚货物贸易及中印尼双边贸易概况》，中国商务部，https://countryreport. mofcom. gov. cn/record/view110209. asp? news_ id = 68147。

别为 24.95 亿美元和 23.18 亿美元，分别增长 18% 和 21.8%，两类产品合计占中国从印尼进口总额的 17.8%。①

表 III - 2 - 4　2014—2019 年中国对印尼出口主要商品（类）构成　　（亿美元）

海关分类	HS 编码	商品类别	2014	2015	2016	2017	2018	2019
类	章	总值	306.24	294.11	308	357.67	453.49	448.95
第 16 类	84—85	机电产品	139.65	135.11	137	154.38	198.09	198.77
第 15 类	72—83	贱金属及制品	41.86	40.18	39.16	42	57.06	53.32
第 6 类	28—38	化工产品	35.38	33.75	34.37	38.37	45.6	41.58
第 11 类	50—63	纺织品及原料	25.98	26.19	28.7	33.16	40.8	39.68
第 7 类	39—40	塑料、橡胶	12.34	12.07	14	16.25	21.21	21.51
第 2 类	06—14	植物产品	8.73	8.01	9.39	13.06	15.03	16.54
第 20 类	94—96	家具、玩具、杂项制品	6.18	6.34	8.02	10.44	13.61	15.74
第 17 类	86—89	运输设备	9.09	6.64	7.37	10.07	14.83	13.51
第 13 类	68—70	陶瓷；玻璃	5.31	5.35	5.86	7.36	9.01	8.63
第 18 类	90—92	光学、钟表、医疗设备	3.86	3.74	4.74	6.41	7.64	8.5
第 4 类	16—24	食品、饮料、烟草	7.11	5.61	7.43	8.07	8.39	7.95
第 5 类	25—27	矿产品	3.8	3.65	3.17	5.49	6.9	6.34
第 12 类	64—67	鞋靴、伞等轻工产品	2.29	2.18	2.75	3.77	4.92	5.35
第 10 类	47—49	纤维素浆；纸张	2.38	2.26	2.67	3.23	4	4.2
第 8 类	41—43	皮革制品；箱包	1.76	1.61	2.2	3.15	3.65	3.97
		其他	0.51	1.42	1.18	2.46	2.78	3.37

资料来源：印尼中央统计局，https:// www. bps. go. id/subject/8/ekspor-impor. html # subjek-ViewTab3。

相较于 2018 年，2019 年，中国从印尼进口矿产品和动植物油脂下降，但仍为中国从印尼进口最多的产品，进口额为 106.76 亿美元，下降 1%，占矿产品和动植物油脂总额的 38.3%。贱金属及制品进口 37.59 亿美元，增长 18%，占中国从印尼进口总额的 13.5%，仍为第二大中国从印尼进口

① 《2018 年印尼货物贸易及中印尼双边贸易概况》，中国商务部（https:// countryreport. mofcom. gov. cn/record/view110209. asp? news_ id = 63282）。

产品。此外，动植物油脂进口额为 36.21 亿美元，增长 11.3%，占中国从印尼进口总额的 13%，是第三大类进口产品。纤维纸浆、化工产品分别居第四位、第五位，进口额分别为 24.68 亿美元和 21.69 亿美元。[①]

表 III-2-5　　　2014—2019 年中国从印尼进口的主要商品（类）构成　　（亿美元）

海关分类	HS 编码	商品类别	2014	2015	2016	2017	2018	2019
类	章	总值	176.06	150.45	167.86	228.08	271.27	278.77
第 5 类	25—27	矿产品	65.07	49.78	60.16	75.38	107.88	106.76
第 15 类	72—83	贱金属及制品	4.94	6.28	12.35	25.02	31.87	37.59
第 3 类	15	动植物油脂	26.98	29.38	27.38	32.59	32.54	36.21
第 10 类	47—49	纤维素浆；纸张	12.03	12.47	11.33	21.15	24.95	24.68
第 6 类	28—38	化工产品	23.53	12.17	14.78	19.04	23.18	21.69
第 7 类	39—40	塑料、橡胶	11.03	7.25	7.8	15	8.47	8.23
第 1 类	01—05	活动物；动物产品	2.4	2.45	3.15	4.13	6.18	8.17
第 11 类	50—63	纺织品及原料	6.14	6.69	6.22	8.1	8.19	7.72
第 9 类	44—46	木及制品	8.79	8.6	8.27	7.55	6.74	5.37
第 12 类	64—67	鞋靴、伞等轻工产品	2.22	3.14	3.93	4.82	5.36	5.3
第 16 类	84—85	机电产品	4.7	4.48	4.36	4.99	5.14	5.12
第 2 类	06—14	植物产品	2.93	2.53	2.22	2.91	3.08	4.16
第 4 类	16—24	食品、饮料、烟草	2.85	3.11	3.3	3.95	3.97	4.16
第 18 类	90—92	光学、钟表、医疗设备	0.9	0.93	1.06	1.19	1.36	1.4
		其他	1.55	1.19	1.53	2.25	2.35	2.2

资料来源：印尼中央统计局，https://www.bps.go.id/subject/8/ekspor-impor.html#subjek-ViewTab3。

二　中国印尼两国产业内贸易水平低

产业内贸易是指两国在同一个产业内既有进口也有出口，反映了两国贸易商品的互补性和生产网络的结合度。人们通常用格鲁贝尔—洛伊德指数（Grubel-Lloyd Index）来进行测算，该指数最早于 1975 年提出，是目

———————————

① 《2019 年印度尼西亚货物贸易及中印双边贸易概况》，中国商务部，https://countryreport.mofcom.gov.cn/record/view110209.asp?news_id=68147。

前测算产业内贸易状况的主要指标, 公式如下:

$$GL_i = 1 - |E_i - M_i| / |E_i + M_i|$$

其中, E_i、M_i 分别为 i 类产品的出口额和进口额, GL_i 取值范围在 0 和 1 之间, 越接近于 1, 说明 i 类产品越趋向于产业内贸易; 越接近于 0, 说明 i 类产品越趋向于产业间贸易。

根据 UN Comtrade Database 提供的数据对中印尼两国的产业内贸易指数进行了测算 (见表 III - 2 - 6)。

表 III - 2 - 6　　　　　印尼与中国产业内贸易指数

年份	第 3 类	第 4 类	第 5 类	第 7 类	第 10 类	第 15 类	第 17 类
2010	0.006	0.388	0.209	0.563	0.276	0.110	0.128
2011	0.007	0.473	0.142	0.563	0.396	0.100	0.098
2012	0.007	0.479	0.108	0.691	0.375	0.076	0.138
2013	0.009	0.535	0.071	0.797	0.349	0.072	0.095
2014	0.011	0.572	0.110	0.937	0.343	0.065	0.102
2015	0.008	0.713	0.136	0.742	0.317	0.064	0.172
2016	0.011	0.615	0.100	0.710	0.392	0.062	0.191
2017	0.010	0.816	0.131	0.957	0.272	0.063	0.179
2018	0.012	0.834	0.120	0.566	0.286	0.050	0.118
2019	0.008	0.906	0.112	0.551	0.300	0.053	0.104

资料来源: 作者根据 UN Comtrade Database 提供的数据计算得出。

在中国与印尼的贸易商品结构中, 产业内贸易指数很低的产业包括: 动植物油脂 (第 3 类) 的产业内贸易指数不断接近于 0; 矿产品 (第 5 类) 的指数也接近于 0, 且不断下降; 贱金属及制品 (第 15 类) 的指数同样不断下降且不断接近于 0; 纤维素浆、纸张 (第 10 类) 的指数为 0.3 左右, 发展比较平稳, 基本维持在 0.2—0.35; 运输设备 (第 17 类) 的产业内贸易指数也很低, 在 0.1 左右。

产业内贸易指数较高的产业不多, 包括食品、饮料、烟草 (第 4 类) 的指数不断增大且逐渐接近于 1; 塑料、橡胶 (第 7 类) 的指数总体偏大且在某些年份接近于 1。

从上述分析可以发现，目前中印尼之间的贸易还处于产业间贸易阶段，贸易商品结构还比较粗放，区域生产网络尚未建立，仅仅停留在各自的比较优势之上。2020年11月15日，区域全面经济伙伴关系协定（RCEP）经过八年谈判得以正式签署。作为世界上参与人口最多、成员结构最多元、发展潜力最大的自由贸易区，RCEP是东亚区域合作的标志性成果，也是自由贸易和多边主义的胜利，必将为地区的繁荣发展增添动力。印尼和中国同为RCEP的成员国，RCEP的建立，也有助于两国贸易往来的深入发展，两国政府齐力推动双方贸易走向产业内贸易。

三　中国—印尼两国贸易商品的比较优势分析

大卫·李嘉图在其代表作《政治经济学及赋税原理》中提出了比较成本贸易理论（后人称为"比较优势理论"）。比较优势理论认为，国际贸易的基础是生产技术的相对差别（而非绝对差别），以及由此产生的相对成本的差别。每个国家都应根据"两利相权取其重，两弊相权取其轻"的原则，集中生产并出口其具有"比较优势"的产品，进口其具有"比较劣势"的产品。[1] 事实上，中印尼贸易结构与比较优势理论是相符合的。两国的要素禀赋决定了双方的比较优势。中印尼产业在贸易结构上存在着明显的互补效应，具体说来，印尼的劳动力密集型产业与中国的技术密集型产业形成互补。

根据田泽、沈雨婷、李昕科（2019）对中国印尼之间显示性比较优势指数（RCA）测试的结果，中国具有竞争优势的产品为：按原材料分类的制成品（第6类），机械和运输设备（第7类）和杂项制成品（第8类），说明在该类商品贸易过程中，中国有着较大的竞争优势。印尼具有国际竞争优势的产品为除燃料外的非食用未加工材料（第2类），润滑油及有关物质（第3类）和动物及植物油、脂肪及蜡（第4类），其中，动物及植物油、脂肪及蜡（第4类）的显示性比较优势指数最大，说明该类产品极具竞争优势，这是因为印尼地处热带，有着丰富的动植物资源。[2]

---

① 李嘉图：《政治经济学及赋税原理》，光明日报出版社2009年版，第64页。
② 田泽、沈雨婷、李昕科：《中国、印度尼西亚贸易互补与投资效应分析》，《开发研究》2019年第2期。

上述显示性比较优势的理论分析在中国与印尼的贸易实践中得到很好的印证。2015 年，印尼对中国出口最多的商品为矿物燃料、动植物油、木浆等纤维状纤维素浆、木及木制品；印尼自中国进口的商品品类繁多，主要有机械设备、机电产品、钢材、贱金属及制品、有机化学品。① 从近两年的贸易结构中可以看出，相较于 2015 年，虽出现了轻微变化但总体发展趋势变化不大。印尼对中国出口的三大主要商品分别为矿产品、贱金属及其制品和动植物油脂。印尼自中国进口的五大商品分别为机电产品、贱金属及制品、化工产品、纺织产品以及塑料橡胶产品。

2019 年，从印尼对中国出口的产品情况来看，印尼对中国出口的主要产品为矿产品、贱金属及其制品和动植物油脂，分别占印尼对中国出口总额的 38.3%、13.5%、13%。纤维纸浆、化工产品分别居第四、第五位。其中，印尼矿产资源丰富，如金属矿主要有：铝土矿、铁矿沙、镍矿、金、银、铜、锡等；非金属矿主要有煤、石灰石、花岗岩等。② 资源优势突出从而使矿产品成为印尼对华出口的第一大类产品。

为了改变过度依赖资源密集型产业出口的局面，2012 年，印尼对国内产业结构进行全面调整。在产业结构调整过程中，印尼政府十分重视培育和扶持新兴产业，努力通过创新引领科技发展。其中包括创意经济、绿色和可再生能源、汽车工业、棕榈油和有色金属产业。推进有色金属产业振兴调整的主攻方向包括：加快提高落后生产能力的步伐，加大技术创新和研发力度，引进人才和技术，推进企业结构调整和优化产业布局，提高资源保障能力，加快有色金属回收体系建设，同时稳定国内市场，大力发展国际市场等。③

在印尼国内产业政策的推动下，自 2012 年以来，印尼国内有色金属行业快速发展。由于印尼国内矿产资源丰富，有色金属原材料价格相对低廉，劳动力价格在世界市场上也颇占优势，产品成本低，出口价格也不高，凭借这些优势，贱金属及其制品很快占领了部分中国市场，成为印尼对中国出口的第二大产品。印尼是"千岛之国"，是世界上生物资源十分丰富的国家之一。具体来看，印尼的森林覆盖率约为 68%，拥有超 4 万

---

① Statistics Indonesia, https://www.bps.go.id/subject/8/ekspor-impor.html#subjekViewTab3.

② Statistics Indonesia, https://www.bps.go.id/subject/8/ekspor-impor.html#subjekViewTab3.

③ 李国章：《印尼产业结构调整全面展开》，http://intl.ce.cn/specials/zxgjzh/201203/29/t20120329_ 23198274.shtml.

种植物,盛产铁木、乌木等各种热带名贵的树种;印尼四面环海,海域广阔,渔业资源极为丰富。这为印尼出口动、植物油、脂、蜡奠定了资源基础。2019 年,印尼对中国出口的产品中,纤维纸浆、纸、纸板及其制品排名第四。主要是因为中国对纸张需求旺盛,但是国内纸浆供给不足,严重依赖国外进口,而印尼国内植物资源丰富,纤维纸浆及其制品价格低廉,成为其获取中国市场的优势之一。

从印尼自中国进口情况来看,2019 年,印尼自中国进口的第一大类商品为机电产品,贱金属及制品、化工产品、纺织产品以及塑料橡胶分别位于第二至第五。在机电产品上,印尼机电产品发展水平落后,缺乏核心技术;相较于印尼,中国机电产品具有相对的技术优势,在印尼市场上,中国的劳动密集型产品占有较大优势,如纺织原料及纺织制品等轻工产品。中国在中印尼两国贸易中,始终维持着劳动密集型及初加工产品的比较优势,并且在技术密集型产业上呈现出不断增强的比较优势,多元化发展趋势明显。这是因为中国自改革开放以来,科技发展水平不断提高,电子、化工等领域的技术水平在发展中国家甚至部分发达国家中处于前列,其比较优势也逐渐显现出来。

可以看出,印尼向中国出口的产品主要集中于原材料或在此基础上的基本制成品,属于劳动密集型产品。尽管自佐科总统就任以来,印尼一直致力于提高技术水平,优化产业结构和进出口贸易结构,这从贱金属及其制品的出口份额的增长中可以看出。但就目前来说,要想彻底改变进出口商品结构,实现从劳动密集型产品向技术密集型产品的升级,还任重而道远。中国向印尼出口的产品主要为轻工业制成品上,就属于技术密集型产品。印尼本身在技术方面不占优势,因此其比较优势主要集中于原材料及其制成品,就像前文所提到的,印尼矿产资源丰富,但由于印尼地质勘探技术落后,资源开发利用能力差,国内也缺乏一套完整的统计程序;政府对本国的资源储备状况掌握极不完整,长期以来,矿产资源主要由外国公司开发与利用。从上述分析可以看出,中印尼贸易结构一直维持着一个要素互补的状态,这样的比较优势格局决定了双方的贸易格局。

第三节　中国对印尼直接投资规模与潜力

自中国—东盟自由贸易区启动建设以来，中国与印尼的双边投资数额不断增加。2008 年前，印尼对中国的投资超过了中国对印尼的投资。但从 2008 年以来，双方的投资规模发生了很大的变化，2008 年，中国对印尼直接投资为 1740 万美元，首次超过印尼对中国的投资 1670 万美元。随后，中国企业加速了对印尼的投资。

目前，印尼是中国建设海上丝绸之路的重要一环，近年来，中国在印尼投资的项目在东盟国家中名列前茅，从雅万高铁到青山生产基地①，从小米、OPPO 等手机品牌成为印尼畅销的主要智能手机，再到阿里巴巴、腾讯、京东等互联网企业入驻印尼，给印尼人民的生活带来了全新的体验，印尼成为中国企业践行国家"一带一路"倡议的重要投资地。

一　中国对印尼直接投资的特征

（一）中国对印尼投资规模不断扩大

21 世纪以来，中国在印尼的投资持续快速增长。2003 年，中国对印尼的直接投资流量仅为 0.27 亿美元，对外直接投资存量为 0.54 亿美元（见表 III - 2 - 7）。这一年，中国对世界的投资主要集中于亚洲地区，为 15 亿美元，占当年对外直接投资净额的 52.5%。② 可以看出，这一阶段，虽然中国对印尼投资金额小，但中国对整个世界的投资额都较少，对印尼投资在中国对整个亚洲地区的投资中仍排第四位。

2010 年，中国对印尼直接投资流量已增长至超过 2 亿美元，投资存量为 11.5 亿美元，同比增长 43.93%。2015 年，中国对印尼直接投资流量为 14.51 亿美元，投资存量为 81.25 亿美元，同比增长 19.59%；据印尼投资协调委员会（BKPM）提供的数据，中国成为印尼 2015 年外国计

---

① 青山集团是中国在印尼建成的全球不锈钢上下游产业链最长及配套项目最齐全的综合产业园区。

② 《2003 年度中国对外直接投资统计公报》，中国商务部，http://images.mofcom.gov.cn/hzs/table/tjgb.pdf。

划投资最大的国家。① 虽然中国对印尼投资的到位率比较低，低于10%，但从投资存量来看，中国仍是印尼第九大投资来源地；② 中国对印尼的投资在印尼国内所占份额越来越大。

2016—2018年，中国对印尼直接投资流量分别为14.61亿美元、16.82亿美元、18.6亿美元；投资存量分别为139.57亿美元、156.39亿美元、174.99亿美元；中国已连续三年成为印尼的第三大外资来源地。2019年，在印尼的外国投资中，中国仍排在第三位，约为23亿美元，同比增长19.35%。在印尼的投资来源国中，新加坡和日本分别位列第一和第二，其中，新加坡为34亿美元，比上年同期的50亿美元跳跃式地下降了45.7%。

2020年初，新冠疫情突发并持续发酵，严重冲击印尼和全球经济。根据印尼投资协调委员会资料，2020年一季度印尼的外国直接投资同比下降9.2%，第二季度印尼的外国直接投资进一步下降，2020年4—6月，印尼外国直接投资同比下降6.9%，为97.6万亿印尼盾（66.7亿美元），延续下降态势。③ 受疫情影响，印尼国内投资也明显下降。在这种情况下，中国对印尼的投资虽受到影响，但仍逆势上扬。2020年前三季度到印尼投资最多的国家是新加坡，达71亿美元；第二位是中国，为35亿美元，第三位是日本，为21亿美元；中国成为印尼第二大投资来源国。④ 中国—印尼两国关系的良性发展为中国对印尼投资注入了动力。

（二）中国对印尼的投资在中国对东盟国家投资中的比重

2010年中国—东盟自贸区建立，为中印尼双方合作搭建了共赢的良好平台，中国对东盟国家的投资总额一路攀升。印尼作为东盟国土面积最大、人口最多的国家，并且是东南亚唯一的G20成员国，中国对印尼的重视只增不减。在中国对东盟国家的直接投资中，中国对印尼的直接投资

---

① 吴崇伯：《"一带一路"框架下中国对印尼的投资分析》，《中国周边外交学刊》2017年第1期。

② 吴崇伯：《"一带一路"框架下中国对印尼的投资分析》，《中国周边外交学刊》2017年第1期。

③ 《受疫情影响，印尼的外国直接投资持续下降》，中国驻印尼大使馆经济商务处，http://id.mofcom.gov.cn/article/sxtz/202007/20200702986064.shtml。

④ 《中国继续成为印尼第二大外资来源》，中国驻印尼大使馆经济商务处，http://www.mofcom.gov.cn/article/i/jyjl/j/202011/20201103014283.shtml。

所居位置不断上升。从投资流量来看，2003 年，中国对印尼的投资居中国对东盟国家直接投资的第二位，2004 年上升为第一位，2005 年下降较大，但仍居第五位，2006 年又重新回到第二位。①

2010 年后，中国对印尼的 FDI 流量和存量一直保持着稳定的增长速度，超过了除新加坡以外的其他所有东盟国家，稳居第二位（如表Ⅲ-2-8 和表Ⅲ-2-9 所示）。从流量上看，2011—2015 年，印尼位居中国对东盟国直接投资的第二，2016—2017 年被马来西亚短暂超越，位居第三；2018 年，印尼反超马来西亚，回到第二位。到 2019 年，中国对东盟十国的投资流量排前五位的国家分别为新加坡、印尼、越南、泰国、老挝，其投资额为 48.3 亿美元、22.2 亿美元、16.5 亿美元、13.7 亿美元、11.5 亿美元。印尼所接受的投资额超过 20 亿美元，领先于除新加坡以外的其他东盟国家。从存量来看，2011 年，印尼位居中国对东盟投资国的第四，此后，从 2012 年至 2019 年，印尼一直稳居第二位。截至 2019 年底，中国对东盟国家直接投资存量排名前五的国家依次为新加坡、印尼、老挝、马来西亚、泰国。总之，无论是投资流量还是存量，印尼离新加坡都有一定的差距，但与其他东盟国家相比，印尼所占比重较高，由此可见中资企业对印尼市场的重视。

表Ⅲ-2-7　　　　2003—2019 年中国对印尼直接投资流量和存量　　　（亿美元；%）

年份	实际投资额（流量）	增长率	累计投资额（存量）	增长率
2003	0.27	—	0.54	—
2004	0.62	129.63	1.22	125.93
2005	0.12	-80.65	1.41	15.57
2006	0.57	375.00	2.26	60.28
2007	0.99	73.68	6.79	200.44
2008	1.74	75.76	5.43	-20.02
2009	2.26	29.89	7.99	47.15
2010	2.01	-11.06	11.50	43.93

---

① 《中国对外直接投资统计公报（2006 年）》，中国商务部，http://images.mofcom.gov.cn/hzs/accessory/200709/1190343657984.pdf。

续表

年份	实际投资额(流量)	增长率	累计投资额(存量)	增长率
2011	5.92	194.53	16.88	46.78
2012	13.61	129.90	30.98	83.53
2013	15.63	14.84	46.56	50.29
2014	12.72	-18.62	67.94	45.92
2015	14.51	14.07	81.25	19.59
2016	14.61	0.69	95.46	17.49
2017	16.82	15.13	105.39	10.40
2018	18.6	10.58	128.10	21.55
2019	22.2	19.35	151.30	18.11

资料来源:中国商务部,http:// hzs. mofcom. gov. cn/article/aa/202009/20200903001523. shtml。

表III-2-8　　　2011—2019年中国对东盟直接投资流量情况　　(亿美元)

国家	2011	2012	2013	2014	2015	2016	2017	2018	2019
菲律宾	2.7	0.7	0.5	2.2	-0.3	0.3	1.1	0.6	-0.0429
柬埔寨	5.7	5.6	5.0	4.4	4.2	6.3	7.4	7.8	7.5
老挝	4.6	8.1	7.8	10.2	5.2	3.3	12.2	12.4	11.5
马来西亚	0.9	2.0	6.2	5.2	4.9	18.3	17.2	16.6	11.1
缅甸	2.2	7.5	4.8	3.4	3.3	2.9	4.3	-2.0	-0.4
泰国	2.3	4.8	7.6	8.4	4.1	11.2	10.6	7.4	13.7
文莱	0.2	0.0099	0.0853	-0.0328	0.0392	1.4	0.7	-0.2	-0.0405
新加坡	32.7	15.2	20.3	28.1	104.5	31.7	63.2	64.1	48.3
印尼	5.9	13.6	15.6	12.7	14.5	14.6	16.8	18.6	22.2
越南	1.9	3.5	4.8	3.3	5.6	12.8	7.6	11.5	16.5
合计	59.1	61.0	72.7	78.1	146.0	102.8	141.1	136.9	130.2

资料来源:中国商务部,http://images. mofcom. gov. cn/hzs/202010/20201029172027652. pdf。

表 III-2-9 2011—2019 年中国对东盟直接投资存量情况 （亿美元）

国家	2011	2012	2013	2014	2015	2016	2017	2018	2019
菲律宾	4.9	5.9	6.9	7.6	7.1	7.2	8.2	8.3	6.6
柬埔寨	17.6	23.2	28.5	32.2	36.8	43.7	54.5	59.7	64.6
老挝	12.8	19.3	27.7	44.9	48.4	55.0	66.5	83.1	82.5
马来西亚	8.0	10.3	16.7	17.9	22.3	36.3	49.1	83.9	79.2
缅甸	21.8	30.9	35.5	39.3	42.5	46.2	55.2	46.8	41.3
泰国	13.1	21.3	24.7	30.8	34.4	45.3	53.6	59.5	71.9
文莱	0.6	0.6	0.7	0.7	0.7	2.0	2.2	2.2	4.2
新加坡	106.0	123.8	146.5	206.4	319.7	334.5	445.7	500.9	526.4
印尼	16.9	31	46.6	67.9	81.3	95.5	105.4	128.1	151.3
越南	12.9	16	21.7	28.7	33.7	49.8	49.7	56.1	70.7
合计	214.6	282.3	356.7	476.3	627.1	715.5	890.1	1028.6	1098.9

资料来源：中国商务部，http://images. mofcom. gov. cn/hzs/202010/202010291720276 52. pdf。

（三）中国对印尼投资行业和领域

以 2019 年为例，印尼在中国对东盟投资的国家中排第二位，为 22.2 亿美元，同比增长 19.2%，占总额的 17.1%，主要流向制造业、电力/热力/燃气及水的生产和供应业、采矿业等。

具体来看，从流量行业构成来看，中国投资东盟的第一目标行业是制造业，达 56.71 亿美元，同比增长 26.1%，占所有行业的 43.5%；资金主要流入了印尼、泰国、越南、马来西亚、新加坡。排名第二的行业是批发和零售业，达 22.69 亿美元，同比下降 34.7%，占所有行业的 17.4%；资金主要流入新加坡。租赁和商务服务业居第三位，达 11.89 亿美元，同比下降 20.8%，占所有行业的 9.1%；其资金主要流入了新加坡、老挝、印尼。电力/热力/燃气及水的生产和供应业位居第四，为 8.98 亿美元，同比增长 4.4%；资金主要流向越南、印尼等国。排名第五的是金融业，为 76.96 亿美元，同比增长 8.5%；资金主要流向新加坡、泰国、印尼、柬埔寨等国。[①] 综上所述，中国投资印尼的流量行业构成分别为制造业、租赁和商务服

---

① 《2019 年度中国对外直接投资统计公报》，中国商务部，http://images. mofcom. gov. cn/hzs/202010/20201029172027652. pdf。

业、电力/热力/燃气及水的生产和供应业、金融业等。

从存量的主要行业构成来看①，中国投资东盟第一目标行业是制造业，达 265.99 亿美元，占总额的 24.2%；资金主要流向印尼、越南、泰国等国家。位居第二的是租赁和商务服务业，为 188.52 亿美元，占 17.2%；资金主要流入新加坡、印尼、老挝等。批发和零售业居第三位，达 178.11 亿美元，占 16.2%；资金主要分布在新加坡、马来西亚、泰国、印尼等国。电力/热力/燃气及水的生产和供应业为 94.99 亿美元，位居第四；资金主要流向新加坡、缅甸、印尼等国。建筑业为 77.04 亿美元，位居第五；资金主要分布在柬埔寨、新加坡、马来西亚、印尼等国。采矿业、金融业、农/林/牧/渔业分别为第六位、第七位、第八位；资金主要流向新加坡、印尼等国。综上所述，中国投资印尼的主要行业构成分别为制造业、租赁和商务服务业、批发和零售业、电力/热力/燃气及水的生产和供应业、采矿业、金融业、农/林/牧/渔业。

二　中国对印尼投资发展潜力

中国对印尼的直接投资不仅取决于企业的投资行为，而更多地取决于中印尼两国关系的稳定发展和战略对接，这对于中国企业前往印尼投资是一个推力；同时还取决于印尼国内的投资环境，这对中国企业前往印尼投资是一个拉力。目前，这两方面的因素都处于一个积极状态，因此，中国对印尼投资的发展潜力巨大。

（一）中印尼双方战略高度契合，助推中国企业在印尼投资

中国所倡导的"21 世纪海上丝绸之路"与印尼的"全球海洋支点"战略高度契合。2014 年 11 月 9 日，习近平主席在会见佐科总统时指出："佐科总统提出的建设海洋强国理念和我提出的建设 21 世纪海上丝绸之路倡议高度契合，我们双方可以对接发展战略，推进基础设施建设、农业、金融、核能等领域合作，充分发挥海上和航天合作机制作用，推动两国合作上天入海。"② 中国—印尼在战略对接中，在农业、金融、核能、海洋

---

① 《2019 年度中国对外直接投资统计公报》，中国商务部，http://images.mofcom.gov.cn/hzs/202010/20201029172027652.pdf。

② 刘阳：《APEC 授权发布：习近平会见印度尼西亚总统佐科》，http://www.xinhuanet.com/politics/2014-11/09/c_1113174426.htm。

等领域还需要双方继续洽谈，但基础设施建设已经有了大的方向和相关的规划。

2013 年，中印尼两国共同发表《中印尼全面战略伙伴关系未来规划》，将两国关系提升为全面战略伙伴关系。几年来，两国高层互访和接触频繁，副总理对话机制、经贸联合委员会、海上技术合作委员会等合作机制运行顺畅。中印尼双方进行了多次国家级高层互访，印尼总统佐科在其第一任期甚至 5 次访问中国，与中国国家主席习近平进行了 6 次会晤，双方就加强发展战略对接、推进中印尼合作达成了重要共识。[①]

2018 年 5 月，李克强总理在茂物同印尼佐科总统举行会谈，中印尼两国政府签署了两项关于合作发展基础设施的谅解备忘录：一是促进合作建设区域综合经济走廊的谅解备忘录；二是关于建设印尼 Jenelata 大坝和 Riam Kiwa 水库项目设计的谅解备忘录。双方还就加强双边关系和发展战略对接提出了五点具体建议，其中包括在两国全面战略伙伴关系框架下建设双边、地区、国际层面全方位合作的三大支柱，为两国关系发展增添活力；深化中方"一带一路"倡议同印尼"全球海洋支点"战略对接，加强产能合作；深化贸易投资合作，扩大印尼对华棕榈油、咖啡、热带水果等具有竞争优势的优质产品出口，加强中印尼渔业加工合作，鼓励中国企业扩大对印尼投资，希望印尼方提供更多的政策支持和便利。[②]

2018 年 11 月，中国国家主席习近平在莫尔斯比港会见了印尼佐科总统，签署了推进"一带一路"和"全球海洋支点"建设的谅解备忘录。2020 年，新冠疫情在全球肆虐，世界经济和国际秩序受到巨大影响，习近平主席和佐科总统三次通电话，深入交换两国抗疫经验，推动两国抗疫合作，充分体现了两国风雨同舟、守望相助的深情厚谊，彰显了两国构建人类命运共同体的紧迫性。中国与印尼在政治上进行良性互动和相互支持，为中印尼双方的经贸和投资发展注入动力，为中资企业加大对印尼的投资提供了机遇。

（二）印尼国内经济发展良好，投资机遇多

近几年来，印尼经济持续快速增长，国内消费已成为拉动其经济发展

---

① 王立平：《推动中印尼经贸合作更上层楼》，《国际商报》2018 年 5 月 7 日。

② 《李克强同印度尼西亚总统佐科举行会谈》，新华社，http://www.gov.cn/premier/2018-05/07/content_ 5288912. htm。

的一驾马车,各项宏观经济指标基本维持正值,经济结构相对合理。据世界经济论坛《2019 年全球竞争力报告》,印尼在全球最具竞争力的 141 个国家和地区中,排第 50 位。① 2019 年,世界银行发布的《2019 年营商环境报告》提到,印尼在全球 190 个经济体中,营商便利度排名第 73 位,相较于 2016 年的第 91 名,上升 18 位。② 最重要的是,在中国对外承包工程商会发布的《"一带一路"国家基础设施发展指数(2019)》中,印尼连续多年稳居榜首,其国内发展环境、经济发展潜力、发展趋势指数均排名前列。③

根据印尼统计局资料,2019 年,印尼名义 GDP 为 1583.39 万亿印尼盾,约为 1.12 万亿美元,是东盟各国中唯一一个经济总量超过 1 万亿美元的国家。印尼的经济前景继续向好。此外,世界三大国际信用评级机构标普、穆迪和惠誉给予印尼的主权信用评级都将印尼列为投资级别,分别为 Baa2、BBB、BBB/A - 2,对印尼投资展望为稳定。

佐科总统上任后,为改善国内基础设施落后的情况,提出了建设"海上高速公路"战略。为配合该战略的实施,印尼财政部、外交部、海洋事务统筹部、海事渔业部等相关部门出台了一系列配套举措,包括与中国、美国、非洲的投资者合作建设港口,鼓励外国投资者参加港口和其他基础设施建设。印尼还寻求中国丝绸之路基金和亚洲基础设施投资银行的融资支持;为投资印尼的私营企业创造各种有利的投资条件并建立合理的法律框架,同时进一步加强国内的宏观经济调控,如调整税率和投资政策等。④ 印尼政府也表示十分欢迎中国参与印尼基础设施建设,早在 2009 年,中国、印尼两国就签署了两部《关于道路和桥梁基础设施建设合作谅解备忘录》,中国、印尼双方就基础设施建设领域的技术合作和投资方式交换了意见,中国企业可以较顺利地进入印尼以工程承包的方式进行基础

① 《2019 年全球竞争力报告》,世界经济论坛,http://www3. weforum. org/docs/WEF_TheGlobalCompetitivenessReport2019. pdf。

② 《2019 年营商环境报告》,世界银行,https://chinese. doingbusiness. org/content/dam/doingBusiness/media/Special-Reports/ReportInChinese. pdf。

③ 《一带一路国家基础设施发展指数(2019)》,中国对外承包工程商会,https://www. chinca. org/upload/file/20190529/bridi2019cn. pdf。

④ 《印尼"海上高速公路"建设构想及近期举措》,中国驻印尼大使馆经济商务处,http://id. mofcom. gov. cn/article/dzhz/201411/20141100799676. shtml。

设施建设。

印尼为了平衡地区发展，按照总体规划部署和各地区要素禀赋、经济发展水平、人口饱和度等特点，重点发展"六大经济走廊"（Economic Corridors），即苏门答腊走廊——能源储备、自然资源生产与加工中心、爪哇走廊——工业与服务业中心、苏拉威西走廊——农业、渔业、矿业与油气生产与加工中心、巴厘—努沙登加拉走廊——旅游与食品加工中心、加里曼丹走廊——矿业和能源储备生产与加工中心、巴布亚—马鲁古群岛走廊——自然资源开发中心。① 除爪哇岛外，印尼未来几年的发展重点将放在东部地区，包括马鲁古、巴布亚、加里曼丹、苏拉威西、努沙登加拉等。印尼政府还出台了对投资当地的企业和在上述地区占比较优势的产业提供税收补贴等优惠政策。印尼大规模扩大基础设施建设，这对中国企业来说，是一个很好的投资机遇。

（三）印尼投资环境持续改善，积极吸引中国资本投资

2014 年佐科总统就任以来，大力改善国内投资环境，推出了诸如简化投资程序、降低利率、税收优惠等政策，并建立投资管理机构作为主权财富基金，从而吸引友好国家（地区）、国际机构和跨国公司前来投资。投资管理机构直接向总统汇报并且监事会人员也由总统提名或罢免；避免中间人插手影响投资。

2017 年 12 月，印尼投资协调委员会（BKPM）公布 13 号令，对申请投资许可证、简化审批流程、外资代表处运营期限、股份减持义务延期等方面做出了规定，更正了原有的印尼外商投资审查制度。如印尼中央与地方政府实行投资审批一站式服务，在实行一站式服务后，每个部门需指派代表到投资统筹机构办事处，以便加快办理审批手续，省时且省力。2018 年 7 月，印尼投资协调委员会的一站式线上系统（OSS 系统）正式启动。该系统可以为外国投资者在印尼投资所需要办理的一系列手续提供便利，减少办理许可证的繁杂程序。2018 年，印尼政府还修订并公布了投资负面清单，大幅放宽外资准入或持股比例。外国投资者可以在制药、互联网

---

① 《中国对外投资合作国别指南》，中国商务部，http://www.mofcom.gov.cn/dl/gbdqzn/upload/xgyindunixiya.pdf。

服务、旅游开发等行业持有 100% 股权。① 印尼政府希望这一揽子投资放宽政策能够吸引更多的投资。该套经济改革措施还包括减免税款、回流出口收入等措施，旨在增加外国投资者的信心和弥补贸易逆差。

为改善外商投资企业的工作环境，印尼政府还修改外商投资企业的劳动管理制度。2015 年，印尼劳动部长签发了第 16 号《有关外籍劳工使用条例》②，其中删除了外籍劳工对当地语言掌握的要求，这有利于不熟悉语言的中国企业高级管理人才进入当地，增强中资企业的投资动力。2018 年 3 月，印尼 2018 第 20 号关于引入外籍劳工的总统令颁布，其中对人员雇佣计划（PRTKA）的申请，做出了一些更改。根据规定，企业雇用外籍员工，不再需要工作许可证（IMTA）。而在之前的法令中，需要同时签发工作许可证（IMTA）和人员雇佣计划（PRTKA），共需要大约一星期的时间。③

印尼政府特别注重吸引中国投资，印尼投资协调委员会（BKPM）设立了专门针对中国企业的投资服务小组，提供有关印尼投资环境的信息，向已投资或有意愿投资的中国企业家宣传印尼的投资政策以及协助解决中国企业家在投资印尼过程中所遇到的难题。投资协调委员会主席巴赫里尔还率领巴布亚省省长卢卡斯等巴布亚官员访问中国温州、上海、桐乡等地，介绍印尼投资政策，与当地企业家面对面交谈，以此吸引中国企业家到巴布亚投资。④

此外，值得注意的是，印尼已通过迁都决定，新的行政首都将建在东加里曼丹的北彭纳杰姆·帕斯尔和库泰·卡尔塔尼加拉之间。此外，印尼国家发展规划部部长苏哈尔索表示，根据国家 2020—2024 年中期发展规划草案，除建设新首都外，印尼政府还计划将南加里曼丹省马辰、南苏门答腊省巨港、巴厘省登巴萨、南苏拉威西省望加锡四个地方城市建设成为

①《中国对外投资合作国别指南》，中国商务部，http://www. mofcom. gov. cn/dl/gbdqzn/upload/xgyindunixiya. pdf。

②《2015 年印尼劳动部第 16 号令：有关外籍劳工使用的条例》，印尼劳动部网站，http://tka-online. kemnaker. go. id /pdf /PERMEN_ 16_ TAHUN_ 2015. pdf。

③ Perpres Nomor 20 Tahun, "Penggunaan Tenaga Kerja Asing," https://peraturan. bpk. go. id/Home/Details/73594/perpres-no-20-tahun-2018.

④《投资协调委赴中国吸引投资》，中国驻印尼大使馆经济商务处，http://id. mofcom. gov. cn/article/sxtz/201912/20191202923453. shtml。

主要大都市，以促进经济活动扩展至外岛，为建设经济新强国服务。[①] 不论是建新都，还是发展新城市，都需要大量的资金支持，特别是在基础设施建设方面。因此，印尼政府也鼓励中方参与到这些城市的建设中，并出台了一系列吸引投资的政策，以保护外国投资者的权益。

(四) 中国投资印尼需警惕投资风险，实现安全有效投资

目前，中国对印尼投资具有良好的基础和机遇，有强大的推力和拉力，未来中国对印尼投资潜力巨大。但是，这并不意味着中国对印尼投资就没有风险，在印尼投资同样面临着政治、经济、法律等方面的风险，中资企业在印尼投资时需要了解并规避这些风险。

第一，政治方面的风险，主要来自于印尼国内地方政治势力强大，各方的利益纠纷会影响中国企业的投资。印尼国内有多个政治派别，它们经常从自身的利益出发左右中印尼间合作项目的开展。如中印尼合作修建的雅万高铁，项目落成并不是一帆风顺的。中国在和日本竞争的同时，支持日本的印尼西爪哇省前省长阿玛德·赫尔亚万与支持中国的普哇加达县县长德迪·穆利亚迪也进行了激烈的角逐，这些"政治世家"间的博弈增加了项目的不确定性。此外，印尼国内存在着严重的腐败现象，这对印尼吸引投资影响很大。受印尼国内"地方政治"的影响，在法律执行的过程中根除腐败的交易习惯比弥补法律制度的缺失更难，为了维护自己的既得利益和分得更多的利益，这些地方势力往往会左右项目的落实甚至通过干扰法律来达到目的。

第二，经济方面的风险，汇率风险是其中的一个主要风险，相对来说，印尼盾是较容易受到国际游资攻击的货币之一。近年来，印尼盾不断贬值，这给投资者带来很大的不确定性。除此之外，受全球担忧新冠疫情风险增大的影响，截至 2020 年 5 月，印尼盾已经贬值11.84％。[②] 这无疑给投资印尼的中资企业造成了资金损失。此外，印尼本地银行外币贷款比重过高，外币敞口过宽，当投机活动发生时，对企业来说，风险指数较高，印尼商业银行将大部分资金用于国家公债和中央银行有价证券，以支

---

① 《国家发展规划部阐述 2020—2024 年中期发展规划草案》，中国驻印尼大使馆经济商务处，http://id.mofcom.gov.cn/article/sxtz/202002/20200202935513.shtml。

② 《印尼盾年初至今已贬值11.84％》，中国驻印尼大使馆经济商务处，http://id.mofcom.gov.cn/article/jjxs/202005/20200502963666.shtml。

付存款利息支出，从而导致企业急需的资金在银行部门内部循环，企业融资更加困难。

第三，法律方面的风险，印尼法律体系虽然整体比较完善，佐科总统上台以后也发布了多项总统令以完善有关投资领域的政策法规，但仍有很多法律规定模棱两可且经常变更，可操作性差。再加上印尼国内法律变动频繁，如《土地征用法案》方面的有些法令就模糊不清，这对于投资印尼的中国企业来说是一个很大的难题，极易造成财力损失。印尼中央和某些地方的法律之间还存在矛盾和冲突，给中资企业造成了合同落实难的困扰，无法保证中资企业的合法权益。

在印尼投资还有其他方面的风险，如工人罢工、治安环境差、恐怖主义威胁等。印尼还是一个多民族、多宗教的国家，历史上受中东、日本、葡萄牙等多种文化的影响。此外，分散的岛屿使得居民之间的交流变得困难，各地文化和风俗习惯差异较大，投资交流障碍多。受多种因素的影响，印尼市场环境整体十分复杂。

总之，无论从中印尼关系发展，还是从印尼国内投资环境来看，中国企业投资印尼都面临着重大机遇，投资潜力大，但同时，印尼国内市场的风险指数也较高。因此，中国企业在印尼开展贸易和投资活动必须做好充分的前期市场调研，结合当地特殊的贸易和投资环境，采取有效措施拓展业务，合理规避风险，实现安全有效的投资。

小　　结

经贸合作是中国与印尼两国合作的重点，为两国全面战略伙伴关系发展奠定了坚实的物质基础。自 1990 年恢复外交关系以来，中印尼双边经贸合作稳步发展，贸易规模持续扩大。2004—2019 年，中国与印尼贸易规模年均增速达到了 33%。

中国在印尼对外贸易中的地位快速提升，连续多年成为印尼第一大贸易伙伴。虽然印尼是东盟最大的国家，但中国—印尼的贸易规模占中国—东盟贸易规模的比重不高。印尼对华贸易逆差是双边关系中的敏感因素。印尼对华贸易逆差的原因包括国内部分资源稀缺、印尼国内产业结构不完善、印尼关税壁垒等。

中印尼双边贸易仍处于产业间贸易阶段。印尼对中国出口的产品主要集中于原材料及其制成品上，而中国对印尼出口的产品主要为轻工业制成品。中国向印尼出口的前五大类产品为机电产品、贱金属及制品、化工产品、纺织产品、塑料橡胶。中国从印尼进口的前五大类产品为矿产品、贱金属及制品、动植物油脂、纤维纸浆、化工产品。中印尼双边贸易的产业内贸易水平较低，动植物油脂、矿产品、贱金属及制品、纤维纸浆、运输设备等产业内贸易指数均处于较低水平。2022 年 1 月 1 日，RCEP 正式生效，为中印尼双边贸易深化发展提供了新机遇。

自中国—东盟自由贸易区启动建设以来，中印尼双边投资规模不断增加。2008 年以来，中国对印尼直接投资首次超过印尼对华投资。中国对印尼投资规模不断扩大，主要流向制造业、电力/热力/燃气及水的生产和供应业、采矿业等。由于中印尼双方战略高度契合、印尼国内投资机遇多、印尼投资环境持续改善，中国对印尼投资的发展潜力巨大。同时，中国投资印尼需警惕投资风险，实现安全有效投资。

第三章 印尼的中国观和"一带一路"舆情

"一带一路"倡议是世界各国的大合唱,其对外传播对其在相关国家中的贯彻落实具有重大意义,也直接影响着中国在海外的国家形象。纵观世界各国对"一带一路"倡议的态度,"一带一路"倡议普遍遭遇污名化传播,多国唱衰、抵制进而污蔑中国的"一带一路"倡议,甚至上升至污名化中国国家形象,如美国、日本、英国、澳大利亚、印尼、肯尼亚等国家。其中,除老生常谈的美国、英国和澳大利亚等欧美大国外,印尼则是周边国家中较为典型的案例,尤其是受新冠疫情的影响,印尼社会反中国、反对中国企业、抵触中印尼合作项目和"一带一路"倡议的消极情绪日益高涨,并将部分言论付诸行动。印尼不仅是东南亚区域大国、东南亚最大的经济体、东盟的创始国之一,也是"一带一路"倡议的重要沿线国和参与国。2013 年,习近平主席在印尼提出建设"21 世纪海上丝绸之路"的倡议,可见中国对印尼的重视程度。以印尼为例,探讨"一带一路"倡议、污名化传播与中国国家形象的问题,具有一定的代表性。

自"一带一路"倡议在印尼落地以来,印尼相对积极地响应与参与"一带一路"倡议,中印尼全方位的合作日益紧密,取得了许多让世界瞩目的成绩,相互依存程度大大提升。但在此过程中,日益紧密的相互依存并未提高中国在印尼民众心中的国家形象。实际上,印尼的"一带一路"舆情呈现出负面化的倾向,这与印尼涉华的污名化传播有一定关系。2020年,疫情更是让中国陷入各种不实舆论与指责中,印尼当地频繁出现反对中国劳工返回印尼复工、指控"中国劳工将新冠病毒带去印尼"的言论,也因中国船只海葬印尼船员一事引发舆论与人权风波。2020 年 8 月,印尼还出现了反对中印尼"一带一路"旗舰合作项目——雅万高铁的多次大小规模的游行，印尼合作方甚至将游行责任推给中方。"一带一路"倡议在印尼面对严峻的挑战与质疑，疫情则放大了"一带一路"倡议在印尼的污名化传播和中国国家形象受损的问题。

　　"一带一路"倡议在印尼的跨文化传播、舆论基础与民众认知，直接影响着中国国家形象，关系到"一带一路"倡议能否在印尼顺利推进。在"一带一路"背景下，为什么印尼出现对华传播障碍与污名化传播，继而影响中国国家形象？如何基于国家形象理论的多维塑造方法和传播原则，克服上述负面影响？探讨"一带一路"倡议在印尼取得的成绩、传播障碍及中国国家形象，对"一带一路"在印尼的推进和中国国家形象的改善具有一定的意义。

第一节　"一带一路"倡议及中国国家形象在印尼的研究现状

　　中国国家形象一直是学术界研究热点，"一带一路"倡议自提出以来也迅速成为各国重点关注的对象，且两者之间联系密切，"一带一路"与中国国家形象在印尼的传播与发展受到学界的关注。

　　由于诸多历史和现实、合作与竞争、误解与冲突等原因，"一带一路"倡议在印尼的传播遇到一些问题，导致"一带一路"建设在印尼推进缓慢，甚至遭遇严重阻碍。诸多学者从涉华报道和"一带一路"建设在印尼的传播状况来研究中国在印尼的国家形象①，研究成果丰富，但存在一些问题。

---

　　① 参见刘艳婷《"一带一路"背景下中国国家形象的互动建构——基于〈雅加达邮报〉的涉华报道分析》，硕士学位论文，暨南大学，2017 年；曾慧岚《媒介框架下印尼〈罗盘报〉中的国家形象》，硕士学位论文，南京师范大学，2016 年；黄里云《印度尼西亚的中国观探究——以〈雅加达邮报〉的涉华报道为例》，《学术论坛》2016 年第 3 期；王梦雪《印尼〈国际日报〉对"一带一路"报道的分析》，《传播与版权》2015 年第 10 期；张昆、陈雅莉《东盟英文报在地缘政治报道中的中国形象建构——以〈海峡时报〉和〈雅加达邮报〉报道南海争端为例》，《新闻大学》2014 年第 2 期；Johannes Herlijanto, "Public Perceptions of China in Indonesia: The Indonesia National Survey," *ISEAS*, 2017; Johannes Herlijanto, "How the Indonesian Elite Regards Relations with China," *ISEAS*, 2017; "Survei Median: Cina Dianggap Ancaman Terbesar Indonesia," Tempo. co, https:// nasional. tempo. co/read/1033976/survei-median-cina-dianggap-ancaman-terbesar-indonesia; Natalia Soebagjo and Rene L. Pattiradjawane, *Persepsi Masyarakat Indonesia Terhadap RRC*, Jakarta: Centre for Chinese Studies, 2014; "China Mendapat Banyak Persepsi Buruk," *Kompas*, https:// internasional. kompas. com/read/2013/12/11/0825579/China. Mendapat. Banyak. Persepsi. Buruk.

其中，尤思佳以印尼《罗盘报》（*Kompas*）2013 年以来有关中国的报道文章为研究对象，分析得出印尼媒体对中国的倾向相对缓和与客观，其正面声音大于负面声音，认为中国在军事上有潜力成为未来"霸权"大国，但也把中国定义为印尼"盟友"，并承认中国在国际经贸合作中的重要作用，同时提出在印尼媒体报道上如何提高中国国家形象的建议。[①] 但其文章忽视了一个问题，即我们只能从自身角度改善国家形象，而无法控制对方媒体如何评价中国国家形象，其建议的实际操作性较小。张玉、谢雅而以 2011 年印尼《罗盘报》和《印尼媒体报》（*Media Indonesia*）两份主流报纸上的涉华报道为例，考察印尼主流报纸所构建的中国国家形象，认为报道领域广泛，多以中立、客观的基调报道涉华负面新闻，但国家利益、中国国情和媒介制度差异，则是影响印尼报纸构建中国国家形象的因素。[②] 但其文并未进一步探讨改善上述影响因素的对策建议。刘荃、曾慧岚基于印尼华人对"一带一路"等文化认知的调查，以印尼最大的全国性日报《罗盘报》为研究对象，考察印尼媒体对"21 世纪海上丝绸之路"议题的报道现状，继而分析中国媒体在数量和质量上的传播困境，并提出"21 世纪海上丝绸之路"的跨文化传播策略，建议从历史渊源、舆论途径和华侨华人着手，助力"一带一路"倡议在印尼的宣传和推广。[③] 但《罗盘报》并不能充分代表印尼媒体的整体现状，且对策建议以华人华侨作为"说服扩张"的主力军，鉴于部分印尼民众仍怀疑华人的忠诚度，此举有可能带来反面效果，并不值得提倡。在印尼宣传"一带一路"倡议，还是要以印尼原住民为主体，关注印尼主要族群的核心关切，这样才能有的放矢，不失偏颇。

综上所述，现有的研究主要存在以下问题：在"一带一路"倡议背景下，关于印尼的涉华报道和中国国家形象的成果较少，更新速度慢；以涉华报道为立足点的研究对象相对单一，结论的可信度有待商榷；主要探讨涉华报道中的舆论障碍，关于对外传播的研究相对不足；忽视了舆论障碍对中国国家形象的影响；对外传播策略分析不全面或主体错位。

---

①　尤思佳：《印尼〈罗盘报〉之中国国家形象》，《新闻传播》2015 年第 9 期。

②　张玉、谢雅而：《印尼主流报纸中的中国国家形象——以 2011 年印尼〈罗盘报〉和〈印尼媒体报〉为例》，《新闻与传播研究》2012 年第 6 期。

③　刘荃、曾慧岚：《"21 世纪海上丝绸之路"的传播现状与建议——以印度尼西亚为例》，《中国出版》2017 年第 17 期。

　　基于此，本章将以国家形象理论（image theory）作为理论框架，
"国家形象"一直是研究热点，国内外学术界关于"国家形象"的观点
大致可分为两类：一是从宏观层次上指出国家形象是对某一国家的整体
评估。马丁（I. M. Martin）和恩罗格鲁（S. Eroglu）认为，国家形象是
一个"多维度"的建构，它是"关于某一具体国家的描述性、推断性、
信息性的信念的总和"；① 胡晓明认为，国家形象是"一个主权国家和
民族在世界舞台上所展示的形状相貌及国际环境中的舆论反映"②。二是
从微观层次上认为，国家形象是个人对某个国家的总体印象。如巴洛古
（Seyhmus Baloglu）和麦卡利（Ken W. McCleary）认为，国家形象是
"对某一国家认知和感受的评估总和，是一个人基于这个国家所有变量
因素而形成的总体印象"；③ 科特勒（P. Kotler）等人认为，"国家形象
是个人对某一个国家的亲身经历、领悟、观点、回忆和印象的总和，它
包括个人对这一国家的情感和审美"；④ 季乃礼认为，国家形象理论主要
探讨一个国家的政治精英和公众对他国的形象。⑤ 本章将探讨印尼社会
对中国国家形象的认知，是印尼各界对中国的整体评价，而不是印尼某
一群体或某一个人对中国的印象，因此，本章采信的是宏观层次的"国
家形象"理论。一般来说，这个理论可应用在传播学领域，研究政府、
媒体和公众塑造下的国家形象；⑥ 也可应用在国际关系领域，通过建构

---

　　① I. M. Martin and S. Eroglu, "Measuring a Multi-dimensional Construct: Country Image," *Journal of Business Research*, 1993.

　　② 胡晓明：《国家形象》，人民出版社 2011 年版，第 23 页。

　　③ Seyhmus Baloglu and Ken W. McCleary, "A Model of Destination Image Formation," *Annals of Tourism Research*, 1999.

　　④ P. Kotler, "Marketing Places," quoted from Ingeborg Astrid Kleppe, Country Images in Marketing Strategies: Conceptual Issues and Experiential Asian Illustrations, *Journal of Brand Management*, 2002.

　　⑤ 季乃礼：《国家形象理论研究述评》，《政治学研究》2016 年第 1 期。

　　⑥ 参见张霞《国家形象构建中的跨文化传播路径选择》，《传媒》2017 年第 16 期；梁晓波《中国国家形象的跨文化建构与传播》，《武汉大学学报》（哲学社会科学版）2014 年第 1 期；范红《国家形象的多维塑造与传播策略》，《清华大学学报》（哲学社会科学版）2013 年第 2 期；Gang（Kevin）Han & Xiuli Wang, "From Product-Country Image to National Image: 'Made in China' and Integrated Valence Framing Effects," *International Journal of Strategic Communication*, 2015；EC Okoroafor, KC Dike, "Culture, Communication and National Image: The Way Forward for Nigeria," *International Journal of Development and Management Review*, 2010.

主义理论来构建国家形象;① 少量成果将之应用在政治学领域,研究国家形象的政治现象。② 本章使用该理论,研究传播学领域的宏观国家形象问题,具有一定的学术意义。

综上所述,本章将以传播学视野下的宏观"国家形象理论"为基础,探究印尼对中国国家形象的整体认知,分析"一带一路"倡议在印尼的跨文化传播中的舆论障碍,进而分析上述舆论障碍对中国国家形象的负面影响。最后,本章将从中国政府、中方媒体、中资企业以及中国民众四个层面,提出扫清上述舆论障碍的建议,以期提高中国的国家形象、综合实力、国际竞争力和国际话语权,并借此推动"一带一路"倡议在印尼朝着正确的轨道前行,造福于中印尼两国政府、企业和人民。

第二节　"一带一路"倡议在印尼的传播障碍

在互联网时代,媒体及其衍生的舆论是最迅速、最平民化的信息传播手段,受到广大网民的追捧和喜爱,却也是非常可怕、可信度很低的风向标,随时可能颠覆事实。"一带一路"倡议由中国提出,但却涉及诸多国家的相关利益,其贯彻落实必然涉及相关国家的跨文化传播,在传播过程中也不可避免地遇到了一些宣传障碍与传播问题,并对中国国家形象产生了一定的影响。一方面,某些不客观、带有指向性的印尼媒体报道,以负面居多的印尼媒体涉华报道,加之西方媒体和印尼国内某些反政府势力的抹黑,使得"一带一路"倡议和中国国家形象在印尼被"污名化";另一方面,由于中国未认识到"一带一路"倡议的传播存在诸多问题,中国在印尼的对外传播成效有待提高。

一　印尼媒体涉华报道以负面报道居多

按语种划分,印尼的媒体可分为三类,即印尼语、英语和华文。根据各大媒体成立背景、资金来源等差异,其报道倾向也各有差别（见

---

① 参见张苾芜《国家形象理论与外交政策动机》,《国外社会科学》2011 年第 1 期;Hongying Wang,"National Image Building and Chinese Foreign Policy," *The Scientific World Journal*, 2003.

② 季乃礼:《国家形象理论研究述评》,《政治学研究》2016 年第 1 期。

表 III - 3 - 1）。根据 GDELT（The Global Data Base of Events, Language, and Tone）数据中心①最新的调查结果，印尼媒体涉华报道的"褒贬指数"为 - 0.848，仅次于韩国、日本、越南、土耳其和菲律宾，排第六位。②由此，印尼媒体涉华报道总体负面新闻较多。其中，印尼语和英语对华报道基调偏负面，华文媒体对华基调友好。

印尼媒体倾向于采编西方媒体持有批判、怀疑态度的新闻信息。③它们获取关于中国的新闻信息的渠道，一般不是自己的驻华记者，而是编译西方外媒的新闻，所以，大多数印尼媒体对华报道倾向于或不自觉地站在西方媒体的立场上。④印尼语媒体包括《罗盘报》、安塔拉通讯社（Antara）等。除印尼本土媒体外，还有一部分是由西方大型通讯社或媒体在印尼建设的分站，如 BBC Indonesia、VOA Indonesia 和 CNN Indonesia 等。印尼几个较大的英语媒体分别是《雅加达邮报》（Jakarta Post）、《雅加达环球报》（Jakarta Globe）等。同时，印尼还有很多华文媒体，但更迭很快，现有规模较大的分别是《国际日报》《印尼星洲日报》等。一些媒体背后有财团或其他势力支持，在涉华报道上的倾向性明显。而印尼最大的华文报纸《国际日报》，虽然与《人民日报海外版》《文汇报东南亚版》同步发行，但其背后离不开外国财团的支持。由于背景各异，这部分媒体在涉华报道上并不总是持客观的态度。

细细分析涉华的负面报道，不难发现，其大多针对特定的主题，如高层互访、外交摩擦、南海专属经济区问题、"一带一路"倡议下印尼对中国的投资发展与展望、中印尼留学生交流、中国游客和中国劳工等，但充斥着一定数量的假新闻。如 2015 年将佐科总统在《印尼—中国合作备忘

---

① GDELT 是一个免费开放的新闻数据库，是全球最大的政治事件开放数据库。它收录了几乎所有国家的新闻事件，每 15 分钟对数据库进行实时更新，并会给每一篇报道标注"褒贬指数"（Sentiment Index），以量化不同国家媒体对本国和他国报道的情感倾向。褒贬指数为负，表示负面报道，数值越大越负面；褒贬指数为正，表示正面报道，数值越大越正面；如果媒体没有偏见，那么平均褒贬指数为 0。

② 《大数据：全球媒体对各国报道的"褒贬指数"统计》，美国华裔教授专家网，2018 年 4 月 7 日，http://scholarsupdate.hi2net.com/news.asp? NewsID = 24540。

③ 张玉、谢雅而：《印尼主流报纸中的中国国家形象——以 2011 年印尼〈罗盘报〉和〈印尼媒体报〉为例》，《新闻与传播研究》2012 年第 6 期。

④ 《印尼声音：印尼为什么会被西方声音淹没，中国声音都去哪了?》，中国东盟博览杂志，2018 年 5 月 24 日，http://wemedia.ifeng.com/62014763/wemedia.shtml。

录》中提到的"吸引 1000 万名中国游客赴印尼观光"移花接木,最后印尼报道称刘延东副总理说"中国在未来数年内将送出 1000 万名新移民"①。事实上,某些印尼媒体向用户提供假新闻"定制"服务,并从中获利,只要有利可图,这些不法媒体或社交账号甚至可以散布种族、宗教、族群与派别(SARA)仇恨等挑衅言论。②对此,印尼还成立了国家网络与密码局(Badan Siber dan Sandi Negara)来应对这些虚假信息。而这些言论有明确的政治指向性,大多与中国有关,采用杜撰和移花接木的方式,矛头多指向佐科总统本人或其所在的斗争民主党(PDIP),目的都是"反佐科政府",不希望佐科总统连任。从某种程度上说,印尼媒体的乱象反映了诡谲多变的印尼国内政治,而某些印尼媒体已成为印尼国内政治的操纵工具。国家形象本应该是"一个主权国家和民族在世界舞台上所展示的形状相貌及国际环境中的舆论反映"③,但却因此成为"大众媒介制作的高度政治化的新闻幻觉"④,严重损害了"一带一路"倡议和中国的国家形象。

表III-3-1　　　　印尼各大媒体涉华报道基本情况

编号	名称	网址	语种	报道量	报道类型	报道倾向
1	《雅加达邮报》	http://www.thejakartapost.com/	英语	一般	消息类	中性
2	《雅加达环球报》	http://www.thejakartaglobe.com/	英语	较少	消息类	中性
3	BBC Indonesia	http://www.bbc.com/indonesia	英语	一般	消息类	负面
4	CNN Indonesia	https://www.cnnindonesia.com/	英语	一般	消息类	负面
5	印尼安塔拉通讯社	http://www.antara.co.id	印尼语	较多	消息类	中性
6	《罗盘报》	https://www.kompas.com/	印尼语	最多	消息类	中性
7	点滴网	http://detik.com	印尼语	较多	消息类	负面
8	美都电视台	http://www.metrotvnews.com	印尼语	一般	消息类	中性
9	《时代杂志》	http://www.tempo.co	印尼语	较多	评论类	负面

① 潘玥:《"一带一路"背景下印尼的中国劳工问题》,《东南亚研究》2017 年第 3 期。
② Dimas Jarot Bayu, "Kominfo Minta Facebook dan Media Sosial Ikut Ungkap Saracen," *Katadata*, 28 Agustus 2017, https://www.bbc.com/indonesia/trensosial-41022914.
③ 胡晓明:《国家形象》,人民出版社 2011 年版,第 23 页。
④ Bennett W. Lance, *News: The Illusion of Politics*, New York: Longman, 2005.

续表

编号	名称	网址	语种	报道量	报道类型	报道倾向
10	Liputan6 网	http://www.liputan6.com	印尼语	一般	消息类	负面
11	《爪哇邮报》	https://www.jawapos.com/	印尼语	较多	消息类	负面
12	印尼广播电台	http://www.rri.co.id/home.html	印尼语	较多	消息类	中性
13	Tribun News	http://www.tribunnews.com/	印尼语	较少	消息类	中性
14	《印尼媒体报》	http://www.mediaindonesia.com/	印尼语	较多	评论类	负面
15	《国际日报》	http://www.guojiribao.com/	华文	最多	消息类	中性
16	《印华日报》	https://www.harianinhuaonline.com/category/koran-inhua-2/	华文	较多	消息类	正面
17	《印尼商报》	http://www.shangbaoindonesia.com/	华文	较多	消息类	正面
18	《千岛日报》	https://qiandaoribao.com/	华文	较多	消息类	正面

资料来源：作者根据各大报刊、网站、电视台官网上的资料自制。

二　"一带一路"倡议和中国国家形象在印尼被"污名化"

中国已日渐发展成政治、经济、军事和文化强国，"一带一路"倡议更是沿线国家合作共赢的平台。一些域外势力认为，中国的强大和"一带一路"会威胁其大国地位，使得中国的"盟友"数量增加，便想方设法给"一带一路"倡议乱扣帽子，阻止"一带一路"倡议在相关国家的对外传播，离间中国与印尼的友好对外关系，中国的国家形象也被构建成一个具有多层次的"妖魔化"形象，即"飞速发展的经济形象、有扩张倾向的军事形象和缺乏民主的政治形象"①。而印尼国内的"反华势力""反佐科势力"和极端伊斯兰组织等，由于各种原因也鼓吹印尼政府、企业和民众拒绝"一带一路"倡议在印尼的推进，反对中印尼两国合作。

"一带一路"倡议的初衷是使沿线相关国家互利共赢，但"遭到了话语强势的西方传媒的污名化传播，而沿线国家也对该倡议流露出质疑与担忧"②。发达的西方主流媒体，多年来不断向公众灌输片面的、妖魔化的、

---

① 曾慧岚：《媒介框架下印尼〈罗盘报〉中的国家形象》，硕士学位论文，南京师范大学，2016 年。

② 黄俊、董小玉：《"一带一路"国家战略的传播困境及突围策略》，《马克思主义研究》2015 年第 12 期。

破坏性的中国形象。① 由于中国的国际地位和经济实力不断提升,一些西方媒体为中国贴上了一系列"威胁论""操纵论""崩溃论"和"责任论"等不实标签,竭尽全力抹黑、诋毁"一带一路"倡议和中国国家形象。不少外媒过分解读或曲解"一带一路"倡议,导致许多相关利益国"只可远瞻",打击了它们的参与热情。部分媒体利用舆论造势,肆意给中国扣上"文化植入""经济侵略"等帽子,引发对象国全民恐慌,对"一带一路"倡议犹恐避之不及。中国形象的塑造呈现出严重的"他塑"现象,弱化了国家形象建构的主导权,西方媒体塑造的"一带一路战略化"和"中国形象污名化",导致"一带一路"倡议在印尼传播中存在很多难以攻破的宣传障碍。

同时,印尼国内的"反佐科势力"也在抹黑"一带一路"倡议,宣扬所谓的"中国式殖民主义"和"中国威胁论",试图通过诽谤"一带一路"倡议,以瓦解习近平主席与佐科总统达成的诸多合作协议,并进一步打击佐科总统。此前,一些伊斯兰极端组织、"反佐科势力"分别利用"中国工人误闯雅加达空军基地"②"中国借'一带一路'让4000万名中国失业者到国外就业"③"辣椒事件"④ 和"印尼在华留学生必须学习共产主义事件"⑤等虚假新闻,渲染"中国式殖民主义",企图引发印尼群众对中国的厌恶,鼓吹印尼应拒绝与中国合作。由于涉及意识形态、宗教和内政问题,印尼

---

① 张霞:《国家形象构建中的跨文化传播路径选择》,《传媒》2017 年第 16 期。

② Hilda B. Alexander, "Lima WNA China Yang Ditangkap di Halim Bukan Tentara," *Kompas*, 27 April 2016, http:// properti. kompas. com/read/2016/04/27/132240221/Lima. WNA. China. yang. Ditangkap. di. Halim. Bukan. Tentara.

③ "Ini Penyebab Ekspansi Tenaga Kerja Cina ke Indonesia," *Berita Jatim*, 24 Desember 2016, http://www. beritajatim. com/politik_ pemerintahan/285753/ini_ penyebab_ ekspansi_ tenaga_ kerja_ cina_ ke_ indonesia. html.

④ 2016 年 12 月底,印尼某些网民炒作和过度解读中国公民在印尼非法种植辣椒事件,称中国公民在印尼偷偷种植可致农民死亡的有毒辣椒,中国意图使用"生化武器"摧毁印尼。参见: "Cabai Beracun Yang Ditanam Warga Negara China di Indonesia Bisa Matikan Petani," *Tribun-Bali*, 10 Desember 2016, http://bali. tribunnews. com/2016/12/10/cabai-beracun-yang-ditanam-warga-negara-china-di-indonesia-bisa-matikan-petani.

⑤ 2018 年 3 月 31 日,印尼穆罕马迪亚梭罗大学（UMS）校长苏菲安·阿尼斯（Sofyan Anis）声称在中国留学的印尼学生接受了共产主义意识形态的相关教育。参见: Natalia Santi, "Pelajar Indonesia Bantah Dapat Pelajaran Komunisme di China," *CNN Indonesia*, 2 April 2018, https:// www. cnnindonesia. com/internasional/20180402161516-113-287631/pelajar-indonesia-bantah-dapat-pelajaran-komunisme-di-china.

本土的这些反对力量,似乎比美日的阻挠更有杀伤力,印尼民众极易受其影响而"一边倒","一带一路"建设在印尼的推进比较艰难。

三 "一带一路"倡议在印尼的对外传播成效有待提高

目前,中国就"一带一路"倡议在印尼的对外传播以"填鸭式"为主,知己而不知彼,缺乏对印尼特殊历史背景和宗教族群差异的深度分析。中国媒体对包括印尼在内的东南亚地区的传播,存在报道深度不够,信息来源渠道单一,海外供版在风格、细节、文化上没有和当地融合在一起,专业人才缺乏等问题。① 在中国形象"自塑"的过程中,存在着主体性缺失和跨文化传播乏力,甚至错位的诸多问题。② "一带一路"倡议在印尼的对外传播,主要存在话语体系、重心偏差、缺乏规划和深耕等问题。

首先,中国媒体的话语体系"战略化",对外宣传的媒体用语不当,易引起印尼社会的误解与反感。如一些媒体在宣传"一带一路"倡议时使用"战略"一词,在鼓励合作时过分渲染"过剩产能"。顾勇华曾强调,"一带一路"是倡议,不是战略。国际传播一定不可以使用"战略"的概念,这与"一带一路"提倡的理念相冲突。而"一带一路"中的产能合作,本意不是淘汰落后、低端和过剩的产能。我们高谈产能输出,别国可能会理解成"产品倾销",高谈资源获取,别国可能会理解成"掠夺资源"③。"过剩产能"这种提法会造成沿线国家的抵触。④ 受众很容易受这些敏感、带有侵略性的词汇的影响,进而导致对"一带一路"倡议、中国企业和中国国家形象的反感。

其次,中国对印尼关于"一带一路"倡议的对外传播的重心有所偏颇,包括传播对象重华人而轻原住民、重企业而忽略群众。一方面,过多使用华文而非印尼语进行对外传播,印尼语的传播物远少于华文的传播

---

① 邢永川、林浩:《中国新闻社广西分社面向东南亚的传播策略研究》,第三届中国少数民族地区信息传播与社会发展论坛论文集,2011 年 10 月 15 日。
② 董军:《"国家形象建构与跨文化传播战略研究"开题会综述》,《现代传播》2012 年第 1 期。
③ 徐高:《读懂"一带一路"》,中信出版社 2015 年版,第 279—280 页。
④ 周文耀:《"一带一路"报道中这些雷区千万不要碰》,北京城市建设研究发展促进会,2017 年 4 月 17 日,http://bjcjh.org/look1.do? z.id=523。

物。而印尼华人仅占印尼人口的 1.2% 左右,这使得占人口绝大多数的非华人群体对中国的认知度和认同感非常有限,在一定程度上加剧了印尼社会对中国的误解和偏见。根据 2017 年新加坡尤索夫伊萨克东南亚研究所(Yusof Ishak Institute)的调查结果,印尼政治和经济中存在对华人的负面偏见,许多印尼人对印尼华人对国家的忠诚度可能存在分歧。[①] 而中国对外传播方面的受众集中在华人方面,则会加剧印尼民众的猜测和怀疑。另一方面,中国在"一带一路"倡议的对外传播上以宣传中印尼产业合作为主,如矿产能源、电力工程、基础设施建设等,缺乏印尼民众核心关切的内容,没有做到"因人而异""因地而异"。

此外,专职从事对外传播的印尼语人才严重不足,缺乏规划和深耕。由于语言沟通的障碍,印尼民众听到的中国政策和中国国家形象都来自别人的观点,而不是亲眼所见、亲耳所听。对于各种针对中国的谣言,我们往往"先传谣再辟谣"。辟谣不及时不迅速,使得印尼社会关于中国的谣言层出不穷。在渠道建设方面,中印尼合作广播、电视、电台项目较少,中国对印尼进行对外传播的历史较短,投入的力度也不足,以至于印尼知识界对华多持疑虑、中立或批评的态度。

第三节 舆论障碍对中国国家形象的影响

在"一带一路"倡议背景下,中印尼两国政府、企业和人民的交流与合作日益频繁,但由于舆论强大的导向作用,舆论障碍直接影响着中国国家形象。有失偏颇的印尼媒体涉华报道,污名化后的"一带一路"和中国国家形象,以及"一带一路"倡议传播中的问题,导致中国国家形象受损。其具体表现可总结为两方面,即印尼民众对中国的好感度和认同感降低,印尼社会缺乏对中企和中国劳工的信任,以致"一带一路"建设在印尼的推进频频受阻,进度缓慢。

一 印尼民众对中国好感度和认同感降低

由于"排华"历史、极端伊斯兰组织和域外势力的影响,以及文化、

[①] Charlotte Setijadi, "Chinese Indonesians in the Eyes of the Pribumi Public," *ISEAS*, 2017.

政体和宗教差异等原因，中国国家形象在印尼的建构本就十分不易，印尼社会长期存在一种"反华情结"（Anti-China Sentiments），部分民众对"中国"及其相关的事物会本能地表示反对。[①] 据 2017 年新加坡尤索夫伊萨克东南亚研究所的印尼国民调查结果，虽然大多数受访者对中国表示钦佩，但对中国崛起对印尼的影响持怀疑态度。[②] 而自"一带一路"倡议在印尼落地以来，"中国的目的"更是饱受争议，印尼各界担心中国借"一带一路"倡议"控制"和"领导"东南亚各国，尤其担心中国凭借军事实力染指纳土纳群岛。[③] 印尼大学艾薇·费德里雅尼（Evi Fitriani）教授曾犀利地指出印尼对"一带一路"倡议的疑虑：中国提出"五通"是要打造一个以中国为中心的新的世界秩序吗？亚投行的建立是否会支持中国在南中国海地区的建设？中国公司在国外能否履行社会责任？[④] 从某种程度上说，"一带一路"倡议虽然使中印尼经贸文教合作更加密切，但其在印尼对外传播方面的障碍反而带来了负面的"外溢"效果，使中国国家形象降低。

BBC 国际台委托国际民调公司环球扫描（GlobeScan/PPC）于 2016 年底至 2017 年初对全球 19 个国家的 18000 余名受访者进行民意调查，结果显示，印尼对中国的负面评价从 2014 年的 28% 激增至 2017 年的 50%；而正面评价则从 52% 骤减至 28%。这也是自 2005 年以来，印尼对中国的负面评价首次超过正面评价。[⑤] 同时，据 2016 年一项关于印尼对"中国文化印象调查"，受访者对中国的总体印象相较于此前有所提高，"中国不断发展""中国有创新力"和"中国富强"得分较高，而"中国可靠可信"得分最低。中国在印尼的形象基本上是正面的。其中，"经济发达"

---

① 潘玥、常小竹：《印尼对"一带一路"的认知、反应及中国的应对建议》，《现代国际关系》2017 年第 5 期。

② Johannes Herlijanto, "Public Perceptions of China in Indonesia: The Indonesia National Survey," *ISEAS*, 2017.

③ 潘玥：《试析中印尼在南海问题上的互动模型》，《东南亚南亚研究》2017 年第 1 期。

④ 艾薇·费德里雅尼（Evi Fitriani）：《中国"一带一路"倡议：印尼的视角》，第二届 21 世纪海上丝绸之路高端论坛·专家演讲，华侨大学，2016 年 12 月 19 日，https://mp. weixin. qq. com/s/ob34FXZs4QmMKl1NwKMW0w。

⑤ "Sharp Drop in World Views of US, UK: Global Poll," *Global Poll of BBC World Service*, July 2017.

和"灿烂文化"是构成正面形象的主要原因,可以视为品牌国家的精粹。① 中国的发展潜力和创新能力最受称赞,但是在可靠可信度方面却令人疑虑,尤其是在"一带一路"倡议下,这种疑虑更为明显。

虽然印尼部分民众受"中国威胁论"和"反华情结"的影响,对华持敌对态度,但仍有大部分民众对华表达友好的态度,最突出的是印尼商界,尤其是与中国有经贸往来的印尼商人。其中,华商利用语言优势,通过印尼各大华文媒体,高调表达对"一带一路"倡议的支持,还通过两国的人脉,成为中印尼经贸关系的重要桥梁和使者。但也正因为这些高调的华人支持者,某些居心叵测的媒体极易利用此来煽动印尼民众的"反华情绪",鼓吹华人"控制"印尼经济和政治,加深印尼民众对华人和中国的负面印象。大部分印尼人认为印尼华人拥有经济优势和特权,也对印尼政治产生了重大影响。② 曾有人荒谬地指证佐科总统乃新加坡华裔之子③,其目的则是利用印尼民众的"反华情结"来抵制佐科总统及其与中国签订的一系列合作协议。

二 印尼社会对中企和中国劳工持怀疑与批判态度

在"一带一路"倡议框架下,中印尼经贸合作增长迅速,两国政府、企业和人民有竞争,也有合作。诸多中资企业纷纷前往印尼投资建厂,尤其是支持印尼的基础设施建设,主要为能源、矿产、交通运输、机械和工程承包企业。除著名的雅加达—万隆高铁项目(简称雅万高铁)、印尼一号双塔项目、苏拉威西燃煤电厂项目等外,2018 年 4 月,双方还在"一带一路"贸易投资论坛上签署价值 233 亿美元的 5 个项目合同,包括在北加里曼丹的卡扬河(Kayan)建设一座价值 20 亿美元的水电站、投资 7 亿美元建设天然气转化设施、合资 178 亿美元在卡扬河上修建水电站、合资 16 亿美元在巴厘岛建设发电厂,以及建造一座价值 12 亿美元的炼钢厂。④

---

① 许静、韩晓梅:《品牌国家策略与提升中国文化国际影响力——基于印尼"中国文化印象调查"的分析》,《外交评论(外交学院学报)》2016 年第 3 期。

② Charlotte Setijadi, "Chinese Indonesians in the Eyes of the Pribumi Public," *ISEAS*, 2017.

③ "Di Bekasi, Jokowi Jawab Isi Keturunan Tionghoa Singapura," *detikNews*, 31 Mei 2018, https://news. detik. com/berita/d-4046507/di-bekasi-jokowi-jawab-isu-keturunan-tionghoa-singapura.

④ "PLTA Kayan Mulai Dibangun Tahun Ini," *Beritasatu*, 17 April 2018, https://www. beritasatu. com/nasional/488524-plta-kayan-mulai-dibangun-tahun-ini. html.

这不仅为印尼创造了大量就业机会，也完善了当地基础设施。如位于苏拉威西岛的中国印尼经贸合作区青山工业园区，在三年时间里为印尼创造了2万多个直接就业岗位及数万个间接就业岗位，使得当地从一个偏僻的小渔村，一跃成为全球重要的镍铁和不锈钢产业基地。①

诚然，青山工业园区是一个成功案例，在2013年该项目签约时习近平主席和时任印尼总统苏希洛就曾亲临现场。但事实上，大多数项目在实际操作过程中常常遇阻，甚至被叫停，更有部分中资企业因繁冗的行政审批程序和严重的贪腐所导致的贸易不通畅，退出了印尼市场。以雅万高铁项目为例，从建设初期至今可谓一波三折，甚至出现了中国高铁经贸问题"政治化""安全化"甚至"国际化"的叫嚣。② 2015年，中印尼便签署了关于雅万高铁项目的谅解备忘录，并签署了组建中印尼合资公司协议。但从行政审批、项目许可证、征地拆迁问题到项目融资、环境问题等都出现阻滞，因此项目停滞不前。雅万高铁项目原计划于2018年底完成，2019年初通车③，然而，截至2018年8月，其进程仅为总工程进展的7.6%。④ 究其根源，污名化后的"一带一路"建设和中国国家形象是阻碍雅万高铁顺利实施的重要原因之一。被贴上"殖民主义""威胁论""操纵论"标签的"一带一路"倡议，令印尼政府忌惮，更令部分印尼人民反感。部分印尼官员对中企的贡献或成果往往轻描淡写，但却言辞犀利地指责中方的问题。印尼媒体的报道对印尼方的问题只字不提，而是着重谈中企的责任，有意刻画"中国制造"质量不佳的印象。中国和中企的国际形象受损，"一带一路"倡议在印尼缺乏良好的舆论环境。

此外，中国劳工在印尼的工作和生存问题也十分严峻，"中国劳工潮"引发了印尼各阶层的恐慌。近年来，印尼爆发多次关于中国劳工的争议，几

---

① 《中印尼青山工业园区　小渔村的大变迁》，新华网，2016年10月10日，http://www.xinhuanet.com/world/2016-10/10/c_ 129315470.htm。

② 潘玥：《中国海外高铁"政治化"问题研究——以印尼雅万高铁为例》，《当代亚太》2017年第5期。

③ 《备受瞩目的印尼雅万高铁计划1月21日开工》，电缆网，2016年1月18日，http://news.cableabc.com/hotfocus/20160118032221.html。

④ "Progres Proyek Kereta Cepat Jakarta-Bandung Baru 7, 6 Persen," *Kompas*, 28 Agustus 2018, https://ekonomi.kompas.com/read/2018/08/28/054814626/progres-proyek-kereta-cepat-jakarta-bandung-baru-76-persen.

乎都与"一带一路"建设有关，如 2014 年总统大选前后、2015 年 8 月底和 2016 年 12 月底三次高潮。[①] 一方面，中企的中方劳工数量十分有限，中国工人很难申请到印尼工作的签证，且周期缓慢，常常需要半年之久。即使中国工人成功办理工作签证，在印尼工作后，移民局也会经常到项目现场"抓人"，以各种理由罚款并拘留中国工人。另一方面，受某些组织和势力的怂恿，印尼常常爆发针对中国工人的游行示威，使得印尼的中国劳工及其雇主身心俱疲。中企和中国劳工本是"一带一路"建设在印尼推进的主力军，但却因负面舆论的影响，印尼社会往往对中企和中国劳工持怀疑和批判的态度，甚至实施非理性行为，"一带一路"倡议也难以顺利实施。

第四节　"一带一路"舆情的影响因素

基于中国经济崛起和实力大增，印尼的"一带一路"舆情呈现出多面性。印尼社会普遍认为，要发展经济，必须与中国搞好关系，抓住机遇，吸引中国的投资，发展双边贸易。事实上，印尼社会的"一带一路"舆情也不是"铁板一块"，存在着明显的阶级、地域和族群差异性。印尼社会的"一带一路"舆情主要受印尼国内政治经济因素的影响，加之中国与发达国家日益缩小的差距，美日澳等域外大国的对华认知与态度间接影响着印尼的"一带一路"舆情，印尼媒体倾向于报道涉华负面新闻。而作为东盟重要成员国的印尼，因南海争议而带来的东盟压力也左右着印尼的"一带一路"舆情。

一　印尼国内政治经济因素：政局动荡、经济危机、领导人偏好

在民主改革时期，印尼对华认知最重要的影响因素是印尼国内政治经济因素，而在威权统治时期，最重要的因素是领导人偏好。如哈比比、瓦希德与梅加瓦蒂三位总统调整对华政策，向中国传达友好的意向，是因为 1998 年金融危机重创印尼经济，由此引发严重的政治危机，印尼需要与中国合作，发展经济。

而在佐科执政时期，正面的"一带一路"舆情主要源于佐科大兴基

---

① 潘玥：《"一带一路"背景下印尼的中国劳工问题》，《东南亚研究》2017 年第 3 期。

础设施建设，急需中国的资金与技术，而负面的"一带一路"舆情主要由于"反佐科"势力、反共势力的恶意煽动。一方面，从2016年起，印尼的政治意识形态斗争日益明显，具体指的是改革派与保守派之间的斗争。前者以总统佐科与作为"双重少数"的雅加达省长钟万学为代表，而后者又被称为"反佐科"势力，以2019年总统候选人普拉博沃以及前总统苏希洛为代表。由于保守派未能与改革派在社会和政治问题上达成共识，因此改用宗教作为武器，动员宗教极端组织，酝酿"钟万学亵渎古兰经事件"，并成功将钟万学拉下省长之位，送入监狱。在印尼多次爆发的反钟万学示威游行，就反映了这种以宗教作为掩护手段的权力斗争。既得利益者的目的是想通过示威游行以及极端暴力行为，抹黑钟万学，削弱佐科一派的势力。这种被简化为"伊斯兰"以及"反伊斯兰"的斗争，对印尼民众而言极具迷惑性。他们只理解口号和简单的政治口语，并不了解印尼错综复杂的权力斗争。尽管佐科已经成功连任，但当前及未来，只要是佐科支持和推动的事情，这些极端组织及其背后的势力必定会激烈反对。当然，虽然这些伊斯兰极端组织只能影响极少数普通民众的态度，并不代表大多数印尼民众的看法，但这些极端组织行事高调，背后又有"反佐科"势力的支持，因此，借着各种事端生事，带来极其恶劣的社会与国际影响。

　　另一方面，"中国话题"也是"反佐科"势力制造事端的重要工具。自佐科上任以来，他十分重视印尼基础设施建设和人力资源培养，欢迎并鼓励外商投资，也看好中国的"一带一路"倡议，不断提升两国关系，以助力印尼基础设施建设和经济转型。在全球化和"一带一路"倡议大背景下，中国政府也鼓励中企赴印尼投资。但这却成为"反佐科"势力挑起"中国话题"的触点，并威胁到佐科政府的执政。"反佐科"势力以中国投资问题为由头，质疑佐科政府"亲华"的外交政策和"盲目吸收中国外资"的经济政策的合理性，不断制造并传播涉华的负面谣言。为了顾全大局，缓解部分极端势力的情绪，佐科政府只能被迫对某些问题做出回应，调整政策与加强监管。

二　美日澳等域外大国的影响与压力

　　美日澳对印尼有着重要的影响。除印尼媒体受西方媒体涉华报道倾向的影响外，印尼政府和印尼精英人士也深受美日澳等域外大国对"一带一路"舆情的干预。其中最典型的案例是使全面对华敌视的负面认知深入民心的"九三〇事件"。2017年，解密的39份美国使馆文件显示，美国暗中支持印尼反共与排华，美国驻印尼使馆在20世纪60年代了解并支持当时印尼军方对亲共人士和左翼人士的镇压和屠杀，且美国军方和美国驻印尼大使建议美国政府向印尼军队提供秘密援助，并证实了中国策划"九三〇事件"的指控纯属子虚乌有。① 因此，美国对印尼的胁迫与教唆，是印尼对华负面认知的重要影响因素。

美国对印尼内政的干预与介入由来已久。号称是世界上第一大和第三大民主国家的美国和印尼，具有共同的民主价值观，美国支持印尼的民主改革。印尼在美国眼中具有重要的战略价值，是其打击恐怖主义、贩运人口和毒品以及其他跨国犯罪的重要伙伴。美国在印尼外交政策中也扮演着重要角色。美国曾在印尼独立进程中发挥了重要作用，对印尼经济发展起到了很大的帮助作用。目前，印尼在美国的帮助下平衡了中国在东南亚的影响力。因此，在意识形态上，印尼国内有人误解中国的意识形态，甚至有些不友好言行，这与美国等西方国家对印尼的宣传与挑唆不无关系。

虽然日本在第二次世界大战时期占领过印尼，但相当一部分印尼民众并不认为日本是"侵略者"，反而对"日本赶走了荷兰人"抱有感激之情。加之日本战后通过援助、投资、贸易等诸多手段，在印尼深耕数十年，现已和印尼签署了多项合作协议，近年来，双方合作已拓展到军事、安全和区域治理等领域。日本通过在印尼多年的"朋友"可以牵制甚至破坏中国在东南亚的利益。日本利用当地媒体和利益攸关方左右着中国与印尼的关系。在推进"一带一路"倡议和对印尼进行投资的过程中，日本的干扰是一个不可忽视的长期因素。

在太平洋东南部，澳大利亚与印尼是十分重要的两个国家，印尼社会的繁荣与安定对澳大利亚的意义重大，两国关系的发展对亚太地区的安全与稳定有着重要的影响。但受美日等国的影响，自2017年以来，澳大利

---

① 《冷战揭秘：美国暗中支持印尼反共与排华》，BBC，2017年10月19日，https://www.bbc.com/zhongwen/simp/41669870。

亚政府、媒体、学者的反华言论持续发酵，表达出对华的强硬立场。① 这在某种程度上也影响了印尼的"一带一路"舆情，挑唆并煽动了印尼国内的反华情绪。

域外大国对印尼的影响还表现在对印尼精英的渗透上。印尼的许多精英阶层都曾留学美日澳等国，受西方意识形态的影响，"反华"情结根深蒂固，如印尼海洋统筹部前部长里扎·莱姆利（Rizal Ramli）曾公开表达反华言论："印尼在西方的盟友，特别是美国，应该很高兴地了解到普拉博沃与中国的外交政策背道而驰。"② 印尼星月党现任主席、印尼前国务秘书、印尼司法与人权部前部长尤斯利尔·伊扎·马亨德拉（Yusril Ihza Mahendra）曾对媒体表示："中国在南海的纳土纳海域威胁到印尼，并且已经'并吞'菲律宾一座岛屿，而对印尼（的并吞）只是时间问题，所以印尼政府应该重新考虑同中国的贸易合作。"③ 然而，根据印尼 SMRC 调查机构的民调结果，印尼"反华情结"的主因是政治动员，是印尼国内政治斗争的产物。④

三　东盟压力

印尼是东盟成员国之一，也是东盟最大的经济体。在印尼的"一带一路"舆情问题上，东盟对此的影响集中表现在南海问题的立场上。从表面上看，印尼并不是南海的主权声索国，且力求成为在东盟相关国家与中国之间"中立的调停者"⑤，但迫于东盟压力，印尼在南海问题上的定位与角色并非如此。

中国经济飞速发展，且"一带一路"倡议为印尼经济转型提供了契机

---

①　江璐：《精英的合谋——澳大利亚对华民意研究（2014—2018）》，《国际论坛》2019 年第 5 期。

②　Rizal Ramli, "Surprise in Indonesia's Election?," *New Straits Times*, https://www. nst. com. my/opinion/columnists/2019/03/470226/surprise-indonesias-election? from = timeline&isappinstalled = 0.

③　Juven Martua Sitompul, "China Langgar Perbatasan, Yusril Minta Hubungan Dagang Ditinjau," *Merdeka*, Maret 26, 2016, https:// www. merdeka. com/peristiwa/china-langgar-perbatasan-yusril-minta-hubungan-dagang-ditinjau. html.

④　Raynaldo Ghiffari Lubabah, "Saiful Mujani: Sentimen Anti China Muncul Karena Mobilisasi Politik," *Merdeka*, Desember 29, 2016, https:// www. merdeka. com/peristiwa/saiful-mujani-sentimen-anti-china-muncul-karena-mobilisasi-politik. html.

⑤　王光厚、田立加：《印尼南海政策论析》，《社会主义研究》2017 年第 4 期。

与合作机会，印尼国内经济的发展离不开中国的投资，印尼轻易不会在敏感话题上与中国发生冲突。然而，想巩固其在东盟地位的印尼也需要东盟各国的支持。在东盟中，与中国存在南海主权争议的国家包括越南、菲律宾、马来西亚和文莱。虽然印尼与中国在南海不存在主权争议，但在纳土纳群岛存在专属经济区重叠的问题。也就是说，印尼并非利益无关方，而是利益相关方，并不适合作为南海争端的"中间人"或"调停人"。

在苏希洛时期，印尼一直争当东盟的"领头国"，哪怕印尼出于发展经济的国家利益考量，不愿激化与中国的矛盾，但作为东盟最大的经济体，在中国在南海填海造岛和海军巡逻的问题上，也不得不与东盟各国统一口径，对华进行强硬表态。为了维护东盟的团结及其在东盟的地位，印尼在南海问题上的立场也并不中立，对涉及争端的其他东盟国家在情感上同情、在行动上支持①，包括对中方拒绝接受中菲南海仲裁表示不满、反对中国对南海宣示主权、将纳土纳海域更名为"北纳土纳海"等。必须指出，佐科对争做东盟"领头国"的意向明显低于苏希洛时期，但也兼顾东盟各国在南海问题上的态度，有时也需顺应东盟多国的态度而对华强硬，尤其是在"南海行为准则"（COC）谈判日益深入和各方利益持续博弈的阶段。此外，中印尼在纳土纳海域也存在冲突，为避免事态愈发朝着不利的方向发展，印尼方会顺应东盟压力，在看似"中立"的立场上倾向东盟。

第五节　提升中国国家形象的路径

"一带一路"倡议在印尼的传播遇到了诸多障碍与问题，这导致中国国家形象受损，并严重影响到"一带一路"倡议在印尼的实施和推进。在对外传播中合理利用国家形象理论，重构中国国家形象迫在眉睫。范红讨论过国家形象塑造的八个重要维度，即国家形象标识、国情介绍、政府形象、企业形象、城市形象、历史形象、文化形象和国民素质②，而根据

① 潘玥：《试析中印尼在南海问题上的互动模型》，《东南亚南亚研究》2017 年第 1 期。
② 范红：《国家形象的多维塑造与传播策略》，《清华大学学报》（哲学社会科学版）2013年第 2 期。

"一带一路"倡议在印尼的传播现状和中国在印尼的国家形象现状，推进"一带一路"倡议在印尼的实施和重塑中国国家形象应主要从政府形象、企业形象和国民素质入手，同时还应充分发挥媒体的舆论作用。

一　中国政府：多途径重塑中国国家形象

目前，"一带一路"倡议被部分媒体和国家误解为"阴谋"，并被质疑其真实目的，中国政府的态度和行为极受关注，也极易被利用来损坏中国国家形象与公信力。中国在印尼的对外传播陷入"污名化"的窘境。因此，"官方舆论场需要全面阐明中国的政策目标和最高利益"①，同时也要充分尊重求同存异与和平共处五项原则。中国政府应积极防范类似情况的出现，积极开展有效的公共外交，打造负责任的大国形象，改善印尼民众对中国的好感度和认同度。

一方面，中国政府应警惕印尼国内的"反佐科势力"、美日等域外势力抹黑"一带一路"倡议，大肆宣扬所谓的"中国式殖民主义"和"中国威胁论"。政府应高度重视和警惕印尼媒体对"一带一路"倡议和中国国家形象的传播内容，争取主动权和话语权，不能任由他们抹黑中国的国家形象和"一带一路"倡议。除各种"中国论"之外，中印尼由于政治差异，政党问题也可能被利用来打击中国国家形象，在中国对外传播和与印尼进行人文交流时，应尽量避免涉及意识形态的问题。在印尼，"共产主义"至今仍是一个充满禁忌与争议的话题。长期以来印尼对中国的"反华情结"，在一定程度上来源于意识形态问题。因此，在对印尼进行交往、宣传和沟通时，应尽量回避意识形态的问题，尤其避免在公开场合探讨"印尼共产党""九三〇事件"和"红溪惨案"等历史敏感话题。中国政府对印尼的外宣工作应有的放矢，"以中国声音传播中国善意，扭转抹黑中国形象的海外舆论场局势"。

另一方面，政府不同于媒体、企业和个人，不适宜在对外传播中自夸，而应该通过实际行动，表现中国风貌和中国态度，公共外交便是充分展现中国大国形象的有效途径之一。长期的研究和调查表明，加强贸易和

---

① 江作苏、李理：《传播视野：国家形象的官方民间舆论场互补建构》，《华中师范大学学报》（人文社会科学版）2014 年第 6 期。

投资并不能直接提升中国在对象国的国家形象，两者并不是简单的线性关系。[①] 因此，积极开展公共外交，切实加强人文交流与沟通，增进中印尼两国的互信，是最优选择，这将让人看到中国为促进各国合作共赢而做出的努力，在潜移默化中重塑中国国家形象。"公共外交是一国政府通过对外信息传播和对外文化交流等方式，对他国民众进行说明、说服工作，旨在创造有利于本国的国际环境，进而实现国家利益的最大化。"[②] 2017 年9 月，中国四川的两只大熊猫抵达印尼，开启 10 年之旅[③]，"熊猫外交"由此开始。2018 年，印尼在华留学生人数增长至 15050 人[④]，中印尼人文交流活跃。2018 年亚运会、残奥会相继在印尼举行，中国均取得了优异的成绩，这向印尼充分展示了中国国家形象。2018 年 9 月，印尼苏拉威西岛地震，中国官方和民间纷纷开展援助印尼行动，印尼各媒体也罕见发布了一系列赞扬中国爱心的新闻[⑤]，进一步拉近了中印尼两国人民的距离。上述这些文化教育、国际援助、体育交流都积极传播了中国国家形象，在公共外交上树立了有担当的大国形象。

二　中方媒体：坚持对外传播四原则，积极宣传中国形象

　　"对外传播基本上是跨文化的传播"[⑥]，中方媒体的职责在于掌握外宣主导权，打破中国形象"污名化传播"的乱象，从中国形象的"他塑"过程和"沉默的对话者"角色中转变为具有主导权的"自塑"。对外传播

---

　　① 韩冬临：《印尼公众的中国形象：现状、变化与来源》，《战略决策研究》2017 年第 2 期。

　　② 唐小松：《中国公共外交的发展及其体系构建》，《现代国际关系》2006 年第 2 期。

　　③ "Dua Panda Raksasa dari China Dipinjamkan ke Indonesia untuk Pengembangbiakan," Kompas, 28 September 2017, https://megapolitan. kompas. com/read/2017/09/28/13005711/dua-panda-raksasa-dari-china-dipinjamkan-ke-indonesia-untuk.

　　④ 《2018 年来华留学统计》，中华人民共和国教育部官网，2019 年 4 月 12 日，http://www. moe. gov. cn/jyb＿xwfb/gzdt＿gzdt/s5987/201904/t20190412＿377692. html? from = timeline& isappinstalled = 0。

　　⑤ 参见："Melihat Sekolah Mohammad Ceng Ho di Tengah Lokasi Bencana Palu," detikNews, 15 November 2018, https://news. detik. com/berita/4303433/melihat-sekolah-mohammad-ceng-ho-di-tengah-lokasi-bencana-palu; "Cerita Lie Terbang dari China untuk Menolong Korban Gempa Donggala," detikNews, 15 November 2018, https://news. detik. com/berita/4302506/cerita-lie-terbang-dari-china-untuk-menolong-korban-gempa-donggala; "Menggalang Solidaritas China," Palu Ekspres, 17 November 2018, https://paluekspres. fajar. co. id/29311/menggalang-solidaritas-china/.

　　⑥ 关世杰：《中国跨文化传播研究　十年回顾与反思》，《对外大传播》2006 年第 12 期。

媒体必须坚持客观性原则、平衡性原则、适度性原则和主动性原则①，中方媒体应牢记四原则，合理利用媒介，宣传真实有效的中国国家形象。

首先，中方媒体应掌握主导权，坚持主动性原则。中国在他国的国家形象长期受"他塑"主导，经常被"牵着鼻子走"。针对西方媒体对中国的不利传播，中国媒体采用了"补丁式"的回应方式，往往在污名化传播后进行反驳，而陷入"鸡同鸭讲"的悖论中，处于慢半拍的被动局面。②中国在印尼的对外传播历程正是如此。中印尼双方媒体常竭诚合作，共同宣传中印尼政策，主要以广播电视和报刊为主。但如今，印尼现代社会的传播媒介已不再局限于传统媒体，印尼互联网发展迅猛，网络受众超过1.43亿人。③针对此情况，中方媒体应充分重视并利用新媒体、社交媒体和互联网的传播作用，如 Facebook、Instagram 和 Twitter，主动设立媒体站，开设社交媒体平台账户，改变依赖于媒体合作的对外传播形式。2018年，印尼人口已达到2.65亿人，且人口年轻化加速，30岁以下青年人口占到总人口的51.2%④，已迎来人口红利时代。在"一带一路"倡议框架下抓住印尼青年的"口味"，如动漫、游戏、电影和电视产业等，将大大提升"一带一路"在印尼的好感度。但同时，这并不意味着不需与印尼当地媒体保持良好的沟通与合作。在合作中，应主客分明，避免本土媒体误解中国媒体意欲占领印尼媒体市场。

其次，中方媒体应掌握平衡性。平衡性主要是指传播内容与形式的平衡，以及褒贬的平衡。⑤但针对印尼国情和中印尼关系特点，中方媒体在对外传播中的平衡性应更注重宣传对象和宣传内容的平衡。部分媒体行业往往因激烈竞争而造成资源乱象、定位不准、措辞欠佳等问题，相应组织如中华全国新闻工作者协会、中国网络媒体协会等应首先整合中国媒体资

---

① 张昆：《国家形象传播的四大原则》，《国际观察》2008年第1期。

② 黄俊、董小玉：《"一带一路"国家战略的传播困境及突围策略》，《马克思主义研究》2015年第12期。

③ Fatimah Kartini Bohang, "Berapa Jumlah Pengguna Internet Indonesia," *Kompas*, 22 Februari 2018, https://tekno.kompas.com/read/2018/02/22/16453177/berapa-jumlah-pengguna-internet-indonesia.

④ "2018, Jumlah Penduduk Indonesia Mencapai 265 Juta Jiwa," *Katadata*, 18 Mei 2018, https://databoks.katadata.co.id/datapublish/2018/05/18/2018-jumlah-penduduk-indonesia-mencapai-265-juta-jiwa.

⑤ 张昆：《国家形象传播的四大原则》，《国际观察》2008年第1期。

源，引领中国媒体在外宣工作上达成一致，共同打造全面、客观的中国国家形象。目前，中国《人民日报》与印尼《国际日报》开设联合版，并进行"一带一路"倡议专题报道，但对外宣传的话语要点不够平衡，宣传内容主要以"一带一路"倡议为主，宣传对象则以印尼政界、商界和华人为主，而忽视了占绝大多数的印尼原住民。中国国际广播电台（CRI Indonesia）主要面向印尼民众，介绍中国最新经济和政治动态，并宣传中国各地旅游文化，但其宣传力度不够，印尼听众较少，宣传效果不佳。在此，中方媒体在对外传播和重塑中国形象的过程中应以"惠及当地民生，互利共赢"为重点，让更多的当地民众了解"一带一路"倡议能够为他们带来哪些益处，能够为他们的生活带来哪些积极的改变，特别要杜绝"内宣外用"的现象（即只宣传或大篇幅宣传能够为中国、中企带来多少利益，而忽视对当地经济、民生等领域的积极影响），要以消除当地民众疑虑、促进百姓理解为重要职责。

此外，中方媒体应掌握客观性和适度性。客观性指的是中方媒体在对外传播时就本国的负面新闻应该讲真话还是假话？[①] 笔者认为，对外传播代表的是整个国家和人民的形象，并将长期影响外国民众对本国的看法，说假话的确能在短时间内维护国家形象，但只是权宜之计，并有可能酿成大祸。而避而不谈也不是良计，若被别人无情并带有负面情绪地拆穿，其结果与损失将难以挽回。因此，鉴于对外传播的特殊性、敏感性和高关注度，中方媒体的表述应绝对真实，绝不能让有心之人抓住把柄。适度性指的是对外传播的速度和内容要适度，对象国民众的接受程度有限，应循序渐进，由浅入深，并充分贴合印尼民众之所想，这样才能真正有利于中国国家形象的传播。

三　民间交往：相互尊重，互利共赢

（一）中国企业：坚守底线，促进合作共赢

据印尼中国商会总会网站信息，商会现有会员单位 200 多家，全部属于中资企业，而这并不是完整的数据，印尼中资企业数量仍在不断增加。但中国企业在印尼易遭受怀疑与批判，其原因有二：一是印尼政府和印尼

[①] 张昆：《国家形象传播的四大原则》，《国际观察》2008 年第 1 期。

人民因中国国家形象和"一带一路"倡议在印尼被污名化，而对中企不信任；二是中企自身存在问题，如未切实遵守印尼法律法规，在处理外籍劳工和印尼员工问题上欠妥当，未充分考虑经济效益与环境可持续发展间的平衡等。对此，中企也应认真反省，寻找自身的问题，求同存异，促进中印尼政府和人民间的合作共赢。

一方面，中企应仔细研究印尼相关法律法规，摸清楚从申请许可证、注册外资公司到招聘员工等方面的注意事项与相关流程，合理合法地在印尼开展工作。如今，针对中企投资热潮，印尼市场出现很多"代办"机构，声称可以用"最简单的资料、最快的速度"来帮助中企完成入驻印尼的流程，但其中存在很多投机取巧行为。不管是国企还是私企，都应通过正规渠道寻找拥有资质的相关机构来办理手续。中企入驻印尼也会带去一些中国员工，而中国员工应申请合法的工作签证。中企作为"一带一路"倡议下"走出去"的标杆，应该坚守底线，遵守印尼法律法规，在印尼合法经商。

另一方面，中企体制内也存在中国劳工和印尼员工的冲突问题。一是数量问题：网传有 1000 万名中国劳工涌入印尼市场。但佐科总统已于2018 年 8 月辟谣，说印尼只有约 23000 名中国劳工。[①] 印尼方的谣传虽不可信，但其背后的隐喻与顾虑值得深思。中企在"一带一路"倡议下到印尼投资建厂，目的是促进两国经济合作，包括创造就业机会，提高印尼的就业率。对此，中企应严控中国劳工的数量，充分带动本地就业，树立负责任、有担当的中企形象，也为"一带一路"倡议在印尼的推进扫除舆论障碍。二是公平问题：中企在印尼的薪资体系差别较大，其表现为中国劳工薪酬较高，而本地员工薪酬相对较低，尤其是中小型私企。虽然这有印尼劳动力相对廉价的原因，也是吸引中企来印尼办厂的动力，但作为中国国家形象代表的中企，应尽量公平公正地对待印尼员工，为其提供合理薪酬。

此外，中企在印尼投资办厂时应充分考虑经济效益、社会效益与环境

---

① "Bantah Isu Serbuan 10 Juta TKA China, Jokowi Sebut Hanya 23.000 Orang," *Kompas*, 8 Agustus 2018, https://nasional.kompas.com/read/2018/08/08/10590981/bantah-isu-serbuan-10-juta-tka-china-jokowi-sebut-hanya-23000-orang.

可持续发展的协调。中企在印尼经营的覆盖范围以矿产能源为主，这也不可避免地造成了环境污染问题。印尼各界对此十分担忧，印尼《罗盘报》甚至直言要"小心来自中国的矿产公司"（Hati-hati Hadapi Perusahaan Tambang dari China）。[①] 我们常在国内强调"经济发展不能以牺牲环境为代价"，中企在印尼的发展也是如此。中企为印尼的经济转型和升级提供了新的契机和发展空间，为印尼带来了新的生机与活力，带去了技术和资金，也带去了污染与破坏，应充分协调好各方面的关系，促进双方互利共赢。

（二）中国公民：立足自身，积极维护国家形象

国民素质与国家形象息息相关，是中国国家形象在印尼最直观的体现。中国公民是改善中国国家形象的直接参与者。在"一带一路"倡议下，中印尼经济、文教、科技等合作日益增加，两国政策更加开放，印尼欢迎中国企业到印尼投资，支持和鼓励中国学生来印尼留学，吸引中国游客来印尼观光消费。在印尼务工、留学和旅游的中国公民与日俱增，但关于中国公民在印尼违反法律、社会公德和传统风俗的报道也屡见不鲜。作为国家形象代表的中国公民，应立足自身，展现中国优秀的国民素质和良好的国家形象。

一方面，中国劳工应严格遵守印尼相关政策，尊重印尼传统文化，合理合法地在印尼就业。佐科总统公开宣布印尼约有 23000 名中国劳工[②]，这些劳工分散在印尼的各个城市，他们与印尼各岛屿、各部族的印尼民众接触，存在较大的文化差异和语言障碍。对此，中国劳工应充分尊重他们的生活习惯和宗教信仰，尽量融入印尼人民的生活，入乡随俗，友好待人。此外，在印尼务工的中国公民须办理符合其商业行为的合法签证，遵守印尼法律法规，而不能投机取巧，利用免签政策来印尼务工。近年来，印尼曾多发关于中国劳工的争议和游行，印尼移民局也常拘留、遣返中国工人，其重要原因之一则是中国劳工的不合法签证问题。工作签证办理程

[①] "Hati-hati Hadapi Perusahaan Tambang dari China," *Kompas*, 29 Februari 2012, https://nasional. kompas. com/read/2012/02/29/0828114/Hati-hati. Hadapi. Perusahaan. Tambang. dari. China.

[②] "Bantah Isu Serbuan 10 Juta TKA China, Jokowi Sebut Hanya 23. 000 Orang," *Kompas*, 8 Agustus 2018, https:// nasional. kompas. com/read/2018/08/08/10590981/bantah-isu-serbuan-10-juta-tka-china-jokowi-sebut-hanya-23000-orang.

序虽烦琐，但却是中国劳工赴印尼就业不可或缺的手续。部分中企为节省资金，常对中国劳工谎称"先就业，后办证"。中国劳工应坚守底线，从长远考虑，从源头上杜绝这类行为。

另一方面，中国游客应注重个人举止行为，提升个人文明素质，塑造正面的国家形象。自 2015 年 6 月印尼对中国施行单方面旅游免签政策以来，中国赴印尼游客迅速攀升，2016 年和 2017 年中国连续两年成为印尼第一大外国游客来源地，2018 年赴印尼的中国游客为 214 万人次，同比增长 3.88%，成为印尼第二大外国游客来源地，仅次于马来西亚。[①] 仅 2018 年 10 月，中国赴印尼游客人数就达到 183500 人次，占 10 月印尼国际游客总数的 14.2%。[②] 旅游是传播国家形象的良好途径，公民形象是国家形象传播的重要载体，在旅游中，普通民众成为传播主体，他们不仅作为主体直接参与了国家形象的形成过程，而且其本身即是最直接的传播媒介和表征国家形象最活跃的符号。[③] 赴印尼旅游的中国游客应文明出行，接纳具有印尼特色的风俗人情，遵守当地法律法规，与当地民众友好相处，积极维护中国国家形象。

同时，中国留学生应努力成为中印尼文化交流的使者。在印尼留学必然会学习印尼传统文化，中国留学生应树立包容、开放的中国国家形象，学会接纳不同的文化，取其精华，去其糟粕，同时利用语言优势传播中华民族优秀文化，积极促进两国间文化交往。印尼政体不同于中国，而且拥有世界上最多的穆斯林人口，中国留学生在课堂内外可能常常会遇到意识形态、宗教信仰等问题，对此，应做到不随意评判，不刻意回避，不参与争论。

国家形象是跨文化传播中的重要影响因素，良好的国家形象有助于印尼政府和人民认同与接受"一带一路"倡议。由于"一带一路"倡议和中国国家形象在印尼的"污名化"传播，加之中国对印尼的对外传播成效不佳，

---

① "Jumlah Kunjungan Wisman ke Indonesia Desember 2018 Mencapai 1, 41 Juta Kunjungan," *BPS Indonesia*, 1 Feb 2019, https://www.bps.go.id/pressrelease/2019/02/01/1543/jumlah-kunjungan-wisman-ke-indonesia-desember-2018-mencapai-1-41-juta-kunjungan.html.

② "Perkembangan Pariwisata dan Transportasi Nasional Oktober 2018," *BPS Indonesia*, 3 Desember 2018, https://www.bps.go.id/pressrelease/2018/12/03/1478/jumlah-kunjungan-wisman-ke-indonesia-oktober-2018-mencapai-1-29-juta-kunjungan.html.

③ 柳邦坤、蒋青：《"一带一路"建设背景下中国国家形象传播渠道探析》，《传媒观察》2015 年第 9 期。

导致"一带一路"倡议在印尼的传播过程中遇到诸多障碍,并降低印尼民众对中国的好感度和认同感,印尼社会对中企和中国劳工不够信任。中国政府、中国媒体、中国企业和中国公民都有义务和责任,以各自方式为"一带一路"倡议在印尼的推进扫清舆论障碍,提升中国国家形象。

中国"一带一路"倡议和印尼"全球海洋支点"愿景的契合度较高,中印尼全方位的合作仍具有很大的上升空间,尤其是经贸与文教领域,双方合作潜力巨大。据印尼中央统计局 2018 年 12 月的数据,中国仍然是印尼最大的贸易伙伴、出口市场和进口来源国,是 2017 年以来巴厘岛最大的外国游客来源地①,而在华印尼留学生也是中国外籍留学生的第七大生源国。② 但印尼社会对中国的认知仍不够客观,并常伴有负面色彩,常见关于中国国家形象和"一带一路"倡议的假新闻。只有消除"一带一路"倡议在印尼的舆论障碍,改善并提升中国的国家形象,才能推动"一带一路"倡议在印尼的贯彻落实,提高中国的国际竞争力,促进两国的合作共赢。

随着"一带一路"倡议在印尼的持续推进,印尼社会对中国的认知可能因互利共赢新局面而有所改善,也可能因媒体舆论走向而继续恶化。中国国家形象和"一带一路"倡议下的合作仍面临着挑战与风险,而如何从根源上提高印尼社会对中国的信任度和认同感,从过程上阻断不实报道的传播,从既定事实方面改善这些负面舆论所造成的不良影响,这些问题值得学界继续探讨。

小　结

迄今为止,"一带一路"倡议在印尼的对外传播中还面临诸多障碍,如印尼媒体的负面涉华报道较多、"一带一路"倡议和中国国家形象在印

---

① "Perkembangan Ekspor dan Impor Indonesia November 2018," *BPS Indonesia*, 17 Desember 2018, https://www. bps. go. id/pressrelease/2018/12/17/1507/ekspor-november-2018-mencapai-us-14-83-miliar--impor-november-2018-sebesar-us-16-88-miliar--turun-4-47-persen-dibanding-oktober-2018-. html.

② "Jumlah Mahasiswa Indonesia Terbanyak ke-7 di China," *Kompas*, 21 April 2017, https:// edukasi. kompas. com/read/2017/04/21/12524011/jumlah. mahasiswa. indonesia. terbanyak. ke-7. di. china.

尼的"污名化"以及中国对外传播策略的不全面。这些传播障碍降低了印尼民众对中国及"一带一路"倡议的好感度和认同感，使得印尼社会常怀疑与批评中企和中国劳工。根据国家形象理论的多维塑造方法和传播原则，中国政府应多途径地重塑国家形象；中方媒体坚持对外传播四原则，积极宣传中国形象；中国企业应坚守底线，促进合作共赢；中国公民应立足自身，积极维护国家形象，为"一带一路"倡议在印尼的推进扫清舆论障碍，提升国家形象，提高中国的话语权和公信力，以带动"一带一路"倡议沿线国家的合作共赢。

第四章　中国—印尼农业产能合作

第一节　中国—印尼农业产能合作的领域与方式

中国和印尼同是传统的农业大国，两国在农业合作上存在着明确的垂直分工，两国投资环境差异性和互补性强，合作潜力大。中印尼不断推进共建"一带一路"，带动了两国的农业产能合作，推动合作走向机制化。东盟是中国农产品进出口的重要地区，印尼作为东盟的最大成员国，两国之间的农产品贸易是中国与东盟农业贸易的重要组成部分。

一　中国—印尼农业合作概况

在中国商务部、国家统计局与国家外汇管理局统计的 63 个"一带一路"沿线国家中，泰国、越南、印尼是与中国农产品贸易规模较大的三个"一带一路"沿线国家（见表 III-4-1）。根据中华人民共和国海关总署的统计，2019 年，中国与印尼农产品贸易规模为 93.87 亿美元，其中，中国进口额为 65.74 亿美元，出口额为 28.13 亿元，进出口额较 2018 年增长 13.9%，进口额增长 20.4%，出口额增长 1.3%。从 2003 年起，中国对印尼的农产品从贸易顺差转为贸易逆差（见表 III-4-2）。

表 III-4-1　2018—2019 年中国与"一带一路"沿线五大农产品
贸易国贸易情况

（亿美元）

国家	2018			2019		
	进出口额	进口额	出口额	进出口额	进口额	出口额
泰国	96.23	60.95	35.28	115.23	75.33	39.9
越南	90.44	34.69	55.75	94.18	35.69	58.49

续表

国家	2018			2019		
	进出口额	进口额	出口额	进出口额	进口额	出口额
印尼	82.39	54.61	27.78	93.87	65.74	28.13
马来西亚	52.45	24.58	27.87	61.49	29.05	32.44
俄罗斯	55.46	33.87	21.59	59.16	38.56	20.6

资料来源：根据中国海关总署公布的数据整理得出，参见中国海关总署网站（http://www. customs. gov. cn）。

表Ⅲ-4-2　　　1989—2018年中国与印尼农产品贸易差额　　　（亿美元）

年份	贸易差	逆差国	年份	贸易差	逆差国
1989	1.80	印尼	2004	3.55	中国
1990	1.79	印尼	2005	4.80	中国
1991	2.45	印尼	2006	6.65	中国
1992	1.77	印尼	2007	8.25	中国
1993	2.65	印尼	2008	14.71	中国
1994	3.87	印尼	2009	12.12	中国
1995	0.82	印尼	2010	13.97	中国
1996	0.25	印尼	2011	20.37	中国
1997	1.33	中国	2012	26.02	中国
1998	0.43	印尼	2013	15.92	中国
1999	2.08	印尼	2014	17.68	中国
2000	3.10	印尼	2015	22.37	中国
2001	1.19	印尼	2016	18.05	中国
2002	2.06	印尼	2017	20.48	中国
2003	0.25	中国	2018	23.14	中国

资料来源：根据联合国统计司公布的数据整理得出，参见联合国统计司网站（http://www. customs. gov. cn）。

　　从进口商品品类来看,中国从印尼第一大进口商品品类为动、植物油、脂、蜡,精制食用油脂,进口金额达 272.73 亿元,比 2018 年增长16.9%;第二大进口产品为鱼及其他水生无脊椎动物,进口金额为 45.15亿元,比 2018 年增长 25.5%;第三大进口产品为乳、蛋、蜂蜜及其他食用动物产品,进口金额达 15.25 亿元,比 2018 年增长 61%。

　　从出口商品品类来看,中国对印尼第一大出口农产品为食用水果及坚果,金额达 45.06 亿元,比 2018 年增长 32.2%;第二大出口农产品为蔬菜,出口金额达 37.94 亿元,比 2018 年增长 65.4%;第三大出口农产品为烟草及制品,出口金额达 15.71 亿元,比 2018 年增长 37.3%。

　　从图 III-4-1 及图 III-4-2 可以看出,中国出口印尼的农产品种类主要包括温带果蔬、烟草以及糖类,中国进口印尼的农产品种类主要包括动植物油脂、热带果蔬、热带水产品等。从贸易结构上看,中国出口至印尼的农产品种类较为丰富,而中国进口印尼的农产品种类则十分集中,主要是动、植物油、脂一类。另外,除冻鱼这一类产品属于产业内贸易的农产品外,其余均为不同的农产品,表明中国与印尼之间的农产品贸易主要是产业间贸易,产业内贸易种类少。

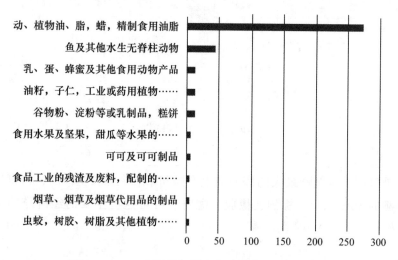

图 III-4-1　中国从印尼十大进口农产品 (亿元)

资料来源:根据中国海关总署公布的数据整理得出,参见中国海关总署网站 (http://www. customs. gov. cn)。

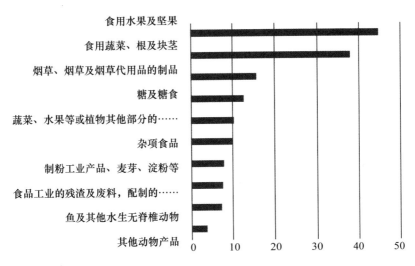

图 III - 4 - 2 中国对印尼十大出口农产品（亿元）

资料来源：根据中国海关总署公布的数据整理得出，参见中国海关总署网站（http://www. customs. gov. cn）。

印尼地处太平洋火山带，土壤肥沃，热带海洋性气候使得印尼在农业种植领域具有得天独厚的地理优势。印尼约有 8000 万公顷的耕地，全国从事农业的人口约有 4200 万人。印尼农产品的出口目的地包括中国、马来西亚、巴基斯坦、日本和印度。印尼贸易部国家出口发展总干事卡桑·穆里（Kasan Muhri）表示，印尼近五分之一的农产品都出口到了中国。[①]据印尼中央统计局（BPS）最新数据，2020 年 11 月，印尼农业部门对出口总值的贡献率增加了 13.64%，主要是由于几种农产品的增长所致，例如香料、水果、丁香、燕窝和非木材产品。[②] 印尼是世界上最大的小麦和大米进口国，是全球最大的棕榈油生产国和第二大橡胶生产国，占世界市场份额的 50% 以上。棕榈、橡胶、咖啡、可可这些主要的经济作物为印

---

① Agriculture exports grow as coffee, vegetables, fruits in demand, *The Jakarta Post*, October 20, 2020, https://www. thejakartapost. com/news/2020/10/20/agriculture-exports-grow-as-coffee-vegetables-fruits-in-demand. html.

② November 2020, Produk Pertanian Dongkrak Ekspor Tumbuh Positif, KEMENTERIAN PERTANIAN REPUBLIK INDONESIA, https://www. pertanian. go. id/home/index. php? show = news& act = view&id = 4610.

尼国民经济发展创造了可观的经济收益,增加了中央、地方财政收入和出口创汇。根据西苏门答腊省统计局最新数据,2020 年 8 月,其主要出口产品动植物油脂(主要为棕榈油)交易价值为 7552 万美元和橡胶交易价值为 985 万美元,主要出口市场为中国和印度,分别为 2717 万美元和 2305 万美元。[①] 印尼已经做好准备向中国提供高品质的印尼农产品,比如热带水果、棕榈油、橡胶、咖啡、巧克力、渔业品和其他工业产品。

印尼人口增长致使粮食安全出现问题,一些粮食只能依靠进口,包括葱和蒜。同时,生产成本的增加、技术壁垒等问题使得一些农民改变职业,将土地转作其他用途或销售,2013 年至 2019 年,印尼农业用地已从 775 万公顷减少到 746 万公顷。[②] 自独立以来,印尼历届政府都强调着重发展农业,提高主要粮食的自给自足是印尼农业的重大任务。出台一系列政策措施支撑农业发展,中国南部的气候条件与印尼相似,印尼可借鉴中国在水稻优良品种的培育、粮食储备加工等优势领域的经验,解决粮食自给问题。

受气候条件的影响,中国与印尼农作物差异较大。2019 年,中国第一产业增加值为 10764.8 亿美元,增长 3.1%。2019 年,中国全年粮食产量为 66384 万吨,较上年增加 594 万吨,增产 0.9%。其中棉花产量为 589 万吨,油料产量为 3495 万吨,糖料产量为 12204 万吨,猪牛羊禽肉产量为 7649 万吨,水产品产量为 6450 万吨,木材产量为 9028 万立方米。[③] 中国对印尼主要出口大蒜、棉花、苹果、烟草、猪鬃。2019 年中国对印尼出口大蒜 47.4 万吨,出口额为 5 亿美元,同比增长 67.4%;对印尼出口棉花 1 万吨,出口额为 0.17 亿美元,同比下降 43.5%;对印尼出口苹果 11.9 万吨,出口额为 1.64 亿美元,同比上涨 7.5%;对印尼出口烟草 4.4 万吨,出口额为 1.65 亿美元,同比上涨 44%;对印尼出口猪鬃

---

① 中华人民共和国商务部:《今年 8 月苏西省出口下降进口猛增》,http://www.mofcom. gov.cn/article/i/jyjl/j/202010/20201003005875.shtml。

② A Land Without Farmers Indonesia's Agricultural Conundrum, The Jakart Post, https://www. thejakartapost.com/longform/2020/08/13/a-land-without-farmers-indonesias-agricultural-conundrum.html.

③ 中国国家统计局:《中华人民共和国 2019 年国民经济和社会发展统计公报》,http:// www.stats.gov.cn/tjsj/zxfb/202002/t20200228_ 1728913.html。

0.09 万吨，出口额为 0.07 亿美元，同比下降 22.5%。[1] 中国农业经过三十多年的发展，逐渐由重量向重质升级，通过科学合理地减少农药施肥，提升科技贡献率，保证国家粮食安全和绿色农业发展。中国可以发挥资金、技术和人员方面的优势，将农业新栽培技术、新型机械、新品种等引入印尼。

随着"一带一路"倡议迈入务实合作阶段，合作环境不断优化，产能合作框架不断完善，印尼与中国双边合作产能呈现出较快的发展局面。印尼政府出台了一系列加强本地产业化的政策，吸引外资企业直接投资办厂扩展产业链，增强出口产品附加值，为印尼国内创造更多的就业机会，这为中国—印尼产能合作创造了有利条件。2018 年，中国是从印尼进口农产品金额最大的国家，金额为 45.9 亿美元，同比增长 5%，是同年对印尼出口农产品金额第二大国家，金额为 26.6 亿美元，同比增长 13%。2019 年，中国对印尼累计投资 47 亿美元，是印尼继新加坡之后的第二大外资来源。印尼作为东盟的创立国之一，是东南亚地区最大的经济体，同时为提升印尼的工业化水平，印尼政府一直致力于包括税收、清关、投资框架在内的政策改革，这对外资具有很强的吸引力，中国企业实施"走出去"战略与印尼投资合作，加速了两国的产业发展水平。近年来，中印尼两国战略合作伙伴关系不断深化，"一带一路"倡议为深化产能合作提供了基础。

二　种植业产能合作

（一）粮食作物

中国和印尼都是人口大国，都非常重视粮食安全。中国的大米、小麦、玉米自给率平均在 97% 以上。自 2021 年以来，中国的主要粮食产量保持稳定状态（见图 III-4-3）。2019—2020 年度，中国稻谷年产量为 1.99 亿吨，国内消耗量为 1.97 亿吨。小麦年产量约为 1.18 亿吨，国内消费量为 1.12 亿吨，进口量占消费量的比值为 1%—3%，进口粮食主要起着品种调剂作用，中国不存在粮食进口依赖问题。

---

[1]　中华人民共和国商务部对外贸易司：《中国进出口月度统计报告》，http://wms.mofcom.gov.cn/article/zt_ncp/table/2019_12.pdf。

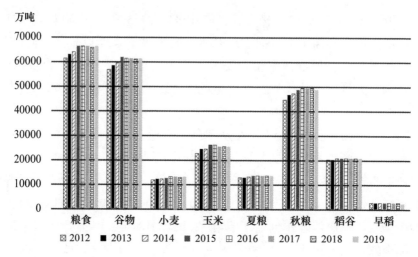

图 III - 4 - 3 2012—2019 年中国主要粮食产量

资料来源：根据国家统计局公布的数据整理得出，参见国家统计局网站（http://www. stats. gov. cn）。

印尼在粮食安全问题上反反复复，小麦、大豆、稻米等粮食必需品自给不足，尤其就小麦而言，印尼几乎完全依赖澳大利亚等市场的进口。世界粮食计划署印尼办事处统计数据显示，2020 年上半年，印尼稻米产量同比下降 13.2%，为 1610 万吨。[1] 中国对印尼谷物存在着巨大的贸易顺差，2017 年，中国出口印尼的谷物价值为 614.3 万美元，从印尼进口的谷物价值为 400 美元；2018 年、2019 年，中国出口印尼的谷物价值分别为 128.6 万美元、186.1 万美元，而进口额均不足 100 美元。印尼出现粮食安全问题的主要原因，一是大部分耕地被用于种植出口作物，而且印尼的农业用地缩减，2013 年至 2019 年，印尼的农业用地从 775 万公顷减少到 746 万公顷；二是粮食作物主要由小农分散经营，农业机械化水平低，农业劳动生产率也较低。佐科政府为加强国家的粮食安全，作为 2020—2024 年国家战略项目的一部分，政府计划在加里曼丹中部开发约 164600 公顷土地，用于水稻等农作物种植；在北苏门答腊地区开发 61000 公顷土地用于园艺种植，包括

---

[1] WFP Reaffirms Support for Indonesia's Food Security in New Strategic Plan, *The Jakarta Post*, November 26, 2020, https:// www. thejakartapost. com/news/2020/11/26/wfp-reaffirms-support-for-indonesias-food-security-in-new-strategic-plan. html.

马铃薯、葱和大蒜；在洪巴哈斯地区建立一个 1000 公顷的农业培训和技术中心，打造农民与投资者之间的伙伴关系模式。[①]

自 21 世纪以来，中国和印尼在粮食品种培育、农业科技等方面的合作逐步深入。2002 年，中国派科研人员到印尼西努沙登加拉省示范杂交水稻种植，结果使得当地杂交水稻增产 16.8%—44.7%。山东省农业科学院与印尼国家玉米研究所与印尼和荣农业有限公司在印尼展开玉米引种试验，育成的玉米品种 "鲁单 9088" 比印尼当地品种增产 61%，并指导和荣公司在印尼建成一个总规模为 50 亩的高产核心试验示范基地，包括 2 个核心试验点和 5 个辐射示范试验点。[②] 中国华为技术有限公司研发的 5G 技术与无人机结合使用，可以提高生产率并降低除草剂成本，巴西的大豆种植者已尝试使用该技术，印尼亦可引进华为 5G 设备技术来应对疾病和农作物的其他威胁，提升农作物品质和产量。中国在经营粮库和扩大粮食储备方面有一定的基础和经验，并且中国的大型储粮企业都可以与印尼展开合作。[③]

（二）经济作物

印尼是全球第一大棕榈油生产国，也是可可、橡胶和咖啡等经济作物的世界性生产大国。印尼是中国棕榈油进口的第一大来源国，中国也是印尼棕榈油产品最大的对外出口市场，2019 年全年，印尼出口到中国的棕榈油占印尼出口总量的 19%，占中国总进口量的 69.6%。印尼是继泰国、马来西亚之后的中国第三大天然橡胶（包括胶乳）进口国，2019 年，中国从印尼进口天然橡胶 22.5 万吨，进口额为 3.28 亿美元。表 III - 4 - 3 是 2010—2019 年中国从印尼进口各主要经济作物的进口量、进口额及总占比情况。

对于中国来讲，由于受气候因素的限制，生产发展缓慢，棕榈油产量低，中国棕榈油消费严重依赖进口，进口量占总消费量的 90% 以上。联合国粮食及农业组织资料显示，中国棕榈油进口量自 2000 年以来增长了三倍多，占食用油进口量的一半以上。目前，印尼是中国棕榈油进口的第一大

---

① Explainer, All You Need to Know about the Govt's Food Estates, The Jakarta Post, September 30, 2020, https:// www. thejakartapost. com/news/2020/09/30/explainer-all-you-need-to-know-about-the-govts-food-estates. html.

② 山东省农业科学院：《我院代表团访问马来西亚、印尼取得圆满成功》，http://www. saas. ac. cn/art/2014/1/28/art_ 108722_ 7985073. html。

③ 《印尼欲扩建粮食产区，或向中国寻求帮助》，《国际日报》，http://www. guojiribao. com/shtml/gjrb/20200926/48780. shtml。

来源国,中国也是印尼棕榈油出口的主要目的地。2019 年,中国超过印度成为印尼棕榈油产品的最大出口市场,对中国出口的棕榈油达到 525.3 万吨,油脂化学和生物柴油产品达 82.5 万吨。中国从印尼进口棕榈油除 2016 年有所下滑外,进口量连年上升,占总进口量的比重更是在 2019 年上涨至69.6%。主要原因在于受厄尔尼诺现象所导致的干旱气候的影响,2016 年,印尼棕榈油产量较上年仅增加了 66.1 万吨,增幅为十年最低。受产量的限制,当年出口量也相对下降。2019 年,中国与印尼的棕榈油交易价值达到28.5 亿美元,是 2016 年的 16.7 亿美元交易额的 1.7 倍。2017 年,中印尼天然橡胶交易额达到近五年来的最高,达 8.1 亿美元。综上所述,根据印尼棕榈油协会(GAPKI)数据,中国棕榈油进口量整体保持稳定,虽然出现过部分年份进口量下降的现象,但整体情况相对良好。

表 III - 4 - 3 2015—2019 年中国从印尼进口各主要经济作物情况

	棕榈油		天然橡胶		咖啡		可可	
	进口(万吨)	占总进口比(%)	进口(万吨)	占总进口比(%)	进口(万吨)	占总进口比(%)	进口(万吨)	占总进口比(%)
2015	344.9	58.4	28.0	10.2	1.3	22	0.5	38.9
2016	264.4	59.0	28.0	11.2	0.7	8.3	0.4	31.2
2017	321.5	63.3	45.0	16.1	2.1	32.3	0.4	34.4
2018	355.4	66.7	26.8	10.3	0.2	3	0.6	41.6
2019	525.3	69.6	22.5	9.2	0.3	4.9	0.7	46.7

资料来源:根据联合国商品贸易数据库公布的数据整理得出,参见联合国商品贸易数据库网站(https://comtrade.un.org/)。

印尼天然橡胶的主要出口目的地为美国,其他主要出口市场有中国、印度、韩国和日本,其中,对中国出口量增长得最快,目前中国是继美国和日本之后的印尼第三大橡胶出口国,占印尼出口总量的近 20%。中国作为天然橡胶最大的消费国家,占据全球消费量的三分之一。

从表 III - 4 - 4 的数据可以看出,在中国天然橡胶进口市场上,2014—2018 年,中国天然橡胶进口量一直呈低幅波动,平均进口量为 260万吨左右。其中,从泰国进口最多,2018 年,中国进口天然橡胶为 259.6万吨,从泰国进口高达 152 万吨,占总进口量的 58.63%。其次是马来西亚，为 31.73 万吨；印尼进口 26.8 万吨，越南进口 20.47 万吨，占比分别为 12.22%、10.32%、7.89%，表明泰国天然橡胶产品在中国进口市场上占据主导地位。中国从越南进口天然橡胶的总量和占比逐年增加，但从马来西亚和印尼进口天然橡胶的总量和占比波动较大，特别是中国从印尼进口天然橡胶的占比总体上呈现下降趋势。可见，中国的橡胶产业和泰国的联系愈来愈密切，而和印尼的关联相对减少。

表 III - 4 - 4　　2014—2018 年中国从世界各国进口天然橡胶情况　　（万吨；%）

年份	2014		2015		2016		2017		2018	
	进口量	世界量占比	进口	世界量占比	进口	世界量占比	进口	世界量占比	进口	世界量占比
泰国	162.7	62.33	180.63	66.04	159.35	63.70	168.49	60.17	152.2	58.63
马来西亚	31.02	11.89	34.47	12.63	28.81	11.52	30.16	10.80	31.73	12.22
印尼	36.2	13.87	27.96	10.24	27.96	11.18	45.04	16.08	26.8	10.32
越南	18.73	7.18	17.82	6.53	16.88	6.75	11.24	4.02	20.47	7.89
世界	261	100	273.52	100	250.16	100	279.32	100	259.6	100

资料来源：根据联合国商品贸易数据库公布的数据整理得出，参见联合国商品贸易数据库网站（https://comtrade.un.org/）。

中国是印尼可可的最大进口国，年均进口量约占总进口量的 38.5%，2019 年，中国从印尼进口可可 0.7 万吨，占总进口的 46.7%。除进口外，中国还计划以合作的方式在印尼西苏拉威西省投资建设可可加工厂，以满足巧克力制造工业所需原料。①

（三）园艺作物合作

印尼适宜的气候保证了当地水果种类的独特多元化，榴梿、山竹、杧果、红毛丹、蛇皮果、木瓜、菠萝、鳄梨等品类丰富。中国蔬菜出口集中在洋葱、大蒜等葱属蔬菜类，胡萝卜、萝卜等食用根茎类，以及冷冻蔬菜、干制蔬菜等品种上。印尼是中国苹果、梨、大蒜、洋葱、胡萝卜等果蔬的主要出口市场。在印尼的水果出口市场方面，最大的市场是欧盟，大约占 50%，其次是美国（23%）和中国（12%）。

---

① 《中国有意在印尼投资兴建可可加工厂》，《世界热带农业信息》2010 年第 5 期。

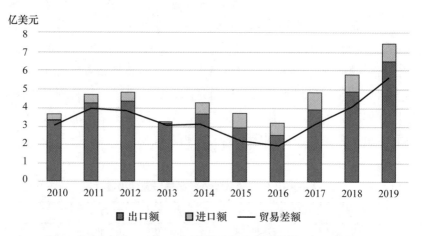

图 III - 4 - 4　2010—2019 年中国对印尼水果进出口及贸易差额

资料来源：根据联合国商品贸易数据库公布的数据整理得出，参见联合国商品贸易数据库网站（https：//comtrade. un. org/）。

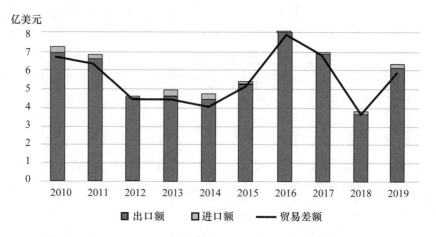

图 III - 4 - 5　2010—2019 年中国对印尼蔬菜进出口额及贸易差额

资料来源：根据联合国商品贸易数据库公布的数据整理得出，参见联合国商品贸易数据库网站（https：//comtrade. un. org/）。

　　中国对印尼的果蔬市场存在着贸易顺差，且随着贸易额的连年攀升，贸易差额也在逐年拉大。2019 年，中国对印尼出口水果同比上涨 32.7%，达 6.5 亿美元，进口额仅为 0.98 亿美元，贸易差额近 5.5 亿美元。2019 年，中国对印尼出口食用蔬菜额为 5.5 亿美元，从印尼进口蔬菜额仅为 0.2 亿美元，贸易差额为 5.3 亿美元。2015 年和 2016 年，中国对印尼水果出口额连续下降，2016 年跌至近几年来的最低值，为 2.52 亿美元。究其原因是 2015 年印尼农业部发布的第 4 号条例，对进口到印尼的新鲜产品设置了严格的准入壁垒和复杂的入境手续，这些规定包含了苹果和梨等主要出口水果，因此导致 2015 年和 2016 年出口额下降。

在 2014 年至 2019 年这六年间，中国对印尼蔬菜出口波动不稳定，2017 年，蔬菜出口总额同比下降 14.13%，其中大蒜、洋葱、胡萝卜等主要品类出口额大幅下跌，主要原因是印尼为确保进口蔬果的安全以及提高本国果蔬产品的市场竞争力，出台了一系列贸易壁垒政策，出台的《关于新鲜植物源性食品进出口安全控制》不可避免地对中国输往印尼的果蔬产品贸易造成负面影响。印尼是中国对外出口大蒜的最主要国家，印尼每年大蒜需求量约为 5 万吨，其国内产量为 2 万吨，而且印尼本地的大蒜受气候、光照等因素的影响，品质相对较差，95% 以上的大蒜需要依赖进口，主要从中国、印度、埃及等国家进口，其中，从中国进口的占比为 99.25%。对印尼的大蒜出口占中国大蒜对外出口额的四分之一，因此两国都非常重视大蒜在农产品贸易中的重要性。从 2020 年 3 月起，印尼为防止大蒜供应中断，临时取消了进口大蒜的配额措施，中国济宁市金乡县在这一放宽性政策下不仅没有受疫情的影响，2020 年上半年，金乡大蒜累计出口达 55 万吨，同比增长超过 80%。济宁海关为保障大蒜出口高效安全，推出全天候预约通关、"信用签证" 等服务措施，建立了一条国内外出口快速通道。①

印尼每年大约生产 2400 万吨水果，但出口量仍低于越南、泰国、菲律宾和缅甸。印尼的原产水果之一是萨拉克（Salak），是水果出口的主要支柱。萨拉克出口目的地包括中国、泰国、新加坡和马来西亚等。印尼园艺产品出口增长的两个主要障碍是水果的保质期和出口成本。印尼农业研究与发展局研发的控制大气存储（CAS）技术增加了水果的保质期，这项技术将萨拉克保质期从 5—7 天增加至 26 天，损坏率低于 10%。为了增加水果的出口，印尼园艺总局实施了 "鼓励生产，竞争力和环境友好型园艺活动"（Gedor Horti）策略，这个策略包括提高产量，控制环境友好技术以及提高竞争力。同时，印尼农业部应用良好农业程序（GAP）和良好处理程

---

① 中华人民共和国海关总署：《海关助力金乡大蒜出口再创新高》，http://www.customs. gov.cn/customs/xwfb34/302425/3144323/index.html。

序（GHP），协助农民成为出口商的伙伴，以确保出口水果的质量。①

由于印尼在热带和亚热带水果上具有较强的竞争优势，中国可以利用中国—东盟自贸区的优势，积极培育和提高中国果蔬在该市场上的成本优势，与印尼形成错位竞争。为此笔者建议，加大国内水果种植结构调整和改善力度，继续提高现代农业设施水平，积极应对进口限制及贸易壁垒，推广水果产品品牌建设，在更高层次上形成新的市场竞争力，尤其要重视加强蔬菜水果的标准化生产能力，重视扶持一批农产品加工、流通、贮藏、保鲜和运输的龙头企业，在维护现有市场份额的同时开拓印尼及其他东盟国家更广阔的市场。

三 林业产能合作

根据印尼环境和林业部（KLHK）数据，印尼最大的木材出口市场是中国和日本，中国对原木加工产品、成品和半成品形式的房屋组件有较大的市场需求。20 世纪 80 年代以来，印尼由原木出口国转为木材加工品出口国。

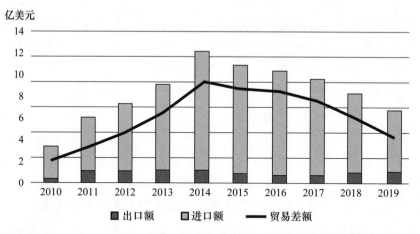

图 III - 4 - 6 2010—2019 年中国对印尼木及木制品进出口及贸易差额

资料来源：根据中国海关总署公布的数据整理得出，参见中国海关总署网站（http://www. customs. gov. cn）。

---

① Penanganan Segar Buah Salak untuk Percepatan Ekspor, KEMENTERIAN PERTANIAN REPUBLIK INDONESIA, 2020, 10, 12, https://www. pertanian. go. id/home/index. php? show = news&act = view& id =4604.

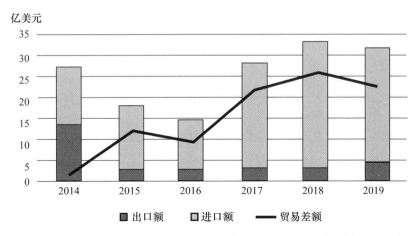

图 III - 4 - 7　2014—2019 年中国对印尼纤维素浆、废纸、纸板及其制品贸易

资料来源：根据中国海关总署公布的数据整理得出，参见中国海关总署网站（http://www. customs. gov. cn）。

中国对印尼木材及制品进口明显大于出口，2019 年，中国占印尼木材产品出口额的近 30%，印尼对中国的木及木制品出口额为 5.58 亿美元，纤维素浆、废纸、纸板及其制品出口额达 27.1 亿美元。中国对印尼木及木制品出口额为 1.23 亿美元，纤维素浆、废纸、纸板及其制品出口额达 4.68 亿美元，印尼对中国木材产品出口存在明显的贸易顺差（参见图 III - 4 - 6、图 III - 4 - 7）。在木工机械设备上，中国向印尼主要出售大型机械和林业机械，但高精、尖端机械设备由德国、日本所控制，中国占领的是处于价格优势的中、低档产品市场。

"一带一路"建设在印尼的不断推进，为中国林业产能的发展带来了新的机遇，中国与印尼在实际的林业合作中，没有限于林业产品贸易，还在科技以及森林、动植物保护和灾害处理等问题上展开了对话交流。尤其是中国广东、海南、云南、广西等省区与印尼在林业管理合作、林业经济合作、资源保护合作、林业科技合作方面有着全方位、多层面的交流。居全球纸浆业十强的印尼金光集团在广西钦州开展林浆纸一体化项目，广西充分借鉴了印尼在木材加工和非木材产品经营上的科学经验。[1]印尼和中

---

① 梁剑：《人类绿色命运共同体视角下的中国—东盟林业交流合作机制途径探讨》，《西部林业科学》2020 年第 1 期。

国都拥有丰富的林业资源，互补性强，合作潜力巨大。综合来看，全面深化和拓展中印尼两国的林业交流合作，符合双方的长远利益，也有利于构建"一带一路"倡议所倡导的人类绿色命运共同体。

四　渔业产能合作

印尼与中国一直是渔业合作伙伴，两国在渔业合作领域长期保持着联系，在捕捞、养殖、加工、渔船修造、渔港建设等方面合作成果丰硕。渔业包含海水产品和内陆水产品。[1] 两国的渔业合作始于 2001 年签订的《渔业合作的谅解备忘录》（见表 III - 4 - 5）及《中华人民共和国农业部和印尼海洋事务与渔业部就利用印尼专属经济区部分总可捕量的双边安排》，已有二十余年的合作历史。2006 年，中国国家海洋局第一海洋研究所与印尼共和国海洋与渔业研究局开展的"南海—印尼海水交换及对鱼类季节性洄游的影响"（SITE）项目和"爪哇上升流变异及对鱼类季节性迁徙的影响"（JUV）项目联合科考，通过分析洋流观测海洋生物的分布，为渔业捕捞提供理论及技术支持。中国国家海洋局通过中国政府海洋奖学金和各种非学位培训机制，为 150 余名印尼青年学生、科学家提供研究生学位培养和科技能力培训。[2]

表 III - 4 - 5　　　　　　　　中印尼渔业合作领域和合作途径

合作领域	合作途径
捕捞业	进行开发活动
水产品行业	共同促进建立合资企业，以及水产加工品销售
渔业教育	联合培训项目，联合考察活动
渔港发展及完善	
船舶修造	

资料来源：中华人民共和国外交部，http://infogate.fmprc.gov.cn/web/ziliao_674904/tytj_674911/tyfg_674913/t6121.shtml。

---

① 张玉娥、曹历娟、魏艳骄：《农产品贸易研究中农产品范围的界定和分类》，《世界农业》2016 年第 5 期。

② 中华人民共和国自然资源部：《中国—印尼海洋合作》，http://www.mnr.gov.cn/zt/hy/zdblh/sbhz/201509/t20150917_2105784.html。

　　中国对印尼的渔业产品在 2012 年前一直保持着贸易顺差。2012 年，两国贸易差额达到近十年来的最小值，为 0.08 亿美元。2013 年开始，中国对印尼渔业产品出现贸易逆差，并一直持续至今。印尼对中国出口的渔业产品主要有海藻、鱿鱼、墨鱼、章鱼、虾仁，而且印尼对中国的渔业产品出口总额每年都在增加。[①] 截至 2019 年 11 月，印尼从中国进口的渔业产品价值达 8500 万美元，主要商品是鲭鱼及鱼粉，这两种产品的进口量占从中国进口总量的 59%[②]，这两种产品通常用于水产养殖产品的生产投入和渔业产品出口的原材料。随着对华渔业产品出口数量的增加，满足对中国的出口要求对于增加印尼渔业产品出口非常重要。[③]

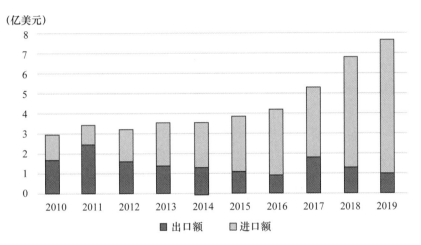

（亿美元）

■ 出口额　　□ 进口额

图 III-4-8　2010—2019 年中国对印尼渔业产品进出口额

　　中国每年出口到印尼的活鱼、冷冻鱼、新鲜鱼、甲壳类、加工鱼等大约为 5.9 万吨。印尼在渔业领域需要投入更多的资金，加快港口、公路及

　　① China Masih Mengimpor Berbagai Produk Perikanan Dari China，2020，1，15，https：//www. medcom. id/cn/business/read/2020/01/15/14732。

　　② 中华人民共和国驻泗水总领事馆经贸之窗：《印尼从中国进口各种渔业产品》，http：// surabaya. mofcom. gov. cn/article/jmxw/202001/20200102932724. shtml。

　　③ BKIPM Makassar Menggelar Focus Group Discussion Pengendalian Mutu Hasil Perikanan Menghadapi Isu Terkini，KEMENTERIAN KELAUTAN DAN PERIKANAN REPUBLIK INDONESIA，2020，12，17，https：// kkp. go. id/bkipm/bbkipmmakasar/artikel/25649-bkipm-makassar-menggelar-focus-group-discussion-pengendalian-mutu-hasil-perikanan-menghadapi-isu-terkini.

加油站相关基础设施建设，实施农渔民合作纲领。中国可以为印尼渔业基础设施建设提供资金支持，因此，两国技术和资金上的强互补性使得两国的渔业合作具有可行性。

2014 年，佐科·维多多就任总统以来所提出的"海洋强国"和"全球海洋支点"战略与"一带一路"倡议高度契合，也是两国渔业产能合作的利益交汇点。中印尼两国的渔业合作主要集中在渔业科技、渔业相关产业、渔业基础设施和工程的建造及维护以及渔业环境监测及保护方面①，两国在渔业领域的合作符合双方切实的发展需求和战略考量。

五　中印尼农业产能合作的方式

（一）高校及科研机构合作

印尼梭罗大学农学院在橡胶、油棕、木薯等作物研究领域与全球 12 个国家的高校有合作，其中，中国的高校包括暨南大学、济南大学、中国热带农业科学院、广东大学、广西民族大学、湛江师范大学。② 印尼布拉维基亚大学（Universitas Bravechia）农学院与中国热带农业科学院、江西农业大学于 2019 年 10 月签署三方合作备忘录，在中印尼两国热带作物主要病虫害种类与防治方法、科技发展需求、学生联合培养以及国际合作项目联合申报等事项上达成合作意向。③ 中国农业科学院与印尼茂物农业大学（Institut Pertanian Bogor）在种质资源交换、智慧农业、数字农业等领域都展开合作。④ 2012 年至 2017 年，广西壮族自治区农业科学院与印尼坤甸大学（Universitas Pontinank）在农作物种质资源交换、人员互访、博士及博士后的培养、技术培训和共同申报项目等方面进行为期 5 年的合作与交流，对促进中国在东南亚地区开展"一带一路"合作具有重要意义。

（二）政府间合作

1996 年，中国台湾就与印尼签订了双边农业合作计划执行细节备忘

---

① 纪炜炜、阮雯、方海、王茜、陆亚男：《印尼渔业发展概况》，《渔业信息与战略》2013 年第 4 期。

② 汪佳滨：《印尼热带农业科技概况》，《世界热带农业信息》2019 年第 10 期。

③ 中国热带农业科学院：《香饮所科技人员应邀访问印尼布拉维基亚大学并签署合作备忘录》，http://www.catas.cn/contents/9/141770.html。

④ 中国农业科学院国际合作局：《吴孔明会见印尼茂物农业大学代表团》，http://gh.caas.cn/hzdt/195692.htm。

录，选定养鸭、肉羊、辣椒、农产品加工及水产养殖五大项作为先期合作投资项目。[①] 2001 年，中国农业部和印尼农业部签署《农业合作的谅解备忘录》，促进农业领域的科学合作与经济合作。

从区位上看，与中国开展国际产能合作的国家主要分布在"一轴两翼"中的重点国家和"一带一路"沿线国家。印尼既位于中国周边国家的主轴上，又是"一带一路"倡议中东南亚区域的关键一环。中国致力于发展国际产能合作的核心是为实现中国经济质量升级，优化中国企业的生产能力布局，将中国在资本、技术、原材料等多方面的优质富余产能转移出去，最终实现国家间的互利共赢。合作领域主要有粮食作物、农业机械、园艺、多年生作物、农业企业管理、农业研究与开发、畜牧业及相关产业、种子业、生物技术，具体合作途径如表 4 - 6 所示。中国企业参与中印尼农业产能合作主要通过在印尼投资设厂的方式建立海外生产基地，再将中国缺少的产品运回国内。

表 III - 4 - 6　　　　　　中印尼农业合作领域和合作途径

合作领域	合作途径
主要粮食作物、农业研究与开发	就共同感兴趣的农业课题开展合作研究与培训
农业机械、种子业、生物技术	交流农业科学信息
园艺、畜牧业及相关产业	就共同感兴趣的农业主题举办培训课程、学术研讨会和展会
农业企业管理	促进对农业产业化和农业工业融合的联合投资及其贸易发展
多年生生物	双方可能同意的任何其他形式的合作

资料来源：中华人民共和国驻印尼共和国大使馆，http://id. china-embassy. org/chn/zgyyn/zy-wx/t86598. htm。

印尼丰富的自然资源，为其农业发展提供了优越的先天条件。但长期以来由于资金和技术的限制，开发程度较低，因此印尼政府出台多项方案旨在拉动外国资本投资。印尼国家投资协调委员会（BKPM）特设了中国事务部，专门负责满足中国投资者在印尼的投资需求，旨在为中国投资者提供有关投资的最新规定，协助办理投资申请程序，负责为投资者与 BK-

---

[①] 《台湾同印尼等签署农业合作备忘录》，《东南亚南亚信息》1996 年第 23 期。

PM 一站式服务中心相关部委联络官员进行沟通，为投资者办理投资许可提供便利。2015 年，印尼政府出台农产品加工工业免税期优惠政策，自商业运行 5 年之内，投资价值达到 1 万亿盾的外资企业免缴所得税。农产品加工业包括以粮食作物、园林种植物、渔业和畜牧业为基础的加工产业；工业领域包括以油棕、橡胶、巧克力和鱼类为基础的加工产业。印尼农业部还试图通过促进政府的小额贷款计划（KUR），支付 22.1 亿美元来促进出口。①

2002 年，中国与印尼两国农业部农业联合委员会将湖南省和印尼西努沙登加拉省确定为杂交水稻研究和生产试验项目省，在两国农业部的重点支持下，西努沙登加拉省杂交水稻增产 16.8% 到 44.7%。② 2019 年 9 月，中国热带农业科学院（CATAS）与印尼农业部合作局在甘蔗、木薯、橡胶、油棕、农业机械、品种资源等方面进行合作，中国热带农业科学院农业机械研究所专门针对印尼本地农田情况，将其自主研发的 1GYF-240A 型甘蔗叶粉碎还田机进行改进以适应印尼农业生产。农业机械所与印尼 PSM 公司正式签订了合作框架协议，共同建设甘蔗机械化示范基地和推广中心。这次访问推动了中印尼在热带农业科技领域的全方位、多领域交流与合作。③

六　中印尼农业产能合作案例：中国印尼聚龙农业产业合作区

产业园区是推动"一带一路"建设的重要抓手，也是适应经济全球化的必然选择。"一带一路"建设也为新一轮全球产业链重构提供了良好的宏观环境。④ 中国一些企业乘着"一带一路"倡议和"走出去"战略的东风，通过产业投资、在当地设厂、创建产业园区等形式，真正实现了企业和当地社区命运共同体。表 III-4-7 列举了中国在印尼建设的三个主要海外产业园区。

---

① Agriculture Exports "Potential Winners" amid Pandemic: Trade Ministry, September 15, 2020, https://www.thejakartapost.com/news/2020/09/15/agriculture-exports-potential-winners-amid-pandemic-trade-ministry.html.

② 成良计：《中国与印尼开展农业合作》，《湖南农业》2002 年第 23 期。

③ 《中国热带农业科学院代表团赴印尼深化交流合作》，《世界热带农业信息》2019 年第 10 期。

④ 《切实加强海外产业园区建设》，人民网（http://theory.people.com.cn/n1/2020/0402/c40531-31658450.html）。

表 III - 4 - 7　　　　　　中国在印尼建设海外园区的概况

合作区名称	开发单位	启动时间（年）	主要产业定位
中国印尼聚龙农业产业合作区	天津聚龙集团	2015	油棕种植开发、精深加工、收购、仓储物流
中国印尼经贸合作区	广西农垦集团有限责任公司	2009	汽配制造、机械制造、建材、保税物流
中国印尼综合产业园区青山园区	上海鼎信投资（集团）有限公司	2009	镍矿开采、镍铁冶炼、不锈钢冶炼、轧钢生产基地建设

资料来源：中国商务部境外合作区专题网站（http://www.cocz.org/index.aspx）。

（一）园区概况

中国印尼聚龙农业产业合作区按照"一区多园"模式建设，包括中加里曼丹园区、南加里曼丹园区、西加里曼丹园区、北加里曼丹园区与楠榜港园区五大园区。[①] 天津聚龙集团是集油料作物种植、油脂加工、港口物流、粮油贸易、油脂产品研发、品牌包装油推广与粮油产业金融服务于一体的全产业链跨国油脂企业，是天津市"十三五"规划建设的重点项目。2013 年以前，该公司将油棕上游产业—棕榈种植园开发作为主要业务，从事单纯的棕榈种植园开发及运营。2013 年聚龙集团在原有农业开发的基础上，着重打造海外农业投资，并在印尼当地拥有了自己的品牌，实现了"一区多园，合作开发，全产业链构建"模式[②]，目前已有 16 家企业进驻该产业园区，企业累计投资超过 1.5 亿美元，其中基础设施建设投资近 1 亿美元。2016 年 8 月，经中国商务部、财政部联合考核，中国印尼聚龙农业产业合作区正式获批为国家级境外经济贸易合作区。

（二）园区产业定位及配套服务

1. 印尼概况及投资优势

印尼是东盟最大的经济体。拥有 2.67 亿人口的印尼占地面积为 190 万平方千米，是世界人口排名第四的国家，农业吸收了 3805 万名劳动力。在农业方面，其棕榈油、天然橡胶种植面积及其产量均达世界第一，椰子

---

① 中国境外经贸合作区：《中国印尼聚龙农业产业合作区》，http://www.cocz.org/news/content-262379.aspx。

② 王思奇：《在"一带一路"政策下看印尼市场》，《国际工程与劳务》2016 年第 9 期。

产量居于世界第二位，具有发展农业的得天独厚的条件。印尼当地政府帮助入驻的企业办理经营手续，投资方聚龙集团为入驻企业提供技术指导。同时在政策上，印尼对用于生产的原材料、制成品、机器设备及其他与投资项目相关的物品均免征进口税，对从事商业营运的企业在开始的5—15年里提供10%—100%的企业所得税减免。

2. 优惠政策及管理服务

（1）政策方面：中印尼之间签订了《自由贸易协定》《共同有效优惠关税》《海运协定》，2001年，中国农业部和印尼农业部签署了在农业、渔业、林业等领域合作的谅解备忘录，为两国农业企业和合资企业投资提供制度保障。印尼也出台优惠政策吸引外资，包括降低外企审批时间和成本；延长外国投资者在印尼申请商用土地的使用年限；给予所得税减免等。

（2）管理服务：合作区实行管委会负责制，对合作区提供投资许可证手续办理、进出关签证、法律和投资代理等中介服务、物流运输服务、协助厂房建设、物业管理服务、安全保卫服务等，提高外企入驻效率及合作区服务水平。[①]

（三）园区综合效益

1. 经济效益

2018年，产业合作区销售收入为1.67亿美元，创造税收1400万美元。在招商引资方面，有棕榈加工、新型除草剂研发、农业互联网企业、油脂化工等5家入区企业，累计有17家企业入驻园区。[②]

2. 社会效益

在园区建设推进过程中，合作区积极雇用当地基层员工近1万名，间接创造3万个岗位，并系统培训外籍员工，促进了中印尼两国文化的融合。合作区不仅为印尼当地增加了更多的就业机会，也改善了当地通电、通水、卫生状态（参见表Ⅲ-4-8）。之前印尼许多新开发的种植园道路未通，电、自来水、通信信号都无法满足日常生活的需求。聚龙公司在育

---

① HKTDC Belt and Road：《中国印尼聚龙农业产业合作区》，https://beltandroad.hktdc.com/sc/sme-corner/industrial-park/china-indonesia-julong-agricultural-industry-cooperation-zone。

② 中国境外经贸合作区：《中国印尼聚龙农业产业合作区》，http://www.cocz.org/news/content-262379.aspx。

苗工作的同时，还修路架桥，建通信塔，打井，配备柴油发电机等机械设备、兴建水利等公共基础设施、开办学校，积极承担社会责任①，同时配套建立起办公场所、员工公寓、体育健身、医院、餐饮娱乐等设施。为企业入驻和入住人才营造完善的配套环境。在推进国家"一带一路"建设、农业对外投资合作中发挥了重要作用，与印尼实现了互利共赢。

表 III – 4 – 8　　　　　　　聚龙农业产业合作园区基础设施建设项目

基础设施项目	内容
交通	修建运河6千米，公路26.6千米，拥有布朗比绍内河码头和楠榜国际码头，满足仓储物流需求
供水	建设水塔22座，总储水量200万升，排水管网已形成并优化
供电	建立发电厂4座，电力条件完善
污水处理厂	日处理量满足项目发展
通信	合作区全面覆盖3G信号及无线网络信号
安保	在印尼政府支持下，建立由退伍军人为主的保安队伍，配备对讲机、警棍、巡逻车等安保设备

资料来源：中国境外经贸合作网（http://www.cocz.org/index.aspx）。

（四）园区参与"一带一路"建设的规划

印尼是"海上丝绸之路"的重要节点国家，"一带一路"倡议为中国农业"走出去"创造了历史性机遇。合作区位于印尼六大经济走廊中的苏门答腊经济走廊和加里曼丹经济走廊之间，有利于发挥"走出去"的集聚效应。聚龙集团发挥印尼丰富的油棕资源优势和良好的投资环境，就地将油棕资源优势转化为经济优势，逐步构建油棕种植开发、精深加工、仓储物流、销售的全产业链，打造境外棕榈油资源供应基地、棕榈油及制品生产基地和棕榈油产品国际营销基地，建设成为中印尼农业资源开发合作的标志性项目，打造双边国际产能和油棕产业合作的示范区和产业合作平台。

---

① 《2018"一带一路"境外农业产业园区建设创新案例中国·印尼聚龙农业产业合作区》，《世界热带农业信息》2018年第12期。

第二节 中国—印尼农业产能合作的机遇与挑战

2015 年,中国国务院印发的《关于推进国际产能和装备制造合作的指导意见》对中国推进国际产能以及装备制造合作提出了若干要求。该意见指出,推进合作的主要目标是:"力争到 2020 年,与重点国家产能合作机制基本建立,一批重点产能合作项目取得明显进展,形成若干境外产能合作示范基地。"① 按照这一意见的要求,近年来中印尼两国在"一带一路"倡议框架下,产能合作取得了积极进展,示范园区建设不断深化。具体到农业产业领域,中国与印尼在农业、林业与渔业产能合作等方面已经取得较大突破。在未来的发展中,依托于中国"一带一路"倡议背景以及中国—东盟自由贸易平台,两国间的合作前景广阔。但是在具体领域的合作中双方仍面临诸多问题,因此未来的合作需要双方共同努力。两国应发挥各自优势实现互利互惠,可以从加大农业投资与建设力度、农产品贸易合作等具体领域与印尼实现产能合作。这里将主要从种植业、林业以及渔业三大方面浅析两国的产能合作机遇、挑战与应对之策。

一 种植业合作方面

农业是国家经济发展的重要领域,关乎着国家的长期稳定发展与社会的稳定,目前中国农业发展正处于传统小农经济向现代化农业经济发展时期,实现产业发展方式转型不仅需要中国自身的农业生产以及技术的发展,还需要"走出去"与其他国家进行交流与合作,政策支持为两国种植业合作提供了充分空间。印尼依托其独特的地理位置以及热带气候等诸多因素,不仅农业生产品种繁多,并且在渔业以及林业方面都有其独特的发展形式,因此中国与印尼在充分发挥各自国家农业产能领域的优势基础上,可以达成多方面的合作,其中有挑战也有机遇,前景向好。

(一) 种植业开发与合作空间较大

长期以来,中国和印尼都是较为重视农业发展的国家,印尼全国耕地

---

① 《国务院关于推进国际产能和装备制造合作的指导意见》,中国政府网(http://www.gov.cn/zhengce/content/2015-05/16/content_ 9771. htm)。

面积约为 8000 万公顷，从事农业人口约为 4200 万人，并且气候湿润、日照强烈，农作物生长周期短暂，一年多熟的作物较多，比如棕榈油、橡胶、咖啡、可可等。2012 年，印尼棕榈油产量达到 2850 万吨，成为全球最大的棕榈油生产国。[1] 根据美国农业部（USDA）发布的 2019—2020 年度全球棕榈油消费指数，在全球棕榈油消费区结构中，印尼占 19%，位居世界第一[2]，因此作为全球棕榈油生产的第一大国印尼，在棕榈油的生产与消费方面居于世界前列，而中国基于其庞大的人口数，对于食用油的消费量也较大，但是，中国却不具备棕榈树的种植条件，因此只能依靠进口，而印尼的环境又适合棕榈树的栽种，因此中国秉承"走出去"的理念在印尼建立种植园区。自 2012 年开始，中国在印尼投资建设农业综合产业园区，这类创新产业园区按照"一区多园、合作开发、全产业链构建"模式开发，建设成以油棕种植开发、精深加工、收购、仓储物流为主导的农业产业园区。这一园区建设也为两国关于种植业的合作提供了范本，并且该园区通过对当地人的系统培训，雇用他们在园区参与工作，这一方面可以促进两国间的文化交流，另一方面还为印尼提供了更多的工作岗位，促进了当地就业的发展。随着几年来的发展，产业园区已经建成了全产业链结构，包含了多家棕榈油压榨厂、包装油公司、物流公司。产业园区的发展模式使原本单一的种植园模式发生了转变，不再仅追求生产体量，同时也为各类生产企业搭建了平台。近年来，印尼政府提出推动"区域经济综合走廊建设"，在两国友好互动基础上，中国政府本着"政府引导、企业主体、市场化运作"原则对"区域综合经济走廊"建设提供支持。2018 年，在李克强总理访问印尼期间，中国国家发改委与印尼海洋统筹部签署《关于推进区域综合经济走廊建设合作的谅解备忘录》，正式启动中印尼"区域综合经济走廊"建设合作。2019 年，两国又签署了《关于建立区域综合经济走廊建设合作联合委员会的谅解备忘录》，确定了联委会这一合作机制并召开了协调对接会谈。目前，现有的两国农业联委会机制同时构成新时代中印尼区域综合经济走廊建设合作联合委员会机

---

① 《"一带一路"中印尼深化农业领域合作》，中国农业规划网（http://www.agriplan.cn/industry/2015-06/zy-873_4.htm）。

② 参见美国农业部网站（https://www.usda.gov/）。

制的重要组成部分，为中国农业企业在印尼投资建设种植业产业园区提供了政策支持。未来，中印尼在种植业方面的合作应借鉴相关经验，依托"一带一路"倡议进行系统的合作。

（二）农产品贸易合作互补性强

粮食安全关系着各国的稳定发展，在新冠疫情暴发之前，印尼就存在与食品安全相关的问题。食品安全机构编制的 2019 年食品安全脆弱性地图集显示，在印尼有五个市和 71 个区受到食品安全的影响。① 根据印尼农业部数据，印尼在至少四项粮食上依赖他国进口，分别为小麦、大蒜、大豆和糖。其中大蒜全部进口自中国。② 由于中印尼两国不同的气候环境以及作物的不同类型，两国的农产品生产也呈现出一定的差异性，印尼出口农产品主要为热带蔬菜、水果、橡胶和植物油；中国出口农产品主要为水果、温带蔬菜、鱼类和其他加工产品。③ 两国双边农产品在贸易进出口额排名前十的农产品中，仅有 HS0303（冻鱼）一类属于同种类型的农产品，其余农产品品目均不同，在中国—东盟自由贸易区（CAFTA）框架下，中国与印尼的农产品贸易能够最大限度地发挥本国的比较优势。

中国—东盟自由贸易区（CAFTA）为中国与印尼的双边农产品贸易提供了稳定的政治基调和制度基础，为双边农产品贸易提供了较为安全稳定的外部环境，双方可以在这一框架下，就具体的贸易事务开展沟通与协商。2002 年 11 月，中国与东盟签订的《中国—东盟自由贸易区全面经济合作框架协议》，为中印尼两国贸易发展提供了较为完善的制度安排，将不断促进双边农产品贸易更加稳定。在自由贸易区的制度安排下，2004年，双方开始实施"早期收获"计划，分别对进出口农产品实施降税减税措施，为两国农产品贸易提供了重要动力。

（三）跨境电子商务为两国农产品贸易提供了新的增长点

近年来，随着中国互联网经济的迅速发展，中国境内兴起了一批跨境电子商务企业，而印尼的电子商务产业发展晚，经营农产品业务的电子商

---

① 参见印尼农业部发布的 2019 National Food Security and Vulnerability Atlas（FSAV Nasional 2019）。

② 参见印尼农业部发布的 2019 National Food Security and Vulnerability Atlas（FSAV Nasional 2019）。

③ 张洁：《对中国与印尼农业合作问题的几点思考》，《东南亚研究》2006 年第 1 期。

务企业也相对较少。印尼拥有东南亚地区最大的投资市场，电子商务的发展空间和发展潜力十分可观。因此，中国企业应积极探索两国在农产品贸易方式上的新途径与新内容，以便更好地服务于双边农产品贸易。同时，两国在电子商务领域的合作，将使两国双边贸易突破传统贸易的界限，更及时、更准确地满足双方的农产品市场需求。

同时，两国农产品贸易也面临着一定的挑战，主要包括：中国出口额增长较慢、双边贸易额相对不平衡、双边贸易结构较为单一等，而两国的贸易阶段性特征和印尼国内贸易保护主义观念指导下的相关政策也在不同程度上对持续推动双边农产品贸易健康发展带来考验。特别是一些非关税贸易壁垒的贸易政策直接限制了中国的果蔬类农产品出口，大大增加了中国农产品出口的难度，导致出口量的大量萎缩。长此以往，将会打击中印尼双边农产品贸易的增长动力

2020 年，新冠疫情在全球暴发，中印尼两国农业领域都遭受了不同程度的打击，两国应携手并进，共同应对全球性公共卫生事件所带来的风险和考验。面对疫情，两国可充分利用本国发展农作物的优势，针对印尼的气候环境等因素发展农业种植，在棕榈油、橡胶、玉米等作物上提高生产效率，中国企业可在尊重印尼人民发展需求的前提下，从播种到耕种再到加工运输进行系统化合作，帮助印尼提高作物的产出率以及经济效益。而中国方面在这一过程中也逐渐完善了技术水平以及进一步促成中印尼两国在农作物上的产业链合作以及粮食进出口贸易的长远发展。

二　林业合作方面

根据 2013 年统计数据，印尼森林覆盖率为 54.25%，覆盖面积达 100 万平方千米，是世界上第三大热带森林国家，胶合板、纸浆、纸张在印尼的出口产品中占很大份额。① 中国作为木材的消费与进口大国，在林业方面与印尼合作的空间较大。

（一）政策法规层面提供保障

中国与印尼两国政府都十分重视对林业资源的开采以及保护，从法律法规与政策层面为两国林业合作提供指导。近年来，中国不断加大对森林

---

① 《印尼：资源丰富　魅力无限》，中国网（https://www.china.com.cn）。

资源的保护力度，持续改善生态环境。中国共产党十八大以来，中国成功完成造林 5.08 亿亩，森林面积达到 31.2 亿亩，森林覆盖率达到 21.66%，森林蓄积量达到 151.37 亿立方米，成为同期全球森林资源增长最多的国家。① 印尼作为全球最大的热带国家，国内森林资源丰富，政府早在 20 世纪就开始重视对国内森林资源的开采和保护。早在 1945 年，印尼政府就在《宪法》明确提出要"合理利用自然资源"，用宪法的强制力来保护自然资源的开发与利用；在 1967 年颁布的《林业基本法》中明确了林业在国家战略中的重要地位；1999 年，印尼实行新的《森林法》，其目的在于加强管控，允许社会以及个人参与到林业相关的活动中。进入 21 世纪，印尼政府及林业部更加重视对非法开采林业资源的打击以及惩处，印尼林业部门的发展目标是，到 2025 年使林业成为"可持续发展的支柱"②。

中印尼两国在林业资源开发方面已有较为成熟的合作基础，为未来两国在相关方面的深入合作创造了良好条件。2010 年，两国在 1992 年签署的《关于林业合作的谅解备忘录》基础上又重新签署了一份谅解备忘录，就打击非法开采林业资源犯罪，推动可持续开发，经营森林资源，推动林业产品加工等方面达成新的合作。未来，中印尼两国在林业产能方面的合作重点将是在保护两国林业资源的前提下推动森林资源的合理开发与利用。一方面，中国政府要积极鼓励相关企业参与到两国的林业资源开发当中，为其提供资金以及技术上的帮扶，加大与印尼政府的交流力度。另一方面，两国应就林业产品进出口提供互惠互利的政策，简化相关的办理手续，促进双边在林业资源进出口贸易上的合作。

（二）为平台建设提供依托

2016 年，以"维护森林生态安全，提高国民绿色福祉"为主题的中国—东盟林业合作论坛在广西南宁举办，这是中国与东盟国家林业合作领域层次最高的官方论坛。这次论坛通过了《中国—东盟林业合作南宁倡

---

① 《我国成为森林资源增长最多国家》，国家林业和草原局，http://www.forestry.gov.cn/main/72/content-1017170.html。

② 《印尼：加强森林治理力促热带林可持续发展》，国家林业和草原局，http://www.forestry.gov.cn/main/5480/20180425/1102820.html。

议》①，旨在构建中国与东盟各国全面林业伙伴关系。该倡议就未来合作的诸多方面达成一致：

（1）发挥林业在减缓和适应气候变化中的重要作用。

（2）深化林业产业和相关贸易合作。

（3）加强林业科技合作与交流。

（4）加强野生动植物保护合作。

（5）加强林业灾害联防合作。

未来，依托于中国—东盟林业合作框架平台，中印尼两国在林业产能方面有着广泛的合作前景，不仅限于林业产品贸易，还可以就森林动植物保护和灾害处理等问题展开技术交流合作。在实际应用中，两国可以依托中国—东盟自由贸易平台开展合作，通过技术、贸易等的交流深化两国合作的广度与深度；在广度方面，两国都应基于本国国情将"引进来"与"走出去"相结合。印尼森林资源丰富，相关林产品种类多、产量大，制作的产品可用于房屋建造、家居建材等多个方面；虽然中国在森林覆盖率以及木材的数量上不及印尼，但是中国有先进的技术设备和人员，两国可以取长补短，相互配合。

（三）推动技术创新，实现互利共赢

中国国家林业和草原局资料显示，在"十三五"期间，中国将重点组织实施十大林业科技工程，大幅提升林业科技整体实力②，其中包括生态建设、产业升级、科技水平等，为中国林业科技领域的发展提供了指导方向。印尼则依托丰富的森林资源以及劳动力资源，在木材的开采、原木、人造板等方面的产量逐年提升，因此，近年来，印尼将木材大量出口至海外，其中欧盟就是对象国之一。2016 年，印尼正式发放森林执法、施政与贸易认证（FLEGT）证书，到 2017 年已经颁发了 11817 份认证证书，因此出口海外的产品不断增长。欧盟也宣布印尼的国家木材合法性保障体系认证与 FLEGT 认证具有同等的法律地位，目前，印尼的木材可以

---

① 张雷：《2016 年中国—东盟林业合作论坛在南宁举办》，《广西林业》2016 年第 9 期。

② 《"十三五"期间我国重点实施十大林业科技工程》，新华网（http://www.xinhuanet.com//politics/2016-10/06/c_ 1119667464.htm）。

直接出口至欧盟市场。① 但国际市场上的竞争相对激烈,东南亚国家由于有着相似的气候特征以及植被种类,因此,同类产品的出口贸易有多国的参与,包括马来西亚、新加坡等传统贸易强国。在未来,中国和印尼在林业方面的合作仍将不断提高科技水平,科技合作水平的提升具有很大潜力,也将是双方合作的发展方向。

三 渔业合作方面

2020年《世界渔业和水产养殖状况》显示,2018年,全球捕捞渔业总产量达到了有纪录以来的最高水平,为9640万吨,其中包括中国与印尼在内的7个国家的捕捞量占全球的50%。另外,印尼是全球主要的水产养殖生产国之一,中国则是主要的鱼类生产国和鱼类以及鱼类产品的主要出口国。② 作为亚洲地区乃至全球的主要渔业生产国家,中国与印尼在渔业资源与产品的生产与制作上成绩斐然,这也为两国渔业领域的合作打下了基础。2001年,两国签订了《渔业合作的谅解备忘录》,共同致力于对渔业资源的开发与利用。2014年,两国签署了为期三年的渔业合作协议。但是,2015年印尼为保护国内渔业资源,因而禁止他国参与捕捞,中印尼两国间的协议就此作废,但是在非官方层面两国相关公司仍有合作。总的来看,中印尼两国在渔业合作方面前景广阔,两国可以在渔业资源、渔业科技以及相关产业方面开展合作,在中国—东盟自由贸易区的背景下消除误会深化合作。

(一) 两国互信提供战略基础

中印尼两国作为亚洲地区的主要鱼类产品生产以及出口国,在鱼类资源方面有着广泛的合作基础。印尼总统佐科·维多多在2014年就任后提出建设"全球海洋支点"战略,并提出与中国的"21世纪海上丝绸之路"进行对接,这是两国在海洋领域进行合作的新契机,两国可以通过政策的对接增进双方政治互信。面对2015年印尼单方面取消与中国签署的渔业合作协议,两国的协商也处于停滞状态,由此造成的影响是多方面

---

① 《印尼:加强森林治理力促热带林可持续发展》,国家林业和草原局,http://www.forestry.gov.cn/main/5480/20180425/1102820.html。

② 联合国粮农组织:The State of World Fisheries and Aquaculture 2020,http://www.ntzzjx.com/publications/sofia/zh/。

的。因此，在未来的谈判中两国应秉承平等交流、互利互惠的态度积极进行磋商，尽早消除误会，恢复两国渔业的正常贸易往来。另外，两国可以加强官方以及非官方层面的交流，如政府高层之间的往来交流，2019 年，中国驻印尼大使肖千会见印尼新任海事渔业部部长艾迪，就中印尼深化海洋与渔业合作交换了意见，印尼方面欢迎中国的投资活动以及两国间的渔业贸易活动，双方希望中印尼两国可以携手共建全面战略伙伴关系。① 未来，两国在互利协议框架下进行渔业合作，将是官方层面合作的发展方向。在非官方层面，部分企业积极与印尼方面开展合作，其中，广西中马远洋渔业公司以及广西海润远洋渔业公司积极申报与印尼方面关于远洋渔业合作的项目。因此，通过政府以及企业间的合作交流可以进一步促建中印尼两国间的政治互信，以此建立渔业合作关系，更好地发展两国间的渔业贸易。中国企业与印尼政府的合作不断加强，双方渔业合作的形式将更加多样和灵活。

另外，中印尼两国在南海地区虽然没有涉及主权岛礁的相关问题，但是印尼对南海的纳土纳群岛有着战略需求。从 20016 年开始，印尼就有意对中国南海海域的纳土纳群岛改名，并声称此海域为印尼的"专属经济区"，此后，在这一区域发生了多起两国渔民的纷争以及中国多艘渔民的船只被扣留等事件。从这些事件可以看出两国的渔业纷争也是影响两国渔业合作的重要因素之一，在未来的合作中双方应尊重对方的合理战略需求，印尼佐科政府提出的"全球海洋支点"战略关于"力推基础设施建设"这一构想与中国的"海上丝绸之路"倡议十分契合，因此中国应重视印尼在缓和南海局势以及支持中国"海上丝绸之路"中的重要作用，通过对话协商相关渔业纠纷，印尼方面也应妥善处理渔业争端，避免争端升级导致两国关系的紧张。中印尼两国在南海地区都有着重要的战略布局，其中难免有利益重合的地方，争端也是在所难免的，但是合作大于冲突，不论是中国加强"海上丝绸之路"建设还是印尼对海洋强国的建设，一个和平安定的海洋环境都是十分重要的。将来，由于南海地区有着多个国家的利益争夺，也有域外势力的干涉，加上纳土纳争议海域问题也可能

---

①　中华人民共和国驻印尼共和国大使馆：《肖千大使会见印尼海洋渔业部长艾迪》，http://id. china-embassy. org/chn/sgsd/t1713407. htm。

长期存在，这些不利因素将给两国渔业合作带来挑战。

（二）共同参与治理，积累经验

印尼有着丰富的鱼类资源，近年来，除了正规的捕捞作业外，也出现了一些非法捕捞活动并产生了恶劣影响。印尼总统佐科在第二次国际渔业犯罪研讨会上称，非法捕鱼每年给印尼造成高达200亿美元的经济损失，加上65％的珊瑚礁面临受到破坏的威胁，他呼吁全球合作打击非法捕鱼，保护海洋生态环境。① 中国海域也同样存在着非法捕捞的情况，因此，两国仍有必要共同参与海洋渔业的治理活动，打击非法捕捞。印尼海洋事务与渔业部发布的2006号《关于捕捞渔业活动的法规》就指出，在印尼进行捕捞作业的个人或者印尼法人必须持有渔业经营许可证（SIUP）、捕捞许可证（SIPI）或是渔货运输许可证（SIKPI），并对具体的捕捞人员以及运输等做出明文规定。② 近年来中国各地区也相继开展了严厉打击非法捕捞的专项活动，在政策制定以及实际操作中两国有着相关的经验，可以开展合作，尤其是印尼方面由于其自身捕捞技术与设备落后，加之受限于资金缺乏，导致印尼海洋渔业捕捞业发展缓慢，再加上海上执法不力，因此导致印尼海域外国非法捕捞活动猖獗③，而政府若只是采取炸毁外国渔船或是更为激进的措施，非但不能真正解决问题，反而会使得印尼与其他国家的关系陷入紧张。因而，中印尼两国在打击非法捕捞活动中存在合作空间，双方仍需要加强沟通交流和政策协调。

（三）渔业贸易与技术合作空间广泛

近年来，中印尼两国在渔业贸易方面合作广泛，一方面，中国积极参与到印尼海洋资源的考察与探测之中，在2012年两国签订的渔业合作协定中，中国承诺向印尼提供特别援助，以加强其海洋监测和研究，并支持其渔业发展。④ 随后两国渔业贸易额逐年增长，2015年，中国是印尼第四

---

① 《印尼总统：非法捕鱼每年给印尼造成200亿美元经济损失》，东方网（http://news.eastday.com/world/w/20161011/u1ai9799287.html）。

② PER. 17/MEN/2006 "Peraturan mengenai praktik penangkapan ikan"，印尼海事渔业部，http://www.kkp.go.id。

③ 陈翔：《印尼非法捕鱼的安全化透视》，《东南亚研究》2018年第4期。

④ Baheramsyah, "Indonesia-China Kerjasama Bidang Perikanan," Infopublik, August 12, 2012, http://infopublik.id/read/28875/indonesia--cina-kerjasama-bidang-perikanan.html.

大鱼类出口目的地，印尼是中国第七大鱼类进口来源国。①。但是，随着中国经济的逐渐发展以及印尼自身贸易结构等问题的出现，从 2013 年开始，印尼对中国一直处于贸易逆差状态，印尼中央统计局的数据显示出2013—2018 年中国与印尼双边贸易进出口贸易顺/逆差情况，2017 年，印尼对中国的贸易逆差为 129.6 亿美元，但是在 2018 年，印尼对中国的贸易逆差为 182.2 亿美元，较上年同期大增 40.6%，贸易逆差明显扩大。②在这一情况下，印尼国内对贸易逆差问题反应强烈，政府方面也做出政策转变，其贸易政策更趋于"保出口、抑进口"。目前商品进口税率大幅度提升，由原来的 2.5%—7.5% 上升为 7.5%—10%。③ 因而，如何实施技术方面的转移和合作，以及解决由于渔业贸易不平衡而导致的问题，是中印尼渔业合作需要面对的挑战。

第三节　中国—印尼农业产能合作的可能路径

通过以上分析可以看出，两国不论是政策层面还是现实层面都有着历史以及现实的基础，并且在中国—东盟自由贸易区（CAFTA）建设背景下，依托于中国"一带一路"倡议的落实，"21 世纪海上丝绸之路"与印尼"海洋强国战略"建设对接，两国在未来的种植业合作中前景广阔，农产品贸易也将有较为广阔的发展空间。未来两国应在《中国—东盟自由贸易区全面经济合作框架协议》下，不断推动农产品贸易向高质量方面发展。

在林业产品贸易领域，对于印尼而言，应尽快推动以出口为导向的劳动密集型产业向以技术为导向的资本密集型产业转变，这样才可以适应愈加激烈的国际市场。在这一领域里，中国可以利用先进的技术优势与印尼进行合作，将中国的林业科技工程建设与印尼的木材加工制造技术创新相

---

① Sinar Harapan, "Indonesia Urutan Ke-7 Eksportir Perikanan Ke Tiongkok," Transformasi, September 2, 2015, http:// www. transformasi. org/id/pusat-kajian/berita/kelautan-perikanan/1159-indonesia-urutan-ke-7-eksportir-perikanan-ke-tiongkok.

② Surplus perdagangan/defisit perdagangan bilateral antara Cina dan Indonesia, http://www. bps. go. id/searchengine/result. html.

③ 《印尼经济社会发展报告：能源合作是两国经贸合作重点》，人民网（http://world. people. com. cn/n1/2018/1218/c1002-30474321. html）。

结合，提高印尼木材加工制作的技术水平，同时在人工造林、厂房现代化建设等方面，中国也可以向印尼方学习相关的经验，在林产品加工方面进行学习交流，以此促进中国林业资源的一体化生产与销售进程，实现互利共赢。印尼利用其优势的森林资源建立了生产基地，中国可以提供技术以及资金上的支持，生产出的产品一方面可以供应两国市场，另一方面可以走出国门适销海外，利用东盟以及"一带一路"等平台的建设开拓市场，充分利用与周边国家的互利互惠政策进行合作，实现"引进来"与"走出去"相结合。两国都可以在对方国家投资设厂或是建立产业园区，并且利用网络的发展，构建集生产、销售、物流于一体的经营模式，打通国内国际两个市场，优化产业结构促进消费。

一方面，伴随着印尼佐科政府"海洋强国战略"的推进，在对待海洋资源开发问题上，印尼政府加强了对诸多贸易投资壁垒的建设，限制外商投资活动，以此保护本国能源及相关公司，这对下一阶段渔业产品贸易产生了一定的挑战。正如印尼大学国际关系学教授弗雷迪·托宾在采访中所讲到的："印尼跟中美两国都有着密切的经贸联系，尤其中国是印尼第一大贸易伙伴与主要外资来源国，美国挑起的中美贸易摩擦会给印尼出口、吸引外资以及汇率稳定等带来消极影响。"① 另一方面，中国方面应不断推动贸易便利化，逐步解决印尼方在经贸领域对中国的不信任以及担忧等问题。

对于未来两国在农业贸易方面的合作，中国应该根据印尼农产品市场需求，首先要根据自身特色，鼓励优势产业种植。加强温带农产品的数量和质量的提高，发展农产品加工业，提高农产品附加值。其次是引进适合的优质蔬菜品种，培育特色农产品；最重要的是，尽快建立统一标准的质量认证体系，建立农产品生产基地，加强规模化生产。这将有利于提高农业现代化水平，从而在保持与印尼优势互补的条件下，扭转中国贸易逆差地位。同时，加强与印尼方的信息沟通尤为重要，以更为精准地把握印尼农产品市场的需求。

针对大型项目合作进展较为缓慢、合作中不确定因素导致合作缺乏稳

---

① 《印尼专家说贸易保护主义威胁全球经济稳定》，新华社，http：//www. gov. cn/xinwen/2019-06/25/content_ 5403022. htm。

定性，以及国内外等诸多复杂因素的作用导致中印尼两国在合作进程中的不信任问题，将是渔业领域未来合作的重点和难点。此外，印尼应增强自身产品的技术含量以及不断完善相关技术，以此在国际社会的竞争中取得产品优势，中国在一些领域中的技术水平日臻成熟，在这一方面中印尼可以达成合作，中国依托"一带一路"倡议与周边国家进行技术交流，在第三届丝路国家水产养殖国际论坛暨中国水产学会海水养殖分会 2020 年年会上，来自亚太地区的诸多国家就水产养殖可持续发展以及技术的进步进行交流，中方积极推广中国水产养殖新技术新模式，不断推动丝路国家水产养殖绿色高质量发展①，其中，印尼海事渔业部前官员也参与了会议。中印尼两国可利用多个平台的建设机制交流渔业技术方面的诸多问题，取长补短，以此促进两国渔业技术的进步。中国向印尼提供相关技术的做法也应得到延续，改善其渔业生产效率低下的情况，并且鼓励中国有着与渔业养殖相关技术的企业"走出去"，到印尼投资建厂，一方面促进当地渔业养殖的技术进步，另一方面也可以促进当地就业，为其带来更多的经济效益。印尼方应主动接纳中方的企业投资以及技术的引进，为中国企业的投资开通便捷化渠道，实现互利互惠，共同促进技术的交流与发展。

小　　结

随着"一带一路"建设在印尼的推进，中国与印尼在农业产能合作上不断深入发展，并且存在着很大的潜力。与此同时，也存在诸多挑战。中印尼应在前期合作的基础上不断巩固以及扩大农业合作规模，在具体领域的开发以及投资方面，要因势利导，因地制宜。

同时，两国的合作应顺应世界发展潮流，顺应全球化以及贸易自由化、便利化的发展趋势。中国相关部门和投资者需要多关注世界农业市场的发展以及变动，根据不同的情况相应调整政策，相关农业企业也可以对经营模式以及产品制作研发等进行调整，顺应市场发展和需求变化，不断更新技术手段，满足市场需要。

---

① 《丝路国家水产养殖国际论坛暨中国水产学会海水养殖分会 2020 年年会成功召开》，中国水产科学研究院，https://www.cafs.ac.cn/info/1049/36603.htm。

在面对 2020 年席卷全球的新冠疫情下,两国间的合作面临着更多的变数以及不确定性因素,既存在挑战,也存在机会。中国相关部门和投资者应该因势利导,化危为机,为疫情后对印尼农业投资与合作的深度挖掘创造更多的条件。

第五章　中国与印尼人文交流：
　　　　回顾与展望

　　2020 年是中印尼建交 70 周年。在这 70 年里，两国关系走过了不平凡的岁月。1950 年，两国建立外交关系，但到 1967 年，两国冻结了外交关系，直到 1990 年才恢复正常外交关系。2005 年，两国建立战略伙伴关系，2013 年升级为全面战略伙伴关系。2015 年，中印尼建立副总理级人文交流机制，并召开首次会议，2016 年、2017 年分别召开了第二次和第三次会议，签订了系列合作协议，涵盖教育、科技、卫生、文化、旅游、体育、青年、媒体八大领域。实际上，中印尼两国人文交流源远流长，在高级别人文交流平台的推动下，更是取得了长足的进步。后疫情时代的中印尼人文交流将在创新中有所拓展和深化。本章拟追溯中印尼人文交流的历史轨迹，回顾两国升级为全面战略伙伴关系后人文交流的发展和成果，并对后疫情时代的中印尼人文交流做出展望。

第一节　中印尼人文交流的历史轨迹

　　同属东方文明的中印尼两国人文交流源远流长，早在远古时期便已经相互产生了文化影响。即便古代中印尼都经历了王朝更迭和地域变迁，但相互间的交流往来并没有中断。直到西方殖民者打破了中印尼之间的正常交往，此后的中印尼人文交流历经跌宕起伏。所幸的是，延续千年的交流轨迹筑就了两国文明的共通性，为现代社会的人文交流发展奠定了良好的基础。

一　古代中印尼人文交流以宗教为主
　　在古代中印尼人文交流中，宗教是其中的重要内容。根据中国印尼专家孔远志的研究,东晋时代即已有高僧法显出访印尼。此后,唐代高僧义净在赴印尼取经途中,曾三次在室利佛逝停留,共计十余年,并撰写了《大唐西域求法高僧传》和《南海寄归内法传》,其内记述了室利佛逝的风土人情,成为证实和研究中印尼古代人文交流的重要文献。[①] 宗教的交流并不仅仅局限于佛教,也包括伊斯兰教。早在 13 世纪以前,印尼就出现了许多华人穆斯林。[②] 这些华人穆斯林在推动伊斯兰教在印尼传播的过程中发挥了重要作用。在 14—16 世纪传播伊斯兰教的九位贤人中有一部分就是中国的穆斯林或有中国的血统。[③] 此外,唐宋时期,印尼的室利佛逝(三佛齐)王国、诃陵王朝与中国互动频繁。除了高僧取经停留以外,室利佛逝王国还派遣使节到唐宋"献歌舞"。明朝时期,郑和下西洋,印尼是其每次都会停留访问和进行贸易活动的区域。在郑和到达的地区,不仅建立了华人穆斯林社区,还建有清真寺。印尼中爪哇省的首府三宝垄便与郑和有着千丝万缕的联系,连其命名相传都是因郑和而来。此时,爪哇王朝也不断派遣使节访问中国,累计约 42 次,双方互动频繁。只是在 15 世纪以后,随着西方殖民者的入侵,中印尼人文交流遭到了干扰和破坏。[④] 荷兰殖民者一度代替印尼王国与中国开展朝贡与交流,但是收效甚微,且阻碍了中印尼之间的直接交往。

二　第二次世界大战后中印尼人文交流经历坎坷

第二次世界大战后,随着印尼共和国的建立和新中国的成立,因同属于抵抗殖民侵略而获得独立自主的第三世界国家,中印尼两国迅速建立了深厚的友谊。1950 年 4 月,两国正式建立外交关系;1955 年,周恩来总理出席万隆会议,并在会议上提出了"求同存异"的外交理念;1956 年,印尼"国父"苏加诺访华,与毛泽东主席进行了亲切友好的交谈;1962 年,苏加诺再次访华,曾提出"雅加达—金边—河内—北京—平壤"反帝轴心

---

①　孔远志:《中国印度尼西亚文化交流》,北京大学出版社 1999 年版,第 16—309 页。

②　孔远志:《中国印度尼西亚文化交流》,第 21 页。

③　孔远志:《印度尼西亚马来西亚文化探析》,南岛出版社 2000 年版,第 102 页。

④　许利平:《新时期中国与印尼的人文交流及前景》,《东南亚研究》2015 年第 6 期。

的概念①，倚重两国关系。但是，随着苏加诺因军事政变而下台，新总统苏哈托投靠西方阵营，中印尼关系走向了历史冰点。由于华人群体在苏哈托时代受到歧视和打压，双方信息交流匮乏，因此印尼对中国的认知也是以负面和误解居多。这为此后两国恢复和发展人文交流制造了难题。

三　恢复建交后中印尼人文交流逐渐复苏

1990 年中印尼恢复建交以后，两国关系开始融冰，各项交流活动也逐渐恢复。1991 年 1 月，两国签署航运协定，开通直飞航线；1992 年 1 月，双方签署新闻合作谅解备忘录，新华社在雅加达开设分社，人民日报社向印尼派驻记者，"印尼—中国经济、社会与文化合作协会"成立；1993 年，"中国—印尼经济、社会和文化合作协会"成立；1994 年，两国签署旅游、卫生、体育合作谅解备忘录，启动互派留学生项目；1997 年，两国成立科技合作联委会。② 这一阶段的中印尼人文交流尚处于复交后的恢复期，交流形式和内容都较为单一。

四　苏希洛时代的中印尼人文交流有所扩展和深化

1998 年后的印尼经历了政治变革的阵痛，直到 2004 年苏希洛上台后才基本稳定了政局。而苏希洛时期的中印尼人文交流从复苏走向扩展和深化。2005 年，苏希洛与胡锦涛将中印尼关系确定为战略伙伴关系；2010 年，两国正式签署第一份中印尼战略伙伴行动计划。2005 年签署的《中国和印尼关于建立战略伙伴关系的联合宣言》重点强调政治与经济合作，但也关注了人文交流领域，包括促进文化相互尊重，开展双方旅游、文化、新闻、体育、青年团体和民间组织的合作，确保中印尼友谊世代相传；加强教育合作，积极开展培训交流，鼓励相互教授对方的语言；加强流行性和非流行性疾病防治的合作和能力建设等。③ 其中，教育和语言培

---

① ［澳］J. D. 莱格：《苏加诺政治传记》，上海外国语学院英语系翻译组译，上海人民出版社 1977 年版，第 378 页。

② 《中国同印度尼西亚的关系》，2020 年 12 月，中华人民共和国驻印度尼西亚共和国大使馆网站（http://id.china-embassy.org/chn/zgyyn/sbgxgk/t86584.htm）。

③ 《中国和印尼关于建立战略伙伴关系的联合宣言》，2005 年 4 月 26 日，中国新闻网（https://www.chinanews.com/news/2005/2005-04-26/26/567558.shtml）。

训成为这一时期人文交流的重头戏。实际上，在苏希洛执政以前，中印尼
开展教育交流就已奠定起了基础。2001 年，印尼举办汉语水平考试，两
国首次举办推广中文教育研讨会；自 2003 年起，中国留学服务中心每年
在雅加达、万隆和泗水举办中国教育展。在苏希洛执政后，教育交流在此
基础上继续扩展。2004 年，印尼国民教育部与中国国家汉办签署"关于
组织汉语教师志愿者赴印尼任教的协议书"，中国首次选派 20 名大学生志
愿者赴印尼支教；2005 年，汉语成为印尼国民高中外语选修课；2007 年，
印尼第一所孔子学院得以设立；2010 年，两国签署教育合作谅解备忘录，
印尼举办中小学校长中文教育研讨会；2012 年，华侨大学和福建泛华矿
业有限公司合作建设泛华学院，专门培养实务型印尼语人才；同年，印尼
在中国成立了由印尼驻华大使馆和北京外国语大学合作的第一所"印尼研
究中心"，此后广东外语外贸大学、河北师范大学相继成立"印尼研究中
心"；这一年，印尼文化教育部长的代表希瓦尔还与中国国家汉办主任许
琳在雅加达签署《关于印度尼西亚汉语教师培养合作协议》；到 2014 年，
印尼的孔子学院达 6 所，分别位于雅加达、万隆、锡江、玛琅、泗水和
坤甸。

　　此外，旅游、媒体和宗教交流也有所延展。2012 年，印尼外长马蒂
代表印尼旅游和创意经济部与中国国家旅游局局长邵琪伟签订了《印度尼
西亚共和国旅游和创意经济部和中华人民共和国国家旅游局关于中国公民
赴印度尼西亚旅游实施方案的谅解备忘录》的修订案。2013 年，印尼旅
游和创意经济部与中国国家旅游局签署新的旅游合作谅解备忘录，进一步
促进两国旅游合作。2004 年到 2014 年，赴印尼旅游的中国游客增长了 20
余倍①，而赴中国旅游的印尼游客从 2005 年的 37.76 万人次增长到 2014
年的 56.7 万人次。② 在媒体交流方面，2007 年 3 月，印尼安塔拉通讯社
驻京分社重启；在这期间，《人民日报（海外版）》与印尼最大的华文媒
体《国际日报》实现联合发行，并在雅加达和泗水设立印刷店；印尼
《商报》与中国新闻社合作，出版中国新闻专版，和《人民日报》《环球

---

① 印尼中央统计局网站（https://www.bps.go.id/statictable/2009/04/14/1388/jumlah-kunjungan-wisatawan-mancanegara-ke-indonesia-menurut-negara-tempat-tinggal-2002-2014.html）。

② 中华人民共和国文化和旅游部网站（http://zwgk.mct.gov.cn/auto255/201506/t20150610_832327.html? keywords =）。

时报》合作在印尼同期发行《生命时报》。《印尼星洲日报》《千岛日报》《讯报》《好报》《印华日报》等报刊均设有专门报道中国要闻的版面。印尼孔子学院也借助这些报刊推介中国语言文化。比如 2011 年 9 月在《千岛日报》副刊开设的"汉风语韵"专栏，用以刊登中国诗歌散文、民间故事、文化长廊、流行口语、词语用法等。2010 年，中国中央电视台成立驻印尼记者站，印尼国家电台与中国国际广播电台签订关于两台间开展节目和人员交流的合作备忘录。2012 年，印尼新闻信息技术部与中国广播电视局签署广播电视合作协议，合作范围包括广播电视高科技及服务领域、数字地面广播服务、促进双方广播电视机构间的联合制作及节目交流、广播电视领域的人力资源建设等领域。2013 年，中新社副社长夏春平率团访问印尼，与印尼华文媒体和当地媒体进行交流、座谈。同年，印尼驻华使馆和安塔拉通讯社在北京联合举办中国和印尼媒体交流论坛，就媒体在中印尼人文交流中的作用展开讨论。在宗教交流方面，2008 年，印尼伊斯兰教师联合会和印尼市场协会在雅加达和泗水联合主办了"印尼与中国伊斯兰教社会、文化国际讲座会"，其论文集《复兴新丝绸之路：印尼伊斯兰教与中国的新方案》于 2010 年在印尼出版发行。2010 年，中国国家宗教事务局局长王作安访问印尼伊斯兰大学并发表演讲。同年，两国在雅加达会展中心举办了由印尼伊斯兰教法学者委员会和中国伊斯兰教协会联合主办的"印尼—中国 2010 年伊斯兰文化展演"大型活动。2012 年，印尼伊斯兰教法学者委员会主席哈米旦·沙伯莱率团访问中国，先后考察了泉州、西安、北京等地的伊斯兰教遗址，并与中国伊斯兰教协会会长陈广元大阿訇签署合作谅解备忘录，拟在清真食品监制和认证、举办伊斯兰教文化展览、举办伊斯兰教文化研讨会、派遣留学生、学者互访交流和制作伊斯兰教文化遗产影视作品等方面开展合作。

第二节　建立全面战略伙伴关系后中印尼人文交流成果丰硕

　　2013 年，中印尼关系提升为全面战略伙伴关系。外交关系的提升向两国人文交流提出了更高的要求。自两国建立全面战略伙伴关系以来，双边人文交流迎来了飞速发展。一方面，2015 年，两国建立副总理级人文交流机制。这是中国与发展中国家建立的第一个高级别人文交流机制，体现出中印尼人文交流的重要性。另一方面，在高级别人文交流机制的推动下，民间交流也呈现出一派繁荣景象。

一　高级别人文交流机制的运行

2015 年 5 月，中印尼副总理级人文交流机制首次会议在雅加达召开。中国国务院副总理刘延东和印尼人力与文化发展统筹部部长普安共同主持会议，并共同见证了关于教育、科技、文化等 7 项合作文件的签署。2016 年 8 月，中印尼副总理级人文交流机制第二次会议在贵州贵阳举行。第二次会议以"互联互通互信·相知相识相亲"为主题，双方发表联合公报，签署了教育、科技、文化、林业等八个合作协议。2017 年 11 月，中印尼副总理级人文交流机制第三次会议在印尼梭罗举行，此次会议签署了科技创新等领域的合作文件。同时举行了中印尼大熊猫保护合作研究启动仪式、科技创新合作论坛、"留学中国"教育展等配套活动。总体而言，在这三次会议的见证下，两国签订了系列合作协议，涵盖教育、科技、卫生、文化、旅游、体育、青年、媒体八个领域。两国高级别人文交流机制已经取得了阶段性成果。具体而言，中方设立"中印尼专项奖学金"项目，自 2016/2017 学年起，每年向印尼增加提供 100 个中国政府奖学金新生名额；双方积极推进共建联合实验室、共建中印尼技术转移中心，共同组织青年科学家互访交流、举办中印尼科技创新合作项目推介会等。

二　教育领域的交流合作

中印尼教育交流合作是两国恢复建交后人文交流中最重要、最活跃的领域，在两国人文交流各领域中持续处于领先地位。自两国建立全面战略伙伴关系和副总理级人文交流机制以来，教育交流合作更是呈现出一派繁荣景象。不仅极大地增加了两国语言和文化的学习机会，学术交流、智库交流、职业教育等领域的交流合作也不断进阶。

首先，就两国语言文化的学习而言，中国开设印尼语专业的院校增加到 20 余所，每年新增印尼语专业学习者逾 400 人；在印尼，已开设 7 所孔子学院，中国向印尼派遣汉语志愿者教师千余人。双方互派留学生的数量也大幅增长。中国已成为印尼学生的第二大留学目的国，2018 年在华印尼学生数量已达 15000 人，位居来华留学的 196 个国家和地区中的第七位。[①] 赴印尼留学的中国学生数量也逐年递增。

其次，积极搭建学术和智库交流平台，促进两国学者往来。2016 年，北京外国语大学牵头成立了"中国—印度尼西亚高校智库联盟"，联盟成员包括中方的北京外国语大学、华中师范大学、广东外语外贸大学、河北师范大学，以及印尼方的加查马达大学、日惹国立大学和北苏门答腊大学等。2017 年，北京外国语大学和华中师范大学分别成立中印尼人文交流研究中心，厦门大学、福建师范大学等高校也陆续成立印尼研究中心，加之此前广东外语外贸大学、河北师范大学等高校设立的印尼研究中心，全国已有十余所高校设立了中印尼人文交流中心或印尼研究中心。2018 年，印尼泗水苏南·安佩尔伊斯兰国立大学则设立了"印尼—中国研究中心"，成为印尼方提供双边教育交流合作平台的标志性事件。2018 年 8 月，清华大学与印尼 UID 学院（United in Diversity）合作设立位于巴厘岛的清华大学东南亚中心，成为两国学术交流和合作的又一里程碑。2018 年 11 月，华中师范大学中印尼人文交流中心举行"中国—印尼高校人文交流国际论坛"，汇聚了中印尼高校的 16 位校长和副校长，各高校国际处负责人和 40 多位中印尼专家学者与会讨论，进一步促进了两国的智库交流。从 2019 年起，教育部人文交流中心开始打造"中印尼人文交流发展论坛"，进一步加强两国学术和智库领域的交流与研究合作。

最后，职业教育的交流合作成为两国教育交流合作的新亮点。由于产业结构的限制和经济发展的需求，印尼政府高度重视职业教育，2016 年便提出"重振职业教育，助力工业革命 4.0"的政策规划。此后，印尼工业部、文教部、科研和高教部、国企部、劳工部五部门共同签署《促进职业教育发展协议》，2019 年又提出"优秀人力资源"项目，并在文教部增设职业教育司，统筹职业教育事务。在此背景下，中印尼职业教育的交流合作顺势而为。目前的交流合作既包括院校间，也包括校企间，形式主要表现为调研互访、短期培训、建立分校或培训基地、建立实习基地、培训基地、高等职业院校等。比如，苏州农牧职业技术学院代表团赴印尼吉打

---

① 中华人民共和国教育部网站（http://www. moe. gov. cn/jyb_ xwfb/gzdt_ gzdt/s5987/201904/t20190412_ 377692. html）。

邦县，挂牌"苏州农业职业技术学院印尼农业培训中心"，签约《共建印尼苏州农学院合作协议》；陕西工业职业技术学院举行2019年印尼教育文化部职业院校师资海外（中国）培训项目；扬州职业技术学院赴印尼出席高等职业教育政校企合作国际论坛并与合作院校签署了多份备忘录；格力（印尼）公司与印尼西加里曼丹省坤甸市合作启动了"共同希望语言学院"人才培养合作重点项目，培养符合条件的印尼青年，毕业后可以直接进入格力（印尼）公司工作；华为印尼分公司为来自12所印尼职业学校的上千名学生免费提供ICT培训等。2020年11月，以教育部中外人文交流中心打造的中印尼人文交流发展论坛为载体，中印尼两国专家和学者就两国职业教育的交流合作展开了深入探讨，包括"佐科新一届政府的职业教育政策、法律法规及目标""疫情防控常态化下中印尼职业教育合作的发展与创新""中印尼职业教育合作的未来展望"等议题，进一步促进了中印尼职业教育合作的发展。

三　旅游领域的交流合作

中印尼两国深厚的文化底蕴和丰富的自然资源为两国开展旅游合作创造了天然的条件。在此前双边旅游合作谅解备忘录的基础上，2015年6月9日，印尼总统佐科签署了对包括中国在内的相关国家和地区旅游免签规则的条例。根据该条例，中国游客赴印尼旅游能够免除此前25美元的签证费用，入境手续也得以简化。2016年，印尼旅游部与中国国家旅游局一致同意整理、改善和提高双边旅游交流关系，对不文明、不专业、损害游客利益的旅游业经营者或旅行社采取严厉处罚措施。此外，两国有关部门和地方城市积极成立旅游合作推广中心，举行旅游推介会。比如2015年7月成立了福建（印尼）海外旅游合作推广中心，并举办旅游推介会。2017年1月，印尼旅游部主办"郑和下西洋之路"旅游线启动仪式，用以吸引中国游客。2018年4月，印尼旅游部等相关部门先后在中国成都、西安、深圳、南宁和广州等地举办推介会，用以提升旅游品牌知名度。同年6月，在北京举行了"美妙印尼"大型旅游推介会。同年11月，印尼旅游部与中国厦门航空合作，在厦门建发湾悦城购物中心举办了为期3天的大型旅游推介活动，以吸引更多的中国游客前往印尼旅游。2019年，印尼旅游与创意经济部在深圳等各大城市进行路演，举办"精彩印尼"推介会。中国各级文旅部门也在印尼推广中国旅游资源，吸引印尼游客。2018 年 10 月，海南省旅游和文化广电体育厅在雅加达举办"爱上海南·不一样的海岛"暨海南国际旅游岛推介会。会上，国际环球（印尼）集团有限公司与海南南国企业集团、海南联合航旅集团就在海南共建巴厘村项目签订了三方合作框架协议，就国际营销合作、邮轮、航线等方面开展务实合作达成共识。2019 年 2 月，北京市文化和旅游局在雅加达举办"激情冰雪·魅力北京"文化旅游图片展和公众日活动；同年 10 月，宁夏回族自治区文化和旅游厅在雅加达举办"美丽中国·神奇宁夏"的文化旅游宣传推介系列活动。两国旅游领域的合作和一系列推广活动的举行极大地促进了两国旅游业的发展。《"一带一路"——中国出境自由行大数据报告 2019》显示，印尼的旅游热度在所有"一带一路"国家中位列第 18 位。[1] 2010—2019 年，中国赴印尼的游客数量由 51.12 万人增长为 207.21 万人，在印尼所有国际旅客中的比重由 7.3% 提高为12.86%。根据印尼统计局公布的数据，中国游客的平均停留时间由 5.98天延长为 8 天，人均支出由 923.33 美元提高为 1385.55 美元。[2] 此外，根据中国国家统计局的数据，2010—2018 年，印尼赴中国的游客数量由57.34 万人增长为 71.19 万人，占中国所有国际游客的比重由 2.19% 提高为 2.33%，占中国所有亚洲游客的比重由 3.54% 提高为 3.72%，印尼由中国的第十四大客源地上升为第十三大客源地。[3]

随着两国旅游互访交流合作进入常态化繁荣阶段，两国旅游人才合作培养也开始起步，包括设立旅游学院、开展语言培训等。2017 年末，桂林旅游学院在印尼特里沙克蒂旅游学院设立了中印尼旅游商学院、中印尼旅游研究院。在泗水孔子学院和印尼巴厘岛乌达亚娜大学旅游学院旅游汉语培训中心为巴厘岛旅游、警务人员开展语言培训。

---

① 中国旅游研究院、马蜂窝旅游网、自由行大数据联合实验室：《"一带一路"——中国出境自由行大数据报告 2019》，第一部分。

② 印尼中央统计局网站（https://www.bps.go.id/indicator/16/1821/1/jumlah-kunjungan-wisatawan-mancanegara-ke-indonesia-menurut-kebangsaan.html；https://www.bps.go.id/indicator/16/272/1/rata-rata-pengeluaran-wisatawan-mancanegara-per-kunjungan-menurut-negara-tempat-tinggal-.html）。

③ 中国国家统计局网站（https://data.stats.gov.cn/easyquery.htm? cn = C01&zb = A0K05&sj = 2018）。

四　媒体领域的交流合作

媒体是促进两国人民互相了解和认知的重要媒介，两国媒体间的交流合作是两国人文交流的重要组成部分，有助于增进两国人民的理解与信任。在此前合作的基础上，受益于中印尼高级别人文交流机制的建立，媒体间的交流合作有了进一步发展。

2015年5月，中国记协在北京举办"中国与印尼'一带一路'媒体座谈会"，来自新华社、中新社、《人民日报》《经济日报》《中国日报》《中国青年报》、中央电视台、中央人民广播电台、中国国际广播电台和中国网及印尼安塔拉通讯社巴厘省分社、《雅加达邮报》《巴厘风采》《千岛日报》《古邦邮报》《今日印尼报》等双边主流媒体的编辑、记者参加了座谈会，就报道经验和规划，两国媒体如何加强合作进行了讨论。2016年9月，中国国务院新闻办公室和中国驻印尼大使馆联合在雅加达举办中印尼媒体论坛，直接促进了印尼《罗盘报》《共和国报》《印华日报》《国际日报》《商报》《千岛日报》《讯报》、美都电视台和中华新华社、《人民日报》、中央电视台、国际广播电台等两国主流媒体的直接交流和互动。2016年12月，由印尼记协、安塔拉通讯社东爪哇省分社等机构组成的印尼新闻代表团，围绕"'一带一路'倡议对接绿色发展理念"主题，先后到北京、浙江、上海等地开展采访活动。2018年5月，中国驻登巴萨总领馆邀请由巴厘电视台、安塔拉通讯社、《巴厘雷达报》和《巴厘邮报》等媒体的记者组成印尼媒体访华团，到访中国福建和浙江两省。

除了参访和座谈活动外，两国媒体间的深度报道和合作报道增多。以往印尼媒体对中国的报道多依赖西方媒体的二手资料，且带有西方视角，中国媒体对印尼的报道也大多关于地震、海啸等自然灾害或负面信息。随着双方记者在当地社会的深耕，报道的范围和内容与质量都有了极大的提升。值得一提的是，新媒体在印尼国情、文化、社会的深度报道中走在前列，目前，以印尼为主题的微信公众号不下几十个，既报道了印尼最新的政策和情况，也记录了在印尼的中国人群体的生活动态，内容包罗万象、引人入胜。此外，双方也拓展了合作报道的渠道。中国外交官、学者的文章近年来开始在《罗盘报》《雅加达邮报》等印尼主流媒体上登载，真实而直接地展示了中国的情况和视角。此外，《中国日报》与印尼的《雅加达邮报》合作发行《中国日报》的《国际周刊》和《中国观察报》，持续性地在印尼当地发出中国声音。

五　青年间的交流合作

青年的教育培养关系到两国未来的关系走向。因此青年间交流往来活动开展的效果会影响两国关系的持续性。虽然在教育领域的交流合作中，两国互派留学生的做法已经能够促进两国青年群体的相互了解和认知，但是集中于语言、文化领域的留学生只是青年群体中的沧海一粟，仍然需要就青年群体间的交流合作开展工作。

自中印尼高级别人文交流机制建立以来，两国青年间的交流合作主要依托中国和东盟的多边合作机制展开。比如中国—东盟青年营、东盟青年干部培训班、中国—东盟青年企业家论坛等。游学、夏令营和互访交流是这些活动的主要形式。多边机制中的交流合作虽然在一定程度上能够促进两国的青年交流，但是效果有限，有必要专门开展两国青年的交流往来。2017—2019 年，中国驻印尼大使馆、福建省政府和印尼外交政策协会联合举办了三届“中印尼青年互访交流游学代表团”活动，选拔两国多所高校的优秀学生，并邀请青年政府官员、智库学者、媒体记者、网络意见领袖组成代表团，结伴赴对方国家游学参访。2018 年 6月，由中国国务院侨务办公室主办、北京华文学院承办的海外华裔青少年“中国寻根之旅”夏令营—印尼华裔青少年北京游学营得以成功举办。来自印尼的华裔青少年营员们在北京参观游览天安门广场、故宫、颐和园、长城、天坛、鸟巢、水立方、首都博物馆等代表中国传统文化特色的名胜古迹，并在北京华文学院内学习书法、汉语、武术、包饺子等中国特有的文化传承。2019 年 11 月，北京外国语大学联合广东外语外贸大学和印尼科学院地区资源研究中心举办了“首届中国高校印尼语口语大赛暨 2019 中印尼青年高端论坛”，汇聚了中印尼智库、高校和科研机构的专家学者和青年代表，并专门开设“丝路花语——中印尼青年高端论坛”作为活动的分论坛，为中印尼青年进行深入的交流讨论搭建平台、创造机会。

虽然中印尼青年间的交流活动已经有所开展，但从规模和影响力来看，是远远不够的。因此，中印尼青年的交流合作仍然任重道远。

六　科技领域的交流合作

进入 21 世纪后，科技领域的创新发展决定了一个国家的发展程度。中国科技和互联网发展走在世界前列，为中印尼开展科技领域的交流合作创造了良好的条件。此外，印尼政府颁布的《国家科技总体规划 2015—2045》成为两国科技领域交流合作的巨大动力。在中印尼副总理级人文交流机制框架下，两国不仅开展青年科学家交流、共建联合实验室、开展技术转移等实质性活动，还就科技园区的建设达成合作共识，合作领域已覆盖农业、生物、信息、电子、环境、能源、中医药、疾病防治等。

具体而言，中印尼的科技交流合作主要从两个层面展开。第一个层面是与高校合作。比如 2016 年 12 月，万隆理工学院与重庆大学合作开设微循环学、血流变学、干细胞学等医学专业课程，培养两校医学毕业生在临床治疗中准确掌握和使用专业技术。第二个层面是开展校企合作。比如 2017 年 3 月，华为与印尼 7 所高校合作，启动 Smart Gen（智慧一代）项目，帮助印尼培养信息与通信人才。三年来，该项目开展了超过 1000 次培训课程，与超过 20 家大学合作，已组织培训 12000 名工程师和 5000 名学生。中国科学院海洋研究所与印尼科学院海洋研究中心、印尼技术评价与应用局、中苏拉威西省相关大学和企业签署了战略合作协议，除多次互访以外，已经在联合实施航次、共同海洋观测、共享科学设施和数据资料、人才培养等方面开展了印尼海上联合航次调查、海洋生物资源调查和高值化利用、联合申请中国—印尼海上合作基金等卓有成效的合作。

此外，自中印尼副总经理级人文交流机制建立以来，中印尼两国已签署七项科技合作协议，共建两家国家级联合实验室和一家技术转移中心。2017 年 11 月，"中国—印尼科技创新合作论坛"在印尼科技研究与高等教育部举行，在论坛上签署了《中印尼科技创新合作三年行动计划（2018—2020）（草案）》，以及由印尼技术评估与应用署与中国浙江大学合作的生物技术联合实验室、印尼科学院创新中心与中国—东盟技术转移中心合作的中印尼技术转移中心、印尼国家原子能机构与中国清华大学合作的高温气冷堆联合实验室三个重点科技合作项目同时揭牌。因此，中印尼双边科技交流合作卓有成效，且具有务实意义。

七　卫生领域的交流合作

2015 年 5 月，中印尼联合发表的《中国—印尼副总理级人文交流机制首次会议联合公报》，列明中印尼两国将在公共卫生，尤其是传染病防控、全民健康覆盖、卫生人力发展及健康教育等领域继续加强合作。实践中的合作具体体现为交流访问和卫生基础设施建设。2016 年 10 月，中国国际文化交流中心和印尼雅加达吉祥山基金会联合在雅加达主办了"中华文化东南亚行——中医中药行"活动。在活动中，来自中国中医药大学、广西中医药大学等机构的 6 名中医专家举办了健康讲座，并为 400 多名雅加达民众开展义诊。2017 年 10 月，中国医保商会会长周惠率团访问印尼，先后与印尼医药行业商协会、制药企业、医药媒体及政府卫生部等机构进行会谈，意在进一步推动两国医药领域的交流合作。在卫生基础设施建设方面，主要体现为中国驻印尼使馆与印尼伊斯兰教士联合会共同援助"便民综合卫生设施"，2017 年和 2018 年分别在印尼万丹省西冷县塔纳拉乡塔纳拉村和西爪哇省井里汶市的南安由县、加拉璜县等地建成。

此外，2018 年，中国医药行业在雅加达举办中国医疗健康（印尼）品牌展，以此促进两国医药医疗行业和健康产业的合作交流，展出内容涵盖中国传统医药保健品、医疗产品和家庭护理与关爱三大类别。展出期间还举办了医疗健康论坛、医疗器械企业对接会、中国东盟医疗器械产业合作及案例分享和家庭护理与传统医疗体验等活动。

2020 年新冠疫情期间，两国卫生领域的交流合作有了实质性的进展。一方面，中国国家卫健委与印尼卫生部、国企部共同组织双边的医疗专家多次召开视频会议，就疫情防控和诊疗方案开展讨论和交流；另一方面，中印尼双方在新冠疫苗的开发生产中实现了深度合作。7 月 20 日，中国的新冠疫苗抵达印尼，交由印尼国有企业 PT Bio Farma 生物科技公司进行第三阶段的临床试验。8 月 11 日，该实验正式启动。8 月 20 日，Bio Farma 与北京科兴生物签署了首批新冠疫苗交付协议。10 月 10 日，印尼海事与投资统筹部部长卢胡特、卫生部长德拉万、印尼驻华大使周浩黎和印尼国有生物制药（Bio Farma）公司总经理巴希尔同中国康希诺生物公司、中国国药集团和科兴生物技术公司等中方制药公司的领导进行会晤后表示，中国的新冠疫苗将于 11 月运抵印尼。同时，中国外长王毅向印尼海洋与投资统筹部部长卢胡特表示，中方将支持印尼成为东南亚的新冠疫苗生产中心。12月6日，首批120万剂中国新冠疫苗抵达印尼首都雅加达。此外，还将有180万剂疫苗运抵印尼。印尼总统佐科表示，有4500万剂用于生产疫苗的原料将分两批运抵印尼，随后再由印尼生物制药企业进一步加工，印尼对此表示"不胜感激"①。这些现象都体现出中印尼在卫生领域的拓展和深化。

八 文化和体育领域的交流合作

中印尼两国都具有深厚的历史文化积淀，并且在很多方面具有相通性，因此两国文化领域的交流合作有利于增进两国人民的认同感。两国文化领域的交流合作主要体现为文化作品展出和文艺演出交流。2015年5月，由中国国际电视总公司与印尼艾奈特媒体公司以商业化和本土化合作模式开办的印尼中国节目频道"嗨——印度尼西亚！"（Hi—Indo!）在雅加达开播，该节目主要面向印尼观众播出中国影视节目。2015年11月，广东省广州市美术家协会和印尼教育文化部共同主办了"印尼宝鹰中国书画展"，向印尼展示承载着华夏五千年厚重文明的书法和水墨画作品。2016年3月，中国驻印尼大使馆与中国国家新闻出版广电总局电影局、印尼创意经济局、印尼中国友好协会联合主办了"2016中国电影周"，《捉妖记》《西游记之大圣归来》《狼图腾》《人在囧途之泰囧》等影片在雅加达三家影院轮番上映，印尼民众对此反响热烈。2018年6月，中国中央广播电视总台与印尼国家电视台在雅加达签署了"中国剧场"播出合作协议，由中央广播电视总台译制的印尼语版中国电视剧《鸡毛飞上天》和动画片《中国熊猫》在印尼国家电视台播出。2018年7月，印中文化交流基金会及多个文化机构、画廊在泗水伦马商场一楼打造了面积超过1000平方米的"艺术空间"，收藏和展示印尼、中国及其他国家艺术家的绘画、雕塑、摄影等艺术作品。2019年3月，印尼首批36位艺术类中小学教师在中央音乐学院进行了"中国·印尼合作——2019中央音乐学院印度尼西亚艺术教师教育培训与文化交流项目"，他们曾在中国学习

---

① 《中国疫苗陆续抵达多国，印尼总统表示"不胜感激"、巴西州长亲赴机场迎接》，2020年12月8日，环球网（https://baijiahao.baidu.com/s？id=1685459020047110075&wfr=spider&for=pc）。

了舞蹈、绘画、书法、戏曲、陶艺等具有中国传统文化特色的课程。每逢中国传统节日，中印尼两国官方和民间都会开展丰富的文艺演出活动，尤其是春节，中国驻印尼使馆和印尼相关部门都会举办新春联欢会，比如2018年2月，中国驻印尼登巴萨总领事馆与印尼东努沙登加拉省政府在政府礼堂联合举办"2018年新春庆祝晚会"，以此拉近中印尼的文化距离。此外，2018年10月，中国驻泗水总领事馆与千岛日报社等机构联合举办了"我与中国"汉语主题征文大赛，通过赛事增进印尼民众对中国语言和中国文化的了解。随着中国对印尼宗教性的认识逐渐加深，两国也在宗教，尤其是伊斯兰教层面开展一些交流合作。2019年2月，印尼三大伊斯兰教组织伊斯兰教法学者理事会（伊学会）、伊斯兰教士联合会（伊联）、穆罕默迪亚（穆联）的15名领导层成员和《共和国报》、TVOne电视台、点滴网等媒体记者一起访问了北京和新疆乌鲁木齐、和田、喀什等地，参观访问了中国伊斯兰教协会、新疆伊斯兰教经学院、北京东四清真寺、和田加买清真寺、喀什艾提尕尔清真寺等宗教组织和场地，为加强两国伊斯兰教的交流合作打下了良好的基础。

体育层面的交流合作略显不足。根据现有的信息，只是在雅加达亚运会举办前夕，中国驻印尼大使馆与苏加诺—哈达国际机场海关、移民部门举行了足球友谊赛。此外，在雅加达亚运会上，国务院副总理孙春兰作为习近平特使出席开幕式。

综合以上信息，可以看到在中印尼两国上升为全面战略伙伴关系，并建立高级别人文交流机制后，两国人文交流在多个领域取得了丰硕的成果。其中以教育和旅游领域的交流合作较为广泛深入，媒体、卫生、科技、文化等领域的交流合作也在迅速发展，而青年和体育领域的交流合作则有些落后于其他领域。

第三节 现阶段中印尼人文交流的问题

虽然中印尼人文交流在两国密切的外交关系下有了飞速的发展，但是仍然不足以服务于两国"民心相通"的基本目标。印尼民众的对华认知依然存在较强的负面效应。因此，需要审视两国人文交流中存在的问题。

一　机制问题

目前，中印尼两国人文交流机制以副总理级人文交流机制为其顶层设计。虽然在高级别机构和官员的影响下推动了两国多领域务实人文交流的开展，但是，这一顶层设计依然存在缺乏针对性和精准度的缺点，导致两国人文交流很难深入群众，得到民间的关注和认同。

值得注意的是，印尼的社会和文化具有高度的宗教性和复杂的多元性。一方面，印尼以"信仰神道"为最重要的国家原则，规定全民信仰宗教，并认定了伊斯兰教、基督教、天主教、印度教、佛教、孔教六种宗教为官方宗教。可以说，宗教是印尼政治、经济、社会和文化生活不可或缺的重要方面。另一方面，印尼的社会和文化具有高度的多元性。地理和历史上四分五裂的形态成为印尼不具有统一文化特征的现实原因。而分权后地方文化的凸显更加剧了印尼社会和文化的差异。这些文化特性与中国存在巨大差异，如何在两国文化差异中寻求共同点和共通性，是顶层设计中应该回应的现实问题，而目前的顶层设计只关注了交流合作领域的扩展，而忽略了印尼的社会和文化特性及与中国存在的差异性。

除顶层设计缺乏针对性和精准度以外，中印尼人文交流机制还存在常态机制不成熟、特殊机制没有建立的问题。现阶段中印尼两国在各领域开展的人文交流大多不具有常态性机制的支撑，开展的活动也鲜少具有持续性，容易给人造成流于形式的印象，影响力受限，也很难达到一定的交流深度。此外，缺乏一定的危机应对机制。以新冠疫情为例，中印尼人文交流在2020年上半年除相互援助支持以外，惯常的旅游和访问交流活动基本处于冻结状态，筹备中的中印尼建交70周年的推广活动也因此搁浅，没有相应的备选或补足方案，直到三个月后才慢慢通过视频会议、云交流等方式，在一定程度上恢复了相互交流。由此反映出整体的人文交流机制缺乏危机应对能力，从而影响了双边人文交流的持续性。此前建立的交流机制和良好合作关系也可能受到影响。而新冠疫情暴发后激发了卫生领域的交流合作，却没有快速反应机制来迅速组织起相关的交流合作，而是经历了一个筹划执行的过程，不能达到最佳效果。

二　现实问题

（一）印尼方面仍然缺乏积极主动性

在中印尼两国开展的人文交流中，中方更具有主动性，而印尼方常常出现消极对待的情况。比如在青年交流方面，受经费的限制，印尼青年的积极性并不高，对于组织印尼青年参加相关活动增加了难度。而在旅游方面，虽然已经在人文交流中处于领先地位，但中方想进一步深化两国旅游关系，比如中方文化和旅游部在印尼设立中外人文交流中心的做法，在印尼处于被消极对待的困境，一直无法加以具体落实。印尼方的消极态度一方面因为宗教文化的差异而对中国具有警惕心；另一方面则受到西方国家对中国"污名化"报道的影响，先入为主地对中国产生了错误认识。

（二）交流范围具有局限性

从中印尼两国开展的人文交流现状来看，以教育和旅游交流为主。在教育方面，两国开设相关语言文化专业、互派留学生，形成了良好的运行机制，并不断向广度和深度延伸，比如职业教育、智库的合作交流近年来也呈现出良好的发展趋势。在旅游方面，开展了旅游推介会、旅游合作媒体对话会等一系列形式多样的活动，促进了两国旅游业的发展，尤其是中国已成为印尼第一大旅游客源国。与此相对应的是，科技、卫生、文化、体育、青年、媒体等领域的交流合作尚未形成有效的机制和体系，开展活动的影响力和覆盖面都具有相当的局限性。比如媒体的交流合作仅限于两国互派记者或设立记者站、记者团互访，以及专题报道合作等活动形式，活动的丰富性和影响力都落后于俄罗斯、法国等同样建立了高级别人文交流机制的国家，甚至不及同属于东南亚地区的泰国。因此在范围上形成教育和旅游的交流合作远远领先的局面，而并未带动其他领域的交流跟上两国关系发展的趋势。

（三）交流深度不足

现阶段，中印尼两国的交流合作往往流于形式，缺乏深度。比如在互联网交流层面，仅创办了一次"中国—印尼科技创新合作论坛"，以及开展一些参观访问活动，并未在中国极具优势的互联网创新技术和模式上与印尼开展深度交流，导致印尼对中国的互联网企业缺乏充分准确的认知，从而影响中国互联网企业在印尼的形象。根据新加坡东南亚研究所东盟研究中心发布的 2020 年调查报告，在面对"你对哪个/哪些公司能够帮助国家建设 5G 基础网络最具有信心"这一问题时，尽管中国有 3 家公司在列，但印尼仅有 28.4% 的受访人选择中国的互联网企业，而有 44% 的受访人选择了韩国仅有的一家三星公司。在青年层面开展的短期游学和访问活动中，并未有效激发出印尼青年参与的积极性，也并未达到两国青年充分沟通了解的效果。因此，缺乏深度交流机制，流于形式的交流合作引起的往往只是一时的热闹，而达不到促进两国人民"民心相通"的效果，与中印尼两国高层的期望尚具有较大的差距。

（四）缺乏民间影响力

人文交流最重要的目标在于促进两国的"民心相通"。但在目前的交流活动中，中印尼双方都存在参与者的精英化趋向，比如政府官员、政党领袖、高校和智库专家、各领域专家等。两国普通民众很难有机会参与到交流合作中。而交流过程也往往是在政府高层达成协议的基础上，各机构团体根据高层制定的方针开展具体活动，颇有些"剧本式演出"的意味。这样的演出印象不仅不能加深两国民众的友谊，反而可能起到反作用。根据皮尤研究中心的调查，印尼对华好感度自 2013 年起逐年下降，到 2019 年已经从 70% 下降到 36%。虽然对华好感度的下降有多方面的影响因素，但不可否认的是，缺乏草根基础的人文交流并未起到积极作用。要达成中印尼两国的"民心相通"，依然任重而道远。

第四节　后疫情时代中印尼人文交流展望

2020 年是中国和印尼建交 70 周年，尽管在疫情的影响下，诸多纪念活动无以开展，但疫情并没有阻断两国的友谊。一方面，两国高层持续密切互动。中国国家主席习近平与印尼总统佐科分别于 2 月 11 日、4 月 13 日和 8 月 31 日三次通电话，就共同抗击新冠疫情、进一步夯实和深化两国交流合作关系交换意见。中国国务委员兼外长王毅与印尼外长蕾特诺也三次通电话，并于 8 月 20 日在海南保亭会谈。9 月初，中国国务委员兼国防部长魏凤和访问印尼，与印尼国防部长普拉博沃举行会谈，共同表示将继续深化拓展两国各领域合作，进一步密切两国关系，并对加强对话协商，共同维护南海和平稳定达成共识。10 月，印尼海洋与投资统筹部部长卢胡特作为总统特使访问中国，与中国国务委员兼外长王毅举行会谈，就疫苗合作、"一带一路"倡议和"全球海洋支点"合作规划、后疫情时代的全面战略伙伴关系的发展等议题开展了深入交流。在此以前，两人也曾通话三次。另一方面，两国人民在疫情中互相帮助、互相支持，友谊在疫情中得到升华。当中国处于疫情中心时，印尼华人和普通民众以团体或个人多种形式向中国表达祝福和帮助，包括发出"关爱武汉"奉献爱心倡议书，启动"关爱武汉"捐款周活动，举办为中国祈福的烛光晚会，包机向中国运输抗疫物资等。而当印尼也出现疫情并逐步扩散后，中国人民予以回报，国防部、使领馆、中资企业等各类团体和个人持续向印尼捐赠抗疫物资，并组织专家向印尼传授抗疫经验。此外，人文交流活动虽然有过短暂的停滞，但却促进了各领域人文交流方式的创新，视频会议、云合作等互联网交流方式成为人文交流的常态，弥补了线下"面对面"交流不能实现的遗憾。因此，尽管中印尼人文交流面临诸多困难，但仍然具有良好的前景，需要对此前的政策和措施做出调整，以促进两国人文交流达到更好的效果。

一　完善和优化顶层设计

顶层设计决定着中印尼人文交流的方向，是中印尼开展人文交流最基本的制度保障。顶层设计的完善和优化对中印尼人文交流的发展起到了重要的引导作用。

首先，需要针对印尼的社会和文化特性制定专门的实施方案。比如针对印尼的宗教性，一方面提醒人文交流各主体尊重印尼人民的宗教信仰，另一方面注重开展宗教之间的交流合作，不仅伊斯兰教的交流和合作可以扩展和深化，而且佛教、基督教、天主教等宗教团体之间的交流和合作也可以有所探索。毕竟古代中印尼的宗教交流已经起到了良好的示范效应。针对印尼的地方性，除了密切高层往来以外，应该多激发两国地方城市之间交流合作的积极性。目前，北京市与雅加达特区、广东省与北苏门答腊省、成都市与棉兰市等 27 对省级或市级城市已经结成了友好（姐妹）省/城市。可以充分利用友好（姐妹）省/城市打下的良好基础，开展省市之间的交流往来，充分调动印尼地方政府参与中印尼人文交流的积极性，从而促使两国间的交流合作更接地气，更亲近民间。以福建为例，福建省与中爪哇省是友好省,福州市与三宝垄市、厦门市与泗水市、漳州市与巨港市又是友好姐妹城市,可以结合地域特点,围绕共同的历史记忆或发展领域,举办中国(福建)与印尼的文化交流史、福建与印尼的海洋经济合作等主题研讨会、档案文献展或其他形式的交流活动。

其次,有效整合现有资源,避免交流活动重复杂乱。在中印尼开展的政府间人文交流中,主要的推动力量有外交部、教育部、文旅部、团中央等。其中,中外大学校长论坛、中国—东盟教育周、教育外交等由教育部主导,青年交流由团中央推动,智库交流等热点议题由外交部主导,旅游交流由旅游局主导。而民间交流主体则更为广泛,智库、科研院校、企业、社会团体都纷纷开展交流合作。由此,中印尼人文交流的某些领域出现互相重叠,互相竞争,需要一个常态性、强有力的协调机构或机制统筹官方和民间资源,帮助各机构、各领域更顺利、更有效地推进两国人文交流合作。

最后,注意顶层设计的协调性、双向性和适度性。协调性是指在中印尼人文交流机制办公室协调下,统筹中方各个政府成员单位和民间团体的年度和3—5年的对印尼的人文交流项目,做到"突出重点、精准发力、点面结合"。双向性是指中印尼人文交流形式和内容的对等性和公平性,争取交流向可持续发展。比如在文化交流方面,既要关注中国对印尼文化的影响,又要挖掘印尼文化对中国文化的影响,比如宗教文化、香料贸易等。适度性是指中印尼人文交流项目的设计和开展应重视民间的认可和喜好。通过科学的调研和评估把握两国民众的喜好和需求,在符合双方国家发展利益的基础上设计和开展具有针对性和新颖性的交流合作项目。

二 建立危机应对机制和快速反应机制

肆虐全球的新冠疫情对人们的交流方式产生了重大冲击,尤其影响到跨国来往。新冠疫情是一场突发性的公共卫生事件,而两国交往面临的不仅仅是公共卫生事件,还受到自然灾害、瞬息万变的国际形势等多种突发性不可抗力的影响。因此,需要建立相应的危机应对机制,确保中印尼人文交流在特殊时期也能够通过多种变通形式顺利进行。危机时刻的交往更具有特殊意义,如果中印尼两国能够在面对共同危机时保持多种形式的人文交流,将对增进两国人民的感情起到不可估量的重要作用。

此外,新冠疫情也促进了中印尼双边卫生领域的沟通交流,比如通过视频会议向印尼介绍中国的抗疫经验，开展疫苗的合作开发等。但是，这类交流合作经历了一个筹划执行的过程，此前并没有相应的机制能够快速根据形势变化组织活动。因此，应该建立一个快速反应机制，根据特定事件或变化迅速开展相关领域的交流合作对接，由此才能够事半功倍地深化两国关系。快速反应机制可以与危机应对机制相互呼应，共同应对紧急情况所带来的变化。

三　打造品牌项目，持续扩大影响力

中印尼人文交流缺少品牌项目，持续影响力也就有些差强人意了。对于品牌项目的打造，应该既有包罗万象的总体的大型项目，又有各分支领域的专业项目。

在副总理级人文交流机制会议因持续举办难度较大的现实下，应该寻求可替代的综合性高端平台促进中印尼人文交流在各个领域的交流与合作。"中印尼人文交流发展论坛"是由教育部中外人文交流中心于2019年启动的高水准多维度的人文交流平台。2019年以"秉持人文交流理念，推进中印尼双边关系可持续发展"为主题，汇聚了中国和印尼政府部门、高校、企业等单位的约110位专家学者和代表。2020年受疫情影响，该论坛以线上形式进行，以"疫情后时期中印尼职业教育合作"为主题，专注讨论"疫情防控常态化下中印尼人文交流的发展与创新""佐科新一届政府的职业教育政策、法律法规及目标""中印尼教师教育合作""疫情防控常态化下中印尼职业教育合作的发展与创新"以及"中印尼职业教育合作的未来展望"等议题。从自我定位上看，"中印尼人文交流发展论坛"致力于搭建政府、智库、教育界、企业和媒体等交流与研究的平台，促进中印尼的务实合作和人文交流，助力中印尼政治互信和经贸合作深入发展。而从2019年和2020年两年的举办情况来看，参与人员和议题设置都还集中于教育和智库领域，并未形成广泛的吸引力和影响力。因此未来的"中印尼人文交流发展论坛"可以在已有的良好基础上，将主议题设置得更为宏大一些，然后设置若干个分论坛分议题，囊括教育、旅游、文化、卫生、科技、青年等各个重点领域。由此将不同领域的代表汇聚一堂，不仅能够扩大论坛的影响力，还能够在不同领域代表的思想交汇中激发出创新的方式和做法，避免设置和开展老生常谈的已经让人失去兴

趣的议题和活动。

　　总体性的人文交流项目能够容纳多领域人文交汇，形成广泛的影响力，但很难在各个领域有所深入。因此，各专业领域也应该打造属于本领域的人文交流品牌，从而让中印尼两国的交流合作更具有深度。在教育领域，充分利用已经建立的"中国—印度尼西亚高校智库联盟"，每年联合联盟成员在中印尼两地举行系列活动，并逐渐吸收新的成员加入联盟，扩大联盟范围。在旅游领域，打造两国旅游资源相互推介的共同平台，而非两国各自单打独斗。在共同平台的基础上，促进两国旅游行业的交流，促进旅游资源和设施、服务的相互学习和借鉴，交流两国游客的喜好和文化禁忌，进一步优化双方的旅游环境。在媒体领域，可以发挥国家广电总局等政府部门的组织和整合作用，建立双方主流媒体共同参与的媒体联盟，定期举办年会、座谈会、研讨会等活动，促进媒体间的交流与合作。此外，还可在联盟的基础上开展中印尼文化推介活动，比如文学艺术作品、典型人物、典型事件的互评活动等。青年间的合作交流则可以依托现有的"中印尼青年互访交流游学代表团"，在现有规模上进一步扩大和延伸，比如地域上不再局限于福建一地，而是在全中国范围内选取具有不同地域特色，能够代表中国文化特点的地方，从而扩展印尼青年对中国的了解。在人员选择上不仅仅局限于语言专业，各学科都可以选取代表，以此促进各专业青年人才的交流沟通，引导中印尼青年群体之间的了解和融合。在科技卫生领域既需要相互交流，又需要商务往来合作。因此在科技卫生领域应该着力打造囊括行业专家和企业家共同参与的交流平台，既促进专业领域的交流，又为双方的商务合作提供机会。在文化领域，可定期组织双方相关领域的文艺会演或文化展出，比如音乐会、美术展等。在体育领域，可定期举办各体育项目的友谊赛事，既能够交流双方的体育发展经验，又能够增加活动的参与度和趣味性。

四　丰富交流形式，吸纳更多人参与

　　现有的交流形式仍然具有一定的局限性，辐射的范围也比较狭窄。因此有必要丰富交流形式，吸纳更多的人参与。在教育方面，青年学术人才的交流非常薄弱，可以考虑设立青年学者交流基金，鼓励硕士、博士和博士后等青年学术精英互访合作，形成稳定的交流机制和网络。在智库方面，可以在印尼著名高校或智库设立研究中心，常态化地引导和开展各研究领域的交流合作，同时增进印尼非汉语或中国研究领域的学者或普通学生对中国的了解。在媒体方面，要把握数字媒体和娱乐节目的发展趋势，向印尼提供差异化的平台和内容。可以向印尼介绍和推广短视频、原创视频、弹幕应用、形式多样的综艺节目，但需要注意印尼本土的文化特点和民众喜好。在宗教方面，除了邀请印尼主流伊斯兰领袖和团体进行访华交流以外，还可以遴选宁夏、甘肃等地的回族大学生参加青年代表团，与印尼青年对话交流。也可将印尼本土习经院等基层宗教机构纳入参访和交流对象中，有效消除它们因受西方媒体报道而产生的错误印象。在文化方面，相互在对象国设立文化中心，并依托这一平台有效宣传和介绍本国文化、政治、经济和社会发展状况，树立本国在对象国的正面形象，增强本国文化在对象国的亲和力和新鲜感。此外，可推动两国经典和流行文学作品的互译，通过文学作品增强双方民众的相互认知。

五　创新人文交流方式，紧跟时代潮流

2020年，全球化的新冠疫情对以"面对面"交流为主要活动形式的中印尼人文交流按下了暂停键，直到互联网方式被加以运用才逐渐恢复。互联网是当代社会的发展趋势，疫情为利用互联网创新人文交流方式创造了契机。因此，在后疫情时代可以考虑广泛运用互联网交流和合作方式，并建立起相应的常态化机制，做好技术和人员铺垫。利用互联网交流不仅仅局限于视频会议和讨论形式，还可以开拓云展览、线上文艺演出、网络课堂等多种类别。同时，线上和线下相结合的方式也值得重视，以此从一定程度上弥补单纯的线下或线上方式所带来的行程受限、效果不佳等缺点。而"互联网无国界"的特性决定了互联网方式可以吸引更多的人观看和参与，更有机会深入群众，深入草根。此外，在长期无法展开"面对面"活动形式的状态下，积极利用两国驻对方国的各类机构，开展本国相关领域在当地的推介和体验活动，以促进两国人民的相互了解和认知。

六　积极应对国内外政治形势的变化

受制于复杂的族群、宗教、地方政治等，印尼的政治常常具有动荡的风险。特别是选举政治，常常引发歧视华人、对华不友好的敏感议题，挑

拨中印尼两国关系。而通过政党政治和选举政治产生的国家领导人则存在换届后政策变动的巨大风险。从中印尼人文交流的历程来看，领导人的政策偏好在很大程度上影响着人文交流能否顺利开展。因此，应该对此情况有所准备。一方面，应有针对性地开展政党和地方交流，同印尼各大政党和地方政府维持良好关系；另一方面，应注重在印尼民众中构建良好的国家和国民形象，不至于被反华人士所煽动和利用。

中印尼之间的交流合作不仅需要应对国内政治的复杂情况，国际形势的变迁也是其中的重要变量。比如疫情加剧了中美两国的竞争态势，美国不断利用南海议题拉拢印尼、越南、菲律宾等南海争端国对抗中国。虽然中印尼只在纳土纳海域存在专属经济区的争议，但自疫情暴发以来，印尼一改往日保守的南海态度，不但在疫情前不久总统亲自登岛宣誓主权，还于5月向联合国提交照会拒绝中国的"九段线"主张，并于6月在东盟峰会上呼吁东盟国家联合起来共同抵制中国的"九段线"。虽然9月中印尼就和平解决南海争端达成一致意见，但不排除美国继续从中挑拨以达到遏制中国的目的。值得庆幸的是，虽然中美竞争白热化为中印尼两国关系的发展带来了不确定的因素，但是中印尼的政治互信和经济往来已经为中印尼继续加强友好交流合作夯实了基础。印尼领导层已在多个场合表示不会在中美之间"选边站队"，而是保持两国的"平衡"。中国也秉持和平发展和构建"人类命运共同体"的外交理念。因此中印尼两国继续保持良好交流合作的根本不会出现变更。但需要审时度势，各方面加强沟通协调，积极应对美国等西方国家蓄意制造的敏感话题和矛盾，通过人文交流的不断夯实进一步深化两国关系。

七　通过各类媒体宣扬两国正面形象

国家形象对于国际交往具有重要的影响力。中印尼两国已经开展的人文交流活动极大地促进了两国人民的"民心相通"，但不可否认的是，历史上的一些隔阂依然影响着两国人民的相互理解，而部分媒体通过宗教、族群等敏感话题对两国进行的"污名化"宣传更加深了两国人民之间的隔阂，影响两国人民的正确认知。因此，后疫情时代的中印尼人文交流应该重视各类媒体的宣传影响，积极传达正面形象，及时破除不良媒体的负面效应。一方面，要加强媒体之间的交流合作。现阶段，互派记者或互设记者站的条件尚不充分，且媒体互动还多局限于相互参访的阶段，需要予以补足，比如共同组织各类活动或共同策划报道专题等。另一方面，应加强各类人文交流活动在两国的宣传力度。目前的宣传往往只局限于活动本身，且多为通讯性质的。后疫情时代的报道应进行横向和纵向延伸，人文交流活动的筹备和后续影响都可以纳入报道范围，并在活动的背景下加入参与人访谈、参与人故事等更具有吸引力的报道内容。

小　　结

中国和印尼人文交流源远流长。古代双方人文交流以宗教为主，第二次世界大战后经历坎坷，恢复建交后中印尼两国关系逐渐复苏，苏希洛时代有所扩展和深化。自建立全面战略伙伴关系以来，中国和印尼双边人文交流迎来了飞速发展。双方于2015年建立副总理级人文交流机制。双方在教育、旅游、媒体、青年、科技、卫生、文化和体育等各个领域的交流合作均得到深化和拓展。

中印尼人文交流仍有进一步提升的空间。在机制层面，高级别人文交流机制依然存在缺乏针对性和精准度的缺点，导致两国人文交流难以深入群众中。此外，中印尼人文交流机制还存在常态机制不成熟、特殊机制缺位等问题。在现实层面，其一，印尼方面仍然缺乏积极主动性；其二，交流范围具有局限性；其三，交流深度不足；其四，缺乏民间影响力。

尽管双方人文交流面临诸多困难，但具有良好的前景，须进一步改进相关措施，进一步提升人文交流效果。第一，完善和优化顶层设计。针对印尼的社会和文化特性制定专门的实施方案，有效整合现有资源，避免交流活动重复杂乱，注意顶层设计的协调性、双向性和适度性。第二，建立危机应对机制和快速反应机制。第三，打造品牌项目，持续扩大影响力。第四，丰富交流形式，吸纳更多人参与。第五，创新人文交流方式，紧跟时代潮流。第六，积极应对国内外政治形势变化。第七，借助各类媒体宣扬两国正面形象。